심리철학

제 3 판

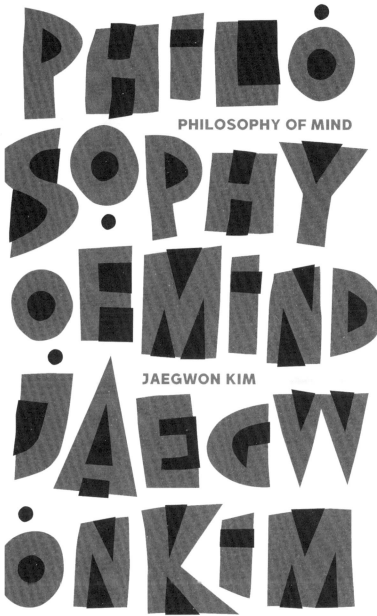

PHILOSOPHY OF MIND

심리 철학

김재권 지음

JAEGWON KIM

권홍우·원치욱·이선형 옮김

P 필로소픽

차 례

머리말

책의 두 번째 판이 나온 지 5년이 흘렀다. 심리철학은 여전히 활발히 논의되는 번성하는 분야로 지금이 책을 업데이트하여 개정판을 내기에 적절한 시점이다.

이전 판들과 마찬가지로 이 책은 심신 문제를 중심으로 하여 심리철학의 폭넓은 주제들을 탐색한다. 여기서 다뤄지는 구체적인 문제들 그리고 우리의 일반적인 접근 방식은 오늘날 마음의 형이상학이라 불리는 것에 속하지만, 우리의 논의는 마음의 인식론 및 언어에 관한 문제들을 건드리며, 인지과학 및 행동과학의 지위에 관해 우리의 논의가 갖는 함의를 다양한 지점에서 탐구한다. 이 책은 그러나 심리학이나 인지과학의 철학에 관한 책이 아니며, 심리적 언어나 개념의 "분석"에 관한 것도 아니다. 이 책의 주된 주제는 마음의 본성 및 그것과 몸의 본성과의 관계, 그리고 본질적으로 물리적인 세계에서 마음의 자리이다.

개정판의 주된 특징은 의식에 대한 내용이 확장되었다는 점이다. 의식을 다룬 하나의 장이 두 개의 장으로 대체되었는데, 하나는 의식의 본성에 관한 것이고, 다른 하나는 의식의 철학적, 과학적 지위에 관한 것이다. 이는 의식에 대한 연구가 철학과 과학 분야 모두에서 지속적으로 급증하고 있는 것을 반영한 것이다. 아마도 의식은 현재 심리철학에서 가장 뜨겁게 논의되고 있는 주제일 것이며, 그 호황은 사그라들 기미를 보이지 않는다. 의식에 대한 장을 추가하면서 지면을 확보하기 위해 2판의 마지막 장인 환원과 물리주의에 관한 내용은 삭제되었으며, 그중 일부 내용은 의식에 관한 두 번째 장으로 흡수되었다.

나머지 장의 대부분이 여러 가지 측면에서 새로운 내용으로 보강되었으며, 글의 가독성과 명료성을 높이기 위해 할 수 있는 것을 하였다. 그러나 이전 판의 기본 아이디어는 동일하게 유지되었다. 특히 각 장은 독립된 글로 읽을 수 있도록 의도하였다. 독자에게 도움이 되도록 각 장을 가로지르는 상호 참조를 제공하되 글의 흐름이나 연속성에 방해가 되지 않도록 하였다. 현대 철학의 대부분의 저작과 마찬가지로 이 책은 논증 중심이며 하나의 관점을 제시한다. 이 분야에 익숙지 않은 독자를 주요 독자로 삼아 집필하였지만 이 책은 이 분야에 대한 수동적이고 중립적인 개괄은 아니다. 내 의견이 있는 곳에서 독자는 내가 어떤 입장인지 알 수 있을 것이다. 흥미롭지만 어쩌면 놀랍지 않게도 스스로 확고한 견해를 가지고 있지 않은 주제에 대해 글을 쓰는 것이 더 어려웠다. 그럼에도 나는 대안적인 접근 방식과 관점들에 대해 공정하고 균형 잡힌 그림을 제시하려고 노력했다. 이 책이 독자들이 마음에 대한 문제에 관심을 갖고 씨름하게끔 자극할 수 있다면 기쁠 것이다. 그것이 결국 이런 책을 쓰는 이유의 전부이다.

브라운대학의 조교 원치욱은 지적 유능함과 유쾌함으로 내게 귀중한 도움을 주었다. 전《웨스트뷰Westview》편집자 칼 얌버트의 지지와 격려에도 감사드린다. 마지막으로, 교재로서 2판이 어땠는지 묻는 칼의 요청에 응해준 철학자들에게 감사하고 싶다. 그들의 솔직하고 통찰력 있는 의견은 대단히 유익했고 도움이 되었다.

2010년 가을
로드아일랜드, 프로비던스에서

옮긴이의 말

철학의 긴 역사를 보자면 철학의 한 분과로서의 심리철학은 상대적으로 신생 분야라고 할 수 있다. 심리철학이 철학의 핵심 분야의 하나로 확고하게 자리 잡은 것은 20세기 후반에 이르러서였다. 김재권 선생님은 이 비약적인 발전이 얼마나 짧은 시간에 이루어졌는지를 말씀하시면서, 1967년 처음 출간되어 수십 년간 많은 철학자들에게 필수 참고서 역할을 한 《맥밀런 철학 백과사전The Encyclopedia of Philosophy》(총 8권, 폴 에드워즈 편집, 맥밀런 출판사)에서 심리철학과 관련된 항목을 거의 찾을 수 없었음을 언급하시곤 했다. 심리철학의 폭발적인 발전은 20세기 후반 불과 30~40년 사이에 벌어진 일이었다. 최근에는 심리철학에 대한 관심이 한창때에 비해 다소 잦아든 인상을 받기는 하지만, 여전히 심리철학은 많은 철학 분야의 배경이 되는 핵심 분야이고, 앞으로도 그럴 것이 확실해 보인다.

사실 김재권 선생님은 20세기 후반 심리철학의 비약적인 발전을 주도했던 철학자들 가운데 한 사람이었다. 특히 1970~80년대 선생님이 이끈 "수반"에 대한 논의는 심신 문제의 논쟁의 구도를 설정하는 데 큰 역할을 했다. 1980년대에 쓴 논문 몇 편은 당시 심신 문제에 대한 표준적인 입장으로 자리 잡고 있던 기능주의의 아성을 흔들기에 충분한 것이었다. 1990년대에는 인과적 배제 문제에 주로 집중하여 "비환원적 물리주의"의 희망이 유지될 수 없음을 보이고자 했고 이런 시도는 1998년에 출간된 《물리계 안에서의 마음Mind in a Physical World》에서 정점을 찍었다. 이런 업적에 비해 상대적으로 덜 알려져 있긴 하지만, 2000년대에 의식에 대한 연구라든지 행위 설명에 대한 연구는 물리주의의 시각에서 의식 및 행위자성을 보는 대안적 관점에 대한 탐구였다고 할 만하다. 선생님의 연구는 하나같이 동시대의 철학적 논의의 바탕 위에서 나왔지만, 문제 제기는 늘 독창적이었고, 끈질기고 치밀한 논증을 거쳐 안정적인 해결책에 이른다는 공통점이 있었다.

《심리철학Philosophy of Mind》은 현대 심리철학의 논쟁을 주도했고 논쟁의 중심에 있었던 김재권 선생님이 집필한 심리철학 입문서이다. 선생님이 일평생 관심을 갖고 연구했던 심리철학 주제들을 망라하며, 그 외에도 현대 심리철학의 거의 모든 주요 논쟁을 포함하고 있다. 심적 내용에 대한 부분이라든지, 의식에 대한 고차 지각/사고 이론, 의식에 대한 표상주의 같은 것이 대표적인 예이다. 단순히 여러 논쟁이나 견해를 소개하는 데 그치는 것이 아니라 엄밀하게 재구성된 논증을 제시하는 경우가 대부분이다. 데이비드슨의 무법칙적 일원론이라든지, 버지의 관절염 사고실험에 기반한 논증 같은, 난해하기로 악명 높은 논증들도 대가의 손을 거쳐 정연한 논증으로 재탄생하고 있다. 여러 주제들이 형이상학, 언어철학, 과학철학, 인식론 등에 걸쳐 있어, 심리철학 및 연관 분야에 관심이 있는 사람들뿐만 아니라 현대 철학에 관심이 있는 사람이라면 반드시 읽어봐야 할 필독서라고 자신 있게 말할 수 있다.

이 책은 미국에서 1996년에 초판이 출간된 이래 2006년에 2판, 2010년 3판이 출간되었다. 초판은 하종호, 김선희 선생님의 번역으로 1999년(철학과현실사)에 나왔으나, 이후 판은 번역본이 출간되지 않았다. 사실 철학에 관심을 가진 국내 독자들을 위해 진작 번역되었어야 했는데, 출간된 지 한참이 지나서야, 또 선생님께서 작고하신 후에야 번역서가 나오게 되어 때늦은 감이 없지 않다. 선생님께서 이 책의 3판을 집필하고 있을 무렵 옮긴이들은 대학원생으로 가까운 거리에서 선생님으로부터 가르침을 받고 있었고, 그중 한 사람은 선생님의 조교로서 원고 검토를 돕기도 했다. 이런 이유로 옮긴이들은 언젠가는 이 책을 우리가 번역해야 한다는 은근한 마음의 부담을 느끼고 있었던 것 같다. 그러나 방대한 분량도 그렇거니와, 워낙에 밀도 있게 쓰인 책이라 섣불리 번역할 엄두를 내지 못했었다. 게다가 선생님의 영어가 유려하기로 정평이 난 점도 부담이었다. 선생님은 우리말을 유창하게 하시지는 못했지만, 한글로 된 글에 대해서도 남다른 감각과 높은 기준을 갖고 계셨다. 만족스러운 번역을 위해서는 상당한 시간과 "내공"이 필요한 일임이 분명해 선뜻 나서기가 두려웠던 것 같다.

2019년 선생님께서 작고하신 후, 우연한 기회에 필로소픽 출판사에서 제안을 받아 미국 유학 시절부터 학문적 동료였던 세 사람이 의기투합하여 번역을 시작하게 되었다. 세 사람이 몇 장씩 나누어 번역하고 몇 차례 교차 검토, 토의 및 수정 작업을 거치는 과정으로 번역이 이루어졌다. 각 장이 세 사람 모두의 손을 거쳐 결과적으로 누가 어떤 부분을 번역했는지 구분하는 것이 무의미할 정도로 결과물은 공동의 것이다. 이외에도 여러 측면에서 번역의 통일성이나 문체의 일관성을 유지하기 위해 애썼다. 이전 판의 번역본을 거의 참고하지 않은 것도 이런 이유에서이다. (퍼트넘의 사고실험 중 "water"에서 나온 단어 "twater"를 "쿨"로 옮긴 것은 이전 판의 번역을 따랐다.) 원문의 문자적인 내용뿐만 아니라 미묘한 뉘앙스까지 살리되 최대한 자연스러운 우리말로 옮기고자 노력했다. 꼭 필요한 경우가 아니면 영어 병기를 하지 않고 우리말로 온전히 뜻이 전달되도록 하고자 노력한 것도 같은 맥락이다. 불가피하게 의역을 한 경우도 있으나 최소한으로 하고자 하였다.

옮긴이들이 미국에서 공부하던 시절, 김재권 선생님께 영어로 쓴 논문을 제출하면 수십 곳을 고쳐서 돌려주셨던 기억이 난다. 영어 문법이나 표현은 언제나 많은 지적을 받았지만, 신기하게도 글 자체에 대해서는 좋은 평가를 받은 적도 꽤 있었다. 글이 "잘 흘러간다"는 이유였다.

선생님은 "잘 흘러가는 글이 좋은 글이다"라고 늘 말씀하셨다. 당신께서도 잘 흘러가는 글을 위해 《물리계 안에서의 마음》을 집필할 당시 수년에 걸쳐 여러 차례 소리 내어 읽으며 한 글자 한 글자 교정하는 과정을 거쳤다는 말씀을 하시곤 했다. 시간의 압박으로 비록 그렇게까지 하지는 못했지만, 옮긴이들도 무엇보다도 "잘 흘러가는" 글로 옮기고자 노력했다.

이 자리를 빌려 옮긴이들은 저자이신 김재권 선생님의 학문적 가르침과 인간적인 보살핌에 깊은 감사의 뜻을 전하고 싶다. 선생님은 학문적인 엄격성과 정직성, 성실성 등 모든 측면에서 좋은 철학자와 좋은 스승의 전형이었다. 또 인간적으로는 위트가 넘치며 사려 깊고 따뜻한 분이셨다. 옮긴이들이 미국에 있을 때, 이따금 댁에 초대해 손수 요리를 해주시고 클래식 음악을 들려주셨던 기억이 선하다. 옮긴이들이 학문의 길로 들어서기 시작할 때에는 동경의 대상으로, 대학원 시절에는 스승 또는 지도교수로, 그 뒤로는 든든한 학문적 조언자로 함께해주셨는데 2019년 갑자기 작고하신 후 버팀목이 사라진 것 같아 허전하고 또 몹시 그립다.

마지막으로, 번역을 제안한 필로소픽 출판사에 감사드린다. 특히 편집자 구윤희 선생님이 번역 원고를 원문과 하나하나 비교하여 꼼꼼한 지적과 제안을 해주신 덕분에 실수를 줄일 수 있었고 전반적으로 더 나은 번역을 할 수 있었다.

제1장

서론

깨어 있는 매 순간 우리는 무수히 많은 대상, 사건들과 마주하며 이것들을 묶음으로 체계화하려 한다. 우리는 그들을 그룹으로, 가령 "바위", "나무", "물고기", "새", "벽돌", "불", "비" 및 그 외에 수많은 종류들로 분류하여 그것들의 속성과 특징에 따라, 이를테면 "크다" 혹은 "작다", "길다" 또는 "짧다", "빨갛다" 또는 "노랗다", "느리다" 또는 "빠르다" 등등으로 묘사한다. 우리가 대부분의 대상에 거의 본능적으로 적용하는 구분은 그것이 **살아 있는** 것인지 여부이다. (그것이 설령 죽은 새라 해도 "죽는다"는 것이 불가능한 바위나 꽃병과 달리 그것이 살아 있는 **종류**의 것임을 우리는 안다.) 물론 예외가 있겠지만 우리가 어떤 대상이 살아 있는 것인지 아닌지 전혀 모르면서 그것이 무엇인지 아는 경우는 드물다. 또 다른 예로 우리가 어떤 사람을 알 때는 거의 언제나 그 사람이 남자인지 여자인지 안다.

"마음"을 가진 존재자와 그렇지 않은 것 사이의 구분 또한 마찬가지이다. 이 역시 세상의 만물에 대해 우리가 생각할 때 사용하는 가장 기본적인 대조 가운데 하나이다. 채식주의나 동물 실험에 관한 논쟁에서 볼 수 있듯, 의식을 가지고 있고 고통이나 즐거움 같은 감각을 경험할 수 있는 존재를 대하는 우리의 태도는 그런 능력이 없는 것들, 가령 단순한 물질 덩어리나 초목을 대하는 태도와는 중요하게 다르다. 우리는 인간이 추상적 사고나 자의식, 예술적 감성, 복잡한 감정 및 합리적 숙고와 행위 등의 고도로 발달된 심적 역량과 기능을 가지고 있다는 점 때문에 우리 자신이 자연 세계에서 특별한 위치를 차지한다고 여긴다. 비록 우리가 동식물의 경이로운 모습에 감탄한다 하더라도 살아 있는 모든 것이 마음을 가진다고 생각하지 않거니와 느릅나무와 자작나무의 삶 혹은 아메바의 번식 패턴을 이해하기 위해 심리 이론이 필요하다고 생각하지 않는다. 신비주의적 성향을 가진 소수를 제외하고 우리는 식물 세계의 구성원들에 심성을 부여하지 않으며, 동물 왕국의 많은 구성원들 또한 심적 영역에서 배제할 것이다. 우리는 플라나리아와 각다귀가 진지하게 심리학적으로 탐구될 만한 정신적 삶을 영위한다고 생각하지 않는다.

한편 고양이나 개, 침팬지와 같은 고등 동물의 경우 그들이 꽤 풍부한 정신적 삶을 누린다고 말하는 것이 아주 자연스럽게 들린다. 그러한 동물은 고통, 가려움, 기쁨과 같은 **감각**을 경험하고, 우리와 다소간 유사한 방식으로 주위 환경을 **지각**하며 그렇게 얻어진 정보를 이용해 행동한다는 점에서 **의식적** 존재이다. 그들은 또한 사물을 **기억하고**—즉 주위 환경에 관한 정보를 저장하여 사용하고—경험을 통해 **학습하며**, 분명히 두려움과 실망, 불안과 같은 **감정** 혹은 **느낌**을 가지는 것으로 보인다. 예컨대 "야옹이가 펫 캐리어에서 갑갑하기도 하고 자동차 소음이 싫은가 봐. 가엾은 녀석이 빠져 나가려고 죽을 애를 쓰네"라고 말하듯, 우리는 일반적으로 사람들에게 쓰는 표현을 사용해 고등 동물의 심리 상태를 묘사한다.

그러나 지능이 높다고 하는 돌고래나 말이라 하더라도 과연 동물이 당황하거나 부끄러워하는 것 같은 복잡한 사회적 정서를 가질 수 있을까? 의도를 형성하고, 숙고하고 결정을 내리며, 논리적 추론을 할 수 있을까? 굴이나 게, 지렁이처럼 낮은 단계의 동물의 정신적 삶은 가령 고양이와 비교해 훨씬 빈약할 것이라고 우리는 생각한다. 유해한 자극에 적절히 반응한다는 점에서 그러한 동물도 분명 감각을 가지고 있을 것이다. 감각 기관을 통해 자기 주위에서 일어나는 일에 대한 정보를 얻으며 그에 따라 자신의 행동을 조절하고 변경한다. 그러나 그러한 동물이 마음이 있는가? 의식이나 심성을 가지고 있을까? 마음 혹은 심성을 가진다는 것은 무엇인가?

심리철학이란 무엇인가?

심리철학은 다른 분야와 마찬가지로 일군의 문제들에 의해 정의된다. 예상하는 대로 이 분야를 이루는 문제는 심성과 심적 속성에 대한 것들이다. 이러한 문제에는 어떤 것들이 있을까? 심리철학의 문제는 심리학자나 인지과학자 혹은 신경과학자가 연구하는 심성 및 심적 속성에 관한 과학적 문제와 어떻게 다른가?

우선 앞서 제기되었던 물음, 즉 마음을 가진 존재란 무엇인지의 질문에 답하는 문제가 있다. 가령 컴퓨터나 로봇 같은 전자기계장치가 마음을 가질 수 있는지 혹은 말 못하는 동물이 사고할 수 있는지의 질문을 생산적으로 논의하기 위해서는 심성mentality이란 무엇이고 사고한다는 것이 무엇인지에 대한 합당하고 명료한 개념이 필요하다. 어떤 존재가 "심성" 혹은 "마음"을 가졌다고 보기 위해서 만족시켜야 할 조건들은 무엇인가? 우리는 보통 사고와 감각 경험 같은 심적 현상과 소화작용이나 혈액순환 같은 심적이지 않은 현상을 구분한다. 심적 현상을 비심적 현상, 즉 "순전히" 물리적 현상과 구분하는 일반적 특징이 있는가? 이러한 질문에 대한 몇 가지 답을 우리는 이 장의 뒷부분에서 검토할 것이다.

다음으로 특정한 심적 속성이나 심적 상태의 유형 및 그것들 간의 상호관계에 대한 물음이 있다. 고통은 감각적 사건(그것은 아프게 느껴진다)일 뿐인가, 아니면 (그것을 피하고자 하는) 동기적 요소도 가져야 하는가? 우리가 의식하지 못하는 고통이 있을 수 있을까? 분노나 질투와 같은 감정은 질적 느낌을 반드시 포함하는가? 그것들은 믿음과 같은 인지적 요소를 포함하는가? 믿음이란 도대체 무엇이고 그것은 어떻게 내용(가령 밖에 비가 오고 있다든지 또는 7+5=12라는)을 갖게 되는가? 믿음과 사고는 언어 능력을 요구하는가?

세 번째 부류의 문제는 마음과 신체 사이의 관계, 즉 심적 현상과 물리적 현상 사이의 관계에 대한 문제이다. 이것은 "심신 문제the mind-body problem"라 통칭되는데 거의 4세기 전 데카르트가 공식화한 이래로 심리철학의 핵심적 문제가 되었다. 이 책에서도 이는 핵심 문제로, 우리의 심성과 물리적 본성 사이의 관계, 좀 더 일반적으로는 심적 속성과 물리적 속성 사이의 관계를 해명하는 것이 그 과제이다. 그런데 왜 여기 철학적 문제가 있다고 생각해야 하는가? 정확히 무엇이 해명되어야 하는가?

간단히 답하자면 이렇다. 심적인 것은 얼핏 물리적인 것과 완전히 달라 보이지만, 양자는 긴밀히 관련되어 있는 것 같기도 하다. 바질의 향기나 후회의 아픔, 막 멍든 팔꿈치의 후끈거림 같은 의식적 경험에 대해 생각해보자. 이러한 것들은 한낱 물질 입자, 원자, 분자들의 배열과 운동 혹은 세포나 조직 상의 단순한 물리적 변화와는 (그것이 아무리 복잡하더라도) 달라도 너무 다르다. 그럼에도 불구하고 이러한 의식적 현상이 난데없이 무(無)로부터 혹은 어떤 비물질적 원천으로부터 생겨나는 것은 아니며, 뇌의 신경 과정을 포함한 신체의 물리적-생물학적 과정 및 배열로부터 생겨난 것이다. 우리는 기본적으로 물리적-생물학적 대상, 즉 전적으로 물질로 이루어진 복잡한 생물학적 구조이다. (이에 동의하지 않는 데카르트의 반대 입장은 2장에서 논의된다.) 어떻게 생물학적-물리적 대상이 생각, 두려움, 바람과 같은 상태를 가질 수 있고, 죄책감, 자부심 같은 느낌을 경험하며, 이유에 따라 행동하고 도덕적인 책임을 질 수 있는가? 심적 현상과 물리적 현상 사이에는 메울 수 없는 근본적인 간극이 있어 보이며, 이는 그들 사이의 긴밀한 관계를 신비롭고 곤혹스러운 것으로 만든다.

　이 두 종류의 현상이 긴밀하게 연결되어 있다는 것은 의심의 여지가 없다. 먼저 심적 사건은 물리적 신경 과정의 결과로 발생한다는 증거가 있다. 맨발로 압정을 밟는 것은 발에 예리한 통증을 유발한다. 그 고통의 가장 근접한 원인은 뇌에서 일어난 어떤 사건일 것이다. 시상 하부나 대뇌피질 깊숙이 자리한 뉴런 다발이 활성화되고 그 결과로서 고통의 감각을 경험하게 된다. 광자가 망막에 부딪히면 일련의 사건들이 시작되고 그 결과 어떤 시각 경험을 갖게 되며, 이는 다시 내 앞에 나무가 있다는 믿음의 형성으로 이어진다. 일련의 물리적 사건들, 이를테면 서로 밀고 부딪치는 미립자들의 운동이라든가 왔다 갔다 하는 전류 같은 것들이 어떻게 돌연 심하게 덴 손의 타는 듯한 고통이나 검푸른 바다 위로 보는 장엄한 자줏빛 일몰 또는 갓 깎은 잔디 냄새와 같은 의식적 경험이 될 수 있는가? 어떤 종류의 특별한 신경, 즉 통각 신경이 활성화되면 고통을 경험한다는 것이 알려져 있고, 가려움을 경험할 때 활성화되는 신경도 아마 따로 있을 것이다. 왜 고통과 가려움은 서로 뒤바뀌지 않는가? 즉 왜 꼭 이 신경이 활성화되면 가려움이 아닌 고통을 느끼고 서 신경이 활성화되면 고통이 아닌 가려움을 느끼는가? 왜 반대로는 일어나지 않는가? 분자생물학적 과정으로부터 왜 경험이라는 것이 생겨나야 하는가?

더욱이 우리는 심적 사건이 물리적 결과를 낳는다는 것을 당연하게 여긴다. 우리의 몸이 믿음과 욕구, 의도에 따라 적절한 방식으로 움직인다는 것은 우리 자신을 행위자로 간주하기 위해 필수적인 것이다. 길 건너편 맥도널드 간판을 보고 무언가를 먹어야겠다고 마음먹은 경우 그러한 지각과 결정은 우리의 팔다리를 움직이게 하여 우리의 몸을 곧 맥도널드 문 앞에 이르게끔 한다. 이러한 예는 너무나 친숙한 일상적 사실이라 언급할 필요조차 없어 보인다. 그런데 지각과 욕구는 어떻게 내 몸을 길 건너에 이르게끔 했는가? 그야 물론 쉽다고 생각될지 모르겠다. 믿음과 욕구는 먼저 대뇌 운동피질의 어떤 뉴런을 자극하고, 이 자극은 뉴런 신경망을 통해 말초신경계로 전달되며, 이는 적절한 근육 수축을 야기했을 것이다. 이 모든 게 복잡한 이야기라고, 이것은 철학이 아니라 뇌과학이 설명할 몫이라고 여길지 모르겠다. 그런데 믿음과 욕구는 애초에 어떻게 그 작은 뉴런들을 활성화할 수 있었는가? 믿음과 욕구 자체가 뇌에서 일어나는 물리적 사건이 아니라면 어떻게 이러한 일이 일어날 수 있는가? 그러나 믿음, 욕구 같은 심적 상태가 단지 뇌 안의 물리적 과정일 뿐이라고 생각하는 것이 정합적일까? 이러한 물음은 그저 더 많은 신경과학 연구를 한다고 해서 답해질 수 있는 것들이 아닌 듯하며, 과학에서 배울 수 있는 것 너머의 분석과 철학적 성찰을 요구하는 것 같다. 이것이 심성 인과 문제라 불리는 것이며, 데카르트가 심신 문제를 처음 정식화한 이래로 이는 마음에 관한 가장 중요한 쟁점 중 하나이다.

이 책에서 우리는 전적으로는 아니더라도 주로 심신 문제에 관심을 가질 것이다. 다음 장은 데카르트의 심신 이원론—물질적 대상과 비물질적 마음에 관한 이원론—에 대한 검토에서 시작한다. 그러나 현대 심리철학에서 세계는 근본적으로 물질적인 것으로 여겨진다. 즉 우리가 살고 있는 세계는 오로지 물질적 입자와 그 입자들의 결합체들로 이루어져 있으며, 이 모든 것은 엄밀히 물리 법칙을 따라 움직인다고 믿을 만한 설득력 있는 (어떤 사람들은 강력하다고 말할) 이유가 있다. 그러한 물리적 세계 안에서 어떻게 마음과 심성을 수용할 수 있을까? 이것이 우리의 주된 물음이다.

그러나 심신 관계에 관한 특정한 입장들을 논의하기 전에 앞으로의 논의를 인도할 기본 개념, 원리 및 가정들을 살펴보는 것이 유익할 것이다.

형이상학적 예비 사항들

데카르트에게 "마음을 갖는다"는 것은 문자 그대로의 의미를 가진다. 그의 관점에서 마음은 특별한 종류의 것으로 영혼 또는 비물질적 실체이며, 마음을 갖는다는 것은 그저 영혼을 갖는다는 것이다. 영혼은 물리적 공간 바깥의 어떤 것이며 영혼의 본질은 생각함과 인식함 같은 심적 활동에 있다. (2장에서 마음에 관한 이런 관점을 살펴볼 것이다.) 데카르트처럼 마음을 실체로 간주하는 이러한 입장은 오늘날 널리 받아들여지지 않는다. 그러나 독립적인 실체 혹은 대상으로서의 마음을 거부하는 것이 우리 각자가 "마음을 가진다"는 것을 부정하는 것은 아니다. 그것은 단지 "마음을 가진다"는 것을 문자 그대로 우리가 "가지고" 있는 "마음"이라는 대상이 있는 것으로 생각할 필요는 없다는 것이다. 마음을 가지는 것이 갈색 눈이나 노트북을 가지는 것과 같을 필요는 없다. "왈츠를 춤"이나 "산책을 함"을 생각해보자. 우리가 "샐리는 왈츠를 췄다"라든가 "샐리는 강변을 따라 느긋하게 산책을 했다"라고 말할 때, 이 세상에 왈츠나 산책이라는 것들이 존재해서 그것들 중 하나를 샐리가 택해 추거나 행했다는 것을 의미하지는 않으며 적어도 그럴 필요는 없다. 아무도 춤을 추지 않거나 걷지 않을 때 그러한 춤과 산책은 어디에 존재하는가? 춤을 추는 것 말고 춤을 갖고 할 수 있는 것이 무엇이 있겠는가? 왈츠를 춘다는 것은 SUV를 소유하거나 타이어를 걸어차는 것과는 다르다. 왈츠를 추는 것은 춤추는 한 **방식**일 뿐이며 산책을 하는 것은 어떤 물리적 환경과 관련하여 팔다리를 움직이는 한 **방식**일 뿐이다. 이러한 표현을 사용할 때 왈츠나 산책과 같은 존재자들을 받아들일 필요는 없다. 우리의 존재론—우리가 실재한다고 보는 존재자들의 체계—에 허용해야 할 것이라곤 왈츠를 추고 산책을 하는 사람들뿐이다.

마찬가지로 "마음을 가짐"이나 "정신을 놓음", "마음에서 멀어짐"과 같은 표현을 사용할 때 우리가 가지거나 놓거나 혹은 멀어지는 "마음"이라는 대상이 이 세계에 존재한다고 생각할 필요는 없다. 마음을 가진다는 것은 그저 인간이나 기타 고등 동물은 갖지만 바위, 나무 같은 것들에게는 결여된 어떤 일군의 **속성**이나 **특징** 혹은 **역량**을 갖는 것으로 해석될 수 있다. 어떤 존재가 "마음을 가진다"고 말하는 것은 그 존재를 어떤 특정한 종류의 행동이나 기능—감각이나 지각, 기억, 학습, 추론, 의식, 행위 등—을 수행할 수 있는 존재로 분류하는 것이다. 따라서 "마음을 가짐"에 대해 말하는 것보다 "심성"에 대해 말하는 것이 오해의 여지가 덜하다. "마음을 가짐"의 표층 문법은 마음을 실체, 즉 특별한 종류의 대상으로 보는 논란의 여지가 있는 견해를 부추긴다. 마음을 실체로 보는 견해를 처음부터 배제해야 한다는 것이 아니다. 요점은 단지 어떤 특정 표현의 사용으로부터 실체로서의 마음의 존재를 이끌어내서는 안 된다는 것이다. 다음 장에서 보게 되겠지만, 비물질적 대상으로서의 마음을 받아들여야 한다고 주장하는 진지한 철학적 논증이 존재한다. 더욱이 현대의 영향력 있는 입장은 마음을 뇌와 동일시한다(4장에서 논의될 것이다). 데카르트의 실체 이원론과 마찬가지로 이러한 견해는 "마음을 가짐"에 말 그대로의 의미를 부여하는데, 마음을 갖는다는 것은 어떤 구조와 역량을 가진 뇌를 갖는다는 것일 뿐이다. 우리가 염두에 두어야 할 것은 이 모든 것들이 이 책의 이하에서 보게 되듯 철학적 사고와 논증을 요구한다는 것이다.

심성은 폭넓고 복잡한 범주이다. 우리가 방금 보았듯, 감각하고 사고함, 추리하고 결정을 내림, 감정을 느낌 등과 같은 수많은 특정한 속성 및 기능을 통해 심성이 발현된다. 이러한 범주들 내에는 좀 더 세부적인 속성들, 가령 오른 팔꿈치에 욱신거리는 고통을 경험함, 카불이 아프가니스탄에 있다고 믿음, 티베트를 방문하기 원함, 룸메이트에게 화가 남 등과 같은 속성들 또한 존재한다. 이 책에서 우리는 이러저러한 속성을 "가짐" 혹은 "예화함"이라는 표현을 쓸 것이다. 문에 손가락이 끼었을 때 우리는 고통스러워함이라는 속성을 **가지거나** 혹은 **예화한다**. 눈이 희다고 믿는다는 속성을 우리 대부분이 가지거나 예화하며, 우리 중 일부는 티베트에 가기를 원함이라는 속성을 가진다. 이런 식의 표현은 꽤 부자연스럽고 번거롭지만 어떤 개체 및 관계를 일률적이고 단순한 방식으로 언급할 수 있는 방식을 제공한다. 이 책에서 우리는 "심적mental", "심리적psychological"이라는 표현을 구분 없이 서로 대체 가능한 것으로 사용할 것이며, 대부분의 맥락에서 "물리적physical"과 "물질적material"도 마찬가지이다.

이제 이 책에서 전제할 존재론이 어떤 종류의 것이고 그와 관련된 주요 용어들을 우리가 어떻게 사용할 것인지 일반적 용어로 설명해보자. 우리의 존재론은 **실체**, 즉 **사물**이나 **대상**(이를테면 사람, 생물학적 유기체 및 그것들의 기관, 분자, 컴퓨터 등)을 포함하는데, 실체는 다양한 **속성**을 가지고 있고 또한 서로 다양한 **관계**를 맺는다. (속성property과 관계relation를 합쳐서 **성질**attribute이라 부른다.) 이들 중 일부는 물리적인 것으로, 가령 어떤 질량이나 온도를 가짐, 1미터 길이를 가짐, 더 긴 길이를 가짐, 두 대상 사이에 있음과 같은 것이다. 어떤 존재, 특히 사람이나 일부 생물학적 유기체는 심적 속성(가령 고통을 느낌, 어둠을 두려워함, 암모니아 냄새를 싫어함) 또한 예화할 수 있다. 우리는 또한 심적 또는 물리적 **사건, 상태, 과정**, 그리고 어떤 경우에는 **사실**에 대해 말할 것이다. 과정이란 (인과적으로) 연결된 일련의 사건 혹은 상태라고 생각할 수 있으며, 사건은 **변화**를 시사하는 반면 상태는 그렇지 않다는 점에서 둘에는 차이가 있다. "현상"이나 "발생"이라는 용어는 사건과 상태모두를 가리키는 것으로 사용될 수 있다. 이 책에서 이 용어들 중 하나를 사용할 때는 보통 나머지 다른 것들을 포함하는 넓은 의미로 사용할 것이다. (예를 들어 "모든 사건은 원인을 가진다"라고 말할 때 상태나 현상 및 다른 것들을 배제하는 것이 아니다.) 사건과 상태가 대상 및 대상의속성과 어떻게 관련되어 있는지는 형이상학의 논쟁거리 중 하나이다. 여기서 우리는 단순히 다음과 같이 가정한다. 어떤 사람이 시점 t에 어떤 심적 속성을 예화한다면, 가령 고통스러워한다면, 그 사람이 t에 고통스러워함이라는 사건(혹은 상태)이 있고 또한 그가 t에 고통스러워하고 있다는 사실 또한 존재한다. 어떤 사건은 고통, 믿음, 분노와 같은 심리적 사건이며, 이 사건들은 인간 및 일부 유기체에 의한 심적 속성의 예화이다. 어떤 사건은 지진, 딸꾹질, 재채기, 뉴런 다발의 활성화처럼 물리적 사건이며, 이 사건들은 물리적 속성의 예화이다. 한 가지 더주목할 것은 심신 문제의 맥락에서 물리적인 것은 물리학에서 연구하는 속성과 현상에 국한되지 않는다는 점이다. 생물학적인 것, 화학적인 것, 지질학적인 것 등도 물리적인 것으로 간주된다.

존재론적 예비 사항은 이 정도로 해두자. 명료성과 엄밀성을 위해때때로 존재론적 세부 사항에 주의를 기울일 필요가 있겠지만, 가능한한 여기서는 마음의 본성에 대한 우리의 관심과 직접적 관련이 없는일반적인 형이상학적 쟁점들은 피하고자 한다.

심신 수반

공상과학 TV시리즈 〈스타트렉〉에 나오는 공간이동장치를 생각해보자. 당신이 그 장치에 들어가고 기계가 작동하면 당신의 몸은 일순간 분해된다. 당신의 신체 구조 및 구성에 대한 모든 정보가 마지막 분자까지 낱낱이 멀리 떨어진 다른 장소로 전송되어 거기서 당신의 몸과 똑같은 몸이 (그 지역에 있는 물질을 가지고) 재조합된다. 그리고 당신을 정확히 닮은 사람이 그곳의 현장에 나타나 당신이 부여받은 임무를 수행하기 시작한다.

그 장치에서 걸어 나오는 사람이 정말로 당신인지 아니면 당신의 대체자일 뿐인지에 대해서는 신경 쓰지 말도록 하자. 사실 이 문제는 다음과 같이 이야기를 살짝 변경함으로써 피해갈 수 있다. 당신의 신체 구성에 대한 모든 정보를 낱낱이 얻어낼 때 공간이동장치의 스캐너는 당신에게 어떠한 해도 끼치지 않으며, 이 정보에 근거해서 당신 몸의 정확한 (분자 수준에서도 동일한) 물리적 복제물이 다른 장소에서 만들어진다. 가정에 의해 당신과 당신의 복제는 정확히 동일한 **물리적** 속성을 가진다. 즉 당신과 당신의 복제는 **현재의** 어떠한 **내재적** 물리적 차이에 의해서도 구별되지 않는다. "현재의"라고 말하는 이유는 과거로 인과 사슬을 추적하면 당신과 당신의 복제가 차이가 날 것이 뻔하기 때문이다. "내재적"이라고 말한 이유는 당신과 당신의 복제는 서로 다른 관계적 혹은 외재적 속성들을 가질 것이기 때문이다. 가령 당신은 어머니를 가지지만 당신의 복제는 그렇지 않다.

당신의 복제가 당신의 **물리적** 복제라면 그는 또한 당신의 **심리적** 복제이겠는가? 그는 모든 정신적인 면에서도 당신과 동일할까? 그도 당신처럼 똑똑하고 재치 있으며 공상에 잠기기를 좋아할까? 그도 당신이 좋아하는 음식과 노래를 좋아하며 화가 나면 당신이 하는 것과 꼭 마찬가지로 행동할까? 그도 초록색보다는 파란색을 더 좋아하며, 짙푸른 하늘에 노란 밀밭을 그린 반 고흐의 풍경화를 당신과 함께 볼 때 그도 당신의 시각 경험과 꼭 마찬가지의 경험을 할까? 그가 느끼는 고통과 간지럼, 가려움은 당신이 느끼는 고통, 간지럼, 가려움과 정확히 같을까? 이만하면 감이 잡힐 것이다. 이러한 각 물음에 대해 "그렇다"라는 것이 〈스타트렉〉이나 이와 유사한 공상과학물이 의심 없이 받아들이는 가정이다. 많은 〈스타트렉〉 팬들처럼 만약 당신이 이러한 가정을 받아들인다면 이는 다음과 같은 "수반supervenience" 논제에 동의하기 때문이다.

> **심신 수반 I.** 다음과 같은 점에서 심적인 것은 물리적인 것에 수반한다. 물리적 속성의 모든 측면에서 정확히 똑같은 것(대상, 사건, 유기체, 사람 등)들은 심적 속성에서 다를 수 없다. 즉 물리적 식별불가능성은 심리적 식별불가능성을 함축한다.

이 원리는 종종 "물리적 차이 없이는 심적 차이도 없다"라고 표현되기도 한다. 이것이 심적 측면에서 같은 것들은 물리적 측면에서도 같다고 말하는 것은 아니라는 점에 주목할 필요가 있다. 우리와 동일한 심리를 공유하면서도 생화학적으로는 우리와 다른 (가령 생리 체계가 탄소 기반이 아닌) 지적 외계 생명체를 상상하는 데 모순이 있는 것 같지 않다. 말하자면 서로 다른 물리적 대상이 같은 심리를 실현할 수 있으리라는 것이다. 이것이 사실일 수도 있고 아닐 수도 있을 것이다. 그러나 잊지 말아야 할 점은 심신 수반은 오직 물리적으로 동일하면서 심리적으로 다른 존재들은 있을 수 없다는 것만을 주장한다는 것이다.

심적인 것이 물리적인 것에 수반한다는 생각을 설명하는 다른 중요한 두 가지 방식이 있다. 하나는 "강수반strong supervenience"으로 알려진 다음과 같은 것이다.

> **심신 수반 II.** 다음과 같은 점에서 심적인 것은 물리적인 것에 수반한
> 다. 만약 어떤 *x*가 심적 속성 M을 가진다면, 어떤 물리적 속성 P가 존
> 재하여 *x*는 P를 가지며 또한 P를 가진 어떠한 대상도 필연적으로 M
> 을 가진다.

어떤 대상이 고통 상태에 있다고 하자. 즉 그것은 고통스러워함이라는
심적 속성을 예화하고 있다. 위의 수반 원리가 말하는 것은, 그러한 경
우 어떤 물리적 속성 P가 존재하여 그 속성이 그 대상이 고통 상태에
있는 것을 "필연화"한다는 것이다. 다시 말해, 고통은 물리적 기반(또는
"수반 토대")을 갖고 있어서, 이 물리적 기저 속성을 갖는 어떠한 존재
도 반드시 고통 상태에 있을 수밖에 없다는 것이다. 심신 수반을 이렇
게 정식화하는 것은 심적 속성의 예화는 적절한 물리적 "토대" 속성(즉
신경 기저 또는 상관자)의 예화에 "의존한다"는 생각을 포착한다. 이렇
게 진술된 심신 수반은 앞서의 심신 수반과 어떤 관계에 있는가? 수반
원리 (II)가 (I)을 함축한다는 것을 보이는 것은 비교적 간단하다. 즉
심적인 것이 (II)에 따라 물리적인 것에 수반한다면 그것은 또한 (I)에
따라 물리적인 것에 수반한다. (I)이 (II)를 함축하는지의 여부는 조금
더 논란의 여지가 있는 문제이다.[1] 그러나 실질적으로 두 원리는 동등
한 것으로 간주할 수 있고, 이 책에서는 둘 사이의 미묘한 차이에 대해
신경 쓰지 않고 (I), (II)를 사용할 것이다.
  수반 관계를 이해하는 또 한 가지 통상적인 방법이 있다.

---

1 상세한 논의는 Brian McLaughlin and Karen Bennett, "Supervenience"를 참조하라.

심신 수반 III. 다음과 같은 점에서 심적인 것은 물리적인 것에 수반한다. 모든 물리적 측면에서 똑같은 세계들은 모든 심적 측면에서 똑같다. 사실 물리적으로 똑같은 세계들은 모든 면에서 정확히 똑같다.[2]

수반에 대한 이런 정식화는 "총체적global" 수반이라 불리는데, 우리 세계와 모든 물리적 측면에서 똑같은 세계, 즉 같은 입자들, 원자들, 분자들이 같은 위치에 있고, 같은 법칙이 그 움직임을 지배하는 세계가 있다면, 두 세계는 어떠한 심적 측면에서도 다를 수 없다는 것이다. 만약 신이 이 세계를 창조했다면, 신이 해야 했던 일은 적절한 기본 입자들을 적절한 곳에 위치시키고 기본 물리 법칙을 정하는 것이 전부이다. 심성의 모든 측면들을 포함한 그 외의 다른 모든 것들은 저절로 따라올 것이다. 기본적인 물리적 구조가 놓이면 신의 일은 끝나며, 나무나 산, 교량 등을 창조하기 위해 신이 해야 할 추가적인 일이 없듯, 마음이나 심성을 창조하기 위해 신이 무언가 추가적인 일을 해야 하는 것이 아니다. 이렇게 정식화된 수반이 앞의 것 둘 중 어떤 것과 대등한가 하는 것은 약간 복잡한 문제이다. 여기서는 세 가지 사이에 밀접한 관계가 있다고 말하는 것으로 충분하다. 이 책에서 (III)을 사용할 기회는 없을 텐데, 그럼에도 (III)을 제시한 것은 어떤 철학자들은 이 정

---

2   이 버전의 수반은 다음과 같이 정식화되기도 한다. "이 세계의 최소의 물리적 복제는 이 세계의 복제 자체이다." 예를 들어 Frank Jackson, "Finding the Mind in the Natural World"를 보라. "최소의"라는 수식어가 들어간 것은 다음과 같은 상황을 배제하기 위해서이다. 모든 물리적 측면에서 우리 세계와 일치하지만 추가적으로 혼령이나 비물질적인 영혼 같은 것이 있는 세계를 생각해보라. (우리는 이런 것들이 실제 세계에는 존재하지 않는다고 가정하고 있다.) 이런 세계와 우리 세계는 물리적으로 일치한다고 할 수 있지만, 분명히 둘이 전반적으로 정확히 똑같지는 않다. 이런 사례는 "최소의"라는 수식어로 배제될 수 있는데, 이 특이한 세계는 우리 세계의 최소의 물리적 복제는 아니기 때문이다.

식화를 선호하며 독자들이 심리철학 문헌에서 이를 마주칠 법하기 때문이다.

심신 수반을 조금 더 넓은 관점에서 고려하기 위해서, 윤리학이나 미학 같은 다른 영역에서의 수반 논제를 살펴보는 것이 아마 도움이 될 것이다. 대부분의 도덕 철학자들은 사람이나 행위 같은 것의 윤리적 또는 규범적 속성이 비도덕적, 기술적 속성에 수반한다는 것을 받아들일 것이다. 즉 만약 두 사람이나 두 행위가 비도덕적인 측면 모두에서 똑같다면(가령 두 사람이 모두 똑같이 정직하고, 용맹하며, 친절하고, 관대하고 등등), 그들은 도덕적 측면에서도 다를 수 없다(가령 둘 중 한 사람은 도덕적으로 선하지만 다른 사람은 그렇지 않다든지 하는 식으로 다를 수 없다). 수반은 미적인 속성에도 적용되는 것으로 보인다. 만약 두 조각품이 물리적으로 정확히 똑같다면(모양, 크기, 색깔, 질감 등의 모든 측면에서 똑같다면) 그것들은 미적인 측면에서도 다를 수 없다(가령 그중 하나는 우아하고, 영웅적이며, 표현적인 반면에 다른 하나는 그렇지 않다든지 하는 식으로 다를 수 없다). 우리 세계와 분자 수준에서 똑같은 세계에는 우리 세계의 미켈란젤로 작품이나 베르메르의 작품, 마그리트의 작품과 똑같이 아름답고 고귀하고 신비로운 예술 작품들이 있을 것이다. 한 가지 예를 더 들어보자. 심적 속성이 물리적 속성에 수반한다고 생각되듯 대부분의 사람들은 생물학적 속성이 그보다 더 기본적인 물리화학적 속성에 수반한다고 생각한다. 만약 두 대상이 기본적인 물리적 화학적 성질(당연히 여기에는 물질적 구성이나 구조가 포함된다)에 있어서 정확히 똑같다면, 그중 하나는 생명을 가지는 반면에 다른 것은 그렇지 않다든지, 그중 하나는 생물학적 기능(예를 들어 광합성)을 수행하는데 다른 하나는 그렇지 않다든지 하는 일은 있을 수 없다고 가정하는 것이 자연스러워 보인다. 다시 말해, 물리화학적으로 식별불가능한 것들은 생물학적으로도 식별불가능해야 한다.

위에서 말했듯이 철학자들 대부분은 이런 수반 논제를 받아들인다. 그러나 이 수반 논제들이 참인지, 또 왜 참인지는 철학적으로 사소한 물음이 아니다. 또 각 수반 논제는 각각의 장단점에 따라 평가되어야 한다. 물론 우리의 현재 관심사는 심신 수반이다. 〈스타트렉〉의 공간이동장치에 대한 생각을 우리가 기꺼이 수용한다는 사실은 심신 수반에 강력한 직관적 호소력이 있음을 보여준다. 그러나 그것이 실제로 참일까? 이를 뒷받침하는 증거는 무엇인가? 우리가 이것을 받아들여야 할까? 이는 심오하고도 복잡한 질문이다. 한 가지 이유는 이런 질문이 그 취지에 있어서나 실질적으로나 결국 다음의 질문과 다르지 않다는 것이다. 물리주의는 참인가? 물리주의를 우리가 받아들여야 할까?

유물론과 물리주의

넓은 의미에서의 유물론이나 물리주의는 현대 심리철학이 논의되는 기본적 틀에 해당하므로 이에 대한 대략적인 개념을 가지고 출발하는 것이 도움이 될 것이다. 유물론은 세계에 존재하는 모든 것들은 물질 입자들 또는 그것들의 결합체라는 주장이다. 물질적인 것이 아닌 어떠한 것(초월적 존재, 헤겔식의 "절대자", 비물리적인 마음 같은 것)도 존재하지 않는다. 물리주의는 유물론의 현대적 계승자이다. 물질에 대한 전통적 개념은 현대 물리학으로부터 지금 우리가 물질적 세계에 대해 알고 있는 바와 잘 맞지 않는다. 예를 들어, "장field"의 개념은 물리학에서 광범위하게 사용되지만, 장이 전통적인 의미에서 물질적인 것에 해당하는지는 분명하지 않다. 물리주의는 존재하는 모든 것은 물리학에서 인지하는 존재자이거나 그런 존재자들로 이루어진 것이라는 논제이다.[3] 어떤 물리주의자들—소위 비환원적 물리주의자들—에 따르면 이런 물리적 존재는 비물리적인 속성, 즉 물리학이 인정하는 속성이 아니며 그것으로 환원될 수도 없는 속성을 가질 수 있다. 물리적 존재가 갖는 비물리적 속성의 대표적인 후보 중 하나가 바로 심리적 속성이다.

〈스타트렉〉 공간이동장치 아이디어에 거부감을 느끼지 않는다면, 이는 당신이 심신 문제에 대한 한 가지 관점으로서의 물리주의에 대해서도 거부감을 느끼지 않는다는 것을 의미한다. 공간이동장치 아이디어가 널리 그리고 자연스럽게 받아들여진다는 것은 물리주의가 현대 문화에 얼마나 광범위하게 침투해 있는지를 보여준다. 이것이 명시적으로 드러났을 때 멈칫하고 물리주의에 반대할 사람들이 분명히 있겠지만 말이다.

심신 수반과 물리주의 사이의 관계는 무엇인가? 지금까지 우리는 물리주의가 무엇인지 정의하지는 않았는데, 물리주의라는 용어 자체가 시사하는 것은 그것이 물리적인 것의 우선성 또는 근본성을 주장하는 논제라는 점이다. 이런 개략적인 아이디어를 가지고 심신 수반이 이원론적 견해(2장에서 더 자세히 논의될 것이다)에 대해 갖는 함축을 생각해보자. 이원론적 견해는 데카르트와 관련된 것으로 마음은 어떤 물리적인 속성도 갖지 않는 비물질적인 실체라는 견해이다. 두 비물질적인 마음을 생각해보자. 분명히 이들은 물리적 측면에서 정확히 똑같은데, 이는 둘 모두 어떤 물리적 속성도 가지지 않으며, 따라서 이들은 물리적 관점에서 식별불가능하기 때문이다. 그러므로 (I) 형태의 심신 수반이 성립한다면, 이들은 모든 심적 측면에서도 똑같다는 것이 따라 나온다. 즉 심신 수반 (I) 하에서는 모든 데카르트적 비물질적 영혼들은 심적 측면에서 정확히 똑같으며, 이로부터 모든 측면에서 정확히 똑같다는 것이 따라 나온다. 이로부터 많아야 하나의 비물질적 영혼이

---

3 물리주의를 정의하는 것에 대해서는 Alyssa Ney, "Defining Physicalism"을 보라.

존재할 수 있다는 것이 따라 나오는 것 같다! 그러나 어떤 진지한 심신 이원론자도 심신 수반이 갖는 이런 귀결을 용인할 수 없을 것이다. 이것이 왜 이원론자가 심신 수반을 거부하고 싶어하는지 알 수 있는 한 가지 방식이다.

심신 수반의 물리주의적 함축을 제대로 이해하기 위해서는 지금까지 논의하지 않았던 수반의 한 가지 측면을 고려해야 한다. 많은 철학자들은 수반 논제가 심적인 것과 물리적인 것 사이의 **의존**dependence 또는 **결정**determination 관계를 긍정하는 것으로 간주한다. 즉 어떤 것이 가진 심적 속성은 그것의 물리적 속성에 의존하고 또 그것에 의해 결정된다는 것이다. 심신 수반의 (II) 버전을 생각해보자. 이는 각각의 심적 속성 M에 대해서 어떤 것이 M을 갖는다면, 그것은 M을 **필연화**하는 물리적 속성 P를 갖는다(어떤 것이 P를 갖는다면, 그것은 필히 M을 가져야 **한다**). 이는 심적 속성은 그것을 발생시키는 신경적인 또는 물리적인 "기저substrate"를 가져야 하며, 모종의 물리적 속성에 토대를 두지 않고 심적 속성이 예화되는 일은 있을 수 없다는 아이디어를 포착한다. 그래서 심적인 것이 물리적인 것에 수반한다는 주장으로부터 의존 관계를 자연스럽게 읽어낼 수 있다. 엄밀히 말해서 위에서 진술된 수반 입론들은 어떻게 심적 속성들이 물리적 속성들과 **같이 변하는지**에 관해서만 주장하지만 말이다. 어쨌거나 많은 물리주의자들은 수반을 다음과 같은 의미에서 심신 의존을 함축하는 것으로 해석한다.

> **심신 의존.** 어떤 것이 가진 심적 속성은 그것의 물리적 속성에 의존하며, 그것에 의해 결정된다. 다시 말해, 심리적 특징은 물리적 본성에 의해 전적으로 결정된다.

의존 논제가 중요한 것은 그것이 심적인 것과 비교하여 물리적인 것의 **수위성** 또는 **우선성**을 명시적으로 주장하기 때문이다. 이 논제는 심신 관계에 대해서 우리가 일상적으로 생각하는 방식에도 잘 들어맞을 뿐만 아니라 과학에서의 가정 및 관행에도 잘 들어맞는 것 같다. 심적 사건과 과정이 물리적 과정과 떨어져 자유롭게 떠다닐 수 있다고 생각하는 사람은 별로 없을 것이다. 사람들은 대부분 우리의 정신적 삶에서 발생하는 일들—여기에는 우리가 정신적 삶을 누린다는 사실 자체도 포함된다—은 우리의 신체, 특히 우리의 신경계에서 발생하는 일에 의존한다고 생각한다. 게다가 심적으로 일어나는 일에 개입하는 것이 가능한 이유는 심적 상태가 뇌에서 발생하는 일에 의존하기 때문이다. 우리는 두통을 덜기 위해 아스피린을 먹는데, 우리가 두통에 영향을 미칠 수 있는 유일한 방법은 두통이 수반하는 신경적 토대를 바꾸는 것뿐이다. 다른 방법은 아무것도 없다는 것이 분명해 보인다.

이런 이유로 우리는 심신 수반 논제를 자칭 물리주의자라면 받아들여야 할 원리라는 점에서 **최소 물리주의**로 이해할 수 있다. 그렇다면 그것이 물리주의에 충분하기도 할까? 즉 심신 수반을 받아들이는 모든 사람은 그 자체로 전적으로 물리주의자라고 할 수 있을까? 이 물음에 대해서는 의견이 갈린다. 앞에서 보았듯이 수반은 그 자체로 물리주의에 반대되는 비물리적 마음의 존재를 완전히 배제하지는 않는다. 그러나 수반은 어떤 진지한 이원론자도 받아들일 수 없는 귀결을 가진다는 것 또한 보았다. 수반이 그 자체로 물리주의를 함축하기에 충분한지는 대체로 우리가 무엇을 온전하고 강건한 물리주의로 이해하느냐에 달렸다. 그렇다면 어떤 종류의 물리주의가 있는지 살펴보는 것을 출발점으로 삼도록 하자.

우선 이 세계에 어떤 대상들이 존재하느냐에 관한 존재론적 주장이 있다.

실체 물리주의.[4] 이 세계에 존재하는 것은 시공간에 위치한 물질 입자들과 이것들로 이루어진 결합체밖에 없다. 시공간 세계에는 그 외에는 아무것도 존재하지 않는다.

데카르트 및 그 외 실체 이원론자들은 이런 논제를 부정하지만, 대부분의 현대 심리철학자들은 이를 수용한다. 주요 논점은 물질적인 또는 물리적인 것들의 **속성**에 관계된다. 고등 유기체 같은 복잡한 물리적 존재는 심리적 존재이기도 하다. 이들은 심리적 속성을 보이며 심리적 활동이나 기능을 수행한다. 한 대상의 심리적 속성과 물리적 속성은 어떻게 서로 연관되어 있는가? 넓게 말해서 존재론적 물리주의자는 다음의 두 선택지에 직면한다.

속성 이원론 또는 **비환원적 물리주의.** 한 대상의 심리적 속성은 그것의 물리적 속성과 구분되고 그것으로 환원되지 않는다.[5]

환원적 물리주의 또는 **유형 물리주의.** 심리적 속성(종, 유형)은 물리적 속성(종, 유형)으로 환원가능하다. 즉, 심리적 속성과 종은 물리적 속성과 종에 해당한다. 이 세계에서 예화되는 속성은 오직 한 가지 종류의 속성이고, 이는 물리적 속성이다.

우리의 목적에서 "물리적" 속성이란 (에너지, 질량, 맵시Charm 같은) 기

---

4 "존재론적 물리주의"라고도 한다.

5 물리주의의 한 형태로서의 비환원적 물리주의 역시 심신 수반을 포함한다. 속성 이원론 자체는 수반에 대해서는 중립적인데, 데카르트적 실체 이원론은 속성 이원론을 함축한다는 점에서 이를 알 수 있다.

초 물리학에서 탐구되는 속성들만을 말하는 것이 아니라, 화학적, 생물학적, 신경적 속성을 포괄한다는 것을 상기하자. 심신 수반을 거부한다는 이유로 속성 이원론자이고자 하는 사람이 있다면, 위에서 주장했듯이 심신 수반은 물리주의의 필수 요소이기 때문에 이런 사람은 물리주의자로 여겨지지 않을 것이다. 그러므로 우리가 염두에 둔 물리주의자는 심신 수반을 받아들이는 사람이다. 그러나 심신 수반은 일반적으로 속성 이원론과 일관적이라고 생각되는데, 여기서 속성 이원론은 수반하는 심리적 속성이 기저에 있는 물리적 토대 속성으로 환원불가능하고 그것과 동일하지 않다고 보는 주장이다. 이 주장을 옹호하기 위해서 어떤 이들은 다음과 같은 사실을 지적한다. 도덕적 속성이 비도덕적이고 기술적인 속성에 수반함을 받아들이는 철학자들 대부분은 좋음이나 옳음과 같은 도덕적 속성이 비도덕적이고 순전히 기술적인 속성으로 환원가능하다는 것을 거부한다는 것이다. 미적 수반과 미적 속성의 경우에도 상황은 유사한 것 같다.[6]

지나치게 야심 차고 도를 넘는다는 이유로 환원적 물리주의 또는 유형 물리주의를 거부하는 일부 철학자들은 "사례token" 물리주의를 받아들인다. 이러한 입장에 의하면, 각각의 모든 개별적인 심적 사건, 즉 사건의 사례는 물리적 사건이다. 그래서 심적 유형으로서의 고통은 물리적 사건이나 상태의 유형과 동일하지 않고 그것으로 환원되지도 않지만, 각각의 고통의 사례(지금 여기에 있는 이 고통)는 일반적으로 물리적 사건이다. 사례 물리주의는 비환원적 물리주의의 한 형태로 간주된다. 비환원적 물리주의자들과 환원적 물리주의자들 사이에 계속되는 논쟁은 현대 심신 문제에 대한 논쟁의 상당 부분을 차지해왔다.[7]

---

6 수반은 받아들이지만 환원가능성은 거부하는 이런 철학자들이 단순히 잘못 생각한 것일 가능성도 염두에 두어야 한다.

다양한 심적 현상들

이 지점에서 심적 사건이나 상태의 주요 범주들을 살펴보는 것이 유익할 것이다. 이는 우리가 관심을 가질 종류의 현상에 대한 개략적인 아이디어를 제공하는 동시에 "심적" 또는 "심리적"이라는 표제 아래 들어오는 현상들이 얼마나 각양각색인지 일깨워줄 것이다. 다음은 완전하거나 체계적인 목록으로 의도된 것은 아니며, 어떤 범주는 명백히 다른 것과 겹치기도 한다.

첫째로, **감각**sensations 또는 **감각적 성질**sensory qualities을 포함하는 심적 현상들이 있는데, 고통, 가려움, 간지럼, 잔상을 봄, 둥근 녹색 도형을 지각함, 암모니아의 냄새를 맡음, 어지러움 등이 이에 속한다. 이런 심적 상태는 "현상적phenomenal" 또는 "질적qualitative" 특질을 가진다고 말하는데, 이는 이런 것들이 **느껴지는** 방식, 또는 **보이고**look **나타나는**appear 방식이 있음을 말한다. 유명한 표현을 사용하자면, 이런 현상을 경험한다거나 이런 상태에 있는 것과 **같은 무언가**가 있다. 고통에는 고통 특유의 특별한 질적인 느낌, 즉 아픈 느낌이 있다. 가려움에는 가려움의 느낌이 있고 간지럼에는 간지럼의 느낌이 있다. 녹색 점을 볼 때, 그 점이 나에게 보이는 특유의 방식이 있다. 그것은 **녹색**으로 보이며 나의 시각 경험은 이 녹색으로 보임을 포함한다. 각각의 감각은 그것만의 특징적인 느낌을 동반하며, 우리는 적어도 그 느낌이 어떤 일반적 유형(예컨대 고통, 간지럼, 녹색을 봄)에 속하는지 직접적으로 확인할 수 있는 것으로 보인다. 이런 것들은 "현상적", "질적 상태", 또는 어떤 경우에는 "날 느낌raw feel"이라 불린다. 그러나 "감각질qualia"이라는 말이 이제

---

7 사례 물리주의와 유형 물리주의에 대해서는 Jaegwon Kim, "The Very Idea of Token Physicalism"을 보라.

는 이런 감각적, 질적 상태, 또는 그런 상태에서 경험되는 감각적 성질에 대한 표준적인 용어가 되었다. 이런 심적 현상들을 망라하여 "현상적 의식"이라고 한다.

둘째로 종속절을 사용해서 사람에게 귀속하는 심적 상태가 있다. 예를 들어 버락 오바마 대통령은 의회가 올해 의료보장 법안을 통과시키기를 **바란다.** 해리 리드 의원은 이것이 일어날 것이라고 **확신하며,** 뉴트 깅그리치는 오바마가 자신이 원하는 것을 얻을 수 있다는 것에 **회의적이다.** 그런 상태를 "명제 태도propositional attitude"라고 부른다. 이런 상태들은 어떤 "명제"(예를 들어, 의회가 의료보장 법안을 통과시킬 것이라는 명제, 또는 내일 비가 올 것이라는 명제)를 향해 주체가 어떤 "태도"(예를 들어, 바람, 확신함, 의심함, 믿음)를 갖는 것에 해당한다는 생각이다. 이 명제들은 그 명제 태도들의 "내용"을 이룬다고 하며, 이런 명제들을 규정하는 종속절은 "내용 문장"이라고 부른다. 따라서 오바마의 바람의 내용은 의회가 의료보장 법안을 올해에 통과시킨다는 명제이며 이는 깅그리치의 의심의 내용이기도 하다. 이 내용은 "의회가 의료보장 법안을 올해에 통과시킬 것이다"라는 문장으로 표현된다. 이런 상태들은 "지향적intentional"[8] 또는 "내용을 지닌" 상태라고 불리기도 한다.

이런 심적 상태가 현상적, 질적 측면을 가질까? 믿음을 어떤 특정 느낌과 연결하고, 욕구를 또 다른 어떤 특정 느낌과 연결하는 것이 통상적이지는 않다. 프로비던스가 보스턴의 남쪽에 있다는 믿음이라든

---

8 왜 이런 것들이 "지향적" 상태라고 불리는지는 설명하거나 근거를 대기가 쉽지 않다. 단순히 철학적 용어의 일부분으로 받아들이는 것이 좋을 것 같다. 꼭 설명을 원한다면 다음이 도움이 될지 모르겠다. 이런 상태들은 그 내용에 의해서 **표상적인** 상태가 된다. 눈이 희다는 믿음은 세계가 어떠한 방식으로 존재하는지 표상하는데, 더 구체적으로 눈이 흰 사태를 표상한다. 전통적으로 "지향성"이라는 말은 심적 상태의 이런 표상적 성격을 지칭하기 위해서 사용되어 왔다. 아래에서 우리는 지향성에 대해 더 논의할 것이다.

지, 2가 가장 작은 소수라는 믿음에 대해 믿음의 특별한 느낌이나 공통의 감각적 성질이 있는 것 같지는 않다. 적어도 이런 정도는 말할 수 있을 것 같다. 당신이 2가 가장 작은 소수라고 믿고 나도 그렇게 믿을 때, 이 믿음을 공유함으로써 우리 둘 모두 경험하는 어떤 공통의 감각적 성질이 있는 것 같지도 않고, 그래야 할 것 같지도 않다. 이런 지향적 상태의 중요성은 강조되어 마땅하다. 우리의 일상적인 심리적 사고와 이론화("상식 심리학" 또는 "통속 심리학")의 상당 부분은 명제 태도와 관계된다. 우리는 늘 이런 것들을 사용해서 사람들이 무엇을 할지에 대해서 예측하고 설명한다. 왜 메리는 길을 건넜을까? 메리가 커피 한잔을 원했고, 길 건너 스타벅스에서 커피를 살 수 있을 것이라 생각했기 때문이다. 이런 상태들은 사회심리학에서 중요하며 유사한 상태들이 심리학과 인지과학의 다양한 영역에 등장한다.

또 느낌과 감정이라는 광범위한 표제 아래 들어오는 다양한 심적 상태들이 있다. 여기에는 화, 기쁨, 슬픔, 우울, 흥분, 자신감, 당황스러움, 비탄, 후회, 수치심 등을 비롯한 많은 것들이 포함된다. 감정은 종종 종속절에 의해서 사람에게 귀속된다는 것도 눈여겨볼 필요가 있다. 다시 말해, 감정 상태들 중 일부는 명제 태도를 포함한다. 예를 들어, 어머니 생신에 어머니에게 전화하는 것을 잊어버렸다는 것에 당황할 수 있고, 어머니는 자식이 그랬다는 것에 실망할 수 있다. 게다가 어떤 감정은 믿음을 포함한다. 어머니의 생신을 잊어버렸음에 당황했다면, 그것을 잊어버렸음을 믿고 있기도 한 것이다. 느낌이라는 말이 시사하듯, 때때로 우리가 화나 슬픔을 비롯한 많은 감정들과 연관시키는 특별한 질적 요소가 있는 것이 사실이다. 그렇지만 감정의 모든 경우에 그러한 질적인 느낌이 동반되는지는 확실치 않다. 또 각각의 감정의 종류에 하나의 특정한 감각적 느낌이 대응하는지도 분명치 않다.

또 어떤 철학자들이 "의지volitions"라고 부르는 것도 있는데, 이는 의

도함, 결정함, 의지함과 같은 것이다. 의도와 결심은 내용을 갖기 때문에 이런 상태들은 명제 태도에 해당한다. 예를 들어, 나는 내일 뉴욕행 10시 기차를 탈 것을 의도하는데, 여기에서 그 내용은 명사형("탈 것")으로 표현되었지만, "나는 내가 내일 뉴욕행 10시 기차를 타겠다고 의도한다"라는 식으로 쉽게 완전한 문장으로 재진술될 수 있다. 어쨌든 이런 상태들은 행위와 밀접히 연관되어 있다. 내가 내 손을 **지금** 올리려고 의도하면 나는 내 팔을 올리는 일을 **지금** 수행할 것이며, 당신이 무엇을 하고자 의도하고 결심한다면 당신은 그렇게 하기로 한 것이다. 당신은 그것을 하는 데 필요한 단계를 밟을 뿐만 아니라 적절한 시간에 이런 단계를 시작할 준비가 되어 있어야 한다. 당신이 마음을 바꿀 수 없다거나 필히 성공할 것이라는 말이 아니다. 단지 그 행위를 하는 것으로부터 벗어나기 위해서는 의도 자체를 바꾸어야 한다는 것이다. 어떤 철학자들에 따르면 모든 의도적 행위는 그에 앞서 의지의 작용이 있어야 한다.

  행위는 전형적인 경우 신체의 움직임을 포함하는데, 그렇다고 해서 행위가 단순히 신체의 움직임에 불과한 것 같지는 않다. 나의 팔이 올라가고 있고 당신의 팔도 그렇다고 하자. 하지만 당신은 당신의 팔을 들어 올리고 있고 나는 그렇지 않은데, 나의 팔은 다른 사람이 끌어 올리고 있기 때문이다. 당신의 팔이 올라가는 것은 행위이고 당신이 행하는 어떤 것이다. 그러나 나의 팔이 올라가는 것은 행위가 아니다. 그것은 내가 행하는 어떤 것이 아니라 나에게 일어나는 일이다. 당신이 팔을 들어 올리는 것에는, 팔이 그저 올라가는 것에는 없는 무언가 심적인 것이 있어 보인다. 아마도 이는 팔을 올리려는 당신의 욕구나 의도가 연루되어 있기 때문일 것이다. 그러나 행위가 "단순한 신체적 움직임"과 정확히 어떻게 구분되는지는 계속 철학적 논쟁의 대상이었다. 또 빵을 사는 것과 같은 행위를 생각해보자. 분명히 빵을 사는 행위를 하는 사람은 적절한 욕구와 믿음을 갖고 있을 것이다. 예를 들어 그는 빵을 사려는 욕구 또는 적어도 무언가를 사려는 욕구를 가지고 있고, 빵이 무엇인지에 대한 지식을 갖고 있다. 그리고 무언가를 사는 것과 같은 행위를 하기 위해서는 무엇이 사는 (빌리거나 단순히 취하는 것이 아니라) 행위를 이루는지에 대한, 그리고 돈과 상품의 교환에 대한 지식이나 믿음을 가지고 있어야 할 것이다. 다시 말해 믿음과 욕구 및 적절한 사회적 규약과 제도에 대한 이해를 가진 생명체만이 사고파는 행위에 참여할 수 있다. 우리가 사회적 존재로서 행하는 많은 것들도 마찬가지이다. 약속이나 인사, 사과 같은 행위는 사회적 관계와 질서에 대한 이해뿐만 아니라 믿음과 욕구, 의도의 풍부하고 복잡한 배경을 전제하는 것이다.

"심리적"이라는 표제 아래 보통 포함되는 다른 항목에는 성품이나 성격(정직한, 집착이 많은, 위트 있는, 내향적인), 습관이나 성향(부지런한, 시간을 잘 지키는), 지적 능력, 예술적 재능 같은 것들이 있다. 그러나 이런 것들은 간접적이고 파생적인 의미에서만 심적인 것으로 간주될 수 있다. 정직이 심적 특성인 것은 그것이 어떤 종류의 욕구(가령 진실을 말하려는 욕구, 다른 사람을 속이지 않으려는 욕구)를 형성하고 적절한 방식으로 행위하는 (특히 진심으로 믿는 바만을 말하려는) 경향성 또는 성향이기 때문이다.

이 책의 나머지 부분에서 우리는 감각과 지향적 상태에 초점을 맞춘다. 심신 문제나 다른 쟁점에 대해서 논할 때 예가 될 심적 상태들은 그런 것들이다. 우리는 또 이 두 가지 주요한 유형의 심적 상태에 대한 특정한 철학적 문제들을 논한다. 그러나 어떤 유형의 심적 상태들이 있는지, 어떻게 그것들이 서로 연결되어 있는지와 같은 것을 비롯한 세부적인 질문들은 대체로 우회할 것이다.

그런데 어떤 의미에서 이런 다양한 항목들이 "심적"이고 "심리적"인가? 이 모든 것들을 심적인 것으로 만들어 주는 단일한 속성이나 특징, 또는 그러한 속성, 특징들의 꽤 단순하고 분명한 집합이 있는가?

"심적인 것의 표지"가 있는가?

철학자들은 "심적인 것의 표지", 즉 심적 현상이나 속성을 심적이지 않은 것들과 구분하는 기준 역할을 할 수 있는 것으로 다양한 특성들을 제안해왔다. 그 각각은 어느 정도 합당하고 심적 현상의 상당 부분을 포괄한다는 것을 알 수 있다. 그러나 곧 보겠지만, 그 어떤 것도 우리가 "정신적인" 또는 "심리적인" 것으로 통상적으로 분류하는 갖가지 종류의 사건, 상태, 기능과 역량 모두를 포괄하기에 적절치 않다. 여기서 심적인 것에 대한 우리 나름의 기준을 세우려고 하지는 않을 것이다. 그럼에도 불구하고 중요한 제안 몇 가지를 검토하는 것은 전통적으로 심성 개념과 연관된 주된 관념들에 대한 이해를 도울 것이고, 또 심적 현상의 몇몇 중요한 특징을 부각할 것이다. 비록 그 제안 중 어느 하나도 심성에 대한 보편적인 필요충분조건은 되지 못할 것 같지만 말이다.

인식론적 기준

신경이 노출된 결과로 당신이 어금니에 찌르는 듯한 치통을 느끼고 있다고 하자. 당신이 경험한 치통은 심적 사건이지만 당신 어금니에서 벌어진 것은 심적 사건이 아니다. 이 구분의 근거는 무엇인가? 한 가지 영향력 있는 답은 이 두 현상에 대한 **지식**을 얻는 방식의 근본적인 차이로 둘이 구분된다는 것이다.

직접적이고 즉각적인 지식. 당신이 치통을 느낀다는 것에 대한 당신의 지식, 또는 당신이 내일 비가 오길 바란다는 것에 대한 당신의 지식은

"직접적"이고 "즉각적"이다. 이는 증거나 추론에 기초해 있지 않다. 당신이 치통을 느낀다는 것을 추론할 근거가 되는, 당신이 알거나 알 필요가 있는 어떤 것도 없다. 이는 이런 경우에 "어떻게 알아?"라는 질문("당신이 눈이 아닌 비가 오길 바란다는 것을 당신이 어떻게 압니까?")이 어색해 보인다는 사실에서 알 수 있다. 그 질문을 심각하게 받아들인다면 유일하게 가능한 답은 **그냥** 안다는 것이다. 이는 이런 경우에 "증거"에 대한 질문이 부적절함을 보여준다. 당신의 지식은 직접적이고 즉각적이며, 증거에 기초해 있지 않다. 그러나 당신 어금니의 물리적 조건에 대한 당신의 지식은 증거에 기초해 있다. 이런 종류의 지식은 보통은 제삼자(가령 치과의사)가 제공하는 진술증거에 기반한다. 그리고 치과의사의 지식은 아마도 X-레이 사진 증거나 당신의 치아에 대한 시각적 조사 등에 의존할 것이다. "어금니 신경이 노출되었다는 것을 당신이 어떻게 아십니까?"라는 것은 충분히 물을 법한 질문이고 정보를 담은 답을 기대할 만하다.

그러나 어떤 단순한 물리적 사실에 대한 우리의 지식은 치통이나 간지러움과 같은 심적 사건에 대한 지식만큼이나 "직접적"이고 "즉각적"이지 않은가? 당신이 당신 바로 앞에 있는 벽에 그려진 큰 빨간색 점을 보고 있다고 해보자. 당신은 당신 앞에 둥근 빨간색 점이 있다는 것을 직접적으로 그리고 다른 아무 증거 없이 알지 않는가? 내 앞에 하얀 종이 한 장이 있다는 것이나 내 창문 바깥에 나무 한 그루가 있다는 것을 나 역시 같은 방식으로 알지 않는가?

사밀성 또는 일인칭적 특권. 앞의 물음에 대한 한 가지 가능한 답변은 우리 자신의 심적 상태에 대해 우리가 가진 지식의 사밀성에 호소하는 것인데, 이는 심적 사건에 대한 이런 직접적인 접근은 하나의 주체, 즉 그 사건이 일어나고 있는 사람만이 누린다는 것을 말한다. 치통의 경우에는 이런 종류의 특별한 특권적 입장에 있는 것은 치과의사나 어떤 다른 사람도 아닌 당신 자신뿐이다. 그러나 이는 빨간색 점을 보는 경우에는 성립하지 않는다. 당신이 벽에 빨간색 점이 있다는 것을 "직접적으로" 알 수 있다면, 그 벽에 대해 적절한 위치에 있는 어떤 사람도 그럴 수 있다. 그 누구도 그 빨간색 점에 대해서 특별한 특권적 접근을 가지지 못한다. 이런 점에서 심적 사건에 대한 지식은 일인칭과 삼인칭 사이의 **비대칭성**을 드러낸다. 고통과 관련해서 특별한 인식적 특권을 가진 이는 일인칭, 즉 그 고통을 경험하는 사람밖에 없다. 다른 사람들, 즉 삼인칭 타자는 그 고통을 경험하지 않는다. 이와 대조적으로 물리적 대상이나 상태(가령 벽 위의 빨간색 점)에 대한 지식에 관한 한, 유의미한 일인칭/삼인칭 구분은 존재하지 않으며 모든 사람이 삼인칭이다. 게다가 일인칭적 특권은 오직 **현재**의 심적 현상에 대한 지식에 대해서 성립하며, **과거**의 것에 대해서는 성립하지 않는다. 어제 또는 일주일 전이나 2년 전에 치통을 앓았다는 것을 당신이 아는 것은 기억의 증거나 다이어리에 써놓은 것, 또는 치과 진료기록 같은 것을 통해서이다.

그러나 우리가 자기수용감각을 통해서 탐지하는 신체 상태들(예를 들어, 다리를 꼬고 있다는 것이나, 오른손을 올리고 있다는 것에 대한 지식)은 어떤가? 자기수용기 및 그와 연결된 신경기제는 우리 신체의 물리적 조건들에 대한 정보를 **직접적으로** 제공하는 일을 수행하고, 자기수용감각은 일반적으로 상당한 신빙성이 있다. 게다가 일인칭적 특권은 그런 경우에도 성립하는 것으로 보인다. 즉 내 오른 무릎이 굽혀져 있다는 것을 자기수용감각을 통해서 아는 것은 오직 나뿐이며, 어떤 제삼자도 이런 사실에 유사한 접근을 갖지 못한다. 그러나 이는 신체 조선에 대한 지식이지 심적 현상에 대한 지식이 아니다. 아마도 이런 예는 다음의 기준에 호소해서 다루어질 수 있을 것이다.

오류불가능성과 투명성. 심성과 흔히 연결되는 또 하나의 인식적 특징은 우리 자신의 현재 심적 상태에 대한 지식은 어떤 의미에서 "오류불가능infallible"하거나 "수정불가능incorrigible", 또는 "자기고시적 self-intimating"이라는 것이다(다시 말해 당신의 마음은 당신에게 "투명 transparent"하다). 핵심 아이디어는 심적 사건(특히 고통이나 그 밖의 감각과 같은 사건)은 다음의 속성을 갖는다는 것이다. 우리가 이런 것들을 경험하는지에 대해 우리는 오류를 범할 수 없다. 즉 내가 고통 상태에 있다고 **믿는다면** 내가 **실제로** 고통 상태에 있다는 것이 따라 나오며, 내가 고통 상태에 있지 않다고 믿으면 나는 실제로도 그렇지 않은 것이다. 내 자신의 고통에 관해서 내가 잘못된 믿음을 갖는 것은 가능하지 않다. 이런 의미에서 나의 고통에 대한 나의 지식은 **오류불가능**하다. 소위 심리적 문제로 인한 고통도 고통이다. 그것들 또한 심각하게 고통스러울 수 있다. 내 믿음과 같은 명제 태도에 대한 나의 지식도 마찬가지일 것이다. 데카르트는 우리가 의심하고 있다는 사실이나 생각하고 있다는 사실에 대해서 오류를 범할 수 없다고 말한 것으로 유명하다.[9] 반면 물리적 사건에 관한 나의 믿음은 참이라는 보장이 없다. 어금니에 충치가 생겼다는 나의 믿음은 참일 수도 있지만, 그것이 참이라는 것은 내가 그것을 믿는다는 것으로부터 함축되지는 않는다. 어쨌든 그렇게 주장된다. 자기수용감각을 통해 획득되는 지식으로 잠시 돌아가서, 그런 지식은 신빙성이 있을지는 모르지만 오류불가능한 것은 아니다. 자기수용감각에 기초한 나의 신체에 대한 믿음은 틀린 것일 수 있다.

투명성은 오류불가능성의 역이다. 어떤 상태 또는 사건 m이 어떤 사람에게 투명한 경우 그리고 오직 그 경우에 m이 발생했을 때 필연적

---

9 René Descartes, *Meditations on First Philosophy*, Meditation II를 보라.

으로 그 사람은 m이 발생했음을 안다.[10] 심적 사건은 그것이 발생하는 주체에게 투명하다는 것이 아이디어이다. 만약 고통이 이런 의미에서 투명하다면 **숨겨진** 고통, 즉 주체가 인지하지 못하는 고통이란 있을 수 없다. 나 자신의 고통에 대한 믿음이 오류불가능하다는 것은 어떤 생리학적인 원인도 없는 고통이 적어도 상상가능함을 함축한다. 마찬가지로 고통의 투명성은 고통의 통상적인 물리적 생리학적 원인이 발생했다고 하더라도 내가 어떤 고통도 인지하지 못하면 나는 고통 상태에 있지 않다는 것을 함축한다. 전투 중인 군인이나 경기에 한창인 운동선수가 심각한 신체적 손상을 입었음에도 아무런 고통을 인지하지 못했다고 보고하는 경우가 있다. 만약 고통이 투명하다고 가정한다면 우리는 심적 사건으로서의 고통은 이런 사람들에게 발생하지 않은 것이라고 결론 내려야 할 것이다. "마음의 투명성 원리"를 우리의 마음에서 발생하는 어떤 것도 우리의 인지를 피해갈 수 없다는 주장, 즉 우리의 마음에 있는 어떤 것도 우리에게 숨겨져 있지 않다는 주장으로 정의할 수 있다. 이 원리와 오류불가능성을 합친 것이 종종 마음에 대한 전통적 견해, 특히 데카르트의 견해와 연결된다.

오류불가능성과 투명성은 지극히 강한 특징이다. 물리적 사건이나 상태가 이런 성질을 갖지 않는다는 것에는 놀라울 것이 없다. 보다 흥미로운 물음은 과연 모든 또는 대부분의 심적 사건이 이를 충족하는가 하는 것이다. 분명히 모든 심적 사건이나 상태가 이런 특별한 인식적 특성을 갖는 것은 아니다. 첫째로, 억압된 욕구나 분노 같은, "무의식적" 또는 "잠재의식적" 믿음이나, 욕구, 감정에 대해서 말하는 것은 요즘 흔히 있는 일인데, 주체는 이런 심리 상태를 인지하지 못하고 심

---

10 이 책의 후반부에서(8장) 우리는 지각적 경험에 적용된 "투명성"의 또 다른 의미와 만나게 될 것이다.

지어 이런 상태를 가졌다는 것을 강력히 부인하지만 그런 상태는 분명히 그 사람의 행위나 행동을 형성하고 그것에 영향을 미친다. 둘째로 우리가 경험하는 감정이 당황스러움인지, 슬픔인지, 유감인지 (또는 부러움인지, 질투인지, 분노인지) 결정하는 것이 항상 쉬운 것은 아니다. 또 우리가 어떤 것을 "실제로" 믿거나 원하는지 확실하지 않을 때도 많다. 나는 세계화가 좋은 것이라고 믿나? 나는 내가 전반적으로 좋은 사람이라고 믿나? 나는 사회성과 사교성이 좋은 사람이길 원하나, 아니면 조금 냉담하고 쌀쌀한 사람이길 원하나? 당신이 이런 물음들에 대해서 생각해본다면, 답이 무엇인지 확실하게 말할 수 없을지 모른다. 당신이 판단을 보류했다는 말이 아니다(당신은 그것조차 알지 못할 수 있다). 인식적 불확실성은 감각과 관련해서도 발생할 수 있다. 너무 많이 익은 이 아보카도는 약간 썩은 달걀 같은 냄새가 나는 걸까, 아니면 샐러드에 넣어도 괜찮을 정도인가? 특별한 인식적 접근은 아마도 고통이나 가려움 같은 감각에 대해서 가장 그럴듯할 텐데, 여기서도 고통에 대한 우리의 믿음 전부가 위에서 개관한 인식적 성질들이 시사하는 특별한 권위적 특성을 갖는 것은 아닌 것 같다. 내가 지금 경험하고 있는 고통이 방금 전에 같은 팔꿈치에서 느꼈던 고통보다 더 심한가? 분명히 고통의 많은 특성들에 대해서 (심지어 내성적으로 확인 가능한 것들에 대해서) 나는 오류를 범할 수 있고 완전히 확신감을 갖지도 못한다.

또 우리가 경험하는 감각의 유형을 우리가 잘못 분류하고 잘못 확인할 수도 있다고 생각된다. 예를 들어, 당신은 어깨가 가렵다고 말하지만, 사실은 어깨에 근질근질한 감각을 갖고 있다는 것이 올바른 기술일 수 있다. 하지만 이런 사례가 정확히 무엇을 보여주는지는 분명하지 않다. 이 오류가 믿음에서의 오류가 아니라 언어적인 오류라고 대답하는 이들도 있을 것이다. 당신은 "내 왼쪽 어깨가 가렵다"는 문장을 사용해 믿음을 보고하지만, 당신의 믿음은 사실 "내 왼쪽 어깨가 근질근질하다"는 것이고 이 믿음은 참이라는 것이다.

이와 같이, 심적 사건의 특수한 인식적 특성을 정확히 어떻게 특징지을지는 복잡하고도 논쟁적인 문제이며, 이 영역에 동의된 바가 거의 없다는 것에는 놀라울 것이 없다. 일부 철학자들, 특히 심성에 대한 과학적 접근을 선호하는 철학자들은 심적 사건과 신체적 사건 사이에 언뜻 보이는 차이를 최소화하려고 애쓸 것이다. 그러나 그 차이를 정확히 어떻게 기술하는지의 문제와 별개로 심적인 것과 비심적인 것 사이에 중요한 인식적 차이가 있다는 것은 분명하다. 특히 중요한 것은 앞에서 지적한 일인칭적 인식적 권위이다. 우리는 우리 자신의 마음 상태에, 모두는 아니더라도 중요한 일부분에 대해서 특별한 접근을 갖고 있는 것으로 보인다. 그러한 접근은 오류불가능성이나 수정불가능성에 못 미칠지 모르며, 우리 마음이 우리에게 완전히 투명한 것은 아니라는 점에는 의심의 여지가 없어 보인다. 그러나 정확히 우리가 서술한 바대로는 아닐지 몰라도 우리가 주목한 차이는 충분히 실재하는 것이다. 그리고 이런 차이는 심적인 것과 물리적인 것의 개념에 대한 우리 생각의 출발점이 될 수 있을 것이다. 모종의 일인칭적 권위가 성립하는 핵심 심적 상태를 통해 심성의 개념을 파악하는 첫 발판을 마련하고, 이 핵심을 여러 방식으로 확장하고 일반화함으로써 더 넓은 부류의 심적 현상을 이끌어내는 식으로 말이다.[11]

---

11   많은 심리학자와 인지과학자들은 우리가 우리 마음의 내용에 대해서 특권적 접근을 갖는다는 것에 대해 회의적이라는 점도 주목할 만하다. 예를 들어 Nisbett and Wilson, "Telling More Than We Can Know" 및 Alison Gopnik, "How We Know Our Minds: The Illusion of First-Person Knowledge of Intentionality"를 보라.

비공간적인 것으로서의 심성

데카르트에게 마음의 본성은 그것이 생각하는 실체라는 것이며("res cogitans") 물질적인 것의 본성은 그것이 공간적인 연장을 가진 것(삼차원의 공간을 점유하는 어떤 것)이라는 점이다. 데카르트에게 이것의 귀결은 심적인 것은 본질적으로 비공간적이며, 물질적인 것은 본질적으로 사유 능력이 없다는 것이다. 대부분의 물리주의자들은 심적인 것이 생각하는 것으로 정의된다는 논제는 받아들인다고 하더라도 이런 귀결은 거부할 것이다. 물리주의자들은 고등 생명체와 같은 일부 물질적인 것들은 실제로 생각하고 느끼며 의식도 가질 수 있다고 말할 것이다. 그러나 물리주의에 대한 물음은 열어놓으면서 심적인 것은 비공간적이라는 아이디어를 발전시키는 방법이 있을 수 있다.

예를 들어, 다음과 같은 것을 시도해보자. M이 심적 속성이라고 말하는 것은, 어떤 것이 M을 가졌다는 명제가 그것이 공간적으로 연장된 것임을 **논리적으로 함축하지 않는다**고 말하는 것이다. 이는 M을 가진 어떤 것이 공간적으로 연장된 것이어야 함을 요구하지도 않지만, 그것이 사실상 공간적으로 연장된 것일 가능성을 배제하지도 않는다. 인간 및 다른 생물학적 유기체가 그러하듯, 심적 속성을 가진 모든 것들이 공간적으로 확장된 것이라는 것이 **우연한 사실**로 성립할 수 있다.

어떤 x가 4가 짝수임을 믿는다는 명제로부터 x가 공간적으로 연장된 것이라는 것이 따라 나오는 것 같지는 않다. 비물리적인 천사 같은 것이 이 세계에는 없을지 모르나, 천사가 있다든지, 천사가 믿음 및 다른 심적 상태들(가령 욕구와 바람)을 갖는다고 말하는 것에 논리적 모순은 없는 것 같다. 그러나 어떤 것이 물리적 속성(가령 빨강색, 삼각형 모양, 거친 질감 등)을 갖는다고 말하면서 동시에 그것이 공간적으로 연장되어 있다는 것을 부정하는 것은 명백히 모순에 해당한다. 기하학적 점에 위치해 있음은 어떤가? 아니면 기하학적 점임은? 그러나 어떤 물리적인 **대상**도 기하학적 점이 아니다. 기하학적 점은 물리적 대상이 아니며, 어떤 물리적 대상도 점임이라는 속성 혹은 점에 전적으로 위치해 있음이라는 속성을 갖지 않는다.

마음의 표지에 대한 접근으로서 비공간성은 얼마나 유용한가? 이런 접근을 진지하게 생각한다면, 비물리적인 정신적 실체라는 관념 역시 진지하게 받아들여야 할 것이다. 심적 속성이 비물리적인 존재(공간적 연장을 갖지 않는 존재)에 의해 예화되는 가능 세계의 존재를 허용해야 하기 때문이다. 이 결론으로 이끄는 추론은 단순하다. 각각의 심적 속성 M에 대해서, 어떤 것이 공간적으로 연장되어 있지 않으면서 (즉 물리적 대상이 아니면서) M을 예화할 수 있다. 따라서 물리적 대상이 존재하지 않더라도 M은 예화될 수 있다. 이로부터 물리적 대상은 존재하지 않지만 믿음이나 고통과 같은 심적 속성이 예화되는 가능 세계가 존재한다는 것이 따라 나온다. 그런 세계에서 심적 속성을 예화하는 것, 또는 심적 속성의 담지자가 될 수 있는 것은 무엇인가? 수와 같은 추상적 대상이 심적 속성을 갖는 것으로 보는 것은 말이 되지 않으므로, 유일하게 남는 가능성은 비물리적인 정신적 실체이다. 그렇다면 비공간성을 심성에 대한 기준으로 받아들이는 사람은 비물리적 실체의 관념을 정합적인 것으로 받아들여야 하며 그런 실체가 존재하는 것이 가능하다는 것을 인정해야 한다는 것이 따라 나온다. 이는 마음을 정신적 실체로 보는 데카르트적 견해(2장을 보라)의 정합성에 대해서 의심을 품는 사람은 심성에 대한 비공간성 기준과 거리를 두는 편이 낫다는 것을 의미한다.

심적인 것의 기준으로서의 지향성

슐리만은 드로이의 유적을 추적했고 운이 좋게도 찾아냈다. 폰세 데 레온은 젊음의 샘을 찾아 나섰지만 결코 그것을 찾아내지 못했다. 그가 그것을 찾을 수 없었던 것은, 그것이 존재하지도 않고 아예 존재했던 적도 없기 때문이다. 그러나 그가 젊음의 샘을 집요하게 찾고 있었다는 것은 여전히 맞는 말이다. 빅풋이나 네스호 괴물이 존재하지 않는다는 사실은 사람들이 이런 것을 찾아 나서는 것을 불가능하게 만들지는 못한다. 존재하지 않는 것을 **찾아** 나설 수 있을뿐더러 존재하지 않는 대상에 **대해서 생각할** 수 있고 **믿음**이나 **욕구**를 가질 수도 있으며 글을 쓰거나 심지어는 **숭배**할 수도 있다. 만약 신이 존재하지 않는다고 하더라도 신은 많은 사람들에게 이런 정신적 행위 또는 태도의 대상이 될 수 있고 실제로도 그래왔다. 이런 심적 활동과 상태를 물리적인 행위 및 상태(가령 자름, 걷어참, 어떤 것의 왼쪽에 있음 같은)와 비교해보라. 우리는 존재하지 않는 나무 조각을 자를 수도 없고 걷어찰 수도 없으며, 존재하지 않는 것의 왼쪽에 있을 수도 없다. 어떤 사람이 무엇을 걷어찼다는 것은 그것이 존재함을 논리적으로 함축한다. 어떤 사람이 무언가에 대해서 생각하고 있다는 것은 그것이 존재함을 함축하지 않는다. 적어도 그렇게 보인다.

오스트리아 출신의 철학자 프란츠 브렌타노는 이런 성질을 심리적 현상의 "지향적 비존재intentional inexistence"라 부르면서, 이것이 심적인 것을 물리적인 것과 구분 짓는 특질이라고 주장했다. 유명한 구절에서 그는 다음과 같이 말한다.

> 모든 심적 현상은 중세의 스콜라 학자들이 대상의 지향적 (또는 심적) 비존재라고 부른 것으로 특징지어진다. 애매성이 전혀 없는 것은 아니지만, 우리는 이를 내용에 대한 지시, 대상(여기서는 어떤 사물을 의미하는 것으로 이해되어서는 안 된다)을 향함 또는 내재적 객관성immanent objectivity이라 부를 수 있다. 모든 심적 현상은 무언가를 대상으로 그 안에 포함하는데, 항상 같은 식으로 포함하는 것은 아니다. 제시됨에

있어서는 어떤 것이 제시되고, 판단에 있어서는 어떤 것이 긍정되거나 부정되며, 사랑에 있어서는 사랑의 대상이 되며, 미움에 있어서는 미움의 대상이 되고, 욕구에 있어서는 욕구의 대상이 된다.[12]

심성의 이런 특징, 즉 심적 상태는 존재하거나 존재하지 않는 대상에 **대한** 것이고 그것을 **향해 있다는** 특징, 또는 참이거나 참이 아닐 수 있는 내용을 갖는다는 특징을 "지향성"이라고 한다.

넓게 말해서 지향성은 마음과 세계의 관계를 지칭하는데, 특히 우리의 생각이 세계에 있는 것들과 관련되고 연결되어 세계가 어떠한지를 표상한다는 사실을 일컫는다. 그 기저에 있는 생각은 심성은 우리 주변의 세계를 표상하는 능력이며, 이것이 마음의 본질적인 기능 중 하나라는 것이다. 간단히 말해서 마음은 바깥 세계에 대한 내적 표상의 저장소(내적 거울)라는 것이다. 지향성의 개념은 **지시적 지향성**과 **내용 지향성**으로 구분될 수 있다. 지시적 지향성은 우리의 생각, 믿음, 의도 등이 무엇에 대한 것이라는 특성 및 지시에 관계된다. 루트비히 비트겐슈타인이 "그에 대한 나의 심상을 그에 대한 심상으로 만드는 것은 무엇인가?"[13]라고 물었을 때, 그는 어떤 심적 상태(나의 "그에 대한 심상")를 다른 대상이 아닌 특정 대상(여기서는 그)에 **대한** 것으로 만드는 것 혹은 그 대상을 **지시**하게끔 하는 것은 무엇인지에 대한 설명을 요구했던 것이다. (그 사람은 일란성 쌍둥이가 있을지 모르고 내가 가진 심상은 그 쌍둥이에도 똑같이, 심지어는 더 잘 들어맞을지 모르나 나의 심상은 그에 대한 것이지 그의 쌍둥이에 대한 것이 아니다. 나는 심지어 그 사람

---

12 Franz Brentano, *Psychology from an Empirical Standpoint*, p. 88.

13 Ludwig Wittgenstein, *Philosophical Investigations*, p. 177.

이 쌍둥이가 있다는 사실조차 모를 수 있다.) 내가 사용하는 단어들 역시 대상들을 지시하고 그것들을 향해 있다. "에베레스트"는 에베레스트를 지시하며, "말"은 말을 지시한다.

내용 지향성은 (이미 보았듯이) 일군의 중요한 심적 상태들(즉 믿음, 바람, 의도와 같은 명제 태도)이 종종 완전한 문장에 의해 표현되는 내용 또는 의미를 갖는다는 사실과 관련이 있다. 우리의 심적 상태는 내용을 가짐으로써 세계에 있는 사태를 **표상한다**. 들에 해바라기가 있다는 것을 지각하는 것은 들에 해바라기가 있다는 사실 또는 사태를 표상하는 것이며, 어젯밤에 폭풍우가 있었다는 것을 기억하는 것은 어젯밤에 폭풍우가 있었다는 사태를 표상하는 것이다. 우리의 심적 상태가 마음 밖에 있는 것들을 표상하는 능력이 있다는 것은, 즉 심적 상태가 **표상적 내용**을 갖는다는 사실은 심적 상태에 대한 매우 중요한 사실이다. 바깥 세계를 표상하는 우리의 능력은 명백히 우리가 환경에 대처하고 생존 및 번영하는 데 핵심적으로 중요하다. 간단히 말하면, 이 때문에 우리가 세계에 대한 지식을 가질 수 있는 것이다. 표준적인 견해에 따르면 지식을 갖는다는 것은 참인 내용을 갖는 심적 표상(즉 올바르게 표상하는 심적 표상)을 갖는 것의 문제이다.

이와 같이 지시적 지향성과 내용 지향성은 심적 상태가 세계에 있는 대상과 사태를 표상하는 역량 및 기능을 갖는다는 사실의 두 가지 연관된 측면이다. 브렌타노는 이런 표상 능력이야말로 마음의 본질에 해당한다고 생각했던 것 같다. 이것이 마음의 본질적 기능이며 그 존재 이유에 해당한다는 것이다.

그러나 지향성이 심성 전체를 정의하는 특징이 될 수 있을까? 표상 개념에 관해 우리가 염두에 두어야 할 것은 표상은 "충족" 조건을 갖는다는 것이다. 눈은 희다는 믿음과 같이 내용 지향성을 갖는 표상의 경우, 이는 참 또는 올바름에 의해서 평가될 수 있다. 그림 또는 시각 표상은 정확도와 충실성의 정도로 평가될 수 있다. 이는 표상이 올바르게 표상하지 못할 수도 있음—즉 그것이 오표상할 수 있음—을 의미한다. "런던"이나 "젊음의 샘" 같은 지시적 지향성의 경우에 의도된 대상, 즉 존재하는 대상을 성공적으로 지시하는지에 대해서 말할 수 있다. "런던"은 런던이라는 도시를 지시하는 반면에 "젊음의 샘"은 아무것도 지시하지 못한다.

　예비 사항은 이쯤으로 하고, 심적인 것의 기준으로서의 지향성에 관해서 우리가 논의해야 할 두 가지 논점이 있다. 첫 번째는 어떤 심적 현상의 경우, 특히 고통, 간지럼, 오르가슴[14] 같은 신체 감각 같은 것들은 어떤 종류의 지향성도 보이지 않는 것 같다는 점이다. 고통의 감각은 어떤 것에 "대한" 것이거나 어떤 것을 지시하는 것이 아니며, 참이거나 거짓, 또는 정확하거나 부정확할 수 있는 내용을 갖지도 않는 것 같다. 내 무릎의 고통이 찢어진 인대가 다시 손상을 입었다는 사실을 "의미"하거나 "표상"하지 않을까? 그러나 여기에 연루된 "의미"는 인과적 징후 정도를 뜻하는 것으로 보인다. 고통이 손상된 인대를 "의미"하는 것은 당신의 그을린 피부가 당신이 해변에서 주말을 보냈음을 의미하는 것과 같은 뜻에서이다. 언뜻 보기에 상당수의 신체 감각은 참이나 올바름의 기준으로 평가될 수 있는 것 같지 않다. 아니면 기분, 가령 따분하다는 기분이나 가라앉는다든지 고조된다든지 하는 기분을 생각해보자. 이런 것들이 무언가를 표상하는가? 이런 것들이 정확하거나 부정확할 수 있을까? 그럼에도 불구하고 신체 감각을 포함한 모든 의식 상태가 본성상 표상적이라는 견해는 최근에 꽤 인기를 끌었고 영향력이 있었는데, 우리는 이 주제를 나중에 다시 논의할 것이다(9장과 10장).

14　이 예는 네드 블록에게서 가져온 것이다.

둘째로 마음이나 심적 상태만이 지향성을 보이는 것은 아니라는 점이 지적될 수 있다. 언어, 특히 단어나 문장은 어떤 것들을 지시하며 표상적 내용을 갖는다. "런던"이라는 단어는 런던을 지시하고 "런던은 넓다"라는 문장은 런던은 넓다는 사실 또는 사태를 지시하고 표상한다. 컴퓨터 데이터에서 0과 1의 열은 당신의 이름이나 주소를 의미할 수 있고, 그런 숫자 열은 궁극적으로 물리적 체계의 전자 상태에 해당한다. 이런 물리적인 것들과 상태가 지시할 수 있고 내용을 가질 수 있다면, 어떻게 지향성을 심성만이 가진 속성이라고 볼 수 있겠는가?

그러나 다음과 같은 답변이 열려 있는 것 같다. 일부 사람들이 주장했듯이 우리의 마음과 심적 상태가 갖는 **진짜** 또는 **내재적** 지향성과, 그 자체로는 지향성을 갖지 않는 대상이나 상태에 우리가 귀속하는 **가상의** 또는 **파생적** 지향성을 구분할 수 있다.[15] 내 프린터가 윈도우10과 작업하는 것은 "좋아하지만" 윈도우11과 작업하는 것은 좋아하지 않는다고 말할 때, 나는 내 프린터가 좋아하고 좋아하지 않는 게 있다고 진짜로 말하고 있는 것이 아니다. 이는 기껏해야 "가상의" 또는 은유적 언어 사용이며 아무도 내 말에서 기계에 심성이 있음을 읽으려 하지 않을 것이다. 또 "런던"이라는 단어가 런던을 의미하는 것은 단지 언어 사용자들이 런던을 지시하기 위해서 그 단어를 사용하기 때문일 뿐이라고 하는 게 꽤 합당하다. 만약 우리가 그 단어를 파리를 지시하기 위해서 사용했다면, 그 단어는 런던이 아닌 파리를 의미했을 것이다. 또는 "런던"이라는 글자가 어떤 언어에서 단어가 아니었다면, 그것은 그저 어떤 지시적 기능도 갖지 않는 무의미한 낙서에 불과했을 것이다. 유사하게 "런던은 넓다"라는 문장이 그것이 표상하는 사태를 표상하는

15　예를 들어 John Searle, *Intentionality* 및 *The Rediscovery of the Mind*를 참고하라.

것은 우리말 사용자들이 이 문장을 그런 사태를 표상하기 위해서 사용하기 때문일 뿐이다(예를 들어, 이 문장을 긍정할 때 우리말 사용자들은 런던은 넓다는 믿음을 표현한다). 요점은 언어의 지향성은 언어 사용자 및 그들의 심적 과정의 지향성으로부터 파생된 것이라는 점이다. 내재적 지향성, 즉 어떤 다른 것으로부터 파생되거나 빌려오지 않는 지향성을 가진 것은 심적 과정의 지향성이다. 어쨌거나 이런 식의 주장이 가능하다.[16]

더 직접적인 답변은 이런 것이다. 어떤 물리적 체계가 대상들을 지시하거나 사태를 표상하고 의미를 담는다고 말할 수 있다면, 이런 물리적 체계는 심성을 (혹은 적어도 심성의 본질적 형태 중 하나를) 나타내는 것으로 생각되어야 한다. 의심할 것 없이, 위의 첫 번째 답변이 시사하듯이 지향적 표현들에 대한 유비적 또는 은유적 사용은 흔하지만, 이런 사실 때문에 물리적 체계와 그것의 상태가 진짜 지향성을 가질 수 있고 그래서 심성을 가질 수 있다는 가능성을 보지 못해서는 안된다. 결국 우리 자신도 복잡한 물리적 체계이고, 우리 두뇌의 물리적-생물학적 상태도 외부에 있는 대상이나 사태를 지시할 수 있고 그것의 표상을 기억으로 저장할 수 있다고 주장될 수 있기 때문이다. 물론 순전히 물리적인 상태가 이런 역량을 갖는 것이 불가능한 것으로 드러날지 모르지만, 이는 단순히 물리적 상태가 심성을 가질 수 없음을 보이

---

16   이는 늘 논쟁의 대상이었다. 다른 가능한 입장은 이런 것들이 있다. 첫째는 언어적 지향성이 사실은 심적 지향성에 우선하며, 후자는 전자로부터 파생된다는 것이다(윌프리드 셀러스가 이런 입장을 취했다). 둘째는 두 가지 유형의 지향성이 구분되지만 상호 의존적이며 어떤 것도 다른 것에 우선적이거나 다른 것으로부터 파생되지 않는다고 하는 것이다(도널드 데이비드슨이 이런 입장을 취했다). 셋째는 "내재적" 지향성과 "파생적" 지향성의 구분은 가짜이며 비정합적이라고 보는 것이다(대니얼 데닛이 이런 입장을 받아들인다).

는 셈이 될 것이다. 이런 답변에 따르면 지향성은 적어도 심성의 충분 조건이기는 하다는 것은 여전히 옳은 말이다.

한 가지 물음

"심적인 것의 표지"로 여겨질 만한 후보들을 살펴보면서 우리가 깨닫는 것은 심적인 것에 대한 우리의 관념이 결코 통합되거나 단일한 것이 아니고, 사실은 많은 관념들의 집합체라는 것이다. 어떤 관념들은 서로 밀접히 연결되어 있는 반면에 다른 것들은 서로 독립적이다. (특수한 인식적 접근과 비공간성이 연결되어 있어야 할 이유가 있는가?) 심성에 대한 우리의 견해가 다양하고 통합성을 결여할지 모른다는 점은 심적인 것으로 분류되는 대상과 상태들이 잡다하고 이질적인 집합체라는 것을 함축할 것이다. 표준적으로 심적 현상에 두 넓은 범주가 있다고 생각된다. 하나는 의식적 상태로, 특히 고통이나 색상이나 질감에 대한 감각 같은 감각적 또는 질적 상태("감각질"을 가진 상태)이다. 다른 하나는 믿음, 욕구, 의도 같은 지향적 상태, 즉 표상적 내용을 가진 상태이다. 전자는 심적인 것의 직접적 접근이나 사밀성과 같은 인식적 기준을 충족하는 표준적인 사례이며, 후자는 지향성 기준을 충족하는 심적 상태의 기본적인 예이다. 여전히 열려 있는 한 가지 중요한 물음은 이런 것이다. 감각적 상태와 지향적 상태가 모두 "심적"인 것은 **어떤 속성을 공유**하기 때문인가? 고통과 믿음이 무엇을 공유하기에 둘 다 "심적 현상"이라는 하나의 표제에 속하게 되는 것일까?

이에 답하는 (그래서 심성에 대한 통합적 견해를 내놓을 수 있는) 두 가지 접근 방식이 있다. 어떤 이들은 의식이 근본적이며 지향성은 의식을 전제한다고 주장한다. 구체적으로 모든 지향적 상태는 의식적 상태이거나 또는 원칙적으로 의식적 상태가 되는 것이 가능하다고 주장한다.[17] 같은 노선에서, 의식을 가진 존재만이 내용과 지향성을 가진 생각을 가질 수 있다고 주장할 수 있다. 그런 견해는 심성 전체가 그 기저에서는 의식에 닻을 내리고 있고 의식이 마음의 단일한 토대일 가능성을 열어놓는다.

이와 정반대에 있는, 점점 영향력을 더해가는 견해가 있는데 위에서도 언급한 바 있듯이 현상적 의식을 포함하는 모든 의식은 그 성격에 있어서 표상적이라고 보는 견해이다. 의식 상태는 그 본성상 사물들이 어떠함을 표상하며, 책상 위의 초록색 물병을 보는 지각적 경험의 경우에서나 고통과 같은 신체 감각의 경우에도 다르지 않다. 이는 모든 의식 상태가 표상적, 즉 지향적 내용을 가지며 표상되는 대상과 속성을 "향해 있음"을 의미할 것이다. 의식에 대한 표상주의는 따라서 지향성이 모든 심성을 특징짓는 단일한 표지라는 견해로 이끈다. 그렇다면 마음과 심성에 대한 만족스러운 통합적 개념이 의식 표상주의가 줄 수 있는 뜻밖의 보너스일 수 있다.

더 읽을거리

인지과학에 대한 철학적 문제들에 관심 있는 독자라면 앤디 클라크Andy Clark 의 《마인드웨어: 인지과학 철학 입문Mind-ware: An Introduction to the Philosophy of Cognitive Science》과 바버라 본 에카르트Barbara von Eckardt의 《인지과학이

---

17 존 설이 이런 입장을 지지하는 잘 알려진 철학자이다. 그의 *The Rediscovery of Mind*, 7장을 보라. 또 Strawson, "Real Intentionality 3: Why Intentionality Entails Consciousness"을 보라.

란 무엇인가?What is Cognitive Science?》및 로버트 M. 하니시Robert M. Harnish 의《마음, 두뇌, 컴퓨터: 인지과학의 토대에 대한 역사적 입문Minds, Brains, Computers: An Historical Introduction to the Foundations of Cognitive Science》을 살펴보기를 권한다. 두 논문 모음집《마음, 두뇌, 그리고 컴퓨터Minds, Brains, and Computers》(Denise Dellarosa Cummins, Robert Cummins 편집)와《철학과 인지과학 읽을거리Readings in Philosophy and Cognitive Science》(Alvin Goldman 편집) 역시 도움이 될 것이다.

《옥스퍼드 심리철학 핸드북Oxford Handbook of Philosophy of Mind》(Brian McLaughlin, Ansgar Beckermann, Sven Walter 편집)은 상당히 유용하고 포괄적인 참고자료이다.《스탠퍼드 철학 백과사전Stanford Encyclopedia of Philosophy》(http://plato.stanford.edu),《맥밀런 철학 백과사전Macmillan Encyclopedia of Philosophy》2판(Donald Borchert 편집), 그리고《루틀리지 철학 백과사전Routledge Encyclopedia of Philosophy》(Edward Craig 편집)은 심리철학 및 연관 분야 주제들에 대한 좋은 글들을 담고 있다(이 중 몇몇은 방대한 참고문헌도 함께 소개한다). 또한 'Philosophy Compass'(www.blackwell-compass.com)의 '마음과 인지 과학Mind & Cognitive Science' 섹션은 심리철학의 다양한 주제들에 대한 최신 연구를 개괄하는 좋은 논문들을 담고 있다. 'The Internet Encyclopedia of Philosophy'(www.iep.utm.edu)의 '마음과 인지 과학' 섹션에도 유용한 항목들이 많이 포함되어 있다. 그러나 이 같은 인터넷 자료를 참조할 때 독자들은 적절한 주의를 기울여야 한다.

또한 심리철학에 관한 훌륭한 모음집들이 많이 있다. 몇 가지를 꼽자면,《심리철학The Philosophy of Mind》(Brian Beakley와 Peter Ludlow 편집),《심리철학: 고전과 현대 읽을거리Philosophy of Mind: Classical and Contemporary Readings》(David J. Chalmers 편집), 그리고《마음의 문제Problems in Mind》(Jack S. Crumley II 편집),《심리철학: 안내와 논문 모음Philosophy of Mind: A Guide and Anthology》(John Heil 편집),《마음과 인지: 논문 모음집Mind and Cognition: An Anthology》(William G. Lycan, Jesse Prinz 편집) 3판,《심리철학: 현대 읽을거리 Philosophy of Mind: Contemporary Readings》(Timothy O'Connor, David Robb 편집)가 있다.

제2장

───────────◀•▶───────────

비물질적 실체로서의 마음

: 데카르트의 이원론

어떤 것이 "마음을 가진다"는 것 또는 "심성을 가진다"는 것은 무엇인가? 고대인들은 심성이 없는 존재와 인간의 차이를 성찰하면서 그 차이를 "영혼"을 갖는지의 여부로 서술하곤 했다. 가령 플라톤에 따르면 우리 인간은 영혼을 갖고 있는데, 소멸하는 복합체인 신체와 달리 영혼은 단순하고 신성한 불변의 어떤 것으로, 우리가 이 세상에 태어나기 전부터 우리의 영혼은 몸이 없는 순수한 상태로 이미 존재했다. 또한 플라톤의 상기recollection 이론은 우리가 "학습"이라 부르는 것이 사실은 우리가 순수 영혼으로 존재할 때 이미 알고 있었던 것을 상기하는 과정일 뿐이라고 말한다. 몸이란 이 지상에서 우리가 존재하기 위한 매개체, 즉 영혼이 영원한 여행을 하는 중에 잠시 머무르는 일시적 정거장에 불과하다는 것이다. 이러한 견해가 담고 있는 생각은 우리는 영혼을 가졌기 때문에 의식적이고 지성적이며 합리적인 생명체일 수 있다는 것이다. 엄밀히 말하자면 우리가 정말로 영혼을 "가지는" 것은 아니다. 우리는 우리의 영혼과 **동일하기** 때문이다. 즉 각 인간은 하나의 영혼이다. 나의 영혼이 곧 나인 것이다. 따라서 우리 각자는 곧 마음이라는 점에서 우리 각각은 "마음을 가진다."

대부분의 사람들에게 플라톤의 견해는 너무 사변적이고 허황되어 보여서 현실적 가능성으로 심각하게 고려되지 않을 것이다. 그러나 한편으로 많은 사람들은 일종의 심신 이원론, 즉 우리 각자는 전적으로 물질적인 몸을 갖고 있을 뿐만 아니라 "단순히" 물질적이기만 한 것들은 가질 수 없는 정신적 차원 또한 가진다는 이원론적 견해를 내면화한 듯하다. 우리는 흔히 "물질적인"이라는 용어를 "심적이지 않은"의 의미로 받아들이고, "심적"이라는 용어를 "물질적이지 않은" 또는 "물리적이지 않은"의 의미로 받아들이는 경향이 있다. 이는 명료하게 서술된 견해는 아닐지 모르나, 심적인 것과 물질적인 것에 대한 모종의 이원론이 우리의 일상적 사고에 깊이 뿌리박혀 있으며, 이원론은 마음을 가진 존재로서의 우리의 본성에 관한 일종의 "통속" 이론에 해당한다고 말해도 좋을 것이다.

그러나 통속 이원론은 종종 심적인 것과 물리적 속성, 활동, 과정의 단순한 이원성을 넘어선다. 플라톤이 주장했듯, 우리 각자는 몸이 썩어 없어져도 살아남는 영혼 혹은 정신을 가지고 있고, 또한 몸이 죽어도 영혼이 존재함으로써 우리가 계속 존재한다는 점에서 우리는 몸이 아닌 영혼이라는 생각은 많은 문화와 기성 종교 전통의 일부이다. 나의 영혼은 한 사람으로서의 나의 정체성을 이룬다. 즉 영혼이 존재하는 한―그리고 오직 영혼이 존재하는 한에서만―나는 존재한다. 그리고 우리의 심성은 영혼에 내재한다. 즉 사고, 의식, 합리적 의지 및 그 외의 다른 정신적 활동, 기능, 역량은 물질적인 몸에 속하는 것이 아니라 영혼에 속한다. 결국 마음을 가진다는 것 또는 심성을 갖는 존재라는 것은 영혼을 가진다는 것이다.

이 장에서 우리는 이러한 종류의 견해를 발전시킨 17세기의 프랑스 철학자 르네 데카르트의 마음에 관한 이론을 살펴볼 것이다. 논의를 시작하기 전 한 가지 주의 사항이 있다. 우리의 목적은 데카르트에 관한 학술적 주해라기보다 데카르트와 밀접히 관련된 관점에 대한 검토라는 점이다. 다른 위대한 철학자들에게서와 마찬가지로 데카르트가 "실제로" 말한 것이 무엇인지 또는 의도한 바가 무엇인지에 대한 해석의 문제는 여전히 논쟁 중이며 앞으로도 그럴 것이다. 이런 이유로 우리가 논의할 마음에 관한 이원론적 견해는 실제 데카르트의 이원론이라기보다 데카르트적 이원론으로 보는 것이 좋을 것이다.

데카르트의 상호작용론적 실체 이원론

데카르트가 옹호했던 인간에 관한 이원론적 견해는 실체 이원론의 한 형태이다. 실체 이원론은 이 세계에는 근본적으로 다른 두 종류의 실체인 마음과 몸, 즉 정신적 실체와 물질적 실체가 있고, 인간은 (그 각각이 자체로 하나의 존재자인) 마음과 몸으로 이루어진 복합적 존재자라고 주장하는 논제이다. 이러한 형태의 이원론은 이 세계에 존재하는 모든 것들이 한 종류의 실체라고 주장하는 일원론과 대비된다. 나중에 우리는 우리 세계가 근본적으로 물질적이라는 논제, 즉 이 세계가 물질 및 물질로 구성된 복합적 구조로만 이루어져 있고, 이 모든 것들은 물리 법칙에 따라 움직인다고 주장하는 물질적 일원론의 다양한 형태들을 살펴볼 것이다. 이것이 유물론 혹은 물리주의이다. ("유물론"과 "물리주의"라는 용어는 미묘한 차이가 있긴 하지만 종종 상호교환적으로 사용된다. 물리주의는 유물론의 현대적 계승자, 즉 현대 물리학의 영향을 받은 유물론으로 생각할 수 있다.) 관념론이라 흔히 불리는 정신적 버전의 일원론 또한 존재한다. 이는 마음 또는 모종의 정신적인 것들("관념들")이 세계의 근본적 실재를 이루며, 물질적인 것들이란 단지 사고와 심적 경험들로부터의 "구성물"에 불과하다는 견해이다. 이러한 입장을 옹호하는 저명한 철학자들이 여전히 있기는 하지만, 이러한 형태의 일원론은 언젠가부터 보기 드문 입장이 되었다.[1] 이 책에서 우리는 정신적 일원론에 대해서는 더 이상 관심을 두지 않을 것이다.

실체 이원론은 마음과 몸이 두 종류의 다른 실체라고 주장한다. 그렇다면 실체란 무엇인가? 전통적으로 다음과 같은 두 관념이 실체 개념과 밀접히 연관되어 있다. 첫째, 실체는 속성이 "내재하는" 어떤 것이다. 즉 실체는 속성을 갖거나 예화한다.[2] 책상 위에 있는 꽃병을 생각해보자. 이 꽃병은 무게, 모양, 색깔, 부피 등의 속성을 갖는다. 그것은 깨지기 쉽고 우아하다는 속성도 갖는다. 그러나 실체란 다른 무언가가 예시하거나 예화할 수 있는 어떤 것이 아니다. 즉 어떠한 것도 이 꽃병을 속성으로 갖거나 예화할 수 없다. 이런 생각은 언어적으로 다음과 같이 표현되기도 한다. 실체는 "파란", "무게가 1킬로그램인", "깨지기 쉬운"과 같은 술어를 귀속할 수 있는 어떤 것인 반면, 다른 어떤 것에 술어로 귀속되지는 못한다.

둘째, 이는 우리에게 더 중요한 것인데, 실체는 독립적으로 존재할 수 있는 어떤 것으로 여겨진다. 데카르트는 이렇게 말했다. "실체란 스스로 존재할 수 있는 것, 즉 다른 어떤 실체의 도움 없이 존재할 수 있다는 것이 바로 실체 개념이다."[3] 이게 무슨 뜻일까? 이 꽃병과 그 오른

---

1 예를 들어 John Foster의 *The Case for Idealism*을 보라.

2 데카르트는 이렇게 말한다. "실체란 용어는 우리가 즉각적으로 지각하는 것이 거하는 모든 것에 적용된다… '우리가 지각하는 것'이란 우리가 실제 관념을 가지고 있는 속성, 성질 등을 의미한다." "Author's Replies to the Second Set of Objections," p. 114를 보라.

3 Descartes, "Author's Replies to the Fourth Set of Objections," p. 159.

쪽의 연필꽂이를 생각해보자. 이것들은 그들 중 다른 하나가 존재하지 않더라도 존재할 수 있다. 꽃병만 존재하고 연필꽂이는 존재하지 않는 상황을 생각할 수 있고, 그 역도 마찬가지이다. 사실 오직 꽃병(그리고 꽃병을 구성하는 모든 부분들)만 존재하고 다른 어떤 것도 존재하지 않는 세계 또는 연필꽂이만 존재하고 다른 어떤 것도 존재하지 않는 세계를 생각할 수 있는 것 같다. 실체가 독립적으로 존재할 수 있다는 것은 이러한 의미이다. 이것이 의미하는 바는 마음이 만약 실체라면 내 마음은 어떠한 신체의 존재 없이도 존재할 수 있다는 것이다. 꽃병을 다시 한번 생각해보자. 꽃병의 색깔이나 모양은 꽃병과 떨어져서는 존재할 수 없는 것인 반면 꽃병은 그 스스로 존재하는 어떤 것이라는 말은 직관적으로 충분히 이해 가능하다. (색깔이나 모양은 꽃병에 속한 "양태"일 것이다.) 꽃병과 꽃병의 표면을 비교해도 마찬가지인 듯하다. 표면은 "의존적인 존재자"라고 말할 수 있을 것 같다. 표면의 존재는 그 표면을 갖는 대상의 존재에 의존하는 반면 한 대상은 특정한 시간에 갖게 된 특정한 표면 없이도 존재할 수 있었다. 위에서 언급했듯, 오직 꽃병만이 존재하는 가능 세계가 있다. 한편 꽃병의 표면만 존재하고 다른 어떤 것도 존재하지 않는 가능 세계가 있다는 주장은 명백히 불합리해 보인다. 표면만 존재하고 다른 어떤 것도 존재하지 않는 가능 세계란 사실 없다. 표면이 존재하기 위해선 그것은 어떤 존재하는 대상의 표면이어야 하기 때문이다.[4]

따라서 마음이 실체라는 논제는 마음이 그 자체로 어떤 대상 또는 어떤 것이라는 것을 함축한다. 이러한 점에서 마음은 물질적 대상과

---

4 데카르트를 포함하여 그의 시대의 많은 철학자들은 엄밀히 말해, 신은 독립적으로 존재할 수 있는 유일한 존재이고, 따라서 오직 신만이 진정한 실체이며 다른 모든 것들은 "이차적인" 혹은 "파생적인" 실체라고 생각했다.

유사하다. 단, 데카르트의 견해에서 마음은 비물질적 대상이다. 마음은 생각함, 감각함, 판단함, 의지함과 같은 다양한 종류의 활동에 참여하고 그러한 속성들을 갖는다. 가장 중요한 것은 마음이 독립적으로 존재할 수 있다는 것이다. 이것이 의미하는 것은 다른 어떤 것, 특히 어떠한 물질적 몸도 존재하지 않고 오직 마음만 존재하는 가능 세계가 있다는 것이다. 따라서 실체로서의 나의 마음은 나의 몸과 별개로 존재할 수 있으며, 물론 당신의 마음 역시 당신의 몸이 소멸한다 하더라도 존재할 수 있다.

데카르트적 실체 이원론의 주요 주장들을 정리해보자.

1. 이 세계에는 정신적 실체와 물질적 실체, 즉 마음과 몸이라는 근본적으로 다른 두 종류의 실체가 있다. 마음의 본성은 생각하고 의식적이며 그 밖의 다른 정신적 활동에 참여하는 것이고, 몸의 본성은 공간적 연장(덩치)을 가지며 공간 내에 위치해 있다는 것이다.
2. 인간은 몸과 마음으로 이루어진 복합적 존재자, 데카르트의 표현으로는 "결합체"이다.
3. 마음과 몸은 구분된다. 즉 어떠한 마음도 몸과 동일하지 않다.

데카르트의 심리철학이 라이프니츠, 말브랑슈, 스피노자를 포함한 동시대의 많은 철학자들의 입장과 다른 점은 그가 몸과 마음이 서로 인과적으로 상호작용한다는 상식적 믿음을 받아들였다는 것이다. 우리가 자발적 행위를 할 때 마음은 우리 몸이 적절한 방식으로 움직이도록 야기한다. 가령 물을 마시고자 하는 내 욕구는 내 손이 물컵을 향하도록 야기한다. 지각의 경우 인과 관계는 반대 방향으로 작동한다. 내가 나무를 볼 때 나무는 내 안에 나무에 대한 시각 경험을 야기한다. 나무를 보는 것과 단순히 나무를 상상하는 것 혹은 착각하는 것 사이의 차이는 바로 이런 점에 있다. 이는 마음과 몸의 인과적 상호작용에 대한 다음의 논제로 표현된다.

4. 마음과 몸은 서로 인과적으로 영향을 미친다. 어떤 정신적 현상은 물리적 현상의 원인이며, 역도 성립한다.

우리가 우리 주위의 대상 및 사건들에 영향을 미칠 수 있는 유일한 방법은 (우리가 아는 한) 우선 우리의 팔다리나 성대를 적절한 방식으로 움직이는 것이다. 그렇게 함으로써 우리는 우리가 바라는 결과(가령 창문을 열거나, 지붕에서 모자를 집어 오거나, 전쟁을 일으키는)에 이르게 하는 사건들의 연쇄를 일으킨다. 앞으로 보겠지만, 데카르트적 이원론을 몰락시킨 것이 바로 이 부정하기 힘든 논제인 심신 사이의 인과적 상호작용론이다. 상호작용론 논제가 그 자체로 받아들일 만한지의 여부가 문제가 아니다. 주요 문제는 상호작용론이 극단적인 심신 이원론과 양립가능한지 여부이다. 즉 이원론 논제 (1)과 (3)에 따라 철저하게 분리된 존재인 마음과 몸이 어떻게 (4)에서 주장되는 것처럼 서로 어울려 인과적으로 상호작용할 수 있는지가 문제이다.

마음과 몸이 왜 다른가: 몇 가지 논증들

데카르트의 상호작용론적 이원론의 문제점들을 살펴보기 전에, 먼저 마음이 몸과 다르다는 이원론 논제를 지지하는 몇 가지 논증들을 살펴보자. 우리가 살펴볼 논증의 대부분은 데카르트의 〈제2성찰〉과 〈제6성찰〉에서 어떤 식으로든 그 기원을 찾을 수 있고, 적어도 그것들 모두 데카르트적 정신을 담고 있다는 점에서―그중 일부는 연결이 다소 모호할지 모르지만―데카르트적 논증이다. 그러나 데카르트가 실제로 이런 논증을 제시했다거나 혹은 이런 논증 때문에 그가 실체 이원론을 옹호하게 되었다는 것은 아니다. 아마도 독자들은 무엇보다도 마음을 실체라고 생각할 이유가 무엇인지, 즉 인간 및 심성을 가진 존재에 더해 대상 혹은 실체로서의 마음을 받아들여야 할 이유가 무엇인지 궁금할 것이다. 앞으로 살펴보겠지만 아래 논증의 일부는 직접적으로는 아닐지라도 이러한 쟁점을 다룬다.

데카르트는 그의 〈제2성찰〉의 서두에서 그의 유명한 "코기토" 논증을 제시한다. 철학을 공부하는 학생들은 누구나 알겠지만 이는 "나는 생각한다, 따라서 나는 존재한다"라는 논증이다. 이러한 논증으로부터 데카르트는 그 자신의 존재에 대해 절대적으로 확신할 수 있다고 결론 내린다. 그는 자신의 존재만큼은 그가 가진 지식들 중 완전히 의심 불가능한 것이라는 생각에 이르게 된다. 이제 자신이 존재한다는 것을 알게 된 데카르트는 자신이 어떤 종류의 대상인지에 대한 탐구로 나아간다. 그는 "그렇다면 나는 무엇인가?"라고 묻는다. 좋은 질문이다. 내가 존재한다는 것을 아는 것은 대단한 것을 아는 것이 아니다. 별 내용이 없기 때문이다. 그렇다면 데카르트는 어떤 종류의 존재인가? "생각하는 것 sum res cogitans"이라는 것이 그의 답변이다. 그는 어떻게 이를 아는가? 그가 생각한다는 전제로부터 그 자신의 존재를 증명했기 때문이다. 즉 생각하는 존재로서의 자신에 대한 지식을 통해서 자신이 존재한다는 것을 알게 되었기 때문이다. 데카르트의 이원론적 논증을 계속 논의하기 위해 데카르트는 생각하는 것, 즉 마음이라는 명제를 받아들이기로 하자. 데카르트에게, 그리고 우리에게 남은 주된 쟁점은 그 생각하는 존재가 그의 몸일 수 있는지의 질문이다. 즉 왜 그의 몸—아마도 그의 두뇌—이 생각을 하는 바로 그것이라고 보아서는 안 되는가?

우리는 먼저 인식론적 고려에 기반한 세 가지 논증을 살펴볼 것이다. 가장 단순한, 어쩌면 지나치게 단순화된 인식론적 논증은 다음과 같은 형태를 가질 것이다.

논증 1

나의 존재는 의심될 수 없다.

나의 몸의 존재는 의심될 수 있다.

따라서 나는 나의 몸과 동일하지 않다.

따라서 생각하는 것인 나, 즉 나의 마음은 나의 몸과 동일하지 않다.

이 논증은 자신의 존재에 대한 지식과 자신의 몸에 대한 지식 사이에 일견 비대칭성이 있다는 것에 기초한다. 나는 내가 존재한다는 것을 의심할 수 없는 반면 내 몸이 존재한다는 것은 의심할 수 있다. 논점을 이렇게 표현할 수도 있다. 코기토 논증이 보여주듯 내가 존재한다는 것을 나는 절대적으로 확신할 수 있다. 그러나 내 몸이 존재한다는 것 또는 내가 몸을 가진다는 것에 대한 나의 지식은 그와 동일한 정도의 확실성을 누리지 못한다. 내가 몸을 가졌다는 것을 알기 위해 나는 관찰에 의존해야 하고 그러한 관찰에는 오류가 있을 수 있다. 이러한 논증에 대한 평가는 독자에게 맡기도록 하겠다.

데카르트에 따르면 나는 "생각하는 것"이다. 이는 무슨 뜻인가? 데카르트는 생각하는 것이란 "의심하고, 이해하고, 긍정하고, 부정하고, 의지하고, 꺼려하고, 상상하고, 감각 지각을 갖는 것"이라고 말한다.[5] 그렇다면 데카르트에게 "생각함"이란 대략적으로 "정신적 활동"을 총칭하는 용어이며, 믿음, 의심함, 긍정함, 추론함, 색깔을 감각함, 소리를 들음, 고통을 경험함 등과 같은 구체적인 심적 상태와 활동들은 생각

---

5 Descartes, *Meditations on First Philosophy*, Meditation II, p. 19.

함의 넓은 범주에 속한다. 데카르트 자신의 용어로 말하자면, 생각함은 마음의 일반적 본질이고, 특정 종류의 정신적 활동과 상태들은 생각함의 다양한 "양태"이다.

두 번째 인식론적 논증은 우리 자신의 마음에 대한 지식과 우리의 몸에 대한 지식 사이의 또 다른 관련된 차이를 이용한다.

논증 2

내 마음은 나에게 투명하다. 즉 내 마음에 무언가가 있으면서 내가 그
   것을 알지 못할 수는 없다.
내 몸은 이와 같은 방식으로 나에게 투명하지 않다.
따라서 내 마음은 내 몸과 동일하지 않다.

앞에서 말했듯, 첫 번째 전제는 너무 강해서 전적인 참은 아닐 공산이 크다. 우리 대부분은 적어도 우리의 믿음, 욕구, 감정들 중 어떤 것들은 우리의 인식적 도달 범위를 넘어선다는 것을 인정할 것이다. 즉 우리가 자각하지 못하는 억눌린 믿음이나 욕구, 화, 분노와 같은 "무의식적" 또는 "잠재의식적" 심적 상태들이 있다. 그러나 이것이 그렇게 큰 문제는 아닌 것 같다. 그 전제는 다음과 같은 약한 형태로, 즉 나의 마음은 그 안에서 발생하는 사건들 중 적어도 **일부**에 대해서는 투명하다는 주장으로 진술될 수 있다. 두 번째 전제를 나의 신체적 사건들 가운데 이러한 투명성을 갖는 것은 **없다는** 주장으로 이해한다면 이러한 약한 전제로도 충분하다. 내 몸에 관한 어떠한 사실이든 그것을 발견하려면 관찰을 해야 하고 때로는 관찰에서 획득한 증거로부터 추론을 해야 한다. 의사나 치과 의사 같은 제삼자가 내 신체의 조건을 더 잘 알 수 있는 경우가 다반사이다.

이제 실체 이원론을 지지하는 마지막 인식론적 논증을 살펴보자.

논증 3

각 마음에 대하여 그 내용에 직접적인 접근을 갖는 유일한 주체가 있다.

어떠한 물질적인 몸도 특권적 지위를 누리는 인식자를 갖지 않는다. 즉 물질적 대상들에 관한 지식은 원칙적으로 공적이고 상호주관적이다.

따라서 마음은 물질적 몸과 동일하지 않다.

어떤 것에 관한 우리의 지식이 어떤 증거에 근거한 것, 혹은 우리가 아는 다른 어떤 것으로부터 추론한 것이 아닐 때 우리는 그것을 "직접적으로" 안다고 한다. 가령 내 치통에 대한 지식처럼 내 지식이 직접적인 경우 "그걸 어떻게 알아?"라고 묻는 것은 말이 되지 않는다. 위 논증은 마음과 몸에 관한 지식 사이의 이러한 차이에 주목한다. 각각의 마음에는 그 마음에 대해 특권적인 인식적 위치에 있는 유일한 사람이 있지만, 몸의 경우는 그렇지 않다. 우리 자신의 마음에 관한 지식이 "주관적"이라 말하는 것은 바로 이런 의미에서이다. 대조적으로 몸에 관한 지식은 "객관적"이라 말해진다. 여러 관찰자들이 그런 지식에 원칙적으로 동등한 접근을 가질 수 있다는 것이다. 이 논증은 따라서 마음의 주관성으로부터의 논증이라 불릴 수 있다.

　이 논증들에 대해 어떻게 생각해야 할까? 여기서 특정 반론이나 문제점들을 정식화하거나 이원론자가 어떻게 그에 답할 수 있을지에 대해 논의하지는 않겠다. 이는 독자들에게 맡기겠다. 그러나 한 가지는 주목하고 넘어가자. 인식적(또는 보다 넓게 "지향적") 속성을 사용하여 대상들을 구분하는 것에 문제가 있다는 것은 폭넓게 받아들여진다. $X \neq Y$임을 보이기 위한 필요충분조건은 X는 갖지만 Y는 갖지 않는 속성, 또는 Y는 갖지만 X는 갖지 않는 속성 P를 찾아내는 것이다. 이런 속성 P는 X와 Y에 대한 **차별적 속성**이라 부를 수 있다. 그렇다면 질문은 "확실하게 알려짐"과 같은 인식적 속성이 (또는 "그러그러하다고 믿어짐"과 같은 지향적 속성이) 차별적 속성으로 사용될 수 있는가 하는 것이다. "경찰에게 뺑소니 운전자라고 알려짐"과 같은 속성을 생각해 보자. 검은색 SUV를 타고 질주한 남자는 경찰에게 뺑소니 운전자로 알려져 있다. 검은색 SUV를 타고 질주한 남자는 내 옆집 사람과 동일인이지만, 내 옆집 사람은 경찰에게 뺑소니 운전자로 알려져 있지 않다 (그랬다면 경찰이 벌써 그를 유치장에 가두었을 것이다). 위의 세 논증에서 사용된 인식적 속성이 방금 사용된 인식적 속성과 정확히 같은 종류의 것은 아니다. 위의 논증들 중 마지막 논증, 즉 주관성으로부터의 논증이 가장 설득력 있어 보인다고 말할 수 있을 것이며, 그 논증을 거부하고자 하는 사람은 그에 대한 좋은 이유를 제시해야 할 것이다.

이제 형이상학적 논증, 즉 마음과 몸 사이의 인식적 차이가 아닌 형이상학적 차이에 호소하는 논증으로 넘어가 보자. 생각하는 것으로서의 마음의 본성과 공간에 연장되어 있는 것으로서의 몸의 본성에 대한 지속적인 언급은 〈제2성찰〉과 〈제6성찰〉 곳곳에서 나타난다. 데카르트가 공간적 연장성으로 의미한 것은 삼차원적 연장성, 즉 덩치이다. 표면이나 기하학적 선은 물질적 실체로 간주되지 않으며, 덩치를 가진 것들만이 물질적 실체로 간주된다. 본질 또는 본성에 호소하는 간단한 논증 하나를 제시하자면 다음과 같다.

논증 4

나의 본성은 생각하는 것이다.

내 몸의 본성은 공간에 연장되어 있는 것이다.

나의 본성은 공간에 연장되어 있는 것을 포함하지 않는다.

따라서 나는 내 몸과 동일하지 않다. 그리고 나는 생각하는 것(즉 마음)이기 때문에 내 마음은 내 몸과 동일하지 않다.

첫 번째 전제 및 세 번째 전제는 어떻게 옹호될 수 있을까? 첫 번째 전제를 옹호하기 위해 데카르트적 이원론자는 아마도 다음의 두 가지를 지적할 것이다. 첫째, "코기토" 논증이 보이듯, 나는 내가 생각하는 한에 있어서만 존재한다는 것을 안다. 그리고 이것이 의미하는 것은 나의 존재가 내가 생각하는 것이라는 사실과 뗄 수 없이 연결되어 있다는 것이다. 둘째, 어떤 것의 본성이란 그 속성 없이는 그 대상이 존재할 수 없는 그러한 속성이다. 즉 어떤 것이 본성을 잃을 때 그것은 더 이상 존재하지 않는다. 생각하는 것임은 정확히 이런 의미에서 나의 본성이다. 내가 생각하는 것이기를 멈출 때, 즉 사고와 의식 능력을 가진 존재이기를 멈출 때 나는 존재하기를 멈추며, 생각하는 것인 한 나는 존재한다. 다른 한편으로, 나는 몸 없이 존재하는 나 자신을 생각할 수 있다. 즉 몸 없이 내가 존재한다는 생각에 내재하는 비정합성이나 모순은 없다. 반면 의식적 경험이나 사고하는 능력 없이 내가 존재한다는 생각은 명백히 비정합적인 것 같다. 따라서 공간에 연장되어 있다는 것은 나의 본성의 일부가 아니다.

이 논증에 대해 어떻게 생각해야 하는가? 어떤 사람은 이 논증의 세 번째 전제가 어떻게 확립될 수 있을지 의문을 제기할 것이다. 데카르트가 보인 것은 우리가 몸 없이 존재하는 것을 생각하거나 상상할 수 있다는 것이 전부 아닌가? 어떤 것을 **상상할 수 있다**는 사실로부터, 아무리 그것이 분명하고 생생할지라도, 그것이 **실제로 가능하다**는 것은 따라 나오지 않는다. 빛의 속도보다 빠른 속도로 움직이는 물체를 상상할 수는 있지만 그것이 가능하지 않다는 것을 우리는 알고 있다.[6] 또

---

6 이는 필연성 및 가능성 자체가 아닌 물리적 가능성 및 필연성인 뿐이라고 맏한기 모르겠다. 보다 표준적인 예는 물=H$_2$O라는 명제이다. 이는 (후험적인) 필연적 참이지만 그것의 거짓이 상상가능하다는 것이 폭넓게 받아들여진다.

는 다음의 예를 생각해보자. 우리는 2를 제외한 모든 짝수는 두 소수의 합이라는 골드바흐의 추측이 참으로 판명되는 것을 상상할 수 있는 것 같다. 그러나 골드바흐의 추측은 수학적 명제이기 때문에, 만약 참이라면 필연적으로 참이고 거짓이라면 필연적으로 거짓이다. 따라서 그것이 참인 것도 가능하고 거짓인 것도 가능하다고 할 수는 없다. (그 이유는 독자가 생각해보라.) 그러나 만약 상상가능성이 가능성을 함축한다면, 골드바흐의 추측은 참인 것도 가능해야 하고 거짓인 것도 가능해야 할 것이다. 상상가능성과 가능성에 관한 쟁점은 여기에서 다루기에는 너무 복잡한 일련의 논쟁을 낳았다.[7] 이는 양상 형이상학 및 인식론에서 여전히 활발히 논의되고 있는 문제이다. 그런데 한 가지 지적해야 할 것이 있다. 만약 우리가 조심스럽게 검토된 반성적 상상가능성을 가능성에 대한 지침으로 삼지 않는다면, 무엇이 가능하고 무엇이 가능하지 않은지, 무엇이 필연적으로 성립하고 무엇이 우연적으로만 성립하는지 등의 양상적 물음에 답을 내리고자 할 때 우리가 무엇에 기댈 수 있는지 분명치 않다는 점이다.

"F"가 어떤 속성을 지칭할 때, 어떤 것이 "본질적으로" 또는 "필연적으로" F이기 위한 필요충분조건은 다음과 같다고 하자. 즉 그것이 존재할 때마다 또는 존재하는 곳마다(다시 말해, 그것이 존재하는 모든 가능세계에서) 그것이 F이다. 이런 의미에서 우리는 아마도 본질적으로 사람이지만, 본질적으로 학생이거나 선생인 것은 아닐 것이다. 우리가 학생이거나 선생이기를 멈추면서 계속 존재할 수는 있지만, 사람이기를 멈추면서 계속해서 존재할 수는 없기 때문이다. 앞 문단의 용어로 표현하면, 어떤 것이 속성 F를 본질적으로 또는 필연적으로 가진다는 것

---

7 T. Gendler와 J. Hawthorne이 편집한 *Conceivability and Possibility*를 보라. Gendler와 Hawthorne의 서론은 좋은 출발점이다.

은 F를 그것의 본성의 일부로 갖는다는 것이다. 그렇다면 다음 논증을 살펴보자.

논증 5

어떤 것이 물질적이라면, 그것은 본질적으로 물질적이다.

한편 내가 비물질적인 것이 가능하다. 즉 몸 없이 내가 존재하는 가능 세계가 존재한다.

따라서 나는 본질적으로 물질적이지 않다.

따라서 (첫 번째 전제와 함께) 나는 물질적이지 않다는 것이 따라 나온다.

이는 흥미로운 논증이다. 첫 번째 전제를 옹호하기 위해 할 수 있는 얘기는 많은 것 같다. 물질적인 어떤 것, 가령 청동으로 만들어진 베토벤 흉상을 생각해보자. 이 대상은 아마도 베토벤의 흉상이 아닌 것으로도 존재할 수 있을 것이다. 그것은 브람스의 흉상으로 빚어질 수도 있었다. 사실 그것은 어떤 사람의 흉상이 아닌 것으로 존재할 수도 있을 것이다. 가령 우리는 그것을 녹여서 문버팀쇠로 만들 수도 있다. 만약 물질의 변형이 가능하다면 (이는 분명 선험적으로 불가능한 것은 아니다) 그것은 심지어 청동이 아닌 것으로도 존재할 수 있을 것이다. 그러나 이 조각상이 물질적인 것이 아닌 것으로 존재할 수 있을까? 대답은 분명 아니라고 해야 할 것 같다. 어떤 것이 물질적 대상이라면 물질적이라는 것은 그것의 본성의 일부이다. 즉 그것은 물질적 대상이 아닌 것으로 존재할 수 없다. 그렇다면 이 논증을 받아들일지의 여부는 두 번째 전제를 받아들일지 여부에 결정적으로 의존하는 것 같다. 내가 몸 없이 존재하는 것이 가능한가? 데카르트는 이것이 분명히 상상가능하다고 주장할 것이다. 그러나 다시 말하지만, 어떤 것이 단지 상상가능하다는 이유로 그것이 가능하다고 할 수 있을까? 몸 없이 존재하는 가능성에 대해 더 할 수 있는 말은 없을까?

청동 흉상을 다시 생각해보자. 여기 조각상이 하나 있고 청동이 있다. 이 조각상은 이 청동과 하나의 동일한 대상인가? 많은 철학자들은 그렇지 않다고 말할 것이다. 두 대상이 많은 속성(가령 무게, 밀도, 위치)을 공유하겠지만 적어도 한 가지 점에서, 즉 그것들의 지속 조건에 있어서만큼은 다르기 때문이다. 흉상이 녹아 정육면체 모양으로 빚어진다면 흉상은 없어지겠지만 청동은 계속 존재할 것이다. 다음의 이원론 논증에 따르면, 나의 몸과 나 역시 청동과 흉상이 다른 것과 비슷한 방식으로 다르다.

논증 6

나의 이 몸과 내가 동일하다고 가정하자.

2001년에 이 몸은 존재하지 않았다.

따라서 첫 번째 전제로부터 나는 2001년에 존재하지 않았다는 것이
　　따라 나온다.

그러나 나는 2001년에 존재했다.

따라서 모순이 있으므로 위 가정은 거짓임에 틀림없다.

따라서 나는 나의 몸과 동일하지 않다.

인간의 몸을 구성하고 있는 모든 분자들은 6, 7년마다 완전히 바뀌기 때문에 2001년에 지금의 이 몸은 존재하지 않았다. 한 물질적 대상을 이루는 모든 분자가 교체될 때 그것은 새로운 물질적 대상이 된다. 지금의 내가 갖고 있는 몸은 2001년에 내가 가졌던 몸과 어떤 구성 요소도 공유하지 않는다. 그러나 이러한 물질적 구성 요소의 변화에도 불구하고 나라는 사람은 계속 지속한다. 따라서 내가 존재하기 위해 물질적인 몸을 가져야 한다고 하더라도, 어떤 특정한 몸을 가져야 하는

것은 아니다. 그러나 내가 몸과 동일하다면, 이는 내가 어떤 특정한 몸과 동일하다는 것이고, 따라서 그 몸이 사라지면 나도 사라진다. 위의 논증은 이러한 논증이다. (아마도 이 논증은 데카르트의 실제 논증은 아닐 것이다.)

이 논증에 대한 즉각적인 답변으로 다음과 같은 주장이 가능하다. 내가 나의 몸과 동일하다는 것의 의미는 내가 이 시점 내 몸의 "시간 단면"과 동일하다는 것이 아니다. 그것은 내가 어떤 시공간 "벌레", 즉 내가 태어날 때 존재하기 시작해서 생물학적으로 죽을 때 존재하기를 멈추는 어떤 삼차원적 대상의 시간적 연장으로서의 벌레와 동일하다는 의미이다. 이러한 사차원적 대상—즉 삼차원적 대상이 시간적 차원을 따라 연장되어 있는 것—은 각각의 시점에 다른 물질적 구성을 갖지만, 실질적 통일성과 온전함을 갖춘 하나의 대상으로 분명히 기술될 수 있다. 역사를 가진 바로 이러한 물질적 구조가 나와 동일한 것이다. (이러한 반론에 답하기 위해 데카르트적 이원론자가 어떻게 자신의 논증을 다시 구성할 수 있을지 독자들은 생각해보기 바란다.)

첫 번째 것과 연관된 또 다른 답변으로 다음과 같은 주장이 가능하다. 나의 몸은 물질적 입자들로 이루어진 단순한 집합 혹은 구조가 아니다. 나의 몸은 생물학적 유기체이며 인간이라는 동물이다. 단순한 물질적 대상에 적합한 지속 조건이 반드시 동물에게 적합한 것은 아니다. 실제로 사람의 경우와 마찬가지로, 동물은 그 동물을 구성하고 있는 물질이 시간에 따라 변하더라도 그것의 동일성을 지속할 수 있다. (이것은 식물을 포함한 모든 생명체에 다 적용될 것이다.) 동물에 대한 시간의 흐름에 따른 동일성 기준이 (그 구체적 기준이 무엇이든 간에) 인간의 몸에 적용되어야 하는 동일성 기준이다.[8] 실체 이원론자는 이에 대한 답변을 갖고 있을까? 다음 논증은 이에 대한 답변을 암묵적으로 담고 있는 것으로 보인다.

툴리와 키케로는 동일인이다. 두 사람이 있는 것이 아니라 한 사람이 있다. 어떤 시점에 툴리는 존재하지만 키케로는 존재하지 않을 수 있을까? 분명 그렇지 않다. 키케로가 존재하지 않는 장소에 툴리가 존재하는 것이 가능하지 않은 것처럼, 키케로가 존재하지 않는 시간에 툴리가 존재하는 것은 가능하지 않다. 이 세계에서 키케로가 툴리라면 (키케로=툴리), 키케로가 툴리와 동일하지 않은 가능 세계가 있을까? 즉 키케로가 툴리일 때, 키케로가 툴리가 아닌 것이 **가능한가**? 키케로가 툴리가 아닌(키케로≠툴리) 가능 세계가 있다고 하고, 그런 세계를 W라 부르자. W에서 키케로는 툴리가 아니기 때문에, W에서 키케로는 갖고 있지만 툴리는 갖고 있지 않은 어떤 속성 F가 있음에 틀림없다. 키가 큼이라는 속성을 F라고 해보자. 그렇다면 W에서 키케로는 키가 크지만 툴리는 크지 않다. 그러나 이것이 어떻게 가능한가? 여기 이 세계에 어떤 한 사람이 존재하는데 그는 키케로라고도 불리고 툴리라고도 불린다. 이 한 사람이 W에서 키가 크면서 동시에 키가 크지 않다는 것이 어떻게 가능한가? 이는 확실히 불가능하며, W는 가능한 세계가 아니다. 결국 키케로가 툴리가 아닌(키케로≠툴리) 가능 세계는 존재하지 않는다. 따라서 다음과 같은 원리를 얻는다.

> **동일성의 필연성.** 만약 X=Y이면, 필연적으로 X=Y이다. 즉 이 세계에서 X = Y라면, 모든 가능 세계에서 X=Y이다.[9]

---

8 "동물주의"라 불리는 이러한 접근은 최근 많은 주목을 받고 있다. 가령 Eric T. Olson, *The Human Animal: Personal identity Without Psychology*를 보라.

9 엄밀히 말해 이는 X, Y가 "고정 지시어"일 때에만 성립한다. 이름이 모든 가능 세계에서 동일한 대상을 가리킬 때 "고정" 지시어라고 말한다. 이런 의미에서 대부분의 고유명사가 그렇듯 "키케로"와 "툴리"는 고정 지시어이다. 자세히는 Saul Kripke, *Naming and Necessity*를 참조하라.

일반적으로 어떤 명제가 참이라고 해서 그것이 필연적으로 참이라는 보장은 없다. 가령 내가 서 있음이 참이라는 것으로부터 내가 서 있는 것이 필연적이라는 것이 따라 나오지 않는다. 나는 앉아 있을 수도 있기 때문이다. 동일성의 필연성은 이런 점에서 특별한 원리이다.

동일성의 필연성 원리가 주어지면, 또 다른 이원론 논증을 구성해 볼 수 있다.

논증 7

내가 나의 이 몸과 동일하다고 가정하자.

그렇다면 동일성의 필연성에 의해, 이 몸과 나는 필연적으로 동일하다.

즉 나는 모든 가능 세계에서 이 몸과 동일하다.

그러나 이는 거짓이다. 왜냐하면 (a) 어떤 가능 세계에서 나는 몸 없이 존재할 수 있거나, 적어도 (b) 나는 다른 가능 세계에서 **다른** 몸을 가질 수 있기 때문이다.

따라서 내가 모든 가능 세계에서 이 몸과 동일하다는 것은 거짓이며, 이는 두 번째 전제와 모순적이다.

따라서 나는 내 몸과 동일하지 않다.

동일성의 필연성 원리는 예외 없이 성립하는 것으로 생각된다. 따라서 이 논증에 취약한 부분이 있다면 그것은 세 번째 전제여야 할 것이다. 이 전제를 효과적으로 비판하려면 (a)와 (b)의 가능성을 배제해야 할 것이다. 앞에서 보았듯, (a)는 비판에 취약하지만 (b)는 덜 그러하다. 왕자와 거지에 대한 존 로크의 잘 알려진 이야기는 (b)를 지지하는 것으로 볼 수 있다. 로크는 다음과 같이 말한다.

왕자의 과거 삶에 대한 기억을 간직하고 있는 왕자의 영혼이 거지의 몸에서 영혼이 떠나자마자 그의 몸에 들어가 영향을 미친다면, 모든 이들이 그가 왕자와 동일한 사람이고 왕자의 행위에 대해서만 책임을 진다고 생각할 것이다.…지금 내가 글을 쓰고 있다는 것을 자각하듯, 혹은 지난겨울 템스강의 홍수를 보았던 것을 기억하듯, 만약 내가 노아의 방주와 홍수를 보았다는 기억을 마찬가지로 가진다면, 지금 글을 쓰고 있는 나, 지난겨울 템스강 홍수를 보았던 나, 노아의 방주를 보았던 내가 동일한 **자아**임을 의심할 수 없을 것이다…지금 이것을 쓰는 내가 어제 쓰고 있었던 나와…동일한 나 **자신**임을 의심 못하는 것과 마찬가지로 말이다.[10]

로크에게 한 사람, 한 자아를 정의하는 것은 의식이지 몸이 아니다. 사람으로서의 나의 지속을 결정짓는 것은 나의 의식의 연속성이다. 내가 어떤 몸을 가지는지 또는 내가 몸을 가지고 있기는 한지의 문제는 중요하지 않다. 이 논증을 무너뜨리기 위해서는 그러므로 왕자와 거지에 관한 로크의 이야기가 불가능하다는 것을 보여야만 한다. 즉 그것은 일어날 수 있는 일이 아님을 보여야 한다. 이는 기발하고 독창적인 생각이 필요한 일이다.

이러한 형이상학적 논증 모두의 배후에 있는 기본 생각은 내가 몸과 마음으로 이루어진 복합적 존재자일지언정 나는 내 몸보다는 내 마음과 훨씬 더 밀접하게 본질적으로 연관되어 있다는 생각이다. 즉 나는 "실제로" 나의 마음이고 마음과 떨어져 존재할 수 없는 반면, 내가 가지게 된 이 몸을 갖는다는 것은 우연적 사실이라는 것이다. 비물질적 실체로서의 마음을 옹호하고자 하는 데카르트의 관심은 분명 신체

---

10 Locke, *An Essay Concerning Human Understanding*, II권 27장 15-16절.

의 죽음 이후의 생존 가능성의 여지를 확보하고자 하는 바람에서 일정 부분 비롯한 것으로 보인다.[11] 기성 종교 대부분은 사후세계에 대해서 할 이야기가 있고, 일부 사후세계관은 우리가 몸 없이도 존재할 수 있는 가능성을 요구하거나 적어도 허용하는 듯하다. 그러나 이 모든 것은 희망 사항이지 우리가 몸 없이 존재하는 가능성을 현실로 만들지는 못한다. (데카르트가 그런 착각을 하고 있던 것도 아니다.) 우리가 살펴본 논증들의 설득력은 결론이 가진 매력에 의해서가 아니라 논증 자체의 장단점에 의해 평가되어야 한다.

이제 우리는 실체 이원론을 지지하는 마지막 형이상학적 논증을 살펴볼 것이다. 곧 보겠지만 이 논증을 명료하게 다듬는 것은 꽤 어려운 일이다. 그러나 일부 존경받는 저명 철학자들의 열렬한 지지를 얻고 있다는 점에서 진지하게 살펴볼 가치가 있다. 이 논증의 기본 구조는 다음과 같이 정리될 수 있다.

논증 8

생각과 의식은 존재한다.

따라서 생각과 의식이 발생하는 대상이나 실체, 즉 생각하고 의식하는 것이 있음에 틀림없다.

생각과 의식은 물질적인 대상에서 발생할 수 없다. 즉 생각과 의식은 두뇌와 같은 물질적 대상의 상태일 수 없다.

따라서 생각과 의식은 데카르트적 심적 실체와 같은 비물질적 대상에서 발생함에 틀림없다.

따라서 심적 실체는 존재하고, 이것은 생각하고 의식하며 그 밖의 다른 심적 속성을 갖는 대상이다.

11　Marleen Rozemond가 *Descartes's Dualism*, p. 3에서 지적한다.

어떤 이들은 첫 번째 주장에서 두 번째 주장으로 나아가는 것을 문제삼을 것이다. 즉 사고와 의식, 보다 일반적으로 상태와 속성은 그것이 발생하거나 귀속되는 대상으로서의 "담지자"를 요구한다는 가정에 의문을 던질 것이다. 그러나 이는 일반적인 형이상학적 문제로 여기서 논의하기에는 적절하지 않을 것이다. 우리가 논의할 더 결정적인 전제는 세 번째 주장, 즉 인간의 뇌와 같은 물질적 대상은 사고와 의식의 담지자로 적합하지 않다는 명제이다. 3이나 15와 같은 수를 생각해보자. 수는 빨강이나 파랑과 같은 색깔을 갖거나, 공간에 위치를 점유하거나, 투명하거나 불투명할 수 있는 종류의 대상이 아니다. 또 지진이나 산불과 같은 사건을 생각해보자. 그것들은 갑작스럽거나 위험하거나 파괴적일 수 있지만, 물에 녹는다든지 4로 나눠진다든지 10톤의 무게를 가질 수 있는 종류의 것이 아니다. 세 번째 주장은 사고와 의식 같은 심적 상태와 물질적 대상 사이에는 본질적인 부조화가 있어서, 무게나 색깔이 수에 귀속될 수 없는 것처럼, 심적 상태도 물질적 대상에 귀속될 수 없다는 것이다. 사고와 의식이 우리의 뇌를 포함한 어떠한 물질적 대상에서도 발생할 수 없다면, 그것은 비물질적인 대상이나 데카르트적 마음에서 발생해야 한다. 오직 비물질적인 것만이 의식적일 수 있고 생각할 수 있다. 우리가 의식적이고 사고하는 존재인 이상, 우리는 비물질적인 마음임에 틀림없다.

그러나 왜 의식과 사고 및 그 밖의 다른 심적 상태들이 물질적 대상에서 발생할 수 없는가? 라이프니츠는 이에 대한 논증을 제시했거나 적어도 논증의 단서를 제공한 첫 번째 철학자로 흔히 여겨진다.

더욱이 **지각** 및 그에 의존하는 것은 **기계적인 원인에 의해**, 즉 형태나 운동에 의해 **해명될 수 없다**는 것을 고백해야 한다. 생각과 느낌, 지각을 갖도록 만들어진 기계가 있다고 가정해보자. 그 기계가 그 비율이

유지된 채로 확대되어서 마치 우리가 방앗간에 들어가듯 그 안에 들어간다고 상상해볼 수 있다. 그렇게 가정했을 때 우리가 그 안에서 발견할 수 있는 것은 서로 밀고 당기는 조각들일 뿐, 지각을 설명할 수 있는 어떠한 것도 발견하지 못할 것이다. 그러한 것은 따라서 복합체나 기계가 아닌 단순한 실체에서 찾아야 한다.[12]

라이프니츠는 물질적 대상은 기본적으로 인과적으로 상호작용하는 부분들("서로 밀고 당기는 조각들")로 이루어진 기계적 체계이며, 이러한 그림에서 사고와 의식의 존재를 설명할 어떠한 것도 찾아볼 수 없다고 말하고 있는 것으로 보인다. 라이프니츠의 방앗간을 인간 두뇌와 같은 복잡한 생물학적 체계에서 진행되는 훨씬 정교한 현대적 그림으로 대치한다고 해도 이러한 상황은 변하지 않는다. 현대적 그림에서도 여전히 물리화학 법칙에 따라 상호작용하는 미시적인 물리적 대상들, 즉 분자, 원자, 미립자의 거대한 집합체가 있을 뿐이다. 이러한 그림 어디에서도 우리는 사고나 지각, 또는 의식을 보지 못한다. 서로 밀고 부딪치는 분자들이 이러한 그림에서 발생하는 모든 것이다. 다시 말하지만, 만약 이런 그림이 정교해 보이지 않는다면, 그것을 당신이 알고 있는 가장 정교한 과학적 그림으로 대체해보고, 그 그림이 라이프니츠의 지적이 틀렸음을 보이는지 생각해보기 바란다.

이것이 라이프니츠의 명제, 즉 물질적 대상은 사고 및 그 밖의 심적 상태를 담지하기에는 부적절한 종류의 대상이라는 명제를 지지하는 유일한 논거인가? 라이프니츠의 명제를 옹호하기 위해 몇몇 철학자들이 말한 바를 살펴보는 것이 도움이 될 것이다. 앨빈 플랜팅가는 위에

---

12 Gottfried Leibniz, *Monadology*, 17.

서 인용한 라이프니츠의 단락을 언급하면서 다음과 같이 말한다.

> 라이프니츠의 주장은 사고가 대상들 혹은 대상의 부분들 간의 물리적 상호작용에 의해 발생할 수 없다는 것이다. 현재의 과학에 따르면, 전자와 쿼크는 부분을 갖지 않는 단순체이다. 아마도 전자와 쿼크는 생각할 수 없을 것이다. 즉 그것들은 명제 태도를 가질 수 없다. 그것들은 믿을 수 없고, 의심할 수 없고, 희망할 수 없고, 원할 수 없고, 두려워할 수 없다. 그렇다면 쿼크로 이루어진 양성자 역시 생각할 수 없을 것이다. 적어도 그것의 구성 요소인 쿼크들 간의 물리적 관계에 의해 사고가 발생할 수는 없을 것이다. 양성자와 전자로 이루어진 원자, 원자로 이루어진 분자, 분자로 이루어진 세포, 세포로 이루어진 기관(가령 두뇌) 역시 마찬가지일 것이다. 전자와 쿼크가 생각할 수 없다면, 그것들로 이루어진 어떤 것이 그 부분들의 물리적 상호작용으로 인해 생각할 수 있으리라 기대하기 어렵다.[13]

이러한 해석은 라이프니츠의 논증에 관해 새로운 통찰을 제시하고 그것을 더 설득력 있게 만드는가? 이는 생각해봐야 할 문제다. 가령 창발론자들은 물질적 체계가 구조적으로 높은 수준의 복잡성에 도달하면 사고와 의식이 발생한다고 주장한다. 또한 이들은 어떤 체계를 구성하는 부분들이 어떤 속성을 결여한다는 사실로부터 그 체계 자체가 그 속성을 결여해야 한다는 것이 따라 나오지 않는다고 주장한다.

심성의 주체가 "전적으로 비물리적"이어야 한다는 견해를 가진 또 다른 철학자 존 포스터는 다음과 같이 주장한다.

---

13 Alvin Plantinga, "Against Materialism," p. 13.

어떤 것이 그저 보통의 물질적 대상이라면, 즉 그것의 본성이 순전히 물리적이라면, 어떻게 그것이 심성의 [주체]일 수 있는지 이해할 길이 없어 보인다. … 어떤 것이 단지 물질적 대상이라면, 어떻게 그것이 심적 주체가 될 수 있는지 이해하기 위해 우리는 그것의 물리적 본성에 초점을 맞춰야 할 것이다. 그러나 대상의 물리적 본성에 초점을 둘 때 우리가 알 수 있는 것은 어떻게 그것이 그 물리적 본성(즉 물리적 대상으로서의 조건)과 직접적으로 관련된 활동이나 상태에 적합하게 되는지에 관한 것뿐이다. … 대상의 물리적 본성에 초점을 두는 것은 어떻게 그것이 이원론자가 상정하는 종류의 심성의 기본 주체가 될 수 있는지에 대해 어떠한 단서도 제공하지 않는다.[14]

이 인용문이 쟁점을 보다 명료히 해준다고 생각하는 독자도 그렇지 않다고 생각하는 독자도 있을 것이다. 어쨌든 이 지점에서 우리가 물어야 할 한 가지 질문은 이렇다. 사고와 의식이 어떻게 비물질적 실체에서 발생할 수 있는지를 이해하는 것은 조금이라도 더 쉬운가? 특히 라이프니츠와 많은 이원론자들이 주장하는 것처럼 그러한 실체가 부분을 갖지 않는 절대적 "단순자"라면? 구조도 갖지 않고 물리적 공간 밖에 있는 비물질적 마음이 어떻게 물리적 세계의 대상들을 향한 믿음과 욕구를 가질 수 있는가? 우리의 풍요롭고 복잡한 정신적 삶이 어떻게 부분이나 구조를 갖지 않는 대상에 내재할 수 있는가? 라이프니츠와

---

14 John Foster, "A Brief Defense of the Cartesian View," pp. 25–26. "이원론자가 상정하는 종류의 심성"은 물리적 과정으로 환원되지 않는 것으로 여겨지는 심성을 가리킨다. 포스터는 물론 심성이 물리적으로 환원되지 않는다고 믿는다. 핵심은 심적 상태가 가령 유기체의 신경 상태로 환원된다면 물질적인 것이 어떻게 심성을 가질 수 있는지에 대한 특별한 문제는 없을 것이라는 점이다.

플랜팅가, 그리고 포스터가 권하는 제안은 약정에 의한 해결책에 불과한 것 아닌가? 심적 실체에 관해, 그것이 어떻게 의식, 지각, 사고 등의 담지자일 수 있는지를 이해하는 데 도움을 줄 수 있는 어떤 것을 우리가 알고 있는가? 심성이 어떻게 비물질적인 것에서 발생할 수 있는지 이해하는 것은 심성이 어떻게 물질적 대상에서 발생할 수 있는지를 이해하는 것보다 더 쉬운 것이 아닐 수 있다. 사실 그게 더 어려운 문제로 드러날지 모를 일이다.

앞에서 언급했듯, 논증 8의 배후에 있는 생각, 특히 그것의 세 번째 전제의 아이디어를 명료하게 하기란 쉽지 않다. 그러나 이는 흥미롭고 영향력 있는 방향의 이원론 논증이며, 독자들은 이에 대해 숙고해보기를 권한다.[15]

엘리자베스 공주의 반론

기억하겠지만 데카르트적 이원론의 네 번째 요소는 마음과 몸이 서로 인과적으로 상호작용한다는 논제이다. 자발적 행위가 이루어질 때 마음의 의지는 우리의 팔다리를 움직이게 한다. 지각이 이루어질 때 물리적 자극은 감각 수용기에 영향을 미쳐 마음 안의 지각 경험을 야기

---

15 기능주의(5장, 6장)는 어떻게 물리적 대상이 믿음, 욕구, 감정 등을 가질 수 있는지에 대한 설명을 제시하는 것으로 볼 수 있다. 앞으로 보게 되겠지만 기능주의는 심적 상태를 "기능적 상태", 즉 심적 상태가 수행하는 인과적 일에 의해 정의되는 상태로 이해한다. 그러한 상태는 물리적 체계 내의 상태에 의해 "실현"되며, 그러한 물리적 실현자들이 지향적 상태에게 요구되는 인과적 일을 하는 것이라 주장된다. 따라서 물리적 대상은 그것의 물리적 상태가 어떤 믿음을 실현할 때 그 믿음을 갖는다. 의식의 "어려운", "쉬운" 문제에 대한 데이비드 차머스의 논의에 대해서는 10장을 참조하라. 플랜팅가와 같은 이원론자들은 심적 상태가 기능적 상태라는 주장을 거부할 것이다.

한다. 이러한 견해는 상식적일 뿐 아니라 행위자와 인식자로서 우리 자신에 대한 생각에 절대적으로 본질적이다. 만약 욕구, 믿음, 의도에 의해 우리의 마음이 우리의 몸을 적절한 방식으로 움직이도록 야기할 수 없다면, 어떻게 인간이 행위자일 수 있는가? 어떻게 우리가 행위하고 그 행위에 책임을 질 수 있는 행위자일 수 있겠는가? 물리적 세계 안의 대상들과 사건들이 우리에게 지각 경험을 야기하지 않는다면, 어떻게 우리가 우리 주위에서 발생하는 일에 대한 지식을 가질 수 있는가? 우리가 토마토를 손에 들고 있다는 것, 정지 신호에 다가가고 있다는 것, 큰 곰이 왼쪽에서 접근하고 있다는 것을 어떻게 알 수 있겠는가?

데카르트는 어떻게 심성 인과가 이루어지는지에 대해 〈제 6성찰〉에서 다음과 같이 말한다.

> 마음은 몸의 모든 부분들로부터 직접석으로 영향을 받는 것이 아니라 뇌에 의해 아마도 뇌의 작은 한 부분에 의해서만 영향을 받는다. … 뇌의 이 부분이 어떤 상태에 있을 때마다(몸의 다른 부분이 그 시간에 다른 조건에 있을지라도) 그것은 마음에 동일한 신호를 보낸다. … 가령 발에 있는 신경이 격렬하고 심상치 않은 방식으로 움직일 때, 이 움직임은 척수를 통해 뇌의 내부에 도달하고, 거기서 마음에게 어떤 감각에 대한 신호, 가령 발에 발생한 고통 감각을 알리는 신호를 준다. 이는 마음이 고통의 원인을 제거하기 위해 최선의 행위를 하게끔 자극한다.[16]

데카르트는《정념론》에서 송과선을 "영혼의 자리", 즉 마음과 몸의 직접적인 상호작용이 발생하는 장소라고 말한다. 데카르트에 따르면, 영

---

16 Descartes, *Meditations on First Philosophy*, Meditation VI, p. 59-60.

혼은 직접적으로 송과선을 움직일 수 있고, 그렇게 함으로써 "동물 정기"(신경 내의 물질적 유체)를 움직인다. 그리고 동물 정기는 다시 몸의 적절한 부분들에 인과적 영향력을 전달한다.

> 영혼의 활동은 전적으로 다음과 같은 사실에 있다. 영혼은 단순히 어떤 것을 의욕함으로써 영혼과 밀접하게 연결되어 있는 작은 분비선을 그 욕구에 부합하는 결과를 산출하는 데 필요한 방식으로 움직인다.[17]

물리적인 것에서 심적인 것으로의 인과의 경우 이러한 과정은 반대가 된다. 즉 송과선 주변에 있는 동물 정기에서의 변화가 송과선을 작동하게 하고, 이는 마음에 적절한 감각과 지각 경험을 야기한다. 결국 데카르트에 의하면 몸을 가진 인간으로서 우리 각각은 직접적인 인과적 상호작용을 하는 마음과 몸의 "결합체" 또는 "혼합체"이다.

데카르트의 매우 명민한 제자였던 보헤미아의 공주 엘리자베스는 철학사에서 가장 유명한 편지 중 하나로 여겨지는 (1643년 5월 데카르트에게 보낸) 편지에서 다음과 같은 질문을 제기한다.

> 사유하는 실체에 불과한 인간의 마음이 어떻게 신체적 정기를 움직여 신체의 행동을 야기하는지 설명해주실 것을 부탁드립니다. 모든 물체의 움직임은 다른 물체의 움직임에 의해 발생하고, 그것이 움직여지는 방식 또한 그것이 다른 물체로부터 어떤 종류의 충격을 받는지와 그 물체의 표면의 성질 및 형상에 의해서 결정되는 것처럼 보이기 때문입니다. 첫 번째 두 조건을 충족하기 위해서는 접촉이 필요하고, 세

---

17 Descartes, *The Passions of the Soul*, I, 41, p. 343.

번째 조건을 위해서는 연장성이 요구됩니다. [하지만] 당신은 연장성을 영혼 개념으로부터 완전히 배제해버렸고, 접촉이라는 것은 비물질적인 것과는 양립불가능해 보입니다.[18]

(여기서 "결정한다"는 것은 "야기한다"는 것으로, "신체적 정기"는 "신경과 근육 내의 유체"로 읽을 것.) 엘리자베스의 요구는 분명 이해할 만한 것이다. 우선 물체와 그것의 운동에 대해 데카르트가 〈제2성찰〉에서 말한 바가 무엇인지를 살펴보자.

> 물체에 관한 나의 이해에 따르면, 물체는 확정적인 모양과 정의 가능한 위치를 가지며, 다른 물체를 배제하는 방식으로 공간을 점유할 수 있는 것이다. 물체는 촉각, 시각, 청각, 미각이나 후각에 의해 지각될 수 있고, 그 스스로는 움직일 수 없으나 그것과 접촉하는 대상에 의해서 다양한 방식으로 움직여질 수 있다.[19]

데카르트에게 마음은 비물질적이다. 즉 마음은 공간적인 연장성을 갖지 않고 물리적인 공간 안에 위치해 있지 않다. 물체가 오직 접촉에 의해서만 움직여질 수 있다면, 어떻게 비연장적이고 심지어 공간 안에 위치해 있지도 않은 마음이 연장을 가진 물질적 대상과 접촉할 수 있겠는가? 그 물질적 대상이 동물 정기 안의 가장 작고 미세한 입자들이라 할지라도 어떻게 마음이 그것들을 움직이도록 야기할 수 있겠는가?

---

18 Daniel Garber, "Understanding Interaction: What Descartes Should Have Told Elisabeth," p. 172. 이 인용문을 비롯하여 엘리자베스와 데카르트가 주고받은 서신의 인용문들은 Garber의 책 *Descartes Embodied*의 위 제목의 장에서 발췌한 것이다.

19 Descartes, *Meditations on First Philosophy*, *Medication* II, p. 17.

이것은 지극히 합당한 질문인 것처럼 보인다.

현대적 용어로 얘기하면, 엘리자베스의 도전은 다음과 같이 표현될 수 있다. 어떤 것이 물리적 대상을 움직이거나 그것에 어떤 변화를 야기하기 위해서는, 원인으로부터 물리적 대상으로의 에너지 흐름이나 운동량의 이동이 있어야만 한다. 그러나 비물질적인 마음으로부터 물리적인 대상으로의 에너지 흐름이 있을 수 있겠는가? 그것은 어떤 종류의 에너지일 수 있겠는가? 어떻게 **공간 밖**의 무언가로부터 **공간 안**의 무언가로 어떤 것이 "흐를" 수 있겠는가? 어떤 대상이 다른 대상으로 운동량을 전달하려면 그것은 질량과 속도를 가져야 한다. 그러나 어떻게 물리적 공간 밖에 있는 비연장적인 마음이 질량이나 속도를 가질 수 있겠는가? 이런 물음은 데카르트의 심신 상호작용론이 그 자체로 그럴듯한지에 관련된 것이 아니다. 문제는 비공간적이고 비물질적인 마음과 시공간 세계의 물리적 대상을 상정하는 데카르트의 이원론적 존재론 안에서 상식적인 심신 상호작용 논제가 유지될 수 있는지 여부이다.

같은 달에 엘리자베스에게 보낸 답장에서 데카르트는 다음과 같이 답변한다.

> 내가 보기에는 우리 안에 어떤 원초적인 개념이 있어서 우리는 말하자면 그것을 본 삼아서 다른 모든 생각들을 형성합니다. … 마음과 신체를 함께 생각할 때 우리는 그것들의 결합에 대한 원초적 개념만을 가지고 있고, 마음이 신체를 움직이는 능력 및 신체가 마음에 작용해 감각과 정념을 일으키는 능력의 개념은 이 원초적인 개념에 의존합니다.[20]

---

20 데카르트가 엘리자베스 공주에게 1643년 5월 21일에 보낸 편지. Garber, *Descartes Embodied*, p. 173.

데카르트가 옹호하는 입장에 따르면, 심신 결합의 관념은 "원초적" 개념, 즉 그 자체로 이해 가능하며 더 근본적인 다른 개념에 의해 설명되지 않는 개념이며, 심신 인과 개념은 심신 결합 개념에 의존한다. 이것은 무엇을 의미하는가? 데카르트의 견해에서 몸과 마음이 인과적으로 대등한 위치에 있는 것으로 보이지만, 그들 사이에는 중요한 비대칭성이 있다. 나의 마음은 내 몸에 먼저 인과적인 영향을 미침으로써만 내 주위의 다른 몸과 다른 사람의 마음에 인과적 힘을 발휘할 수 있다. 그 어떤 것도 내 몸에 인과적 영향을 미치지 않고는 내 마음에 인과적으로 영향을 미칠 수 없다. 그러나 내 몸은 다르다. 내 몸은 내 마음과 독립적으로 다른 몸과 인과적으로 상호작용할 수 있다. 나의 몸(또는 나의 송과선)은 내 마음과 세계 사이의 필수적인 인과적 통로이다. 어떤 점에서 내 마음은 내 몸과 결합되어 있음으로 인해서 세계로부터 인과적으로 고립되어 있다. 달리 말하면, 내 몸은 내 마음의 인과적 힘을 가능하게 하는 조력자다. 즉 내 마음은 내 몸과 결합되어 있음으로 인해서 세계(다른 몸뿐만 아니라 다른 마음)에 인과적 힘을 발휘할 수 있다. 이렇게 본다면 심신 결합의 관념은 마음의 인과적 힘을 이해하는 데에 본질적인 것 같다.

엘리자베스는 이런 대답에 만족하지 않는다. 그는 즉각적으로 반박한다.

> 고백건대, 나에게는 비물질적 실체에 물체를 움직이고 물체에 의해서 움직일 수 있는 능력을 인정하는 것보다 마음에 물성과 연장성이 있다고 인정하는 것이 더 쉬울 것 같습니다.[21]

---

21 엘리자베스 공주가 데카르트에게 1643년 6월에 보낸 편지. Garber, *Descartes Embodied*, p. 172.

놀랄 만한 진술이다. 이는 유물론에 대한 인과 논증(4장을 보라)의 첫 등장이라 할 만하다. 엘리자베스는 심성 인과의 가능성을 허용하기 위해서 그의 스승에 의해 제시된 설득력 없는 이원론적 견해를 받아들이는 것보다 차라리 마음에 관한 유물론을 받아들이겠다는 취지의 말("마음에 물성과 연장성이 있다고 인정하는 것이 더 쉬울 것")을 하고 있기 때문이다.

데카르트의 견해가 그토록 그럴듯하지 않다고 볼 이유는 무엇일까? 몇 단락 앞에서 지적했듯이 나의 마음이 나의 몸과 "결합"을 맺는다는 것은 나의 몸이 나의 마음에서의 변화에 대한 필수적인 근접 원인 및 결과로서 역할을 수행하며, 나의 몸으로 인해 내 마음이 바깥 세계에 인과적 영향을 행사하는 것이 가능하다는 것이다. 그러나 데카르트는 몸과 마음의 결합에 대한 이러한 설명을 거부할 것이다. 왜냐하면 그것은 심성 인과의 가능성에 관한 한 선결 문제의 오류를 범하게 될 것이기 때문이다. 아마도 이런 이유 때문에 데카르트는 마음과 몸의 결합이라는 개념을 더 이상 설명할 수 없고 설명할 필요도 없는 그 자체로 이해 가능한 "원초적" 개념이라고 주장했을 것이다. 그러나 엘리자베스가 혹은 그 어느 누구라도 이러한 답변에 만족해야 했을까? 그렇지 않다고 볼 합당한 이유가 제시될 수 있다. 왜냐하면 이 몸이 다른 사람의 몸이 아닌 나의 몸이 되게 하는 것은 무엇인가라는 질문을 할 때, 인과적 답변이 가장 자연스럽고 유일하게 옳은 답변인 것 같기 때문이다. 즉 이것이 나의 몸인 것은 내가 (또는 나의 욕구와 의지가) 직접적으로, 다시 말해 다른 어떤 것을 움직이거나 또는 다른 어떤 것에 인과적 영향을 미치지 않고 움직일 수 있는 유일한 몸이기 때문이다. 반면 나는 나의 몸을 먼저 움직임으로써만 내 책상 위의 펜이나 현관문 같은 다른 물체를 움직일 수 있다. 더욱이 나의 마음에 (또는 나의 심적 상태들에) 어떤 변화를 야기하기 위해 당신은 먼저 내 몸에 (아마도 내 두뇌에) 적절한 변화를 발생시켜야만 한다. 내 몸과 내 마음이 어떻게 "결합"하는 지에 대한 이보다 더 자연스러운 설명이 있을 수 있는가? 그러나 심신 결합에 대한 이러한 설명은 심신 인과의 가능성을 전제로 하고 있고, 그렇다면 심신 인과에 대한 이해가 심신 결합 개념에 "의존"한다고 말하는 것은 순환적이게 될 것이다. 결합 개념이 "원초적"이어서 설명될 필요가 없는 개념이라는 데카르트의 주장은 심성 인과에 대한 이해를 추구하는 이들을 설득할 수 있을 것 같지 않다. 즉 데카르트의 비판가들에게 이러한 주장은 데카르트의 접근이 직면하는 어려운 문제를 인정하지 않고 단순히 문제를 회피하려는 것으로 여겨질 공산이 크다.

"짝짓기 문제": 또 다른 인과 논증

우리는 데카르트적 실체 이원론을 반대하는 또 다른 인과 논증을 제시할 것이다. 이 논증이 옳다면 이는 비물질적 마음이 공간 안에 위치해 있는 물질적 대상과 인과적으로 상호작용할 수 없다는 것뿐 아니라, 다른 비물질적 마음을 포함한 그 어떤 것과도 인과 관계를 맺을 수 없다는 것을 보일 것이다. 비물질적 대상들은 인과적으로 무력하고 따라서 설명적으로 쓸모가 없게 될 것이며, 그것들을 가정할 철학적 동기는 더 이상 없을 것이다.

　이 논증은 다음과 같다.[22] 유비와 준거점을 마련하기 위해 물리적 인과의 사례로 시작해보자. 총 하나(A라고 부르자)가 발사되고, 이것이 사람 X의 죽음을 야기한다. 또 다른 총 B가 같은 시간에 발사되고 (A의 근처에서 발사되지만 이는 중요하지 않다) 이 총의 발사는 사람 Y

22　이 논증의 보다 완전한 형태를 보려면 Jaegwon Kim, *Physicalism, or Something Near Enough*, 2장을 참고하라. 몇몇 이원론적 답변으로는 〈더 읽을거리〉를 볼 것.

의 죽음을 야기한다. A의 발사가 X의 죽음을 야기했고 B의 발사가 Y의 죽음을 야기한 것이지, 그 반대가 성립하지 않는 것은 왜 그러한가? 즉 A의 발사가 Y의 죽음의 원인이 아니고, B의 발사가 X의 원인이 아닌 것은 왜 그러한가? 올바른 원인과 올바른 결과 사이의 "짝짓기"를 지배하는 원리는 무엇인가? 원인-결과 짝을 설명하고 근거 짓는 관계 R, 즉 A의 발사와 X의 죽음 사이에 성립하고 B의 발사와 Y의 죽음 사이에 성립하며, A의 발사와 Y의 죽음 사이에는 그리고 B의 발사와 X의 죽음 사이에는 성립하지 않는 어떤 관계가 있어야 할 것이다. "짝짓기 관계"라 부를 수 있는 이 관계 R은 무엇인가? 우리가 꼭 물리적 인과의 모든 사례에 적용되는 단일한 R이 있다고 가정하는 것은 아니다. 단지 주어진 원인이 그것이 야기한 특정한 결과의 원인이라는 사실을 근거 짓는 어떤 관계가 있어야 한다는 것이다.

두 가지 생각이 떠오른다. 첫째로, **인과 연쇄**가 있다는 생각이다. 즉 A의 발사와 X의 죽음을 연결하는 연속적인 인과 연쇄가 있고, B의 발사와 Y의 죽음을 연결하는 또 다른 인과 연쇄가 있다는 것이다. 반면, A의 발사와 Y의 죽음을 연결하거나 B의 발사와 X의 죽음을 연결하는 인과 연쇄는 존재하지 않는다. 실제로 우리는 초고속 비디오 카메라를 사용해 각각의 총에서 그것의 결과에 이르는 총알의 궤적을 추적할 수 있을 것이다. 두 번째 생각은 다음과 같은 것이다. 각각의 총이 발사될 때 그 총은 다른 사람이 아닌 그 총을 맞은 사람과 일정한 거리와 적절한 방향에 있었다는 것이다. 즉 **공간적 관계**가 원인과 그 결과를 짝짓는 역할을 한다.

조금만 생각해보면 인과 연쇄는 짝짓기 문제에 대한 독립적 해결책이 될 수 없다는 것을 알 수 있다. 인과 연쇄는 원인과 결과로 연결된 일련의 사건들이고, 더 많은 원인-결과의 짝을 끼워 넣는 것은 짝짓기 문제를 해결하지 못한다. 명백히 선결 문제의 오류를 범하기 때문이다.

끼워 넣은 원인-결과의 짝들을 근거 짓는 짝짓기 관계는 무엇인가? 궁극적으로 공간적 관계, 좀 더 넓게 말해서 시공간적 관계가 짝짓기 관계를 생성하는 유일한 방법이라고 보는 것이 그럴듯한 것 같다. 공간은 적절한 인과적 속성을 갖는 것처럼 보인다. 가령 거리가 증가하면 인과적 영향력은 감소하며, 인과적 영향력의 전파를 막거나 저해하기 위해 중간에 장벽을 세울 수도 있다. 어쨌든 다음 명제는 매우 그럴듯해 보인다.

> (M) 다음은 형이상학적으로 가능하다: 동일한 내재적 속성을 가지고 따라서 동일한 인과적 힘 혹은 잠재력을 갖는 별개의 두 물리적 대상 a 와 b 가 존재하여, 이들 중 a 는 제삼의 대상 c 에 어떤 방식으로 변화를 야기하지만 b 는 c 에 어떠한 인과적 영향력도 발휘하지 않는다.

b 가 아닌 a 가 c 에 변화를 야기한다는 사실은 a, b, c 에 관한 어떤 사실에 근거를 두어야 한다. a 와 b 는 같은 내재적 속성을 가졌기 때문에 그들의 인과적 역할에서의 차이를 설명하는 것은 c 와 관련한 그들의 **관계적 속성**이어야 한다. 어떤 관계 또는 관계적 속성이 이런 역할을 할 수 있을까? a, b, c 가 물리적 대상들인 경우, c 와 관련한 a와 b의 인과적 차이에 책임이 있는 것은 a 와 c 사이의 공간적 관계 및 b 와 c 사이의 공간적 관계라는 것이 그럴듯한 생각이다. (대상 a 는 c 와 적절한 공간적 관계에 있었던 반면, b 는 c 에 영향력을 발휘하기에는 "너무 멀리 떨어져" 있었다.) 적어도 다른 뚜렷한 대안적 관계는 떠오르지 않는다. 나중에 우리는 공간적 관계가 어떻게 이러한 역할을 수행할 수 있는지에 대한 설명을 제시할 것이다.

공간 밖에 있는 비물질적 영혼이 공간 안에 있는 물질적 대상과 인과적으로 상호작용할 수 있는 가능성을 생각해보자. (M)과 짝을 이루는 다음의 원리 (M*)은 (M)과 똑같이 그럴듯한 원리인 것 같다. 만약 상호작용론적 실체 이원론자가 이 원리를 부정하고자 한다면 왜 그러한지 원칙에 기반한 설명을 제공해야 할 것이다.

> (M*) 다음은 형이상학적으로 가능하다: 동일한 내재적 속성을 갖는 두 영혼 A와 B가 존재하여, 그 둘이 동시에 어떤 식으로 작용하고, 그 결과로 물질적 대상 C가 변화를 겪는다. 그리고 C에서 발생한 물리적 변화의 원인은 B의 작용이 아니라 A의 작용이다. [23]

무엇이 이런 상황을 가능하게 하는가? 두 번째 영혼이 아니라 첫 번째 영혼을 물질적 대상과 짝지어주는 짝짓기 관계는 무엇인가? 비물질적 실체로서의 영혼은 물리적 공간 밖에 있고 어떤 것과도 공간적 관계를 맺을 수 없기 때문에, 짝짓기의 토대가 되는 관계로 공간적 관계에 호소하는 것은 불가능하다. 어떤 가능한 관계가 두 영역, 즉 공간 내의 물질적 대상의 영역과 공간 밖의 비물질적 마음의 영역을 가로지르는 인과적 짝짓기의 역할을 할 수 있는가?

앞에서 본 예의 변형 하나를 살펴보자. 동일한 내재적 속성을 가진 두 물리적 대상 P_1과 P_2가 있고, 어떤 비물질적 영혼의 행위가 P_2가 아닌 P_1에게만 인과적 영향력을 발휘한다. 이것을 어떻게 설명할 수 있을

---

23 문제를 해소하기 위해 영혼에 대해 내재적으로 식별불가능한 것들은 동일하다는 원리에 호소하고 싶은 생각이 들지 모르겠다. 그러나 우리가 다음에 고려하는 상황은 오직 하나의 영혼만을 포함하기 때문에 그러한 대응이 적용되지 않는다. 게다가 짝짓기 문제는 내재적으로 식별불가능하면서도 구별되는 대상들이 있을 수 있다고 가정하지 않고서도 발생할 수 있다. 그러나 이 가정은 문제를 단순하고 설득력 있게 제시하는 데 도움이 된다.

까? P_1과 P_2가 동일한 내재적 속성을 가지기 때문에 그들은 동일한 인과적 능력("능동적"인 인과적 힘뿐만 아니라 "수동적"인 인과적 힘)을 가져야 하고, 그들을 인과적 맥락에서 구분해줄 수 있는 유일한 방법은 그들이 다른 대상과 맺는 관계일 것이다. 이것은 어떠한 관계든 짝짓기 관계의 역할을 하려면 공간적 관계여야 한다는 것을 의미하는 것 아닌가? 만약 그렇다면, 영혼은 공간 안에 있지 않고 그 어떤 것과도 공간적 관계를 맺을 수 없기 때문에, 이 사례에서 짝짓기 문제는 해결될 수 없다. 영혼은 (다른 대상에 비해) 이 물리적 대상에 "더 가깝게" 있을 수도 없고 "더 적절한 방향"을 향해 있을 수도 없다. 그중 하나의 물리적 대상과 영혼 "사이에" 어떤 인과적 장벽이 있었다고 할 수도 없다. 무언가가 공간 안에 있는 어떤 것과 공간 밖에 있는 어떤 것 "사이에" 있다고 하는 것이 무슨 의미를 가질 수 있겠는가? 비물질적 영혼의 관점에서 내재석으로 식별불가능한 두 물리적 대상들을 구분해줄 수 있는 어떤 비공간적 관계가 있을 수 있는지는 전적으로 신비로운 일이다.

비물질적 실체들 사이에는 인과적 상호작용이 있을 수 있을까? 마음과 몸 사이의 인과적 상호작용을 배제하는 것이 그 자체로 비물질적 마음의 인과적으로 자율적인 영역의 가능성, 즉 마음과 마음 사이의 인과적 교류의 가능성을 배제하지는 않는다. 아마도 이러한 가능성은 일부 종교와 신학에서 생각하는 순수하게 정신적인 사후 세계에 대한 그림일 것이다. 그러한 것이 가능할까? 짝짓기 문제는 그러한 생각을 의심스럽게 만든다. 비물질적 영역에서의 인과를 원하는 어떤 실체 이원론자도 다음과 같은 가능성을 허용해야 한다. 즉 세 개의 심적 실체, M_1, M_2, M_3이 존재하여, M_1과 M_2는 동일한 내재적 속성을 가지며 따라서 동일한 인과적 힘을 갖지만, M_2의 행위가 아니라 그와 동일한 M_1의 행위가 M_3의 변화에 인과적으로 책임이 있는 것이 가능하다. 이것이 형이상학적으로 가능한 상황이라면, 어떤 짝짓기 관계가 M_2가 아닌 M_1만을 M_3에 연결 지을 수 있겠는가? 인과가 심적 영역 내에서 가능하려면 이 질문에 대해 이해 가능하고 합당한 답변이 있어야만 한다. 그러나 어떠한 심적 관계가 이러한 목적을 수행할 수 있겠는가? 어떤 관계가 그럴 수 있는지 생각해내기 어렵다.

공간이 물리적 인과에서 하는 역할이 무엇인지 살펴보자. 물리적 대상이나 사건이 동일한 내재적 속성을 가진 두 대상 중 한 대상에게만 인과적으로 영향을 미치는 그림에서, 이 두 대상을 구분해주는 것은 원인과 관련한 그들의 공간적 위치여야 한다. 공간은 물질적 대상들에 대해 "개별화의 원리"를 제공한다. 단순한 성질 및 인과적 힘은 이러한 역할을 하지 못한다. 공간이 이러한 역할을 수행할 수 있는 것은 정확히 동일한 공간적 위치를 동시에 점유하는 물리적 대상들은 하나의 동일한 대상이라는 사실에 의해서다.[24] 이것은 "물질의 불가입성"이라는 존중받아 마땅한 원리인데, 공간에 대한 일종의 "배제" 원리로 이해할 수 있다. 즉 물질적 대상은 공간적 위치와 관련하여 서로 경쟁하고 서로를 배제한다. 이러한 원리로부터 다음과 같은 결론이 따라 나온다. 물리적 대상 a와 b가 제삼의 대상 c에 대해 동일한 공간적 관계를 갖는다면, a와 b는 하나의 동일한 대상이다. 공간이 동일한 내재적 속성을 지닌 물질적 대상들을 개별화할 수 있는 것은 이 원리 때문이다. 심

---

24 하나의 조각상과 그것을 구성하는 점토 덩어리에 관련된 친숙한 문제가 있다(우연히 일치하는 대상의 문제). 그 둘이 같은 공간적 영역을 차지하고 속성의 대부분(가령 무게, 모양, 크기 등)을 공유하지만 지속 조건이 다르기 때문에 별개의 대상이라고 주장하는 사람들이 있다. (예를 들어 그 점토를 정사각형 모양으로 만든다면 그 조각상은 더 이상 존재하지 않지만 점토는 여전히 존재한다.) 이 문제는 여기서는 논외로 둘 수밖에 없지만 이것이 우리의 논증에 영향을 주진 않는다. 조각상과 점토 덩어리는 동일한 인과적 힘을 공유하고 동일한 인과적 운명(아마도 생성과 소멸을 제외하고는)을 가짐을 주목하라.

적 영역에서의 인과도 마찬가지이다. 즉 비물질적 마음에 관한 짝짓기 문제를 해결하기 위해 필요한 것은 마음들 각각에 단일한 "위치"를 부여해주는 "심적 공간"이라는 일종의 심적 좌표계이다. 뿐만 아니라 이러한 심적 좌표계에서 "마음의 불가입성" 원리가 성립해야만 한다. 즉 심적 공간에서 동일한 "위치"를 점유하는 마음들은 하나의 동일한 마음이다. 우리는 이런 종류의 심적 공간이 어떻게 만들어질 수 있는지 전혀 알지 못한다고 말해야 할 것이다. 더욱이 우리가 비물질적 마음에 적용되는 공간 개념을 발전시킬 수 있다고 할지라도, 여전히 이러한 해결책은 짝짓기 문제에 대한 완전한 해결책에 못 미칠 것이다. 심적 영역과 물리적 영역 사이의 인과 관계에 대한 짝짓기 문제를 해결하려면, 두 영역을 가로지르는 단일한 짝짓기 관계를 산출하기 위해 두 영역을 조율 혹은 융합할 필요가 있다. 어디에서 시작해야 할지조차 분명치 않다.

따라서 데카르트적 마음이 있다면, 그것은 완전한 인과적 고립의 위험, 즉 물질적 세계뿐만 아니라 다른 마음들로부터도 고립될 위험에 처한다. 이러한 고찰은 단일한 심적 실체 내에서 인과 관계가 성립할 수 없음을 보이지는 않는다(모나드들 사이의 인과를 허용하지 않는 것으로 유명한 라이프니츠조차 단일한 모나드 안에서의 인과는 허용한다). 그러나 지금까지 보인 것은 실체 이원론에 심각한 도전을 제기하는 듯하다. 이것이 옳다면, 우리는 물리주의적 존재론을 지지하는 인과 논증을 갖게 된다. 인과는 공간과 같은 구조를 요구하고, 우리가 아는 한 물리적 영역은 그런 종류의 구조를 가진 유일한 영역이다.

공간 안에 있는 비물질적 마음?

짝짓기 문제는 전통적인 실체 이원론이 가정하는 마음의 극단적인 비공간적 본성 때문에 발생한다. 데카르트에 따르면, 마음은 공간적 연장성을 결여할 뿐만 아니라, 공간성 자체를 갖지 않는다. 그렇다면 마음을 공간 안으로 끌어들이고 마음에 공간적 위치를 부여함으로써 짝짓기 문제를 해결할 수 있지 않을까? 비물질적인 영혼으로서의 마음에 대한 대중적 견해는 마음을 전적으로 비공간적인 것으로 그리는 것 같지는 않다. 가령 사람이 죽으면 그의 영혼은 몸으로부터 "올라가거나" 몸을 "떠난다"고 생각되는데, 이는 죽음 전에 영혼이 몸 안에 거하고, 공간 안에서 영혼이 움직이며 위치를 바꿀 수 있음을 함축한다. 때때로 우리는 사랑하는 사람의 영혼이 가시적인 형태(햄릿의 아버지 유령을 생각하라)를 포함한 다양한 방식으로 우리에게 그들의 존재를 알릴 수 있다고 생각한다. 아마도 이러한 대중적인 생각 전부를 정합적으로 이해하는 것은 불가능할 것이다. 그러나 비물질적 마음을 물리적 공간 안에 위치시키고 그렇게 함으로써 마음을 세계와의 인과적 상호작용에 참여할 수 있게 하는 것에 원칙적으로 잘못된 것이 있는가?

앞으로 살펴보겠지만, 비물리적 마음을 공간 안으로 끌어들이자는 제안은 복잡한 문제들을 동반하고 이러한 제안은 선택지로서 고려할 가치가 없는 것 같다. 먼저 공간 안 어디에 마음을 위치시킬지에 대한 질문이 있다. 각각의 영혼에 위치를 부여할 원칙적 방법이 있는가? 나의 영혼은 나의 몸 안에, 당신의 영혼은 당신의 몸 안에 위치시키는 방식을 제안할 수 있다. 이것은 자연스럽고 그럴듯한 제안처럼 들리지만 여러 문제들에 직면한다. 첫째, 몸과 "결합"하지 않은 영혼, 즉 몸이 없는 영혼은 어디에 있는가? 영혼은 그 자체로 존재하는 실체라고 가정되기 때문에, 몸과 결합하지 않은 영혼은 형이상학적으로 가능하다. 둘째, 당신의 영혼이 당신의 몸에 위치해 있다면, 정확히 당신의 몸 어디에 위치해 있는가? 이에 대해 뇌라고 답할 수 있을 것이다. 그러나 정확히 뇌 어디에 있는가? 마음은 공간 안에 연장되어 있지 않기 때문에

뇌 모든 곳에 퍼져있을 수 없을 것이다. 마음에 위치를 부여한다면, 그것은 기하학적 점으로 위치해 있어야 한다. 뇌 어딘가에 당신의 마음이 위치해 있는 기하학적 점이 있다고 생각하는 것이 정합적인가? 데카르트의 공식적 견해는 영혼이 공간 안에 있지 않다는 것이지만, 그럼에도 불구하고 데카르트는 송과선이 마음과 몸의 인과적 상호작용이 발생하는 장소이기 때문에 송과선을 "영혼의 자리"라고 불렀다.

그러나 여기서 데카르트의 전략을 따르는 것은 그다지 말이 되는 것 같지 않다. 우선 심신 상호작용이 발생하는 점으로서의 단일한 장소가 뇌에 있다는 것을 지지하는 어떤 증거도 없다. 우리가 아는 한, 다양한 심적 상태들과 활동들은 전체 뇌와 신경 체계에 광범위하게 분산되어 있다. 그리고 데카르트가 송과선과 관련해서 얘기했듯, 모든 심신 상호작용에 책임을 지는 단일한 확인 가능한 기관이 있다는 생각은 과학적으로 그럴듯하지 않다. 둘째, 단일한 기하학적 점에 위치해 있는 개체가 어떻게 뇌에서의 모든 물리적 변화들을 야기할 수 있겠는가? 어떤 메커니즘이 이러한 변화를 발생시킬 수 있을까? 이러한 기하학적 점으로부터 뇌를 이루는 신경섬유로 어떻게 에너지가 이동하는가? 또한 다음과 같은 추가적인 질문을 할 수 있다. 영혼을 그 특정한 위치에 계속 묶어두는 것은 무엇인가? 내가 연구실 의자에서 일어나 아래층 거실로 내려갈 때, 내 영혼은 내 몸에 바짝 붙어 다니며 정확히 같은 경로로 움직인다. 내가 탄 비행기가 활주로를 이륙할 때 기하학적 점과 같은 나의 비물질적 마음은 정확히 같은 속도를 내며 한 시간에 900킬로미터의 속도로 비행하기 시작할 것이다! 영혼은 내 뇌의 어떤 부분과 강하게 밀착되어 있어서, 내 뇌가 움직일 때 같이 움직이며 내가 죽을 때 내 영혼은 기적처럼 내 몸으로부터 분리되어 내세의 더 좋은 장소로 (또는 더 나쁜 장소로) 이동하는 듯하다. 이러한 생각이 말이 되는가? 우리는 데카르트가 비물질적 마음을 전적으로 물리적 공간 밖에 있는 것으로 간주한 것은 현명했다고 결론 내려야 한다.

어쨌든, 비물질적 마음에 위치를 부여한다고 해서 짝짓기 문제 자체가 해결되지는 않을 것이다. 우리가 보았듯, 물리적 대상의 공간적 위치가 짝짓기 문제를 해결하는 데 도움이 되는 것은 물리적 대상이 그 위치에 의해 개별화될 수 있다는 원리 때문이다. 앞에서 지적했듯, 이것이 물질의 불가입성 원리이다. 이 원리에 따르면 구별된 대상들은 공간적 장소와 관련하여 서로를 배제한다. 이것은 내재적으로 식별불가능한 두 물리적 대상들의 인과적 역할이 어떻게 차이가 날 수 있는지를 설명한다. 따라서 비물질적 마음의 공간적 위치가 짝짓기 문제에 도움이 되기 위해서는 비물질적 마음에 대해서도 공간적 배제 원리와 유사한 원리가 필요하다. 즉 구별된 마음들은 같은 공간을 점유할 수 없다는 심적 실체의 불가입성 원리가 필요하다. 그러나 그러한 원리가 성립한다고 생각할 만한 이유가 있는가? 바늘 끝에서 춤추는 수천의 천사들처럼, 존재하는 모든 영혼들이 왜 단일한 점을 점유할 수는 없는가? 즉 공간에 위치해 있는 점과 같은 영혼들의 인과를 이해할 수 있으려면 불가입성 원리가 필요하다. 그러나 이것은 이 원리를 우리가 사용할 수 있다는 것을 의미하지 않는다. 이 원리를 사용하기 위해서는 이 원리가 성립한다는 것을 보이는 독립적인 그럴듯한 증거나 신뢰할 수 있는 논증을 제시할 수 있어야만 한다.

비물질적 마음 또는 영혼 개념이 갖는 모든 어려움과 문제들을 인정한다면, 왜 데카르트가 심신 결합 개념이 더 근본적인 개념으로 설명할 수 없는 원초적 개념이라고 말했는지 이해할 만하다. 심지어 당대 저술가들은 특정한 마음(가령 당신의 마음)이 어떻게 특정한 몸(가령 당신의 뇌)과 결합하는지 설명하기 위해 신과 신학에 호소했다.[25] 독자들은 그러한 호소가 이원론자의 문제 해결에 진정 도움이 되는지 생각해보기 바란다.

실체 이원론과 속성 이원론

대부분의 현대 철학자들이 보기에 심적 실체로서의 마음 개념은 설명적 이득 없이 너무 많은 문제와 수수께끼들로 가득 차있다. 게다가 비물질적이고 불멸하는 영혼 관념은 다양하고 서로 상충하기도 하는 종교적, 신학적인 연상 및 염원들을 내포하고 있는데, 많은 사람들은 철학적 맥락에서 이를 피하고 싶어 한다. 가령 전통적인 영혼관은 인간과 나머지 동물 생명체 사이에 뚜렷하고 건널 수 없는 간극을 포함한다. 우리의 심성이 영혼을 소유하는 것으로 설명될 수 있다고 할지라도, 인간이 아닌 동물의 심성은 어떻게 설명될 수 있을까? 실체 이원론이 현대 심리철학에서 중요한 대안이 아니었다는 것에는 놀라울 것이 없다. 그러나 진지한 논의 없이 실체 이원론을 선험적으로 배제할 필요는 없다. 매우 저명하고 존경받는 일부 철학자들은 여전히 실체 이원론을 실질적인, 아마도 유일한 선택지로 옹호한다. (〈더 읽을거리〉를 보라.)

심성을 실체로 보는 견해를 거부하는 것은 우리 각각이 "마음을 갖는다"는 것을 부정하는 것이 아니다. 그것은 단지 "마음을 갖는다"는 것을 문자 그대로, 즉 우리가 말 그대로 소유하는 "마음"이라 불리는 어떤 대상이나 실체가 있다는 것으로 이해해서는 안 된다는 것이다. 앞에서(1장에서) 논의했듯, 마음을 갖는다는 것은 갈색 눈이나 공을 잘 던지는 팔을 갖는다는 것과 같지 않다. 적어도 그럴 필요는 없다. 갈색 눈을 가지기 위해서는 당신이 가지는 갈색 눈이 있어야 한다. "마음을 멀리하거나" 무언가를 "마음에 담기" 위해, 당신이 멀어지거나 담아놓

---

25 John Foster, "A Brief Defense of the Cartesian View."

는 어떤 대상―즉 하나의 마음―을 **가질** 필요는 없다. 실체 이원론을 제쳐두면 적어도 지금은, 마음을 가진다는 것을 인간 및 일부 고등 동물은 소유하지만 막대기나 돌은 소유하지 않는 어떤 특별한 **속성, 능력,** 또는 **특성**을 갖는다는 것으로 이해할 수 있다. 어떤 것이 "마음을 갖는다"고 말하는 것은 그것을 특정한 종류의 행동과 기능(감각, 지각, 기억, 학습, 의식, 목적 지향적 행위 같은)을 수행할 수 있는 어떤 종류의 대상으로 분류하는 것과 같다. 이런 이유로 "마음을 갖는다"고 말하는 것보다 "심성을 갖는다"고 말하는 것이 오해를 피할 수 있다. (기억하겠지만, 이는 위에서 살펴본 마지막 이원론 논증인 "라이프니츠의 방앗간"이 도전하는 것으로, 이 논증의 핵심은 어떠한 물질적 대상도 심성을 가질 수 없다는 것이다.)

어쨌든 현대 심리철학에서 실체 이원론의 역할은 미미했다. 철학자들은 심적 활동과 기능(또는 심적 사건, 상태, 과정)에 주목했고, 심신 문제는 이러한 심적 사건, 상태, 과정이 물리적이고 생물학적인 사건, 상태, 과정과 어떻게 관련되는지, 또는 우리의 정신적, 심리적인 역량과 기능이 우리의 물리적 구조 및 역량의 본성과 어떻게 관련되는지를 이해하는 문제가 되었다. 이러한 질문과 관련하여 두 가지 주요한 입장이 있는데, **속성 이원론**과 **환원적 물리주의**(유형 물리주의라고도 하는)가 그것이다. 이제 이원론은 더 이상 두 종류의 실체에 관한 이원론이 아니라, 두 종류의 속성, 즉 심적 속성과 물리적 속성에 관한 이원론이다. 여기서 "속성" 개념은 넓은 의미로 사용된다. 심적 속성은 심적 기능, 역량, 사건, 상태 같은 것들을 포함하고, 물리적 속성의 경우도 마찬가지이다. 그것은 사건, 활동, 상태 등등을 지칭하는 포괄적 용어이다. 그래서 속성 이원론이란 심적 속성이 물리적 속성으로 환원될 수 없는 별개의 속성이라는 견해이다. 반대로, 환원적 물리주의는 심적 속성이 물리적 속성으로 환원될 수 있고 따라서 물리적 속성과 동일하다는 입장을 옹호한다. 곧 보게 되겠지만, 속성 이원론과 환원적 물리주의 모두 다양한 형태들이 있다. 그러나 이들 모두가 공유하는 것 하나가 있는데, 바로 비물질적 실체를 부정하는 것이다. 오늘날의 속성 이원론과 환원적 물리주의는 세계에 한 종류의 대상, 즉 물질 및 물질로 이루어진 복합적 구조만을 허용한다. (이러한 반-데카르트적 입장은 실체 물리주의라 불린다.) 이러한 물리적 대상들 중 어떤 것은 지각, 감각, 추론, 의식과 같은 복합적인 행동과 활동을 보인다. 그러나 이는 물질적 구조의 속성일 뿐이다. 논쟁의 주된 논점은 이러한 심적 특성 및 활동과 그 구조의 물리적 특성들 사이의 관계의 본성에 관한 것이다. 이것이 이 책의 나머지 부분에서 다룰 핵심 질문이다.

더 읽을거리

데카르트의 이원론의 주된 출처는 1641년에 처음 출판된 그의 저서《제일철학에 관한 성찰Meditations on First Philosophy》이다. 특히 〈제2성찰〉과 〈제6성찰〉을 참고하라. 이 책은 많은 영역본이 있는데 훌륭한 판본(〈반론과 대답〉을 포함한)으로는《데카르트의 철학적 저술The Philosophical Writings of Descartes》(John Cottingham, Robert Stoothoff, Dugald Murdoch 번역 및 편집) 2권을 꼽을 수 있다. 데카르트의 심리철학에 관한 유용한 역사적, 해석적 문헌에는 다음이 있다. 대니얼 가버Daniel Garber의《체화된 데카르트Descartes Embodied》(특히 8장 〈인과적 상호작용 이해하기: 데카르트가 엘리자베스에게 말해야 했던 것Understanding Causal Interaction: What Descartes Should Have Told Elisabeth〉), 마린 로즈먼드Marleen Rozemond의《데카르트의 이원론Descartes's Dualism》1장, 그리고 릴리 알라넨Lilli Alanen의《데카르트의 마음 개념Descartes's Concept of Mind》2장.

짝짓기 문제에 대해서는 김재권의《물리주의, 또는 그와 충분히 가까운 것 Physicalism, or Something Near Enough》3장을 참고하라. 이에 대한 이원론자의 대답으로는 존 포스터John Foster의 〈이원론 옹호A Defense of Dualism〉, 앤드루 베일리Andrew Baily, 조슈아 라스무센Joshua Rasmussen, 루크 밴 혼Luke Van Horn 의 〈짝짓기 문제는 없다No Pairing Problem〉가 있다.

실체 이원론에 대한 현대적인 옹호로는 존 포스터John Foster의《비물질적 자아Immaterial Self》, W. D. 하트W. D. Hart의《영혼의 엔진The Engines of the Soul》, 윌리엄 해스커William Hasker의《창발적 자아The Emergent Self》, E. J. 로우E. J. Lowe의 〈비데카르트적 실체 이원론과 심성 인과 문제Non-Cartesian Substance Dualism and the Problem of Mental Causation〉와 〈이원론Dualism〉, 앨빈 플랜팅가Alvin Plantinga의 〈유물론에 반대하여Against Materialism〉, 딘 지머맨 Dean Zimmerman의 〈물질적인 사람Material People〉, 그리고 리처드 스윈번Richard Swinburne의《영혼의 진화The Evolution of the Soul》가 있다.

또한 노아 레이섬Noa Latham의 〈실체 물리주의Substance Physicalism〉와 팀 크 레인Tim Crane의 〈심적 실체Mental Substances〉를 추천한다.

제3장

---·•·---

마음과 행동
: 행동주의

20세기 초 일부 심리학자들은 내성주의적 심리학이 주관적이며 비과학적인 성격을 갖는다고 보았고, 이에 반발하여 심리학의 본성 및 방법론에 대한 원리로서 행동주의를 발전시켰다. 심리학을 과학의 한 분야로 정착시키는 데 주요한 역할을 한 윌리엄 제임스는 1890년 출간된 《심리학의 원리들》이라는 고전적 저서의 서두에서 심리학의 범위에 대해 다음과 같이 명확하게 진술한다.

> 심리학은 정신 현상 및 그 조건을 다루는 정신적 삶에 대한 과학이다. 정신적 현상들은 우리가 느낌, 욕구, 인지, 사유, 결심 등으로 부르는 것들이다.[1]

제임스에게 심리학이란 심적 현상에 대한 과학적 연구이며 의식적인

---

1 William James, *The Principles of Psychology*, p. 15. 쪽수는 1981년 판을 따랐다.

심적 과정에 대한 연구는 심리학의 핵심 과제였다. 이러한 과정을 탐구하는 방법에 관해서 제임스는 다음과 같이 말한다. "우리가 항상 최우선적으로 의존해야 하는 것은 내성적 관찰이다."[2]

이는 행동주의 운동의 창립자로 알려진 J. B. 왓슨의 1931년의 선언과 비교된다. "심리학은 … 순전히 객관적이고 실험적인 자연과학의 한 분과이다. 그것의 이론적 목표는 행동을 예측하고 제어하는 것이다."[3]

심리학을 사적인 내성에 의해 관찰되는 내적인 정신적 삶에 관한 연구가 아니라 공적으로 관찰 가능한 인간 및 동물 행동에 관한 실험적 연구로 보는 견해는 1960년대까지 과학적 심리학 및 관련 분야를 지배했다. 북미를 중심으로 전 세계 대학과 연구소에서 "행동과학"이라는 용어를 심리학을 지칭하는 이름으로 선호하게 된 것도 이런 견해의 영향이다.

행동주의의 출현과 영향력은 우연이 아니었다. 제임스조차도 심성에 있어 행동이 중요하다는 것을 인지했는데《심리학의 원리들》에서 그 역시 다음과 같이 말한다.

미래의 목표를 추구하고 그것을 성취하기 위한 수단을 선택하는 것은 어떤 현상에 심성이 있다는 표지 및 기준이 된다. 우리는 지능적 수행과 기계적 수행을 구분하기 위해 이러한 테스트를 사용한다. 막대기나 돌은 결코 어떤 것을 위해서 움직이지 않기 때문에 우리는 이런 것들에게 심성을 귀속하지 않는다.[4]

---

2 같은 책, p. 185.

3 J. B. Watson, "Psychology as the Behaviorist Views It," p. 158.

4 William James, *The Principles of Psychology*, p. 21 (강조는 원문을 따랐다).

행동이 심성과 밀접한 관련이 있다는 것에는 모든 입장이 다 동의한다. 분명 우리가 하는 행동은 우리가 생각하는 것, 원하는 것, 느끼는 것, 또는 우리가 성취하려고 의도하는 것과 떼어낼 수 없는 방식으로 연관되어 있다. 우리의 행동은 우리의 믿음과 욕구, 느낌과 감정, 목표와 열망의 자연스러운 표현이다. 그러나 우리의 행동은 심성과 정확히 어떤 관계에 있는가? 제임스가 제안한 것처럼, 행동은 단순히 마음의 존재를 나타내는 **조짐**이나 **징후**의 역할을 할 뿐인가? 행동이 심성의 징후라면 무엇 때문에 그러할까? 어떤 것이 다른 것의 징후의 역할을 한다면 그 기저에 이를 설명할 수 있는 관계가 있어야 할 것이다. 기압계의 압력이 떨어지는 것은 비가 올 것이라는 것의 징후인데, 이는 관찰된 규칙성에 기반한다, 행동과 마음도 이와 유사한 방식으로 연결되어 있을까? 그런 것 같지 않다. 비가 올지는 기다려보면 알 수 있는 일이지만 다른 사람의 마음이 실제로 있는지를 알기 위해 그 사람의 마음 안을 들여다볼 수는 없을 것이다.

아니면 행동과 심성은 이보다 더 밀접한 관계에 있는 것일까? 철학적 행동주의는 행동이 마음을 **구성**한다고 본다. 즉 마음을 갖는다는 것은 적절한 패턴의 행동을 나타내는 것, 또는 그러한 행동을 나타내는 **경향성** 또는 **능력**을 갖는 것이다. 행동주의는 (과학적 행동주의든 철학적 행동주의든 간에) 한때 누렸던 절대적인 영향력을 잃어버리긴 했지만 여전히 어느 정도 심도 있게 세부적으로 이해할 필요가 있는 견해이다. 이후의 마음에 관한 논의의 역사적 배경이 될 뿐만 아니라 그 영향력이 여전히 남아 있어 최근의 주요 철학적 입장들에서도 그 흔적을 찾아볼 수 있기 때문이다. 뿐만 아니라 행동주의의 동기와 그에 대한 논증을 적절히 이해하는 것은 행동과 심성 사이의 관계를 더 잘 이해하는 데에 도움을 줄 것이다. 앞으로 살펴보겠지만 행동이 마음과 긴밀한 관계에 있다는 것은 부정할 수 없다. 행동주의가 이 관계를 올바르게 이해한 것은 아니었을지 모르지만 말이다. 더 나아가 행동주의의 동기가 된 논점들을 고찰하는 것은 심리학과 인지과학의 본성 및 지위에 관한 적절한 관점을 획득하는 데 도움을 줄 수 있다.

데카르트적 극장과 "상자 속의 딱정벌레"

데카르트로부터 유래하는 마음에 관한 전통적 견해에 따르면 마음은 정신적 활동이 벌어지는 사적이고 내적인 무대와도 같은데, 적절하게도 어떤 철학자들은 이를 "데카르트적 극장"이라 부른다.[5] 이 무대 위에 우리의 생각, 신체 감각, 지각적 감각, 의지, 감정 등등이 등장해서 각자가 맡은 역을 담당하고는 사라진다. 이 모든 것은 오직 한 명의 관람객을 위한 것이다. 즉 한 사람이 그리고 오직 한 사람만이 그 무대를 관람할 수 있고 이외의 어느 누구에게도 관람권이 주어지지 않는다. 더욱이 그 극장을 "소유한" 그 한 사람은 극장에서 벌어지는지 일에 대해서 완전하고도 권위적인 관람권을 갖는데, 무대에서 일어나는 어떤 일도 그의 시선을 피해갈 수 없기 때문이다. 인지적으로 그 극장은 완전히 그의 권한하에 있다. 이와는 대조적으로 외부인이 그 극장에서 무슨 일이 벌어지는지를 추측하려면 그의 말과 행동에 의존하는 수밖에 없다. 즉 외부인에게 직접 관람은 허용되지 않는다.

피가 나는 내 손가락에 내가 고통을 느낀다는 것을 나는 직접적이고 권위적인 방식으로 안다. 당신은 피나는 내 손가락을 보고서, 또는 내가 "젠장! 아파!"라고 말하는 것을 듣고서 내가 상당한 고통을 느낀다는 것을 알게 될 수 있다. 내 고통에 대한 당신의 지식은 명시적인 추론

---

5 이 기발한 명칭은 Daniel C. Dennett, *Consciousness Explained*에서 나온 것이다. 데닛은 데카르트적 극장을 비정합적인 신화로 본다.

은 아니더라도 관찰과 증거에 의존하는 반면, 내 고통에 대한 나의 지식은 직접적이고 즉각적이다. 당신의 룸메이트가 우비를 입고 우산을 챙겨 기숙사를 나가는 것을 보고 당신은 그는 비가 올 것이라고 생각한다고 추론한다. 그러나 룸메이트는 자신의 행동을 관찰하지 않고도 자기 자신이 무슨 생각을 하고 있는지를 안다. 즉 그는 자신의 생각을 직접적으로 아는 것으로 보인다. 분명히 이 모든 것은 심적 상태에 대한 지식에 관한 한 일인칭과 삼인칭 사이에 비대칭성이 있음을 시사한다. 우리 자신의 현재 심적 상태들에 대한 지식은 증거나 추론에 의해 매개되지 않는다는 점에서 **직접적**이며, 이 지식은 정상적인 상황에서 "그걸 어떻게 알아?"라는 제삼자의 도전으로부터 안전하다는 점에서 **권위적**이고 **특권적**이다. 이런 질문은 당신의 지식을 정당화하는 증거를 요구하는 질문인데, 당신의 지식은 증거 또는 증거로부터의 추론에 기반하는 것이 아니기 때문에 이 질문에 대해 "그냥 알아"라는 말 외에 어떤 할 말도 없을 것이다.

그러나 20세기 초반 일부 철학자들과 심리학자들은 심성에 관한 이러한 전통적 견해에 의심을 품기 시작했다. 그들은 전통적 견해가 받아들일 수 없는 귀결로 귀착된다고 보았는데, 이 귀결은 다른 사람의 마음에 대한 지식과 관련된, 그리고 자신 및 타인의 심적 상태에 대한 우리의 언어 사용과 관련된 일상적인 가정 및 관행에 위배되는 것으로 보인다.

문제는 다른 사람의 마음에 대한 지식이 "외적" 징후들에만 근거하기 때문에 오류가 있을 수 있으며 자신의 마음에 관한 지식만큼 확실할 수 없다는 점이 **아니다**. 어떤 철학자들이 이미 간파한 바와 같이 더 심각한 문제가 있는데, 이는 전통적 견해에 따르면 다른 사람의 마음을 아는 것이 아예 불가능하다는 것이다! 다음과 같은 귀납 추론(논리적으로 결정적이지 않은 전제들에 기반을 둔 추론)의 표준적 사례를 살펴보자. 룸메이트가 오후 늦게 소나기가 올 것이라는 라디오의 일기 예보를 듣고 있는 것을 보면서, "그는 우산을 찾으려고 하겠군!"이라고 당신이 혼잣말을 한다고 하자. 이러한 추론에는 오류가 있을 수 있다. 룸메이트가 일기 예보를 잘못 들었거나 주의를 기울이지 않았을 수도 있고 비 맞는 것을 오히려 즐길 수도 있기 때문이다. 이제 이러한 추론을 그의 "고통 행동"으로부터 "고통"을 추론하는 경우와 비교해보자. 이 두 추론 사이에는 차이가 있다. 전자의 경우에 당신은 또 다른 관찰에 의해 당신의 추론이 올바른지 아닌지를 확인할 수 있다(그가 우산을 찾는지 기다렸다 확인해보면 된다). 그러나 후자의 경우에는 추가적인 관찰을 한다고 해도 그것은 행동에 대한 추가적인 관찰일 뿐이지 고통에 대한 관찰은 아닐 것이다. 오직 그 자신만이 그의 고통을 경험할 수 있다. 당신이 관찰할 수 있는 것이라고는 그의 행동과 말뿐이며 그의 말은 또 다른 종류의 행동일 뿐이다. (아마도 그는 매우 참을성이 많아 고통이 심하지 않을 때에는 아무 말을 하지 않을 수도 있다.) 귀납의 한 가지 특징은 귀납적 예측이 입증되거나 반증될 수 있다는 점이다. 예측한 결과가 발생하는지를 기다려 확인해보면 된다. 이런 이유 때문에 귀납의 절차는 자기수정적이라고 하는데, 예측의 성공이나 실패는 귀납의 본질적인 제한 조건이다. 이와는 달리 행동적 증거를 통한 내적인 심적 사건들의 예측은 그 성공 여부가 검증될 수 없고 따라서 수정될 수 없다. 결과적으로 이러한 추론에 예측적 제한 조건이라고는 존재하지 않는다. 이러한 점을 고려했을 때 행동으로부터 내적인 심적 상태를 추론하는 것이 과연 적법한 추론인지 의심스럽다.

루트비히 비트겐슈타인의 "상자 속의 딱정벌레" 우화는 이런 점의 핵심을 찌른다. 그는 다음과 같이 말한다.

모든 사람이 각자 상자 하나씩을 갖고 있고, 그 안에는 우리가 '딱정벌레'라고 부르는 어떤 것이 들어 있다고 가정하자. 아무도 다른 사람의 상자를 들여다볼 수 없고, 모든 사람들은 오직 **자신의** 딱정벌레를 봄으로써만 딱정벌레가 무엇인지를 안다고 말한다. 이때 모든 사람들이 상자 안에 다른 것을 가지고 있을 수도 있을 것이다.[6]

실제로 당신은 당신의 상자 안에 딱정벌레가 들어 있다고 말하고, 다른 사람들도 모두 자신의 상자 안에 딱정벌레가 들어 있다고 말한다고 하자. 그러나 그들이 "내 상자 안에 딱정벌레가 들어 있다"라고 말할 때, 이로부터 당신이 알 수 있는 것은 무엇인가? "딱정벌레"라는 단어로 그들이 무엇을 의미하는지를 당신은 어떻게 알 수 있는가?

　명백한 답변은 다른 사람들이 "딱정벌레"로 의미하는 것이 무엇인지를 당신이 알 도리가 없다는 것이다. 즉 그들의 상자 안에 있는 것이 당신의 상자 안에 있는 것과 같은지 다른지를 입증할 수 있는 방법은 없다. 그들 중 어떤 사람은 나비를 가지고 있을 수도 있고 어떤 사람은 작은 돌멩이를 가지고 있을 수도 있으며 어떤 사람의 상자 안에는 아예 아무것도 없을 수도 있다. "내 상자 안에는 딱정벌레가 있어"라고 당신이 말하는 것을 다른 사람이 들을 때도, 그 사람은 당신이 의미하는 바가 무엇인지를 전혀 알 도리가 없다. 비트겐슈타인이 말한 바와 같이, 상자 안에 있는 대상은 "그것이 무엇이든 간에 상쇄되어 없어져 버린다." "딱정벌레"라는 단어가 모든 화자들이 공유할 수 있는 공통적인 의미를 어떻게 가질 수 있는지, 또는 이 단어가 어떻게 정보 교환에서 어떤 역할을 할 수 있는지 알기는 쉽지 않다.

　따라서 비트겐슈타인의 딱정벌레의 심오한 교훈은 이렇다. 마음에

6　Ludwig Wittgenstein, *Philosophical Investigations*, §293. 모든 사람이 볼 수 있게 날아다니고 있는 딱정벌레가 주위에 없다고 가정할 필요가 있다!

관한 데카르트적인 견해에서는 우리가 어떻게 "고통"이라는 단어의 의미를 고정할 수 있는지, 또 우리가 어떻게 다른 사람들에게 정보를 전달하기 위해 "내 무릎에 통증이 있어"와 같은 발화를 사용할 수 있는지가 불가사의해진다는 것이다. 왜냐하면 고통의 경우는 상자 안의 딱정벌레와 정확하게 유사하기 때문이다. 가령 당신과 친구들이 달리기를 하다 넘어졌고 모두들 무릎을 다쳤다고 해보자. 모두가 "내 무릎이 아파!"라고 소리를 지른다. 데카르트적 그림에서 각 사람의 마음 안에서 어떤 일이 일어나고 있지만 각 사람은 오직 자신의 마음 안에서 일어나는 일만을 관찰할 수 있고 다른 사람의 마음 안에서 일어나는 일은 관찰할 수 없다. 모든 사람의 마음에서, 즉 각 데카르트적 극장에서 동일한 감각 경험 같은 공통의 무언가가 벌어지고 있다고 생각할 이유가 있는가? 마음 안의 고통은 상자 안의 딱정벌레와 똑같이 규정불가하다. 당신은 고통을 경험하고 있지만 어떤 사람은 무릎에 가려움을 느끼고 있을 수 있고 또 다른 사람들은 간지럼을 느낄 수도 있다. 어떤 사람은 당신이 경험해본 어떤 것과도 다른 감각을 경험하고 있을 수 있으며 어떤 사람은 아예 아무 감각도 느끼지 않을 수 있다. 비트겐슈타인은 각 사람의 마음 안에 있는 대상은 그것이 무엇이든 간에 상쇄되어 없어져버린다고 말했을 것이다.

그러나 분명히 우리는 다른 사람과 소통을 하기 위해 "내 무릎이 아파"와 같은 발화를 사용하고, "고통"이나 "비가 올 것이라는 생각"과 같은 표현들은 다른 화자들과 공유할 수 있는 상호주관적인 의미를 갖는다. 고통이 심해져서 당신이 병원에 가기로 결정한다고 해보자. 의사가 손가락으로 무릎을 가볍게 두드리며 "여기가 아프세요?"라고 물으면 당신은 "네, 거기가 아파요"라고 대답한다. 이런 식의 대화는 병원에서 흔히 일어나며 진단과 치료에 중요할 수 있다. 그러나 내 말로 "무릎이 아프다"라고 하는 것과 의사의 말로 "무릎이 아프다"라고 하는 것이 같은 의미를 갖지 않는다면 의사소통은 불가능할 것이다. 즉 이 표현이 공통된 의미를 지니지 않는다면 당신의 대답은 의사의 질문에 대한 답이 될 수 없을 것이다. 당신과 의사는 서로 딴소리를 하고 있는 셈이 될 것이다. 우리의 심리적 언어, 즉 우리가 감각이나 선호, 바람, 후회, 생각, 감정 등에 대해 말할 때 사용하는 언어는 사회적 교류와 상호작용의 본질적인 매개체이다. 그러한 주제에 관해 소통할 언어가 없다면 우리가 아는 사회생활이라는 것은 거의 상상불가능할 것이다. 이것이 가능하려면 이러한 언어 표현들은 대체적으로 안정적이고 변하지 않는 의미를 가져야 한다. 우리가 살펴본 바에 따르면, 데카르트적 마음의 사적 특성은 심리적 언어 역시 본질적으로 사적인 것으로 만드는 방식으로 심리적 언어에 침투할 것이다. 문제는 상호 간의 소통을 위한 도구의 역할을 하는 것이 언어를 정의하는 기능이기 때문에 사적 언어는 진짜 언어로서는 실패한다는 것이다. 이 모든 문제들이 한 명의 관람객만을 위한 내적 극장으로서의 마음에 관한 데카르트적 그림을 믿을 수 없는 것으로 만드는 것 같다.

행동주의는 마음에 대한 데카르트적 견해가 함축하는 일견 수용불가능한 귀결에 대한 하나의 대응이다. 행동주의는 우리의 심적 표현들이 사적이고 내적인 에피소드를 지칭함으로써 그 의미를 획득한다는 전통적인 그림을 거부하면서, 심적 표현들의 의미의 토대를 사람에 관련된 공적으로 접근 가능하고 검증가능한 사실 및 조건들에서 찾고자 한다. 행동주의적 접근에 따르면 "고통"이나 "생각"과 같은 심적 표현들의 의미는 관찰 가능한 행동에 관한 사실들, 즉 고통이나 생각을 갖는 사람들이 어떻게 행위하고 행동하는지에 관한 사실들에 의해 설명되어야 한다. 그렇다면 "행동"이 의미하는 바는 무엇인가?

행동이란 무엇인가?

첫 번째 후보로 "행동"은 사람이나 유기체, 심지어 기계적 시스템이 행하는 공적으로 관찰 가능한 것을 의미하는 것으로 볼 수 있다. "행함"은 "어떤 것이 행해지게 함"과 구별되어야 한다. 이 구분이 항상 분명한 것은 아니지만 말이다. 어떤 사람이 내 팔을 잡아 들어 올린다면 내 팔이 올라간 것은 내가 행한 것이 아니다. 즉 그것은 나의 행동이 아니다(내 팔을 들어 올린 것은 그 사람의 행동이다). 이는 심리학자들이 관심을 갖고 연구하는 데 관심을 가질 만한 것이 아니다. 그러나 내가 내 팔을 든다면, 즉 내가 내 팔을 올리도록 야기한다면, 그것은 내가 행한 것이고 따라서 나의 행동으로 간주된다. 여기서 행동이 반드시 "의도적"이거나 목적을 위해 수행된 것이어야 한다고 가정할 필요는 없다. 그 근접 원인이 행동하는 시스템 내부에서 발생한 어떤 사건이기만 하면 된다. 로봇이 책상을 향해 이동해서 책을 들어 올린다면 로봇이 자기가 하는 일을 "아는지", 또는 그것을 "의도하는지"와 무관하게 로봇의 움직임은 로봇의 행동의 일부분이다. 만약 총알이 로봇의 표면을 뚫고 들어간다면 그것은 로봇의 행동의 일부분이 아니며 로봇이 행한 것에 해당하지 않는다. 그것은 단지 로봇에게 발생한 일에 불과하다.[7]

인간 및 다른 행동하는 유기체가 행하는 것들의 사례에는 어떤 것이 있을까? 다음의 네 가지 가능한 유형들을 살펴보자.

   i. **생리적 반응.** 예를 들어, 땀 흘림, 타액 분비, 기침, 맥박수의 증가, 혈압의 상승.[8]

---

7   내적으로 야기된 신체의 운동으로서의 행동에 대한 개념에 대해서는 Fred Dretske, *Explaining Behavior*, 1-2장을 보라.

ii. **신체의 움직임.** 예를 들어, 걸음, 뜀, 팔을 올림, 문을 엶, 야구공을 던짐, 고양이가 문을 긁음, 쥐가 T자 미로에서 왼쪽으로 꺾음.

iii. **신체적 운동을 포함하는 행위.** 예를 들어, 친구에게 인사함, 이메일을 씀, 쇼핑을 감, 수표를 씀, 콘서트에 참석함.

iv. **공공연한 신체적 운동을 포함하지 않는 행위.** 예를 들어, 판단함, 추리함, 추측함, 계산함, 결정함, 의도함.

(iv)에 속하는 행동들은 "정신적 행위"라 불리기도 하는데 공적으로 관찰될 수 없는 "내적" 사건들을 포함하고 있음이 분명하다. 행동주의자들은 이런 것들을 그들이 의미하는 "행동"에서 제외시킨다. (그렇다고 해서 이러한 활동에 대한 행동적인 해석이 반드시 배제되는 것은 아니다.) (iii)에 속하는 것들 역시 신체의 움직임을 포함하고 있긴 하지만, 분명하면서도 상당한 정도의 심리적 요소들을 포함한다. 수표를 쓰는 행위를 생각해보자. 당신이 수표를 쓸 수 있는 것은 당신이 인지적 능력과 믿음, 욕구를 갖고 있으며, 관련 사회 제도에 대한 이해를 갖고 있기 때문이다. 수표를 쓰기 위해서 당신은 값을 지불하려는 욕구를 가져야 하고 수표를 씀으로써 값을 지불할 수 있다는 믿음을 가져야 한다. 또한 상품과 서비스의 교환 및 은행 제도에 대한 어느 정도의 이해도 필요하다. 핵심은 이것이다. 당신이 수표를 쓸 때 하는 행동과 겉보기에 똑같은 행동을 하는 어떤 사람이 반드시 수표를 쓰는 것이 아닐 수도 있고, 당신이 친구에게 인사할 때 손을 흔드는 것과 똑같아 보이는 행

---

8 마지막 두 예는 좀 불편하게 느껴질지 모르겠다. 아마 이런 일들을 하는 것은 우리의 몸이고, 우리가 이런 일을 한다고 말하는 것을 어색하게 들린다. 행함에 대한 통상적인 개념은 자발성이라는 관념을 포함하는 것으로 보이나, 행동주의에 적합한 행동의 개념이 그런 요소를 포함할 필요는 없다.

동을 하는 사람이 반드시 친구에게 인사하는 것은 아닐 수도 있다. (이러한 일들이 어떻게 일어날 수 있는지 생각해보라.) 이런 점은 (iii)의 예로 든 다른 것들에도 마찬가지로 적용되며, 이는 이런 것들이 행동주의자가 말하는 행동으로 간주되지 않는다는 것을 의미한다. 기억해야 할 것은 공적으로 관찰 가능함이 행동주의자들이 생각하는 행동 개념에서 핵심이라는 점이다. 이는 두 행동이 관찰로 구분불가능하다면 그것들은 "같은" 행동으로 간주되어야 함을 함축한다.

따라서 (i)과 (ii)에 속하는 행동들(일부 행동주의자들이 "운동과 소음"이라 부르는 것들)만이 행동주의의 요구조건을 만족한다. 많은 행동주의 저작들이 넓은 의미에서 "공공연하고" "외적인" 생리적 반응 및 신체적 운동만이 행동으로 간주되어야 한다고 가정한다. 이러한 가정은 내부 기관에서 발생하는 사건과 과정을 배제하며, 이 때문에 이러한 견해에 따르면 두뇌 상태를 포함한 내적인 생리적 상태는 그것이 상호주관적으로 접근 가능한 물리적 상태나 조건임에도 행동으로 간주되지 않는다. 그러나 기억해야 할 중요한 점은 행동의 영역이 어떻게 규정되든 간에 행동은 모든 능숙한 관찰자들에게 공적으로 접근 가능한 신체적 사건 및 조건들이라는 것이다. 이러한 의미에서 행동은 데카르트적 그림에서 일인칭에게 부여된 것과 같은 특권적 접근을 누리지 못한다. 즉 모든 이에게 동등한 접근은 행동주의자가 생각하는 행동의 본질에 해당한다.

논리적 행동주의: 실증주의적 논증

대표적인 논리 실증주의자 칼 헴펠은 1935년에 다음과 같이 말한다. "우리가 분명히 아는 바는, 심리적 진술의 의미는 사람 및 동물 신체의 특징적인 물리적 반응 양식에 관한 기술을 축약하는 기능에 국한된다는 것이다."[9]

이러한 견해를 "논리적 행동주의"라고 부르는데, 심리적 표현들과 행동을 지칭하는 표현들 사이에 밀접한 논리적 관계가 있다는 가정에 기초하기 때문이다. 이 입장은 (나중에 살펴볼 과학적 또는 방법론적 행동주의와 구분되는 의미에서) "분석적 행동주의" 또는 "철학적 행동주의"라 불리기도 한다. 근본적으로 이는 심리적 문장들이 내적인 심리적 현상들을 명시적으로 언급하는 표현을 포함하지 않으면서 오직 그 주체의 행동과 물리적 조건에 관한 공적으로 관찰 가능한 특성들만을 언급하는 문장으로 번역가능하다는 주장이다. 조금 더 형식적으로 표현하면 이 주장은 다음과 같이 진술될 수 있다.

> **논리적 행동주의 I.** 심적 현상을 기술하는 어떠한 유의미한 심리적 진술도 그 내용의 손실 없이 오직 행동적이고 물리적인 현상만을 기술하는 일단의 진술들로 **번역**될 수 있다.

그리고 이 주장은 모든 유의미한 심리적 표현들을 행동적으로 정의할 수 있다는 논제로 보다 포괄적으로 정식화할 수 있다.

> **논리적 행동주의 II.** 모든 유의미한 심리적 표현은 행동적이고 물리적인 표현들, 즉 행동적이고 물리적인 현상을 지칭하는 표현들만 사용해서 **정의**될 수 있다.

여기서 "정의"란 다음의 상당히 엄격한 의미로 이해되어야 한다. E라

---

9   Carl G. Hempel, "The Logical Analysis of Psychology", p. 91.

는 표현이 E*로 정의된다면, E와 E*은 동의어거나 개념적으로 동치여야 한다(즉 의미상, 두 표현들 중 하나에는 적용되지만 다른 하나에는 적용되지 않는 상황은 생각할 수 없다).[10] 번역이 동의어 또는 적어도 개념적 동치에 관련된다고 가정하면 논리적 행동주의 (II)는 논리적 행동주의 (I)을 함축한다는 것을 알 수 있다.

논리적 행동주의를 받아들여야 하는 이유는 무엇인가? 헴펠에서 찾을 수 있는 다음 논증은 행동주의 입장으로 이끌었던 한 가지 중요한 추론 과정을 보여준다.

1. 문장의 의미는 그 문장의 "검증 조건", 즉 그 문장이 참인 경우에 성립하는 것으로 검증되어야 하는 조건에 의해 주어진다.
2. 어떤 문장이 서로 다른 화자들에 의해 공유될 수 있는 의미를 가지려면, 그 문장의 검증 조건은 모든 화자들이 접근할 수 있어야 한다. 즉 공적으로 관찰 가능해야 한다.
3. (생리학적 현상들을 포함하여) 오직 행동적이고 물리적인 현상들만이 공적으로 관찰 가능하다.
4. 따라서 심리적 문장의 공유가능한 의미는 공적으로 관찰 가능한 검증 조건에 관한 진술들, 즉 해당 심리학적 진술이 참인 경우 성립해야 하는 행동적, 물리적 조건들을 기술하는 진술들에 의해 규정될 수 있어야 한다.

전제 (1)은 "의미의 검증가능성 기준"이라 불리는데 이는 논리 실증주

---

10 헴펠을 포함한 실증주의자들은 정의 가능성(그리고 번역가능성) 개념을 훨씬 느슨하게 사용하곤 했다. 그러나 논리적 행동주의가 유의미한 논제이기 위해서 우리는 정의를 더 엄격한 의미로 해석할 필요가 있다.

의로 알려진 20세기 초에 발생한 철학적 운동의 핵심 학설이다. 의미가 검증 조건이라는 견해는 완전히 사멸한 것은 아니지만 더 이상 널리 받아들여지는 견해는 아니다. 그러나 상호주관적인 검증가능성 요구조건 같은 것에 동조하는 동기를 다음과 같은 방식으로 이해해볼 수 있다. 우리는 심리적 진술들이 공적이고 공유가능한 의미를 가져서 사람들 간의 의사소통 수단으로 사용되기를 원한다. 어떤 사람이 문장 S를 발화한다고 해보자. S가 의미하는 것이 무엇인지를 이해하기 위해서 나는 S가 어떠한 사태를 표상하는지(가령 S가 눈이 희다는 것을 표상하는지 혹은 하늘이 파랗다는 것을 표상하는지) 알아야 한다. 그러나 이것이 어떤 사태인지 내가 알기 위해서는 그 사태는 내가 접근할 수 있는 것이어야 한다. 다시 말해, 그 사태는 그 성립 여부를 원칙적으로 내가 결정할 수 있는 종류의 것이어야 한다. 이로부터 따라 나오는 것은, S의 의미, 즉 S가 표상하는 사태가 상호주관적으로 공유될 수 있는 것이라면 그것은 상호주관적으로 접근할 수 있는 조건에 의해 규정되어야 한다는 것이다. 따라서 심리적 진술들과 표현들이 사람들 간의 의사소통에 적합한 공적 언어의 일부가 되기 위해서는 그것들의 의미가 공적으로 접근 가능한 기준의 지배를 받아야 하며, 행동적이고 물리적인 조건들만이 이러한 기준이 될 자격이 있다. 만약 어떤 이들이 심리적 표현들에 관한 내적이고 주관적인 기준이 있을 수 있다고 주장한다면 행동주의자들은 이렇게 답할 것이다. 그러한 기준이 존재한다고 하더라도 그런 기준은 (비트겐슈타인의 딱정벌레와 같이) 서로 다른 사람들에 의해 공유되고 이해될 수 있는 의미의 일부가 될 수 없다고. 이상의 논의를 요약하면 다음과 같다. 심리적인 표현들이 사람들이 공유하는 의미를 가지는 한 그 표현들은 행동적이고 물리적인 표현들에 의해 정의될 수 있어야 한다.

"폴은 치통을 앓고 있다"에 대한 행동주의적 번역

진술에 관한 행동적이고 물리적인 번역의 사례로 헴펠이 제안한 "폴은 치통을 앓고 있다"에 대한 행동적 번역을 살펴보자. 그의 번역은 다음의 다섯 문장으로 구성된다.[11]

 a. 폴은 울적거리고 어떠어떠한 종류의 몸짓을 한다.
 b. "뭐가 문제야?"라는 질문에 폴은 "치통을 앓고 있어"라고 말한다.
 c. 자세히 검사해보면 노출된 치아 내부에 충치가 발견된다.
 d. 폴의 혈압, 소화 과정, 반응 속도가 어떠어떠한 변화를 보인다.
 e. 폴의 중추신경계에서 어떠어떠한 과정이 발생한다.

헴펠은 이 목록을 열려 있는 것으로 봐야 한다고 제안한다. 즉 "폴이 치통을 앓고 있다"는 진술을 검증하는 데 도움이 될 수 있는 그 밖의 다른 많은 "시험 문장들"이 있을 수 있다는 것이다. 그러나 이러한 문장들이 합쳐져서 "폴은 치통을 앓고 있다"는 문장의 행동적-물리적 번역을 구성한다는 주장이 얼마나 설득력 있는가?

 번역이 통상적인 뜻에서의 "의미"를 보존하도록 요구되는 한, (d)와 (e)는 실격시켜야 함이 분명하다. 우리가 "치통"의 의미에 숙달하기 위해 혈압, 반응 시간, 신경 체계의 조건들을 알 필요는 없다. 심지어 (c)도 의심스럽다. 충치가 없는 사람이나 아예 이가 없는 사람이라고 해서 왜 치통(즉 "치통스러운" 고통)을 경험할 수 없는가? (절단된 팔에 느끼는 "환상통"을 생각해보라.) (만약 "치통"이 "치아의 비정상적인 물리적 조건에

---

11   Carl G. Hempel, "The Logical Analysis of Psychology", p. 17.

의해 야기되는 고통"을 의미한다면, "치통"은 더 이상 순수한 심리적 표현이 아니다.) 이제 (a)와 (b)가 남는다.

(b)를 생각해보자. (b)는 치통을 **언어적 행동**과 연결 짓는다. 의심할 여지 없이 언어적 보고는 다른 사람이 무엇을 생각하고 느끼는지를 알아내는 데 중요한 역할을 한다. 또한 우리는 언어적 보고 및 언어적 행동 일반이 다른 사람의 마음을 알기 위해 우리가 의존할 수 있는 관찰 가능한 행동이라고 생각할 수 있다. 그러나 문제가 하나 있다. 언어적 행동은 좁은 의미에서의 행동, 즉 순수한 물리적 행동이 아니다. 사실 어떤 질문에 "내가 치통을 앓고 있어"라고 발화해서 답하는 것 같은 언어적 행동은 심리적인 것들을 상당한 정도로 전제한다고 볼 수 있다. 즉 언어적 행동은 앞에서 구분한 (iv) 유형에 속하는 행동이다. 폴의 반응이 관련성이 있으려면 그는 "뭐가 문제야?"라는 질문을 **이해해**야 하고, "내가 치통을 앓고 있어"라는 문장을 말함으로써 그가 치통을 앓고 있다는 **믿음을 표현하고자 의도**해야 한다. 언어를 이해하여 그것을 상호간의 의사소통을 위해 사용하는 것은 고도로 복잡하고 정교한 인지 능력이며, "운동과 소음"으로 분류할 수 있는 것이 아니다. 더욱이 폴이 치통을 앓고 있다는 것을 가정할 때, 폴은 **그가 진실을 말하기 원하는 경우에만** (b)에서 제시된 방식으로 반응할 것이다. 그러나 "원함"은 심리적 용어이며 따라서 (b)에 이 조건을 넣는다면 이는 (b)의 행동적-물리적 성격을 훼손하는 일이 될 것이다. 따라서 (b)는 적합한 행동적-물리적 "시험 문장"이 아니라고 결론 내려야 한다. 다음 절에서 이런 문제들 중 일부를 다시 살펴보겠다.

행동주의적 정의의 문제점

믿음에 대해 생각해보자. "S는 북미에 토종 표범이 없다고 믿는다"라는 문장을 S의 행동에 의해 어떻게 정의할 수 있을까? 고통은 움츠림, 신음함, 비명을 지름, 상처 난 신체 부위를 보호하는 특징적인 방식 등과 같은 특정 범위의 행동 패턴들과 연관되어 있다. 이런 행동들을 통칭해서 "고통 행동"이라 부를 수 있을 것이다(헴펠의 조건 (a)를 기억하라). 그러나 보다 더 고차원적인 인지 상태들을 특정한 행동 패턴들과 연결짓기는 훨씬 더 어렵다. 북미에 토종 표범이 없다는 믿음이나 출판의 자유는 민주주의에 본질적이라는 믿음을 가진 모든 사람들이 전형적으로 또 특징적으로 나타내는 신체적 행동의 영역을 느슨하게라도 정의할 수 있는가? 이러한 믿음과 연관된 신체적 행동을 찾는다는 아이디어는 분명 말이 되지 않는다.

이러한 점 때문에 **언어적 행동** ― 일정한 방식으로 자극될 때 적절한 언어적 반응을 산출하는 성향 ― 이라는 관념에 호소하는 것은 솔깃하고, 어쩌면 불가피하다. 북미에 토종 표범이 없다고 믿는 사람은 어떤 언어적 성향(가령 어떤 조건 하에서 "북미에 토종 표범이 없다"는 문장 또는 이와 같은 뜻을 가진 문장을 발화하려고 하는 성향)을 갖는다. 이는 다음과 같은 형태의 정의로 이끈다.

> S는 p를 믿는다=$_{\text{def}}$ S가 "p가 참인가?"라는 질문을 받는다면, S는 "그렇습니다, p는 참입니다"라고 대답할 것이다.

이 공식의 오른쪽("정의항")은 S의 **성향적 속성**(줄여서 **성향**)을 진술한다. 즉 S는 특정 조건하에서 적절한 종류의 행동을 산출하는 성향이나 경향을 갖는다. 수용성이나 자성과 같은 속성들이 성향이라 일컬어지는 것은 바로 이런 의미에서이다. 수용성이 있는 대상들은 물에 담그면 용해된다. 또한 자성을 지닌 대상들은 주변에 있는 쇳가루를 끌어당긴다. 어떤 대상이 시점 t에 수용성을 갖기 위해, 그것이 t에서 (또는 어떤 시점에서라도) 용해될 필요는 없다. 마찬가지로 t에 p를 믿기 위해, 당신이 t에 어떤 식으로 촉발되는 경우 적절하게 반응하는 성향만 있으면 될 뿐이지, t에 실제로 특정한 반응을 산출할 필요가 있는 것은 아니다.

위의 정의 같은 것이 다른 사람이 무엇을 믿는지 알아내는 데 어느 정도 역할을 한다는 것에는 의심의 여지가 없다. 또한 욕구나 희망과 같은 다른 명제 태도들에 대해서도 이와 같은 정의를 정식화할 수 있을 것이다. 믿음 귀속에 있어서 언어적 행동의 중요성은 우리가 언어를 사용할 수 없는 동물에게는 조잡하고 초보적인 믿음만을 귀속한다는 점을 생각할 때 잘 드러난다. 가령 우리는 개에게 "밥그릇이 비어 있다"라는 믿음이나 "울타리에 고양이가 앉아 있다"와 같은 믿음은 귀속하지만, "밥그릇이 비어 있거나 울타리에 앉아 있는 고양이가 없다"는 믿음이나 "울타리에 앉아 있는 고양이가 없다면, 비가 오고 있거나 주인이 고양이를 부른 것이다"와 같은 믿음은 귀속하지 않는다. 논리적으로 복잡한 내용을 갖는 믿음(가령 "모든 고양이는 가끔 속을 수 있지만, 어떤 고양이도 항상 속을 수는 없다" 또는 "내일은 월요일이기 때문에, 내 주인은 감기가 더 심해지지 않고 병가를 내기로 결정하지 않는다면 평상시처럼 맨해튼으로 출근할 것이다"와 같은 것으로 표현되는 믿음)을 고양이는 고사하고 누구에게라도 귀속할 만한 비언어적 행동 근거를 생각하기는 쉽지 않다. 이와 같은 믿음을 갖거나 생각을 품기 위해서는 복잡한 구조의 문장들을 생성하고 이해하는 역량을 지닌 언어 사용자여야 한다고 보는 것이 합당하다.

이제 언어 사용자로 관심을 한정해서, 위에서 제안된 믿음에 대한 정의가 행동주의적 정의로 얼마나 잘 작동하는지를 살펴보자. 다음과 같은 문제점이 바로 떠오른다. 첫째로 헴펠의 "치통" 사례에서 보았듯이, 이 정의는 "p가 참인가?"라는 질문을 받는 사람이 그 질문을 **이해한**

다는 것을, 또 이 질문을 일정한 종류의 대답에 대한 **요청으로** 이해한다는 것을 전제한다. (이 정의는 그가 우리말을 이해하는 것을 전제한다. 그러나 이 점은 조건문의 전건을 다음과 같이 수정함으로써 제거될 수 있다. "S가 'p가 참인가?'라는 우리말 문장과 같은 뜻을 지닌, S가 이해하는 언어로 된 질문을 받는다면") 그러나 이해는 심리적 개념이며, 그렇다면 위에서 제안된 정의는 (우리가 언어를 "이해"한다는 것을 먼저 행동적으로 정의하지 않는 한) 행동주의에서 수용할 수 있는 정의로 간주될 수 없다. 이 정의의 후건에 대해서도 같은 문제가 발생한다. S가 "그렇습니다, p는 참입니다"라고 말할 때, 그는 **이 단어들이 무엇을 의미하는지를 이해하고, 또 그 단어들이 청자들에게 같은 의미로 이해될 것을 의도**해야 한다. 의사소통의 의도를 가지고 어떤 단어를 말하는 발화 행위는 그 주체에 대한 실질적인 심리적 전제들을 포함한다는 것이 분명하다. 발화 행위가 "행동"으로 간주되려면 그것은 단순히 운동과 소음이 아닌 (iii)이나 (iv) 유형의 행동으로 분류되어야 한다.

두 번째 문제점은 다음과 같다(이 문제점도 헴펠의 사례와 관련해서 지적된 바 있다). S가 "p가 참인가?"라는 질문을 받을 때 S는 진실을 말하기를 **원하는** 경우에만 바람직한 방식으로 반응한다. 따라서 "S가 진실을 말하기를 원한다면"이라는 조건이 이 정의의 전건에 추가되어야 한다. 그러나 이렇게 되면 또 다시 이 정의의 행동적 특성이 위협받게 된다. p라고 믿는 것은 어떤 욕구, 즉 사실을 말하려는 욕구와 결합할 때만 p를 표현하는 문장의 발화로 이어진다. 이러한 점은 일반화될 수 있다. 흔히 행동이나 행위는 단일한 고립된 심적 상태로부터 나오는 것이 아니라 심적 상태들의 복합체로부터 나온다는 것이다. 일반적으로 믿음은 적절한 욕구와 결합되지 않는 한 단독으로는 특정 행위를 산출하지 않는다.[12] 욕구도 마찬가지이다. 당신이 햄 샌드위치를 먹기 원한다면 이 욕구는 당신 손에 있는 것이 햄 샌드위치라고 당신이 믿을 경우에만 그것을 먹는 행위로 이어질 것이다. 만약 그것이 소혀로 만든 샌드위치라고 믿는다면 먹지 않고 지나칠 법하다. 이것이 옳다면 욕구를 정의에 포함시키지 않고 행동적 용어들로만 정의하는 것은 가능하지 않아 보인다. 또한 만약 우리가 욕구를 행동적으로 정의하려고 시도한다면 **그것의** 정의에 믿음을 넣지 않고는 불가능하다는 것을 알게 된다.[13] 사실 이는 꽤나 단순한 정의의 순환이 될 것이다.

심적 상태와 행동 간의 관계의 복잡성은 보다 일반적인 방식으로 이해될 수 있다. 욕구, 믿음, 행위와 관련된 다음 원리를 살펴보자.

> **욕구-믿음-행위 원리**DBA. 어떤 사람이 p이기를 바라고 A를 하는 것이 p임을 보장하는 최선의 방법이라고 믿는다면, 그는 A를 할 것이다.

이 원리는 다양한 방식으로 다듬어질 수 있다. 가령 위에서 "그는 A를 할 것이다"보다, "그는 A를 하려고 시도할 것이다" 혹은 "그는 A를 하려는 경향이 있을 것이다"라고 하는 것이 더 정확할 것이다. 어쨌든 DBA와 같은 원리는 우리의 "실천 추론"(행위로 이끄는 수단-목적 추론)의 근간이 된다. 이러한 원리에 호소함으로써 우리는 우리의 행위를 "합리화"한다. 즉 사람들이 왜 그러한 행위를 하는지 설명하는 이유를 제공한다. 또한 DBA는 예측 도구로서도 유용하다. 우리가 어떤 사람이 어떤 욕구를 가지고 있다는 것과, 그 사람은 보통 욕구하는 것을 효

---

12 도덕 이론에는 어떤 믿음들(가령 당신에겐 친구를 도울 도덕적 의무가 있다는 믿음)의 경우 연관된 욕구 없이 사람이 행동하도록 동기를 부여할 수 있는지에 대한 오랜 논쟁이 있다. 그러나 이 논쟁은 소수의 믿음들(주로 무엇이 행해져야 하고 무엇이 바람직한지 등에 대한 평가적이고 규범적인 믿음들)에만 관련된 것이다. 행동을 산출하기 위해서 욕구와 믿음 모두가 있어야 한다는 견해는 보통 흄에게 귀속된다.

13 이 점을 일찍이 진술한 것으로는 Roderick Chisholm, *Perceiving*을 보라.

과적으로 성취하기 위해 어떤 행동을 한다는 것을 안다면, 우리는 그 사람이 필요한 행위를 할 것이라고, 또는 시도할 것이라고 합리적으로 예측할 수 있다. 즉 DBA와 같은 원리는 종종 "합리적 행위" 개념 자체의 근간이 된다고 여겨진다.

이제 DBA의 다음 사례를 살펴보자.

> 1. 메리가 방 안에 신선한 공기가 들어오기를 바라고, 창문을 여는 것이 이를 위한 좋은 방법이라고 믿는다면, 그는 창문을 열 것이다.

(1)이 참인가? 메리가 창문을 연다면 (1)에서 언급한 메리의 욕구와 믿음에 호소함으로써 그의 행위를 설명할 수 있을 것이다. 그러나 이러한 욕구와 믿음을 갖고 있을지라도 메리가 창문을 열지 않을 수 있다는 것이 분명하다. 예를 들어 만약 창문을 열면 그가 싫어하는 끔찍한 거리의 소음이 들릴 것이라고 믿는다면 메리는 창문을 열지 않을 것이다. 따라서 우리는 다음과 같이 말할 수 있다.

> 2. 메리가 방 안에 신선한 공기가 들어오기를 바라고, 창문을 여는 것이 이를 위한 좋은 방법이라고 믿지만, 창문을 열면 거리의 시끄러운 소음이 들릴 것이라고 믿는다면, 그는 창문을 열지 않을 것이다.

그러나 (2)를 참으로 볼 수 있을까? (2)의 세 전건들을 가정하더라도, 메리가 방에 있는 아픈 엄마에게 신선한 공기가 필요하다고 믿는다면 여전히 창문을 열 것이다. 분명한 것은 이러한 과정들이 무한히 계속될 수 있다는 점이다.

이것은 심적 상태들과 행동 사이의 관계에 대한 다음과 같은 흥미롭고 중요한 점을 시사한다.

심성-행동 함축의 파기가능성. 심적 상태들 $M_1, \cdots, M_n$이 행동 B를 그럴듯하게 함축한다면, 항상 또 다른 심적 상태 M_{n+1}이 있어서 $M_1, \cdots, M_n, M_{n+1}$은 함께 B의 부정을 그럴듯하게 함축한다.

B의 부정(즉 B라는 행동을 산출하지 않는 것)도 행동으로 간주한다면, 메리의 사례에서 본 것처럼 이 원리는 끝없이 반복적으로 적용될 수 있다. 즉 어떤 심적 상태 M_{n+2}가 있어서, $M_1, \cdots, M_n, M_{n+1}, M_{n+2}$가 함께 B를 그럴듯하게 함축한다. 이러한 과정은 무한히 계속될 수 있다.[14]

이는 심적 상태들과 행동 간의 관계가 매우 복잡하다는 것을 보여준다. 교훈은 마음과 행동 간의 관계는 언제든지 **파기가능**하다는 것이다. 단지 물리적인 걸림돌이나 방해(가령 메리의 팔이 마비가 된다거나 창문에 못이 고정되어 있어서 창문을 열 수 없는 경우)에 의해서뿐만 아니라 **또 다른 심적 상태**의 발생에 의해서도 파기가능하다. 이는 각 심적 표현들에 대한 순수한 행동적-물리적 정의의 전망을 극도로 요원한 것으로 만든다. 그러나 파기가능성 논제가 심적 현상들과 행동 간의 중요하고 흥미로운 관계를 서술하고 있다는 중요한 사실을 잊어서는 안 된다. 이 논제는 마음과 행동 사이의 함축 관계가 성립하지 않는다고 말하는 것이 아니다. 이 논제는 그저 그러한 함축 관계가 항상 잠재적인 심적 파기 요소를 가진다는 점에서 훨씬 복잡하다는 것을 말하고 있을 뿐이다.

이제 다른 문제를 살펴보자. 당신이 누군가에게 인사하기를 원한다고 가정해보자. 이 욕구는 어떤 행동을 함축할까? 아마도 인사하고자 하는 욕구는 인사하는 행동을 산출한다고 말할 수 있을 것이다. 그러

---

14 이는 심리학적 일반화(특히 동기나 행동과 관련된 일반화)를 제한하는 "다른 조건이 동일하다면ceteris paribus" 조항의 특징적이며 흥미로운 부분일지도 모른다.

나 인사하는 행동이란 무엇인가? 당신이 길 건너에 있는 메리를 보고 그에게 인사하기를 원할 때, 당신은 "안녕, 메리!"라고 외치며 메리에게 손을 흔들 것이다. 그러나 이러한 함축 관계는 파기가능한데, 손을 흔들면 메리가 당황할 것이라고 생각한다면 당신은 인사를 하고 싶어도 그렇게 하지 않을 것이기 때문이다. 그건 그렇다 치고, 인사하고 싶은 욕구가 **인사하는** 행동으로 이끈다고 말하는 것은 **관찰 가능한 물리적 행동**에 대해서는 별로 말해주는 바가 없는데, 인사는 분명한 심리적 요소를 포함하는 행위(앞에서 구분한 (iii)의 유형에 속하는 행동)이기 때문이다. 즉 메리에게 인사하는 것은 그를 **알아보고 인지하는** 것, 메리가 당신의 몸짓을 **알아채서** 그 몸짓을 인사하려는 당신의 **의도**를 표현하는 것으로 **인지할** 것이라고 **믿는**(또는 **바라는**) 것을 포함한다. 즉 인사하는 것은 분명 (i)이나 (ii)에 속하는 행동(즉 생리적 반응이나 신체적 운동)으로 간주되지 않을 것이다.

인사하고 싶은 욕구가 어떤 신체적 운동을 함축하기는 하는가? 만약 그렇다면 어떤 신체적 운동인가? 인사하는 방법은 수없이 많다. 오른손을 흔들거나 왼손을 흔들 수도 있고, 두 손을 다 흔들면서 인사할 수도 있으며, "안녕", "잘 지냈니?", "어떻게 지내니?"라고 말할 수도 있고, 이런 말들을 (메리가 프랑스에서 왔고, 당신과 메리가 중국어 수업을 듣고 있다면) 프랑스어나 중국어로 할 수도 있으며, 메리에게 달려가 악수하거나 껴안을 수도 있다. 그 밖에 수없이 많은 다른 방식이 있다. 어떤 물리적 몸짓이 그 사회에서 인사의 방법으로 인정되는 한 그 몸짓은 인사하는 것이 될 것이다.[15]

반대쪽 방향도 비슷하다. 여행 가이드북이 늘 경고하듯이 어떤 문화

---

15 이 단락과 다음 단락에서 논의되는 현상은 Berent Enç, "Redundancy, Degeneracy, and Deviance in Action"에 언급되어 있다.

권에서 우호적이고 존중으로 여겨지는 몸짓이 다른 문화권에서는 모욕과 경멸의 표현으로 여겨질 수 있다. 또한 같은 문화권에서도 동일한 신체적 몸짓이 인사하는 것으로, 또는 출석을 알리는 것으로, 경매에서 가격을 부르는 것으로, 좌회전 신호를 하는 것으로, 또 그 밖에 다른 많은 것으로 여겨질 수도 있다. 어떤 물리적 몸짓을 할 때 당신이 하는 것이 정확히 무엇인지는 그때의 구체적인 상황뿐만 아니라 현재 유효한 관습, 습관, 규약—그 사회에 깊게 자리 잡은 관습와 관행, 행위자의 믿음과 의도, 다른 사람들과의 사회적 관계 및 다른 수많은 요소들의 복잡한 네트워크—과 같은 요소를 포함한다.

이상의 고찰은 다음을 보여주는 것 같다. 심적 표현 각각을 순수한 물리적 행동("운동과 소음")만을 지칭하는 대등한 행동적 표현과 대응시키는 심적 용어들에 대한 올바른 행동적 정의를 만들어낼 수 있다는 생각은 지극히 실현 가능성이 낮다. 사실 우리는 인사하기를 원하는 것과 같은 심적 상태들을 물리적인 행동과 연결 짓는 정의는 고사하고, 그런 식의 흥미로운 일반화를 찾는 것조차 얼마나 부질없는 일인지 보았다. 한 가닥의 성공의 가망이라도 있으려면, 물리적 행동이 아닌 의도적 행위의 수준에서, 즉 운동과 소음 수준의 행동이 아니라, 친구에게 인사하는 것, 물건을 사고파는 것, 조간신문을 읽는 것과 같은 행위 수준에서 작업이 이루어져야 할 것이다.

고통은 고통 행동을 함축하는가?

그럼에도, 앞서 언급했듯이 어떤 심적 현상들은 물리적 행동과 훨씬 더 밀접하게 연결되어 있다. 행동으로 "자연스럽게 표현되는" 고통이나 가려움과 같은 것이 그러한 심적 현상이다. 고통을 경험할 때는 움츠리고 신음하며 고통의 원인으로부터 멀어지려고 하고, 가려울 때는 닮는다. 아마도 이 때문에 "고통 행동"이라는 말이 유의미한 것이다. 아마도 낯선 문화권에서는 고통 행위를 식별하는 것이 인사하는 행위를 식별하는 것보다 더 쉬울 것이다. 우리는 때때로 고통을 숨기고자 하고 용케도 움츠림이나 신음을 억누를 수 있을 것이다. 그럼에도 불구하고 고통은 정상적인 조건하에서는 대략적으로 특정할 수 있는 범위의 물리적 행동으로 발현되는 것 같다. 그렇다면 이것은 고통이 어떤 특정 유형의 물리적 행동을 함축한다는 것을 의미하는가?

우선 여기서 말하는 "함축"이 무엇을 의미하는지를 분명히 해보자. 고통이 움츠림과 신음함을 "함축"한다고 말할 때, 이것이 의미하는 바는 "고통 상태에 있는 사람은 누구든지 움츠리고 신음한다"가 **분석적으로** 또는 **개념적으로 참**이라는 것이다. 즉 "총각은 결혼하지 않았다" 또는 "암여우는 암컷이다"와 같이, 이 명제는 관련된 **용어들의 의미에 의해서만**(또는 그 용어들이 표현하는 개념에 의해서만) 참이 된다는 것이다. 만약 헴펠이 주장하는 것처럼 "치통"이라는 용어가 "움츠림"과 "G라는 몸짓을 함"에 의해 정의될 수 있다면(G가 구체적으로 무엇인지를 규정하는 것은 헴펠에게 맡기자), 치통은 우리의 의미에서 움츠림과 G라는 몸짓을 함을 함축한다. 그리고 고통이 움츠림과 신음함을 함축한다면, 어떤 유기체가 움츠리고 신음하는 행동을 나타낼 수 없다면 그 유기체는 "고통 상태에 있는" 것으로 여겨질 수 없을 것이다. 즉 고통 상태에 있지만 움츠리지 않고 신음하지 않는 대상이 있는 "가능 세계"는 없다는 것이다.[16]

어떤 철학자들은 고통과 행동 간의 함축 관계가 성립하지 않는다고

---

16 엄격히 말해서 이 마지막 문장은 "형이상학적" 함축을 정의하는데, 이는 앞에서 정의된 분석적 또는 개념적 함축과는 구분된다. 어떤 맥락에서는 이들 사이의 차이점이 중요할 수 있으나, 우리의 논의에는 영향을 미치지 않을 것이다.

주장한다. 왜냐하면 고통을 외적 행동으로 드러내지 않도록 훈련받은 "슈퍼 금욕주의자"나 "슈퍼 스파르타인"은 고통 행동을 완벽하고 철저하게 드러내지 않고 억누를 수 있기 때문이다.[17] 그러나 이러한 반론은 적어도 부분적으로는 다음과 같이 답변될 수 있다. 그들이 고통 행동을 실제로 표출하지는 않을지라도 여전히 고통 행동을 드러내려는 **경향**이나 **성향**을 갖는다고 말할 수 있다는 것이다. 즉 **만약에 어떤 조건이 충족되었더라면**(가령 슈퍼 스파르타인의 행동 강령이 해제되거나 음주로 긴장이 느슨해지는 등의 일이 발생했다면), 그들은 **고통 행동을 표출했을 것이다.** 단지 이러한 조건이 그들에게 성립하지 않았고 그래서 고통과 연결된 그들의 행동 성향이 발현되지 않았을 뿐이다. 움츠리고 신음하거나 불평하지는 않을지라도, 진실한 슈퍼 스파르타인이라면 "고통스럽습니까?"라는 질문에 그렇다고 답할 것이다. 따라서 고통 상태에 있는 슈퍼 스파르타인과 고통 상태에 있지 않은 슈퍼 스파르타인은 차이가 있다. 즉 특정 조건이 충족될 때 그가 고통 행동을 표출할 것이라는 점이 전자에 대해서는 참이지만 후자에 대해서는 참이 아니다. 따라서 슈퍼 스파르타인이라는 상상가능성에 기반한 반론은 함축 논제를 실제 행동의 산출이 아니라 행동 성향이나 경향성을 가지고 정식화함으로써 상당한 정도로 완화될 수 있다. 실제로 대부분의 행동주의자들은 심성을 실제 행동이 아닌 행동 성향과 동일시한다.[18]

수정된 함축 논제에 따르면, 고통 상태에 있는 이는 움츠리거나 신

---

17 Hilary Putnam, "Brains and Behavior."

18 게다가 많은 심적 상태는 신체적으로 발현된다. 고통은 혈압 상승이나 맥박수 증가를 동반할 수 있고, 슈퍼 스파르타인은 아마도 고통의 이런 생리적 증상을 "감추지는" 못할 것이다("폴은 치통을 앓고 있다"에 대한 헴펠의 행동적 번역을 상기해보라). 이런 것들이 "행동"으로 간주되는지는 이 맥락에서는 단순히 언어적 쟁점에 불과할 수도 있다.

음하는 경향을 갖는다는 것이 분석적으로, 개념적으로 참이다. 그러나 이것이 맞는 말인가? 동물을 생각해보자. 가령 개와 고양이는 확실히 고통을 느낄 수 있다. 그들이 움츠리거나 신음하는가? 아마도 그럴 것이다. 다람쥐나 박쥐는 어떠한가? 뱀이나 문어는? 신음하거나 움츠리기 위해, 또는 특정 유형의 행동(비명을 지르고 고통에 몸부림치는 것 같은)을 하기 위해 유기체는 분명 특정한 능력과 힘을 갖는 어떤 종류의 신체와 신체 기관을 필요로 한다. 성대를 가진 동물만이 신음하거나 비명을 지를 수 있다. 신음하는 뱀이나 문어를 본 적이 있는 사람은 없을 것이라고 확신할 수 있다! 따라서 함축 논제는 성대가 없는 유기체는 고통 상태에 있을 수 없다는 귀결을 갖는데 이는 불합리하다. 이는 다음과 같이 일반화될 수 있다. 어떤 행동 유형을 꼽든지, 그런 유형의 행동을 산출하기에 물리적으로 적합하지 않지만 고통은 느낄 수 있는 유기체를 모순 없이 상상할 수 있다.[19]

이것이 옳다면 고통이 함축하는 특정한 행동 유형은 없다. 더 일반적으로 말해서, 위와 같은 생각은 어떤 심적 상태도 특정 행동 유형을 함축하지 않는다는 것을 보일 것이다. 그러나 이보다 약한 논제, 가령 다음과 같은 논제가 참일 가능성이 있다.

> **약한 행동 함축 논제.** 고통을 느낄 수 있는 임의의 종[20]에 대해 어떤 행동 유형 B가 있어서, 그 종에게 고통 상태에 있음은 유형 B 행동을 드

---

19 아마도 이는 행동에 관한 "다수실현 가능성"이라 불릴 수 있을 것이다. 다수실현 가능성에 대해서는 5장을 보라. 다수실현 가능성이 행동주의에 대해서도, 심적 상태의 다수실현 가능성이 갖는다고 생각되는 것과 비슷한 귀결을 갖는지는 흥미로운 추가 질문이 될 것이다.

20 고통의 표현이 적어도 어느 정도는 문화마다 다르고 심지어는 같은 문화 내에서도 사람마다 다르다는 점을 생각할 때, 여기서 종은 지나치게 넓은 건지 모르겠다.

러내는 성향을 함축한다.

그렇다면 이 논제에 따르면 고통과 행동 사이에 보편적이고 종 독립적인 함축 관계는 성립하지 않지만, 종마다 고통을 행동적으로 표현하는 나름의 특별한 방법을 가질 수는 있다. 이것이 옳다면, 고통 개념은 다음과 같은 의미에서만 행동 개념을 포함한다. 즉 고통 상태에 있는 모든 유기체는 어떤 특징적인 방식으로 행동하려는 경향을 갖는다. 약한 함축 논제는 행동 유형을 표출하려는 "경향"에 의해 정식화된다는 점을 주목하자. 경향을 갖는다는 것은 적절한 조건들이 충족될 때에만, 그 현상이 발생하거나 또는 발생할 확률이 상당히 높음을 의미한다고 보아야 한다. 어쨌든 고통을 느낄 수 있는 모든 유기체들이 (그리고 아마도 비유기적 대상들 역시) 공유하는 "고통 행동"으로 간주될 수 있는 행동 패턴은 없다는 것은 분명하다. 이는 또다시 고통을 행동에 의해 정의하려는 전망을 극도로 요원한 것으로 만든다.

존재론적 행동주의

논리적 행동주의는 심리적 표현들의 의미에 관한 논제이다. 기억하겠지만 이 입장은 모든 심리적 용어의 의미는 오로지 행동적, 물리적 용어에 기반해서만 정의될 수 있다고 주장한다. 좀 더 구체적으로, 심리적 표현들을 포함하는 어떤 문장에 대해 원칙적으로 심리적 표현들을 포함하지 않으면서도 같은 의미를 갖는 문장을 산출할 수 있다는 것이다. 그러나 심리적 상태나 현상을 기술하는 언어와는 독립적으로, 심리적 상태나 현상 그 자체에 관한 행동주의적 논제도 고려해볼 수 있다. 질문(`존재론적 질문)은 심적 상태는 무엇인가 하는 것이다. 심리적 문장이 행동적 문장으로 번역될 수 있다고 가정할 때, 이것은 오직 행동만이 존재하고 심적 상태는 존재하지 않는다는 것을 의미하는가? 즉 고통은 없고 오직 고통 행동만 있다는 것을 의미하는가?

급진적 행동주의자는 현실에 존재하거나 가능한 행동적 사실들을 넘어서는 그 어떤 심적 사실들도 없고 내적인 심적 사건들은 존재하지 않으며, 만약 심적 사실들이 존재한다 해도 그것들은 어떤 중요성도 갖지 않는다고 주장할지 모른다. 이것이 존재론적 행동주의이다. 즉 존재적으로 심성은 전적으로 행동 및 행동적 성향에 있으며, 그것을 넘어서는 어떤 것도 없다는 것이다. 따라서 이러한 주장은 심리적 제거론[21]의 한 형태가 된다. 심리적 제거론이란 일상적인 심성의 개념은 연소에 대한 플로지스톤 이론이나 "생명의 원리"로서 엔텔레키에 관한 신(新)활력론만큼이나 오류투성이인 버려야 할 개념이라는 견해이다. 마치 신망을 잃은 과학 이론처럼 심성을 다루는 심리학은 조만간 폐기될 것이라는 게 급진적 행동주의의 주장이다.

고통에 대한 다음 두 주장을 비교해보자.

1. 고통 = 움츠리고 신음함
2. 고통 = 움츠림과 신음함의 원인

주장 (1)은 고통에 관한 존재론적 행동주의를 표현한다. 즉 (1)은 고통이 무엇인지에 대해 (고통은 움츠림과 신음함이라고) 말하고 있다. 고통에는 고통 행동을 넘어서는 어떤 것도 없다. 만약 어떤 사적인 사건 같은 것 또한 벌어지고 있다면, 그것이 무엇이든 간에 고통이나 고통의 일부가 아니며 심리학적으로 무관하다. 반면 (2)는 존재론적 행동

---

21 Paul Churchland, "Eliminative Materialism and the Propositional Attitudes"를 보라.

주의의 형태라고 볼 수 없는데, 움츠림과 신음함의 **원인**이 또 다른 행동이어야 할 필요도 없고 그럴 가능성도 크지 않기 때문이다. 움츠림과 신음함과 같은 고통 행동의 원인이 유기체의 **내적 상태**(가령 신경 상태)라고 생각하는 사람도 (2)를 받아들일 수 있는 것이 분명하다. 뿐만 아니라 이원론자도 (심지어 데카르트적 이원론자도) (2)를 환영할 수 있다. 즉 이원론자는 사적인 심적 사건인 내적 고통 경험이 움츠림과 신음함 및 그 밖의 다른 고통 행동의 원인이라고 말할 것이다. 나아가 우리는 (2)가 분석적으로 또는 개념적으로 참이라고까지 주장할 수 있을 것이다. 즉 고통의 개념은 움츠림과 신음함과 같은 전형적인 고통 행동을 야기하는 데 적합한 내적 상태에 대한 개념이라는 것이다.[22] 그러나 이는 다음과 같은 역설적인 귀결을 가짐을 주목해야 한다. 뜻밖에도 (2)는 "고통" 개념에 대한 논리적 행동주의의 손을 들어주는 것으로 볼 수 있는데, (2)는 "X는 고통 상태에 있다"라는 형식의 문장을 "X는 움츠림과 신음함의 원인이 되는 상태에 있다"라는 심리적 표현들이 나타나지 않는 문장으로 번역하는 것을 가능하게 하기 때문이다.[23] "고통"이라는 용어를 포함하는 다른 문장들에 대해서도 마찬가지이다. 그러나 "고통이 실제로 무엇인가?"라는 존재론적 질문과 관련하여, (2)는 물리주의, 속성 이원론, 심지어 데카르트적 상호작용론적 이원론과 모두 일관적이다. 부수현상론이나 라이프니츠의 예정조화론과

---

22 고통을 어떤 자극 조건(가령 조직 손상)과 전형적인 고통 행동 사이의 "인과적 매개자"로 보는 기능주의 견해에 대한 논의를 위해서는 5장 및 6장을 보라.

23 이는 헴펠이나 길버트 라일 같은 초창기 논리적 행동주의자들이 (2)를 "고통"에 대한 행동적 정의로 받아들였을 것임을 의미하지는 않는다. 요점은 이것이 헴펠의 번역가능성 논제—즉 (2)가 받아들인 형태의 논리적 행동주의—를 충족한다는 것이다. "원인"은 주제-중립적 용어임을 주목하라. 이는 심적 용어도 아니고 행동적-물리적 용어도 아니다.

는 그렇지 않지만 말이다. 이로부터의 교훈 하나는 논리적 행동주의가 존재론적 행동주의를 함축하지 않는다는 것이다.

그렇다면 존재론적 행동주의는 논리적 행동주의를 함축하는가? 이에 대한 대답 역시 그렇지 않다는 것이다. X가 Y와 동일하다는 사실로부터 "X"와 "Y"라는 표현의 의미에 관한 어떤 흥미로운 결과도 따라 나오지 않으며, 특히 하나를 다른 하나로 정의할 수 있다는 것이 따라 나오지 않는다. 다음과 같은 예를 보면 이를 알 수 있다. 우리는 번개가 대기에서의 전기 방전이라는 것과 유전자가 DNA 분자라는 것을 안다. 그러나 "번개"와 "대기에서의 전기 방전"은 동의어가 아닐 뿐만 아니라 개념적으로 어떤 관계도 없다. "유전자"와 "DNA 분자"도 마찬가지다. 그래서 고통=움츠림, 신음함, 회피 행동이라고 해도, "고통"이 "움츠림, 신음함, 회피 행동"과 같은 의미를 갖는다는 것은 가장 포괄적인 사전을 본다고 해도 확인할 수 없을 것이다.

비슷한 맥락에서, 어떤 철학자들이 주장했듯이[24] 이 세계에 고통이나 가려움과 같은 내적인 사적 사건들은 없고, 관찰 가능한 행동이나 그러한 행동을 표출하려는 성향만 있다고 말할 수도 있을 것이다. 이렇게 말하는 것은 어떤 형태의 논리적 행동주의를 받아들이기 때문일 수도 있고, 또 내적 극장에서 벌어지는 사적이고 주관적인 현상에 대해 회의적이기 때문일 수도 있다. 그러나 방법론적인 근거에서 존재론적 행동주의를 받아들이는 사람도 있을지 모른다. 이런 사람은 인간과 다른 유기체들의 관찰된 행동을 설명하기 위해 신경적인 물리적 상태들만으로 충분하고, 고통이나 가려움과 같은 사적인 내적 사건들을 **가정할 필요가 없다**고 주장한다. 사적인 내적 사건들은 그러한 설명에 필

---

24 Gilbert Ryle, *The Concept of Mind*를 보라.

요하지도 않고 설명을 할 수도 없기 때문이다. 이러한 입장을 가진 사람은 아마도 "고통"이 지칭하고자 하는 현상이 내적이고 주관적인 상태라는 것은 인정할지 모르나, 그 단어가 실제로 존재하는 무언가를 지칭한다고 생각할 이유는 없다고 주장할 것이다("마녀"나 "빅풋"과 비교해보라). 대니얼 데닛은 사적이고 질적인 상태("감각질")에 관한 우리의 개념에는 한꺼번에 만족될 수 없는 조건들이 달려 있으며, 결과적으로 사적이고 내적인 현상에 대한 전통적 개념에 대응하는 것은 아무것도 존재할 수 없다고 역설한다.[25] 폴 처치랜드와 스테판 스티치는 "통속" 심리학에서 가정되는 믿음, 욕구 및 다른 지향적 상태들은 체계적인 과학적 심리학이 발전함에 따라 플로지스톤과 엔텔레키와 같은 운명을 맞이할 것이라고 주장한 바 있다.[26]

고통과 고통 행동 간의 실제 관계

지금까지의 논의는 고통과 고통 행동 간의 관계, 더 일반적으로 심적 상태들의 유형과 행동 유형 간의 관계에 대한 함축 논제가 가진 심각한 문제점을 드러낸다. 이러한 고찰은 고통이 고통 행동을 야기할지라도 이러한 인과 관계는 우연적 사실이라는 것을 보이는 것 같다. 그러나 이 정도에서 만족하긴 어렵다. 고통 행동—신음함, 움츠림, 비명을 지름, 몸을 뒤틈, 피하려는 시도 등—이 고통 개념과 어떤 중요한 관계를 갖는다는 것은 분명하다. 그렇지 않다면 우리가 "고통"이라는 단어의 의미나 고통 개념을 어떻게 배우고 가르칠 수 있겠는가? 고통과 전형

---

25 Daniel Dennett, "Quining Qualia."

26 Paul Churchland, "Eliminative Materialism and the Propositional Attitudes"; Stephen Stich, *From Folk Psychology to Cognitive Science: The Case Against Belief*.

적인 고통 행동 사이의 관계를 전혀 이해하지 못하는 사람은 고통 개념을 갖지 않는다고 보는 것이 옳지 않은가? 바닥에서 몸부림치며 부러진 발을 움켜잡고 도와달라고 소리를 지르고 있는 사람을 보면서도 그 사람이 고통 상태에 있다는 것을 인정하지 않는 사람이 있다면, 그 사람은 고통 개념을 갖지 않고 "고통"이 의미하는 바를 모른다고 말하는 것이 옳지 않을까? 비트겐슈타인의 "상자 안의 딱정벌레"가 보여주는 것이 있다면, 그것은 "고통"과 같은 우리의 심적 용어들의 의미를 고정하는 데, 또한 다른 사람의 마음에 관한 지식의 가능성을 설명하는 데에 공적으로 접근 가능한 행동이 본질적이라는 점이다. 따라서 우리에게 필요한 것은 논리적이거나 개념적 함축 관계라는 데까지 나아가지 않으면서 이런 밀접한 연결을 설명할 수 있는, 고통과 고통 행동 사이의 관계에 대한 적극적인 이론이다.

한 가지 가능한 이야기는 다음과 같은 것이다. 유비로 시작해보자. 우리는 "1미터 길이"의 의미(즉 미터의 개념)를 어떻게 고정하는가? 우리는 이름과 지시체에 관한 솔 크립키의 영향력 있는 저서에 기반한 답변을 대략적으로 살펴볼 것이다.[27] 파리 근교의 보관소에 저장되어 있는, 백금과 이리듐의 합금으로 만들어진 미터 표준기를 생각해보자.[28] 다음 진술은 필연적으로, 또는 분석적으로 참인가?

미터 표준기는 1미터 길이이다.

---

27 Saul Kripke, *Naming and Necessity*를 보라.

28 1미터는 더 이상 이런 식으로 정의되지 않는다. 국제도량형총회에서 1984년에 채택된 현재의 정의는 몇(아주 작은)분의 1초 동안에 빛이 진공을 통과하는 거리에 기초해 있다고 한다.

한 가지 분명한 의미에서 미터 표준기는 1미터 길이가 무엇인지를 정의한다. 그러나 미터 표준기임이 (또는 미터 표준기와 같은 길이임이) 반드시 길이가 1미터임을 함축하는가? 미터 표준기는 특정한 날에 특정한 장소에서 제조되어 지금은 프랑스 어딘가에 위치해 있는 특정한 물리적 대상이다. 이 금속 물체는 미터 표준기가 아닐 수도 있었고 1미터가 아닐 수도 있었다. (그것으로 대접을 만들 수도 있었고 2미터 길이의 막대기를 만들 수도 있었다.) 달리 말해, 이 특정한 합금 막대기가 미터 표준기로 선택되었다는 것은 우연한 사실이고, 그것이 1미터 길이를 가지고 있다는 것도 우연한 사실이다. 보통 크기의 어떤 물리적 물체도 그것이 갖는 길이를 필연적으로 갖는 것은 아니다. 즉 그 대상은 지금의 길이보다 더 길거나 짧을 수도 있었다. 따라서 어떤 것이 미터 표준기와 같은 길이를 갖는다는 것은 그것이 1미터임을 논리적으로 함축하지 않는다고 결론 내려야 한다. 즉 미터 표준기와 같은 길이를 갖는 물체의 길이는 1미터라는 것은 분석적으로 또는 개념적으로 참이 아니다.

그렇다면 미터 표준기와 미터의 개념 사이의 관계는 무엇인가? 미터 표준기가 괜히 그렇게 불리는 건 아닐 것이다. 그 둘 사이에 어떤 밀접한 관계가 있음에 틀림없다. 이에 대한 그럴듯한 답은 이런 것이다. 우리는 1미터 길이를 가짐의 속성(또는 "1미터 길이"라는 표현의 의미)을 그 속성이 맺고 있는 **우연적** 관계를 사용해서 규정한다. 1미터는 지금 여기 있는 이 물체(즉 미터 표준기)의 길이이다. 이 미터 표준기가 1미터 길이를 갖는 것은 우연적일 뿐이지만, 그 때문에 이러한 사실을 사용해서 1미터가 무엇인지를 규정하지 못하게 되는 것은 아니다. 이것은 우리가 잘 익은 토마토를 가리키면서 "빨강은 이 토마토의 색깔이다"라고 말함으로써 빨강을 규정하는 것과 마찬가지이다. 이 토마토가 빨강이라는 것은 우연적 사실이지만(이 토마토는 초록색일 수도 있었다), 우리는 이 우연적 사실을 사용해서 빨간색이 무엇인지, 또한 "빨강"이라는 단어가 무엇을 의미하는지를 규정할 수 있다.

이와 유사한 설명이 고통에 어떻게 적용될 수 있는지를 살펴보자. 우리는 고통에 대한 우연적 사실(즉 고통이 인간에게 움츠림과 신음함을 야기한다는 사실)을 언급함으로써 고통이 무엇인지 규정할 수 있다(또는 "고통"의 의미를 고정할 수 있다). 이는 이 세계에 관한 우연적 사실이다. 우리 세계와는 다른 법칙이 성립하는 세계라든지, 또는 인간 및 다른 유기체의 중추신경계가 말초감각표면이나 운동출력체계와 다른 방식으로 연결되어 있는 세계에서는 고통과 관련된 인과 관계의 패턴이 완전히 다를지 모른다. 그러나 우리가 살고 있는 이 세계에서 고통은 인간과 동물들에게 움츠림과 신음함 및 다른 행동들의 원인이 된다. 고통이 움츠림과 신음함을 야기하지 않는 세계에서는 다른 행동들이 고통 행동으로 간주될 수 있으며, 그 세계에서 고통에 대한 규정은 그곳에서 고통에 의해 야기되는 행동들에 따를 것이다. 이는 색깔의 경우와 유사하다. 만약 잘 익은 토마토가 아니라 오이가 빨간색이라면, 우리는 오이를 가리킴으로써 "빨강"이 의미하는 것이 무엇인지를 규정할 것이다.

앞에서 말한 것은 이론이라기보다는 이론에 대한 대략적 그림에 불과하지만, 꽤 합당한 그림이다. 이는 앞에서 본 (2)("고통=움츠림과 신음함의 원인")가 단지 우연적으로 참임에도 불구하고 어떻게 고통이 무엇인지를 규정하고 "고통"이라는 단어의 지시체를 고정하는 데 도움이 될 수 있는지를 설명한다. 그리고 이것은 우리가 "고통"이라는 단어를 비롯하여 감각을 지칭하는 다른 심적 표현들을 사용하는 방법을 배우고 가르치는 방식과도 잘 들어맞는 것 같다. 이러한 접근 방식은 심적 표현들을 "빨강"과 "1미터 길이"와 같은 많은 표현들과 같은 범주에 넣는다. 꽤 합당하긴 하지만 이 이야기가 아직 끝난 것은 아닐지도 모르겠다. 독자들은 고통의 경우가 빨강이나 1미터의 경우와 어떤 차이가 있을 수 있을지를 생각해보기 바란다. 특히 이러한 설명이 비트겐슈타인의 "상자 안의 딱정벌레" 수수께끼를 어떻게 다룰 수 있는지, 또는 다룰 수 없는지 생각해보기 바란다.

심리학에서의 행동주의

지금까지 우리가 논의한 행동주의는 심적 용어의 의미와 심적 상태의 본성에 관한 철학적 논제로서의 행동주의이다. 그러나 서두에서 언급했듯이, "행동주의"는 20세기 초에 시작하여 수십 년 동안 북미를 비롯한 세계 여러 곳에서 과학적 심리학과 사회과학을 지배했던 중요하고 영향력 있는 심리학적 운동을 일컫는 이름이기도 하다. 이러한 입장은 20세기 후반 "인지주의"와 "정신주의mentalism"가 강력하게 복귀하기 시작해 새로운 정설로 그것을 대체하기 전까지 "행동과학"의 지배적인 방법론으로서 그 자리를 지켰다.

　과학에서의 행동주의는 두 가지 방식으로 이해될 수 있다. 첫째로, 행동주의는 과학으로서의 심리학이 어떻게 수행되어야 하는지에 관한 지침이다. 심리학 고유의 영역이 무엇인지, 어떤 조건들이 허용가능한 증거로 받아들여져야 하는지, 심리학 이론이 성취하려는 것이 무엇인지, 어떤 기준에 의해 심리학 이론의 설명이 평가되어야 하는지 등에 관한 안내를 제공한다. 둘째로 행동주의, 특히 B. F. 스키너의 "급진적 행동주의"는 심리학 이론을 상당히 명시적이고 정밀하게 정식화된 패턴(예를 들어 스키너의 "조작적 조건화")에 따라 구성하는 것을 추구하는 행동주의자들의 구체적인 연구 패러다임이다. 여기서는 첫 번째 의미에서의 과학적 행동주의에 관해서만 짧고 간략하게 논의할 것이다. 스키너의 급진적 행동주의에 관한 논의는 이 책의 범위를 넘어선다.

방법론적 행동주의라고 불릴 수 있는 입장으로 시작해보자.

(I) 심리학에서 허용가능한 유일한 증거는 관찰 가능한 행동적 데이 터, 즉 유기체의 관찰 가능한 물리적 행동에 관한 데이터이다.

(I)이 언급하는 "데이터"에 초점을 맞춤으로써 (I)을 단순히 허용가 능한 "증거"에 대한 제한보다는 조금 더 넓은 의미로 이해할 수 있다. 과학에서 데이터는 밀접히 연결된 두 가지 목적을 수행한다. 첫째로, 데이터는 이론이 설명하고 예측하고자 하는 현상들의 영역을 구성한 다. 둘째로, 데이터는 이론을 지지하거나 약화시킬 수 있는 증거적 기 반을 이룬다. 따라서 (I)이 말하는 바는, 심리학적 이론이 관찰 가능한 행동과 관련된 데이터만을 설명하고 예측해야 하며, 그러한 데이터만 이 심리학의 이론들을 평가하는 증거로 사용되어야 한다는 것이다. 설 명과 예측의 성공과 실패가 대체로 그 이론이 증거에 의해 얼마나 잘 지지되는지를 평가하는 유일한 척도가 된다는 것을 인지할 때 이 두 가지는 하나로 통합될 수 있다.

심리학자들과 철학자들이 심리학적 데이터의 관찰 가능성을 주장 하는 주된 이유는 심리학 이론의 **객관적인** 또는 **상호주관적인 시험 가능 성**을 보장하려는 데 있다. 내성적 데이터—자기 내면의 데카르트적 극 장을 내부에서 조사함으로써 획득된 데이터—는 본질적으로 사적이 고 주관적이기 때문에 심리학 이론의 상호주관적인 검증을 위한 토대 가 될 수 없다. 요컨대 데이터에 대한 상호주관적 접근은 과학에서 상 호주관적인 동의가 가능하기 위해 요구되며, 상호주관적인 동의의 가 능성은 심리학의 객관성을 확보하기 위해 요구된다. 행동적 데이터(더 넓게 말해서 물리적 데이터)만이 상호주관적인 관찰 가능성의 조건을 충족한다. 요약하자면 (I)의 목적은 과학으로서의 심리학의 객관성을 확보하려는 것이다.

내적 경험에 관한 주체의 언어적 보고는 어떤가? 심상과 관련된 실험에서 피험자가 "나는 지금 그 도형을 시계 반대 방향으로 돌리고 있다"라고 보고한다고 하자. "S가 그의 심상을 시계 반대 방향으로 돌리고 있다"는 것을 우리의 데이터의 하나로 택하는 것에는 어떤 문제가 있을까? (I)을 주장하는 사람은 다음과 같이 말할 것이다. 엄격히 말해서, 우리가 여기서 데이터로 적절하게 고려할 수 있는 것은 "나는 지금 그 도형을 시계 반대 방향으로 돌리고 있다"라는 S의 발화이다. 심상을 회전시키는 S의 심적 작용이 데이터로 간주되기 위해서는, 그가 완벽히 우리말을 구사하는 화자이고, 내적 경험의 보고에 상호주관적인 의미가 부여될 수 있고, 그가 그의 경험을 올바르게 보고하고 있다는 것 등이 가정되어야 할 것이다. 이러한 것들은 모두 실질적인 심리적 가정들이며 시각 작용에 관한 피험자의 보고는 상호주관적인 검증 가능성의 조건을 만족시킨다고 볼 수 없다. 따라서 이러한 가정들이 행동적으로 정당화될 수 없다면, 인지과학자는 피험자의 발언만을 기본적인 데이터의 일부로 삼을 수 있을 뿐, 그 발언의 추정된 내용은 기초 데이터의 일부로 삼을 수 없다.

행동주의자에게 의식은 일반적으로 심리학적 설명의 영역 밖에 있는 것으로 여겨진다. 내적인 의식 상태는 심리학 이론이 설명하거나 예측해야 하는 현상에 속하지 않는다. 어쨌든 많은 심리학자들과 인지과학자들은 (I)이 대체로 받아들여질 수 있다고 생각할 것이다. 비록 **관찰 가능한** 행동이 무엇인지에 대한 의견은 다를 수 있을지라도 말이다. (어떤 이들은 언어적 보고도 그 연관된 의미와 함께 허용가능한 데이터로 간주할 텐데, 특히 언어적 보고가 비언어적 보고에 의해 입증될 때 그러하다.)

그러나 다음과 같은 보다 강한 형태의 방법론적 행동주의에 대해서는 실질적인 의견 불일치가 발생한다.

> (II) 심리학 **이론**은 심리적 주체의 **내적 상태**에 호소해서는 안 된다. 즉
> 심리학적 설명은 유기체의 내적 상태에 호소해서는 안 되며, 행동
> 에 관한 예측을 도출할 때 내적 상태에 대한 언급이 있어서도 안
> 된다.

이는 스키너의 심리학적 프로그램의 교의처럼 보인다. 이 원리에 따
르면 유기체는 그 내적 구조가 영원히 심리학적 탐구 대상이 될 수 없
는 블랙박스로 간주되어야 한다. 따라서 심리학적 일반화들은 관찰 가
능한 자극 조건인 입력과 행동으로서의 출력, 그리고 이어지는 강화를
연결 짓는 데 그쳐야 한다. 그러나 동일한 자극이 두 유기체에 가해졌
을 때 서로 다른 행동적 반응이 나타날 수 있다는 것은 분명하지 않은
가? 동일한 자극 조건에 의해 발생한 이러한 행동적 차이를 그들의 내
적 상태의 차이에 호소하지 않고 어떻게 설명할 수 있을까?

스키너적인 답은 그러한 행동적 차이는 두 유기체의 강화 **이력**의 차
이로 설명될 수 있다는 것이다. 즉 두 유기체가 동일한 자극에 다른 행
동을 출력하는 것은, 외부 자극, 유도된 행동, 그리고 그런 행동에 뒤
따르는 강화의 **이력**이 다르기 때문이라는 것이다. 그러나 이러한 설명
이 통한다면, 이는 두 유기체의 이력의 차이가 현재의 내적 상태의 차
이로 이어졌기 때문 아닌가? **지금 여기**에서의 이러한 차이는 **지금** 다
른 행동들의 산출에 직접적으로 연루된 것이라고 가정하는 것이 그럴
듯하지 않은가? 그렇지 않다고 생각하는 것은 원인과 결과를 연결하
는 매개 고리 없이 시간적 간극을 뛰어넘는 인과적 영향력, 즉 "기억
mnemic" 인과를 받아들이는 것에 해당할 것이다. 이러한 형이상학적 문
제를 떠나, 자극-반응-강화 모델이 인간과 동물 행동의 광범위한 영역

에 대해 설명적이고 예측적인 이론을 산출하기에 부적합하다는 것에 대해 압도적인 동의가 있는 것으로 보인다.

게다가 행동 출력의 차이를 설명하기 위해서 이력의 차이뿐만 아니라 현재의 내적인 차이에 호소하는 것이 허용될 수 없는 이유는 무엇인가? (II)가 표현하는 제약이 얼마나 광범위한지 주목해보자. 그것은 주체의 내적인 심적 상태뿐만 아니라 내적인 물리적 및 생물학적 상태를 언급하는 것조차 금지한다. 과학으로서의 심리학의 객관성에 관한 방법론적 관심은 전자를 배제하려는 수긍이 가는 (아마 충분하지 않을지는 몰라도) 동기를 제공한다. 그러나 이는 심리학적 이론과 설명에서 후자를 금지하는 것을 정당화하기에는 턱없이 부족해 보인다. 스키너가 주장하듯이 내적인 신경생물학적 상태에 호소하는 것이 심리학의 이론화에 별로 도움이 되지 않는다는 것이 사실이라고 하더라도,[29] 이는 과학적 방법론의 문제로서 이를 금지할 충분한 근거가 되지는 못한다.

이러한 점에 비추어볼 때 심리학의 방법론의 규칙으로서 행동주의의 또 다른 버전을 생각해볼 수 있다.

(III) 심리학의 이론은 심리학적 설명을 제시할 때 내적인 **심적** 상태를 언급하지 말아야 한다.

이 원리는 중추신경계의 상태를 포함한 내적인 생물학적-물리적 상태들을 심리학의 이론과 설명에 도입하는 것을 허용하면서 오직 내적인 심적 상태들을 언급하는 것만 금지한다. 그러나 어떤 상태들을 이러

---

29 B. F. Skinner, *Science and Human Behavior*를 보라.

한 내적인 심적 상태들로 여겨야 할까? 이 원리는 심리학 이론에서 "충동", "정보", "기억", "주의", "심적 표상"과 같은 개념들을 사용하는 것을 허용하는가? 이 질문에 대답하기 위해, 우리는 이런 개념들을 사용하는 구체적인 심리학 이론의 맥락에서 이런 개념들을 살펴보아야 한다. 이는 안락의자에서 철학적인 개념 분석으로 해결할 문제가 아니다. 그러나 우리는 (III)을 받아들이는 핵심 이유―사실상 행동주의적 방법론 전반을 추동하는 동기―가 이론의 객관적 시험가능성과 공유가능한 데이터에 대한 공적 접근을 고수하는 데 있다는 것을 유념해야 한다. 이것이 의미하는 바는, (III)은 객관적 접근에 문제가 있다고 생각되는 **사적인 주관적** 상태의 도입을 금지하는 것이지, 설명적이고 예측적인 목적을 위해 심리학 이론이 가정하는 이론적 구성물을 사용하는 것을 금지하는 것이 아니라는 것이다. 적어도 이런 것들이 상호주관성의 요구 조건을 만족시킨다면 말이다. 외적으로 드러난 행동과는 달리, 이러한 이론적 구성물은 원칙적으로 "직접적으로 관찰 가능한" 것이 아니고, 관찰 가능한 행동에 의해 엄밀히 정의될 수 있다든지 그것으로 환원될 수 있는 것도 아니다. 그러나 이론적 구성물들은 인식적 접근의 일인칭/삼인칭의 비대칭성을 나타내지 않는 것으로 보인다는 점에서 전형적인 내적 심적 상태와는 다르다. 흔히 과학 이론은 관찰의 범위를 넘어서는 존재자들(전자, 자기장, 쿼크)과 속성들(스핀, 편광)에 대한 이론적 개념들을 도입한다. 다른 과학과 마찬가지로 심리학 이론에도 그러한 이론적 구성물들을 도입할 자격이 주어져야 한다.

그러나 사적인 의식 상태들을 심리학 이론에서 배제할 때, (III)은 사적인 의식 상태들을 행동과 관련된 설명적-인과적 역할로부터도 배제해버린다. 우리가 일상적으로 생각하는 것처럼, 우리의 행동 중 일부가 (III)이 허용하지 않는 내적인 심적 상태들에 의해 야기된다는 것이 옳다면, 우리의 심리학 이론은 불완전할 공산이 크다. 즉 (III)을 충족하는 어떤 이론도 완전히 설명할 수 없는 행동이 있으리라 보는 것이 합당하다. (이러한 쟁점 중 일부는 7장, 9장, 10장에서 더 논의될 것이다.)

심리학 이론에 대한 다른 방법론적 제한이 있는가? 우리는 심리학 이론이 가정하는 상태들과 존재자들(가령 "지능", "심적 표상", "추동 감소")이 "실재"하는지를 어떻게 확신할 수 있을까? 동일한 데이터를 설명할 때 하나의 심리학 이론은 관찰되지 않는 상태들 한 묶음을 가정하고 다른 이론은 완전히 다른 묶음을 가정하는 경우, 둘 중 하나를 믿어야 한다면 어느 것을 믿어야 할까? 즉 둘 중 어떤 이론이 그 주체의 **심리적 실재**를 표상하는가? 이런 질문을 제기하는 것이 합당하기는 한가? 만약 그렇다면, 심리학 이론이 가정하는 존재자들과 상태들이 "생물학적 실재성"을 가져야 한다는 추가적인 요구가 있어야 하는가? 즉 그들은 유기체의 생물학적-물리적 구조와 과정에서 어떤 식으로든 "실현"되거나 "구현"되어야 하는가? 이는 심리학에 대한 중요한 질문들이고, 이들 중 일부는 심신 이론과 인지과학의 지위에 관한 논의에서 추후에 다루어질 것이다(5장 및 6장).

행동이 왜 마음에 중요한가?

지금까지의 논의는 대체로 행동주의에 관해 부정적이었다. 그러나 이것을 마음과 행동 사이의 관련성에 대해 부정적 입장을 취하는 것으로 받아들여서는 안 된다. 심성에서 행동의 중요성은 아무리 강조해도 지나치지 않은 것이 사실이다. 되짚어 보자면, 다양한 형태의 행동주의, 그중에서도 논리적 행동주의는 마음에서 행동의 중대한 역할에 깊은 인상을 받아 개혁자의 열정에 도취되어, 선을 넘어서 극단적이고 비현실적인 이론을 옹호하게 되었던 게 아닌가 싶다.

심성에 관한 논의에서 세 가지 주요 요소는 마음, 두뇌, 그리고 행동이다. 심신 문제의 중요한 과제는 이러한 세 요소들 사이의 관계를 명료하게 하는 것이다. 구체적인 주제와 문제들은 이 책의 나머지 부분에서 논의될 것이다. 대략적인 그림은 다음과 같다.

1. 두뇌는 마음의 존재론적, 즉 존재적 근거이다.
2. 두뇌는, 그리고 아마 마음도 행동의 원인이다.
3. 행동은 심적 언어의 의미론적 토대이다. 우리의 정신적/심리학적 용어들의 의미를 고정하는 것은 행동이다.
4. 행동은 마음을 갖는 다른 존재들에게 심적 상태들을 귀속하기 위한 일차적인 증거이자, 거의 유일한 증거이다. 다른 마음에 관한 우리의 지식은 일차적으로 행동을 관찰하는 것에 의존한다.

이러한 진술들은 우리 대부분이 받아들이는 것이라고 해도 무방하다. 동의하지 않는, 특히 (1), (2)에 동의하지 않는 사람들(예를 들면 데카르트적 이원론자들)이 있을 것이다. 여기서 우리의 관심은 (3)과 (4)이다. 행동이 없다면 우리의 심적 용어들이 어떻게 상호주관적인 의사소통에 적합한 공적인 의미를 획득할 수 있을지 알기 어렵다. 또한 (언어적 행동을 포함한) 행동적 증거가 없다면 다른 사람들이 생각하고 느끼는 것이 무엇인지 아는 것은 가능하지 않다. (비물질적 영혼이 생각하고 느끼는 것이 무엇인지 당신이 어떻게 알 수 있을지를 상상해보라.) 우리가 관찰을 통해 다른 사람의 행동에 접근할 수 없게 된다면, 우리의 사회적 관계의 기본 구조가 완전히 흐트러지기 시작할 것이다. 의심할 여지 없이 행동은 우리의 정신적, 사회적 삶의 의미론적, 인식론적 토대가 된다.

요약하면, 두뇌는 우리의 정신적 삶의 존재적인 기저이며 그것을 떠

받치고 있다. 당신에게서 두뇌를 제거한다면 더 이상 정신적 삶은 없을 것이다. 다른 한편 행동은 심성의 의미론적이고 인식론적인 토대가 된다. 행동이 없이는 심리적 언어가 불가능할 것이고 우리는 더 이상 다른 마음에서 무슨 일이 일어나는지를 알 수 없을 것이다. 우리의 사회적 삶에서 관찰 가능한 행동이 갖는 중대한 위치를 과장하거나, 축소하는 것조차 불가능하다.

더 읽을거리

논리적 행동주의를 대표하는 고전으로는 길버트 라일Gilbert Ryle의 《마음의 개념The Concept of Mind》이 있다. 루돌프 카르납의 〈물리적 언어에서의 심리학Psychology in Physical Language〉과 칼 헴펠Carl G. Hempel의 〈심리학의 논리적 분석The Logical Analysis of Psychology〉 역시 중요한 저작이다.

마음과 행동에 대한 비트겐슈타인의 관점을 이해하려면 노먼 맬컴Norman Malcolm과 D. M. 암스트롱D. M. Armstrong의 《의식과 인과Consciousness and Causality》에서 노먼 맬컴이 쓴 부분을 참고하라. 과학적 행동주의에 대해서는 B. F. 스키너B. F. Skinner의 《과학과 인간 행동Science and Human Behavior》과 《행동주의에 대하여About Behaviorism》를 참고하라. 두 저작 모두 비전문가를 위해 저술되었다.

스키너의 행동주의에 대한 역사적으로 주요한 비판으로 스키너의 《언어 행동Verbal Behavior》에 대한 노엄 촘스키Noam Chomsky의 서평을 참고하라. 논리적 행동주의에 대한 비판으로는 로더릭 M. 치좀Roderick M. Chisholm의 《지각Perceiving》, pp. 173-185 및 힐러리 퍼트넘의 〈두뇌와 행동Brains and Behavior〉, 《스탠퍼드 철학 백과사전》에 있는 조지 그레이엄George Graham의 〈행동주의Behaviorism〉가 유용한 참고자료이다. 또한 《맥밀런 철학 백과사전》 2판에 수록된 조지 레이Georges Rey의 〈행동주의〉 항목 역시 유용하다.

제4장

──〈 • 〉──

두뇌로서의 마음
: 심리-신경 동일론

고대 그리스인들은 심장이 생각과 느낌을 책임지는 기관이라고 생각했다. 심장을 사랑과 로맨스의 상징으로 생각하는 전통 속에 이런 관념이 살아남아 있다고들 한다. 그러나 그리스인들은 틀렸다. 오늘날 우리는 두뇌가 우리의 정신적 삶에 관한 활동이 발생하는 곳이라는 것을 어떤 것보다도 확실히 알고 있다. 마음이나 생각이 어디에 위치해 있는지를 사람들에게 물어본다면 그들은 머리를 가리킬 것이다. 이것은 단지 마음과 두뇌가 같은 위치를 공유한다는 것만을 의미하는가? 아니면 마음이 곧 두뇌라는 더 강한 주장을 의미하는가? 우리가 여기서 살펴볼 입장은 이 중 더 강한 주장—마음과 두뇌는 동일하며, 생명체가 심성을 갖는다는 것은 적절한 구조와 역량을 지닌 두뇌를 갖는 것이라는 주장—을 옹호하는 이론이다.

마음과 두뇌의 상관관계

데카르트식으로 표현해서 우리가 두뇌를 "우리의 정신적 삶의 자리"라고 생각하는 이유는 무엇인가? 이에 대한 답은 분명한 것 같다. **광범위하고 체계적인 심리-신경 상관관계, 즉 심적 현상과 두뇌의 신경 상태 사이에 상관관계가 있기 때문이다.** 이것은 우리가 선험적으로 아는 것이 아니라 경험적 증거로부터 아는 것이다. 우리는 두뇌에 생긴 손상이 정신적 삶에 어마어마한 영향을 미치는 것을 관찰한다. 가령 두뇌 손상은 추론 능력, 기억력, 지각 능력에 영향을 미칠 수 있고, 또는 인지 능력을 엄청나게 손상시킬 수도 있으며 심지어 성격을 변화시킬 수도 있다. 또 항우울제 같은 향정신성 의약품이나 알코올의 섭취가 일으키는 두뇌에서의 화학적 변화는 우리의 기분이나 감정, 인지 기능에 영향을 미친다. 뇌진탕을 일으키면 그 사람의 의식은 사라져버린다. 정교한 뇌 영상 기술로 우리가 어떤 정신적 활동을 할 때, 가령 초록색을 본다든지 불안감을 느낄 때, 우리 두뇌에서 어떤 일이 일어나는지를 "보는" 것이 가능하다. 우리는 이제 두뇌 및 두뇌 활동이 우리의 정신적 삶을 결정하는 핵심 요소라는 것을 입증해주는 압도적인 과학적 증거들을 갖고 있다고 안심하고 말할 수 있다.

팔꿈치에 생긴 상처는 극심한 고통을 야기하고, 식중독에 걸리면 복통과 메스꺼운 느낌이 뒤따르기 마련이다. 망막에 빛이 투사되면 시각 경험이 야기되고, 시각 경험은 주위의 대상들과 사건들에 대한 믿음을 야기한다. 감각 표면의 자극은 다양한 종류의 감각, 지각 경험들을 발생시킨다. 그러나 말초신경에서 벌어지는 일은 멀리 있는 원인에 불과하다. 그런 것들이 의식 경험을 발생시키는 것은 그런 것들이 적절한 두뇌 상태를 야기하기 때문이다. 이것이 마취가 작동하는 원리이다. 즉 감각 기관의 말초 부위에서 오는 신경 신호가 차단되거나, 뇌의 정상적 기능이 방해를 받아 의식 경험의 기반인 중추신경 과정의 발생을 막는다면, 어떤 고통 경험도 (아마도 어떤 경험도) 못하게 될 것이다. 정신적 삶에서 발생하는 모든 사건들은 그것의 **근접한** 물리적 기반으로 두뇌(또는 중추신경계) 상태를 갖는다고 보는 것이 합당하다. 심성의 존재가 적절히 기능하는 신경 체계의 존재에 의존한다는 것을 부인하는 것은 어려울 것이다. 당신의 두뇌를 구성하는 모든 세포들과 분자들이 우주 공간으로 흩어져버린다면 당신의 정신적 삶 전체는 그 순간 사라져버릴 것이다. 이는 당신의 몸을 구성하는 모든 분자들이 소멸하는 순간 당신의 몸이 사라질 것만큼이나 확실하다. 적어도 그럴 것 같이 보인다. 우리는 이상의 논의를 다음의 논제로 요약할 수 있다.

> **마음-두뇌 상관관계 논제.** 어떤 유기체 o에 발생하는 심적 사건의 각 유형 M에 대해, 두뇌 상태의 유형 B(M의 "신경 상관자" 또는 "기저")가 존재하여, 시점 t에 M이 o에게 발생하는 경우 오직 그 경우에만 t에 B가 o에게 발생한다.

이 논제에 따르면, 한 유기체에게 발생할 수 있는 심적 사건의 각 유형은 그것이 발생하기 위한 필요충분조건에 해당하는 신경 상관자를 갖는다. 따라서 각 유기체에게는 그 유기체가 가질 수 있는 모든 종류의 심적 상태를 망라하는 마음-두뇌 상관관계들의 집합이 존재한다.

이러한 마음-두뇌 상관관계에 관해 주목할 만한 두 가지 사항이 있다.

1. 마음-두뇌 상관관계는 "법칙적lawlike"이다. 즉 당신의 어떤 신경세포(가령 C-심유와 Aδ-심유)가 활성화될 내 고통을 경험한다는 사실은 우발적이거나 우연적인 동시 발생이 아니라 **법칙적인 규칙성**의

문제이다.

2. 당신의 정신적 삶의 가장 작은 변화조차도 당신 두뇌의 (아직 알려지지 않았을 수도 있는) 특정한 모종의 변화 없이는 발생할 수 없다. 예컨대 두통이 없어졌다면 당신의 신경 상태에 적절한 변화가 있었음이 틀림없다.

엄격하게 동치는 아니지만 이를 다른 식으로 표현하자면, 심성이 두뇌 상태에 **수반**한다는 것이다. 여기서의 수반은, 만약 수반이 성립한다면, 선험적으로 알려지는 것이 아니라 관찰이나 경험을 통해 알려진다는 점을 기억하자. 더욱이 특정한 상관관계들, 즉 심적 상태들의 특정 유형(가령 고통)과 두뇌 상태들의 특정 유형(가령 어떤 신경 섬유의 활성화) 사이에 성립하는 상관관계는 다시 말하지만 과학적 연구와 발견의 문제이고, 이러한 상관관계의 구체적인 사항들은 아직까지 많이 알려지지 않았다고 가정할 수 있다. 그러나 두뇌-마음 상관관계와 두뇌-마음 수반의 일반적인 논제에 관한 우리의 확신은 궁극적으로 이러한 구체적인 상관관계에 대한 지식(비록 아직 대략적이고 불완전할지라도)에 기반한다. 만약 심장이 심성의 엔진이라고 생각한 아리스토텔레스의 견해가 옳았더라면(아리스토텔레스가 옳았을 **수도 있다**), 우리에게는 마음-두뇌 상관관계 논제와 마음-두뇌 수반 대신에, 마음-심장 상관관계 논제와 마음-심장 수반이 있었을 것이다.

마음-두뇌 상관관계를 이해하기

두 속성 또는 사건 유형 사이에 체계적인 상관관계가 관찰될 때, 우리는 이 상관관계에 대한 설명이나 해석을 원한다. 왜 속성 F와 속성 G 사이의 상관관계가 나타나는가? 왜 유형 G의 사건이 발생할 때에 그리고 그때에만 유형 F의 사건이 발생하는가? 우리는 자연에서 너무 많은 "맹목적인" 설명되지 않는 우연의 일치를 받아들이기를 원치 않는다. 이런 종류의 설명적 요구는 심적 속성과 신경 속성의 경우처럼 두 큰 부류의 속성들 간의 체계적인 상관관계 패턴이 관찰될 때 더 긴급해진다. 마음-두뇌의 경우 이외의 속성들 간의 상관관계의 몇 가지 예를 먼저 살펴보자.

a. 대기 온도가 영하 7도 아래로 내려가고 며칠 동안 그 상태로 유지될 때마다 그 지역 호수와 연못이 얼어붙는다. 왜 그런가? 물론 답은 낮은 온도가 연못의 물이 얼도록 **야기한다**는 것이다. 두 사건은 **인과적으로 연관되어** 있고 이것이 관찰된 상관관계가 왜 발생하는지를 설명한다.

b. 당신은 시계방에 들어가서 놀라운 광경을 본다. 여러 모양과 크기의 수많은 시계들이 바쁘게 똑딱거리고 있고 모든 시계가 똑같이 같은 시간, 2시를 가리키고 있다. 잠시 후에 당신은 이 시계들이 정확히 2시 30분을 가리키고 있는 것을 보게 되고, 등등. 이 시계들 사이의 놀라운 상관관계를 설명하는 것은 무엇인가? 우리는 이게 우연의 일치일 리 없다고 생각한다. 가능한 답변 하나는 시계방 주인이 가게를 열기 전에 모든 시계들을 동일한 시간으로 맞춰놓았다는 것이다. 즉 아침마다 시계를 맞추는 주인의 행위라는 **공통 원인**이 지금 관찰되는 상관관계를 설명한다. 달리 말해, 한 시계가 3시 30분을 가리키는 것과 또 다른 시계가 같은 시간을 가리키는 것은 하나의 **공통 원인의 부수적인 결과들**이다. 시계들 사이에는 상관관계를 설명할 만한 직접적인 인과 관계가 없다.

c. 왜 시계들이 동일한 시간을 가리키고 있는지에 대한 약간 다른 설명도 상상할 수 있다. 이 시계들은 실제로 완전히 정확하지 않고

어떤 시계들은 5분마다 눈에 띄게 빨라지거나 느려진다. 그러나 시계방에는 손님들에게 보이지 않는 작은 요정이 있어서 돌아다니면서 매분마다 시계들을 동일한 시간으로 맞춘다. 그렇기 때문에 우리가 시계를 볼 때마다 모든 시계들이 같은 시간을 가리키는 것이다. 이 설명 역시 공통 원인으로 상관관계를 설명한다. 그러나 (b)의 설명과는 다음과 같은 점에서 차이가 있다. 이 설명에서 인과적 행위자는 지속적으로 개입을 하는 반면, (b)에서는 과거의 한 번의 원인으로 충분하다. 그러나 두 경우 모두에서 상관관계에 있는 사건들 사이에 직접적인 원인-결과의 관계는 없다.

d. 튼튼한 용기 안에 들어 있는 기체의 온도와 압력은 왜 같이 변하는가? 기체의 온도와 압력은 둘 다 그 기체를 구성하는 분자들의 운동에 의존한다. 온도는 분자들의 평균 운동에너지이고, 압력은 분자들이 용기의 벽면에 충돌하면서 벽에 전달되는 (단위 면적당) 총 운동량이다. 따라서 온도의 상승과 압력의 상승은 기저에 있는 하나의 동일한 미시적 과정의 **두 측면**이다.

e. 왜 구름들 사이에 또는 구름과 지면 사이에 전기 방전이 발생할 때마다 번개가 발생하는가? 번개는 단순히 구름들과 지면을 포함하는 전기 방전**이기** 때문이다. 여기에는 상관관계에 있는 두 현상이 있는 것이 아니라 단 하나의 현상만 있다. 상관관계를 맺고 있는 두 구분되는 현상이라고 생각했던 것이 실제로는 두 가지 다른 방식으로 기술된 하나의 동일한 사건인 것으로 드러난다. 여기서는 상관관계로 보이는 것이 **동일성**으로 드러난다.

f. 달의 위상(보름달, 반달, 상현달, 하현달 등)은 왜 바다의 조수 작용(대조, 소조 등)과 함께 변하는가? 지구, 달, 태양의 상대적 위치가 달과 태양이 바닷물에 가하는 중력의 세기 및 달의 위상 둘 다 결정하기 때문이다. 그래서 중력의 변화는 조수 작용의 근접 원인이고,

지구, 달 태양의 상대적 위치는 조수 작용의 먼 원인으로 볼 수 있다. 달의 위상은 단지 세 천체의 위치의 부차적 결과이고, 그들의 위치가 어떠한지(지구가 태양과 달 사이에 일직선으로 있을 때 보름달이 된다는 등)를 가리키는 역할을 할 뿐이지 조수 작용에 대한 어떠한 인과적 역할도 하지 않는다.

마음-두뇌 상관관계를 설명하거나 해석하는 것은 어떨까? 우리가 살펴본 모델 중에 어떤 것이 심신의 경우에 가장 잘 들어맞을까? 짐작하겠지만 이런 모델 모두가 심신 상관관계에 대해서도 시도된 바 있다. 먼저 심신 관계에 대한 인과적 접근에서 시작해보자.

인과적 상호작용론. 데카르트는 마음과 신체 사이의 인과 관계가 송과선에서 발생한다고 생각했다(2장). 그는 "동물 정기"—송과선 주위를 흐르는 극도로 미세한 입자들로 이루어진 유체—가 다양한 방식으로 송과선을 움직이게 하는 원인이 되고, 이러한 운동이 다시 마음의 의식적 상태를 야기한다고 추정했다. 역으로 마음은 다양한 방식으로 송과선을 움직이게 해서 그 주변의 동물 정기의 흐름에 영향을 끼친다. 이것은 다시 몸의 여러 부분들로 이 유체가 흘러가도록 영향을 미쳐 궁극적으로 다양한 생리학적 변화와 신체적 운동을 발생시킨다.[1]

마음과 몸의 "예정조화론". 라이프니츠는 동시대의 여러 저명한 합리주의자들과 마찬가지로 비물질적 실체가 송과선과 같은 물질적인 대상과 서로 인과적으로 상호작용함으로써 근육 조직 덩어리를 이리저리 움직

---

1 Descartes, *The Passions of the Soul*을 보라.

일 수 있다는 데카르트의 견해가 정합적이지 않다고 생각했다. 라이프니츠의 견해에 따르면, 시계방 주인이 아침에 미리 맞춰놓은 시계들처럼, 마음과 몸은 "예정된 조화" 상태에 있는데, 신이 마음과 몸을 조화로운 관계로 맞추어둔 것이다. 적어도 우리에게는 이런 견해가 데카르트의 심신 상호작용론에 비해 조금이라도 덜 공상적인 견해인지에 대해서는 논란의 여지가 있다.

기회원인론. 대륙의 또 다른 주요 합리론자인 니콜라 말브랑슈에 따르면, 심적 사건이 물리적 사건을 야기하는 것처럼 보이고, 물리적 사건이 심적 사건을 야기하는 것처럼 보이는 것은 단지 착각에 불과하다. "유한 정신finite mind"과 신체 사이에 직접적인 인과 관계는 없다. 팔을 올리려는 당신의 의지와 같은 심적 사건이 발생할 때, 이는 그저 신이 개입해서 당신의 팔을 올라가게 하는 하나의 **기회**가 될 뿐이다. 신의 개입은 물리적 사건이 심적 사건의 원인이 되는 것처럼 보일 때에도 발생한다. 당신의 손가락에 상처가 생길 때 신이 개입해서 당신의 고통을 일으킨다. 따라서 신의 역할은 지속적으로 개입해 시간을 맞추는 시계방의 작은 요정의 역할과 같다. 이러한 견해는 기회원인론으로 알려져 있다. 이 견해는 말브랑슈 및 그 당시 다른 많은 철학자들에 의해 받아들여진 학설의 산물이었는데, 이 학설에 따르면 신이 이 세계의 유일한 인과적 행위자이고 그가 창조한 세계에서 우리가 관찰하는 인과 관계는 단지 현상에 불과하다.

양면 이론. 당대의 또 다른 위대한 합리론자였던 스피노자는 마음과 몸은 단순히 하나의 단일한 실체의 두 연관된 측면이고, 이 실체는 정신적이지도 물질적이지도 않다고 주장했다. 이 이론은 예정조화론이나 기회원인론과 마찬가지로 심적인 것과 물리적인 것 사이에 직접적인 인과 관계가 있다는 것을 부정한다. 그러나 두 입장과는 달리 심물 상관관계를 설명하기 위해 신의 인과적 작용에 호소하지 않는다. 몸과 마음 간의 상관관계가 관찰되는 것은 그것들이 기저에 있는 하나의 실재의 구별되는 두 측면이기 때문이다. 이러한 접근의 현대적 형태는 중립적 일원론으로 알려진 입장인데, 이 견해에 따르면 근본적인 실재는 내재적으로 물리적이지도 심적이지도 않다는 점에서 중립적이다.

부수현상론. 19세기 영국의 생물학자 헉슬리에 따르면, 모든 의식적 사건들은 두뇌의 신경 사건들에 의해 야기되지만 그것들은 어떤 인과력도 갖지 않고 인과적 사슬의 궁극적인 종착점이 될 뿐이다.[2] 즉 모든 심적 사건들은 두뇌의 생리학적 과정들의 결과이지만 그 어떤 것도—심지어는 다른 심적 사건들도—야기할 힘이 없다. 당신이 팔을 올리려는 "의지"를 가지면 팔이 올라간다. 그러나 당신의 의지가 팔이 올라가게 한 원인이라고 생각하는 것은 마치 달의 위상의 변화가 조수 운동 변화의 원인이라고 생각하는 것과 똑같은 오류를 범하는 것이다. 팔이 올라가게 한 실제 원인은 두뇌의 어떤 특정 신경적 사건이고, 이 신경적 사건은 팔을 올리려는 당신의 의지의 원인이기도 하다. 이는 달과 조수의 경우와 유사한데, 조수 운동과 달의 위상의 진짜 원인은 지구, 달, 태양의 상대적 위치이다. 두뇌를 연구하는 과학자들 상당수가 (적어도 암묵적으로) 이런 종류의 견해를 지지하는 것 같다(10장을 보라).

창발론. "심적 현상들이 왜 신경 현상들과 그러한 방식으로 상관관계를 맺고 있는가?"라는 질문에 대한 또 다른 흥미로운 반응이 있는데,

---

2 Thomas H. Huxley, "On the Hypothesis That Animals Are Automata, and Its History"를 보라.

이 질문은 답해질 수 없는 질문이라는 것이다. 즉 이 상관관계는 더 이상 설명될 수 없고 우리가 그냥 받아들여야 하는 "맹목적 사실"이라는 것이다. 이것이 창발론의 입장이다. 이 입장에 따르면 생물학적 과정들이 일정한 수준의 구조적인 복잡성에 도달할 때, 완전히 새로운 유형의 현상, 즉 의식과 합리성과 같은 현상이 "창발"하고, 왜 그리고 어떻게 이러한 현상들이 창발했는지는 하위 수준의 물리적이고 생물학적인 사실들에 의해 설명될 수 없다. 왜 가려움이 아니라 고통이 C-섬유 활성화로부터 창발하는지, 왜 고통이 다른 유형의 신경 상태가 아니라 C-섬유 활성화로부터 창발하는지에 대한 설명 같은 것은 없다. 창발론의 선구자인 새뮤얼 알렉산더의 표현으로, 이런 식의 창발 관계는 있고 다른 식의 창발 관계는 없는 것은 "자연적 경외심"을 갖고 받아들여야 한다.[3] 즉 창발 현상은 자연 세계의 근본적인 사실로 인식되어야 한다. 창발론과 부수현상론 사이에 중요한 차이는 전자는 창발적인 심적 현상들의 인과적 힘과 효력을 인정하는 반면, 후자는 이를 인정하지 않는다는 점에 있다.

심리-신경(또는 심물, 심신) 동일론. 1950년대 후반 심신 문제에 관한 해결책으로 명시적으로 제시된 이 입장은 심적 상태들과 두뇌의 물리적 상태들의 **동일성**을 옹호한다. 번개가 대기의 전기 방전을 **넘어서는** 그 이상의 어떤 것도 아니듯이, 심적 사건들은 두뇌의 신경 과정들을 **넘어서는** 또는 그에 **추가되는** 그 어떤 것도 아니라는 것이다. "번개"와 "전기 방전"은 사전적인 동의어가 아니고, 고대 그리스 사람들은 번개에 대해서는 알았지만 전기 방전에 대해서는 아무것도 몰랐을 것이다. 그렇

---

3 Samuel Alexander, *Space, Time, and Deity*, vol. 2, p. 47. "자연적 경외심"은 시인 윌리엄 워즈워스가 사용해서 유명해진 표현이다.

더라도 번개는 전기 방전일 따름이다. 즉 "번개"와 "대기 전기 방전"이라는 두 표현은 같은 현상을 지칭한다. 마찬가지로, "고통"과 "C-섬유 활성화"는 사전적으로 같은 의미를 갖지 않는다. 소크라테스는 고통에 대해서는 많은 것을 알았지만, C-신경 섬유 활성화에 관해서는 그 어떤 것도 알지 못했을 것이다. 그러나 번개가 전기 방전으로 판명되었듯이, 고통은 C-섬유 활성화로 판명된다는 것이다. 많은 점에서 마음과 두뇌의 동일성은 자연스럽게 취할 수 있는 입장인 것 같다. 이 입장은 단지 마음이 어디에 있느냐고 물었을 때 머리를 가리킨다는 것이 아니다. 물리적 공간 밖에 있는, 데카르트적인 비물질적 심적 실체를 받아들이려는 게 아닌 다음에야, 두뇌가 아니라면 마음이 무엇이겠는가? 두뇌의 상태가 아니라면 심적 상태는 무엇일 수 있겠는가?

* * *

그러나 심적 사건들과 두뇌 사건들의 동일성을 지지하는 논증은 무엇인가? 설령 우리의 마음이 우리의 머리 안에 있다고 할지라도, 마음과 두뇌는 같은 공간을 점유할 뿐 여전히 구별된 것일 수도 있다. 그렇다면 마음이 곧 두뇌라고 생각할 만한 좋은 이유가 있는가? 마음과 두뇌의 동일론을 지지하는 세 가지 주요 논증이 있다. 단순성 논증, 설명 논증, 인과 논증이 그것이다. 우리는 이러한 논증들이 어떻게 정식화되고 옹호될 수 있는지를 살펴보고, 그 논증들이 얼마나 설득력 있는지 평가해보려고 한다. 그리고 나서 마음-두뇌 동일론을 반박하는 논증들, 또는 적어도 동일론을 불신하게 만드는 논증들을 살펴볼 것이다.

단순성으로부터의 논증

J. J. C. 스마트는 1959년 논문 〈감각과 두뇌 과정〉으로 심리-신경 동일론을 심신 문제에 관한 주요 입장의 하나로 확립하는 데 중요한 역

할을 했다. 그는 심신 동일론을 받아들이는 근거로 **단순성**의 중요성을 강조했다.[4] 스마트는 다음과 같이 말한다.

나는 왜 [감각을 두뇌 과정과 동일시하기를] 원하는가? 주된 이유는 오컴의 면도날 때문이다. … 과학에 관한 한, 물리적인 구성 요소들의 복잡한 배열 외에 이 세계에 존재하는 것이라고는 아무것도 없는 것 같다. 단 한 곳, 즉 의식의 영역을 제외하고 말이다. 다시 말해, 한 사람에게 일어나고 있는 일을 완전히 기술하기 위해서는 그의 생체 조직이나 분비선, 신경 계통 등에서 일어나는 물리적인 과정들뿐만 아니라 그의 의식 상태(시각, 청각, 촉각, 통증, 고통 등)도 언급해야 할 것이다. 이런 것들이 두뇌 과정과 상관관계에 있다고 말하는 것도 그다지 도움이 되지 않는다. 왜냐하면 그것들이 상관관계에 있다고 말하는 것은 곧 의식 상태가 두뇌 과정을 "넘어서는" 어떤 것이라고 말하는 것이기 때문이다. … 그래서 감각들, 즉 의식의 상태들은 물리주의적 그림 밖에 남겨진 어떤 것으로 보인다. 그러나 나는 여러 가지 이유로 이를 믿을 수 없다. 모든 것이 물리적으로 설명 가능하지만 … 감각의 발생만큼은 예외라는 말은 솔직히 믿기 어렵다.[5]

오컴의 면도날은 14세기 철학자 오컴의 이름을 딴 원리로, 단순성을 이론과 가설의 중요한 덕목으로 권고하는 원리이다. 다음 두 진술은 이

---

4 J. J. C. Smart, "Sensations and Brain Processes." 1956년에 출간된 U. T. Place의 "Is Consciousness a Brain Process?"는 스마트의 논문보다 앞서 나왔는데 아마도 동일론에 대한 첫 번째 현대적 진술이라고 볼 수 있을 것이다.

5 J. J. C. Smart, "Sensations and Brain Processes," p. 117 (*Philosophy of Mind: A Guide and Anthology*, ed. J. Heil. 강조는 원문을 따랐다).

원리를 서술하는 표준적인 방식이다.[6]

    I. 필요 이상으로 존재자를 늘려서는 안 된다.

    II. 더 적은 가정으로 할 수 있는 것을 더 많은 가정을 가지고 해서는 안 된다.

원칙 (I)은 가장 단순한 존재론, 즉 아무런 할 일이 없는 불필요한 존재자들을 가정하지 않는 존재론을 채택하라고 권고한다. 수학에서 우리가 다루는 것은 자연수, 유리수, 실수이지만, 실수는 유리수로부터 구성될 수 있고, 유리수는 자연수로부터 구성될 수 있다. 자연수 역시 집합의 계열로 생성될 수 있다. 집합은 수학에서 우리가 필요로 하는 모든 것이다. 물론, 이러한 원리를 적용할 때 중요한 질문은 "필요 이상의" 것으로 간주되는 것이 무엇인지, 또는 어떤 "일"이 행해질 필요가 있는지 결정하는 것이다. 물리주의자들은 데카르트적 비물질적 마음이 쓸모없고 불필요한 것이라고 주장할 것이다. 그러나 데카르트적 이원론자는 바로 그 점에 대해서 의견을 달리할 것이다.

    원칙 (II)는 이론을 구성하는 데 있어서 단순성과 경제성을 권고하는 것으로 볼 수 있다. 주어진 영역의 현상들에 대한 가장 단순하고 경제적인 기술과 설명을 제공하는 이론, 즉 가장 적은 독립적인 가설과 가정을 가지고 그 일을 하는 이론을 선택하라는 것이다. 나폴레옹이 천문학자이며 수학자인 라플라스에게 행성계에 관한 라플라스의 이론에 왜 신이 빠졌는지를 물었을 때, 라플라스는 "저는 그런 가설이 필요 없습니다"라고 답했다고 전해진다. 설명되어야 할 현상(이 예에서는 행성

---

6 *Macmillan Encyclopedia of Philosophy*, 2nd ed., "William of Ockham" 항목을 보라.

계의 안정성)을 설명하는 데 물리적인 법칙들만으로 충분하다는 것이다. 즉 신이 존재한다는 "가설"의 도움이 불필요할 뿐만 아니라 실제로 아무 도움도 되지 않는다는 것이다. 여기서 라플라스는 오컴의 면도날의 원리의 (II) 버전을 적용하고 있다. 또한 우리는 라플라스가 (I)을 적용하고 있다고도 생각할 수 있다. 행성 천문학을 하기 위해 우리의 존재론에 신은 필요하지 않으며, 신이 있다 한들 아무런 할 일이 없는 쓸모없는 존재가 될 것이다.

단순성에 근거해서 마음-두뇌 동일론을 지지하고자 할 때 추구해볼 만한 세 가지 방향의 생각이 있는 것 같다.

첫째로, 동일성은 존재자들의 수를 줄여 존재론적 단순성을 증진시킨다는 것은 단순한 사실이다. X는 Y와 동일하다고 말할 때, 또는 스마트가 표현하듯이, X는 Y를 "넘어서는" 어떤 것도 아니라고 말할 때, 우리는 여기에 두 개가 아니라 오직 하나만 있다고 말하는 것이다. 따라서 심적 유형으로서의 고통이 그것의 신경 상관자와 동일하다면, 우리는 두 가지 차원에서 우리의 존재론을 단순화한다. 하나는 C-섬유 활성화 이외에 고통 상태에 있음이라는 추가적인 심적 속성은 없다는 것이고, 다른 하나는(이는 앞의 것으로부터 따라 나오는 것이다) C-섬유 활성화의 발생 이외에 추가적인 개별적 고통의 발생이라는 것은 없다는 것이다. 이런 다소 빤한 방식으로 마음-두뇌 동일론은 우리의 존재론을 단순화한다.

두 번째로 심리-신경 동일성은 개념적 또는 언어적인 단순성에도 기여한다고 주장할 수 있다. 모든 심적 상태들이 체계적으로 그것들의 신경 상관자들과 동일시된다면, 어떤 의미에서 정신적 언어—감각, 감정, 사고들에 관해 말할 때 사용하는 언어—는 **원칙적으로** 신경 과정들에 관해 말할 때 우리가 사용하는 물리적 언어로 대체 가능하다. 정신적 언어는 우리의 실제 생활에서 빼놓을 수 없으며 앞으로도 계속 그럴 것임이 분명하다. 우리는 심리-신경 상관관계에 대한 완전한 목록을 갖지 못할 것이 거의 확실한데, 우리 중에 어리둥절할 정도로 복잡하고 어려운 의학적 용어들을 배우기 원하는 사람이 어디 있겠는가? 그럼에도 우리는 다음과 같은 중요한 사실을 부정할 수 없다. 즉 동일론에 따르면 심적 어휘들로 제시된 기술들이 보고하는 사실 또는 현상은 포괄적인 물리적-생물학적인 언어의 문장들로 보고될 수 있는 사실 또는 현상과 다르지 않다는 것이다. 비물리적 언어로만 기술될 수 있는, 물리적 사실을 넘어서는 어떠한 추가적 사실도 존재하지 않는다. 이러한 의미에서 물리적 언어는 완전하고 보편적인 언어일 것이다.

세 번째는 스마트가 염두에 두었음 직한 생각이다. 우리가 고통과 C-섬유 활성화C-fiber stimulation, Cfs를 동일시하는 데까지 나아가지 않고, "고통이 발생할 경우 오직 그 경우에 Cfs가 발생한다"라는 상관관계에 머무른다고 해보자. 앞에서 보았듯이 상관관계는 절실히 설명을 요한다. 어떻게 어떻게 상관관계를 설명할 수 있을까? 과학에서는 일반적으로 법칙이나 상관관계를 더 근본적인 법칙이나 상관관계로부터 도출함으로써 설명한다. 어떤 보다 근본적인 상관관계로부터 "고통이 발생하는 경우 오직 그 경우에만 Cfs가 발생한다"를 도출할 수 있겠는가? 순전히 물리적-생물학적 법칙으로부터 이 상관관계가 도출될 수 없다는 것은 분명하다. 이러한 법칙들은 고통에 대한 어떤 언급도 하지 않는다는 단순한 이유 때문이다. "고통"이라는 용어 또는 개념은 물리적-생물학적 언어의 일부가 아니기 때문에, 그 개념은 물리적-생물학적인 법칙에 나타나지 않는다. 따라서 고통-Cfs 상관관계가 설명되기 위해서는, 그것의 설명적 전제(즉 상관관계가 도출되는 전제)는 물리적-생물학적 현상과 어떤 심적 현상 사이를 연결하는 법칙을 적어도 하나는 포함해야 할 것이다. 즉 적어도 하나의 심리-신경 상관관계를 포함해야 한다. 그러나 이는 다시 상황을 원점으로 되돌린다. 아마 더 근본적일, 이 심물 상관관계는 또 어떻게 설명할 것인가?

결론적으로, 우리는 **고통-Cfs** 상관관계뿐만 아니라, 각 구별되는 심적 상태 유형별로 하나씩, 수많은 심리-신경 상관관계와 남게 될 공산이 크다. (얼마나 많은 심적 상태들이 있을 수 있는지를 생각해보라. 특히, "내일 눈이 올 것이다"와 같은 각각의 평서문 p에 대해, p를 믿음—즉, 내일 눈이 올 것이라는 믿음—이라는 상태가 있다는 것을 생각해보라.) 그러한 상관관계 하나하나는 모두 세계의 "맹목적인" 근본 법칙으로 받아들여져야 할 것이다. 이런 법칙이 "맹목적인" 것은 더 이상 설명될 수 없고 세계에 대한 전체 이론의 근본적인 법칙의 하나로 받아들여져야 한다는 의미에서이다. (우리는 곧 "설명 논증 I"에 대해 논의할 텐데, 이에 따르면 심리-신경 상관관계는 심리-신경 동일성에 의해 설명된다. 예컨대 "고통이 발생하는 경우 오직 그 경우에 Cfs가 발생한다"는 "고통=Cfs"에 의해 설명된다.)

그러나 우리는 세계에 관한 이러한 이론은 참을 수 없을 정도로 복잡하고 부풀려진 것으로, 즉 우리가 과학에서 추구하는 단순성과 우아함에 정면으로 위배되는 것으로 봐야 할 것이다. 하나는 이러한 이론은 엄청나게 많고 잡다한 심리-신경 상관관계 법칙들—잠재적으로 무한히 많은 수의 법칙들—을 근본 법칙으로 포함하기 때문이고, 또 다른 하나는 이러한 심리-신경 법칙들 각각이 고도로 복잡하다는 이유 때문이다. 고통은 "단순한" 감각 성질인 것으로 보이지만, 고통-Cfs 상관관계의 물리적인 쪽을 보라. Cfs는 엄청나게 많은 분자들, 원자들, 미립자들과 그들 간의 상호작용으로 이루어져 있다. 우리는 근본 법칙들이 합당한 정도로 단순하고 그 수도 합당한 정도로 적을 것이라고 기대한다. 그리고 적은 수의 단순한 법칙들을 결합하고 반복적으로 적용함으로써 복잡한 현상들을 설명할 수 있을 것이라 기대한다. 우리는 근본 법칙이 상상하기 힘들 정도로 복잡하게 배열되어 있는 수많은 미립자들로 이루어진 물리적 구조들을 끌어들일 거라고 기대하지 않는다. 그런 것은 우리의 전체 이론을 너저분하고 부푼, 우아하지 못한 것으로 만든다.

이 비대한 그림은 심리-신경 상관관계로부터 심리-신경 동일성으로 이행했을 때, 즉 "고통이 발생하는 경우 오직 그 경우에 Cfs가 발생한다"에서 "고통=Cfs"로 이행했을 때 우리가 갖게 되는 그림과 비교된다. 고통과 C-섬유 활성화는 하나이지 둘이 아니다. 즉 설명이 필요한 상관관계를 맺고 있는 별개의 두 현상과 마주한 것이 아니다. 이러한 방식으로, 심리-신경 동일성으로 인해 이런 잠재적인 상관관계의 법칙(허버트 파이글이 "법칙적 부수물nomological dangler"[7]이라고 적절히 이름 붙인 것)을 **초월하고** 그것을 **폐기하는** 것이 가능해진다. 더욱이 스마트가 강조하듯이 심적인 것과 물리적인 것의 동일성은 심적인 것을 물리적 이론의 영역 안으로 끌어들이고, 그래서 궁극적으로 우리의 기초 물리학은 자연 세계의 모든 측면에 적합한 완전하고 포괄적인 설명 체계를 구성하게 된다. 이러한 그림은 앞의 그림, 즉 세계의 완전한 이론이 물리학의 근본 법칙들 외에 추가적으로 복잡한 마음-두뇌 법칙들을 포함해야 하는 그림보다 훨씬 단순하고 더 우아하다. 어쨌든 그 논증에 따르면 그러하다.

이 논증에 대해 우리는 어떻게 생각해야 할까? 심리-신경 상관관계로부터 심리-신경 동일성으로 옮겨 가는 것이 세계에 관한 우리의 전체 이론을 정말로 단순하게 만드는가? 여기서 독자는 다음과 같은 단순한 질문을 숙고해보기를 권한다. 심리-신경 동일론은 심리-신경 상관관계를 **동등한** 수의 심리-신경 동일성으로 일대일로 **단순히 대치하**

7　Herbert Feigl, "The 'Mental' and the 'Physical'," p. 428.

는 것에 불과한 것 아닌가? 동일성은 상관관계와 마찬가지로 경험적이고, 상관관계를 넘어 세계에 관한 훨씬 더 강한 양상적 주장을 한다. 왜냐하면 이제 일반적으로 "고통=Cfs"의 동일성은 (그것이 참인 경우) 필연적 참이라고 여겨지며, "고통이 발생하는 경우 오직 그 경우에 Cfs가 발생한다"는 상관관계는 필연적 참에 의해 함축되기에 그 자체로 필연적 참이 되기 때문이다. 더욱이 상관관계와 마찬가지로 동일성은 더 근본적인 물리적-생물학적 법칙들로부터 연역적으로 따라 나올 수 없기 때문에 동일성은 세계의 사물들이 어떠한지에 대한 제거될 수 없는 근본적인 가정으로 받아들여져야 한다. 결국 우리는 세계에 대한 동일한 수의 경험적 가정들을 갖게 되는 것 아닌가? 사실 심리-신경 동일성들을 포함하는 이론의 전체적인 경험적 내용은, 그것들이 대치하는 심리-신경 상관관계들을 포함하는 이론의 경험적 내용과 동등하다. 단순성 원리 (II)가 실제로는 심리-신경 동일성에 **반대하는** 논거라는 것, 또는 동일성과 상관관계 사이에 무승부를 선언한다는 것이 따라 나오는 것 아닌가? 그렇다면 동일성이 약속하는 단순성의 혜택은 정확히 무엇인가?

독자들은 또 데카르트식 이원론자나 그 어떤 형태의 이원론자가 스마트의 단순성 논증에 어떻게 답할 수 있을지를 생각해보기 바란다. 어떤 사람의 "단순한" 이론이 다른 사람에게는 "불완전한" 또는 "생략된" 이론일 수도 있다는 것을 유념하고서 말이다. "필요 이상"의 것으로 간주되는 것이 무엇인지가 논쟁거리일 수 있다. 사실 "필요한 것" 안에 포함되어야 할 것이 무엇인지가 보통은 논쟁의 핵심이다.

심리-신경 동일성에 관한 설명 논증

어떤 철학자들에 따르면, 심리-신경 동일성은 설명에서 중요하고 필수불가결한 역할을 수행할 수 있다. 즉 심리-신경 동일성은 그것 없이 설명될 수 없는 사실들과 현상들을 설명하고, 이는 동일성을 받아들일 충분한 근거를 제공한다는 것이다. 어떤 경우에는 "최선의 설명으로의 추론"이라는 원리에 호소하기도 한다. 이 원리는 보통 귀납적 추론 규칙으로 간주되며, 과학에서 이론들과 가설들의 장점을 평가할 때 사용되는 중요한 규칙이라는 것에 (보편적이지는 않을지라도) 광범위한 동의가 있다. 이 규칙은 다음과 같이 진술될 수 있다.

> **최선의 설명으로의 추론 원리.** 가설 H가 다른 경쟁하는 가설들, H_1, H_2, …, H_n에 비해 주어진 영역의 현상들을 가장 잘 설명한다면, 우리는 H를 참으로 받아들이거나 적어도 H를 H_1, H_2, … , H_n보다 선호해야 한다.[8]

"고통=Cfs"와 같은 심리-신경 동일성이 어떤 사실들에 대해서 다른 경쟁 이론들이 제공하는 설명보다 더 나은, 최선의 설명을 제공한다고 주장된다. 그러면 이로부터 심신 동일론은 심신 문제에 관해 선호되는 입장이라는 결론이 따라 나올 것이다.

이 논증에는 두 가지 버전이 있는데 몇 가지 중요한 측면에서 서로 다르다. 하나씩 살펴보자.

설명 논증 I

두 설명 논증은 심리-신경 동일성이 설명한다고 가정되는 것이 무엇인지의 물음, 즉 "피설명항"에 대한 물음에 대해서 다른 견해를 취한다.

---

8 Harman, "The Inference to the Best Explanation"을 보라. 이 원리에 대한 비판으로는 Van Fraassen, *Laws and Symmetry*를 보라.

설명 논증 I은 심리-신경 상관관계를 피설명항으로 보고, 심리-신경 동일성이 심리-신경 상관관계를 가장 잘 설명한다고 주장한다. 앞으로 보겠지만 설명 논증 II에 따르면 동일성은 상관관계를 설명하는 것이 아니라 그것 없이 설명되지 않는, 심적 현상에 대한 다른 사실들을 설명한다. 먼저 첫 번째 설명 논증이 어떻게 작동하는지 살펴보자.

첫째로, 설명 논증 I은 "고통=Cfs"나 "의식=추체세포 활성화"와 같은 특정한 심리-신경 동일성이 이에 대응하는 상관관계(가령 "고통이 발생하는 경우 오직 그 경우에 Cfs가 발생한다"나 "어떤 사람이 의식적인 경우 오직 그 경우에 그 사람의 뇌에 추체세포 활성화가 일어난다")를 설명한다고 주장한다. 다음과 같은 유비를 사용해보자. 어떤 이는 왜 클라크 켄트가 등장할 때마다 그리고 그가 나타나는 곳마다 항상 슈퍼맨이 등장하는지 궁금해할 수 있다. "클라크 켄트가 곧 슈퍼맨이다"라는 동일성보다 더 좋고 더 단순한 설명이 어디 있겠는가?[9] 이러한 형태의 설명 논증을 옹호하는 철학자들은 다음과 같은 설명 (α)가 심리-신경 상관관계에 대한 가장 좋은 설명이라고 주장한다.

(α) 고통=Cfs.
    따라서 고통이 발생하는 경우 오직 그 경우에 Cfs가 발생한다.

이러한 설명은 상관관계를 맺고 있는 다른 심적 속성들과 신경 속성들에 대해서도 마찬가지로 적용된다.

둘째, 심리-신경 동일론은 심리-신경 상관관계에 관한 전반적인 사실에 대해서 최선의 설명을 제공하는데, 다음과 같은 식이다.

---

9 이 예는 Chritopher S. Hill, *Sensations: A Defense of Type Materialism*, p. 24에서 가져온 것이다. 힐의 책은 설명 논증 I을 상당히 명료하고 설득력 있게 제시한다.

(β) 모든 심적 속성 M에 대해, 어떤 물리적 속성 P가 존재하여, 다음
이 성립한다: M=P.

따라서 모든 심적 속성 M에 대해 물리적 속성 P가 있어, M이 발
생하는 경우 그리고 오직 그런 경우에 P가 발생한다.[10]

심리-신경 동일성이 심리-신경 상관관계를 가장 잘 설명한다는 것을
보일 수 있다면, 최선의 설명으로의 추론 원리에 의해 심리-신경 동일
성을 참으로 받아들이는 것이 정당화되며, 심리-신경 동일론은 심신
문제에 대해 선호되는 입장이라고 결론 내릴 수 있다. 어쨌든 이것이
이 논증의 요점이다.

이 논증은 얼마나 만족스러운가? 분명한 것은 (α)와 같은 특정 설명
이 핵심적이라는 점이다. (α)가 설명으로 작동하지 않는다면, 일반적
인 상관관계에 대한 설명인 (β)가 작동할 리 만무하다. 그렇다면 (α)
는 설명인가? 이것이 상관관계에 대한 최선의 가능한 설명인가? 두 번
째 질문에 대해 자세히 논의하기 위해서는 긴 논의가 필요할 것이다.
우리는 (α)를 부수현상론, 양면 이론, 인과 이론과 같은 이원론에 의해
서 제시되는 설명과 비교해야 할 것이다. (α)의 입장을 대변하자면 (α)
가 존재론적으로 가장 단순하다는 정도는 말할 수 있을 것이다. 다른
이론들은 모두 이원론의 입장들이고, 결과적으로 더 많은 존재자들(즉
두뇌 사건과 심적 사건)을 포함하기 때문이다. 그러나 (α)가 전반적으

---

10 이는 그 핵심에 있어서는 브라이언 매클로플린이 그의 설명 논증을 정식화한 방식
과 동일하다. 그의 "In Defense of New Wave Materialism: A Response to Horgan and
Tienson"을 보라. 힐(각주 10을 보라)과 매클로플린은 이런 형태의 설명 논증을 제시하
는 대표적인 철학자들이다. 그러나 매클로플린은 최선의 설명으로의 추론 규칙에 명시
적으로 호소하지는 않는다. Andrew Melnyk, *A Physicalist Manifesto*도 참고하라.

로 볼 때 **가장 좋은** 설명인가? 다행히도 우리는 이 질문을 논외로 할 수 있는데, 그 이유는 (α)가 애초에 설명일 수 있을지를 의심할 만한 심각한 이유가 있기 때문이다. 만약 (α)가 설명이 아니라면, 그것이 가장 좋은 설명인지에 대한 질문은 발생하지 않는다.

먼저 이 점을 생각해보자. 고통이 실제로 Cfs와 동일하다면, 어떤 의미에서 그들이 서로 "상관관계"를 맺고 있다고 할 수 있을까? 왜냐하면 여기에는 오직 하나만이 존재하기 때문이다. 우리가 그것을 "고통"이라 부르든 "Cfs"라고 부르든 말이다. 앞에 인용한 단락에서 스마트가 말하듯이, 어떤 것이 그 자신과 상관관계를 맺는다고 할 수는 없다. 스마트에게 있어서, "고통=Cfs"의 동일성으로 옮겨가는 것의 핵심은 "고통이 발생하는 경우 오직 그 경우에 Cfs가 발생한다"는 상관관계를 초월하고 무효화하는 것이다. 이는 제거되어야 할 "법칙적 부수물"이다. "왜 고통이 Cfs와 상관관계를 맺는가?", "왜 가려움은 Cfs와 상관관계를 맺지 않는가?", "왜 의식 경험은 Cfs와 상관관계를 맺는가?" 등의 잘못된 방향의 답변 불가능한 질문을 하게끔 유도하기 때문이다. 동일성을 택함으로써 우리는 이러한 질문이 답이 없는 질문이라는 것을 보이게 되는 것이다. 왜냐하면 이 질문의 **전제**, 즉 고통이 Cfs와 **상관관계가** 있다는 것 자체가 거짓이기 때문이다. "왜 p가 참인가?"라는 질문은 p가 참이라는 것을 가정한다. p가 거짓인 경우 이 질문은 옳은 답변을 갖지 않게 되고, p는 피설명항으로서의 자격을 잃게 된다. 설명적 요구가 거짓 가정에 기반하고 있음을 보이는 것은 질문을 다루는 한 가지 방법이다. 설명을 제공하는 것이 질문을 다루는 유일한 방법은 아니다.

설명 논증을 옹호하는 사람은 우리가 "상관관계"를 말하는 방식에 반대하면서, 우리가 스마트의 논의에서처럼 "상관관계"가 있기 위해서는 별개의 두 대상이 있어야 함을 가정하고 있다고 지적할지 모르겠다. 만약 "고통이 발생하는 경우 오직 그 경우에 Cfs가 발생한다"를 **상**

관관계라고 부름으로써 둘이 다른 것이라는 인상을 준다면, 우리는 이를 상관관계라고 부르지 말아야 할 것이다. "상관관계"라는 단어에 집착하는 것은 아무런 의미가 없다. 우리가 그것을 무어라 부르든 간에 "고통이 발생하는 경우 오직 그 경우에 Cfs가 발생한다"에 의해 표현되는 사실은 "고통=Cfs"의 동일성에 의해 설명되고, 이 설명은 상관관계에 대한 최선의 가능한 설명이다. 설명 논증이 작동하기 위해서는 이것으로 족하다.

그러나 이러한 답변이 설명 논증을 곤란으로부터 구해줄지 의심스럽다. 우선 이런 답변은 "왜 가려움이 아니라 고통이 Cfs와 상관관계를 맺는가?"라는 질문을 사라지게 만들지 못한다. 이 질문을 다음과 같이 다른 식으로 물을 수 있기 때문이다. "왜 Cfs가 발생하는 경우 오직 그 경우에 가려움이 발생한다는 것이 성립하지 않고, Cfs가 발생하는 경우 오직 그 경우에 고통이 발생한다는 것이 성립하는가?" "고통은 Cfs와 동일하지만, 가려움은 Cfs와 동일하지 않기 때문"이라는 설명 논증의 옹호자들의 답변을 진정한 설명으로 받아들일 수 있을까? 우리 대부분은 아마도 이러한 설명이 유용한 정보를 제공하는 설명, 즉 왜 가려움이 아니라 고통이 Cfs와 연결되어 있는지에 대한 정보를 주는 설명이라고 생각하지 않을 것이다. 윌리엄 제임스와 T. H. 헉슬리 및 일부 저명한 철학자들은 이런 특정한 연관 관계들(또는 뭐라고 부르든)이 왜 성립하는지 설명할 수 있다는 희망을 오래전에 포기했다. 헉슬리와 제임스가 제기했던 설명 문제를 단순한 상관관계에서 동일성으로 옮겨감으로써 해결할 수 있다는 생각은 믿기지 않는다.

둘째, 고통=Cfs라는 것이 참이라면 설명되는 사실, 즉 고통이 발생하는 경우 오직 그 경우에 Cfs가 발생한다는 사실은, 고통이 발생하는 경우 오직 그 경우에 고통이 발생한다는 사실이나 Cfs가 발생하는 경우 오직 그 경우에 Cfs가 발생한다는 사실과 다르지 않다. 그리고 이러한 사실은 (이것이 사실이긴 하다면) 내용을 결여한 사소한 사실이고, 그래서 이 사실은 설명이 불필요하거나 불가능한 것 같다. 따라서 고통=Cfs라는 것은 왜 Cfs가 발생할 때 고통이 발생하는지에 대한 설명을 제공한다기보다는, 오히려 피설명항이라고 가정된 것을 설명이 전적으로 무관해 보이는 어떤 것으로 바꿔버린다. 상관관계를 설명하기보다는 오히려 그것의 피설명항으로서의 자격을 박탈하는 것이다.

지금까지 보았듯이, 우리가 살펴보고 있는 논증은 과학에서의 귀납 규칙인 최선의 설명으로의 추론 원리에 기대고 있다. 그러나 과학에서 상관관계에 대한 설명 대부분은 완전히 다른 식으로 작동하는 것 같다. 과학에서 상관관계를 설명하는 두 가지 공통적인 방식이 있는 것으로 보인다. 첫 번째로, 과학자들은 종종 상관관계를 더 근본적인 상관관계와 법칙으로부터 연역적으로 도출함으로써 설명한다. (가령 추의 길이와 흔들리는 주기 사이의 상관관계는 더 근본적인 역학 법칙에 의해 설명된다.) 두 번째로, 상관관계는 흔히 상관관계를 맺는 두 현상이 공통 원인의 부수적인 결과들이라는 것을 보임으로써 설명된다. (앞의 예에서 본 것처럼, 달의 위상과 조수 운동 사이의 상관관계는 태양, 달, 지구의 상대적인 천문학적 배열에 의해 설명된다. 또한 두 의학적 증상이 항상 함께 발생하는 것은 그것들이 한 가지 병의 두 증상이라는 것에 의해 설명된다.) 이 두 가지 방법 모두 상관관계를 사소한 것으로 만들지 않는다는 점에 주목해야 한다. 즉 이러한 설명은 상관관계로서의 지위를 존중하며 왜 상관관계가 나타나는지에 대한 진지하고 유용한 정보를 주는 설명이다. 사실 단순히 현상들을 동일시함으로써 상관관계가 설명되는 과학에서의 사례를 생각하기는 쉽지 않다.

과학적 가설의 시험에는 또 다른 주목할 만한 특징이 있다. 과학자들의 작업은 새로운 가설을 기존의 데이터에 대한 최선의 설명으로 제안하는 것에서 멈추지 않는다. 그들은 이 가설로부터 추가적인 예측을 도출하고 그 예측이 맞는지를 검토함으로써 그 가설을 계속해서 시험한다. "고통=Cfs"가 "고통이 발생하는 경우 오직 그 경우에 Cfs가 발생한다"에 대한 최선의 설명으로 제안될 때, 추가적 시험을 위해 "고통=Cfs"로부터 연역적으로 도출할 수 있는 **그 이상의** 예측은 무엇인가? 동일성으로부터는 도출될 수 있지만, "Cfs는 고통을 야기한다"는 상관관계, 또는 "고통은 Cfs로부터 창발하는 현상이다"라는 창발론적 가설, "Cfs가 고통을 야기한다"는 부수현상론적 가설 등으로부터는 도출될 수 없는 예측(경험적이든 아니든 간에)이 있는가? 심리-신경 동일성을 옹호하는 설명 논증 I에서 최선의 설명으로의 추론 원리를 사용하는 것은 실제로 과학에서 이를 사용하는 방식과는 별로 유사하지 않다는 것이 분명해 보인다. 최선의 설명으로의 추론 원리가 신뢰를 얻은 것은 과학적 가설을 시험하는 데 이 추론이 사용된다는 점 때문이다. 그 자체로는 어떠한 예측도 함축하지 않고 그래서 추가적인 시험이 불가능한, 본질적으로 철학적인 주장을 지지하기 위해 이 추론을 사용하는 것은 이 추론의 잘못된 적용에 지나지 않는 것으로 보인다. 이는 심신 문제에 대한 입장을 선택하는 문제가 경쟁하는 과학적 가설들에 대한 통상적인 시험과 유사하다고 생각하도록 우리를 오도할 수 있다. 가장 낙관적이고 충직한 물리주의자라고 해도 손색없을 만한 스마트조차도 이렇게 말한다.

> 만일 논점이 (가령) 두뇌 과정 이론 대 심장 이론이나 간(肝) 이론 또는 신장 이론 사이의 선택의 문제라면, 이 문제는 순전히 경험적인 것이며 그 평결은 두말할 나위 없이 두뇌 이론의 승리이다. … 반면에 논점이 두뇌-또는-간-또는-신장 이론(즉 어떤 종류의 유물론)과 부수현상론 사이의 선택의 문제라면, 이 선택은 경험적인 것이 아니다. 유물론과 부수현상론 사이에 어떤 것이 옳은지 선택할 수 있게 하는 실

험 같은 것을 생각할 수 없기 때문이다.[11]

더욱이 다음과 같은 고찰은 설명 논증 I을 반대하는 논증이 "상관관계"라는 단어의 비형식적 함의를 이용하는 것과 관련이 없다는 우리의 주장을 강화한다. 정확히 어떻게 (α)가 설명으로 작동하는지 따져보자. 설명은 설명적인 전제들로부터 피설명항을 논리적으로 도출하거나 증명하는 것으로 여겨진다. 그러나 결론에 해당하는 "고통이 발생하는 경우 오직 그 경우에 Cfs가 발생한다"가 어떻게 "고통=Cfs"로부터 도출되는가? 형식 논리에서 "'X=Y'로부터 'X가 발생하는 경우 오직 그 경우에 Y가 발생한다'로 추론하라"라는 규칙은 존재하지 않는다. 왜냐하면 "발생한다"와 같은 논리 외적 용어는 형식 논리의 일부가 아니기 때문이다. 대신 동일성에 관한 다음과 같은 두 규칙을 찾을 수 있다.

공리꼴: X=X

대치 규칙: "…X…"와 "X=Y"로부터 "…Y…"를 추론하라.

첫 번째 규칙은 증명 과정에서 "X=X" 형태의 어떤 문장(가령 "소크라테스=소크라테스", "3+5=3+5")도 공리로 적을 수 있다고 말한다. 두 번째 규칙은 "같은 것을 같은 것으로" 대치할 수 있도록 허용한다. 달리 말해, "X=Y"가 참이고 어떤 것이 X에 대해 참이라면, 같은 것이 Y에 대해서도 참이라는 것이다. 이 규칙은 동일성에 본질적인 규칙이다. 이 두 가지 규칙은 동일성의 논리적 속성을 완전히 고정하기에 충분하다.

---

11 J. J. C. Smart, "Sensations and Brain Processes", p. 126.

다음은 "고통=Cfs"로부터 "고통이 발생하는 경우 오직 그 경우에 Cfs가 발생한다"를 도출하는 가장 단순하고 자연스러운 방식이다.

(γ) 고통=Cfs.

고통이 발생하는 경우 오직 그 경우에 고통이 발생한다.

따라서 고통이 발생하는 경우 오직 그 경우에 Cfs가 발생한다.

첫 번째 줄은 심리-신경 동일성 전제이다. 두 번째 줄은 문장 논리의 단순한 동어반복으로서 "p인 경우 오직 그 경우에 p이다"(여기서 p는 임의의 문장)의 사례인데, 증명 과정의 어느 줄에서든 동어반복 명제를 써도 된다. 세 번째 줄인 결론에 해당하는 상관관계는 대치 규칙에 따라 동어반복에서 두 번째로 나오는 "고통"을 "Cfs"로 대치함으로써 도출된다. 여기서 동일성 "고통=Cfs"가 하는 일은 내용이 없는 동어반복, "고통이 발생하는 경우 오직 그 경우에 고통이 발생한다"를 대치 규칙에 의해 **재서술**할 수 있게 하는 것이다. 즉 결론인 "고통이 발생하는 경우 오직 그 경우에 Cfs가 발생한다"는 "고통이 발생하는 경우 오직 그 경우에 고통이 발생한다"를 단순히 재서술한 것에 불과하고, 마찬가지로 내용이 없다. 재서술 규칙에 불과한 동일성 "고통=Cfs"는 (γ)에서 어떤 설명적 역할도 하지 않고, 그렇기 때문에 최선의 설명으로의 추론 규칙으로부터 그 정당성을 획득할 수 없다.

동일성을 "재서술 규칙"이라고 부르는 것이 동일성의 설명적 기여를 사소한 것으로 만들어 초점을 흐린다고 생각한다면, 동일성이 (γ)에서 하는 역할에 대해서는 신경 쓰지 않아도 된다. 그저 다음 질문을 생각해보라. 이러한 도출이 설명, 즉 어떤 것에 대한 진짜 설명으로 보이는가? 우리는 (γ)를 보면서, "이제 나는 왜 Cfs가 자극될 때 그리고 그럴 때만 가려움이 아닌 고통이 발생하는지를 이해할 수 있게 됐어.

내일 이 발견에 대해서 우리 신경과학 교수에게 이야기해야겠어"라고 말할 수 있을까? 우리가 고통-Cfs 상관관계를 설명되어야 하는 것으로, 이해하고 싶은 것으로 인식할 때, 고통과 Cfs가 하나의 동일한 것이라고 말하는 것은 우리의 설명적 요구를 만족시켜 주지 못할 것처럼 보인다. 우리는 여전히 왜 가려움이 아니라 고통이 Cfs와 동일한지를 궁금해할 것이고, 이는 다시 원래의 질문으로 되돌아가게 한다. 왜 가려움이 아니라 고통이 Cfs와 함께 발생하는가?

설명에서 동일성의 역할에 대해서 충분한 이해가 없으며, 이 주제에 관한 유용한 논의는 별로 진행된 바가 없다. 게다가 설명이 항상 근본적으로 도출 과정이라는 견해 역시 보편적으로 받아들여지는 것은 아니다. 그러나 설명 개념이 무엇인지를 정확하게 집어내는 것은 굉장히 복잡하고 어려운 일이며, 설명 과정을 도출 과정이라고 보는 것은 설명 개념에 대해 우리가 가진 몇 안 되는 꽤 탄탄한 믿음 중에 하나이다. 만약 설명 논증의 옹호자가 자신이 염두에 둔 "고통=Cfs"로부터 "고통이 발생할 경우 오직 그 경우에 Cfs가 발생한다"의 설명이 도출 과정이 아니라고 주장한다면, 그런 설명을 정확히 어떻게 봐야 할지에 대해서 말해보기 바란다. 다시 말해, 동일성이 그것과 관련된 상관관계를 정확히 어떻게 설명하는지 말해야 할 것이다.

따라서 심리-신경 동일성이 심리-신경 상관관계를 설명한다는 주장, 그리고 그렇게 때문에 동일성을 참으로 받아들여야 한다는 주장에 설득되지 않을 이유가 있다.

설명 논증 II

설명 논증 II는 심신 동일성이 심신 상관관계를 설명한다고 주장하지 않는다. 그보다는 심신 동일성은 그것이 아니면 설명되지 않을 심성에 관한 어떤 사실을 설명할 수 있게 해준다고 주장한다. 고통이 괴로운 느낌을 야기한다는 사실을 어떻게 설명할 수 있을까? 이에 관련된 인과적 메커니즘은 무엇인가? 다음의 심리-신경 동일성이 성립한다고 가정해보자.

고통=Cfs.
괴로움=신경 상태 N.

그렇다면 우리는 고통이 왜 괴로움을 야기하는지에 대한 신경생리학적 설명을 다음과 같이 구성할 수 있을 것이다.

(θ) 신경생리학적 법칙들
Cfs는 신경 상태 N을 야기한다.
(I_1) 고통=Cfs.
(I_2) 괴로움=신경 상태 N.
따라서 고통은 괴로움을 야기한다.

신경생리학적 법칙은 왜 Cfs가 N을 야기하는지를 설명하고, 이로부터 심리-신경 동일성 (I_1)과 (I_2)에 근거하여 같은 것을 같은 것으로 대치함으로써 "고통은 괴로움을 야기한다"는 피설명항을 도출한다. 동일성은 심리적 규칙성을 그것의 기저가 되는 신경 메커니즘에 의해 설명하는 것을 돕고, 이러한 설명은 상위 수준의 심리적 규칙성에 대해 우리가 추구하는 더 깊은 과학적 이해에 딱 들어맞는 것 같이 보인다.

이를 상관관계를 동일성으로 강화하는 것을 거부하는 상황과 비교해보자. 우리가 할 수 있는 최선은 다음과 같은 것일 게다.

(λ) 신경생리학적 법칙들

Cfs는 신경 상태 N을 야기한다.

(C_1) 고통이 발생하는 경우 오직 그 경우에 Cfs가 발생한다.

(C_2) 괴로움이 발생하는 경우 오직 그 경우에 신경 상태 N이 발생한다.

따라서 고통은 괴로움과 상관관계에 있는 현상을 야기하는 현상과 상관관계를 맺는다.

(λ)는 왜 고통이 괴로움을 야기하는지에 대한 설명이 아닐 뿐만 아니라 그 근처에도 가지 못한다. 이를 설명하기 위해서는 동일성 (I_1)과 (I_2)가 필요하다. 상관관계 (C_1)과 (C_2)는 이런 일을 하지 못한다. 이러한 형태의 설명 논증을 지지하는 철학자들에 따르면, (θ)에서와 같이 심리-신경 동일성이 수행하는 종류의 설명적 역할은 동일성을 받아들일 만한 충분한 정당성을 부여한다.

이런 형태의 설명 논증을 지지하는 네드 블록과 로버트 스톨네이커는 동일성이 상관관계를 설명하는 것으로 보지 않고 피설명항인 상관관계를 제거하도록 돕는 것으로 본다는 점에서 스마트에 동의한다. 그들은 이 점을 다음과 같이 표현한다.

> 만약 열이 분자운동에너지와 동일한 것이 아니라 상관관계를 맺고 있다고 생각한다면, 우리는 왜 그러한 상관관계가 존재하는지, 또한 그 메커니즘은 무엇인지에 대한 질문을 적법한 것으로 여겨야 한다. 그러나 열이 분자운동에너지와 동일하다면, 이러한 질문은 잘못된 질문으로 간주될 것이다.[12]

---

12 Ned Block & Robert Stalnaker, "Conceptual Analysis, Dualism, and the Explanatory Gap," p. 24.

"고통이 발생하는 경우 오직 그 경우에 Cfs가 발생한다"와 "고통=Cfs"에 대해서도 마찬가지이다. 즉 동일성은 상관관계를 제거함으로써 "왜 고통이 다른 신경상태가 아닌 Cfs와 상관관계를 맺는가?"라는 "잘못된" 질문을 피할 수 있게 한다. 설명 논증 I과 달리, 블록과 스톨네이커는 이러한 부적합한 질문에 "고통=Cfs"와 같은 동일성이 답이 되지 않는다고 믿는다는 것이 분명하다. 심리-신경 동일성을 지지하는 블록과 스톨네이커의 논증은 다음과 같이 요약될 수 있다. 심리-신경 동일성은 심리-신경 상관관계에 대한 부적절한 설명적 요구는 **불가능하게 만드는** 반면, 우리가 원하는 심리적인 설명은 **가능하게 한다**.[13]

이 논증은 좋은 논증인가? 불행히도 매우 좋은 논증은 아니다. 이 논증은 설명 논증 I을 의심스럽게 만든 것과 유사한 이유로 문제가 있는 것으로 드러난다. 문제는 두 논증에서 동일성이 어떤 설명적 역할도 하지 않는 것으로 보이고, 따라서 최선의 설명으로의 추론 원리로부터 혜택을 얻을 자격이 없다는 것이다. (θ)가 고통이 왜 괴로움을 야기하는지에 대한 신경생리학적 설명을 제공한다는 주장은 받아들일 수 있다. 즉 신경생리학적 법칙들은 왜 Cfs가 신경 상태 N을 야기하는지를 직접적으로 설명한다. 그리고 "고통=Cfs"와 "괴로움=신경 상태 N"의 동일성이 주어질 때, 신경생리학적 법칙들이 고통이 괴로움을 야기한다는 사실을 설명한다는 주장은 정당화될 것이다. 왜냐하면 두 동일성을 가정할 때, "고통이 괴로움을 야기한다"와 "Cfs가 신경상태 N을 야기한다"는 진술은 하나의 동일한 사실을 진술하기 때문이다. 여

---

13 심리-신경 상관관계에 대한 설명을 요구하는 것이 (블록과 스톨네이커가 표현하듯이) 부적절하고 그릇된 것인지는 논란거리이다. 어떤 이들은 그런 설명적 요구가 완벽하게 정당화되며, 이런 요구를 충족할 수 없는 한 물리주의는 한계가 있고 결함이 있는 원리라고 주장할지도 모른다.

기에는 두 가지 방식(일상 어휘와 과학적인 어휘)으로 기술된 한 가지 사실이 있다.

이는 설명 논증 II가 어디서 잘못되었는지 드러낸다. "고통=Cfs"와 "괴로움=신경 상태 N"의 동일성은 위의 도출 과정에서 어떤 **설명적** 역할도 하지 **않는다**. 동일성은 이미 설명된 사실을 **재기술**할 수 있게 하는 역할을 한다. 설명적 활동은 두 번째 줄에서, 즉 "Cfs는 신경 상태 N을 야기한다"는 진술이 신경생리학적 법칙들로부터 도출되고 그럼으로써 그것에 의해 설명될 때 이미 끝난 것이다. 동일성이 하는 일은 같은 것을 같은 것으로 대치함으로써, "Cfs는 신경 상태 N을 야기한다"는 진술을 "고통이 괴로움을 야기한다"는 진술로 **재서술**하게 하는 것이 전부이다. 이는 신경과학에서의 설명적 성취를 우리에게 익숙한 "통속적" 언어로 바꿔 제시해 준다는 점에서 유용하긴 하지만, 이것이 **설명적** 활동을 포함하는 것은 아니다. 그러므로 다음과 같은 평결을 피할 수 없는 것 같다. 심리-신경 동일성은 설명에 아무런 관여도 하지 않기 때문에 최선의 설명으로의 추론 원리의 수혜자가 될 자격이 없다. 이러한 상황에서 이 원리의 수혜자가 있다면 바로 신경과학의 법칙들인데, 이는 그 법칙들이 설명적 역할을 수행하기 때문이다!

따라서 우리는 두 형태의 설명 논증 모두 심각한 반론에 취약하다고 결론 내려야 한다. 두 논증이 공유하는 약점은 심리-신경 동일성이 그것이 나타나는 설명에서 정확히 어떤 역할을 하는지에 대한 분명한 이해가 없다는 점이다. 우리의 주된 논점은 두 논증 모두 (그 자체로 논란의 여지가 없지 않은) 최선의 설명으로의 추론 규칙을 끌어들이지만 이를 잘못 적용한다는 것이었다.

심성 인과로부터의 논증

심성 인과는 심적 사건을 포함하는 인과 관계를 의미한다. 핀이 당신의 손바닥을 찔러 날카로운 고통을 야기한다고 해보자. 이 갑작스러운 고통은 당신이 비명을 지르고 손을 재빨리 빼게끔 야기한다. 또한 괴로운 느낌을 야기하고, 괴로움을 제거하려는 욕구를 야기한다. 심적 사건과 물리적 사건을 포함하는 인과 관계는 우리가 일상적으로 경험하는 익숙한 사실이다.

그러나 고통은 물리적 기초 없이 발생하지 않는다. 고통이 신경 상태 N과 법칙적으로 상관관계를 맺고 있다고 가정해보자. 그렇다면 손을 빼도록 야기하는 날카로운 고통은 N의 발생을 그것의 신경 기저로 갖는다. 그렇다면 이 신경 사건을 손을 휙 움직이게 한 원인으로 보지 않을 이유가 있는가?

손의 움직임으로부터 인과 연쇄를 거슬러 올라간다고 가정해보자. 손의 갑작스러운 동작은 팔에 있는 근육들의 수축에 의해 야기되었을 것이고, 이 수축은 근육에 도달한 신경 신호에 의해 야기된다. 신경 신호의 움직임은 전기화학적인 상호작용을 포함한 복잡한 물리적 과정이며, 그것의 근원까지 일련의 사건들을 따라 거슬러 올라가다 보면 중추신경계의 어떤 지점, 아마도 대뇌 피질에 도달하게 될 것이다. 이제 이러한 질문을 던져보자. 이러한 연쇄가 손바닥이 핀에 찔렸을 때 당신이 경험하는 고통의 심적 경험까지 도달하거나 이를 거쳐갈까? 신경 사건으로부터 사적이고 비물리적인 고통 사건으로의 이행은 어떤 것일 수 있을까? 또는 사적인 고통 경험으로부터 공적이고 물리화학적인 신경 사건으로의 이행은 어떤 것일 수 있을까? 어떻게 고통 경험이 단 하나의 분자가 운동하는 것에라도 (그것의 속도를 높이거나 낮순나는지 아니면 방향을 바꾼다든지 하는) 영향을 미칠 수 있을까? 어떻게 이런 일이 일어날 수 있는가? 이런 일을 생각할 수 있기는 한가? 도무지 상상하기 어려운 일이다!

손의 갑작스런 움직임에서 끝을 맺는 인과 연쇄는 그것을 역추적할 때 고통을 완전히 건너뛸 공산이 크다. 인과 연쇄를 뒤로 계속 추적해 갈수록 점점 더 많은 신경적-물리적 사건들이 있을 뿐 어떤 심적 경험도 없을 것이다. 신경적-물리적 연쇄와는 독립적인, 어떤 식으로 근육에 도달하는 순전히 심적인 인과 연쇄를 가정하는 것 역시 말이 되지 않는다. (이것은 "염력"으로 알려진 것인데, 뚫어지게 응시함으로써 숟가락을 구부러뜨리는 것 같이, 마음이 원거리에서 물리적 변화를 야기하는 "심령적"이라고 주장되는 현상이다.) 그렇다면 고통을 손의 운동의 원인이 되게 하는 유일한 방법은 그것을 신경 사건으로 생각하는 것인 것 같다. 어떤 신경 사건일까? 최선의 그리고 가장 자연스러운 선택지는 고통이 발생하기 위한 필요충분조건인 고통의 신경 기저, 즉 (우리가 가정했던) N이다. 이상은 다소 비형식적으로 제시된 인과 논증의 개요인데, 이 논증은 심적 사건, 특히 의식 상태가 신경 상태와 동일하다는 것을 보이고자 한다.

이제부터 제시할 것은 이보다 더 체계적이고 요즘 영향력 있는 버전의 인과 논증이다. 이 논증은 심성 인과가 실재한다고 주장하는 전제에서 시작한다.

    i. 심적 현상은 물리적 세계에서 결과를 갖는다.

지금의 맥락에서 (i)은 논란의 여지가 없는 것으로 간주한다. 우리의 믿음과 욕구는 우리의 팔다리를 움직이게 하는 힘을 갖고, 그렇게 함으로써 (내 책상 위에 있는 책들을 책장으로 옮기고, 쓰레기통을 비우고, 눈더미에서 내 차를 파내는 등) 우리는 우리 주변의 사물들이 재배열되게끔 야기한다. 우리의 심적 상태들이 물리적 대상들과 사건들에 영향을 미치는 인과적 힘을 갖지 않는다면, 우리는 더 이상 행위자가 아닐 것이고 단지 지나치는 광경을 바라보는 무력한 방관자에 불과하게 될 것이다. 이것이 참이라면 세계 내의 능동적인 행위자로서의 우리 자신에 대한 자의식은 완전히 붕괴하게 될 것이다.

인과 논증의 두 번째 전제는 다음과 같다.

> ii. [물리적 영역의 인과적 폐쇄성] 물리적 세계는 인과적으로 닫혀 있다. 즉 어떤 물리적 사건이 원인을 갖는다면, 그것은 충분한 물리적 원인을 갖는다(그리고 완전한 물리적인 인과적 설명을 갖는다).

이 원리에 따르면, 물리적 세계는 인과적으로 자립적이고 자족적이다. 이 원리는 모든 물리적 사건이 충분한 물리적 원인을 갖는다고 말하지 않는다. 즉 물리적인 인과적 결정론의 원리를 함축하지 않는다. 그래서 (ii)는 물리적 사건들에 관한 비결정론과 양립가능하다. (ii)는 모든 물리적 사건에 대해, 그것의 인과적 기원을 추적한다면 물리적 세계 밖으로 나갈 일이 절대 없다는 것을 의미한다. 만약 물리적 사건이 물리적 원인을 갖지 않는다면, 그것은 원인이 없는 것이고 어떤 인과적 설명도 갖지 않는 것이다. 나아가, 이 원리는 이원론이나 다른 형태의 비물리주의적 입장과도 양립가능하다. 이 원리는 물리적 세계와 나란히 비물리적인 마음의 데카르트적 세계가 있어 그 세계 내에서 온갖 종류의 인과 관계가 성립하는 것과도 양립가능하다. 단, 물리적 영역의 인과적 폐쇄성 원리에 따르면, 물리적 세계는 그러한 세계로부터 인과적으로 단절되어 있어야 한다. 즉 밖으로부터 물리적 세계로의 인과적 개입은 있을 수 없다는 것이다. 이는 물리적인 시공간 밖에 있는 초월적이고 초자연적인 인과적 행위자에 의해 야기되는 "기적"은 있을 수 없다는 것을 의미한다.

데카르트의 상호작용론적 이원론에서 물리적 영역의 인과적 폐쇄성은 성립하지 않는다. 비물질적 영혼이 송과선을 진동하게 만들고 이를 통해 **신체적 사건들의 연쇄가 시작될 때**, 송과선의 운동은 원인을 갖지만 물리적 원인이나 물리적 설명을 갖지는 않기 때문이다. 그리고 이는 물리적으로 설명될 수 없는 물리적 사건들이 있다는 의미에서 우리의 물리 이론이 영원히 불완전하게 남을 것임을 의미한다. 물리적 세계에 관한 완전한 이론은 비물리적이고 비물질적인 인과적 행위자와 힘을 필요로 하게 될 것이다.

왜 물리적 영역의 인과적 폐쇄성을 받아들여야 하는가? 여기서 우리는 이에 대한 (아주 상세하게는 아닐지라도) 몇 가지 이유들을 나열하려고 한다.[14] 첫째로, 널리 알려져 있는 현대과학의 성공, 특히 그중에서도 기초 과학으로 여겨지는 이론 물리학의 성공이다. 물리학은 모든 것을 망라하는데, 시공간적 세계의 그 어떤 것도 물리학의 영역을 벗어나지 않는다는 점에서 그러하다. 물리학자가 물리적 원인이 없거나 쉽게 물리적으로 설명되지 않는 물리적 사건에 직면하면, 그는 이것을 추가적인 연구의 필요성을 알리는 것으로 볼 것이다. 아마도 아직 발견되지 않은 물리적 힘이 있을 것이라고 말이다. 그는 어떤 지점에서도 이 설명되지 않은 물리적 현상의 원인이 시공간 밖에 있는 어떤 비물리적 힘일 가능성을 고려하지 않을 것이다. 이런 점은 과학의 다른 영역(가령 화학, 생물학, 지질학 등을 포함하는 넓은 의미의 물리과학)의 연구에서도 마찬가지이다. 뇌과학자가 현재 신경과학에서 알려진 사실들에 의해 설명되지 않는 신경 사건을 발견했을 때, "아마 이건 데카

---

14 추가적인 논의를 보려면 David Papineau, "The Rise of Physicalism" 및 *Thinking About Consciousness*, 1장을 보라.

르트적 비물리적 마음이 신경 과정에 개입해서 우리 실험을 엉망으로 만드는 사례일 거야. 이런 가능성을 조사해 봐야겠어!"라고 말할 가능성이 얼마나 될까? 우리는 이런 일이 결코 일어나지 않을 것이라고 확신할 수 있다. 비물질적 영혼의 작동을 탐구하는 연구는 어떠할까? 당신 같으면 어디에서 시작하겠는가? 단순히 물리적 영역의 인과적 폐쇄성 원리가 과학 연구에서 사용하는 주요한 가정이라는 것이 아니다. 과학에서는 성공이 중요한 것임을 기억하라. 시공간 세계에서 일어나는 일들에 인과적으로 개입하는 시공간 밖의 비물리적인 인과적 힘이 있다는 생각은 개념적으로도 비정합적일 가능성이 농후하다.[15]

이 두 전제 (i)과 (ii)로부터 다음과 같은 결론이 따라 나온다.

　　iii. 심적 현상은 물리적 현상이다.

이에 대해, 두 전제로부터 우리가 도출할 수 있는 것은 물리적 사건의 원인이 되는 심적 현상만이 물리적 사건이라는 것뿐이라는 합당한 지적이 있을 수 있다.[16] 엄격히 말해 이는 맞는 말이지만 인과는 이행적임을 유념할 필요가 있다. 즉 한 사건이 다른 사건의 원인이고 이 두 번째 사건이 또 다른 세 번째 사건의 원인이라면, 첫 번째 사건은 세 번째 사건의 원인이 된다. 만약 어떤 심적 사건이 다른 심적 사건의 원인이고, 두 번째 심적 사건이 물리적 사건의 원인이라면, 첫 번째 심적 사건은 이 물리적 사건의 원인이 되고, 우리의 논증은 이 첫 번째 심적

15　독자들은 여기서 데카르트의 상호작용론적 이원론과 관련하여 2장에서 논의했던 짝짓기 문제를 다시 떠올릴 수 있을 것이다.

16　여기서 제시된 논증과 관련해서 또 다른 쟁점이 있는데 이는 심성 인과에 대한 7장에서 논의된다. "배제 논증"에 관한 절을 보라.

사건을 물리적 사건이라고 선언한다. 심적 사건들의 이러한 연쇄는 우리가 원하는 만큼 길어질 수 있는데, 이 연쇄 중 하나의 사건이라도 물리적 사건을 야기한다면, 이 사건에 선행하는 연쇄 안의 모든 사건은 물리적 사건의 자격을 얻게 된다. 이는 모든 심적 사건들을 포괄한다고 보아도 무방할 것이다. 그 어디에서도 물리적인 것과 연결되지 않고 오직 심적 사건들로만 이루어진 심성 인과 연쇄를 상상하는 것은 쉽지 않다. 만약 그러한 예외적인 경우가 있다고 해도, 물리주의자들의 핵심 주장은 여전히 남게 된다. 다음의 제한된 결론은 여전히 성립하기 때문이다. 물리적 영역에 결과를 갖는 심적 사건들은 물리적 사건들이다. 손을 뒤로 빼는 갑작스런 움직임을 야기하고 "아야"라고 비명 지르게 만드는 고통은 물리적 사건이다. 그런데 어떤 물리적 사건인가? 고통의 신경 상관자인 두뇌 상태, 즉 Cfs보다 더 좋은 후보가 어디 있겠는가? Cfs는 고통이 발생하기 위한 필요충분조건이고, 고통과 정확히 동일한 시점에 발생한다.

이러한 고찰에도 불구하고 고통이 손의 운동에 대한 별개의 원인이라고 주장하기를 원한다면, 당신이 빠지게 될 새로운 곤경에 대해 생각해보자. 손의 운동은 별개의 두 원인, 즉 고통과 그것의 신경상관자 Cfs를 갖게 될 것인데, 이것은 각각 손의 운동을 발생시키기에 충분하다고 추정된다. 이것은 이 사례를 (그리고 다른 심물 인과의 사례들 모두를) 인과적 과잉결정의 사례, 즉 하나의 결과에 두 독립적인 원인이 있는 사례로 만드는 것 아닌가? 손을 빼는 것이 충분한 물리적 원인인 Cfs를 갖는다면, 고통이 어떤 **추가적인** 인과적 기여를 할 수 있는가? 고통이 수행해야 하는 남은 인과적 역할은 없는 것으로 보인다. 다시 한번, 고통을 Cfs와 동일시하는 것은 이러한 모든 문제를 해소하는 것으로 보인다. 물론 부수현상론적인 해결책도 있다. 즉 손을 뒤로 뺌과 고통은 Cfs에 의해 야기되고, 이 상황에서 고통은 더 이상의 인과적 역할을 하지 않는다고 하는 것이다. 그러나 동일론의 해결책과는 달리, 부수현상론은 고통을 인과적으로 무력하게 만들고, 결국 예리한 고통이 손의 갑작스러운 움직임의 원인이라는 당초의 가정을 부정하고 만다.

아마도 이 가정을 재고하는 것이 필요할지 모른다. 의식적 고통 경험을 두뇌의 어떤 분자적인 물리적 과정과 동일시하는 것은 어떤 사람에게는 절대로 믿을 수 없는 것으로, 또 다른 사람들에게는 비정합적인 것에 가까운 것으로 보일 수 있다. 고통과 다른 심적 경험들을 두뇌의 물리적 과정들과 동일시하는 입장과, 그것들의 인과적 무력함을 받아들이는 것 중에 하나를 선택하라고 한다면, 어떤 이들은 후자를 더 선호할지도 모른다. 이 지점에서 인과 논증은 우리에게 심리-신경 동일성과 부수현상론 사이에서 선택을 하도록 한다. 만약 우리가 심적 사건을 부수현상론으로부터 보호하기를 원한다면, 우리는 심적 사건을 두뇌의 물리적 과정과 동일시하는 입장을 선택해야 한다. 어떤 이는 이러한 입장이 신체의 분자적인 물리적 과정을 살리고 마음에 특징적인 것을 버리는 것과 같다고 생각할 것이다. 그러나 또 다른 한편으로, 만약 심리-신경 동일성을 받아들이려고 하지 않는다면, 심성의 인과력이 위태로워질 것이다. 우리의 심성이 부수현상이라면 심성이 무슨 쓸모가 있겠는가? 우리는 이와 관련된 일부 쟁점을 나중에(7장에서) 다루게 될 것이다.

심리-신경 동일론에 대한 반론들

마음-두뇌 동일성에 반대하는 세 가지 주요 논증이 있다. 인식론적 논증, 양상 논증, 다수실현 논증이 그것이나. 이들 각각을 차례로 살펴보겠다.

인식론적 논증

인식론적 반론 1. 인식론적 논증은 심적인 것과 물리적인 것이 인식론적 속성에 있어서 다르다는 생각에 기반하는 논증이다. 가장 단순한 또는 지나치게 단순화된 논증부터 시작해보자. 중세 시대의 농부는 고통에 대해서는 많은 것을 알았지만, C-섬유에 대해서는 아무것도 알지 못했고, 사실 두뇌에 대해서는 거의 아는 바가 없었다. 그렇다면 어떻게 고통이 C-섬유 활성화와 동일할 수 있겠는가?

이 반론은 "S는 X에 대해 어떤 것을 안다"와 "X=Y"라는 두 진술이 합쳐져서 "S는 Y에 대해 어떤 것을 안다"는 것을 함축한다고 가정하고 있다. 그러나 이것이 참인가? 그렇지 않아 보인다. 중세 농부는 물에 대해서 많은 것을 알았지만, H_2O에 대해서는 아무것도 알지 못했다. 그러나 이런 사실은 "물=H_2O"의 동일성을 거짓으로 만들지 못한다. 이에 대해 반대자가 다음과 같이 이 반론을 밀고 나간다고 가정해보자. 농부는 H_2O에 대해서 어떤 것을 알았다고 할 수 있다. 왜냐하면 그는 물에 대해서 많은 것을 알았고, 물은 곧 H_2O이기 때문이다! 이런 반론에 대해 어떻게 답해야만 할까? 아마도 어떤 의미에서는 중세 농부가 H_2O에 대해 어떤 것을 알았다고 할 수 있을지 모른다. 우리는 이 점에 수긍할 수 있다. 하지만 "안다"의 이런 의미 하에서는 X의 개념을 갖지 않고도 X에 대해 무언가를 아는 것이 가능해야 할 것이다. 즉 이런 "안다"의 의미 하에서는 생각하거나 판단을 내리기 위해 그 개념을 사용하는 능력, 또는 믿음을 표현하기 위해 "X"라는 표현을 사용하는 능력을 갖지 않고도 X에 대해 무언가를 아는 것이 가능해야 한다. 그러나 "안다"를 이런 약한 의미로 쓴다면, 농부가 C-섬유 활성화에 대해 무언가를 알았다고 말하는 것에도 아무런 문제가 없을 것이다. 농부는 그가 H_2O에 대해 알았다는 것과 마찬가지의 무해한 의미에서 C-섬유 활성화에 대해서 알았다. 따라서 이 반론은 실패한다.

인식론적 반론 2. 동일론에 따르면 특정한 심리–신경 동일성(가령 "고통은 C-섬유 활성화이다")은 과학적인 관찰과 이론적 연구를 통해 발견되는 경험적 진리이다. 만약 "$D_1=D_2$"가 경험적으로 참이 된다면, 두 이름이나 기술, 즉 D_1과 D_2는 **독립적인 적용 기준**을 가져야 할 것이다. 그렇지 않다면 이 동일성은 "총각=결혼하지 않은 남자"와 "크산티페의 남편=크산티페의 남자 배우자"와 같이 선험적으로 알 수 있는 것이 되어버린다. 우리가 어떤 경험을 가려움이나 따끔거림이 아니라 고통으로 분간해낼 때, 어떤 독특한 느낌, 즉 그 사건의 "현상적" 또는 경험적 성질인 고통스러움을 **인지하거나 알아챔**에 의해 이를 분간해냄에 틀림없다. 만약 고통이 신경생리학적 기준에 의해 구분되는 것이라면(가령 고통의 기준으로 C-섬유 활성화를 사용한다면), 고통과 신경 상태의 동일성은 경험적일 수 없게 된다. 즉 동일성은 고통 개념에 적용되는 바로 그 기준에 의해 간단히 따라 나올 것이다. 이것이 의미하는 바는, 심리–신경 동일성이 갖는다고 생각되는 **경험적** 특성을 말이 되게 하려면, 신경 속성과는 구분되는 경험의 현상적이고 질적인 특성의 존재를 인정해야 한다는 것이다.[17]

따라서 심리–신경 동일성을 옹호하는 물리주의자는 여전히 경험의 이러한 질적, 현상적 특성과 씨름해야 할 것 같다. 다시 말해, 그의 이론이 말이 되는 이론이기 위해서는 의식 경험을 식별하게 하는 비물리적인 질적 속성이 있어야 한다는 것이다. 물리주의자는 우리가 질적 특성을 알아챔으로써 심적 상태들을 식별하는 것은 아니라는 점을 보여야만 할 것이다. 유형 물리주의자가 다음과 같이 주장할 수 있을까?

---

17 이 빈른 은 Jerom Shaffer, "Mental Events and the Brain"에서 자세히 다루어진다 J J. C. 스마트는 그의 "Sensations and Brain Processes"에서 이 논증의 원형은 맥스 블랙으로부터 나왔다고 밝힌다.

비록 우리가 질적인 현상적 특성을 알아챔으로써 우리의 경험을 식별하기는 하지만, 심적 속성으로서의 현상적 속성은 그의 견해에서 물리-생물학적 속성과 동일하기 때문에 환원불가능한 것이 아니라고 말이다. 그러나 이러한 물리주의자의 답변이 많은 사람들을 만족시킬 것 같지는 않다. 이런 답변은 다음과 같은 반응을 불러일으킬 것이다. "우리가 우리의 고통을 고통으로 인식할 때, 우리 두뇌 상태의 생물학적, 신경적 특성들을 알아챔으로써 그렇게 하는 건 아님이 확실하다!" 우리는 즉각적으로 고통을 가려움과 간지러움과 구분한다. 만약 우리가 우리의 경험을 신경생리학적 특성에 의해 식별한다면, 우리는 어떤 신경생리학적 특성이 고통을 나타내는지, 어떤 신경생리학적 특성이 가려움을 나타내는지 등을 구별할 수 있어야 할 것이다. 그러나 이를 믿을 수 있는가?

어떤 철학자들은 현상적 속성을 제거함으로써 이 질문에 답하고자 했다. 가령 스마트는 현상적 속성에 대한 "주제-중립적 번역"을 제시한다.[18] 그에 따르면, 우리가 "아담이 노르스름한 주황색의 잔상을 경험하고 있다"라고 말할 때, 이 보고의 내용은 다음과 같은 "주제-중립적" 번역에 의해 전달될 수 있다. (이 진술은 여기서 보고된 것이 심적인지 물리적인지에 대해서는 아무것도 말하는 바가 없기 때문에 주제-중립적이다.)

그가 적당한 조명 아래에서 노르스름한 주황색 점을 볼 때 일어나는 것과 같은 무언가가 아담에게 일어나고 있다.

("본다"는 것은 그가 깨어 있고, 눈을 뜨고 있으며, 색상 점에 집중하고 있

---

18   J. J. C. Smart, "Sensations and Brain Processes"를 보라.

음 등에 의해 물리적으로 설명된다고 가정한다.) 스마트 같으면, 아담에게
일어나고 있는 이 "무언가"는 두뇌 상태라고 덧붙일 것이다.

그러나 어떤 사람이 자신의 경험을 어떻게 식별하는지 설명하는 문
제에 관심이 있는 사람이 이에 만족할까? 만약 우리가 엄밀히 삼인칭
적 관점으로 이 문제에 접근한다면, 이런 번역에 어느 정도 타당한 측
면이 있을지 모르겠다. 그러나 당신이 "나는 내 왼쪽 엄지에 날카로운
고통을 느낀다"고 말하면서 자신의 경험을 보고할 때, 당신은 스마트
가 말한 그런 것을 말하고 있는 것인가? 당신이 노르스름한 주황색 잔
상을 갖는다는 것을 알기 위해, 당신이 노르스름한 주황색 점을 볼 때
마다 일반적으로 무슨 일이 발생하는지에 대해 알 필요가 있는가?

이후의 유형 물리주의자들에게 인기를 얻게 된 더 최근의 전략은 **개
념**에 역할을 부여하여 위의 반론에서 속성에 대한 언급을 개념에 대한
것으로 대체하는 것이다. 핵심 아이디어는 심적인 것과 신경적인 것
사이의 **개념적** 차이는 인정하되, 이러한 차이가 존재론적 차이, 즉 이
개념들이 적용되거나 지시하는 속성에서의 차이를 가리킨다는 것은
부정하는 것이다. 위 반론을 이런 식으로 해결하려는 시도는 "현상적
개념 전략"이라 불린다. 어떤 사람이 고통스러움을 눈치챔으로써 고통
을 식별한다고 말할 때, 이는 고통이 고통스러움의 **속성**을 갖는다는 것
을 의미하지 않는다. 이것이 의미하는 바는, 그 사람이 고통스러움이
라는 현상적 **개념**으로 그의 경험을 "개념화"하고 있다는 것이다. 그러
나 그렇게 개념화된 경험 자체는 신경 상태이다. 현상적 개념은 신경
적, 물리적 개념이 아니며, 특히 C-섬유 활성화 개념과 동일하지 않
다. 현상적 개념이 무엇인지에 대해서는 합의된 바가 없다. 직접 대면
에 기초해 대상에 적용하는, 빨강의 개념과 같은 일종의 "인지적 개념
recognitional concept"으로 보는 사람들도 있고, 지시적으로 고통의 경험을
지칭하는, "이런 종류의 경험"과 같은 지시적 개념demonstrative concept의

일종으로 보는 사람들도 있다. 이외에도 많은 다른 입장들이 있다.[19] 이 전략의 핵심은 하나의 물리적-신경적 속성이 두 개념, 즉 현상적 개념과 신경 개념에 의해 지시된다는 것이다. 이 입장은 개념에 관해서는 심적인 것과 물리적인 것의 이원론이면서, 개념에 의해 지칭되는 존재자, 즉 속성에 관해서는 일원론에 해당한다. 현상적 속성이 아니라 현상적 개념을 가지고 쟁점의 구도를 설정하는 것의 장점은 속성은 (그것이 현상적이든 다른 종류든 간에) 이 세계에 있는 것, 즉 "밖에" 있는 것인 반면, 개념은 밖에 있는 것을 기술하고 표상하는 우리의 언어적, 개념적 장치의 부분이라는 사실에서 나온다고 여겨진다. 따라서 이 전략은 현상적인 것과 신경적인 것의 차이를 세계 내의 사실의 영역으로부터 빼내서 언어적, 개념적 영역으로 들여오는 것이다. 어쨌든 이러한 해결책은 일부의 물리주의자들이 취한 전략이고, 최근에 관련 분야에서 많은 주목을 받고 있다. 그러나 이것이 본질적으로 언어적 계략에 불과한 것인지 아니면 실질적인 무언가가 있는지는 두고볼 일이다.

인식론적 반론 3. 내가 지금 곧 있을 동아시아 여행에 대해서 생각하고 있다는 것에 대한 나의 지식은 직접적이고 사적인데, 이는 오직 자기 자신의 심적 상태에 대한 일인칭적 지식만이 가질 수 있는 특징이다. 다른 사람들은 내가 무슨 생각을 하고 있는지 알려면, 또는 내가 생각하고 있다는 것을 알려면, 증거와 관찰에 기반해 추론을 해야 한다. 그

---

19 이런 전략의 기원은 Brian Loar, "Phenomenal States"에서 찾을 수 있다. 보다 최근의 논의를 보기 위해서는 *Phenomenal Concepts and Phenomenal Knowledge*, eds. Torin Alter and Sven Walter를 참고하라. 다음 논문도 도움이 될 것이다. Katalin Balog, "Phenomenal Concepts" in *Oxford Handbook of Philosophy of Mind*, ed. Brian McLaughlin et al. 및 Peter Carruthers and Benedicte Veillet, "The Phenomenal Concept Strategy."

러나 나의 지식은 증거나 추론에 의존하지 않으며, 나는 이를 직접적으로 안다. 이에 반해 나는 나의 두뇌 상태에 대해서는 그러한 특권적 접근을 갖지 않는다. 신경학자와 신경외과의사가 나의 두뇌에 대해 나보다 더 잘 알고 있다. 요컨대, 심적 상태는 그 주체에 의해 직접적으로 접근 가능한 반면, 두뇌 상태는 (그리고 물리적 상태 일반은) 직접적으로 접근 가능하지 않다. 그렇다면 어떻게 심적 상태가 두뇌 상태일 수 있을까?

이 반론이 작동하기 위해 주체가 그의 모든 심적 상태들에 대해 **오류불가능한** 접근을 갖는다고까지 주장할 필요는 없다는 점을 주의해야 한다. 하나는, 오류불가능성이나 절대적 확실성은 여기서 논점이 아니기 때문이다. 논점은 그보다는 **사적이고 직접적인 접근 가능성**, 즉 다른 사람에게는 허용되지 않는, 증거나 관찰을 통한 추론에 기반하지 않는 일인칭적 접근이다. 다른 하나는, 주체가 그의 심적 상태들 중 적어도 **어떤** 상태들에 대해 오류불가능한 접근을 갖기만 하면 되기 때문이다. 이 논증에 따르면, 이것이 참일 경우 이러한 심적 상태들은 공적 접근이 가능한 두뇌 상태들과 동일시될 수 없다.

이런 반론에 답하기 위해 동일론자는 우리가 우리 자신의 현재 심적 상태들에 대해 직접적이고 사적인 접근을 갖는다는 주장을 부정하거나, 또는 우리가 우리 두뇌 상태들에 대해 그러한 접근을 갖지 않는다는 주장을 부정해야 한다. 동일론자는 우리가 고통 상태에 있다는 것을 알 때 Cfs에 대해 인식적 접근을 갖지만, 이는 "Cfs"라는 기술 또는 개념 하의 지식이 아니라, "고통"이라는 기술 하에서의 지식이라고 말할지 모른다. 여기에는 두 가지 "제시 방식", 고통과 Cfs로 알려질 수 있는 하나의 대상, 즉 Cfs(다시 말해, 고통)가 있을 뿐이다. 한 가지 방식 하에서 이 지식은 사적이지만, 다른 방식 하에서는 공적이나. 마치 동일한 한 사람이 "크산티페의 남편"과 "독약을 마신 사람"의 두 방식으로 알려지는 것과 같다. 당신은 소크라테스를 하나의 기술 하에서는 알지만, 다른 기술 하에서는 알지 못할 수도 있다. 따라서 지식은 기술 방식이나 개념화에 상대적이다. Cfs와 같은 어떤 두뇌 상태가 두 가지 다른 방식, 또는 두 가지 다른 개념(심적 개념과 물리적 개념) 하에서 알려질 수 있다. 한 가지 방식 하의 지식은 다른 방식 하의 지식과 다를 수 있으며, 이들은 동시에 발생할 필요도 없다. 이러한 답변은 앞에서 논의한 인식론적 반론 2에 대한 물리주의자의 마지막 답변인 현상적 개념에 호소하는 답변과 맥을 같이 한다. 그러므로 이러한 답변들은 함께 성공하거나 함께 실패할 공산이 크다.

이러한 답변의 성공가능성을 고려할 때, 우리는 지식과 믿음이 "제시 방식" 또는 개념화나 기술 방식에 의존한다는 점은 인정할 수 있다. 이는 합당하고 참인 주장인 것 같다. 우리가 답변과 해명을 요구해야 하는 질문들은 다음과 같은 것들이다. 왜 그런 특별한 유형의 지식(직접적이고 사적인 접근에 의한 지식)을 산출하는 부류의 개념이나 제시 방식이 있는가? 이러한 지식은 물리적 대상과 사건에 관한 우리의 잡다한 지식과 철학적으로 중요한 차이가 있는 것 같다. 이 독특한 부류의 개념과 제시 방식의 어떤 특성으로 인해서 이런 특별한 종류의 지식이 가능해지는가? 만약 우리가 C-섬유 활성화를 "가려움"이라는 심적 개념으로 개념화한다면, 이것은 잘못된 것일 수 있다. 그러나 왜 그런가? 무엇이 이를 잘못된 것으로 만드는가? 이원론자는 이러한 문제에 대해 다음과 같은 단순한 입장을 가질 것 같다. 이러한 심적 개념과 제시 방식은 주체에게 직접적으로, 사적으로 접근 가능한 심적 사건들에 적용되며, 개념과 제시 방식 그 자체에는 어떤 특별한 것이 없고, 그런 것이 있을 필요도 없다. 그러나 이런 종류의 답변이야말로 심리-신경 동일론자가 피하고 싶어하는 것이다.

양상 논증

유형 물리주의자들은 마음과 두뇌의 동일성(가령 "고통=C-섬유 활성화")이 필연적이지 않고 **우연적**이라고 생각했었다. 즉 고통이 실제로는 C-섬유 활성화와 동일하더라도, 얼마든지 그렇지 않을 수 있다는 것이다. 달리 말해, 고통이 C-섬유 활성화가 아닌 다른 두뇌 상태와 동일한 (또는 어떤 두뇌 상태와도 동일하지 않은) 가능 세계가 있다는 것이다. 우연적 동일성의 아이디어는 "버락 오바마는 미국의 44대 대통령이다"와 같은 사례를 통해 이해될 수 있다. 이 동일성은 참이지만, 거짓일 수도 있었다. 즉 이 동일성이 성립하지 않는 가능 세계들, 가령 오바마가 정치의 길이 아닌 학자의 길을 가기로 마음먹은 세계, 상원의원인 힐러리 클린턴이 민주당의 후보가 된 세계, 상원의원 존 매케인이 오바마를 이긴 세계들이 존재한다. 이러한 모든 가능 세계에서 미국의 44대 대통령은 버락 오바마가 아닌 다른 사람이다.

그러나 이것이 가능한 이유는 "미국의 44대 대통령"이라는 표현이 다른 가능 세계들에서 다른 사람들을 지칭하기 때문이다. 즉 이 표현이 오바마가 아닌 다른 사람, 가령 힐러리 클린턴이나 존 매케인을 지칭하는 방식으로 이 세계의 일들이 진행될 수 있었다는 것이다. "미국의 44대 대통령", "2009년 윔블던 경기의 남자 싱글 챔피언", "중국에서 가장 키가 큰 사람"과 같은 표현들은 다른 가능 세계들에서 다른 대상들을 지칭할 수 있는 표현들이다. 솔 크립키는 이러한 표현들을 "비고정 지시어nonrigid designators"라고 부른다.[20] 이와는 대조적으로, "버락 오바마", "소크라테스", "7"과 같은 고유명사는 "고정 지시어"이다. 즉 이 표현들은 그것들이 지칭하는 대상이 존재하는 모든 가능 세계에서

---

20 신-데카르트주의 양상 논증이라 불리는 이 논증은 솔 크립키에 기인한다. 그의 *Naming and Necessity*에서 특히 이 논증이 상세하게 제시되는 제3강을 보라.

동일한 대상을 지칭한다. (가령 만약 오바마가 클린턴에게 패배했다면) 미국의 44대 대통령은 미국의 44대 대통령이 아닐 수도 있었다. 그러나 버락 오바마가 버락 오바마가 아닐 수 있었다는 것은 참이 아니다. (오바마가 "버락 오바마"로 불리지 않을 수도 있었겠지만, 이는 별개의 문제이다.) 이것이 보이는 바는, "X=Y"가 우연적 동일성이기 위해서는, "X"와 "Y" 중 적어도 하나가 다른 세계들에서 다른 대상들을 지칭할 수 있는 비고정 지시어여야 한다는 것이다.

이제 "C-섬유 활성화"라는 표현을 고려해보자. 이 표현은 비고정 지시어인가? 그렇지 않은 것 같다. 어떻게 실제로 C-섬유 활성화인 사건이 C-섬유 활성화가 아니었을 수 있겠는가? 어떻게 C-섬유 활성화의 사례인 한 사건이 다른 가능 세계에서 두 별의 충돌이나 화산의 폭발일 수 있겠는가? 어떤 C-섬유 활성화도 발생하지 않은 세계는 C-섬유 활성화가 발생하지 않은 세계이다. "고통"이라는 용어도 고정 지시어인 것 같다. 만약 우리가 고통스러움을 고통의 본질적인 속성으로 간주한다면, 우리는 "고통"이 고통스러움이라는 바로 그 성질을 갖는 사건이나 상태를 고정적으로 지칭한다고 말할 것이다. 그리고 이 표현은 모든 가능 세계에서 그러한 종류의 사건을 지칭한다. 아픈 느낌이 없는 세계는 고통이 없는 세계이다.

이로부터 고통=Cfs라면, 이는 필연적으로 참이어야 한다는, 다시 말해 모든 가능 세계에서 성립해야 한다는 것이 따라 나온다. 데카르트의 유명한 주장에 따르면, 몸이 없이도 생각하고 의식하는 것으로서 자신이 존재하는 것이 가능하다. 이것이 가능하다면, 고통은 설령 Cfs가 존재하지 않는다고 해도 존재할 수 있다. 어떤 철학자들은 "좀비"—물리적으로 우리와 똑같지만 의식이 없는 생명체—가 가능하다고 주장했다. 즉 좀비가 있는 가능 세계가 존재한다는 것이다. 만약 그렇다면, 고통이 동반되지 않는 Cfs가 있을 수 있다. 그렇다면 X와 Y가 고정 지시어인 경우 동일성 "X=Y"는 (만약 참이라면) 필연적으로 참이라는 원리에 따라 "고통=Cfs"가 거짓이라는 (즉 이 세계에서 거짓이라는) 결론이 따라 나온다. 더 일반적으로, 심리-신경 동일성은 모두 거짓이다.

많은 마음-두뇌 동일론자들은 Cfs 없이도 고통이 존재할 수 있다는 주장을 반대할 것 같다. 그리고 좀비가 진짜로 가능하다는 주장을 의심할 것이다. 그들은 어떤 의미에서 이러한 상황들을 "생각할 수" 있고 우리가 이런 가능성을 "상상할 수" 있다는 것은 인정할 수 있다고 말할 것이다. 그러나 이런 상황을 생각할 수 있고 상상할 수 있다는 사실은 그것이 진짜로 가능하다는 것을 함축하지 않는다. 가령 물이 H_2O가 아닌 상황이나 열이 분자운동에너지가 아닌 상황을 상상할 수 있다고 그들은 말할 것이다. 물의 개념이 H_2O의 개념과 논리적으로 연결되어 있지 않고, 물이 H_2O가 아니라고 생각하는 것이 개념적으로 비정합적이거나 모순적이지 않기 때문이다. 심지어 "물≠H_2O"가 **인식적으로 가능**하다고까지 말할 수 있을지 모르겠다. 왜냐하면 물과 다른 대상들에 대해 꽤 최근까지 우리가 알았던 것에 비추어보면, 물이 H_2O가 아닌 다른 어떤 것으로 판명되는 것이 가능했기 때문이다. XYZ가 H_2O와 분자 구조가 완전히 다르지만 관찰로는 구분불가능한 액체라고 할 때, 몇백 년 전에 우리가 알았던 대로라면, 호수와 강을 덮고 있고 수도꼭지에서 나오는 물질이 H_2O가 아니라 XYZ인 행성에 우리가 살고 있을 수 있었다. 그럼에도 불구하고 물은 H_2O와 동일하고, 이 동일성은 필연적으로 참이다. 동일론자들이 제시하는 답변의 핵심은 상상가능성이 실제 형이상학적 가능성을 함축하지 않으며, "물=H_2O"와 "열=분자운동에너지"와 같은 후험적인 필연적 동일성이 이를 보인다는 것이다. 동일론자들에게는 이러한 과학적 동일성과 마찬가지로 "고통=Cfs"와 같은 심리-신경 동일성도 필연적이고 후험적인 진리이나. 상상가능성과 가능성에 관한 문제는 굉장히 복잡하고 많은 논쟁을 불

러일으키며 여전히 활발하게 논의되고 있지만, 일치된 해결책이 곧 나올 것 같지는 않다.[21]

다수실현 논증

심리-신경 동일론에 따르면, 고통은 C-섬유 활성화이다. 그러나 이러한 주장은 C-섬유를 갖지 않는 유기체는 고통을 가질 수 없다는 것을 함축한다. 하지만 파충류나 연체동물 같이 인간의 신경계와는 매우 다른 신경계를 갖는 동물들도 얼마든지 고통을 느낄 수 있지 않은가? 아마도 이러한 종들에서 통각 뉴런으로 작용하는 세포들(즉 고통수용뉴런)은 인간의 C-섬유와 전혀 유사하지 않을 것이다. 그렇다면 고통을 느낄 수 있는 모든 동물들이 C-섬유를 갖는다고 우리가 어떻게 확신할 수 있을까? 동일론자인 물리주의자가 종을 불문하고 고통 상태에 있는 모든 유기체들에게 공통된, 두뇌 상태에 대한 더 추상적이고 일반적인 생리학적 기술을 찾아내는 것이 가능하다고 답할 수 있을까? 그럴 개연성은 매우 낮아 보인다. 게다가 비유기체의 경우는 어떠한가? 탄소 기반이 아닌 생물학을 갖지만, 그럼에도 복잡하고 풍요로운 정신적 삶을 영위하는 지성적인 외계 생명체들이 얼마든지 있을 수 있지 않은가? 또한 다양한 심적 상태들(감각이나 감정은 아닐지라도, 지각 상태나 인지적 상태들)을 귀속할 수 있는 전기기계 로봇을 만드는 것을 상상할 수 있지 않은가? 사실 실질적으로는 실행 가능하지 않다고 해도 법칙적으로 가능하지 않은가? 게다가 굉장히 구체적인 심적 상태들(가령 뉴햄프셔의 겨울은 로드아일랜드의 겨울보다 춥다는 믿음)의 신경 기저들은 사람마다 다를 수도 있고 심지어 한 사람 안에서도 그 사람

---

21 이런 쟁점들에 대한 추가적인 논의를 위해서는 Tamar Szabo Gendler&John Hawthorne, *Conceivability and Possibility*에 수록된 논문들을 참고하라.

의 성장 정도나 학습, 뇌 손상 등에 따라 달라질 수 있다. 고양이가 개보다 똑똑하다거나 7+5=12라는 믿음을 가진 모든 사람들이 공유하는 어떤 단일한 신경 상태가 있다고 생각하는 것이 합당한가? 더욱이, 고통이 어떤 물리적 상태와 동일하다면, 이것은 실존하는 유기체와 대상에만 성립하는 것이 아니라, 모든 가능한 유기체와 대상에게도 성립해야 한다는 것을 명심해야 한다. 앞에서 양상 논증에 대한 논의에서 보았듯이, 이러한 동일성들이 참이라면 그것들은 필연적으로 참이기 때문이다.

이러한 고찰이 보여준다고 생각되는 바는, 하나의 심적 상태가 다양한 종류의 물리적, 생물학적 대상들에서 "다수실현 가능"[22]하며, 이로부터 심적 상태를 물리적 상태와 동일시하는 것은 불가능하다는 귀결이 나온다는 것이다. 만약 고통이 물리적 상태와 동일하다면, 고통은 어떤 **특정한** 물리적 상태와 동일해야 한다. 그러나 고통과 동일한 하나의 단일한 신경 상관자나 신경 기저는 없다. 오히려, 고통을 느낄 수 있는 모든 종류의 유기체나 대상들에 고통을 "실현"(또는 "예화"나 "구현")하는 수없이 많은 물리적 상태들이 있을 것이다. 따라서 심적 상태의 한 유형으로서의 고통은 신경 상태 유형이나 다른 어떤 물리적 상태의 유형과 동일시될 수 없다.

이것은 1960대 후반과 1970년대 초반 힐러리 퍼트넘과 여러 철학자들이 제시한 "다수실현 논증"으로 널리 알려진 영향력 있는 논증이다. 이 논증은 그 이후 심리철학이 발전하는 방식에 결정적인 영향을 미쳤다. 심리-신경 동일론이 예기치 않게 빨리 소멸하게 된 것도 다른 문제들 때문이 아니라 바로 이 논증 때문이었다. 다수실현 논증이 동

---

22 "다양하게 실현가능하다"나 "다양한 실현" 같은 용어들은 영국의 저자들이 흔히 사용한다.

일론을 반대하는 다른 여러 반론들과 다른 점은, 이 논증과 더불어 심적인 것에 관한 새롭고 독창적인 견해가 등장했다는 점이다. 이 견해는 마음의 본성에 관한 매력적인 대안적 접근을 제공했는데, 바로 기능주의적 입장이다. 기능주의는 지금도 심성의 본성과 심리학의 지위에 관한 지배적인 입장이다. 다음 두 장에서 우리는 이 영향력 있는 견해를 살펴볼 것이다.

환원적 물리주의와 비환원적 물리주의

심리-신경 동일론 또는 동일성 물리주의는 환원적 물리주의의 한 형태이다. 이 입장은 심적 상태들을 두뇌의 신경 상태들과 환원적으로 동일시한다. 고통, 목마름, 분노 같은 심적 상태들의 유형이나 종류를 신경-물리 상태들의 유형이나 종류와 동일시하기 때문에, 유형 물리주의라고도 한다. 즉 심적 유형이나 속성이 신경적-물리적 유형, 속성과 동일하다는 것이다. 따라서 유형 물리주의는 (1장에서 살펴본) 사례 물리주의라 불리는 입장과 대비된다. 사례 물리주의는 심적 유형과 속성이 신경-물리적 유형과 동일하지는 않지만, 내가 지금 경험하고 있는 이 특정한 고통 같은 각각의 개별적인 "사례"의 심리적 사건이 실제로 신경 사건이라고 주장하는 입장이다. 이것은 하나의 심적 속성의 다른 사례들이 다른 신경적 속성들에 속할 수 있다는 것을 의미한다. 당신과 문어 둘 다 고통을 경험하지만, 당신의 고통은 C-섬유 활성화의 사례이고 문어의 고통은 (말하자면) O-섬유 활성화의 사례이다. 기억하겠지만, 사례 물리주의는 심적 상태들의 다수실현 가능성에 고무된 입장이다.

1970년대 이래, 환원적 물리주의는 주로 다수실현 논증의 영향 때문에 힘든 시기를 겪었다. 최근 들어 다시 재개와 부활의 조짐을 보이긴 하지만 말이다. 환원주의가 쇠퇴했을 때, (1장에서 살펴본) 비환원적 물리주의는 급속도로 그 힘과 영향력을 발휘했으며, 과거 수십 년 동안 심신 문제에 관한 지배적이고 독보적인 입장으로 군림했다. 이 입장에 따르면, 생물학, 지질학, 사회과학과 같은 특수 과학의 "상위 수준"의 속성들이 그러하듯이, 심적 속성은 근본적인 물리 영역으로 환원되지 않는다. 이런 종류의 비환원주의적 입장은 심리학과 인지과학의 영향력 있는 철학적 토대의 역할을 하기도 했다. 이 입장은 심리학과 인지과학이 더 기초적인 과학의 설명적, 방법론적 제한으로부터 자유로운, 그 자체의 고유한 방법론과 개념 체계를 갖는 자율적 과학이라는 주장을 지지하는 근거를 제공한다. 따라서 오늘날 가장 널리 받아들여지는 형태의 물리주의는 실체 물리주의와 속성 이원론을 결합한다. 즉 이 세계의 모든 구체적인 개별적 대상들은 물리적이지만, 복잡한 물리적 대상은 "하위 수준"의 물리적 속성으로 환원될 수 없는 속성을 나타낼 수 있고, 때로 나타낸다는 것이다. 이러한 환원불가능한 속성들 중 가장 주목할 만한 것이 심리학과 인지과학에서 연구하는 속성들을 포함한 심리적 속성들이다.

그러나 비환원적 물리주의는 무엇보다 물리주의의 한 형태이다. 무엇이 이 입장을 물리주의적 입장으로 만드는가? 즉 어떤 점 때문에 이 입장이 물리주의의 자격을 얻게 되는가? 이에 대한 부분적인 답은 이 입장이 실체 물리주의를 받아들인다는 것이다. 비환원적 물리주의는 데카르트적인 심적 실체 및 시공간 안에 위치한다고 가정되는 다른 비물리적 대상들을 부정하며, 당연히 시공간 밖에는 아무것도 없다고 본다. 비환원적 물리주의자는 심적 속성이 물리적 속성으로 환원된다는 것을 부정함에도 불구하고, 심적 속성과 물리적 속성 사이에 밀접한 관계가 있다는 것을 받아들이는데, 이것이 (1장에서 살펴본) 심신 수반이다. 우리는 이를 **수반 물리주의**라 부를 수 있다. 어떤 비환원적 물리주의자들은 여기서 한발 더 나아가 비환원적 심적 속성들이 "물리적으로 실현"되거나 또는 "물리적으로 구현"된다고 주장한다. 이것이 소위 **실현 물리주의**이다.[23] 물리적 실현의 개념에 대해서는 다음 장에서 더 살펴볼 것이다. 여기서 주목해야 하는 것은 실현 관계가 수반 관계보다 더 강하고, 따라서 실현 물리주의가 수반 물리주의보다 더 강한 입장이라는 것이다. 즉 심신 실현이 성립한다면 심신 수반은 성립하지만, 그 역은 성립하지 않는다.

어쨌든, 심적 속성과 물리적 속성 간의 수반이나 실현을 받아들인다는 점에서 비환원적 물리주의자는 단순한 속성 이원론의 입장을 넘어선다. 속성 이원론은, 심신 수반이 그렇듯이, 어떤 대상의 심적 특성이 그것의 물리적 특성에 의존한다거나 그것에 의해 결정된다는 논제를 요구하지 않는다는 점이 분명할 것이다. 또 심적 속성이 (만약 실현된다면) 물리적으로 실현된다는 논제를 요구하지도 않는다. 즉 심적 속성들이 물리적 대상에서 예화된다고 해도, 그 속성들은 물리적 속성들과 독립적인 속성일 수 있다.

이뿐만 아니라, 비환원적 물리주의자들은 심적 속성들의 실재성을 믿는다는 점에서 심적 실재론자이다. 즉 그들은 심적 속성이 인과적 차이를 만든다는 점에서 심적 속성을 진정한 속성으로 간주한다. 심적 속성의 실재성을 믿는 것은 부분적으로 그 속성의 인과적 효력을 믿는 것이다. 한 유기체는 그것이 심적 속성(가령 물을 마시기를 원함, 또는 고통 상태에 있음)을 가짐에 의해, 특정한 방식으로 행위하는 경향과 힘을 획득한다. 이 모든 논의를 요약하면, 표준적으로 이해되는 비환원적

---

23 내 생각에 Andrew Melnyk가 *A Physicalist Manifesto*에서 이 개념을 처음 사용했다. Jaegwon Kim, *Mind in a Physical World*에서 "물리적 실현주의"라는 말이 사용되기는 했으나 "실현 물리주의"가 더 낫다.

물리주의는 다음 네 가지 주장으로 구성된다.

실체 물리주의. 시공간의 세계는 전적으로 물질 입자들과 그것들의 결합체로만 이루어져 있다.

심적인 것의 환원불가능성. 심적 속성은 물리적 속성으로 환원될 수 없다.

심신 수반 또는 실현. (a) 심적 속성은 물리적 속성에 수반한다. 또는 (b) 심적 속성은 (그것이 실현된다면) 물리적 속성에 의해 실현된다.

심성의 인과적 효력. 심적 속성은 인과적으로 효력이 있다. 즉 심적 사건은 종종 다른 사건, 즉 물리적 사건과 심적 사건의 원인이 된다.

이 네 가지 논제들의 연언으로 이해되는 비환원적 물리주의는 심적인 것과 물리적인 것 사이의 관계에 관한 가장 영향력 있는 입장으로 받아들여져왔다. 속성 이원론은 첫 번째, 두 번째 그리고 네 번째 논제―즉 심신 수반/실현 논제를 제외한 모든 논제들―의 연언으로 볼 수 있다. 실체 물리주의를 받아들이는 것 외에 비환원적 물리주의를 진지한 물리주의로 만드는 것은 이 입장이 심신 수반/실현 논제를 받아들인다는 점에 있다. 심신 수반/실현 논제를 부정하는 속성 이원론의 입장은 일견 가능한 입장인 것으로 보인다. 그러나 이런 형태의 속성 이원론은 강한 지지를 얻지 못했고 거의 발전되지 않았는데, 이에는 그럴 만한 이유가 있는 것 같다. 즉 수반/실현 논제를 부정하는 데 있어서, 이런 입장은 심적 영역을 물리적 영역과는 분리된 그 자신의 영역을 구성하는 것으로 여길 것이고, 그렇다면 물리적 세계에서 심적인 것의 인과적 효력이 어떻게 설명될 수 있을지 알기 어렵다. 즉 이 입장은 비물질적 마음이 어떻게 물리적 대상과 인과적으로 상호작용할 수 있는지를 설명할 때 데카르트가 직면한 종류의 문제에 봉착하게 될 것이다(2장을 보라). 따라서 심신 수반을 부정하는 것은 심적인 것의 인과적 효력을 포기하게 만들 것이고, 이것은 대부분의 사람들에게 선택지가 되지 않는다(7장을 보라).

환원불가능성 논제를 받아들임으로써, 비환원적 물리주의는 이 세계의 대상들 중 하나인 우리 자신에 대한 이해에서 사고와 의식이 누리는 특별한 지위를 존중하고자 시도한다. 앞에서 언급했듯이, 환원불가능성 논제는 심리학과 인지과학이 기초 과학의 제약을 받지 않고, 과학으로서 그 자체로 자율적이라는 것을 인정한다. 심적인 것의 인과적 효력을 받아들임으로써, 비환원적 물리주의자는 상식적으로 분명하고 친숙해 보이는 것을 인정할 뿐 아니라, 동시에 심리학과 인지과학을 법칙에 기반한 인과적 설명과 예측을 산출할 수 있는 진정한 과학이라고 선언한다.

그러나 이 모든 것은 단지 희망사항에 불과한 것일지도 모르겠다. 참이라고 보기에는 이 이야기에 너무 좋은 것들이 많다. 최근 들어 비환원적 물리주의의 비환원적 측면에 대한 중요한 반론들과 비판들이 제기되었고, 이러한 반론들이 합쳐져서 충분한 압박을 형성해 많은 철학자들이 이 입장의 성공가능성을 재고하게 만들었다. 우리는 추후에 (7장에서) 심성 인과와 관련하여 비환원적 물리주의가 직면하는 몇몇 문제점을 살펴볼 것이다.

더 읽을거리

마음-두뇌 동일론에 대한 고전적인 저작으로는 허버트 파이글Herbert Feigl
의 〈'심적'인 것과 '물리적'인 것The 'Mental' and the 'Physical'〉과 J. J. C. 스
마트J. J. C. Smart의 〈감각과 두뇌 과정Sensations and Brain Processes〉이 있다. 두
글 모두 《심리철학: 고전과 현대 읽을거리》(David J. Chalmers 편집)에 수록
되어 있다. 스마트의 글은 심리철학에 관한 다른 논문 모음집에도 자주 포함
된다. 물리주의와 그에 관련한 주제를 다룬 최근의 단행본으로는 크리스토퍼
S. 힐Christopher S. Hill의 《감각: 유형 물리주의 옹호Sensations: A Defense of Type
Physicalism》, 제프리 폴런드Jeffrey Poland의 《물리주의: 철학적 토대Physicalism:
The Philosophical Foundation》, 앤드루 멜니크Andrew Melnyk의 《물리주의 선언A
Physicalist Manifesto》, 토머스 W. 폴저Thomas W. Polger의 《자연적인 마음Natural
Minds》, 김재권의 《물리주의, 또는 그와 충분히 가까운 것》, 대니얼 스톨자
Daniel Stoljar의 《물리주의Physicalism》가 있다.

비판으로는 솔 크립키Saul Kripke의 《이름과 필연Naming and Necessity》 3강을
참고하라. 논문 모음집 《심리철학: 안내와 논문 모음》(John Heil 편집)에서 검
토할 만한 가치가 있는 세 편의 글(John Foster, Peter Forrest 그리고 E. J. Lowe
가 쓴)이 "현대 유물론에 대한 도전Challenges to Contemporary Materialism"이라는
제목의 섹션에 실려 있다. 물리주의에 대한 비판적 논문들의 모음집 중 가장
최근의 것으로는 《유물론의 쇠퇴The Waning of Materialism》(Robert C. Koons,
George Bealer 편집)가 있다.

심리-신경 동일론에 대한 반박으로서의 다수실현 논증은 본래 힐러리 퍼
트넘의 〈심리적 술어Psychological Predicates〉 그리고 제리 포더Jerry Fodor의 〈특
수 과학, 또는 작업 가설로서의 과학의 비통합성Special Sciences, or the Disunity
of Science as a Working Hypothesis〉에 기인한다. 이 논증에 대한 최근의 재평가
를 알고 싶다면 김재권의 〈다수 실현과 환원의 형이상학Multiple Realization and
the Metaphysics of Reduction〉, 윌리엄 벡텔William Bechtel과 제니퍼 먼데일Jennifer
Mundale의 〈다수실현 가능성에 대한 재고: 인지 상태와 신경 상태 연
설하기Multiple Realizability Revisited: Linking Cognitive and Neural States〉를 참고하
라. 로런스 샤피로Lawrence Shapiro의 《마음의 화신The Mind Incarnate》에서 실

현과 다수실현에 관한 광범위한 논의를 찾을 수 있다.

비환원적 물리주의의 위상에 관해서는 김재권의 〈비환원적 물리주의의 신화The Myth of Nonreductive Physicalism〉와 〈다수실현과 환원의 형이상학 Multiple Realization and the Metaphysics of Reduction〉, 앤드루 멜니크의 〈물리주의는 비환원적일 수 있는가?Can Physicalism Be Non-Reductive?〉를 참고하라. 또한 이에 대한 응답으로는 네드 블록Ned Block의 〈반환원주의의 반격Anti-Reductionism Slaps Back〉, 제리 포더의 〈특수 과학: 세월이 흘러도 여전한 자율성Special Sciences: Still Autonomous After All These Years〉, 루이즈 앤터니Louise Antony의 〈모두가 그것을 가지고 있다: 비환원적 유물론 옹호Everybody Has Got It: A Defense of Non-Reductive Materialism〉를 참고하라.

제5장

계산 기계로서의 마음
: 기계 기능주의

1967년 힐러리 퍼트넘은 "심리적 술어Psychological Predicates"라는 제목의 길지 않은 논문을 발표했다.[1] 이 논문은 세 가지 놀라운 성취로 심리 철학에서의 논쟁을 근본적으로 변화시켰다. 먼저 유형 물리주의, 특히 심리-신경 동일성 이론의 급격한 쇠퇴와 몰락을 초래했다. 둘째, 마음의 본성에 대하여 지금까지 매우 영향력 있는, 아마도 지배적 입장이라 할 수 있는 기능주의의 서막을 알렸다. 셋째, 비환원주의를 심리적 속성의 본성에 대한 표준적 입장으로 만드는 데 중요한 역할을 했다. 심리-신경 동일성 물리주의는 당시의 과학에 부합하는 유일한 마음에 대한 견해로서의 지위를 누렸지만 기대와 다르게 단명했고, 1970년대 중반까지 대부분의 철학자들은 심리학에 대한 견해로서뿐만 아니라 기초 물리학 이외의 과학, 즉 모든 특수 과학에 관한 입장으로서 환

---

1 나중에 "심적 상태의 본성The Nature of Mental States"이라는 새로운 제목이 붙었다.

원주의적 물리주의를 포기했다.[2] 급격한 운명의 기복으로 동일성 물리주의는 수년 만에 몰락했고, 기능주의는 당시 급성장하던 인지과학에 대한 "공식" 철학으로 재빠르게 인정받았다. 즉 과학자들의 기획과 관행에 가장 잘 부합하는 심리적, 인지적 속성에 대한 견해로 자리매김했다.

이 모든 것은 **심적 속성의 다수실현 가능성**이라는 한 가지 아이디어에서 비롯되었다. 우리는 이미 심물 동일성 이론에 대한 반론으로, 보다 일반적으로는 유형 물리주의의 난점으로 이를 논의했다(4장). 다수실현 논증이 심리-신경 동일론에 대한 다른 많은 반론과 구별되는 점은 그것이 심적인 것에 대한 매력적인 새로운 이해를 낳음으로써 인지과학 및 심리학뿐만 아니라 다른 특수 과학의 본성과 지위에 대한 영향력 있는 견해를 형성하는 데 핵심적 역할을 담당했다는 것이다.

다수실현 가능성과 마음에 대한 기능적 이해

천사(즉 온전한 정신적 삶을 누린다고 생각되는 불멸의 영적 존재)를 믿는 사람은 많지 않을 것이다. 전통적으로 이해되기로 천사는 감정과 욕구를 가지며 행위를 수행할 수 있는, 지식과 믿음을 가진 존재이지만 전적으로 비물질적인 존재이다. 유니콘이나 빅풋의 개념과 마찬가지로 그러한 존재에 대한 생각은 완전히 정합적이다. 그러나 유니콘은 없고 아마 빅풋도 없으리라는 것과 마찬가지로 그러한 서술에 들어맞는 존재가 있다는 경험적 증거는 없는 듯하다. 따라서 유니콘과 마찬가지로, 그러나 결혼한 총각이나 네 변을 가진 삼각형과는 다르게, 천사와 관련해서 개념적으로 불가능한 것은 없다. 믿음, 욕구, 감정을 가진 천

---

2 도널드 데이비드슨의 심적 무법칙론(7장)에 대한 논증 또한 환원주의의 쇠퇴에 일조했다. Davidson, "Mental Events"를 볼 것.

사의 개념이 일관적인 것이라면, 이는 심성의 개념에 심리적 상태를 가진 순전히 비물리적이고 전적으로 비물질적인 존재를 배제하는 것은 아무것도 없다는 것을 보여줄 것이다.[3]

그렇다면 심성의 비물질적 실현의 가능성을 선험적, 개념적 사실의 관점에서 배제해버릴 수는 없는 것으로 보인다.[4] 그러한 가능성을 배제하기 위해서는 실질적인 형이상학적 논제, 아마도 다음과 같은 논제를 받아들일 필요가 있을 것이다.

> **실현 물리주의.** 만약 어떤 대상 x가 시점 t에 어떤 심적 속성 M을 갖는다면(또는 M이라는 심적 상태에 있다면), x는 물리적 대상이며 x가 t에 M을 갖는 것은 M을 실현하는 어떤 물리적 속성 P를 x가 t에 갖는다는 사실에 기인한다.[5]

이 원리를 물리주의 논제를 진술하는 한 가지 방식으로 보는 것은 유용하다.[6] 이 원리는 심성을 가지는 어떠한 것이든 물리적 대상(예를 들면 생물학적 유기체)이어야 한다고 말한다. 심적 속성을 가지는 비물질

---

3 적어도 일부 심리적 상태의 경우는 그러하다. 어떤 심리적 상태(예를 들어 배고프거나 목마른 느낌, 고통이나 가려움 같은 신체 감각, 성적 욕구)는 물질적인 신체를 가진 주체만이 가질 수 있다고 주장될 수 있기 때문이다.

4 즉, 비물질적인 정신적 존재라는 개념 자체가 비정합적인 것으로 드러나지 않는다면 말이다.

5 "실현한다", "실현", "실현자" 같은 용어들은 이 장의 뒷부분에서 명시적으로 정의될 것이다. 그때까지 독자들은 "P가 M을 실현한다"를 "P는 M의 신경적 기저 또는 토대이다"라고 읽어도 무방하다.

6 이 원리는 1장에서 우리가 최소 물리주의라고 특징지은 심신 수반을 함축한다. 더 나아가 이 원리는 같은 장에서 말했던 존재론적 물리주의의 논제를 함축한다고 논증될 수 있다.

적 개체라는 개념이 일관적인 것일지 모르나, 이 논제에 따르면 실제 세계는 오직 (생물학적 유기체와 같은) 물리적 대상만이 심적 속성을 갖는 방식으로 구성되어 있다. 아마도 이는 물리적 대상이 시공간 내에 존재하는 유일한 것이기 때문일지 모른다. 게다가 이 원리는 모든 심적 속성이 물리적 토대를 가질 것을 요구한다. 각각의 심적 속성의 발생은 그 속성의 물리적 "실현자"의 발생 덕택이다. 요점을 간단히 표현하자면 이렇다. 마음은 (만약 그것이 존재한다면) 반드시 체화되어야 한다.

이 원리가 심적 속성의 다수실현 가능성을 허용한다는 것을 눈여겨볼 필요가 있다. 심적 속성 M, 가령 고통의 경우 인간에게서는 C-섬유 활성화가 M을 실현하지만, 다른 종들(가령 문어와 파충류)의 경우 고통을 실현하는 생리학적 메커니즘이 판이하게 다를 수 있다. 아마도 심성을 가지는 비탄소 기반 또는 비단백질 기반의 생물학적 유기체가 있을지 모르며, 공상과학 소설에 나오는 "지능적인" 로봇이나 안드로이드와 같은 전자기계 시스템이 믿음과 욕구, 심지어 감각 능력을 지닐지 모른다는 가능성을 선험적으로 배제할 수 없다. 이 모든 것은 심적 개념의 흥미로운 특징을 시사한다. 심적 개념은 그것을 실현 또는 구현하는 실제 물리적-생물학적 메커니즘에 아무런 제약도 두지 않는다는 것이다. 이러한 의미에서 심리적 개념은 인공물의 개념과 같다. 예를 들어 "엔진" 개념의 경우 어떻게 엔진이 설계되고 제작될 수 있는지에 대해서는 침묵한다. 가령 그것이 증기나 전기 또는 가솔린을 사용하는지, 만약 가솔린 엔진이라면 피스톤 엔진인지 로터리 엔진인지, 몇 개의 실린더를 가지는지, 기화기를 사용하는지 연료분사장치를 사용하는지 등등에 대해 말하지 않는다. 한 물리적 장치가 어떤 특정한 일—지금의 예에서는 다양한 형태의 에너지를 역학적 힘이나 운동으로 전환시킬 수 있는 일—을 수행할 수 있는 한 그것은 엔진으로 간주된다. 엔진의 개념은 그것이 **하는 일** 또는 **인과적 역할**에 의해 정의되지 그 일을 수행하는 메커니즘에 대한 기술로 정의되지 않는다. 많은 생물학적 개념도 비슷하다. 어떤 장기를 심장으로 만드는 것은 그것이 혈액을 순환시킨다는 사실이다. 인간의 심장은 새나 파충류의 심장과 물리적으로 매우 다를 수 있지만, 그것들 모두가 심장으로 간주되는 것은 그것이 유기체 내에서 하는 일 때문이지 모양이나 크기, 또는 물질적 구성의 유사성 때문이 아니다.

그렇다면 고통이 하는 일은 무엇인가? 적절한 조건 하에서, 특히 유기체가 조직 손상을 겪었을 때 고통을 느낄 수 있는 능력은 생존과 적응에 결정적이다. 선천적으로 고통을 감각하는 능력을 결여한 불운한 사람들이 있는데 그들 중 소수만이 살아남아 성인이 된다.[7] 동물 종들은 환경이 주는 위험에 대처하는 과정에서 고통 메커니즘, 즉 "조직 손상 감지기"를 발전시켜야만 했을 것이다. 그리고 다른 환경 조건에 살며 독립적으로 진화하는 다른 종들은 그들 목적에 따른 다른 메커니즘을 발전시켰으리라는 것은 설득력 있다. 그렇다면 출발점으로 고통은 고통이 하는 일인 "조직 손상 감지기"로, 즉 조직 손상에 의해 활성화되고 그 활성화가 회피와 기피, 도피와 같은 행동적 반응을 야기하는 메커니즘으로 규정된다고 생각할 수 있다.

마음의 작용을 계산기 작동과의 유비를 통해 이해하는 것은 대중 서적 및 진지한 철학과 인지과학에서 모두 흔하며, 우리는 곧 마음과 컴퓨터의 유비를 자세하게 들여다볼 것이다. 심성에 대한 계산주의적 견해 역시 심적 상태가 다수실현될 것을 기대해야 함을 보여준다. 어떠한 계산 과정이든 물리적으로 다양한 종류의 계산기에 의해 구현

---

7 Ronald Melzack, *The Puzzle of Pain*, pp. 15-16을 보라.

될 수 있다는 것을 우리는 안다. 무수한 종류의 전자식 디지털 컴퓨터가 있다(우리에게 친숙한 반도체 기반 계산기 말고도, 옛날의 진공관 컴퓨터를 생각해보라). 그뿐만 아니라 (찰스 배비지의 최초의 "분석 엔진"처럼) 바퀴와 기어로 만들어진 컴퓨터나 심지어 파이프와 밸브 시스템으로 작동되는 유압식 컴퓨터도 만들어질 수 있다. 말도 안 되게 느릴 테지만 (말할 것도 없이 엄청나게 비싸고) 말이다. 물리적으로 다양한 이러한 컴퓨터들은 모두 "동일한 계산"(가령 같은 미분 방정식의 해를 구하는 계산)을 수행할 수 있다. 만약 마음이 컴퓨터와 같고 심적 과정, 특히 인지 과정이 궁극적으로 계산 과정이라면, 마음과 심적 과정이 정확히 어떻게 물리적으로 구현 또는 실현되는지에 대해 사전에 어떤 제약이 있을 것이라 기대하지 말아야 한다. 완전히 다른 물리적 장치들이 동일한 계산 프로그램을 실행할 수 있는 것과 꼭 마찬가지로, 완전히 다른 생물학적 또는 물리적 시스템이 동일한 인지 과정을 수행할 수 있어야 한다. 이것이 마음에 대한 기능주의적 이해의 핵심이다.

어떤 이들에 따르면 이러한 고려가 시사하는 것은 물리적 속성이나 생물학적 속성과 비교해 심리적 속성이 갖는 **추상성** 혹은 **형식성**이다. 심리적 속성은 유기체의 물리적, 생물학적 세부 사항에서 추상해낸 것이기에 물리화학적 관점에서 상당히 다른 상태들이 동일한 심리적 속성에 속할 수 있다. 그리고 생물학적으로, 물리적으로 매우 상이한 유기체와 대상이 동일한 심리적 규칙성을 예화하는 것이, 즉 "동일한 심리"를 갖는 것이 가능하다. 심리적 속성은 사건과 과정의 물질적 구성이나 그것을 구현하는 물리적 메커니즘이 아니라 그것의 **형식적** 패턴과 구조를 따라가는 것으로 보인다.[8] 역으로, 같은 물리적 구조라고 하

---

8 어떤 이들은 이 기능 대 메커니즘의 이분법이 모든 수준에 만연하며 심적-물리적 경우에만 국한되지 않는다고 주장한다. 예를 들어 William G. Lycan, *Consciousness*를 보라.

더라도 더 큰 시스템에서 어떻게 인과적으로 연결되느냐에 따라 상이한 심리적 역량과 기능에 쓰일 수 있다. (동일한 컴퓨터 칩이 컴퓨터 하위 시스템에서 상이한 계산 기능을 위해 사용될 수 있는 것과 마찬가지다.) 사실 대부분의 뉴런은 상당히 유사하여 대체로 교환가능한 것으로 알려져 있다.[9]

그렇다면 물리적으로 다양한 모든 사례들을 하나의 심적 속성으로 묶어주는 것은 무엇인가? 모든 고통―인간의 고통, 개의 고통, 문어의 고통, 화성인의 고통―이 공통으로 가진 것, 즉 그것들 모두를 하나의 심적 속성인 고통에 속하게 하는 것은 무엇인가?[10] 다시 말해, 심적 속성에 대한 **개별화 원리**는 무엇인가?

먼저 유형 물리주의자들과 행동주의자들이 이 질문에 어떻게 답하는지 보자. 심리-신경 동일성 물리주의자들은 이렇게 말할 것이다. 모든 고통들이 공유하는 것으로, 그것들을 고통의 사례로 만드는 것은 어떤 신경생물학적 속성, 즉 C-섬유 활성화(또는 그와 유사한 상태)의 사례라는 것이다. 즉 유형 물리주의자에게 심적 속성은 물리적 속성(심리-신경 동일성 이론가들에게는 신경생물학적 속성)이다. 행동주의자들이 그 질문에 어떻게 답할지도 추측해볼 수 있다. 행동주의자들은 모든 고통들이 공유하는 것은 어떤 행동적 속성이라고 답할 것이다. 달리 표현하자면, 두 유기체가 어떤 시점에 고통의 특징적인 행동 패턴(가령 도피 행동이나 회피 행동 등)을 보이거나 보이려는 경향이 있는 경우 그리고 오직 그 경우 그들은 그 시점에 고통 상태에 있다. 결국 행동주의자에게 심적 속성은 행동적 속성이다.

---

9 내 생각에 칼 래슐리의 "동등 잠재력" 원리의 핵심은 이와 다르지 않다. 그의 *Brain Mechanisms and Intelligence*, p. 25를 보라.

10 네드 블록이 "What Is Functionalism?"에서 제기한 물음을 빌려왔다.

심적 상태의 다수실현 가능성을 진지하게 받아들이는 사람이라면 이러한 답변을 거부하고 "기능주의적" 관점을 택할 것이다. 주요 아이디어는 심적 상태의 사례들에서 공통적인 것은 더 높은 추상 수준에서 찾아야 한다는 것이다. 기능주의에 따르면, 심적 속성은 **기능적 속성**, 또는 (여기서 "기능"이란 어떤 인과적 역할을 수행하는 것이기 때문에) **인과-기능적 속성**이다.[11] 조직 손상 감지기로서의 고통으로 돌아가보자.[12] 조직 손상 감지기 개념은 하는 일에 의해 규정되는 개념, 즉 **기능적 개념**이다. 어떠한 장치든 그것이 유기체의 조직 손상 발생에 신빙성 있게 반응하고 그 정보를 다른 하위 시스템에 전달하여 적절한 반응을 유발할 수 있는 경우 오직 그 경우에만 조직 손상 감지기이다. 기능적 개념은 도처에 있다. 어떤 것을 쥐덫이나 기화기, 온도계로 만드는 것은 그것이 가진 어떤 특정한 물리화학적 구조나 메커니즘이 아니라 어떤 기능을 수행할 수 있는 능력이다. 누군가가 말했듯이, 어떤 것이든 살아 있는 쥐를 입력으로 했을 때 죽은 쥐를 출력으로 내놓는 것이면 쥐덫이다. 이러한 개념들은 구조적 설계가 아니라 수행하는 역할에 의해 규정된다. 앞에서 보았듯이 일상적 담론에서나 과학에서 많은 개념들이 이러한 의미에서 기능적 개념이다. 화학이나 생물학에서 중요한 개념들(예를 들어 촉매, 유전자, 심장)은 이와 같은 기능적 개념으로 가장 잘 이해되는 것으로 보인다.

조직 손상 감지기로서의 고통으로 되돌아가 보자. 이상적으로, 조

---

11 기계 기능주의와 관련해서 보겠지만 "기능주의functionalism"에는 또 다른 의미, 즉 수학적 의미의 "함수function"가 연루되어 있다.

12 엄격히 말해서 **고통을 감각할 능력**을 갖고 있는 것은 조직 손상 감지기를 갖추고 있는 것이라고 말하는 것이 더 정확한데, 고통은 (하나의 발생으로서) 그러한 감지기의 활성화이기 때문이다.

직 손상의 모든 사례, 그리고 그것만이 이 메커니즘을 작동시키고, 이는 또 연결된 다른 메커니즘을 촉발하여, 궁극적으로는 (정상적인 조건에서라면) 손상된 부분 또는 유기체 전체를 손상의 외부 원인으로부터 공간적으로 분리하는 행동으로 이끌어야 할 것이다. 따라서 고통 개념은 그것의 기능에 의해 정의되고, 여기서 기능은 전형적인 고통 입력(조직 손상, 외상 등)과 전형적인 고통 출력(움찔함과 신음, 회피 행동 등) 사이의 **인과적 매개** 역할을 한다. 더욱이 기능주의는 두 가지 중요한 사항을 추가한다. 첫째, 고통 메커니즘을 작동시키는 인과적 조건은 다른 심적 상태(예를 들어, 정상적인 자각 상태에 있어야 하며 격렬한 운동 경기와 같은 다른 활동에 몰입되어 있지 않아야 한다)를 포함할 수 있다. 둘째, 고통 메커니즘의 출력 또한 심적 상태(가령 괴로움의 감각이나 고통을 제거하려는 욕구)를 포함할 수 있다. 심적 속성은 인과-기능적 속성이며, 특정한 심적 속성의 모든 사례의 공통점은 각 사례가 그 속성 특유의 어떤 **인과적 역할**을 수행한다는 것이다. 그리고 이것이 전부다. 기능적 속성은 그것을 정의하는 인과적 역할에 의해 주어지는 "명목적 본질"만을 가지며, 그것의 실제 또는 가능한 사례들이 모두 공유하는 어떤 "실제적 본질", 즉 "깊은" 공통의 속성은 갖지 않는다고 말할 수 있을 것이다.[13] 이를 물과 대비해보라. 모든 물의 사례들은 언제 어디서든 일정량의 H_2O 분자여야 하며, H_2O 분자들로 이루어짐이 물의 본질이다. 고통은 이러한 의미에서의 본질을 가지지 않는다. 기능주의 자체가 다음과 같은 슬로건으로 특징지어질 수 있다. "심리적 속성은 오직 명

---

13 "실제적" 본질과 "명목적" 본질의 구분은 존 로크로 거슬러 올라간다. 여기서 이 개념들에 대한 완전한 설명을 제시하는 것은 불가능하다. Locke, *An Essay on Human Understanding*, Ⅲ권, ⅲ장과 ⅵ장을 보라. 또 Nicholas Jolley, *Locke: His Philosophical Thought*, 4장과 8장의 논의가 도움이 될 것이다.

목적 본질을 가질 뿐 실제적 본질을 가지지 않는다."

따라서 데이비드 암스트롱이 말한 바 있듯, 일반적으로 심적 상태의 개념은 어떤 감각 입력에 의해 야기되는 경향이 있고 또한 어떤 행동 출력을 야기하는 경향이 있는 내적 상태의 개념이다. 입력과 출력의 규정, ⟨i, o⟩는 특정한 심적 상태를 정의할 것이다. 예를 들어, ⟨조직 손상, 회피 행동⟩은 고통을 정의하며, ⟨피부 자극, 긁는 행동⟩은 가려움을 정의한다.

기능적 속성과 기능적 속성의 실현: 정의

그동안 사례와 직관에 기대어 비형식적으로 사용했던 일부 용어들을 명시적으로 정의하는 것이 유용할 것이다. 기능적 속성에 대한 보다 정확한 규정으로 시작해보자.

> F는 다음과 같은 형식으로 정의될 수 있는 경우 그리고 오직 그 경우에 **기능적 속성**(또는 종류)이다:
>
> 어떤 x가 F를 갖는다(또는 F이다)$=_{def}$ x는 C(P)가 성립하는 어떤 속성 P를 가지며, 여기서 C(P)는 P가 x에서 하는 것으로 가정되는 인과적 일에 대한 규정이다.

이러한 형태를 갖는 정의를 "기능적" 정의라 부를 수 있다. F의 인과적 역할을 규정하는 "C(P)"가 결정적이다. 한 기능적 속성을 그 속성이게 끔 하는 것은 그것과 연관된 인과적 역할이다. 즉 F와 G는, F와 연관된 인과적 역할과 G와 연관된 인과적 역할이 동일한 경우 오직 그 경우에 동일한 기능적 속성이다. 위의 기능적 정의 형식에서 "인과적 일"이란 용어는 "능동적"일뿐만 아니라 "수동적"일도 지시하는 것으로 넓게 이해되어야 한다. 가령 조직 손상이 유기체에서 P의 예화를 야기한다면 그것 또한 P의 인과적 일 또는 기능의 일부이다. 따라서 P의 인과적 일이란 해당 유기체나 시스템에서 P의 예화 또는 발생에 연루된 **인과 관계들**을 의미한다.

이제 우리는 한 속성이 어떤 기능적 속성을 "실현한다"는 것 또는 그것의 "실현자"가 된다는 것이 무엇인지 정의할 수 있다.

> F가 기능적 정의에 의해 위와 같이 정의된 기능적 속성이라고 하자. C(Q)인 경우, 즉 Q가 x에서 규정 C에 부합하는 경우(다시 말해, Q가 실제로 규정된 인과적 일을 시스템 x에서 수행하는 경우) 그리고 오직 그 경우에 속성 Q는 x에서 F를 **실현한다**, 또는 Q는 F의 **실현** 또는 **실현자**라고 한다.

기능적 정의의 정의항이 (x가 F일 때) x가 가진 어떠한 특정한 속성 P도 언급하지 않는다는 것을 주의해야 한다. x가 기술 C에 들어맞는 "어떤" 속성을 갖는다고 말할 뿐이다. 논리학 용어로 정의항은 속성들에 대한 "존재 양화"를 포함한다(정의항은 "어떤 속성 P가 존재하여, x는 P를 가지며 C(P)이다"라는 취지의 말이다). 이러한 이유로 기능적 속성은 "이차" 속성이라 불리며. 양화되는 속성들(즉 P의 사례로 적합한 속성들)은 "일차" 속성으로 간주된다. 기능적 속성은 특별한 종류의 이차 속성, 즉 인과적 역할에 의해 정의되는 이차 속성이다.

이러한 형식적 장치가 어떻게 작동하는지 보자. "쥐덫임"이라는 속성을 생각해보자. 이는 기능적 속성인데, 다음과 같은 기능적 정의가 주어질 수 있기 때문이다.

x는 쥐덫이다$=_{\text{def}}$ x는 어떤 속성 P를 가져서 P는 x가 쥐를 잡아 가두거나 죽일 수 있게 한다.

이 정의는 x가 가져야만 하는 어떤 특정한 P를 명시하지 않으며, 해당 인과적 역할은 분명히 많은 다른 방식으로 행해질 수 있다. 용수철로 작동하는 친숙한 형태의 덫이 있고 문이 있어 쥐가 들어오면 닫히는 철창 형태도 있다. 광학 센서가 달린 최첨단 덫이나 온갖 종류의 다른 장치도 생각할 수 있다.[14] 이는 쥐덫임의 속성의 많은, 사실 무한하게 많은 "실현자"가 있음을 의미한다. 즉 온갖 종류의 물리적 메커니즘이 쥐덫이 될 수 있다. 상황은 고통도 마찬가지이다. 다양한 물리적/생물학적 메커니즘이 생물학적 종들에서 (아마도 비생물학적 시스템에서도) 조직 손상 감지기로 기능할 수 있다.

기능주의와 행동주의

기능주의와 행동주의 모두 감각 입력과 행동 출력(또는 "자극"과 "반응")을 심성 개념에 핵심적인 것으로 말한다. 이런 점에서 기능주의는 넓게 보아 행동주의적 접근의 일부이며 더 일반적이고 세련된 버전의 행동주의로 여겨질 수 있다. 그러나 둘 사이에는 중요한 차이도 있는데, 다음 두 가지가 가장 중요한 차이이다.

먼저 기능주의자는 심적 상태를 인과적 힘을 가진, 유기체의 **실재하는 내적** 상태로 간주한다. 한 유기체가 고통 상태에 있다는 것은 그것

---

14 어떤 경우에 두 개의 쥐덫이 같은 실현자의 사례로 간주되며 어떤 경우에 다른 실현자로 간주되는가? 고통과 그 실현자의 경우는 어떤가? 이는 중요한 질문이다. Lawrence Shapiro, *The Mind Incarnate*의 논의가 도움이 될 것이다.

이 전형적으로 조직 손상에 의해 야기되고, 또한 전형적으로 움츠림과 신음, 회피 행동을 야기하는 어떤 내적 상태(가령 인간에게는 신경생물학적 상태)에 있다는 것이다. 이 내적 상태의 존재는 조직 손상을 겪을 때 인간이 왜 지금 반응하는 방식으로 반응하는지 설명한다. 반면 행동주의자는 심적 상태를 실제의 또는 가능한 행동과 동일시하며 내적 상태에 대해 전혀 말하지 않는다. 따라서 행동주의자에게 고통 상태에 있다는 것은 움츠리고 신음한다는 것 또는 그러한 성향이 있다는 것이지, 기능주의자들이 생각하듯 움츠림과 신음을 **야기하는** 어떤 **내적 상태**에 있다는 것이 아니다.

행동주의자와 기능주의자 모두 심적 상태를 말하면서 "행동적 성향"을 말할지 모르나 그들이 "성향"으로 의미하는 것은 매우 다를 수 있다. 기능주의자는 성향에 대해 "실재론적" 접근을 취하는 반면 행동주의자는 "도구론적" 노선을 취한다. 우리는 가령 각설탕이 수용성이 있다고 말한다. 그런데 어떤 것이 수용성이 있다고 말하는 것은 무얼 의미하는가? 답은 성향에 대해 도구론적 관점을 취하는지 실재론적 관점을 취하는지에 따라 달라진다. 이 두 접근이 정확히 어떻게 다른지 보자.

도구론적 분석. x는 수용성이 있다=$_{def}$ x를 물에 담그면, x는 용해된다.

실재론적 분석. x는 수용성이 있다=$_{def}$ x는 어떤 내적 상태 S(가령 어떤 미시구조)를 가져, x를 물에 담그면 S는 x가 용해되도록 야기한다.

따라서 도구론에 따르면, 설탕이 수용성이 있다는 것은 설탕에 대해 어떤 조건문("만약-그렇다면") 진술이 성립한다는 사실과 같다. 이 견해에서 수용성은 각설탕의 "소선석" 또는 "가성석" 속성, 즉 물에 **담그면 용해되는** 속성이다. 반면에 실재론자는 수용성을 물에 담갔을 때 그것이 용해되는 것에 인과적으로 책임 있는, 설탕의 어떤 정언적 속성, 추정컨대 미시구조적인 내적 상태로 간주한다. (추가 연구로 그 상태가 어떤 특정한 분자 결정 구조를 갖는 상태임이 밝혀질 수 있을 것이다.) 두 분석 모두에서 각설탕이 수용성을 갖기 위해 물에 담가지거나 실제로 용해될 필요는 없다. 그러나 다음의 차이가 눈에 띌 것이다. 만약 x가 물에 용해되고 y가 용해되지 않았다면, 실재론자는 x와 y의 미시구조의 차이에 의거해서 그 차이를 인과적으로 설명하고자 할 것이다. 반면 도구론자에게 그 차이는 그저 맹목적 사실일 수 있다. 단지 "물에 넣으면 용해된다"라는 조건문이 x에게는 참인 반면 y에게는 참이 아니며, 그 차이가 x와 y 사이의 어떤 추가적 차이에 근거를 둘 필요는 없다는 것이다.

따라서 심적 상태가 행동적 성향이라고 말할 때 기능주의자들은 그것을 정상적 환경에서 어떤 특정한 입력 조건이 주어지면 어떤 특정 유형의 행동을 야기하는 인간이나 유기체의 실제 내적 상태로 본다. 심적 상태는 감각 입력과 행동 출력의 인과적 매개로 작용한다. 반면에 행동주의자들은 심적 상태를 단지 입력-출력 또는 자극-반응의 상관관계로 여긴다. 많은 행동주의자들(특히 "급진적인" 과학적 행동주의자들)은 심적 상태를 행동의 "내적 원인"이라고 말하는 것은 과학적 동기도 철학적 정당화도 부족하다고 믿는다.[15]

기능주의와 행동주의 사이의 두 번째 중요한 차이는 전자에게 상당한 이론적 우위를 주는 것으로, 심적 상태의 "입력"과 "출력"이 해석되는 방식이다. 행동주의자에게 입력과 출력은 전적으로 관찰 가능한 물리적 자극 조건 및 관찰 가능한 행동적/물리적 반응으로 이루어진다.

---

15 예를 들어 B. F. Skinner, "Selections from *Science and Human Behavior*"를 보라.

앞서 언급했듯 기능주의자는 주어진 심적 상태를 특징짓는 데 있어서 다른 **심적 상태**를 언급하는 것을 허용한다. 한 심적 상태의 전형적 원인 및 결과가 다른 심적 상태를 포함할 수 있고, 또 실제로 종종 그러하다는 것이 심적 상태에 대한 기능주의적 이해의 결정적 부분 중 하나이다. 햄 샌드위치가 그것을 먹고자 하는 욕구를 야기하기 위해서는 그것이 햄 샌드위치라고 반드시 **믿어야** 한다. 심한 두통은 찡그림과 신음을 야기할 수 있을 뿐 아니라 **스트레스**나 의사를 찾고자 하는 **욕구**와 같은 심적 상태를 야기할 수 있다.

방금 개괄한 두 논점은 연관되어 있다. 심적 상태를 심리적 주체의 실제 내적 상태라고 생각한다면, 그들이 다른 상태와 사건들에 의해 야기되고 또한 그것들을 야기하는 진정한 인과적 힘을 갖는다고 생각할 것이며, 한 심적 상태가 다른 심적 상태의 원인이나 결과로 나타남을 배제할 명백한 이유는 없다고 여길 것이다. 이런 식으로 심성을 생각할 때 기능주의자는 **심적 실재론**의 입장, 즉 심적 상태의 진정한 존재론적 지위를 인정하며 심적 상태를 이 세계의 인과적 구조에서 자리를 차지하는 하나의 현상으로 간주하는 입장에 선다. 행동주의자에게도 심적 상태는 실재하는 것이다. 그러나 행동 또는 행동적 성향으로서만 실재한다. 행동주의자에게 실제의 또는 가능한 행동을 넘어서는 심적인 것은 없다. 기능주의자에게 심적 상태는 행동의 내적 원인이며, 그러한 것으로서 심적 상태는 행동을 "넘어서는" 어떤 것이다.

주어진 심적 상태의 원인 및 결과로 다른 심적 사건을 포함하는 것은 심적 상태에 대한 기능주의자들의 일반적 이해의 일부이다. 그러한 이해에 따르면, 심적 상태들은 외부 세계의 여러 지점에 닻을 내리고 있는 복잡한 인과적 그물망을 형성하는데, 외부 세계와 맞닿은 지점들에서 심리적 주체는 감각적 입력을 받고 행동 출력을 내놓으면서 외부 세계와 상호작용한다. 그리고 주어진 심적 종류의 정체성은, 그것이 고통과 같은 감각이든 또는 비가 올 것이라는 믿음이든 햄 샌드위치에 대한 욕구든, 오로지 인과적 그물망에서 그것이 차지하는 자리에 의존한다. 즉 어떤 심적 사건을 그 종류의 심적 사건으로 만드는 것은 그것이 다른 종류의 심적 사건 및 입출력 조건과 인과적으로 연결되어 있는 방식이다. 여기서 다른 심적 사건 종류 각각의 정체성은 또한 **그것**이 다른 심적 사건 및 입출력 조건과 맺는 인과적 관계에 의해 결정되기 때문에, 각 심적 종류의 정체성은 궁극적으로 그 전체 체계—각 심적 종류의 내적 구조 및 감각 입력과 행동 출력을 통해 외부 세계와 인과적으로 연결되어 있는 방식—에 의존한다. 이러한 의미에서 기능주의는 심성에 대한 **총체론적** 이해를 제공한다.

　이러한 총체론적 접근은 기능주의자가 행동주의에 대한 주요 반론 중 하나를 비켜 갈 수 있게 해준다. 이는 앞서 보았던 난점으로, 욕구는 적절한 믿음과 결합될 때에만 명시적 행동을 낳으며, 마찬가지로 믿음은 그에 어울리는 욕구가 존재할 때에만 행동으로 이어진다는 것이다. 예를 들어 사과를 먹고 싶어 하는 사람은 그의 앞에 놓인 것이 사과라고 믿을 때에만 그것을 먹을 것이다(그것이 나무로 만든 가짜 사과라고 생각한다면 먹지 않을 것이다). 비가 올 거라고 믿는 사람은 비를 피하고 싶을 때에만 우산을 들고 나갈 것이다. 앞에서 보았듯이 이는 믿음을 언급하지 않고 욕구를 행동적으로 정의하는 것이나 욕구를 언급하지 않고 믿음을 행동적으로 정의하는 것을 불가능하게 만드는 것 같다. 기능주의자는 이것이 심적 상태의 총체론적 성격을 보여주는 것일 뿐이라고 말할 것이다. 욕구는 적절한 믿음과 호응하여 어떤 행동 출력을 일으키는 내적 상태의 일종이라는 것이 그 본질적 특성이며, 믿음 및 다른 심적 상태도 마찬가지라는 것이다.

　그러나 이는 순환적 정의 아닌가? 욕구 개념이 믿음에 대한 언급 없이 정의될 수 없고 믿음 개념은 다시 욕구에 대한 언급 없이 설명될 수 없다면, 어떻게 각각이 이해될 수 있는가? 나중에(6장) 우리는 어떻게 기능주의의 총체론적 접근이 이 문제를 다루는지 보게 될 것이다.[16]

튜링 기계

퍼트넘은 기능주의를 애초에 "튜링 기계"에 의거해 정식화했다. 튜링 기계란 영국의 수학자이자 논리학자인 앨런 튜링(Alan M. Turing)이 고안한 것으로 수학적으로 정의된 계산 기계이다.[17] 오늘날 기능주의는 통상적으로 인과적-기능적 역할에 의해 정식화되지만—지금까지 그런 것처럼, 그리고 다음 장에서 더 상세히 살펴볼 것처럼—기능주의에 대한 체계적 논의를 위해서는 흔히 기계 기능주의라 불리는 튜링 기계 버전의 기능주의를 검토하면서 시작하는 것이 유익하다. 이는 또한 마음의 작용이 계산 기계의 작동과 연관해서 가장 잘 이해된다는 생각, 즉 마음에 대한 계산주의적 견해(간단히 계산주의)를 탐색하는 데 유용한 배경이 될 것이다.

튜링 기계는 다음 네 가지 요소로 구성된다.

1. "네모칸"들로 나뉜 양방향으로 끝이 없는 **테이프**
2. 주어진 시점에 네모칸들 중 한 곳에 위치한 **스캐너-프린터** ("헤드")
3. 유한한 수의 **내적 상태들**(또는 배열들): $q_0, q_1, \cdots, q_n$

---

16 이하의 절들에서 전개될 튜링 기계에 의거한 기계 기능주의도 이 문제를 다룰 수 있다. 그러나 6장에서 제시되는 램지-루이스 방법이 더 직관적이고 명쾌하다.

17 튜링 기계의 관점에서 계산가능성의 수학적 이론을 다루는 것은 Martin Davis, *Computability and Unsolvability* 및 George S. Boolos, John P. Burgess, and Richard C. Jeffrey, *Computability and Logic*에서 찾아볼 수 있다.

4. 유한한 수의 **알파벳** 기호들: $b_0, b_1, \cdots, b_m$

각 네모칸에는 딱 하나의 기호만이 나타난다. (빈칸도 기호 중 하나라고 생각할 수 있다.)

튜링 기계는 다음의 일반 규칙에 따라 작동한다.

    A. 각 시점에서 기계는 내적 상태들 중 하나인 q_i 상태에 있으며, 기계 의 헤드는 테이프 위의 특정한 네모칸을 읽고 있다.

    B. 특정 시점 t 에서 기계가 하는 일은 t 에서의 기계의 내적 상태와 t 에 헤드가 읽고 있는 기호에 의해 완전히 결정된다.

    C. 기계의 내적 상태와 읽은 기호에 따라 기계는 세 가지를 수행한다.

        (1) 기계의 헤드는 읽은 기호를 알파벳의 다른 기호(동일한 기호도 가능)로 대체한다. (달리 표현하자면 헤드는 읽은 기호를 지우고 새로 운 기호를 쓴다. 이때 지운 것과 동일한 기호를 쓸 수도 있다.)

        (2) 기계의 헤드는 왼쪽이나 오른쪽으로 한 칸씩 이동한다(또는 계 산이 완료되면 멈춘다).

        (3) 기계는 내적 상태들 중 하나(동일한 상태도 가능)에 진입한다.

일진법 표기로 양의 정수들을 더하는 튜링 기계를 생각해보자. (일진법 에서 수 n은 네모칸 하나를 차지하는 '1'이 연속 n번 나타난 것으로 표시된 다.) 3과 2를 더하는 문제가 기계에 제시된 다음의 그림을 살펴보자. 기계의 헤드는 상태 q_0에서 출발하여 첫 번째 숫자를 읽고 있다.

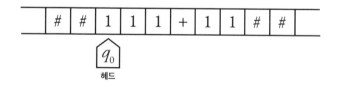

(기호 #는 문제의 경계를 표시한다.) 이 튜링 기계가 계산을 마치면 다음 그림과 같이 테이프 위에 연속적인 5개의 1을 표시한 후 멈추는 방식으로 튜링 기계를 "프로그램"한다고 해보자.

		1	1	1	1	1			
#	#	1	1	1	1	1	#	#	#

기계가 이를 수행할 수 있는 다양한 절차가 있다는 것은 쉽게 알 수 있다. 한 가지 단순한 방법은 오른쪽으로 기계(또는 헤드)가 이동하여 기호 +를 찾고 그것을 1로 대체한 후 계속 오른쪽으로 이동하다가 맨 오른쪽 1을 발견하면 그것을 지우고(즉 기호 #로 대체하고) 나서 멈추는 것이다. 다음의 간단한 "기계표"(machine table)는 이러한 덧셈 기계(이를 TM_1이라 부르자)를 정의하는 지침들의 완전한 집합이다.

	q_0	q_1
1	$1Rq_0$	#Halt
+	$1Rq_0$	
#	$\#Lq_1$	

표를 읽는 방법은 다음과 같다. 맨 왼쪽 세로 열에는 기계 알파벳 기호들이, 맨 위 가로 줄에는 기계의 내적 상태들이 나열되어 있다. 그 안의 항목들은 각기 하나의 **지침**으로, 기계가 맨 윗줄에 기재된 내적 상태에 있을 때 만약 맨 왼쪽 열의 기호를 읽었다면 무엇을 해야 할지 말해준다. 예를 들어, q_0와 1이 교차하는 곳의 $1Rq_0$는 다음을 말한다. "만약 내적 상태 q_0에 있고 기호 1을 읽고 있다면, 1을 1로 대체하고(즉 바꾸지 말고 그대로 두고) 오른쪽으로 한 칸 이동 후 상태 q_0으로 가라(즉 같은 상태에 머무르라)." 그 바로 밑의 $1Rq_0$는 기계에게 내적 상태 q_0에 있고 기호 +를 읽고 있다면 +를 1로 대체하고 오른쪽으로 한 칸 이동

후 상태 q_0으로 가라"라고 말한다. 맨 아래 항목 #Lq_1에서 L은 "왼쪽으로 한 칸 이동하라"를 의미하고 또한 오른쪽 열의 #Halt는 "만약 1을 읽고 있고 상태 q_1에 있다면, 1을 #으로 대체하고 정지하라"를 의미한다. 튜링 기계가 덧셈 3+2를 계산하기 위해 따라야 할 정확한 일련의 단계들을 이해하는 것은 쉬운 일이다. (독자들은 스스로 따져보라.)

튜링 기계의 기계표는 기계의 작동에 대한 완전하고 하나라도 빠진 것이 없는 규정이다. 따라서 우리는 하나의 튜링 기계를 그것의 기계표와 동일시할 수 있다. 그런데 기계표란 지침들의 집합이므로, 이는 하나의 튜링 기계가 그러한 지침들의 집합과 동일시될 수 있음을 의미한다.

튜링 기계의 "내적 상태"란 어떤 종류의 것인가? 이 일반적 질문에 대해서는 나중에 논의하겠지만, 튜링 기계 TM_1의 특정 기계 상태에 대해서는 다음과 같이 직관적인 방식으로 생각하는 것이 유용할 것이다. 가령 q_0은 +와 #을 찾는 상태이다. 즉 TM_1이 그 상태에 있을 때 1을 만나면 무시하고 +와 #을 발견할 때까지 계속 오른쪽으로 움직이는 그러한 상태이다. 게다가 기계가 q_0 상태에서 +를 발견하면 동일한 상태를 유지한 채 그것을 1로 대체하고 계속 오른쪽으로 이동한다. 또한 #을 읽으면(즉 주어진 문제의 맨 오른쪽 경계를 인지하면) 그것은 왼쪽으로 이동하여 새로운 상태 q_1, 즉 "1 위에 #을 인쇄하고 정지"하는 상태에 들어간다. 이 상태에 있을 때 TM_1은 그것이 읽는 1을 #으로 대체하고 멈출 것이다. 이렇게 각 상태는 읽은 기호에 따라(이는 그러므로 감각 입력에 비유될 수 있다) 기계가 일련의 특정한 일들을 수행하는 "성향"을 갖게 한다.

그러나 이것이 일진법으로 덧셈을 할 수 있는 유일한 튜링 기계는 아니다. 더 빠르고 단순하게 작동하는 것이 있다. 두 일진법 수를 더하기 위해 주어진 문제의 맨 오른쪽 경계를 꼭 확인할 필요는 분명히 없다. 최초로 읽는 1을 지우고 오른쪽으로 이동하여 +를 발견하면 그것을 1로 대체하기만 하면 된다. 이것이 다음의 기계표를 갖는 TM_2이다.

	q_0	q_1
1	$\#Rq_1$	$1Rq_1$
+		1Halt
#		

일진법으로 뺄셈을 수행하는 세 번째 튜링 기계 TM_3도 어렵지 않게 만들 수 있다. 기계에 다음과 같은 뺄셈 문제가 주어졌다고 하자.

#	#	b	1	1	1	1	−	1	1	b	#	#

(기호 b는 문제의 경계를 표시하기 위해 사용되었다.) 최초의 1을 읽으면서 상태 q_0에서 출발하여 다음과 같은 방식으로 작동하여 $n - m$을 계산하는 기계표를 작성할 수 있다.

1. 기계는 n의 첫 번째 1을 읽으면서 시작한다. 빼는 수 m을 찾을 때까지 오른쪽으로 간다. (m을 찾았다는 것을 기계는 어떻게 아는가?) 그 다음 이 수의 첫 번째 1을 지우고(그것을 #으로 대체해서), 왼쪽으로 가서 n의 마지막 1을 지운다(그것 또한 #으로 대체해서).

2. 기계는 다시 오른쪽으로 가서 m의 모든 1이 없어질 때까지 단계 1을 계속 반복한다. (기계는 그것이 완료되었음을 어떻게 "아는가"?) 그 다음 기계는 빼기 기호 −를 찾을 때까지 오른쪽으로 이동하여 그것을 지우고(즉 #로 대체하고) 멈춘다. (깔끔한 출력 테이프를 원한다면 멈추기 전에 b를 지우도록 할 수도 있다.)

3. 기계가 두 번째 집합의 1을 다 없애기 전에 첫 번째 집합의 1이 먼

저 없어졌다면(이는 $n < m$ 을 의미한다), 해당 문제가 제대로 정의된 것이 아님을 의미하기 위해 특정 기호(가령, ?)를 인쇄하게 할 수 있다. 또한 $n = m$ 인 경우도 대비해야 한다.

독자들은 이러한 연산을 수행하는 기계표를 작성해보기 바란다.

우리는 또 주어진 일련의 1들을 오른쪽에 (또는 왼쪽에) 복사하는 "전사 기계" TM_4를 생각할 수 있다. TM_4가 다음과 같은 테이프로 계산을 시작한다면,

#	1	1	1	#	#	#	#	#	#	#	#	

계산은 테이프에 다음과 같은 기호가 배열되면서 끝날 것이다.

#	1	1	1	#	1	1	1	#	#	#	#	

전사 기계가 흥미로운 것은 그것이 곱셈 기계 TM_5를 위해 사용될 수 있기 때문이다. 기본 착상은 간단하다. n개의 일련의 1들을 m번 복사함으로써(즉 m을 카운터 삼아 n을 반복적으로 복사함으로써) $n \times m$ 을 얻을 수 있다. 독자들이 TM_5의 기계표를 작성해보아도 좋을 것이다.

자연수에 대한 모든 산술 연산(제곱을 하거나 계승수를 얻는 것 등)이 덧셈과 곱셈에 의해 정의될 수 있으므로, 어떠한 산술 연산이든 계산해내는 튜링 기계가 있다는 것이 따라 나온다. 보다 일반적으로는, 임의의 컴퓨터에 의해 수행되는 어떤 계산도 튜링 기계가 수행할 수 있다는 것을 보일 수 있다. 즉 계산가능하다는 것과 튜링 기계로 계산가능하다는 것이 대등하다는 것이다.[18] 이러한 의미에서 튜링 기계는 계산 및 계산가능성의 일반적인 개념을 포착한다.

두 개의 분리된 테이프(계산될 문제가 제시되는 입력용 하나와 실제 계산과 최종 출력용 하나)와 두 개의 분리된 헤드(읽기용 하나와 인쇄용 하나)가 있는 튜링 기계를 생각할 수 있다. 이는 튜링 기계가 스캐너("감각 기관")를 통해 "감각 자극"(입력 테이프 위의 기호)을 받아들여 특정 행동을 반응(프린터 헤드가 출력 테이프 위에 인쇄한 기호)으로 내놓는 것이라고 생각할 수 있게 해준다. 테이프가 두 개(또는 유한개)인 기계가 수행할 수 있는 어떤 계산도 테이프가 하나인 기계에 의해서 수행될 수 있다는 것을 보일 수 있다. 따라서 더 많은 테이프를 추가하는 것이 튜링 기계의 계산 능력을 강화하거나 튜링 기계의 개념을 실질적으로 풍부하게 만들지는 않는다. 계산 속도를 높일 수는 있지만 말이다.

튜링은 또한 "보편 기계universal machine"를 어떻게 만들 수 있는지 보여주었다. 이는 특정한 함수의 계산이 아닌 우리가 원하는 어떠한 함수든 계산할 수 있도록 프로그램될 수 있다는 점에서 범용 컴퓨터와 같은 것이다. 이 기계의 입력 테이프에는 두 가지가 명시된다. 하나는 보편 기계가 읽을 수 있는 어떤 표준적 표기법으로 표기된, 구하고자 하는 함수에 대한 기계표이고 다른 하나는 그 함수가 계산할 값들이다. 보편 기계는 그러한 함수에 대한 기계표를 읽고 그 기계표의 지침에 따라 계산을 수행하도록 프로그램된다.

튜링 기계 개념은 **확률적 자동기계**probabilistic automaton 개념으로 일반

---

18 엄밀히 말해서 이는 발견이라기보다는 처치-튜링 논제라 불리는 제안이다. 튜링 기계에 의한 계산가능성을 포함하여, 제안된 여러 가지 "효율적" 또는 "기계적" 계산가능성 개념들이 수학적으로 대등함이, 즉 함수들의 같은 집합을 정의하는 것임이 드러났다. 이 논제는 효율적으로 계산가능한 함수의 이런 개념들이 "계산가능한" 함수를 정의하는 대등한 방식으로 여겨져야 한다는 제안이었다. 자세한 내용은 *Stanford Encyclopedia of Philosophy*의 "Church-Turing Thesis" 항목을 보라.

화될 수 있다. 기억하겠지만, 튜링 기계의 각 지침은 **결정론적**이다. 내적 상태와 읽힌 기호가 주어지면 바로 다음 실행이 완전히 그리고 유일한 방식으로 결정된다. 확률적 자동기계의 지침은 다음과 같은 형식을 갖는다. 내적 상태 q_i와 읽힌 기호 b_j가 주어졌을 때:

1. r_1의 확률로 b_k를 인쇄하거나, r_2의 확률로 b_l를 인쇄하거나, … 또는 r_n의 확률로 b_m를 인쇄하라. (여기서 확률의 합은 1이 된다.)

2. r_1의 확률로 R, 즉 오른쪽으로 한 칸 이동하거나, 혹은 r_2의 확률로 L, 즉 왼쪽으로 한 칸 이동하라. (여기서 확률의 합은 1이 된다.)

3. r_1의 확률로 내적 상태 q_j로 가거나, r_2의 확률로 내적 상태 q_k로 가거나, … 또는 r_n의 확률로 내적 상태 q_m으로 가라. (여기서도 확률의 합은 1이 된다.)

이론적으로 기계는 이 세 가지 중 어느 하나(또는 하나 이상)의 차원에서 확률적이 될 수 있지만, 통상적으로 확률적 기계는 상태의 이행 과정에서 확률을 포함하는 것으로, 즉 위 (3)의 방식에서 확률적인 것으로 이해된다. 확률적 자동기계의 작동은 결정론적이지 않다. 기계의 현재 내적 상태와 기계가 읽는 기호는 기계가 다음에 무엇을 할지 유일한 방식으로 결정하지 않는다. 그러나 그러한 기계의 행동이 무작위적이거나 임의적인 것은 아니며, 기계의 작동을 기술하는 고정되고 안정적인 확률이 있다. 우리가 만약 실제 심리적 주체의 행동을 기술하는 기계를 생각한다면, 확률적 기계가 결정론적 기계보다 더 현실적일 것이다. 그러나 확률적 기계의 행동을 우리가 원하는 만큼 정확하게 모방하는 결정론적 기계를 구성하는 것이 일반적으로 가능하다는 것에 주목하면, 확률적 기계가 이론적으로 꼭 필요한 것은 아니다.

튜링 기계의 물리적 실현자

공학 수업을 듣는 학생들에게 덧셈 기계 TM_1에 대한 기계표를 주고 그 기계표에 명시된 계산을 수행할 실제 물리적 장치를 만들어 오라는 과제를 주었다고 하자. 학생들에게 요구하는 것은 TM_1의 "물리적 실현자", 즉 TM_1의 기계표에 따라 작동하는 실제 계산 기계를 만들라는 것이다. 학생들이 매우 이질적이고 다양한 기계를 제출할 것이라고 쉽게 예측할 수 있다. 어떤 것은 실제로 앞서 기술했던 튜링 기계처럼 생겨서 그와 비슷하게 작동할지 모른다. 즉 네모칸으로 나뉜 종이 테이프와 기호들을 읽고 지우고 인쇄할 수 있는 실제 물리적 "헤드"를 가질 수도 있을 것이다. 어떤 것은 자석 테이프를 사용하고 전기적으로 읽고 쓰고 지우는 헤드를 가질 수도 있다. 어떤 것은 계산을 위해 "테이프"나 "헤드"를 가지는 대신 컴퓨터 디스크나 CPU의 저장 공간을 사용할 것이다. 재치 있고 영리한 (그리고 시간과 다른 자원이 많은) 학생은 전선과 스위치 대신 파이프와 밸브로 이루어진 수력으로 작동하는 장치를 만들려 할지도 모른다.

그런데 튜링 기계의 물리적 실현자란 정확히 무엇인가? 한 물리적 장치를 주어진 튜링 기계의 물리적 **실현자**로 만드는 것은 무엇인가? 첫째, 기계의 알파벳 기호들은 구체적인 물리적 대상들로 구현되어야 한다. 그것은 종이 위의 잉크 자국이 될 수도 있고 플라스틱 테이프 위의 자성을 띤 철 입자들의 패턴이 될 수도 있으며 축전기의 전하들이나 또는 다른 무엇으로도 구현될 수 있다. 그것이 무엇이든 그것을 "스캐닝"하는 물리적 장치는 높은 신뢰도로 그것들을 "읽을" 수 있어야 한다. 즉 그것들에 차별적으로 반응할 수 있어야 한다. 이는 그 기호들의 물리적 속성이 스캐너의 물리적 설계에 일련의 제약을 준다는 것을 의미하지만, 그 제약이 보통 단 하나의 설계를 결정하지 않을 것이며 그래야 할 필요도 없다. 물리적으로 구현된 주어진 기호들에 대하여 대단히 많은 물리적 장치들이 스캐너로 적절히 작동할 수 있을 것이다. 기계의 프린터와 출력에 대해서도 마찬가지이다. (두 테이프를 가진 기계를 생각하자면) 기계가 출력 테이프 위에 인쇄하는 기호들은 물리적 형태를 가질 것이며 프린터는 요구에 따라 출력되도록 설계되어야 한다. 프린터는 물론 문자 그대로 어떤 것을 "인쇄"할 필요는 없다. 그것은 순전히 전기적으로 작동할 수도 있고 출력을 음성으로 내놓는 스피커일 수도, 출력을 시각화해서 보여주는 (그리고 이후의 계산을 위해 그것을 저장하는) LCD 모니터일 수도 있다.

기계의 "내적 상태"는 어떠한가? 내적 상태는 어떻게 물리적으로 실현되는가? TM_1 기계표의 다음 지침을 고려해보자. 기계가 상태 q_0에 있으면서 +를 읽고 있다면, +를 1로 대체하고 오른쪽으로 한 칸 이동 후 q_1 상태에 들어가라. Q_0와 Q_1이 각각 q_0와 q_1을 실현하는 물리적 상태라고 해보자. 그렇다면 Q_0와 Q_1은 다음 조건을 반드시 만족시켜야 한다. Q_0의 발생과 +의 물리적 스캐닝은 세 가지 물리적 사건을 **물리적으로 야기**해야 한다. 즉 (1) 물리적 기호 +는 물리적 기호 1로 대체된다. (2) 물리적 헤드는 (물리적 테이프 위에서) 한 칸 오른쪽으로 이동하여 그것을 읽는다. (3) 기계는 Q_1 상태에 들어간다. 따라서 일반적으로, 수행되어야 할 것은 기계표에 언급된 다양한 추상적 변수들(기호, 상태, 헤드의 이동 등) 사이의 **기능적 또는 계산적 관계**를 이 변수들의 **물리적 구현체들 사이의 적절한 인과적 관계**로 대체하는 것이다. 다시 말해, 한 튜링 기계의 물리적 실현자는 그 튜링 기계의 기계표와 동형적인 물리적 인과 메커니즘이다.

논리적 관점에서 보면 내적 상태들은 다른 변수들과의 관계에 의해 오직 "암묵적으로 정의"된다. 가령 q_j는, 만약 기계가 그 상태에 있고 기호 b_k를 읽고 있다면, 기계는 b_k를 b_l로 대체하고 R (즉 오른쪽)로 이동한 후 q_b 상태에 들어가며, 만약 b_m을 읽고 있다면 기계는 이러저러한 것을 한다, 등등인 상태이다. 그래서 q_j는 알파벳 기호들을 〈b_k, R(또는 L), q_b〉 형태의 삼중항에 대응시키는 함수로 생각될 수 있다. 물리적 관점에서 보면, q_j를 실현하는 Q_j는 물리적으로 실현된 기호들과 삼중항의 물리적 실현자들 사이의 **인과적** 매개로—또는 상이한 물리적 자극(읽혀진 물리적 기호들)에 반응하여 적절한 물리적 출력을 내놓는 **성향으로**—여겨질 수 있다. 이것이 의미하는 것은 q들을 실현하는 Q들이 적절한 인과적 힘 또는 능력을 가지는 한 Q들의 내재적 물리적 본성은 아무 상관이 없다는 것이다. Q들의 내재적 속성은 중요하지 않다. 더 정확하게는, Q들을 가지는 대상이나 상태에 기대되는 인과적 힘에 영향을 미치는 한에서만 중요하다. 할당된 인과적 일을 수행하는 한 그러한 상태들은 어떠한 것이어도 상관없다. 분명히, Q들이 q들을 실현하는지는 테이프와 기호 등이 어떻게 물리적으로 실현되는지에 결정적으로 달려 있다. 사실 이런 것들은 상호의존적인 문제이다. 어느 정도 공학적 능력이 있다면 기계의 작동에 영향을 미치지 않으면서 서로 다른 기계 상태들을 실현하는 물리적 상태들을 서로 뒤바꾸는 방식으로 재배선하는 것이 가능할 것이라 생각할 수 있다.

그렇다면 두 관점, 즉 심적 상태를 어떤 특정한 인과적 역할을 담당하는 상태로서 이해하는 기능주의의 관점과 물리적 상태가 튜링 기계의 내적 상태를 실현한다는 생각 사이의 수렴을 볼 수 있다. 기능주의적 견해에서 어떤 심적 상태를 그 종류의 심적 상태로 만드는 것이 감각 입력과 행동 출력 및 다른 심적 상태들에 대한 그것의 인과적 역할이듯, 마찬가지로 한 물리적 상태를 주어진 내적 기계 상태의 실현자로 만드는 것은 그것이 입력과 출력 및 기계의 내적 상태들의 다른 물리적 실현사들과 맺고 있는 인과 관계이다. 기능주의자들이 마음의 모델로 튜링 기계에 관심을 갖는 것이 자연스러운 이유이다.

S가 물리적 시스템이라 하자. (그것은 컴퓨터와 같은 전자 장치일 수도, 생물학적 유기체 혹은 자동차 조립 공장이나 그 밖의 무엇일 수도 있다.) 그리고 그것의 입력 및 출력을 서술할 어휘들이 채택되었다고 하자. 즉 무엇을 주변 상황으로부터의 입력으로 간주하고 무엇을 행동 출력으로 간주할지에 대한 규정이 있는 것이다. 나아가 S의 어떤 상태가 그것의 "내적 상태"로 간주되는지에 대한 규정 또한 주어졌다고 하자. 시스템 S가 (주어진 입출력 규정 및 내적 상태 규정에 상대적으로) 튜링 기계 M을 실현할 경우 오직 그 경우에 M을 (같은 입출력 규정 및 내적 상태 규정에 상대적으로) S의 **기계 기술**이라고 부르도록 하겠다. 따라서 "~의 기계 기술임"이라는 관계는 "~의 **실현자(또는 실현)**임"이라는 관계의 역이 된다. 기계 기술보다 더 약한 개념도 정의할 수 있다. 튜링 기계 M이 S의 입출력 상관관계들에 대한 올바른 기술을 제공하는 경우 오직 그 경우 M을 (그 입출력 규정에 상대적으로) S의 **행동 기술**이라고 하자. 따라서 S의 모든 기계 기술은 또한 행동 기술이기도 하지만, 일반적으로 그 역은 성립하지 않는다. M은 S를 특징짓는 입출력 상관관계들에 대한 올바른 기술이지만, M의 기계 상태는 S에서 실현되지 않을 수 있으며, S의 내적 작동(즉 계산 과정)은 M의 기계표에 의해 주어지는 기능적-계산적 관계를 올바로 반영하지 않을 수 있다. 사실 S의 올바른 기계 기술을 제공하는, M이 아닌 또 다른 튜링 기계 M*이 있을 수 있다. 그렇다면 **입출력에서 대등한 두 물리적 시스템이 동일한 튜링 기계의 실현이 아닐 수 있다는 것이** 따라 나온다. (덧셈 기계 TM_1과 TM_2는 이에 대한 간단한 예가 된다.)

기계 기능주의: 동기와 주장

기계 기능주의자들은 마음을 일종의 튜링 기계(또는 확률적 자동기계)

로 생각할 수 있다고 주장한다. 이는 물론 더 설명이 필요하지만, 어떤 이야기일지는 앞선 논의를 보면 꽤 분명하다. 핵심 아이디어는 이렇다. 어떤 것이 심성을 갖는다는 것, 즉 심리를 갖는다는 것은 그것이 적절한 복잡성을 가진 물리적으로 실현된 튜링 기계라는 것이며, 여기서 심적 상태들(즉 심적 상태 유형들)은 기계표의 내적 상태들의 실현자들과 동일시된다. 이런 아이디어는 기계 기술 개념을 사용하여 다음과 같이 설명될 수도 있다. 한 유기체는, 그것의 기계 기술에 해당하는 적절한 복잡성을 지닌 튜링 기계가 존재하는 경우 오직 그 경우에 심성을 가지며, 그 유기체의 심적 상태 유형들은 그 튜링 기계의 물리적으로 실현된 내적 상태들과 동일시된다. 이는 물론 적절히 선택된 입출력 규정에 상대적인 것이다. 유기체가 어떤 튜링 기계(또는 기계들)을 실현하는지 말할 수 있으려면, 먼저 무엇을 그 유기체의 입력과 출력으로 볼지 알고 있거나 결정해야 하기 때문이다.

기계 기능주의자들이 흔히 주장하는, **유기체의** 심리가 튜링 기계에 의해 표현될 수 있다는 생각을 고려해보자.[19] 심리적 주체 S의 가능한 모든 입출력의 완전한 규정을 V라 하고, 실제의 그리고 가능한 모든 입출력 상관관계들을 C라고 하자(즉 V에 나열된 모든 입력과 출력에 대하여 C는 S에 적용된 어떤 입력이 어떤 출력을 이끌어내는지 완전히 규정한다). S에 대한 **심리학**을 구성할 때, 우리는 S의 내적 상태들의 집합을 가정함으로써 C를 명쾌하게 체계화할 수 있는 **이론**을 구성하려고 한다. 그런 이론은 S에 적용되는 임의의 입력에 대하여 S가 어떤 출력을 내놓을지 **예측**할 것이며, 또 어떤 특정한 입력이 왜 어떤 특정한 출력을 산출하는지 **설명**할 것이다. 어떤 행동 시스템이 심리를 가질 만큼

---

19 예를 들어 Hilary Putnam, "Psychological Predicates"를 보라.

충분히 복잡하다면 그것의 내적 상태에 기대지 않고서는 이러한 종류의 체계화가 불가능할 것이라고 가정하는 것이 합당하다. S에 적용되는 동일한 입력이 항상 S에게 동일한 출력을 낳게 하지는 않을 것이기 때문이다. 우리는 주어진 입력이 산출하는 실제 출력은 당시의 S의 내적 상태에 좌우될 것이라고 가정해야 할 것이다.

더 나아가기 전에 튜링 기계 개념에 대해 한 가지 측면에서 수정이 필요하다. 튜링 기계의 내적 상태, 즉 q들은 주어진 시점의 기계의 **전체** 상태에 해당한다. 그리고 q들의 물리적 실현자인 Q들 역시 물리적으로 실현된 기계의 **전체** 물리적 상태이다. 이는 우리가 논의하고 있는 튜링 기계가 우리에게 친숙한 심리학 이론들과 그다지 유사하지는 않을 것임을 의미한다. 그러한 이론들이 가정하는 상태가 어떤 시점에서 주체의 전체 상태인 경우는 거의 없기 때문이다. 그러나 이는 기술적인 문제로, 더 세밀한 "내적 상태" 개념으로 극복할 수 있는 문제이다. 우리는 전체 내적 상태가 "부분적" 상태들로 이루어져 있으며, 부분적 상태들이 다른 방식으로 결합될 때 다른 전체 상태를 낳는다고 생각할 수 있다. 이런 식의 수정은 원래의 튜링 기계 개념의 어떠한 본질적인 것도 바꾸지 않는다. 다음 논의에서 우리는 대부분의 맥락에서 이러한 수정된 내적 상태 개념을 사용할 것이다.

튜링 기계로 주체 S의 심리를 표현하는 문제로 돌아가 보자. 어떤 튜링 기계가 또는 기계들이 S의 심리에 관한 기술로 적합한가? 어떠한 적절한 튜링 기계도 S의 행동 기술(앞에서 정의한 의미에서의)이어야 한다는 것은 분명하다. 즉 그것은 (V에 상대적으로) S의 입출력 관계들을 올바로 기술해야 한다. 그러나 앞서 보았듯, S의 입출력 관계들을 올바로 표상하는 튜링 기계는 하나 이상 있을 수밖에 없다. 사실 하나가 존재한다면, 무한히 많은 그런 튜링 기계가 존재할 것이다.

이 기계들 각각이 심리적 주체 S의 올바른 행동 기술이므로 그들은 모두 **예측** 이론으로는 똑같이 좋을 것이다. 비록 그중 일부가 더 조작하기 쉽고 더 계산적으로 효율적이더라도 이 기계들은 모두 동일한 입력에 대해 동일한 행동 출력을 예측한다. 이것은 "행동 기술" 개념의 단순한 귀결이다. 그러나 그들은 튜링 기계로서 서로 다르다. 그러나 그러한 차이가 중요한가?

행동적으로 대등한 튜링 기계들, 가령 M_1과 M_2가 어떻게 서로 다를 수 있는지를 이해하기는 어렵지 않다. 그것들이 다른 튜링 기계라고 말하는 것은 그것들의 기계표가 다르다고 말하는 것이다. 튜링 기계는 기계표에 따라 개별화된다. 이는 동일한 입력이 주어졌을 때 M_1과 M_2가 **다른 계산 과정들**을 통하여 동일한 출력에 도달했을 공산이 크다는 것을 의미한다. 각 기계는 내적 상태들의 집합을 가진다. M_1과 M_2의 내적 상태들의 집합을 각각 $\langle q_0, q_1, ..., q_n \rangle$, $\langle r_0, r_1, ..., r_m \rangle$이라고 하자. 또 M_1은 심리적 주체 S의 기계 기술이고 M_2는 아니라고 해보자. 즉 S는 M_1의 물리적 실현자이지만 M_2의 실현자는 아니다. 이것이 의미하는 것은 M_2가 아닌 M_1에서 표현되는 계산적 관계들이 S의 물리적-심리적 상태들 사이의 인과 관계들의 집합에 반영된다는 것이다. 다시 말해, M_1의 내적 상태 $\langle q_0, q_1, ..., q_n \rangle$에 상응하는 S의 실제 물리적 (아마도 신경생물학적) 상태 $\langle Q_0, Q_1, ..., Q_n \rangle$가 존재하여, 이러한 Q들은 M_1의 모든 계산적 과정에 대하여 그것과 동형적인 인과적 과정이 S에서 발생할 것임을 보장하는 방식으로 다른 Q들 및 물리적 스캐너(감각 기관들)와 물리적 프린터(운동 기제들)에 인과적으로 연결되어 있다. 즉 S는 M_1의 "인과적 동형"이라고 할 수 있을 것이다.

그렇다면 M_1, M_2 모두 S의 관찰 가능한 입출력 행동에 관한 정확한 예측 이론이라 할지라도, M_1은 S에 대해 **심리적으로 실재적**이지만 M_2는 그렇지 않다는 분명한 의미가 있다. M_1은 S에 대한 "참된 심리학"을 제공한다고 할 수 있는데, S는 그 물리적 구조상 그것의 상태들로 이루어진 인과 체계가 M_1의 기계표로 표현되는 계산 구조를 반영한다는 점에서, 그리고 S의 물리적-인과적 작용이 M_1의 계산적 작용의 동형적 이미지를 이룬다는 점에서 그러하다. 이는 우리가 원하는 것이 설명적 이론, 즉 S는 왜, 그리고 어떻게, 주어진 입력 조건 하에서 그렇게 행동하는지 설명하는 이론일 때 결정적 차이를 만든다. 입력 i가 S에게 주어졌을 때, S는 내적 상태 Q에 있었기 때문에 행동 출력 o를 산출했다는 진술을 생각해보자. 이는 언급된 상태 Q가 S의 "실재하는" 상태일 때에만 설명이 될 수 있는 것 같다. 특히 그 진술은 상태 Q가 i와 함께 o를 야기한 것일 때에만 인과적 설명으로 여겨질 수 있다. S가 M_1의 물리적 실현자이므로, 즉 M_1이 S의 기계 기술이므로, Q와 입력 i에서 행동 출력 o로 이어지는 인과적 과정은 M_1의 기계표에 따라 이루어지는 계산적 과정에 정확히 반영된다. 대조적으로, S에 의해 실현되지 않는 M_2는 S의 모든 입출력 연결을 올바로 포착하긴 하지만 S에 대한 "내적인" 심리적 실재성을 갖지 않는다. 비록 M_1과 마찬가지로 M_2가 입력 i와 출력 o를 연결시키기는 하지만, 그 계산적 과정은 i에서 o에 이르는 S 내의 실제 인과적 과정을 반영하지 않는다. "S는 내적 상태 Q에 있었기 때문에 입력 i가 주어졌을 때 o를 산출했다"에서의 "때문에"의 설명적 힘은 S 내의 i와 o의 물리적 구현 및 Q와 관련된 인과 관계에서 비롯한다.

여기서 철학적 쟁점은 부분적이지만 결정적인 방식으로 과학 이론에 대해 어떤 형이상학을 받아들이는지에 좌우된다. 과학 이론 일반이나 어떤 특정 분야의 이론을 단지 주어진 데이터로부터 다른 관찰을 추론 또는 계산할 수 있게 해주는 예측적 도구로 간주한다면, 그러한 이론의 상정물—가령 이론 물리학의 관찰 불가능한 소립자나 그들의 (종종 꽤 기이한) 속성들—에 대해 어떠한 존재적 의의도 부여할 필요가 없을 것이며, 그러한 상정물들은 단지 예측을 얻기 위한 계산적 보조물로 여겨질 것이다. 이런 입장은 과학 이론에 대한 "도구론" 혹은 "반실재론"이라 불린다.[20] 이런 견해에 의하면, 과학의 이론적 원리들에 대해 "참" 여부의 쟁점은 제기되지 않으며 그것이 상정하는 존재자와 속성의 "실재성" 쟁점 또한 마찬가지이다. 유일하게 중요한 것은 그 이론의 "경험적 또는 예측적 적합성"(즉 예측적 장치로서 그것이 얼마나 정확하게 작동하는지 그리고 그것의 적용 범위가 얼마나 포괄적인지)이다. 만일 심리 이론에 대해 이러한 도구론적 입장을 받아들인다면, 주어진 심리적 주체의 행동 기술에 해당하는 어떠한 튜링 기계도 그 주체에 대한 심리학으로 충분히 좋을 것이며, 행동적으로 적합한 다른 기술도 똑같은 정도로 좋을 것이다. 그들 중 일부가 계산의 효율이나 조작의 수월함 때문에 다른 것보다 더 선호될 수 있을지 모르나 "실재성"이나 "참" 여부의 질문은 제기되지 않는다. 심리학의 본성에 대해 이러한 견해를 갖는 이들은 행동적으로 적합한 많은 심리 이론들 중 어떤 것이 그 주체에 대해 "실제로 참"인가 하는 질문을 의미 없는 질문으로 일축할 것이다.

그러나 과학 이론에 대해, 또는 심리학에 대해 "실재론적" 관점을 받아들이는 이들은 행동적으로 적합한 모든 기술들이 심리학적으로 적합한 것은 아니라고 생각할 것이다. 실재론자들은 적합한 심리학이란 "심리적 실재성"을 가져야 한다고 생각한다. 즉 심리학이 상정하는 내적 상태들은 실제로 입력과 출력 사이의 인과적 매개 역할을 하는 실재하는 상태이어야 한다. 이는 그 유기체의 올바른 기계 기술에 해당하는 튜링 기계만이 그 유기체에 대해 받아들일 만한 심리 이론임을 의미한다. 가장 단순하고 우아한 행동 기술이 그 주체의 관찰 가능한

---

20 이런 종류의 입장을 진술하고 옹호하는 것으로 Bas Van Fraassen, *The Scientific Image*를 보라. .

행동을 일으키는 내적 과정에 대한 올바른 기술이 아닐 수 있다. 그 주체가 가장 단순하고 우아한(단순함과 우아함에 대한 기준이 어떻든 간에) 이론을 따르는 방식으로 만들어졌다고 가정할 어떤 선험적 이유도 없기 때문이다.

왜 도구론적 입장을 넘어서서 심리적 실재성을 고집하고자 하는가? 두 가지 연관된 이유가 있다. (1) 앞서 보았듯, 심리 이론이 행동에 관한 설명, 특히 인과적 설명을 해줄 것이라 기대한다면, 심리 상태들, 즉 심리학이 상정하는 심리 주체의 내적 상태들은 실재하는 것으로 간주되어야 한다. 그리고 이것이 현장의 심리학자들의 태도일 것이다. 즉 그들이 연구하는 피험자에게 내적 상태, 능력, 기능, 메커니즘(가령 정보 처리와 저장, 추론, 심상, 선호 체계 등)을 귀속하고, 그런 것들을 언급하면서 그들이 생각하는 행동에 대한 인과적 설명을 제시하는 것은 현장의 심리학자들 사이에서 흔한, 거의 보편적인 관행이다. 더욱이 (2) 올바른 심리 이론이 상정하는 심리 상태, 능력, 기능의 토대가 되는 실제 신경-생물학적 메커니즘이 발견되리라 기대하는 것은 자연스러우며, 이는 실제로 대부분의 심리학자, 인지과학자들이 기대하는 것이다. 신경 과학, 특히 인지 신경과학의 연구는 여러 심리적, 인지적 능력과 기능을 구현하는 생리학적 메커니즘을 확인하는 데 인상적인 성공을 거두었고, 우리는 앞으로도 이런 성공이 계속되리라 기대한다. 우리가 일반적으로 심리 이론들에 생리학적 토대를 기대하고 또한 때로 그것을 고집하는 것은 심리학적 이론화에 대한 우리의 실재론적 태도를 반영하는 것이다. 유기체에 대한 올바른 심리학은 단지 행동적으로 적합한 기술일 뿐만 아니라 그에 대한 기계 기술이어야 한다는 요구[21]는 심

---

21 어떤 주어진 심리 주체에 대해서 (입력과 출력 조건 규정에 상대적으로) 기계 기술에 해당하는 **단일한** 튜링 기계가 있는 것인가? 아니면 유의미하게 다른 복수의 기계 기

리 이론에 대한 실재론적 입장의 표명으로 여겨질 수 있다.

어떠한 유기체의 심리도 튜링 기계로 표현될 수 있다면, 튜링 기계에 의한 표현 가능성을 사용해서 심리를 갖는다는 것이 무엇인지를 해명 또는 정의해보고자 하는 것은 자연스럽다. 앞서 보았듯, 그것이 바로 기계 기능주의가 제안하는 것이다. 한 유기체나 시스템이 심리를 갖는다는 것, 즉 마음을 갖는다는 것은 그것이 적절한 튜링 기계를 실현한다는 것이다. 이는 단순히 마음을 가진 모든 것이 적절한 기계 기술을 가진다는 것이 아니다. 기계 기능주의는 적절한 종류의 기계 기술을 갖는 것이 심성을 **구성한**다는 더 강한 주장을 한다. 이는 심성의 본성에 관한 철학적 논제로, 심성, 즉 마음을 가짐은 적절한 복잡성과 능력이 있는 튜링 기계를 실현하는 물리적 계산기임과 다르지 않다는 것이다. 따라서 우리를 심성을 갖는 존재로 만드는 것은 우리가 튜링 기계라는 사실이다. 뇌를 갖는 것은 심성에 중요하지만 뇌의 중요성은 정확히 뇌가 계산기라는 것에 있다. 우리의 심성을 이루는 것은 뇌의 계산적 힘이지 뇌의 생물학적 속성이나 기능이 아니다. 간단히 말해, 우리의 뇌가 마음인 것은 뇌가 계산 기계이기 때문이지 뇌가 단백질 기반의 어떤 생물학적 물질로 구성되어 있기 때문이 아니다.

기능주의: 추가 쟁점들

두 시스템 S_1과 S_2가 (같은 시점이든 다른 시점이든) 같은 **심적 상태**에 있다고 가정하자. 심적 속성에 대한 기계 기능주의적 이해에 따르면 이것이 의미하는 것은 무엇인가? 기억하겠지만, 심적 속성은 ("적절한 종

술이 있을 수 있는가(혹시 항상 있어야만 하는가)? 심리학에 대한 실재론은 단일한 기계 기술이 있을 것을 요구하는가?

류"의) 튜링 기계의 내적 상태인 것으로 가정된다. 그렇다면 S_1과 S_2가 동일한 상태에 있기 위해서는 어떤 튜링 기계 상태 q가 있어서 S_1도 q 상태에 있고 S_2도 q 상태에 있어야 한다. 그런데 이는 무엇을 의미하는가?

S_1과 S_2 모두 물리적 시스템이며, 우리는 그것이 매우 다른 종류의 시스템일 수 있다는 것을 알고 있다(다수실현 가능성을 상기할 것). 물리적 대상으로서 S_1과 S_2는 물리적 상태를 갖는다(즉 어떤 물리적 속성을 예화한다). 그것들이 모두 시점 t에 기계 상태 q에 있다고 말하는 것은 다음을 말하는 것이다. t에 S_1, S_2는 각각 Q_1, Q_2 상태에 있으며 Q_1이 S_1에서 q를 실현하고 Q_2가 S_2에서 q를 실현하는, 그러한 물리적 상태 Q_1, Q_2가 존재한다. 다수실현 가능성은 Q_1, Q_2가 물리적으로 많은 것을 공유할 필요가 없음을 말해준다. 가령 하나는 생물학적 상태이고 다른 하나는 전자 상태일 수 있다. 두 상태를 함께 묶어주는 것은 각각의 시스템에서 그것들이 동일한 내적 기계 상태를 구현한다는 사실뿐이다. 다시 말해 두 상태는 그들의 각 체계 안에서 동일한 계산적 역할을 수행한다는 것이다.

그러나 "동일한 내적 기계 상태 q"에 대한 이야기는 오직 특정한 기계표와 관련해서만 말이 될 뿐이다. 즉 튜링 기계의 내적 상태는 특정한 기계표에 상대적으로만 확인될 수 있다. 앞서 우리가 사용했던 기계표로 말하자면, 내적 상태 q는 전적으로 그 아래에 세로로 나열된 지침들에 의해서 규정된다. 그러나 이 지침들은 다른 내적 상태들, 말하자면 q_i, q_j, q_k 등을 언급하며, 이것들에 해당하는 지침은 다시 상태 q를 언급하고 있을 가능성이 높다. 따라서 이 상태들은 다른 상태를 통해 정의된다. 이 모든 것이 의미하는 것은 **상이한 기계표, 즉 상이한 튜링 기계를 가로질러 내적 상태의 동일성이나 차이를 말하는 것은 아무런 의미가 없다**는 것이다. 한 튜링 기계의 내적 상태 q_i와 다른 튜링 기계의 내적 상태

q_k를 놓고 q_i이 q_k와 동일한 상태인지 아닌지 말하는 것은 말이 되지 않는다. 또한 두 **물리적 기계가 동일한 튜링 기계의 실현이 아니라면**, 물리적으로 실현된 하나의 튜링 기계의 물리적 상태 Q_i에 대하여 그것이 다른 물리적 기계의 물리적 상태 Q_k가 실현하는 것과 동일한 내적 기계 상태 q를 실현한다거나 혹은 실현하지 않는다고 말하는 것 역시 말이 되지 않는다.

그렇다면 심적 속성에 대한 기계 기능주의 관점은 다음과 같은 귀결을 갖는다는 것이 분명하다. 임의의 두 주체가 동일한 심적 상태에 있으려면 그들은 동일한 튜링 기계를 실현해야 한다. 그러나 만약 그들이 동일한 튜링 기계를 실현한다면, 그들의 전체 심리는 동일해야 한다. 즉 기계 기능주의에 따르면, 두 주체가 단 하나의 심리 상태를 공유하기 위해서는—또는 그들이 동일한 심리 상태에 있는지 아닌지의 이야기가 말이 되려면—두 주체의 전체 심리 또한 동일해야 한다. 이는 불합리하게 들린다. 두 사람이 하나의 심리 상태(가령 눈은 하얗다는 믿음)를 공유하기 위해 그들의 행동을 좌우하는 심리적 규칙성 전체가 정확히 동일해야 한다고 요구하는 것은 합당치 않아 보인다. 이 논점에 대해 더 논의하기 전에 또 다른 문제에 주의를 기울여야 하는데, 바로 한 시스템의 입력과 출력이 어떻게 규정되어야 하는지의 문제이다.

두 시스템 S_1과 S_2가 동일한 튜링 기계를 실현한다고 하자. 즉 동일한 튜링 기계가 각 시스템에 대한 올바른 기계 기술을 제공한다고 하자. 실현은 특정한 입출력 규정에 상대적이라는 것을 우리는 알고 있다. 한 시스템이 주어진 튜링 기계를 실현하는지 말할 수 있으려면 무엇을 그 시스템의 입력 조건으로 간주하고 무엇을 행동 출력으로 볼지 알아야 한다는 것이다. V_1과 V_2를 동일한 기계 기술을 공유하는 S_1과 S_2의 입출력 규정이라고 하자. V_1과 V_2는 동일한 기계표와 관련되어 있으므로 틀림없이 동형적이다. 즉 V_1의 요소들은 기계표에서 그 요소들의 역할을 보존하는 방식으로 V_2의 요소들과 일대일 대응이 될 수 있다.

그러나 S_1이 실제 심리 시스템, 아마도 인간(래리라고 부르자)인 반면, S_2는 전기 기계 장치인 컴퓨터(맥스라고 부르자)라고 하자. V_2에 의해 명시된 입력과 출력들은 보통의 계산 기계에 적합한 입력과 출력들이다. 아마도 자판 위에 입력되는 일련의 기호나 카메라에 의해 스캔된 이미지를 입력으로, 모니터 화면이나 인쇄기에 출력되어 나오는 기호나 이미지 같은 것을 출력으로 가질 것이다. 기계 기능주의에 따르면 래리와 맥스는 같은 심리를 가지고 있다. 그러나 이는 불합리하지 않은가? 맥스는 래리의 심리에 대한 컴퓨터 시뮬레이션일 뿐인 것 아닌가? 래리에게 부여하는 심리적 지위를 온전히 맥스에게 부여한다는 점에서 기계 기능주의는 **심리 주체와 심리 주체의 컴퓨터 시뮬레이션을 혼동**하고 있다고 보는 사람도 있을 수 있다. 어느 누구도 제트 엔진의 작동이나 광견병의 확산을 그것들의 컴퓨터 시뮬레이션과 혼동하지 않을 것이다. 사람의 심리를 컴퓨터 시뮬레이션할 때 이러한 구분이 갑자기 사라진다고 믿기는 힘들다. (이 질문은 아래에 계산주의와 중국어방 논증에 대한 절에서 다시 다루어질 것이다.)

심리 시스템으로서의 컴퓨터 맥스를 래리와 비교했을 때 한 가지 분명히 잘못된 것처럼 보이는 것은 맥스의 입력과 출력이다. 비록 맥스의 입출력 규정이 래리의 것과 동형적이긴 하지만 심리에는 전적으로 부적절해 보인다. 그 차이를 명확히 규정하는 것이 쉽지는 않겠지만, 단순한 일련의 기호나 전자 이미지들로 이루어진 입력과 출력은 진정한 심성을 가진 존재에게 적절한 것으로 여겨지지 않을 것이다. 일련의 기호들을 뚝딱 방출해내는 것은 우리가 래리에게서 보는 온전한 행동과 같은 것이 아니다. 맥스의 출력은 분명 맥스의 생존이나 고유한 기능 유지와는 아무 관계가 없으며, 입력 또한 맥스에게 주변 상황에 대한 정보를 제공하는 기능을 갖지 않는다. 결과적으로 맥스의 출력은 입력에 대한 반응으로서 소위 "목적론적 적합성"을 결여한다. 이 모든 것은 맥스의 출력이 진정한 심리 시스템으로 간주되기 위해 필요한 행동이나 행위를 이룬다고 보기 어렵게 만든다.

튜링 기계의 실현으로서 맥스와 래리는 서로 대칭적이다. 그런데 만약 심성의 측면에서 비대칭성이 있다면, 입력과 출력의 본성이 중요한 요소라는 것이 분명하다. 그리고 앞선 논의는 튜링 기계를 실현하는 시스템이 심리 시스템으로 여겨지기 위해서는 입출력 규정이 **심리적으로 적절해야** 함을 보여주는 듯하다. 이 적절성이 정확히 무엇인지는 더 많은 논의가 필요한 흥미롭고 복잡한 질문이다. 어쨌든 기계 기능주의자는 다음의 물음에 직면한다. 그러한 입출력의 적절성을 기능주의와 일관되게—특히 심적 용어나 개념을 사용하지 않고—규정하는 것이 가능한가? 행동주의와 관련하여 논의했던 유사한 논점을 상기하자. 심적 개념들을 행동주의적으로 정의할 때 선결 문제를 가정하지 않기 위해 행동주의자들에게 언급이 허용되는 행동은 "물리적 행동"이어야 하며, 명시적으로든 암묵적으로든 심적 요소를 가진 의도적 행위(가령 신문 읽기, 종업원에게 무례하게 대하기, 음악 콘서트에 가기)여서는 안 된다. 만약 행동으로부터 심성을 얻어내는 것이 목표라면, 행동 개념은 심성을 전제해서는 안 된다.

같은 문제가 기계 기능주의자에게 적용된다. 기계 기능주의자의 기획은 튜링 기계 및 입출력 관계들로 심성을 정의하는 것이다. (행동주의자에겐 허용되지 않지만) 기계 기능주의자가 사용할 수 있는 부가적 도구로 "내적" 상태를 가진 튜링 기계 개념이 있다. 그러나 입력과 출력은 동일한 제약을 받는다. 즉 행동주의자의 입출력과 마찬가지로 물리적인 입력과 출력이어야 한다. 이것이 옳다면, 기계 기능주의자가 원리에 의거해 래리의 입출력과 맥스의 입출력을 구분하고, 그럼으로써 진정한 심리 시스템을 그것의 시뮬레이션과 구분하는 것은 쉬운 일이 아닌 것으로 보인다. 앞서 우리는 입력이 주어졌을 때 래리의 출력은 **목적론적으로 적합**해 보이는 반면 맥스의 경우는 그렇지 않다는 것을 지적했다. 래리의 입출력은 주어진 환경에서의 자신의 고유한 기능, 즉 지속적으로 변하는 주변 조건에 대처해서 그의 필요와 욕구를 충족시키는 것과 관련이 있다. 그러나 이러한 목적론 개념 ─ 합목적성 혹은 목표지향성 개념 ─ 이 선결 문제를 가정하지 않고 심리학적으로 중립적인 방식으로 설명될 수 있는가? 아마도 생물학적-진화론적 이야기를 시도해볼 수 있겠지만, 과연 그러한 생명-목적론적bioteleological 시도가 성공할지 여부는 여전히 열린 물음으로 남는다. 이런 것들을 고려할 때, 어떤 시스템이 진정한 심성을 가지려면, 자연적 환경(이상적으로는 그것과 유사한 다른 시스템들을 포함하는 환경)에 뿌리박고서, 맞닥뜨리는 새롭고 변화하는 조건에 반응해서 적절히 행동해야 한다는 생각에는 설득력이 있다.

이제 기계 기능주의가 두 심리 주체는 동일한 전체 심리를 가질 경우에만 동일한 심리 상태에 있을 수 있다는 결론을 함축하는지의 물음으로 돌아가 보자. 이미 보았듯이 이런 함축은 다음과 같은 사실로부터 따라 나온다. 기계 기능주의에 따르면 같은 심리 상태에 있다는 것은 같은 내적 기계 상태에 있다는 것이고, 기계 상태의 같고 다름은 동일한 튜링 기계와 관련해서만 말이 될 뿐 상이한 튜링 기계에 대해서는 전혀 그렇지 않다. 아마 더 심각한 것은, 동일한 전체 심리를 갖지 않는다면 두 심리 주체는 동일한 심리 상태에 있지 **않**다고 하는 것도 말이 되지 않음이 따라 나온다는 것이다! 그러나 동일한 튜링 기계를 실현하는 두 주체의 입출력 규정이 다를 수 있고, 심리의 개별화는 입출력 규정에 민감하게 이루어져야 할지도 모른다는 사실(우리는 곧 이 문제로 돌아갈 것이다)을 고려했을 때, 이런 결론은 살짝 약화되어야 한다. 입출력 규정을 제외하면 동일한 튜링 기계의 사례인 심리 체계들을 "동형적"이라고 하자. 그렇다면 우리는 다음의 결론에 도달한다. 기계 기능주의에 의하면, 두 심리 주체가 단 하나의 심리 상태라도 공유하려면 그들의 전체 심리 체계가 서로 동형적이어야 한다. 심리-신경 동일론에 대한 퍼트넘의 반박을 상기해보자. 동일론은 인간과 문어가 동일한 뇌 상태를 공유하면 모를까—그럴 가능성은 없겠지만—양자가 동일한 고통 상태에 있는 것을 불가능하게 만든다. 그런데 우리는 이제 퍼트넘의 기계 기능주의에 대해 공수의 역할이 전환된 것을 보게된다. 인간과 문어가 같은 고통 상태에 있으려면 동형적 심리 체계를 공유해야 하는데, 그럴 가능성은 좋게 말해도 희박해 보인다! 또한 두 인간이 하나의 심적 상태라도 공유하려면 그들은 동일한 전체 심리 체계를 가져야 한다(추정컨대 동일한 입출력 규정이 모든 또는 대부분의 인간들에게 성립해야 할 것이기 때문이다). 동일론으로부터는 이와 유사한 결론이 따라 나오지 않는다. 이런 점에서 기계 기능주의는 그것이 대체하고자 했던 이론보다 오히려 못해 보인다. 이 모든 것은 앞서 언급했던 사실, 즉 기능주의에 따르면 심적 속성의 개별화가 본질적으로 **총체론적**이라는 사실—즉 주어진 심적 속성을 그 속성이게 하는 것은 그것이 다른 심적 속성과 맺는 관계들에 의존하고, 여기서 다른 심적 속성의 정체성은 마찬가지로 그들이 다른 심적 속성과 맺는 관계에 의존하며, 이하 등등의 의존 관계가 성립한다는 사실—의 귀결이다.

그러나 아마도 언뜻 보이는 것처럼 그렇게 상황이 나쁘지는 않을지 모르겠다. 기계 기능주의자들이 다음과 같은 식으로 대응할 수 있을 것이기 때문이다. 즉 인간과 문어가 둘 다 고통 상태에 있기 위하여 문어의 **전체** 심리 체계가 인간의 **전체** 심리 체계와 일치하거나 동형적이어야 할 필요는 없다. 단지 필요한 것은, 둘 모두에 대한 올바른 기계 기술인 **어떤** 튜링 기계가 있어서 그 안에서 고통이 하나의 내적 기계 상태로 나타나야 한다는 것이다. 이때 양자가 공유하는 튜링 기계가 그 둘을 기술하는 최대로 상세한 튜링 기계, 즉 그들의 "전체 심리 체계"를 표현하는 기계인지의 여부는 중요하지 않다. 필요한 것은 고통(그리고 아마도 관련된 감각들)을 포함하는 부분적 또는 축약된 심리 체계를 인간과 문어가 공유해야 한다는 것이다. "고통 심리 체계"가 전체 심리 체계로부터 그렇게 쉽게 분리되거나 추출될 수 있을지는 특별히 심성에 대한 기능주의 관점의 맥락에서 숙고할 가치가 있는 질문이다. 그러나 여기에는 간단히 살펴봐야 할 또 다른 관련된 쟁점이 있다.

인간과 문어가 튜링 기계를 실현하는 것에 대한 이런 말들은 입출력 규정에 상대적이라는 점을 상기해보자. 진정한 심리 주체와 컴퓨터 시뮬레이션에 대한 앞선 논의를 고려했을 때, 이는 인간과 문어가 둘 다 고통을 느낀다고 말할 수 있으려면, 인간의 고통에 특징적인 입출력 조건들이 문어의 그것과 동일하지는 않더라도 적절한 정도로 유사해야 한다는 것을 의미하지 않는가? 출력의 측면을 생각해보자. 문어는 고통을 느낄 때 움츠리며 신음을 하는가? 아마 움츠릴지는 모르지만 신음을 내거나 "아야!" 하고 소리치지는 않을 것이다. 문어의 회피 행동은 순전히 물리적 관점에서 미국의 중산층 중년 남성의 회피 행동과 얼마나 유사한가? 인간과 문어 및 고통을 느낄 수 있는 모든 유기체와 대상에 적절한, 고통 행동에 대한 충분히 추상적인 **비심리적** 기술이 존재하는가? 만약 그런 것이 존재하지 않는다면 기계 기능주의는 기능주의자가 동일론에 제기했던 것과 동일한 난점에 다시 직면하는 것 같다. 즉 문어와 인간은 동일한 고통 상태에 있을 수 없게 된다. 다시 한 번 기능주의자는 문어 및 인간 회피 행동의 "목적론적 적절성", 즉 행동이란 자극 조건에 생물학적으로 적절히 반응하여 각자의 환경에서 생존 가능성 및 안녕을 도모하는 것이라는 사실에 호소하는 것이 최선의 선택인 것 같다.

이 시점에서 제기해야 할 튜링 기계에 관련한 또 다른 "적절성" 쟁점이 있다. 기계 기능주의자에게 한 시스템은 그것이 "적절하게 복잡한" 튜링 기계를 실현하는 경우 그리고 그런 경우에만 심성을 갖는다. 이러한 단서가 필요한 이유는 심성을 산출하기에는 분명히 충분치 못한 단순한 튜링 기계들이 있기 때문이다(우리가 예로 들었던 튜링 기계들을 생각해보라). 그러나 얼마나 복잡해야 충분히 복잡한 것인가? 복잡성이란 무엇이며 그것은 왜 중요한가? 그리고 어떤 종류의 복잡성이 심성을 위해 "적절한" 것인가? 이러한 것들은 중요하지만 어려운 물음들이며, 기계 기능주의자들이 이에 대하여 상세한 일반적 답변을 제시하지 못했다는 것은 놀랍지 않다. 그러나 계산 기계가 "생각"할 수 있는지 결정하기 위한 테스트로 앨런 튜링 본인이 제시한 흥미로운 제안이 있다. 그 유명한 "튜링 테스트"가 그것이다. 튜링의 제안을 살펴보기로 하자.

기계가 생각할 수 있는가? 튜링 테스트

튜링의 획기적 제안은 마음을 가졌다고 누구나 동의할 만한 보통 사람 대비 계산 기계의 수행 능력을 평가할 수 있는 구체적인 조작적 테스트를 제시함으로써 적절성에 대한 일반적인 이론적 질문을 피해 가는 것이다.[22] 아이디어는 만약 기계가 어떤 인지적, 지적인 과제들을 인간만큼 잘 수행할 수 있으면 인간 못지않게 심리적인("지적인") 존재라고 여겨야 한다는 것이다. 그렇다면 그러한 과제들은 무엇인가? 분명 직관적으로 지능과 심성이 필요한 것들이어야 한다. 튜링의 "모방 게임"

---

22   Alan M. Turing, "Computing Machinery and Intelligence".

은 그러한 능력을 테스트하기 위해 고안되었다.

모방 게임은 다음과 같이 진행된다. 게임의 참여자는 질문자, 남자, 여자 세 명으로, 질문자는 나머지 두 명과는 다른 방에 격리되어 있다. 남자와 여자는 질문자에게 각각 "X"와 "Y"로만 알려져 있다. 질문자의 목표는 키보드 단말기와 모니터를 통해 질문을 해서 누가 남자이고 누가 여자인지 맞추는 것이다. 남자의 목표는 질문자가 잘못 식별하도록 오도하는 것이고, 반면에 여자의 역할은 질문자를 돕는 것이다. 물을 수 있는 질문의 주제에는 아무런 제한이 없다.

튜링이 제안하듯 남자를 컴퓨터 기계로 대체한다고 해보자. 그 기계는 질문자를 속여 틀린 추측을 내도록 하는 남자의 역할을 시뮬레이션 하도록 프로그램되어 있다. 기계는 질문자를 속이는 일을 남자만큼 잘할 것인가? 만약 기계가 남자만큼 잘한다면 우리가 보통 인간에게 부여하는 모든 지능이 그 기계에게 있다고 믿어야 한다는 것이 튜링의 제안이다. 즉 그 기계가 인간이 소유하는 온전한 심성을 소유한다고 판단되어야 한다는 것이다.[23]

튜링의 핵심 생각은 보다 단순한 테스트에서 포착될 수 있다. 즉 키보드 단말기를 통해 질문을 함으로써 (또는 대화를 함으로써) 우리가 인간과 말하고 있는지 계산 기계와 말하고 있는지 맞출 수 있는가? (이것이 오늘날 튜링 테스트가 수행되는 방식이다.) 컴퓨터가 우리를 한결같이 속여서 우리가 그 정체를 맞추는 성공률이 무작위 추측보다 나을 게 없다면, 그 기계는 인간이 갖는 종류의 심성을 가지는 것으로 인정해야 할 것으로 보인다. 이미 이런 방식으로 대부분의 사람을 속일 수 있는 체스 게임 컴퓨터가 있지만 그것은 체스 게임에 한정된다. 평균적

---

23 아마도 이 주장을 감각이나 감정 같은 것을 제외한 인지적 심성에 제한한다면 더 합당할 것이다.

인 체스 경기자들은 자신이 인간과 경기하는지 컴퓨터와 하는지 구분하지 못할 것이다. 그러나 튜링 테스트는 인간이 관심 있는 모든 가능한 영역을 포괄한다. 가령 정치나 스포츠, 음악과 시, 수플레를 만들거나 새는 수도꼭지를 고치는 법 등 아무런 제한이 없다.

튜링 테스트는 지능과 심성에 관한 문제들을 그와는 무관한 고려사항들, 가령 기계의 외모나(튜링이 지적하듯 미인대회에 뽑혀야 할 필요는 없다) 구조 및 구성에 대한 세부 사항들, 인간처럼 말하고 움직이는지 등의 고려 사항들로부터 분리하도록 설계되었다. 튜링 테스트는 광범위한 영역의 합리적, 지적 능력과 기능들에 초점을 둔다. 그러나 이 테스트는 얼마나 설득력 있는가?

튜링 테스트는 너무 엄격하면서 너무 협소하기도 하다는 반론이 있어 왔다. 너무 엄격하다는 것은 어떤 것이 심성이나 지능을 갖기 위해 인간을 속여 넘길 만큼 영리할 필요는 없으며, 특히 언어의 소유가 심성을 위한 전제 조건이 되어서는 안 된다는 점 때문이다(말 못하는 동물들을 생각해보라). 인간의 지능 자체는 상당히 넓은 범위를 포괄하고 있으며, 튜링 테스트가 요구하는 수준의 과제 수행을 심성을 위한 최소 문턱으로 삼아야 할 설득력 있는 이유는 없는 것 같다. 또한 그것은 기껏해야 **인간식의** 심성, 인간을 특징짓는 종류의 지능의 존재에 대한 시험이라는 점에서 너무 협소한 것 같다. 튜링 테스트는 결국 컴퓨터가 **인간** 질문자를 속여 자신을 **인간**으로 착각하게 할 수 있는지 테스트하는 시험이다. 그러나 심성을 가진 지능적인 존재임에도 튜링 테스트에는 실패하는 생명체 혹은 기계가 왜 있을 수 없겠는가? 더구나 그것은 (추론이나 기억 등의) 지적, 인지적 능력에 대한 좋은 테스트가 될 수는 있을지언정 감각이나 지각과 같은 심적 상태의 존재에 대한 테스트로 보기는 어렵다. 어떤 것을 온전한 심리 시스템으로 보기 위해서는 그것을 실제 삶의 맥락에서 보아야 한다고 주장할 수 있을 것 같다. 환경에 대처하는 방식, 즉 주변 환경으로부터 감각 정보를 수용하고 그에 반응하여 적절하게 행동하는 것을 보아야 한다는 것이다.

이러한 비판에 대해 여러 가지 답변을 시도할 수 있을 것이다. 방금 제시된 이유들로 튜링 테스트가 심성의 필요조건이 되지는 못할지라도, 적어도 충분조건을 제공한다고 말할 수 있을까? 만약 어떤 것이 그 테스트를 통과한다면 그것은 적어도 우리만큼 영리하며, 그리고 우리가 지능과 심성을 가지므로, 그것에 동일한 지위를 인정하는 것이 공정할 것이다. 또는 그런 식의 논증이 가능할 것이다. 이런 추론은 다음 논제를 전제하는 듯하다.

> 튜링 논제. 만약 두 시스템이 입출력에서 대등하다면 그것들은 같은 심리적 지위를 갖는다, 즉 하나가 심적 또는 지능적 존재인 경우 오직 그 경우에 다른 하나도 그러하다.

이를 "튜링 논제"라 부르는 이유는 튜링이 이를 수용하고 있는 것으로 보이기 때문이다. 왜 그러한가? 튜링 테스트는 오직 입력과 출력만 보기 때문이다. 가능한 모든 입력에 대하여 만약 두 컴퓨터가 같은 입력에 같은 출력을 산출한다면—즉 입출력에서 대등하다면—둘의 튜링 테스트 수행은 정확히 동일할 것이고,[24] 하나가 심성을 갖는 것으로 판단될 경우 오직 그 경우에 다른 하나도 그렇다고 판단될 것이다. 이것이 의미하는 것은 만약 두 튜링 기계가 (동일한 입출력 규정에 상대적인) 어떤 시스템에 대한 올바른 행동 기술이라면, 그들은 동일한 정도의 심리 시스템이라는 것이다. 이처럼 튜링 논제가 함축하는 일반적

---

24 실생활의 튜링 테스트를 잘 수행하기 위해서 컴퓨터는 주어진 입력(질문)에 대해서 "올바른" 출력(답변)을 내놓을 뿐만 아니라 실시간 처리 속도도 가져야 할 것이다.

철학적 입장은 기계 기능주의보다 더 행동주의적이다. 기계 기능주의는 튜링 논제를 부정하는 것과 일관적이기 때문이다. 그것은 입출력에서의 대등함 혹은 행동적으로 대등함이 같은 정도의 심성을 보장하기에 충분치 않다고 말한다. 기계 기능주의로부터 도출되는 것은 같은 튜링 기계를 실현하는 시스템들—즉 동일한 튜링 기계에 의해 올바른 기계 기술이 주어지는 시스템들—은 같은 정도의 심성을 지닌다는 것뿐이다.

그렇다면 튜링 논제는 잘못된 것 같다. 내적 과정이 심성에 차이를 만들어야 할 것 같다. 100까지의 정수들에 대한 기초적 산술 연산을 수행하는 두 기계를 생각해보자. 100 이하의 정수들 n과 m에 대하여 두 기계 모두 $n+m$, $n-m$, $n \times m$, $n \div m$과 같은 형태의 입력에 올바른 답을 제시한다. 그러나 두 기계 중 하나는 우리가 평소 사용하는 일반적 알고리즘을 적용하여 그러한 연산에 대한 답을 계산하고("알아내고"), 반면 다른 기계는 100까지의 정수들에 대한 덧셈, 뺄셈, 곱셈, 나눗셈의 모든 가능한 문제들의 답이 저장된 파일을 가지고 있어서, 그것의 계산이란 주어진 문제의 답을 파일에서 "참조하는" 것이다. 두 번째 기계는 우리가 보통 "계산"이라고 부를 만한 어떠한 것도 하지 않으며, 계산 기계라기보다는 파일 저장고에 더 가깝다. 두 기계 어느 것도 심성을 가진 것으로 고려될 만큼 충분히 복잡하지는 않다. 그러나 이 예는 주어진 시스템이 심성을 갖는지 결정할 때 입출력 상관관계뿐만 아니라 내적 과정의 구조도 고려해야 한다는 것을 확인해준다.[25] 이것이 옳다면, 이는 튜링 테스트처럼 순전히 행동적인 테스트는 심성의 기준으로 부적합하다는 것을 보여준다.

---

25 이런 논점을 발전시키고 논의한 것으로 Ned Block, "Psychologism and Behaviorism"을 보라.

튜링 논제는 따라서 옳지 않은 것 같다. 입출력에서의 대등함은 동등한 심성을 함축하지 않는다. 그러나 이것이 튜링 테스트를 반드시 틀린 것으로 만들지는 않는다. 모방 게임에 내재하는 고유한 복잡성과 풍부함을 고려할 때, 인간을 일관되게 속일 수 있는 어떠한 계산 기계든(사실 인간과 경쟁할 수 있는 범위의 어떤 기계든) 초고속 검색 장치를 가진 거대한 파일 저장고처럼 작동할 가능성은 거의 없고, 고도로 세련된, 의문의 여지 없이 "지능적인" 프로그램을 수행하고 있는 것이 틀림없을 수도 있기 때문이다.[26] 한편 컴퓨터에 대해 수행되었던 실제 튜링 테스트는 지금까지는 형편없었다는 것을 언급해야 할 것이다. 그 테스트들은 특정한 주제에 제한된 테스트였다. 우리는 인간을 속이는 컴퓨터라는 목표의 근처에도 가지 못했다. 50년 후에는 그의 테스트를 통과하는 컴퓨터를 보게 될 것이라는 1950년 당시 튜링의 예측은 크게 빗나갔다. 그러나 튜링 테스트를 통과할 "생각하는" 기계를 설계하는 것이 지난 수십 년간 인공지능 연구자들의 우선 과제가 아니었다는 것 또한 사실이다.

계산주의와 "중국어 방"

계산주의 또는 마음에 대한 계산주의 이론은, 인지는 정보 처리이며 정보 처리는 기호적 표상에 대한 계산이라는 견해이다. 여기서 계산은 구문론적 규칙, 즉 기호적 표상의 형태에만 반응하는 규칙에 따라 이루어진다. 인지과학의 많은 영역에서 지배적 패러다임이라 할 수 있는 심적 또는 인지적 과정에 대한 이러한 견해는 마음을 정해진 규칙에

---

26 Daniel C. Dennett, *Consciousness Explained*, pp. 435-440.

따라 기호를 저장하고 조작하는 디지털 컴퓨터로 본다. 이러한 견해에서 심적 사건, 상태, 과정들은 계산 사건, 상태, 과정들이며, 인지 과정은 그것을 성공적으로 모델링하는 컴퓨터 프로그램에 의해 포착되는 것 그 이상이 아니다. 마음과 심적 과정에 대한 이러한 관점은 인간 인지 과정을 모델링하는 프로그램을 실행하는 컴퓨터는 그 자체로 그러한 인지 과정을 수행하는 것이라는 주장을 함축하거나 적어도 강하게 시사한다. 명제 논리의 증명을 성공적으로 시뮬레이션하는 컴퓨터는 그 자체로 논리적 증명을 해내고 있다는 것이다. "적절성" 쟁점을 제쳐 둔다면, 기계 기능주의에서 계산주의에 이르는 길이 꽤 직접적이고 짧다는 것은 분명하다.

계산과 마음에 대한 이러한 견해를 존 설은 "강한 AI"라 부른다. 설은 이렇게 설명한다.

> 강한 AI에 따르면 컴퓨터는 단지 마음에 대한 연구의 도구가 아니다. 적절히 프로그램된 컴퓨터는 문자 그대로의 의미에서 **이해를 하고** 기타 다른 인지 상태들을 가진다고 말할 수 있다는 의미에서 정말로 마음이다.[27]

계산주의에 반대하는 설의 흥미로운 논증을 논의하기 전에, 어떤 이유로 누군가가 시뮬레이션과 시뮬레이션 되는 진짜를 혼동할지 궁금할지도 모르겠다. 컴퓨터는 많은 다른 것들, 가령 제트 엔진의 작동, 광견병의 확산, 태풍의 진로 등을 시뮬레이션하기 위해 사용된다. 그러나 어느 누구도 제트 엔진과 제트 엔진의 컴퓨터 시뮬레이션을, 또는 태

---

27 John R. Searle, "Minds, Brains, and Programs," p. 235 (*Philosophy of Mind: A Guide and Anthology*, ed. John Heil에 수록).

풍과 태풍의 시뮬레이션을 혼동하지 않는다. 그렇다면 왜 누군가는 인지 과정의 컴퓨터 시뮬레이션을 그 자체로 인지 과정이라고 주장하고 싶어 하는가? 이는 단순한 혼동 아닌가? 계산주의자에게 열려 있는 가능한 답변은 인지 과정이 그 자체로 계산적 과정이기 때문이라는 것이다. 이것이 의미하는 바는 인지 과정의 컴퓨터 시뮬레이션이 계산적 과정의 시뮬레이션이라는 것이고, 분명히 계산 과정을 계산적으로 시뮬레이션하는 것은 그 계산 과정을 재생하는 것이다. 그렇다면 인지 과정을 시뮬레이션하는 컴퓨터는 그 자체로 그 인지 과정을 수행하고 있는 것이라는 주장에는 아무런 혼동도 없다. 그러나 이러한 답변은 인지 과정이 계산적 과정이라는 주장, 즉 계산주의의 참을 이미 받아들인 경우에만 말이 된다. 설의 중국어 방 논증이 논박하고자 하는 것이 바로 이 견해이다.

논증의 예비 단계로 설은 이야기를 이해하는 우리의 능력을 모델링하기 위해 로저 섕크와 그의 동료들이 개발한 프로그램을 기술한다. 이야기에서 명시적으로 진술되지 않은 세부 사항에 대한 질문에 우리가 답할 수 있는 것은 이야기를 이해하는 능력의 일부이다. 설은 두 이야기를 예로 든다. 첫 번째 이야기는 이렇다. "한 남자가 식당에 가서 햄버거를 주문한다. 새카맣게 탄 햄버거가 나오자 그는 돈을 내지 않고 화를 내며 식당을 떠난다." 만약 "남자는 햄버거를 먹었는가?"라고 묻는다면 아마 우리는 "아니오"라고 답할 것이다. 두 번째 이야기는 이렇다. "한 남자가 식당에 가서 햄버거를 주문한다. 햄버거가 나오자 그는 매우 만족해하며 종업원에게 팁을 듬뿍 주고 식당을 떠난다." "남자는 햄버거를 먹었는가?"라고 묻는다면 우리는 "예"라고 답할 것이다. 섕크의 프로그램은 이야기가 주어졌을 때 이러한 질문에 적절히 답하도록 설계되었다. 프로그램의 기억 장치에는 식당과 관련된 정보 및 식당에서 사람들이 어떻게 음식을 주문하고 팁을 주고 어떻게 행동하는지 등에 대한 정보가 저장되어 있다. 논의를 위해 섕크의 프로그램이 완전히 잘 작동한다고 해보자. 그 프로그램은 이야기를 이해하는 인간의 능력을 완벽히 잘 시뮬레이션한다. 그렇다면 섕크의 프로그램은 우리와 마찬가지로 **문자 그대로의 의미에서** 이야기를 **이해한다**는 것이 계산주의의 주장이다.[28]

이러한 주장을 약화시키기 위해 설은 기발한 사고실험을 고안한다.[29] 그는 "중국어 방"이라는 어떤 방에 갇혀 있는 중국어를 전혀 이해 못하는 어떤 사람(말하자면 설 자신)을 상상해보라고 한다. 그 방에는 중국어로 쓰인 두 서류 뭉치가 있는데 하나는 "대본"이고(이는 섕크 프로그램에서 식당과 관련한 배경 정보에 해당한다) 하나는 "이야기"이다(이는 주어진 이야기에 해당한다). 설에게는 영어로 쓰인 일련의 규칙들이 주어지는데("규칙집"으로, 이는 섕크 프로그램에 해당한다), 이 규칙을 적용하여 그는 일련의 기호들을 대본과 이야기를 참고로 삼아 다른 기호로 체계적으로 변형시킨다. 이 일련의 기호들은 중국어 글자로 이루어졌고, 변형 규칙들은 그 적용이 기호들의 의미가 아닌 오직 형태에만 의존한다는 점에서 순전히 **형식적** 또는 **구문론적**이다. 즉 중국어를 전혀 모르는 사람도 그 규칙을 적용할 수 있으며(규칙들이 영어로 써있음을 기억하라), 중국어 글자의 형태만 알아볼 수 있으면 된다. 설은 그 규칙들에 따라 중국어 글자들을 조작하는 데 매우 능숙해져서(그가 규칙집 전부를 외우게 되었다고 가정해도 좋다) 일련의 중국어 글자를 받을

---

28 여기서 우리는 앞에서 논의되었던 중요한 물음 하나, 즉 심리적 실재성에 대한 물음을 논외로 하고 있다. 섕크의 프로그램은 인간의 이야기 이해와 입출력이 대등할 뿐인가, 아니면 어떤 관련된 의미에서 인간의 이야기 이해에 연루된 실제 인지 과정을 정확히 반영하는가?

29 John R. Searle, "Minds, Brains, and Programs", p. 235 (*Philosophy of Mind: A Guide and Anthology*, ed. John Heil에 수록)

때마다 두 서류 뭉치를 참고로 작업하여 신속히 일련의 중국어 글자를 내보낸다. 중국어를 아는 방 바깥의 사람의 관점에서 보면 설에게 주어지는 글자들은 주어진 이야기에 대한 중국어로 쓰인 질문이며, 그가 내보내는 글자들은 그에 대한 대답이다. 그 입력-출력 관계는 설 대신 중국어 화자가 그 방안에 갇혀 있는 경우 우리가 기대할 법한 것이다. 그러나 설은 중국어를 전혀 모르고 주어진 이야기도 전혀 이해하지 못하며, 중국어 방 안의 어디에도 중국어 이해가 이루어지지 않는다. 방 안에서 이루어지고 있는 것은 기호들의 형태, 즉 "구문론"에 기초한 기호들의 조작일 뿐이다. 그러나 진짜 이해는 "의미론", 즉 기호가 무엇을 표상 혹은 의미하는지 아는 것을 포함한다. 비록 설의 행동이 중국어 화자의 행동과 입출력에 있어 대등하다고 할지라도, 설은 중국어를 전혀 모르며 그 이야기의 아무것도 이해하지 못한다(그것이 중국어임을 기억하라).

이제 설의 자리를 규칙집을 실행하도록 프로그램된 컴퓨터로 대체한다고 해보자. 바뀌는 것은 아무것도 없다. 설과 이 컴퓨터 둘 다 구문론에 의해 작동되는, 즉 일련의 기호들을 그것의 형태에 따라 조작하는 기계이다. 일반적으로 컴퓨터 내부에서 진행되는 것은 (내부에 설이 있는) 중국어 방에서 진행되는 것과 정확히 같다, 즉 구문론적 형태에 기초한 규칙-지배적인 기호들의 조작이다. 중국어 방에서와 마찬가지로 컴퓨터 내에서도 주어진 이야기에 대한 이해는 없다. 설이 내리는 결론은 심성은 규칙-지배적인 구문론적 기호 조작 이상의 것이며, 구문론으로부터 의미론(기호가 의미 또는 표상하는 것)을 생성할 수는 없다는 것이다. 이는 이해를 비롯한 다른 지능적 심적 상태와 행동들이 단순한 구문론적 과정으로부터 생겨날 수는 없음을 의미한다. 어쨌든 이것이 설의 중국어 방 논증이다.

설의 논증은 많은 비판적 논의를 불러일으켰고 그의 논증이 정확히 무엇을 보여주는지는 여전히 논쟁거리이다. 설의 논증이 갖는 직관적 호소력은 부인할 수 없지만 그 의의에 대한 평가는 조심스러울 필요가 있다. 일부가 주장하듯 그 호소력이 어쩌면 중국어 방에서 진행되고 있는 것을 기술할 때 은연중 전제되고 있는 어떤 잘못된 가정에 기인할 수도 있다. 설 자신은 중국어 방 논증에 대해 여섯 가지 "반론"을 고려하고 그에 대한 답변을 시도한다. 이들 중 일부는 심각한 논점을 제기하는데, 독자들은 그 반론들 및 설의 답변을 검토해보길 권한다. 그의 답변들은 종종 기발하고 많은 것을 생각하게 하는 것들이지만 설은 직관에 호소하는 경향이 있다. 구문론적 조작은 의미를 (또는 이야기 이해라고 불릴 수 있는 어떤 것도) 발생시키지 않는다는 그의 핵심 논점은 추가적인 작업을 통해 보다 분명히 드러낼 수 있다. 설의 입장에서 재구성된 다음과 같은 논증을 고려해보자.

(1) 중국어 방의 설/컴퓨터와 중국어 화자 사이의 차이가 정확히 무엇인지 물으면서 시작해보자. (컴퓨터는 이야기 이해를 모델링하는 섕크의 프로그램을 실행한다고 가정한다.)

(2) 식당에서 햄버거를 주문하는 남자에 대한 중국어 이야기를 이해하기 위해서는 무엇보다도 "煎牛肉饼"이 햄버거를 의미한다는 것을 알아야 한다.

(3) 중국어 화자는 이를 알지만 설이나 컴퓨터는 모른다. 이것이 중국어 화자는 그 이야기를 이해하지만 설이나 컴퓨터는 그렇지 않은 이유이다.

(4) 중국어 글자에 대해 아무리 많은 구문론적 조작을 한다 해도 그로부터 "煎牛肉饼"이 무엇을 의미하는지의 지식을 얻을 수는 없다.

(5) 따라서 계산주의는 거짓이다. 설이나 섕크 프로그램을 실행하는 컴퓨터는 이야기를 이해하지 못한다.

핵심 아이디어는 의미에 대한 지식, 즉 의미론적 지식은 **단어-대-세계** (또는 **언어-대-세계**) 관계를 포함하는 반면, 구문론은 오직 기호 체계로서의 언어 **내에서**의 관계와 속성에 대한 것이라는 점이다. 의미를 얻기 위해선 기호 체계를 벗어나서 실제 세상으로 나와야 한다. 기호들을 아무리 형태에 따라 이리저리 조작해본들 언어 외적인 실재에 닿게 해주지 않는다. "煎牛肉饼"이 햄버거를 의미한다는 것을 알기 위해서는 햄버거가 무엇인지 알아야 하며, 이러한 지식은 오직 햄버거와의 실제 접촉을 통해서(몇 개 먹어 보는 것은 도움이 될 것이다) 또는 실제 경험으로 알게 된 것에 대한 기술을 통해서만 얻어질 수 있다. 구문론적 기호 조작만으로는 그런 지식이 나오지 않으며, 실제 세계 경험을 통해서만 그런 지식이 가능하다.

구문론적 조작이 의미에 대한 지식을 산출할 것이라 기대하는 것은 새로운 언어, 가령 러시아어를 오직 러시아어-러시아어 사전을 암기함으로써 배울 수 있으리라 기대하는 것과 비슷하다. 또는 다음의 예를 생각해보자. 영어 화자인 당신은 한국어-일본어 사전을 암기했고, 어떠한 한국어 문장도 일련의 형식적 규칙을 따라 일본어 문장으로 번역하는 것이 가능하다고 하자. 그 규칙들은 영어로 쓰였고, 규칙집을 외우는 설처럼 당신 역시 이 규칙들을 암기할 수 있다. (인터넷에 있는 번역 프로그램을 생각하라.) 당신은 두 언어 사이의 능숙한 번역가가 되었을지 모른다. 그러나 당신은 한국어 한 단어, 일본어 한 단어도 이해하지 못한다. 어느 언어든 이해하기 위해서는 그 언어가 실제 세계 내의 것들에 어떻게 연결되어 있는지 알아야 한다.

지금까지는 괜찮아 보인다. 그러나 우리의 논증이 (만약 성공적이라면) 무엇을 보여주는지에 대해 조심스러울 필요가 있다. 우리의 논증은 섕크의 프로그램을 실행하는 (가령 어느 과학자의 지하 실험실에 설치된) 컴퓨터는 중국어 이야기에 대한 이해를 가지지 않는다는 것을 보여줄 뿐이다. 설이 중국어 방으로 보이고자 했던 것, 즉 어떠한 계산 기계도, 다시 말해 컴퓨터 프로그램을 실행하는 어떠한 전자 기계 장치도 위의 (2)에 제시된 종류의 의미론적 지식을 획득할 수 없음을 보여주지는 않는다. 우리의 논증이 시사하는 것은 계산 기계가 (또는 그 무엇이든) 그러한 종류의 지식을 습득하기 위해서는 반드시 실제 세계 내에 존재해야 한다는 것, 그래서 주위 환경과 상호작용하고 주변에 대한 지식을 습득하며 아마도 그 자신과 비슷한 다른 행위자들과 상호작용해야 한다는 것이다. 간단히 말해, 그것은 인간과 같은 로봇이어야 한다. 외양이 반드시 인간과 같을 필요는 없지만 TV 시리즈 〈스타 트렉〉의 데이터 소령처럼 실생활을 영위하는 인지자이자 행위자여야 한다. (어떻게 의미가 발생하는지는 그 자체로 심리철학과 언어철학에서 커다란 질문이다. 심적 내용에 대한 8장을 보라.)

설은 그러나 의미와 이해가 생물학적 뇌에서만 발생할 수 있다는 입장, 즉 그가 "생물학적 자연주의"라 부르는 입장을 취한다.[30] 이러한 견해에 의하면, 신경 상태들, 즉 생각의 기저를 이루는 신경 상태들이 표상적 내용을 가진다. 그러나 표상적 내용과 관련해 전자공학보다 생물학을 더 지지하게 만들 만큼 신경 과정과 계산적 과정 사이에 유관한 차이가 있지 않다는 것은 분명해 보인다. 사실 신경 상태들이 세계에 대해 무엇을 표상하든, 또는 표상을 하든 하지 않든, 같은 신경생물학적 인과 과정들이 진행될 것이다. 즉 전기적 계산 과정이 의미와 표

---

30 또는 설에 따르면, 의미와 이해는 뇌와 똑같은 인과력을 갖는 구조(심지어는 컴퓨터)에서도 발생할 수 있다. 나의 뇌는 그 무게 때문에 계란을 깰 수 있는 인과력을 갖는다. 그러나 확실히 이런 인과력을 갖는 것이 심성과 관련 있을 리는 없다. 그렇다면 정신적 삶을 누리기 위해서는 뇌의 어떤 인과력을 가져야 하는가? 명백히 정신적 삶을 산출하고 유지하는 인과력이다! 그러므로 현재 상태로는 설이 심성의 생물학적 토대를 받아들이는 것은 그리 도움이 되지 않는다.

상적 내용에 반응하지 않듯 신경 과정 또한 마찬가지이다. 신경 과정을 작동시키는 것은 신경 상태에 의해 표상되는 저 멀리의 사태들이 아니라 뇌 안의 국소적인 물리적-생물학적 조건들이다. 그렇다면 설은 결국 튜링 및 다른 계산주의자들과 마찬가지 처지 아닌가?

따라서 질문은 계산적 과정 혹은 신경 과정을 작동시키는 것이 무엇인지가 아니다. 어느 과정에서든 의미나 내용은 아무 인과적 역할을 하지 않는다. 그 과정들을 작동시키는 것은 기호 표상의 구문론적 형태와 뇌 상태의 내재적, 물리화학적 속성일 뿐이다. 중요한 질문은 이러한 표상 및 신경 상태들이 어떻게 애초에 의미와 지향성을 갖게 되는지이다. 이것이 실제 세계와의 접촉이 등장하는 지점이다. 이 시점에서 우리가 어느 정도 확신을 갖고 내릴 수 있는 결론은 인간이든 기계든 한 시스템이 언어와 이해 및 다른 인지적 기능과 능력을 갖기 위해서는 그러한 접촉이 결정적이라는 것이다.

더 읽을거리

기계 기능주의에 대한 고전적 저작으로는 힐러리 퍼트넘의 〈심리적 술어〉가 있다(이후에 "심적 상태의 본성The Nature of Mental States"이라는 새로운 제목을 달았다). 그의 〈로봇: 인공적으로 창조된 생명 기계?Robots: Machines of Artificially Created Life?〉와 〈어떤 기계들의 정신적 삶The Mental Life of Some Machines〉도 참고하라. 《마음, 언어, 그리고 실재: 철학 논문들Mind, Language, and Reality: Philosophical Papers》 2권에 세 편의 글이 모두 실려 있다. 이 중에 첫 번째 것은 《심리철학: 고전과 현대 읽을거리》(David J. Chalmers 편집)와 《심리철학: 안내와 논문 모음Philosophy of Mind: A Guide and Anthology》(John Heil 편집)을 비롯한 여러 책에 수록되어 있다. 네드 블록의 〈기능주의란 무엇인가?What Is

Functionalism?〉는 기능주의에 대한 분명하고 간결한 소개 논문이다. 기능주의의 창시자인 퍼트넘은 후에 기능주의를 포기했는데, 이에 대해서는 그의《표상과 실재Representation and Reality》5장과 6장을 참고하라.

기능주의의 목적론적 접근방식에 대해서는 윌리엄 G.라이컨William G. Lycan의《의식Consciousness》4장을 참고하라. 심성에 관한 생물학적-진화론적 관점에 대해서는 루스 G. 밀리컨Ruth G. Millikan의《언어, 사고 및 기타 생물학적 범주들Language, Thought, and Other Biological Categories》이 중요한 참고자료가 될 것이다.

튜링 테스트와 중국어 방 논증과 관련된 여러 쟁점에 관해서는 앨런 M. 튜링Alan M. Turing의 〈계산 기계와 지능Computing Machinery and Intelligence〉, 존 R. 설John R. Searle의 〈마음, 두뇌 그리고 프로그램Minds, Brains, and Programs〉 그리고 네드 블록의 〈두뇌의 소프트웨어로서의 마음The Mind as Software in the Brain〉을 참고하라. 이 글들은《심리철학Philosophy of Mind》(John Heil 편집)에 수록되어 있다. 또한 네드 블록의 〈심리주의와 행동주의Psychologism and Behaviorism〉와 대니얼 C. 데닛Daniel C. Dennett의《의식의 수수께끼를 풀다Consciousness Explained》14장 역시 추천한다.《스탠퍼드 철학 백과사전》의 〈튜링 테스트Turing Test〉 항목과 〈중국어 방 논증Chinese Room Argument〉 항목 역시 유용한 참고자료이다.

기계 기능주의(그리고 기능주의 일반)에 대한 비판으로는 네드 블록의 〈기능주의의 문제점Troubles with Functionalism〉과 존 R. 설의《마음의 재발견The Rediscovery of the Mind》을 참조하라.

제6장

───────〈•〉───────

인과적 시스템으로서의 마음
: 인과론적 기능주의

5장에서 우리는 튜링 기계 개념을 사용하여 심성의 본성 및 심적인 것과 물리적인 것 사이의 관계를 해명하고자 했던 기능주의자들의 시도를 논의했다. 이 장에서는 기능주의의 또 다른 정식화, 즉 "인과적 역할"에 의한 정식화를 살펴볼 것이다. 어떤 형태의 기능주의든 간에 기능주의의 핵심 아이디어는 심적 상태가 그것이 인과적으로 매개하는 입력-출력 관계에 의해 규정될 수 있다는 생각이다. 여기서 입력과 출력에는 감각 자극과 물리적 행동뿐만 아니라 다른 심적 상태들도 포함될 수 있다. 심적 현상은 감각 입력을 받아들이고 행동 출력을 내놓음으로써 주변 외부 세계와의 인과적 상호작용에 관여하는 복잡한 인과적 그물망의 마디로 여겨진다.

기능주의에 따르면, 하나의 심적 속성(가령 고통)을 다른 심적 속성(가령 가려움)과 구분해주는 것은 각 속성에 고유한 입력-출력 관계이다. 인과론적 기능주의causal-theoretical functionalism는 이 입줄력 관계를 심적 상태들에 의해 매개되는 인과 관계로 본다. 서로 다른 심적 상태들은 그것들이 다른 입출력 인과 관계에 관여하기 때문에 다른 상태라는 것이다. 고통과 가려움이 다른 것은 그 각각이 고유한 인과적 역할을 갖기 때문이다. 고통은 전형적으로 조직 손상에 의해 야기되며 움츠림과 신음, 회피 행동을 야기하는 반면, 가려움은 전형적으로 피부 자극에 의해 야기되며 긁는 행동을 야기한다. 한편 조직 손상은 다른 어떤 조건들이 성립하는 경우에만 고통을 야기하는데, 그중 일부는 그 자체로 심적인 것들이다. 예를 들어, 당신은 제대로 기능하는 신경 체계를 가져야 할 뿐만 아니라 정상적으로 깨어 있고 또한 다른 일에 몰두하고 있지 않아야 한다. 게다가 고통이 야기하는 전형적인 결과들 중에는 괴로운 느낌이나 그것을 제거하고자 하는 욕구와 같은 심적 상태들도 있다. 그렇다면 우리는 퇴행 내지는 순환에 빠지는 것 같다. 주어진 심적 상태가 무엇인지를 설명하기 위해 다른 심적 상태들을 언급해야 하고, 또 이들을 설명하기 위해 또 다른 심적 상태들을 언급해야 하며, 등등 계속되는 과정은 무한히 퇴행하거나 순환 논증에 빠지게 하는 것 같다. 이러한 순환성은 보다 일반적인 수준에서, 즉 심성 자체에 대한 기능주의의 이해 방식에서도 발생할 우려가 있다. 기능주의에 따르면, 무언가가 심적 상태라는 것은 그것이 어떤 내적 상태라는 것, 즉 원인으로서의 감각 입력들 및 **심적 상태들**과 결과로서의 행동들 및 다른 **심적 상태들** 사이의 인과적인 매개로 기능하는 어떤 내적 상태라는 것이다. 심적 상태란 무엇인지에 대한 정의로 본다면 이는 분명히 순환적이다. 이러한 순환성의 위협을 피하기 위해 기계 기능주의는 심성을 규정하는 데 튜링 기계 개념을 활용한다. 같은 목적을 위해 인과론적 기능주의는 모든 심리적 상태들을 망라하는 전체 인과 관계의 그물망—사실상 하나의 포괄적 심리학 이론—을 활용하여 개별적인 심적 속성들에 대한 물리-행동적 정의를 고정하고자 한다.[1]

램지-루이스 방법

다음과 같은 단순화된 "고통 이론"을 생각해보자.

> (T) 임의의 x에 대해, 만약 x가 조직 손상을 입고 **정상적으로 깨어 있**
> **다면**, x는 **고통 상태에 있다**; x가 *잠들지 않았다면*, x는 **정상적으로**
> **깨어 있는 경향이 있다**; x가 **고통 상태에 있다면**, x는 *움츠리고 신*
> *음하며* **괴로운 상태가 된다**; x가 **정상적으로 깨어 있지 않거나 괴로**
> **운 상태에 있다면**, x는 *더 많은 오타를 치는 경향이 있다*.

T를 이루는 진술들이 법칙적인 규칙성(또는 인과 관계)을 서술한다고
가정하자. 기울임체의 표현들은 관찰 가능한 물리적, 생물학적, 그리고
행동적 속성들을 가리키는 비심적 술어들이며, 굵은 글씨체 표현들은
심적 속성을 가리키는 심적 술어들이다. 물론 T는 고통에 대해 그리고
고통이 다른 사건 및 상태와 맺는 관계에 대해 우리가 아는 것보다 훨
씬 적은 내용을 담고 있지만, T가 고통에 관한 우리 지식의 주요 사항
들을 요약한다고 가정하자. 심적 표현들의 기능적 정의를 위한 토대로
기능하기 위해 T가 어떤 종류의 "이론"이어야 하는지의 쟁점은 나중에
논의될 것이다. 여기서 T는 형식적인 기법을 설명하기 위한 예일 뿐이
다. 이 기법은 20세기 초 영국의 수학자이자 철학자인 프랭크 P. 램지
가 창안하고 이후 데이비드 루이스가 심적 속성에 대한 기능적 정의를
정식화하기 위해 채택한 것이다.[2]

---

1 이는 기계 기능주의가 튜링 기계의 전체 기계표를 활용하여 그것의 "내적" 상태들을
규정하는 것에 대응한다. 뒤에서 더 살펴볼 것이다.

2 David Lewis, "How to Define Theoretical Terms" 및 "Psychophysical and Theoretical

먼저 우리는 T에 나타나는 각 심리적 술어들을 "존재 일반화"함으로써 T를 "램지화Ramseification"한다. 그 결과는 다음과 같다.

(T$_R$) 다음의 조건을 충족하는 상태 M$_1$, M$_2$, M$_3$이 존재한다: 임의의 x에 대해, 만약 x가 *조직 손상을 입고* M$_1$ 상태에 있다면, x는 M$_2$ 상태에 있다; x가 *잠들지 않았다면*, x는 M$_1$ 상태에 있는 경향이 있다; x가 M$_2$ 상태에 있다면, x는 *움츠리고 신음하며* M$_3$ 상태에 들어간다; x가 M$_1$ 상태에 있지 않거나 M$_3$ 상태에 있다면, x는 *더 많은 오타를 치는 경향이 있다.*

T와 비교해 T$_R$에서 주목해야 할 것은 T$_R$은 (T처럼) 특정한 심적 상태들을 언급하는 대신에 **이러이러한 상태들이 존재한다**는 것만을, 즉 T가 규정하는 방식으로 관찰 가능한 물리-행동적 상태들과 그리고 서로 연결되어 있는 어떤 상태들 M$_1$, M$_2$, M$_3$이 존재한다는 것만을 말한다는 점이다. 분명히 T는 T$_R$을 논리적으로 함축한다("x는 고통 상태에 있다"가 "어떤 M이 존재하여 x는 M 상태에 있다"를 논리적으로 함축하는 것과 본질적으로 같은 방식이다). T와는 달리, T의 램지화 T$_R$은 심리적 표현들을 전혀 포함하고 있지 않고, "조직 손상을 입는다", "움츠린다" 등과 같은 물리적-행동적 표현들만을 포함하고 있다. M$_1$, M$_2$, M$_3$과 같은 표현들은 술어 변항이라 부른다(그것들은 수학에서의 x, y와 비슷한데, x, y는 보통 "개체" 변항으로 사용된다는 점에서 차이가 있다). 그것들은 "주제-중립적"인 논리적 용어로 물리적이지도 않고 심리적이지도 않다. "정상적으로 깨어 있다"나 "고통 상태에 있다"와 같은 표현들은 술

Identifications"를 보라.

어 상항, 즉 실제 술어들이다.

"램지화"라 불리는 이러한 절차를 고안한 램지는 T_R이 T보다 더 약하지만(T에 의해 함축되지만 그것을 함축하지는 않으므로), 물리-행동적 예측에 관한 한 T_R은 T 못지않게 강력하다는 것을 보였다. 즉 두 이론은 비심리적 진술들을 정확히 동일하게 연역적으로 연결한다.[3] 예를 들어, 두 이론은 모두 만일 어떤 사람이 잠들지 않았고 조직 손상을 입는다면 그는 움츠릴 것이라는 것과, 만일 그가 신음하지 않는다면 그는 조직 손상을 입지 않았거나 정상적으로 깨어 있지 않다는 것을 함축한다. T_R에는 심리적인 표현들이 없으므로 T_R은 순환에 빠지지 않고 심리적 표현들을 정의할 기초가 될 수 있다.

샘플 정의들을 쉽게 다루기 위해 T_R을 "∃M_1, M_2, M_3[T(M_1, M_2, M_3)]"으로 줄여 쓰도록 하자. (기호 ∃는 "존재 양화사"라 부르는 것으로 "어떠어떠한 것이 존재한다"라고 읽는다.) 다음 정의를 생각해보자.[4]

  x는 고통 상태에 있다=$_{def}$ ∃M_1, M_2, M_3[T(M_1, M_2, M_3) 그리고 x는 M_2 상태에 있다]

"M_2"는 T에 나오는 "고통 상태에 있다"를 대체한 술어 변항이라는 점에 주목하자. 마찬가지로 (우리의 미니 이론 T는 주로 "고통"에 대한 적절한 정의를 위해 지어낸 것이기는 하지만) "정상적으로 깨어 있다"와 "괴

---

3 램지가 애초에 구성한 것은 "심리적" 용어와 "물리-행동적" 용어가 아니라 "이론적" 용어와 "관찰적" 용어의 더 일반적인 설정에서였다. 자세한 사항은 Lewis, "Psychophysical and Theoretical Identifications"를 보라.

4 여기서 우리는 (루이스의 방법이 아니라) 네드 블록의 "What is Functionalism?"에서의 방법을 따른다.

로운 상태에 있다"도 다음처럼 정의될 수 있다.

> x는 정상적으로 깨어 있다$=_{def}$ $\exists M_1, M_2, M_3[T(M_1, M_2, M_3)$ 그리고 x는 M_1 상태에 있다]
>
> x는 괴로운 상태에 있다$=_{def}$ $\exists M_1, M_2, M_3[T(M_1, M_2, M_3)$ 그리고 x는 M_3 상태에 있다]

이러한 정의가 무엇을 말하는지 살펴보자. "고통 상태에 있다"의 정의를 생각해보자. 이 정의에 따르면, 당신이 고통 상태에 있는 것은, T_R이 규정하는 방식으로 조직 손상이나 움츠림, 신음 등과 같은 물리-행동적 상태들 및 서로 간에 연결되어 있는 어떤 상태들 M_1, M_2, M_3이 존재하며 **그리고** 당신이 M_2 상태에 있는 경우 오직 그러한 경우뿐이다. 이 정의가 고통의 개념을 인과적, 법칙적 관계에 의해 정의하고 있다는 것은 분명하다. 또한 고통의 원인과 결과 중에는 물리적, 행동적 사건 및 상태뿐만 아니라 또 다른 "심적" 상태들이 있다는 것도 분명하다. (그러나 그 상태들은 심적인 것으로 명시되지 않으며 단지 심리 주체의 "어떤" 상태로 언급될 뿐이다.) 또한 위의 세 가지 심적 개념이 서로를 언급하며 정의되지만 순환에 빠지지 않는다고 말할 수 있다는 것 역시 주목하자. 정의되는 표현들 각각은 그것의 정의항(즉 정의의 오른쪽)에 의해 완전히 제거될 수 있으며, 그 정의항에는 어떤 심적 표현도 없다. 이러한 정의가 모든 면에서 적절하든 아니든 간에, 순환성 문제가 해결되었다는 것은 분명하다.

여기서 비법은 심적 개념들을 총체론적으로 한꺼번에 정의하는 것이다. 앞의 T는 어떤 이론의 한 단편이며, 어떻게 이러한 방식이 작동하는지를 보여주기 위해 지어낸 것이다. 램지-루이스 방법으로 심적 개념들에 대한 더 현실적인 기능적 정의를 내리기 위해서는 훨씬 더 많은 심리 유형들을 망라하고, 보다 풍부하고 복잡한 입출력 사이의 인과적, 법칙적 관계들을 포함하는 포괄적인 심리 이론이 필요하다. 그러한 이론은 전체 심리를 모델링하는 튜링 기계에 견줄 수 있을 것이며, 램지-루이스 방법과 기계 기능주의 접근이 적어도 대략적으로는 유사하다는 점이 분명할 것이다. 사실 튜링 기계 접근법은 램지-루이스 방법의 한 특수한 사례로 생각될 수 있다. 튜링 기계 접근법에서 심리 이론은 튜링 기계표의 형태로 제시되며, 이 표의 내적 기계 상태 q 들은 술어 변항 M들에 대응된다. 이 두 접근의 관계에 대해서는 이후에 좀 더 자세히 논의할 것이다.

기초 심리 이론의 선택

램지-루이스 기법으로 심적 속성들에 대한 적절한 기능적 정의를 내리려면 그 기반이 되는 심리 이론 T는 어떠해야 하는가? 램지-루이스 방법으로 어떤 심적 속성을 T_R로부터 복원하려면 먼저 그 속성이 T에 나타나야 한다. 따라서 T에는 모든 심적 속성들이 나타나야 한다. 더욱이 T는 각각의 심적 속성들에 대한 충분한 정보를 담고 있어야 한다. 각 속성이 어떻게 입력 조건, 행동 출력 및 다른 심적 속성들과 법칙적으로 연결되어 있는지에 대한 충분한 정보를 담고 있어야 그 속성이 여타의 심적 속성들로부터 구별될 수 있을 만큼 충분히 제한될 것이다. 이를 고려할 때 두 가지 주요 가능성을 생각할 수 있다.

루이스가 제안하듯이, 일상적으로 우리가 공유하는 **상식 심리학**의 일상적인 진술들을 기초 이론으로 사용하는 것을 생각할 수 있다. 우리의 "고통 이론" T를 이루는 진술들이 그러한 일상적인 진술의 사례가 되며 그 외에도 수없이 많은 예들이 있다. 가령 무엇이 사람들을 화나게 하고 화난 사람은 어떻게 행동하는지, 욕구와 믿음이 결합하여 어떻게 다른 욕구를 만들어내는지, 지각이 어떻게 믿음과 기억을 유발하는지, 어떻게 한 믿음이 다른 믿음으로 이어지는지 등등에 관한 무수히 많은 상식적 지식이 있다. 이러한 "통속 심리학"의 원리들을 명확한 언어로 서술할 수 있는 사람은 거의 없겠지만, 성인의 대부분은 늘 그러한 원리를 사용하여 심적 상태를 사람들에게 귀속하고 타인의 행동을 예측하며 사람들이 왜 그렇게 행동하는지 이해한다. 우리는 그러한 심리적인 규칙성을 "암묵적으로" 알고 있는데, 이는 마치 우리가 사용하는 언어의 문법 규칙들을 명시적으로 서술하지 못하면서도 우리의 언어를 "아는" 것과 같다. 이러한 식으로 적절히 내재화된 상식 심리학이 없다면 우리는 다른 사람들과의 일상적인 교류뿐만 아니라 우리가 당연시하는 종류의 공동생활을 영위하는 것이 거의 불가능할 것이다.[5] 여기서 중요한 것은 기능적 정의의 기초가 되는 일상적 심리학이 우리가 **공통으로 알고 있는** 일반화들로 이루어졌다는 점이다. 기능적 정의가 우리 모두가 공유하는 심리적 개념을 반드시 산출하도록 하려면 이 점은 핵심적이다. 우리의 일상적 심적 개념들을 집합적으로 정의해주는 것은 우리가 상식적으로 공유하고 있는 심리적 지식의 집합이다. 이 원천 이외에 우리의 심적 개념들이 마법처럼 솟아날 수 있는 다른 원천은 없다. 이런 일상적인 심리학적 진술들을 기능적 정의의 기초로 삼는 기능주의는 종종 "분석적 기능주의analytical functionalism"

---

5   이러한 언급은 일반적으로 상식 심리학에 대한 "이론-이론"과 맥을 같이 한다. 경쟁적인 견해로는 "시뮬레이션 이론"이 있는데, 이 이론에 따르면 상식 심리학의 사용은 이론을 소유하고 이론의 법칙과 일반화를 적용하는 문제가 아니라, 우리의 심리를 모델로 다른 사람의 심리를 시뮬레이션하는 문제이다. Robert M. Gordon, "Folk Psychology as Simulation"과 Alvin I. Goldman, *Simulating Minds*를 보라. 통속 심리학에 대한 시뮬레이션 접근은 일견 심적 용어에 관한 램지-루이스 기능화에 어려움을 일으킨다. 하지만 그 이론이 정확히 어떤 함축을 갖는지는 더 탐색할 필요가 있다.

라 불린다. 누구에게나 잘 알려진 그러한 심리적 일반화는 사실상 "분석적" 참, 즉 관련된 심리적 표현의 의미를 이해하는 화자들에게는 자명한 참이라는 생각에서이다.

상식 심리학은 그저 상식적일 뿐이라는 것을 기억해야 한다. 그것은 불완전하고 부분적이며 심각한 오류나 심지어 비일관성을 포함할 수도 있다. 만약 심적 개념들이 인과적, 법칙적 관계에 의해서 정의되어야 하는 것이라면, 심적 사건 및 상태들이 어떻게 서로 인과적, 법칙적 관계를 맺고 있는지, 또한 그것들이 물리적, 행동적 사건 및 과정들과 어떻게 인과적, 법칙적 관계를 맺고 있는지에 관한 최선의 이론을 사용해야 하지 않을까? 인지과학을 포함한 **과학적 심리학**은 결국 그러한 규칙성을 탐구하는 일을 하고 있고, 우리가 동원할 수 있는 최선의 과학적 심리학은 심적 사건 및 상태와 관련한 인과적, 법칙적 사실에 대한 최선의 종합적 이론**이다**. 램지화의 기초로 경험적 과학 이론을 선호하는 형태의 기능주의는 "심리-기능주의psycho-functionalism"라 불리기도 한다.

이러한 두 선택지 모두 각각의 문제점 및 어려움을 안고 있다. 먼저 한 가지 중요한 사실을 주목하자. 만약 기초 이론 T가 거짓이라면, 그것을 기반으로 정의된 심적 개념들을 실제로 무언가에 적용하기는 어려울 것이라는 점이다. 논리학자들의 표현으로, 그 개념들은 공(空) 외연을 가질 것이다.[6] 왜냐하면 T가 거짓일 경우 그것을 램지화한 T_R도 거짓이 될 수 있기 때문이다. 특히 만약 T가 거짓인 비심리적 귀결을 가진다면(가령 그것이 잘못된 행동적 예측을 한다면), T_R 또한 거짓이 될 것이다. (T와 T_R은 동일한 물리-행동적 내용을 가진다는 것을 상기하라.)

---

6 술어 혹은 개념의 외연은 그 술어나 개념이 적용되는 모든 대상들의 집합이다. 따라서 "인간"의 외연은 모든 인간의 집합이다. "유니콘"의 외연은 공집합이다.

그리고 T_R이 거짓이라면 그것을 기초로 램지-루이스 방법에 의해 정의된 모든 개념은 아무런 적용 사례도 없다는 의미에서 공허한 개념이 될 것이다. 이는 "고통 이론" T의 예를 통해 쉽게 볼 수 있다. 이 이론이 거짓이라고 가정해보자. 특히 괴로운 상태와 관련해 T가 말하는 바가 거짓이라고, 즉 T가 규정하는 식으로 괴로움의 입출력 및 다른 내적 상태와 연결되어 있는 그러한 상태는 없다고 가정하자. 그렇다면 M_3을 채울 수 있는 것이 아무것도 없으므로 T_R 또한 거짓이 될 것이다. 이는 곧 T_R을 기초로 정의된 "고통"에 해당하는 사례는 아무것도 없음을, 즉 "고통"의 정의를 충족하는 것이 아무것도 없음을 의미할 것이다. 이는 "정상적으로 깨어 있는"과 "괴로운 상태"에 대해서도 똑같이 적용된다. 따라서 만약 기초 이론 T가 거짓이라면, 그것에 기초해 램지-루이스 방법에 의해 정의된 모든 심적 개념들은 동일한 외연, 즉 공 외연을 갖는 것으로 드러난다!

이는 결국 기초 이론이 참이 되도록 하는 편이 낫다는 것을 의미한다. T가 우리의 심리 개념들을 한꺼번에 정의해내려면, 그것은 무수히 많은 심리적 일반화의 긴 연언의 형태가 될 것이고, 그중 단 하나라도 거짓이면 전체 연언은 거짓이 될 것이다. 그렇다면 T에는 무엇이 포함될 것이며 우리는 T가 참임을 어떻게 확신할 수 있는가라는 물음이 제기된다. 과학적 심리학의 경우를 생각해보자. 현재의 과학적 심리학의 어느 부분이 논쟁의 여지 없이 참이라고 할 만큼 충분히 확립되어 있는지 결정하는 것은 분명 어려운 일이고, 아마도 불가능한 일일 것이다. 심리학은 지금까지 수십 년 동안 과학의 한 분과로 번창해왔지만 상대적으로 젊은 과학이며 심리학의 방법론적 기반에 관해서는 여전히 논란이 벌어지고 있다. 아직 심리학은 일반적으로 받아들여지는 법칙과 이론들로 이루어진 충분히 견고한 공통의 중핵을 만들어내지 못했다고 말하는 것이 옳을 것이다. 이러한 점에서 심리학이 물리학이나 화학 혹은 생물학의 지위에 도달하려면 아직 가야 할 길이 멀다고 할수 있다.

이러한 고찰은 다음과 같은 생각으로 이끈다. 심적 개념을 정의하는 램지-루이스 방법에 따르면, 기초 이론 T에 관한 어떠한 논란이든 그것은 곧 심적 개념에 대한 논란이 된다. 이는 역설적 상황을 초래하는 듯하다. 만일 두 심리학자가 이론 T의 일부에 해당하는 어떤 심리적 일반화에 관해서 의견이 다르다면—이런 일은 흔히 일어날 법하다—이는 곧 그들이 아예 서로 다른 집합의 심적 개념들을 사용하고 있다는 것을 의미할 것이다. 그런데 이는 그 심리학자들의 의견이 실제로 불일치할 수 없음을 함축하는 것 같다. 왜냐하면 의견이 불일치할 가능성 자체가 동일한 개념이 공유되고 있음을 전제하기 때문이다. 한 명제를 이루는 개념들을 공유하지 않는다면 어떻게 둘 중 한 사람은 그 명제를 받아들이고 한 사람은 거부할 수 있겠는가?

아마 보이는 것만큼 상황이 그리 나쁘지는 않을 것이다. 예를 들어, 아마도 심적 용어의 기능적 정의를 위한 기초로 심리학 전체에 호소할 필요는 없을 것이다. 심리학 및 인지과학에서 상대적으로 독립적인 부분들, 예를 들어 시각 이론이나 의사결정, 행동 및 동기 이론, 언어 습득 이론 등 각각이 램지화의 기초가 될 수 있을 것이다. 또한 개념들 사이의 유사성의 정도도 고려될 수 있으며, 두 화자가 정확히 동일한 개념들의 집합을 공유하지 않고서도 충분히 서로를 잘 이해할 수 있을지 모른다. 즉 유사한 개념들의 공유가 주어진 목적을 위해 충분할 수 있다.

심적 개념을 정의하기 위해 상식 심리학을 사용하는 선택지를 다시 생각해보자. 우리의 심리학적 상식들 모두 혹은 그중 일부라도 참이라고 우리는 확신할 수 있을까? 체계화된 과학적 심리학이 진보해도 그들은 여전히 건재할까? 일부 철학자들은 심지어 과학적 심리학의 발전은 이미 상식 심리학이 광범위하게 잘못되었으며 이론으로서 폐기되어야 함을 보여주었다고 주장한다.[7] 고통 이론의 일부로서 사용된 일반화, 즉 조직 손상은 정상적으로 깨어 있는 사람의 고통을 야기한다는 상식을 생각해보자. 이 규칙성에 대한 많은 예외가 있다는 것은 분명하다. 정상적으로 깨어 있지만 어떤 일에 완전히 몰두해 있는 사람은 경미한 조직 손상에 고통을 느끼지 않을 수 있다. 심각한 조직 손상을 입을 경우 혼수상태에 빠질 수도 있다. 또 "정상적으로 깨어 있다"고 간주되는 것은 무엇인가? 다쳤을 때 고통을 경험하기에 충분할 만큼 깨어 있으면 되는가? 상식 심리학의 일상적인 진술들은 우리가 일상생활에서 다른 사람의 행동을 예상하고 이해하는 데 충분히 만족할 만한 역할을 한다. 그러나 그것들이 정말 참이라고 말할 수 있는가? 이러한 우려를 완화하는 한 가지 방법은 통속 심리학적 일반화는 면책적 단서 조항들("다른 모든 것들이 동일하다면", "정상적 조건 하에서", "간섭하는 것이 없다면" 등)을 포함하고 있는 것으로 봐야 함을 지적하는 것이다. 그러나 이런 식으로 약화된 어중간한 일반화가 잘 정의된 심적 개념들을 산출할 만큼의 충분한 제한을 가할 수 있는지는 따져봐야 할 문제이다.

그러나 상식 심리학은 과학적 심리학에 비해 한 가지 장점이 있는데 상식 심리학의 안정성이 더 커 보인다는 점이다. 체계적 심리학의 이론과 개념들은 생겨났다가 없어진다. 과학 이론의 성쇠, 특히 인문 사회과학 이론들의 성쇠에 대해 우리가 아는 바를 고려할 때 현재 최선의 심리학 이론이라 여겨지는 것들의 대부분이 조만간 폐기되거나 교체 또는 상당한 정도로 수정될 것이라 예상하는 것이 자연스럽다. 상식 심리학에 내재된 대략적인 규칙성들은 (아마도 그것이 대략적이기

---

7 이러한 견해에 관해서는 Paul Churchland, "Eliminative Materialism and the Propositional Attitudes"를 보라.

때문에) 훨씬 더 안정적으로 보인다. 어떤 사람이 무언가를 원하고 어떤 행위가 그것을 확보할 수 있게 해준다고 믿을 때 그 사람은 그러한 행동을 하는 경향이 있다는 너무나 빤한 참을 우리가 정말 포기할 수 있을까? 믿음과 욕구를 행위로 연결 짓는 이 기본 원리는 왜 사람들이 이러저러하게 행동하는지를 이해할 수 있게 해주는 상식 심리학의 핵심 원리이다. 이 원리가 현재 우리의 통속 심리학적 설명 관행에서 핵심적인 것인 것처럼 고대 그리스인이나 중국인들이 자신과 타인을 이해하는 방식에서도 핵심적인 것이었으리라 생각하는 것은 합당해 보인다. 공유된 통속 심리학적 유산이 있기에 그리스 비극과 중국 역사 소설에 등장하는 주인공들의 행위와 감정을 우리가 이해하고 공감할 수 있는 것이다. 과거든 현재든 만약 믿음과 욕구를 행위와 연결 짓는 위의 원리와 같은 통속 심리학의 핵심 원리들이 어떤 문화의 구성원들에게 성립하지 않는다면, 우리는 그들의 제도와 관행을 이해하기 힘들 것이며 어쩌면 그들의 언어를 번역하는 것조차 불가능할지 모른다. 통속 심리학의 일상적인 진술들이 갖는 이러한 상대적 영속성과 공통성의 원천과 본성이 무엇인지에 대해서는 설명이 필요하겠지만, 통속 심리학이 과학적 심리학이 지니지 못하는 정도의 안정성과 보편성을 가진다는 것은 합당해 보인다.

그러나 통속적 심리학과 과학적 심리학이 반드시 서로 경쟁 관계에 있다고 볼 필요는 없다는 점에 주목할 필요가 있다. 일상적 심리 개념들에 대한 기능적 정의를 위해서는 통속 심리학이 적절한 기초 이론인 반면 과학적 심리 개념을 위해서는 과학적 심리학이 적절하다고 할 수 있을 것이다. 그러나 만약 과학적 심리학이 통속 심리학에 심각한 결함이 있음을 보인다면(예를 들어 그것의 핵심적 일반화들 중 상당수가 실제로는 거짓임을 보인다면),[8] 램지-루이스 방법에 의해 통속 심리학으로부터 얻어진 개념들은 쓸모없는 것들이라고 말해야 할 것이다. 앞서 보았듯이 그러한 개념들은 아무것에도 적용되지 않을 것이기 때문이다.

기능주의적 정의에 관해 마지막으로 지적할 것은 그것이 심적 상태의 다수실현 현상을 수용할 수 있다는 점이다. 이는 쉽게 알 수 있다. 앞서의 고통 이론 T가 인간뿐만 아니라 인간과 생리적으로 전혀 다른 (이를테면 무기체의) 화성인에게도 참이라고 가정하자. 그렇다면 T_R 역시 인간과 화성인 모두에게 참이 될 것이다. 다만 인간에게는 물리적-생물학적 상태들 가령 ⟨H_1, H_2, H_3⟩이 ⟨고통, 정상적으로 깨어 있음, 괴로움⟩을 실현하고 따라서 T_R을 충족하는 반면, 화성인에게는 다른 물리적 상태들 ⟨I_1, I_2, I_3⟩이 그러한 심적 상태들을 실현한다. 그러나 어느 경우든 T_R이 요구하는 대로, 규정된 방식으로 연결된 세 가지 상태들이 존재한다. 당신이 H_2 상태에 있을 때 당신은 고통 상태에 있고 화성인 모크가 I_2 상태에 있을 때 그도 고통 상태에 있다. 당신과 모크 모두 고통에 대한 기능주의적 정의를 충족하기 때문이다.

물리주의로서의 기능주의: 심리적 실재성

과학적 심리학을 램지화의 기초 이론으로 삼는다고 해보자. 앞서 보았듯이 우리는 이 이론이 참이길 원한다. 한편 심리 이론들의 참과 관련해서 살펴봐야 할 또 다른 문제가 있다. 심리 이론들이 감각 입력과 행동 출력 사이의 상관관계들을 체계화하기 위해 내적 상태들을 상정한

---

8 그러나 어떻게 믿음-욕구-행위 원리가 경험적으로 거짓임을 보일 수 있는지 상상하기 어렵다. 이 원리는 선험적으로 참이고 따라서 경험적 반증과 무관하다고 주장되어 왔다. 하지만 상식적 심리학의 모든 원리들이 동일한 지위를 가질 필요는 없다. 선험적 참으로 여겨질 수 있는 상식적 심리학의 핵심 원리들이 있어서 그것들로 램지-루이스 방법 적용의 기초가 되기에 충분할 가능성도 있다.

다고 가정하자. 이 내적 상태들은 유기체가 가지고 있다고 추정되는 심리 상태들이다. 두 이론 T_1과 T_2가 심적 주체 S에 대해서 입력과 출력들을 올바르게 체계화하지만 각각 다른 내적 상태들을 상정한다고 가정해보자. 즉 T_1과 T_2 모두 S에 대해서 **행동적으로 적합한** 심리학이지만, S의 입력과 출력을 연결하는 상이한 내적 인과 구조를 S에게 귀속시킨다. 그렇다면 둘 중 어느 것이 S의 옳은 심리학인지 판가름하는, 두 이론에 관한 또는 S에 관한 사실이 더 있는가? **만약** 옳은 심리학이 있다면, 아마도 우리는 그 옳은 이론을 심적 상태에 대한 램지화된 기능적 정의의 기초로 선택해야 할 것이다.

심리학이 진정으로 자율적인 특수 과학이어서 다른 과학으로부터 어떠한 방법론적, 이론적, 존재론적 제약을 받지 않는다면, 행동적으로 적합한 두 이론 중 어느 하나를 더 선호할 유일한 근거는 표기상의 단순성이나 예측에 있어서의 편의성과 같은 형식적인 고려 사항이라고 말해야 할 것이다. 그 외에 두 이론 중 하나를 선호할 사실적인 근거가 존재하지 않을 가능성이 있다. 한편 주체 S에 대한 행동적으로 적합한 심리 이론들은 S의 "행동 기술"인 튜링 기계들과 유사하다는 것을 상기하자(5장을 보라). 또한 기계 기능주의에 따르면, S에 대한 모든 행동 기술이 S에 대한 옳은 심리 이론은 아니며, 옳은 심리 이론은 S에 대한 기계 기술, 즉 S가 물리적으로 실현하는 튜링 기계라는 것도 상기하자. 이는 그 튜링 기계의 내적 기계 상태들을 실현하는 S의 물리적인 내적 상태들이 있다는 것을 의미한다. 즉 그 튜링 기계의 기계표가 규정하는 방식으로 감각 입력 및 행동 출력, 그리고 서로 간에 (인과적으로) 연결되어 있는 "실재하는" 물리적 내적 상태들이 S 안에 존재함을 의미한다. 한 주체에 대한 심리 이론을 규정하고자 하는 튜링 기계들의 심리적 실재성에 관한 질문에 답을 주는 것은 물리적 실현이라는 요구 사항이다.

기계 기능주의와 달리, 램지-루이스 모형에 의해 정식화된 인과론적 기능주의에는 아직까지 물리적 요구 사항이 내재되어 있지 않다. 앞장에서 정식화된 기계 기능주의에 의하면, 주체 S가 어떤 심적 상태에 있으려면 S는 적절한 튜링 기계의 **물리적 실현**이어야 한다. 이와 달리 이 장에서 지금까지 논의된 인과론적 기능주의는 S의 심리 이론이 규정하는 대로 입력과 출력 그리고 서로 간에 연결된 "내적 상태"들이 있어야 함을 요구할 뿐, 이 내적 상태들의 본성에 관해서는 아무 언급도 하지 않는다. 기계 기능주의와 관련하여 우리가 살펴본 것은 S의 옳은 심리 이론을 골라낼 수 있게 해주는 것은 추가적인 물리적 요구 사항, 즉 그 기계의 내적 상태들을 실현하는 S의 상태들이 물리적 상태여야 한다는 조건이다. 마찬가지로 행동적으로 적합한 심리 이론들 사이에서 심리적 실재성에 관한 쟁점을 해결하는 유일한 길은 아마도 그와 유사한 물리주의적 조건을 명시적으로 도입하는 것이다. 다음과 같은 식으로 말이다.

(P) 램지화된 심리 이론 T_R이 존재한다고 주장하는 상태들은 물리적 신경 상태들이다. 즉 T_R의 변항들 및 특정한 심적 상태의 정의(예컨대 "고통"의 정의)에 나타나는 변항들 $M_1, M_2, \cdots$ 등은 심리 이론 T의 주체의 물리적-신경적 상태를 값으로 갖는다.

(P)를 받아들이는 기능주의자는 물리주의적 기능주의자로 불릴 수 있다. (P)와 같은 물리적 제약을 도입하지 않고서는 행동적으로 적합한 심리 이론들을 차별화할 방법이 없어 보인다. 역으로 우리가 행동적으로 적합한 심리학 모두를 "옳은" 또는 "참"인 것으로 여기지 않는다는 사실은 그러한 이론이 상정하는 내적, 이론적 상태의 실재성을 우리가 받아들인다는 것을 보여주며, 이러한 심리적 실재론을 구체화하는 유

일한 길은 그러한 상태들을 유기체의 내적 **물리적** 상태로 간주하는 것이다. 실질적으로 이는 앞 장에서 논의된 실현 물리주의 논제, 즉 모든 심적 상태들은 만약 실현된다면 물리적으로 실현되어야 한다는 논제와 다를 바 없다.

이는 심리학과 인지과학에서의 실제 연구 전략들 및 그것들을 뒷받침하는 방법론적인 가정들을 반영하는 것으로 보인다. 옳은 심리 이론은 행동적으로 적합할 뿐만 아니라 그것이 상정하는 심적 역량, 성향 및 메커니즘들이 물리적(아마도 신경생리학적) 토대를 가진다는 의미에서 "물리적 실재성"을 가져야 한다는 것이다. 인간 행동을 가장 단순하고 우아하게 체계화하는 심리학이 참인 심리학이 아닐 수 있다. 특정한 지적 과제(가령 논리학 정리의 증명이나 얼굴 인식 등)를 수행하는 가장 단순한 인공지능 프로그램(또는 튜링 기계)이라고 해서 인간이 그 과제를 수행하는 방식을 정확히 반영하지는 않는 것과 마찬가지이다. 오만가지의 예측불가능한 자연의 힘 속에서 수백만 년에 걸쳐 진화해 온 인간 심리의 근저에 있는 메커니즘이, 과학 이론에서 무엇이 단순하고 우아한지에 대한 우리의 생각과 반드시 부합한다고 믿어야 할 어떠한 선험적인 이유도 경험적인 이유도 없다. 참인 심리학 이론이 상정하는 심적 역량이나 메커니즘들은 실재함에 틀림없으며, 현재의 맥락에서 우리가 기댈 수 있는 실재성은 물리적 실재성밖에 없다. 심리학의 물리적 환원가능성과 관련된 찬반 논증과는 별개로, 이러한 고려는 심리학이 그보다 더 기초적인 물리학 및 생명과학에 부응할 필요가 없는 자율적인 과학이라는 주장에 심각한 의문을 제기한다.

아마 반물리주의자들은 심적 역량이나 메커니즘은 그것들 자신의 독립된 비물리적 실재성을 가진다고 주장할지 모른다. 그러나 물리적 기반으로부터 분리될 때 심적 역량이나 메커니즘이 도대체 무엇일 수 있을지 상상하기 힘들다. 그것들이 데카르트적 심적 실체 안에 있는 어떤 유령스러운 메커니즘일 수 있을까? 이는 논리적으로 가능한 입장일 수는 있겠지만 철학적으로 혹은 과학적으로 거의 설득력이 없다 (2장을 보라). 현대의 심리철학 및 심리학에서 물리주의가 기본 입장이 된 데에는 그럴 만한 이유가 있다.

반론과 난점

이 절에서는 기능주의에 대한 주요 반론으로 여겨지는 몇 가지 문제들을 검토하고자 한다. 앞 장에서 논의한 기계 기능주의의 문제점들 중 일부는 약간 수정하면 인과론적 기능주의에도 적용되는데, 그것들은 여기서 다시 논의하지 않을 것이다.

감각질 전도

다음 질문을 생각해보자. 고통의 모든 사례들이 공통적으로 가지고 있는 것으로서, 그것들을 다른 것이 아닌 고통이 되게 하는 것은 무엇인가? 이에 대한 기능주의자의 답변은 바로 그들 특유의 인과적 역할, 즉 그들의 전형적 원인(가령 조직 손상, 외상)과 결과(고통 행동)라는 것이다. 그러나 더 명백한 답변이 있지 않은가? 모든 고통 사례가 공통적으로 가짐으로써 그것을 고통 사례로 만드는 것은 그것이 **아프게 느껴진다**는 것이다. 고통은 아프고, 가려움은 가렵고, 간지럼은 간지럽다. 이것보다 더 분명한 것이 있을까?

감각은 특유의 **질적** 특징을 가진다. 이러한 특징을 "현상적", "현상론적" 또는 "감각적" 성질이라 부르기도 하는데, "감각질"(qualia)이 이제는 표준적인 용어가 되었다. 잘 익은 토마토를 보는 것은 어떤 독특한 시각적 성질을 갖는데 이는 시금치 다발을 볼 때의 시각적 성질과는 틀림없이 다르다. 우리는 장미 향기와 암모니아 냄새를 잘 알고, 드럼 소리와 징 소리를 구분할 수 있다. 대리석 표면을 만질 때의 시원하면서 매끄러운 느낌은 사포를 만질 때의 느낌과는 전혀 다르다. 깨어 있는 동안의 우리 삶은 감각질—색깔, 냄새, 소리 등—의 지속적인 향연이다. 감기 때문에 일시적으로 맛이나 냄새를 느끼지 못하게 되면 좋아하는 음식을 먹는 것이 마치 마분지를 씹는 것과 같을 수 있고, 그때 우리는 우리의 경험에서 무엇이 없어졌는지 절실히 알게 된다.

그런데 기능주의는 감각적 사건과 입출력을 매개하는 인과적 역할을 동일시함으로써 감각적 사건이 가지는 질적인 측면을 완전히 누락하는 것처럼 보인다. 인과적 역할과 현상적 성질이 분리되는 것이 가능해 보이고, "감각질 전도qualia inversion"의 가능성이 이를 증명하는 것 같기 때문이다. 다음과 같은 상황을 상상하는 것에는 아무런 모순이 없는 듯하다. 잘 익은 토마토를 볼 때 당신의 색깔 경험은 시금치 한 단을 볼 때의 나의 색깔 경험과 같고, 그 역도 마찬가지이다. 즉 빨간색에 대한 당신의 경험은 초록색에 대한 나의 경험과 질적으로 같고, 초록색에 대한 당신의 경험은 빨간색에 대한 나의 경험과 같은 것이다. 이러한 차이가 관찰 가능한 행동상의 차이로 나타날 필요는 없다. 당신과 나는 똑같이 잘 익은 토마토를 "빨간색"이라고 말하고 시금치의 색이 "초록색"이라고 말할 것이다. 우리는 모두 상추 더미에서 토마토를 잘 골라낼 수 있을 것이며 운전할 때 교통 신호에 대해서도 똑같이 잘 대처할 것이다. 사실 행동상의 차이 없이 당신의 색깔 스펙트럼이 나의 것과 비교해 체계적으로 전도되어 있는 상황을 모순 없이 상상할 수 있다. 심지어 전기기계 로봇처럼 우리와 기능적으로는, 즉 입출력 면에서 동일한 존재이지만 어떠한 질적인 경험도 귀속할 좋은 이유가 없는 대상을 생각하는 것이 가능한 것 같다. (데이터 소령을 떠올려보라. 이는 "결여된 감각질" 문제라 불린다.)[9] 기능적으로 동일한 시스템에서 전도된 감각질이나 결여된 감각질이 가능하다면, 감각질은 기능적 정의로 포착될 수 없으며 기능주의는 모든 심적 상태와 속성들에 대한 설명이 될 수 없다. 이것이 기능주의에 대한 감각질 반론이다.

기능주의자가 다음과 같이 답변할 수 있을까? 기능주의적 설명에 따르면 심적 상태는 심리 주체의 내적인 물리적 상태에 의해 실현된다. 가령 인간의 경우 심적 상태로서의 빨강의 경험은 특정한 신경 상태에 의해 실현된다. 이것은 곧 당신과 내가 동일한 신경 상태에 있는 한 우리는 우리가 경험하는 감각질의 측면에서 서로 다를 수 없음을 의미한다. 즉 우리 둘이 동일한 신경 상태에 있다면(이는 원칙적으로 관찰에 의해 확인 가능한 것이다) 둘 다 빨강을 경험하든지 또는 둘 다 경험하지 않든지 둘 중 하나이다.

그러나 이러한 답변은 두 가지 이유로 충분치 못하다. 첫째, 그것이 어느 정도 옳다 하더라도 동일한 심리 이론을 실현하지만 물리적으로는 다른 체계들(가령 당신과 화성인)에 대한 감각질 문제는 다루지 못한다. 이런 답변은 당신과 화성인 사이의 감각질 전도의 가능성을 배제하지 못하며, 또한 화성인의 경험에 감각질이 결여될 가능성도 배제하지 못한다. 둘째, 위의 답변은 감각질이 그것을 실현하는 물리적 신경 상태에 수반한다고 전제하지만 이 수반 전제 자체가 쟁점의 일부이다. 그러나 감각질의 수반에 관한 쟁점은 물리주의에 관한 더 포괄적 쟁점들과 관련된 것이며, 딱히 기능주의의 문제인 것은 아니다.

감각질에 관한 이러한 문제는 많은 논란을 일으켰고, 어떤 철학자들은 전도된 또는 결여된 감각질이라는 개념이 과연 정말 정합적인지에 관해 의문을 제기하기도 했다.[10] 우리는 의식에 대한 보다 일반적인 질

---

9 Ned Block, "Troubles with Functionalism"을 보라.

10 감각질 전도 가능성에 대해서는 다음을 보라. Sydney Shoemaker, "Inverted Spectrum", Ned Block, "Are Absent Qualia Impossible?", C. L. Hardin, *Color for*

문과 관련해서 감각질의 문제를 다시 논의하게 될 것이다(9장과 10장).

교차 배선된 뇌

고통과 가려움이 작동하는 메커니즘에 대한 다음과 같은 아주 단순하고 이상화된 모형을 생각해보자. 우리들 각자의 뇌 안에는 "고통 상자"와 "가려움 상자"가 있다. 고통 상자는 우리가 고통을 경험할 때마다 활성화되는 것으로, 뇌 어딘가에 한 다발의 신경 섬유로 이루어져 있으며, 가려움 상자도 마찬가지로 생각할 수 있다. 생체 조직에 있는 고통 수용체가 자극을 받으면 고통 수용체는 고통 입력 경로를 통해 신경 신호를 고통 상자로 올려 보낸다. 그러면 고통 상자가 활성화되어 출력 경로를 통해 신호를 보내고 이 신호는 운동 체계에 도달하여 적절한 고통 행동(움츠림과 신음)을 일으킨다. 가려움의 메커니즘도 유사하게 작동한다. 모기에 물리면 가려움 수용체가 가려움 입력 경로를 따라 전기화학적 신호를 가려움 상자로 올려 보내고 위와 유사한 과정을 거쳐 마침내 가려움 행동(긁음)이 나타난다.

어떤 미친 신경과학자가 당신의 두뇌 배선을 바꿔 고통과 가려움 중추의 입력 및 출력 경로를 교차시킨다고 가정해보자. 즉 이제는 당신의 고통 수용체에서 나온 신호가 (이전의) 가려움 상자로 가고 이 상자에서 나온 신호는 당신의 운동 체계를 자극해 움츠림과 신음을 일으킨다. 마찬가지로 당신의 가려움 수용체에서 나온 신호들은 (이전의) 고통 상자로 가고 이 상자는 운동 체계를 자극해 긁는 행동을 유발한다. 신경과학자의 마수가 나에겐 뻗치지 않았다고 하자. 나와 당신의 뇌는 배선이 엇갈려 있지만 우리가 기능적으로 동일한 심리 이론을 실

Philosophers 및 Martine Nida-Rümelin, "Pseudo-Normal Vision: An Actual Case of Qualia Inversion?"

현한다는 것은 분명하다. 모기에 물렸을 때 우리는 모두 긁어대고 손가락에 화상을 입으면 움츠리고 신음한다. 기능주의의 관점에서 우리는 동일한 고통-가려움 심리 이론을 예화한다.

나와 당신 둘 다 맨발로 압정을 밟았다고 해보자. 우리는 모두 비명을 질러대고 절름거리며 가까운 의자로 갈 것이다. 나는 고통 상태에 있다. 그러나 당신은 어떠한가? 기능주의자는 교차 배선된 뇌를 가진 당신 또한 고통 상태에 있다고 말한다. 뇌의 한 신경 메커니즘을 고통 상자로 만들어주는 것은 다름 아니라 그것이 고통 수용체로부터 입력을 받고 고통 행동을 일으키는 출력을 내보낸다는 바로 그 사실이다. 당신의 두뇌가 교차 배선됨으로써 이전에는 가려움 상자였던 것이 이제는 당신의 고통 상자가 되고, 그것이 활성화되면 당신은 고통 상태에 있게 된다. 적어도 이것이 기능주의적 고통 개념이 함축하는 것이다. 그러나 이것이 받아들일 수 있는 귀결인가?

이것은 전도된 감각질 문제의 한 버전이다. 전도되는 감각질은 고통과 가려움(또는 고통의 고통스러운 느낌과 가려움의 가려운 느낌)이고, 그 전도는 해부학적 개입을 통해 발생하는 것으로 가정된다. 당신의 뇌가 위와 같은 식으로 교차 배선되었을 경우 많은 사람들은 당신이 압정을 밟았을 때 당신이 경험하는 것은 (비록 당신이 보여주는 입출력 관계가 고통에 적절한 것이기는 하지만) 고통이 아니라 가려움이라는 주장에 강하게 공감할 것이다. 이 가설이 갖는 호소력은 기본적으로 심신 동일성 이론의 호소력과 같다. 우리 대부분은 고통이나 가려움 같은 유형의 의식 경험은 뇌의 **국소적** 상태와 과정들에 수반하며, 의식 경험이 신체의 여타 부분이나 외부 세계와 어떻게 연결되어 있든 심적 상태의 질적인 성격은 감각 입력 및 행동 출력과 관련한 그것의 인과적 역할과는 개념적으로나 인과적으로 무관하다고 생각하는 강한 경향이 있다. 이러한 가정은 예컨대 "통 속의 뇌"라는 잘 알려진 철학적 사고실험에 암묵적으로 가정된 것이다. 이 사고실험은 용액으로 채워진 통 속에서 신체와는 분리되었지만 산 채로 보존된 뇌가 슈퍼컴퓨터에 의해 발생된 전기 신호를 공급받아 정상적 의식 상태를 유지한다고 가정한다. 우리가 경험하는 감각질은 입력에 인과적으로 의존한다. 가령 우리의 신경 체계 배선에서 찔리고 베이는 것은 가려움이 아닌 고통을 야기한다. 그러나 이것은 우리의 신경 회로에 대한 우연적 사실이다. 인간 행동의 전체적인 기능적 구조는 교란시키지 않으면서 인과적 사슬을 재편성해서 베이고 찔리는 것이 고통이 아닌 가려움을 야기하고, 피부 자극이 가려움이 아닌 고통을 야기하도록 만드는 것을 우리는 얼마든지 상상할 수 있는 것 같다(아마도 미래의 어느 시점에는 기술적으로도 가능할 것 같다).

기능적 속성, 선언적 속성, 그리고 인과적 힘

기능주의자들의 주장은 흔히 "심적 상태는 인과적 역할이다" 또는 "심적 속성(종)은 기능적 속성(종)이다"라는 식으로 표현되곤 한다. 이러한 주장의 논리와 존재론을 분명히 할 필요가 있다. 기능적 속성의 개념 및 연관 개념들은 앞장에서 소개했지만, 기능주의의 어려움과 문제점을 논하기에 앞서 그것들을 간략히 정리해보자. 고통의 예로 시작하자. 기능주의에 따르면, S가 고통 상태에 있다는 것(즉 S가 고통 상태에 있음이라는 속성을 가진다는 것 또는 예화한다는 것)은 S가 적절한 입력(가령 조직 손상, 외상) 및 출력(고통 행동)과 인과적으로 연결된 어떤 상태에 있다는 것(또는 어떤 속성을 예화한다는 것)이다. 단순성을 위해 **상태**보다는 **속성**이라는 말로 표현하도록 하자. 그러면 다음과 같이 말할 수 있다. 고통 상태에 있음이라는 속성은 특정한 인과적 규정(즉 어떤 입력 및 출력과 인과 관계를 맺는지의 규정)을 가진 어떤 속성을 가짐이라는 속성이다. 그러므로 일반적으로 모든 심적 속성에 대해 다음과 같은 표준적인 표현을 갖게 된다.

심적 속성 M은 인과적 규정 H를 가진 속성을 가짐의 속성이다.

기능주의자는 보통 심적 속성의 다수실현 가능성을 믿는다. 즉 모든 심적 속성 M에 대하여 인과적 규정 H를 충족시키는 속성들 Q_1, Q_2 ,…는 일반적으로 다수이며, 어떤 대상이 그러한 Q들 중 어느 하나를 예화하는 경우 오직 그 경우에 그 대상은 M을 예화하는 것으로 간주한다. 기억하겠지만, M이 정의되는 방식으로 정의되는 속성은 흔히 "이차" 속성이라 불리며, 그들의 실현자인 Q들은 "일차" 속성들이다. ("일차"와 "이차"라는 말에 특별한 의미를 부여할 필요는 없다. 그것들은 상대적이어서 Q들이 다른 속성들의 집합에 대해 이차 속성이 될 수도 있다.) M이 고통이라면 그것의 일차 실현자는 유기체의 경우 신경 속성들이며, 이 속성들은 고통을 가질 수 있는 생물학적 종마다 다를 것이라 기대한다.

심적 속성을 이처럼 이차 속성으로 이해하는 것은 곤혹스런 문제를 발생시키는 듯하다. 만약 M이 규정 H를 만족하는 어떤 속성을 가짐이라는 속성이고 Q_1, Q_2,… 이 H를 만족시키는 속성들이라고 한다면, 즉 Q들이 M의 실현자라면 M은 Q_1 또는 Q_2 또는…을 가짐이라는 **선언적** 속성과 동일하다는 것이 따라 나오는 것 같다. M을 가진다는 것은 Q_1 또는 Q_2 또는…을 가지는 **것이라는** 것이 분명하지 않은가? (예를 들어, 빨강, 초록, 파랑은 원색이다. 어떤 것이 원색을 띠고 있다고 하자. 그렇다면 그것은 단지 빨강 또는 초록 또는 파랑을 띠고 있다는 것에 해당하는 것 아닌가?) 심적 속성의 다수실현 가능성을 믿는 철학자들 대부분은 심적 속성이 선언적 속성이라는 것—즉 그것의 실현자들의 선언이라는 것—을 부인한다. 일차 실현 속성들은 너무나 다양하고 이질적이어서 그것들의 선언은 속성이 갖추어야 할 체계적인 통일성을 가진 모범적 속성이라고 여겨지지 않기 때문이다. 기억하겠지만, 그러한 선언은 진정한 속성이 아니라고 거부하는 것이 유형 물리주의에 반대하는 다수실현 논증의 핵심이었다. 기능주의자들은 종종 다수실현 현상을 내세워 인지과학이 연구하는 속성들은 형식적이고 추상적인 것임을, 즉 인지 체계의 세부적인 물질적 구성으로부터 추상화된 것임을 뒷받침하고자 한다. 그러나 우리의 고찰은 인지과학이 연구하는 속성들은 결국 이질적인 선언임을 보여주는 것처럼 보인다. 그리고 그러한 선언은 법칙적 속성—즉 법칙과 인과적 설명을 구성하는 데 사용되는 속성—으로 적합하지 않아 보인다. 이것이 옳다면 이차 속성으로 이해된 심적 속성은 진정한 과학적 속성의 자격을 얻지 못할 것이다.

그러나 기능주의자는 이차 속성을 그것의 실현자들의 선언과 동일시하기를 거부하면서 자신의 입장을 고수하려 할지 모르겠다. 그는 P와 Q 각각이 속성이라는 사실로부터 P 또는 Q를 가짐이라는 선언적 속성이 존재함이 따라 나오지는 않는다는 것을 근거로, 선언적 속성 일반을 진정한 속성으로서 거부할 수 있다. 어떤 이들이 주장했듯이, 둥긂과 녹색이 각각 속성이라는 사실로부터 둥글거나 혹은 녹색임이라는 속성이 있다는 것이 따라 나오지는 않는다. 그 "속성"을 갖는 대상들(가령 붉고 둥근 탁자와 사각의 녹색 이불)이 그 속성을 갖는 덕분에 공통으로 갖는 것은 아무것도 없다. 그러나 우리가 선언적 속성에 대한 이러한 논쟁에 휘말릴 필요는 없다. 여기서의 쟁점은 선언적 속성에 대한 질문과는 독립적이기 때문이다.

포괄적인 인과적인 고려에 근거해서 같은 결론을 이끌어내는 또 다른 논증이 있기 때문이다. 심적 속성이 인과적 힘을 가진다는 것은 널리 받아들여지는 가정이며 적어도 필수 요구 사항이다. 즉 심적 속성의 예화는 다른 사건의 발생을 야기할 수 있으며(즉 다른 속성이 예화되도록 야기할 수 있으며) 그리고 실제로 야기한다는 것이다. 사실 이는 인과론적 기능주의의 기본적 전제이기도 하다. 심적 속성이 인과적 힘을 갖지 않는다면 그에 대해 신경 쓸 이유는 거의 없다. 행동이나 다른 사건에 대한 설명에서 심적 사건에 호소하는 것은 심적 속성이 인과적으로 무력하지 않는 한에서만 가능할 것이다. 그런데 심적 속성에 대한 기능주의의 설명을 따를 때 심적 속성은 어디에서 인과적 힘을 얻는가? 특히 심적 속성 M의 인과적 힘과 그것의 실현자 Q의 인과적 힘은 어떠한 관계인가?

M의 인과적 힘이 마법처럼 스스로 생겨날 수 있으리라 상상하기는 힘들다. 그것보다는 M의 인과력이 그것의 실현자인 Q의 인과력으로부터 생겨난다고 생각하는 것이 훨씬 더 그럴듯하다. 아마도 그것이 유일하게 설득력 있는 생각일 것이다. 사실 그것으로부터 "생겨날" 뿐만 아니라 M의 임의의 사례의 인과력은 그 경우에 그것을 실현하는 특정한 Q의 인과력과 동일함에 틀림없다. 기화기는 기화기의 특정한 기능을 수행하는 물리적 장치가 갖는 인과력을 넘어서는 어떤 인과력도 가질 수 없고, 하나의 개별적 기화기의 인과력은 그것을 실현하는 특정한 물리적 장치의 인과력과 정확히 동일함에 틀림없다. (이는 다름 아니라 이 물리적 장치가 바로 그 기화기라는 단순한 이유에서이다.)[11] 그것이 물리적 실현자의 인과력을 넘어서는 인과력을 가질 수 있다고 믿는 것은 마법을 믿는 것과 다름없다. 그러한 인과력이 과연 어디서 올 수 있다는 말인가? 또한 그 기계가 특정한 물리적 실현자의 인과력보다 적은 인과력을 가진다고 믿을 이유 역시 전혀 없는 듯하다. "과연 어떤 인과력이 감해져야 한단 말인가?"

---

11 기화기임은 그것이 하는 일("공기와 가솔린 증기를 섞는 일" 같은 것)에 의해 정의되는 기능적 속성이며 다양한 물리적 장치가 이 목적을 수행할 수 있다.

이 논점을 좀 더 자세히 논의해보자. 기능주의에 따르면, 한 심리 주체가 심적 상태 M에 있다는 것은 그것이 M을 실현하는 물리적 상태 P에 있다는 것이다. 즉 P는 다른 내적 물리 상태들(그들 중 일부는 다른 심적 상태를 실현한다) 및 물리적 입출력력과 적절하게 인과적으로 연결되어 있는 물리적 상태이다. 이러한 상황에서 그 대상이 심적 상태 M에 있을 때 존재하는 것이라고는 그저 그것의 물리적 상태 P일 뿐이다. M 상태에 있음은 P 상태에 있음을 넘어서는 실재를 갖지 않으며, M 상태에 있음으로써 생기는 어떠한 인과력도 P 상태의 인과력임에 틀림없다. M의 이 사례가 P의 인과력을 넘어서는 그 이상의 인과력을 가질 수 없다는 것은 분명해 보인다. 지금 여기의 내 고통이 내 C-섬유가 활성화되는 특정 사건에 의해 실현된다면, 그 고통은 그 특정한 C-섬유 활성화 사례와 정확히 동일한 인과력을 가져야 할 것이다.

하지만 M이 다수실현된다는 것, 가령 P_1, P_2, P_3 에 의해 실현된다는 것을 기억해야 한다(유한성의 가정은 아무런 차이를 낳지 않는다). 여기서 다수성이 의미를 가지려면 이 P들은 상당히 달라야만 하며, 이때의 차이란 **인과적** 차이임에 틀림없다. 달리 말해, M의 물리적 실현자인 이것들은 상이한, 어쩌면 극도로 다양한 인과력을 가지기 때문에 서로 다른 것으로 여겨진다. 이러한 이유로 단일한 인과력의 집합을 M에 결부시키는 것은 가능하지 않다. 물론 M의 각 **사례**는 P_1의 사례이거나 P_2의 사례이거나 또는 P_3의 사례이며, 각각은 P_1, P_2, 또는 P_3과 결부된 특정한 인과력의 집합을 나타낸다. 그러나 하나의 종류 또는 속성으로서의 M은 그렇지 않다. 즉 임의의 두 M 사례에 대하여, M을 정의하는 기능적인 인과적 역할 이외에 인과력에서 그들이 많은 것을 공통으로 가질 것이라 기대할 수 없다는 것이다. 이러한 관점에서 봤을 때 M을 인과적, 법칙적 통일성을 갖는 하나의 속성으로 간수하기는 어려워 보이며, 아마 다른 속성과 유의미한 법칙적 관계를 맺기는 힘들 것이라 생각하게 된다. 이 모든 것은 M의 과학적 유용성을 매우 의심스럽게 한다.

게다가 과학적 종들은 인과력에 근거해서 개별화된다고 주장되곤 한다. 과학 이론에서 유용한 속성으로 인정받기 위해서는 일련의 특정한 인과력을 가져야 한다는 것이다.[12] 달리 표현하자면, 과학에서 종을 정의하는 유사성은 주로 **인과적-법칙적 유사성**이다. 즉 인과력에서 유사하고 법칙에서 유사한 역할을 하는 것들이 동일한 종에 속하는 것으로 분류된다는 것이다. 과학적 종에 대한 이와 같은 개별화 원리를 따를 때, M 및 여타 다수실현 가능한 속성들은 과학적 종으로서의 자격을 얻지 못할 것이다. 이는 분명히 M에 대한 과학, 즉 심리학 및 인지과학의 전망을 의심스럽게 한다.

이는 다소 의외의 결론이다. 심리학과 인지과학이 그 기저의 물리 및 생명과학과 관련하여 환원불가능하고 자율적인 영역을 형성한다고 대부분의 기능주의자들이 열렬하게 주장하고, 그 주장이 심리학의 지위와 본성에 관한 가장 영향력 있고 광범위하게 받아들여지는 견해라는 이유 때문만은 아니다. 우리가 기억해야 할 것은, 기능주의의 주된 동기 자체가 심적 속성의 다수실현 가능성에 대한 인식과 특수 과학으로서의 심리학의 자율성을 보호하고자 하는 바람이었다는 것이다. 지금까지의 논의가 크게 틀리지 않았다면, 역설적이게도 심성에 대한 기능주의와 다수실현 가능성이 결합될 때 심리학은 과학으로서의 통일성과 정당성을 상실할 위기에 처하게 된다는 결론에 이르게 된다. 그렇다면 기능주의에서 심적 속성은 한없이 다양한 물리적 실현자들로 산산조각 나서 결국 과학적 종에 요구되는 인과-법칙적 통일성 및 정

---

12 가령 Jerry Fodor, *Psychosemantics*, 2장을 보라.

당성을 결여할 위험에 처해 있는 것이다.[13]

역할 대 실현자: 인지과학의 지위

기능적으로 이해된 심리적, 인지적 속성 및 종의 과학적 지위와 관련하여 혹자는 이러한 부정적 결론으로 이르게 한 고려 사항들을 거부하고자 할 것이다. 실제 인지과학 및 행동과학자들을 포함한 대부분의 기능주의자들은 그러한 결론을 놀랍고도 달갑지 않게 여길 것이다. 이는 그들이 다음의 네 가지 논제를 믿거나 믿고 싶어 하기 때문이다. (1) 심리적, 인지적 속성들은 다수실현 가능하다. 따라서 (2) 그들은 물리적 속성으로 환원가능하지 않다. 그러나 (3) 이것이 적합한 과학적 종으로서의 그것들의 지위에 영향을 주지는 않는다. 이로부터 따라 나오는 것은 (4) 인지과학 및 행동과학은 더 기초적인 과학, 가령 생물학이나 물리학 같은 "하위 수준의" 과학으로 환원되지 않는 자율적 과학을 이룬다는 것이다.

이러한 식의 자율성 논제를 옹호하는 이들은 앞서 제기된 심리적, 인지적 속성의 파편화는 단순히 하위 수준의 실현자들에 초점을 둠으로써 설득력을 얻었을 뿐이라고 주장할 것이다. 심적 속성의 가능한 실현자들이 지닌 다양성에 대한 편협한 초점이 속성으로서의 그것의 통일성을 보지 못하게 만든다는 것이다. 이는 "아래로부터는" 보이지 않는 종류의 통일성일 것이다. 대신에 우리는 그러한 속성들을 정의

---

13 이에 대한 추가 논의는 Jaegwon Kim, "Multiple Realization and Metaphysics of Reduction"을 보라. 김재권이 놓이에 대한 답변은 Ned Block, "Anti-Reductionism Slaps Back" 및 Jerry Fodor, "Special Sciences: Still Autonomous After All These Years"를 보라.

하는 "역할"에 초점을 두어야 하며, 심리적, 인지적 속성들이 "역할" 속성이라는 것을 절대 잊어서는 안 된다는 것이다. 그렇다면 우리는 "역할 기능주의"와 "실현자 기능주의"를 구분할 수 있게 된다.[14] 역할 기능주의는 각 심적 속성을 특정한 인과적 역할을 하는 상태에 있음과 동일시하여, 그것을 그 역할을 수행하는 물리적 메커니즘, 즉 그 심적 속성을 가진 대상이 해야 할 것을 할 수 있게끔 해주는 메커니즘과는 분명히 구분하고자 한다. 반면에 실현자 물리주의는 심적 속성을 그것의 실현자와 밀접히 연관시켜, 각 심적 속성의 특정 **사례**를 그것의 물리적 실현자의 **사례**와 동일시한다. 두 기능주의의 상이한 관점은 다음과 같이 진술될 수 있을 것이다.

> **실현자 기능주의.** 내가 시점 t에 고통을 경험함은 내 C-섬유가 t에 활성화됨과 동일하며(여기서 C-섬유 활성화는 나의 고통 실현자이다), 문어가 t에 고통을 경험함은 문어의 X-섬유가 t에 활성화됨과 동일하며(여기서 X-섬유 활성화는 문어의 고통 실현자이다), 기타 등등. 내가 t에 고통을 경험할 때 예화되는 속성은 문어가 t에 고통을 경험할 때 예화하는 속성과 동일하지 않다.

> **역할 기능주의.** 내가 시점 t에 고통을 경험함은 내가 t에 인과적 역할 R을 행하는 상태에 있음과 동일하며(여기서 R은 신체 손상을 감지하고

---

14 이 용어들은 Don Ross and David Spurrett, "What to Say to a Skeptical Metaphysician: A Defense Manual for Cognitive and Behavioral Scientists"에서 차용한 것이다. 여기서의 논의는 이 논문에 힘입은 바 크다. 역할 기능주의와 실현자 기능주의의 구분은 네드 블록의 ("What Is Functionalism"에서) '기능-상태 동일론'과 '기능적 규정 이론'의 구분과 아주 유사하다. 브라이언 매클로플린은 실현자 기능주의를 "필러(filler) 기능주의"라 부른다.

적절한 행동 반응을 촉발하는 역할이다), 문어가 t에 고통을 경험함은 문어가 t에 마찬가지의 인과적 역할 R을 행하는 상태에 있음과 동일하며, 기타 등등. t의 나의 고통과 t의 문어의 고통은 동일한 기능적 속성, 즉 인과적 역할 R을 하는 상태에 있음이라는 속성을 공유한다.

실현자 기능주의자가 고통 사례들 사이의 차이점과 비통합성을 보는 곳에서 역할 기능주의자는 고통의 기능적 역할에 해당하는 유사성과 통합성을 보고 있다. 고통 상태에 있음과 결부되는 역할 속성은 모든 고통이 공통으로 가지는 것이며, 역할 기능주의자는 이 역할 속성이 심리학과 인지과학의 주제를 이루는 것으로 여겨져야 한다고 주장한다. 그러한 속성들에 대해 성립하는 법칙과 규칙성을 발견하는 것이 심리학 및 인지과학의 목표이며, 이는 그것들을 실현하는 메커니즘의 구조적 또는 물리적 세부 사항을 보지 않고서도 가능하다는 것이다. 이러한 의미에서 심리학 및 인지과학은 하위 수준 과학의 세부 사항으로부터 추상화된 속성과 개체들을 다룬다. (1)에서 (4)까지의 논제로 돌아가자면, 각각의 주장이 역할 기능주의에 따라 해석된 방식의 심적 속성에 관한 것으로 이해되어야 한다는 것이다.

이러한 취지에 부합하려면 역할 속성이 확고하게 인과적이고 법칙적인 속성이여야 할 것이라는 점은 분명하다. 역할 기능주의의 옹호자인 돈 로스와 데이비드 스퍼릿은 다음과 같이 말한다.

다른 특수 과학과 마찬가지로 인지과학의 근본적 가정은 역할 기능주의에 깊게 의존한다. 기능주의에 관해 결정적인 것으로 여겨지는 것은 그것이 일종의 인과적 이해를 제공한다는 것이다. 사실 기능주의의 본질적 의의는 (역할 버전이든 **또는** 실현자 버전이든) 미시적인 물리적 세부 사항의 늪에 빠지지 않고서도 주어진 체계가 무엇을 하고 또

제6장 인과적 시스템으로서의 마음   297

어떻게 상호작용하는지에 대한 핵심을 포착한다는 것이다.[15]

역할 기능주의를 대변하는 이러한 주장은 앞 절에서 살펴본 논증, 즉 심적 상태의 다수실현 가능성과 기능주의(사실 역할 기능주의)의 연언은 심적 속성의 과학적 유용성을 위협한다는 결론을 시사했던 논증에 이의를 제기한다. 로스와 스퍼릿의 주장이 앞선 논증에 대한 적절한 반박이 될 수 있는지는 독자들이 꼭 생각해보기 바란다. 한 가지 독자들이 주목할 것은, 실현자 기능주의에 우호적인 앞선 논증이 그들이 주장하는 것처럼 우리가 "미시적인 물리적 세부 사항의 늪에 빠지게" 될 것이라는 함축을 갖는지는 의심스럽다는 점이다. 실현자들이 반드시 미시물리적 수준에서 개별화될 필요는 없으며 실제로 보통 그렇지 않다.

　인지과학 및 다른 특수 과학의 실제 관행과 성취가 본질적으로 철학적이고 선험적인 앞 절 논증의 공허함을 보여줄 것이라고 주장할지 모르겠다. 기능적 역할 속성은 그것을 구현하는 기저 메커니즘의 이질성에도 불구하고 다양한 물리적 실현자들에 대해 성립하는 법칙과 규칙성에 들어갈 수 있다는 것이다. 예를 들어 네드 블록은 명백히 모든 종류의 유기체와 시스템에 성립하는 것으로 보이는 몇 가지 심리 법칙의 예들―특히 심리학자 로저 셰퍼드의 자극 일반화와 관련된 법칙들―을 제시한 바 있다.[16] 그러나 이러한 경험적 결과를 정확히 어떻게 해석하고 이해해야 하는지는 열려 있는 질문이다. 한 가지 염두에 둘 것은, 체계적 심리학과 인지과학에 대한 환상은 지금까지의 이들 과학

15　Don Ross and David Spurrett, "What to Say to a Skeptical Metaphysician".

16　Ned Bock, "Anti-Reductionism Slaps Back".

에서 연구의 상당 부분이 인간이나 인간과 관련된 종에 초점을 두고 이루어졌다는 사실에서 기인한 것일지 모른다는 점이다. 물리적 실현 방식과 상관없이 실제의 그리고 법칙적으로 가능한 모든 심리-인지 시스템에 대해 적용되는 (예를 들어) 지각이나 기억에 대한 포괄적 과학 이론을 상상하기란 어렵다. 이러한 쟁점을 상세히 다루는 것은 심리철학의 핵심 영역을 넘어 심리학 및 인지과학 철학에서의 진지한 논의로 우리를 이끈다. 이들 과학에 관심과 배경이 있는 독자라면 이는 생각해볼 좋은 주제이다.

더 읽을거리

인과론적 기능주의를 제시한 것으로 데이비드 루이스David Lewis의 〈심물 그리고 이론적 동일성Psychophysical and Theoretical Identifications〉과 데이비드 암스트롱David Armstrong의 〈마음의 본성The Nature of Mind〉을 참고하라. 그리고 시드니 슈메이커Sydeny Shoemaker의 〈몇 가지 기능주의Some Varieties of Functionalism〉와 네드 블록의 〈기능주의란 무엇인가?What Is Functionalism?〉 역시 추천한다.

처음으로 기능주의를 주장했고 곧이어 가장 혹독한 비판자가 된 힐러리 퍼트넘에 대해서는 그의《표상과 실재Representation and Reality》5장과 6장을 참고하라. 기능주의에 대한 또 다른 비판에 대해서는 네드 블록의 〈기능주의의 문제들Troubles with Functionalism〉, 크리스토퍼 S. 힐의《감각: 유형 물리주의 옹호Sensations: A Defense of Type Materialism》3장 및 존 S. 설의《마음의 재발견》을 참고하라. 감각질의 문제에 관해서는 이 책의 9장과 10장을 참고하라.

기능적 속성의 인과력에 대해서는 네드 블록의 〈마음은 세계를 바꿀 수 있을까?Can the Mind Change the World?〉, 김재권의《물리계 안에서의 마음》2장, 브라이언 매클로플린Brian McLaughlin의 〈역할 기능주의는 부수현상론을 함축하는가?Is Role Functionalism Committed to Epiphenomenalism?〉를 참고하라.

다수실현 논증을 제시한 것으로 가장 영향력 있는 것은 제리 포더의 〈특수 과학, 또는 작업 가설로서의 과학의 비통합성〉이다. 다수실현 논증이 인지행동과학에 대해서 가지는 함축은 김재권의 〈다수 실현과 환원의 형이상학〉을 참고하라. 이에 대한 응답으로는 네드 블록의 〈반환원주의의 반격〉, 제리 포더의 〈특수 과학: 세월이 흘러도 여전한 자율성〉을 참고하라. 인지과학에 대한 옹호로는 돈 로스Don Ross와 데이비드 스퍼릿David Spurrett의 〈회의적 형이상학자에게 해야 할 말: 인지과학자 및 행동과학자를 위한 방어 매뉴얼 What to Say to a Skeptical Metaphysician: A Defense Manual for Cognitive and Behavioral Scientists〉을 참고하라. 후속 논의로는 진 위트머Gene Witmer의 〈다수실현 가능성과 심리학적 법칙: 김의 도전에 대한 평가Multiple Realizability and Psychological Laws: Evaluating Kim's Challenge〉를 참고하라.

제7장

———————— ‹•› ————————

심성 인과

프루스트의 《잃어버린 시간을 찾아서》의 전반부에 등장하는 한 유명한 에피소드는 심성 인과의 기억할 만한 예시가 될 것이다. 춥고 메마른 겨울 어느 날 화자는 엄마에게 차와 작은 마들렌 과자를 받는다. 이후의 상황은 다음과 같다.

> 과자 조각이 섞인 차 한 모금이 입천장에 닿는 순간 나는 소스라쳤다. 내 몸 안에서 뭔가 특별한 일이 일어나고 있는 것을 깨달았던 것이다. 뭐라고 형용하기 어려운 감미로운 쾌감이 어디에서인지 모르게 솟아나 나를 휘감았다. 그 쾌감은 마치 사랑이 그러하듯 귀중한 본질로 나를 채우면서 그 즉시 삶의 무상함에 무관심하게 만들었고, 삶의 재난을 무해한 것으로 그 짧음을 착각으로 느끼게 했다.

화자는 곧 의아해한다. 이 갑작스런 기쁨과 만족감은 어디서 오는가? 곧 먼 과거로부터의 기억이 물밀 듯 밀려온다.

그러다 갑자기 추억이 떠올랐다. 그 맛은 내가 콩브레에서 주일날 아침마다 레오니 고모의 방으로 아침 인사를 하러 갈 때(주일 미사 전에는 외출하는 일이 없었기 때문에), 고모가 곧잘 홍차나 보리수차에 적셔서 주던 그 작은 마들렌 조각의 맛이었다. …

그것이 레오니 고모가 주던 보리수차에 적신 마들렌 조각의 맛이라는 것을 깨닫자마자… 고모의 방이 있던 길 쪽의 오래된 회색 집이 무대장치처럼 떠올라, 그 뒤편 우리 부모님을 위해 뜰을 향해 지은 작은 별채까지 이어졌다. 그리고 그 회색 집과 더불어, 온갖 날씨의 아침부터 저녁때까지의 그 마을, 점심 전에 심부름을 가곤 했던 광장이며, 쏘다니던 거리들, 날씨가 좋은 날이면 지나가곤 하던 오솔길들이 떠올랐다. 마치 일본 사람들이 재미있어 하는 놀이, 물을 가득 담은 도자기에 작은 종잇조각들을 담그면 그때까지 형체가 없던 종이들이 금세 펴지고 물들고 형태를 이루어, 누구나 알아볼 수 있는 꽃이 되고 집이 되고 사람이 되는 것처럼, 이제 우리 집 뜰의 모든 꽃과 스완 씨 정원의 꽃, 비본 냇가의 수련, 선량한 마을 사람들과 그들의 작은 집들과 성당, 온 콩브레와 그 근방, 이 모든 것들이 형태를 갖추고 내 찻잔에서 솟아나왔다.[1]

프루스트의 과거로의 여행은 이렇게 시작한다. 십 년이 넘게 걸려 완성한 삼천 여 페이지에 이르는《잃어버린 시간을 찾아서》에서의 여행은 찻잔 속의 작은 마들렌 조각에서 촉발된다.

이것은 소위 비자발적 기억의 사례로 의식적 노력 없이 우리가 접하는 감각적 또는 지각적 단초가 과거 경험에 대한 기억을 불러일으키

---

1 Marcel Proust, *Remembrance of Things Past*, vol.1, pp. 48-51.

는 경우이다. 어떻게 한 가닥의 향기나 선율이 영원히 잃어버린 듯했던 먼 과거 이미지의 풍부한 파노라마를 갑자기 되살려 낼 수 있는지는 놀라운 일이다.

프루스트 작품의 매혹적 세계에서 철학적 관심사로 돌아가자면, 우리는 위 에피소드에서 심적 사건이 포함된 몇 가지 인과의 사례를 볼 수 있다. 가장 눈에 띄는 문학적으로도 명망 있는 사례는 차에 적신 마들렌의 맛이 갑작스런 과거 기억의 범람을 일으킬 때 발생한다. 이는 한 심적 사건이 다른 심적 사건을 야기하는 심심mental-to-mental 인과의 사례이다. 작은 마들렌 조각은 그 맛에 대한 화자의 경험을 야기하는데, 이는 물심physical-to-mental 인과의 사례이다. 화자는 엄마가 주는 차를 거절했다가 곧 마음을 바꿔서 차를 마신다. 이는 심물mental-to-physical 인과를 포함하고 있다.

주위를 둘러보면 도처에 심성 인과가 있다. 우리가 무언가를 지각할 때 우리 주위의 대상과 사건들(지금 내가 보고 있는 컴퓨터, 머리 위로 지나가는 비행기, 아침의 바닷바람 등)은 시각적, 청각적, 그리고 기타 온갖 종류의 경험을 야기한다. 우리가 자발적 행위를 할 때 우리의 욕구와 의도는 주변의 대상들을 재배열할 수 있게끔 우리의 팔다리를 움직이게 한다. 더 큰 규모에서 보자면 우리 선조들로 하여금 이집트의 피라미드와 중국의 만리장성을 쌓게 하고 찬란한 문화유산을 이루는 음악, 문학, 예술 작품들을 창작하게 한 것은 인간의 지식, 소망, 꿈, 탐욕, 정열과 영감이었다. 이러한 심적 역량과 기능이 핵무기와 지구 온난화, 재앙적인 기름 유출, 삼림 파괴 등을 가져온 것이기도 하다. 심적 현상들은 미묘하고 정교하게 얽혀 이 세계의 복잡한 인과 관계의 모자이크를 만들어낸다. 또는 적어도 그렇게 보인다.

마음이 팔다리의 움직임을 야기하려면 아마도 그것은 뇌의 적절한 어떤 신경 사건을 먼저 야기해야 할 것이다. 그러나 어떻게 그것이 가능한가? 어떻게 마음 또는 심적 현상이 신경 다발의 활성화를 야기할 수 있는가? 생각이나 느낌 같은 심적 사건은 어떤 메커니즘을 통해 전기화학적 신경 사건의 인과 연쇄를 촉발하거나 그것의 한 고리가 될 수 있을까? 또한 물리적, 생물학적 사건 및 과정들이 이렇게도 생생한 색과 모양, 냄새와 소리를 가진 의식적 경험을 마치 마법처럼 불러일으키는 것은 어떻게 가능한가? 바로 지금 당신의 감각적 경험 전체(시각적, 청각적, 촉각적 등등)를 생각해보라. 그러한 모든 것이 뇌 회색질의 분자 활동으로부터 생겨나는 것이 어떻게 가능할까?

행위자성과 심성 인과

행위자agent는 **이유에 의해 행위**할 수 있는 능력을 가진 사람이며, 대부분의 행위는 신체적 움직임을 포함한다. 이러한 의미에서 우리는 모두 행위자이다. 우리는 스토브를 켜고 물을 끓이며 커피를 내리고 친구를 맞이하는 것과 같은 행동을 한다. 행위는 우리가 무언가를 "하는" 것이다. 땀 흘리는 것, 열이 나는 것이나 음악 소리에 잠에서 깨는 것처럼 단순히 "벌어진" 어떤 것이 아니다. 이런 것들은 우리에게 발생하는 것으로 우리의 통제 아래 있지 않다. 행위 개념에 암묵적으로 전제된 것은 행위자가 행하는 것이 그의 통제 아래 있다는 것이며, 여기서의 통제는 인과적 통제를 의미할 수 있을 뿐이다.

이를 좀 더 자세히 살펴보도록 하자. 수잔이 주전자에 물을 끓이는 상황을 생각해보자. 이는 적어도 수잔이 주전자 물의 온도가 올라가게끔 **야기함**을 포함해야 한다. 수잔은 왜 물을 끓였는가? 누군가가 어떤 행위를 할 때 왜인지 묻는 것은 언제나 말이 된다. 심지어 "별 이유 없어"라는 것이 옳은 답이라 할지라도 그러하다. 수잔이 차를 만들기 위해 물을 끓였다고 해보자. 수잔은 차를 만들기 **원했고** 차를 만들려면 뜨거운 물이 필요하다고 **믿었다**. 지루할 정도로 자세히 말하자면, 수장은 주전자 물을 끓임으로써 필요한 뜨거운 물을 얻을 수 있다고 **믿었다**. 이 모든 것을 알 때 우리는 왜 수장이 물을 끓였는지 안다. 즉 그의 행동을 이해한다. 믿음과 욕구는 행위를 인도하며, 우리는 적절한 믿음과 욕구를 언급함으로써 사람들의 행동을 설명하고 이해한다.[2]

우리는 다음 진술을 믿음, 욕구, 행위를 연결하는 근본 원리로 삼을 수 있을 것이다.

> **믿음-욕구-행위 원리DBA**. 행위자 S가 무언가를 원하고 또한 A가 그것을 확보하기 위한 최적의 방법이라고 믿는다면, S는 A를 할 것이다.

현 상태로 DBA는 너무 강하다. 먼저 우리가 늘 욕구에 따라 행동하는 것은 아니다. 어떤 욕구를 추구하는 것이 너무 대가가 크거나 원치 않는 결과를 초래함을 깨닫게 되면 우리는 때때로 욕구를 변경하거나 없애려고 하기도 한다. 예를 들어 한밤중에 깨어 우유를 마시고 싶은 생각이 들다가도 추운 겨울밤 침대에서 기어 나와 캄캄한 주방으로 가야 한다는 것을 생각하면 그러고 싶은 마음이 곧 사라지기도 한다. 나아가 욕구와 믿음에 따라 행동하고자 해도 물리적으로 그렇게 할 수 없을 때가 있다. 침대에서 나오기 싫은 마음을 겨우 이겨냈다 하더라도 침대에 묶여 있는 자신을 발견할 수도 있다!

---

2 어떤 철학자들은 믿음-욕구와 행위 사이에 또 다른 단계를 끼워넣기도 한다. 믿음-욕구가 원인이 되어 **의도**와 **결심**이 형성되고 이것이 다시 행위를 야기하는 것으로 보는 것이다. 여기에 기속되 이론으 행위에 대한 인과 이론인데, 보편적이지는 않아도 널리 받아들여지는 영향력 있는 이론이다. 행위, 행위자성, 그리고 행위 설명에 관한 구체적 논의는 행위 이론, 혹은 행위 철학이라 불리는 철학의 분야에서 다루어진다.

DBA를 구하기 위해 다양한 방식으로 그것을 손볼 수 있을 것이다. 예컨대, DBA의 전건에 추가 조건(가령 다른 상충하는 욕구가 없다는 조건)을 더하거나 후건을 약화시킬 수 있다(가령 그것을 확률적 혹은 성향적 진술로 만들거나 아니면 "정상적인 조건 하에서", "다른 사정이 동일하다면" 등의 다목적 회피 조항을 추가할 수 있다). 어찌됐든 DBA와 같은 원리가 우리 자신이나 타인의 행위를 이해하고 설명하는 근본적인 방식이라는 점에는 거의 의심의 여지가 없다. DBA는 종종 이유에 의한 행위 설명, 즉 "합리화rationalizations"의 기반을 이루는 근본적 틀로 여겨진다. 이것이 믿음과 욕구만이 행위의 이유가 될 수 있음을 함축한다고 생각할 필요는 없다. 이를 테면 "그가 내 아내를 모욕했고 나를 화나게 해서 그를 때렸다" 또는 "그는 너무 기뻐서 껑충껑충 뛰었다"에서 볼 수 있듯이 감정이나 느낌 등이 이유가 되는 경우도 있다.[3]

DBA에 대한 예외로 우리가 고려했던 상황이 보여주는 것은 행위자가 무언가를 할 이유("좋은" 이유)가 있지만 그것을 하지 못할 수 있다는 것이다. 때로는 주어진 행위와 관련된 둘 이상의 믿음-욕구 쌍이 있을 수 있다. 가령 당신은 우유를 마시고 싶어 하는 욕구 말고도 아래층에서 무언가 수상쩍은 소리가 들려 그것을 확인하고 싶었다. 당신이 결국 침대에서 일어나 아래층으로 내려갔다고 해보자. 당신은 왜 아래층으로 내려갔는가? 무엇이 이 행동을 설명하는가? 우유가 마시고 싶었기 때문이 아니라 소음을 확인해야 된다고 생각했기 때문에 아래층으로 내려간 것일 수 있다. 그렇다면 왜 한밤중에 당신이 계단을 내려갔는지 설명하는 것은 우유에 대한 욕구가 아니라 소음을 확인하려는 욕구이다. 당신이 비록 아래층에서 우유를 마셨다 하더라도 "나는 우

---

3 감정에 호소하는 설명이 믿음-욕구 설명을 전제하는지는 논란의 여지가 있는 문제다. 이에 대한 논의는 Michael Smith, "The Possibility of Philosophy of Action"을 보라.

유가 마시고 싶었기 때문에 계단을 내려갔어"라고 말하는 것은 틀린 말일 것이며, "나는 소음을 확인하고 싶었기 때문에 내려갔어"라고 말하는 것이 옳을 것이다. 요점은 이런 식으로도 표현될 수 있다. 소음을 확인하려는 욕구와 우유에 대한 욕구 둘 다 계단을 내려갈 이유(사실 좋은 이유)이지만, 후자가 아닌 전자가 당신이 그 행동을 한 이유, 즉 동기가 된 이유였다. 그리고 행위를 설명하는 것은 "행동을 한 이유"이지 단지 "할 이유"가 아니다. 그러나 양자 사이의 차이는 정확히 무엇인가? 즉 설명적 이유와 설명적 역할을 하지 않는 이유를 구분해주는 것은 무엇인가?

논란의 여지가 없는 건 아니지만 널리 받아들여지는 답변은 데이비드슨이 제시한 것으로, 행위를 한 이유란 그 행위의 원인이 된 이유라는 단순한 논제이다.[4] 즉 어떤 행위를 할 이유를 설명적 이유가 되게 하는 것은 그 행위의 인과에서 그것이 하는 역할이다. 따라서 데이비드슨의 견해에 의하면 소음을 확인하려는 욕구와 우유를 마시고자 하는 욕구 사이의 결정적 차이는 후자가 아니라 전자가 나로 하여금 계단을 내려가도록 야기했다는 사실이다. 이는 이유에 의한 행위 설명, 즉 "합리화" 설명을 일종의 인과적 설명으로 만든다. 즉 이유는 행위의 원인이 됨으로써 행위를 설명한다.

이것이 옳다면, 행위자성agency이란 심성 인과가 가능할 때에만 가능하다는 것이 따라 나온다. 행위자는 이유에 의해 행동할 수 있는, 그리고 그러한 이유에 의해서 그의 행동이 설명되고 평가될 수 있는 사람이다. 이는 이유, 즉 믿음, 욕구, 감정과 같은 심적 상태가 우리의 행위를 야기할 수 있어야 함을 함축한다. 행위는 거의 언제나 팔다리와

---

4 Donald Davidson, "Actions, Reasons, and Causes". 비인과적 접근에 관해서는 Carl Ginet, *On Action*과 Frederick Stoutland, "Real Reasons"를 보라.

다른 신체 부위의 움직임을 포함하기에 이는 곧 행위자성(적어도 인간의 행위자성)은 심물 인과의 가능성을 전제함을 의미한다. 우리의 믿음과 욕구는 우리의 팔다리를 적절한 방식으로 움직이게끔 야기하여 수십억 개의 분자들로 이루어진 수십 킬로그램의 우리의 몸 전체가 수초후에 침대에서 주방으로 옮겨진다. 심성 인과가 존재하지 않는 세계에는 행위도 없고 행위자도 없다.

심성 인과, 심적 실재론, 그리고 부수현상론

지각은 물리적 과정으로부터 심적 사건(지각적 경험과 믿음)으로의 인과를 함축한다. 사실 무언가를 지각한다(가령 나무를 봄)는 개념 자체는 보이는 대상이 우리 지각 경험의 원인이라는 것을 포함한다. 당신앞에 나무가 있고, 당신의 지금 지각 경험은 그 나무에 의해 반사되는빛이 당신의 망막을 자극할 때 가지게 되는 종류의 것이라고 하자. 만약 나무와 분간할 수 없는 나무의 홀로그램이 당신과 나무 사이를 가로막고 있었다면 당신은 나무를 보고 있는 것이 아닐 것이다. 당신의지각적 경험이 두 경우 완전히 동일하다 할지라도 당신은 나무가 아니라 나무의 홀로그램 이미지를 보고 있는 것일 것이다. 이 차이 또한 분명히 인과적인 것이다. 즉 당신의 시각 경험은 나무에 의해서가 아니라 나무 홀로그램에 의해 야기된 것이다.

지각은 세계에 대한 우리의 유일한 창(窓)이다. 지각 없이 우리는우리 주위에 어떤 일이 벌어지는지 아무것도 배울 수 없을 것이다. 따라서 지각이 심성 인과를 함축한다면, 심성 인과 없이는 세계에 대한지식도 있을 수 없을 것이다. 게다가 세계에 대한 지식의 상당 부분은단순한 관찰이 아닌 실험에 기초해 있다. 실험은 자연적 사건 과정에대한 우리의 적극적 개입을 요구한다는 점에서 수동적 관찰과 다르다.

우리는 실험 조건을 설계하고 의도적으로 설정한 다음 그 결과를 관찰한다. 이는 실험이 심물 인과를 전제하며 심물 인과 없이는 불가능함을 함축한다. 인과 관계에 대한 우리 지식, 보다 일반적으로 어떤 조건 하에서 어떤 일이 벌어지는지에 대한 우리 지식의 상당 부분은 실험에 기초해 있으며, 그러한 지식은 세계에 대한 우리의 이론적 지식에 본질적일 뿐만 아니라 자연 현상을 예측하고 통제하는 우리의 능력에도 본질적이다. 마음이 물리적 사건 및 과정과 인과적으로 연결될 수 없다면, 우리의 의사결정과 행동을 위해 필요한 실천적 지식도 가질 수 없고, 주변 세계에 대한 이해를 제공하는 이론적 지식도 가질 수 없을 것이라고 결론 내려야 한다.

심심 인과 역시 인간 지식에 본질적인 것으로 보인다. 한 명제로부터 다른 명제로의 추론 과정을 생각해보자. "태양계 행성의 수는 짝수인가 홀수인가?"라고 누군가 물었다고 하자. 대개의 사람처럼 당신은 "봅시다, 행성은 총 여덟 개이고 여덟은 2의 배수이니까 행성의 수는 짝수가 되겠네요"라고 답할 것이다. 당신은 8개의 행성이 있다는 명제로부터 짝수 개의 행성이 있다는 명제를 추론해냈고, 이러한 추론에 근거하여 새로운 믿음을 형성했다. 이러한 과정은 분명히 심성 인과를 포함한다. 즉 행성의 수가 짝수라는 당신의 믿음은 추론의 연쇄를 통해 여덟 개의 행성이 있다는 믿음으로부터 야기되었다. 추론이란 믿음이 다른 믿음을 산출하는 한 가지 방식이다. 조금만 생각해보면 우리 믿음의 대부분이 우리가 가진 다른 믿음에 의해 산출되었음을 알 수 있고, 여기서의 "산출"은 인과적 산출을 의미할 수 있을 뿐이다. 그렇다면 세 가지 유형의 심성 인과, 즉 심물 인과, 물심 인과, 심심 인과가 인간 지식의 가능성에 내포되어 있다는 것이 따라 나온다.

부수현상론이란 모든 심적 사건이 물리적 사건에 의해 야기되지만, 그들은 단지 "부수현상"이라는 견해, 즉 다른 어떤 사건도 야기할 힘이 없는 사건이라는 견해이다. 심적 사건은 물리적 (아마도 신경적) 과정의 결과이지만 심적 사건은 어떠한 다른 것도 야기하지 않아서, 다른 물리적 사건이나 심지어 다른 심적 사건에 영향을 끼칠 힘이 없다. 심적 사건은 인과적 연쇄의 종착지일 뿐이다. 저명한 19세기 생물학자인 T. H. 헉슬리는 동물의 의식에 대해 다음과 같이 말한 바 있다.

> 짐승의 의식은 단순히 그들 신체 기제 작동의 부수적 결과로서만 그 신체 기제와 연결되어 있는 것처럼 보이며, 그 기제의 작동을 수정할 수 있는 힘이 전혀 없어 보인다. 마치 기관차의 작동에 동반되는 기적 소리처럼 말이다. 동물의 의지 작용은, 만일 동물에게 그런 게 있다면, 물리적 변화의 원인이 아니라 물리적 변화를 암시하는 감정이다.

인간의 의식은 어떠한가? 헉슬리는 말한다.

> 내가 판단하기에, 짐승에 적용되는 논증이 인간에게 동일하게 작용된다는 것, 따라서 우리의 모든 의식 상태들은 뇌-실체의 분자적 변화에 의해 즉각적으로 야기된다는 것이 사실이다. 짐승과 마찬가지로 사람에게도 의식 상태가 유기체를 이루는 물질의 운동의 원인이 된다는 어떠한 증거도 없다. … 우리는 의식적 자동기계이다.[5]

동물의 의식이 인과적으로 무력하다고 결론 내리게 한 헉슬리의 논증은 무엇인가? 헉슬리의 생각은 다음과 같은 것일 듯하다. 동물실험에

---

5 Thomas H. Huxley, "On the Hypothesis That Animals Are Automata, and Its History," *Philosophy of Mind: Classical and Contemporary Readings*, ed. David J. Chalmers, pp. 29-30.

서(헉슬리는 개구리 실험을 언급한다) 동물들이 의식적일 수 없다는 강력한 신경해부학적 증거가 있음에도 그들이 복잡한 신체 작용을 수행할 수 있음이 보여질 수 있다. 이것은 의식이 그러한 신체 움직임의 원인으로서 필요하지 않음을 보여준다. 게다가 유사한 현상이 인간의 경우에도 관찰된다. 한 예로 헉슬리는 뇌에 손상을 입은 프랑스 군인의 사례를 언급한다. 그는 개구리와 마찬가지로 뇌의 앞부분이 제거된 상태가 되었지만, 즉 이 불운한 군인이 의식이 없다고 믿을 충분한 해부학적 이유가 있지만, 그는 우리가 일상적으로 의식을 요구한다고 생각하는 종류의 복잡한 행동들, 예컨대 익숙한 장소 주변을 거닐 때 장애물을 피한다거나 먹고 마시고 옷을 입고 벗으며 익숙한 시간에 잠자리에 드는 등의 행위를 할 수 있었다. 헉슬리는 이러한 종류의 사례가 의식이 인간이나 동물에서 행동 유발의 원인이 아니라는 그의 주장을 뒷받침한다고 보았다. 헉슬리의 추론이 건전한지는 생각해볼 만한 쟁점이다.[6]

움직이는 자동차와 그것이 고속도로를 달리면서 드리우는 일련의 그림자를 생각해보자. 그림자는 움직이는 차에 의해 야기되지만 차의 운동에는 아무런 영향을 주지 않는다. 상이한 시점의 그림자들이 서로 인과적으로 연결되어 있는 것도 아니다. 주어진 시점에서의 그림자는 이전 시점의 그림자에 의해 야기된 것이 아니라 자동차에 의해 야기된 것이다. 차가 아닌 그림자를 관찰하는 사람은 그림자들 사이에 인과관계(이전 것이 나중 것을 야기하는)를 귀속하려 할지 모르지만 그것은 잘못된 것이다. 유사하게, 당신의 고통이 아스피린을 먹고자 하는 욕구

---

6 헉슬리는 의식과 관련하여 부수현상론을 옹호한다. 믿음과 욕구와 믿음·감각 상태의 인과적 지위에 관한 그의 견해가 무엇인지는 분명하지 않다. 그 프랑스 군인은 행위를 하는가? 믿음과 욕구를 가지는가?

를 야기한 것으로 생각할지 모르지만, 부수현상론에 의하면 그것 또한 비슷한 착오이다. 두통과 아스피린에 대한 욕구는 모두 뇌의 연속적 상태에 의해 야기된 것이며, 그들은 그림자와 마찬가지로 인과 관계로 연결되어 있지 않다. 부수현상론자들은 우리가 심적 사건들에서 관찰하는 규칙성들은 진정한 인과적 연결을 나타내지 않으며, 자동차의 움직이는 그림자나 질병의 연속적 증상에서 보는 규칙성과 마찬가지로 더 근본적인 수준에서의 실제 인과 과정의 반영에 지나지 않을 뿐이라고 주장한다.

이것이 부수현상론의 주장이다. 부수현상론자를 자처하는 철학자들은 거의 없다. (나중에 보겠지만) 부수현상론을 함축하는 듯한 견해를 받아들이는 철학자들이 있긴 하지만 말이다. 부수현상론 견해는 뇌과학들 사이에서 더 흔히 발견된다. 적어도 몇몇 과학자들은 정신, 특히 의식을 뇌에서 벌어지는 복잡한 신경 과정의 단순한 그림자나 잔광처럼 여기는 듯하다. 실제로는 이러한 물리적-생물학적 과정이 인간 유기체의 기능을 유지하기 위하여 기저에서 밀고 당기는 모든 것들을 한다는 것이다. 만약 의식적 사건이 신경 사건에 영향을 주는 인과적 힘을 정말로 갖는다면, 의식을 그 자체로 독립적인 인과적 작인으로 신경과학에 명시적으로 들여오지 않는 이상, 신경 사건에 대한 완전한 신경적-물리적 설명은 있을 수 없을 것이다. 즉 신경 현상에 대한 완전한 물리적-생물학적 이론은 있을 수 없을 것이다. 이러한 가능성을 받아들이는 신경과학자는 거의 없을 듯하다. (추가적 논의는 10장을 보라.)

마음의 지위에 관한 부수현상론적 접근에 대해 어떻게 생각해야 할까? 20세기 초 선구적인 창발론자였던 새뮤얼 알렉산더는 부수현상론에 대해 다음과 같이 간결히 논평한다.

[부수현상론은] 하는 일이 없고 어떤 목적에도 기여하지 않는 어떤 것

이 자연에 존재한다고 가정한다. 그것은 아랫사람들의 노동에 의존하는 상전처럼 단지 보여지기 위해 존재하며, 시간이 지나면 없어질지 모르는 것, 또는 분명히 없어질 어떤 것이다.[7]

알렉산더는 부수현상론이 참이라면 마음은 할 일이 전혀 없으며 따라서 전적으로 쓸모없고, 그것을 실재하는 무언가라고 인정할 이유가 없다고 말한다. 우리의 믿음과 욕구는 우리의 결정과 행동을 야기하는 데 아무런 역할도 하지 않을 것이며 그것들의 설명에 완전히 쓸모없을 것이다. 우리의 지각과 지식은 우리의 예술 창작품이나 기술적 발명품과 아무런 관련이 없을 것이다. **실재함과 인과적 힘을 갖는 것은 함께 간다. 마음에게서 인과적 힘을 뺏는 것은 그것의 실재성을 뺏는 것과 마찬가지이다.**

이것이 부수현상론에 대한 반대 논증이 아니라는 점이 중요하다. 알렉산더는 부수현상론을 받아들인다는 것이 무엇을 함축하는지를 극명하게 지적할 뿐이다. 우리는 또한 전형적 부수현상론자가 심성 인과의 실재성을 전적으로 부정하진 않는다는 것을 기억해야 한다. 그는 심물 인과와 심심 인과를 부정할 뿐이다. 이러한 의미에서 전형적인 부수현상론자는 심적인 것에게 세계의 인과적 구조에서 잘 정의된 자리를 부여한다. 심적 사건들은 신경 과정의 결과로서 그 구조에 통합된다. 이는 더 강력한 형태의 부수현상론이 있다는 것을 시사하는데, 이에 따르면 심적인 것은 원인도 결과도 없으며, 심적인 것은 그저 비인과적이다. 이러한 견해를 취하는 사람에게 심적 사건은 세계의 나머지와는 전적으로 인과적으로 독립되어 있으며, 심지어 다른 심적 사건들로부터도 독립되어 있다. 각 심적 사건은 다른 어떤 것과의 연결도 없는 고

---

7 Samuel Alexander, *Space, Time, and Deity*, vol. 2, p. 8.

독한 섬이다. (2장의 비물질적 실체의 인과적 지위에 대한 논의를 상기하라.) 원인을 갖지 않기에 그것의 존재는 전혀 설명될 수 없으며, 결과를 갖지 않기에 다른 것에 어떠한 차이도 낳지 않을 것이다. 그러한 존재가 어떻게 우리에게 알려질 수 있는지 또한 미스터리일 것이다. 알렉산더가 선언하듯, 그들은 완전 "폐기"되어 비존재로 여겨질 수 있을 것이다. 어떠한 철학자도 이러한 강한 형태의 부수현상론을 명시적으로 지지하거나 이를 위한 논증을 제시하지는 않는 듯하다. 그러나 앞으로 보겠지만 이러한 종류의 극단적 부수현상론으로 귀결되는 것으로 보이는 심신 문제에 대한 견해들이 존재한다.

그렇다면 마음에 완전한 인과적 힘, 특히 신체 과정에 영향을 끼치는 힘을 인정하는 것은 어떠한가? 이는 심적인 것에게 완전한 정도의 실재성을 부여하는 것이고 상식적으로는 너무나 분명한 것을 인정하는 것이다. 이것이 데카르트가 몸과 마음은 비록 다른 종류의 실체이기는 하지만 서로 밀접한 인과적 연관을 맺는다는 논제로 하고자 했던 것이다. 그러나 우리는 그의 기획을 둘러싼 심각한 어려움들을 보았다(2장).

누구나 심성 인과가 필수적인 것, 구제해야 하는 어떤 것임을 인정할 것이다. 제리 포더가 아래와 같이 쓸 때 그저 농담이나 하고 있었던 것은 아니다.

심적인 것이 물리적인지 아닌지가 정말 중요하다고는 확신이 들지 않는다. 우리가 그것을 증명할 수 있는지의 여부가 중요한지는 더더욱 확신이 들지 않는다. 반면에 내가 원하는 것이 내가 손을 뻗는 것에 인과적으로 책임이 있지 않다면, 내가 가려운 것이 내가 긁는 것에 인과적으로 책임이 있지 않다면, 내가 믿는 것이 내가 말하는 것에 인과적으로 책임이 있지 않다면, … 만약 이 모든 것이 문자 그대로 참이

314

아니라면, 내가 믿는 모든 것은 사실상 거짓이며 이는 세상의 종말을 의미한다.[8]

포더에게 심성 인과는 절대적으로 협상 불가한 것이다. 그리고 왜 그렇게 느껴지는지도 이해할 만하다. 심성 인과를 포기하는 것은 행위자로서의 그리고 인식자로서의 우리 자신에 대한 이해를 포기하는 것이다. 우리가 이 세계에 대한 것들을 지각하고 안다는 것과 우리가 결정을 내리고 행위하는 행위자라는 생각을 포기하는 것이 **가능**하기나 할까? 우리가 부수현상론자로서의 삶을 살 수 있을까? 즉 "현직" 부수현상론자로서 살 수 있을까?

위 인용문의 첫 번째 문장에서 포더는 심신 관계에 대한 어떤 이론을 지키는 것은 심성 인과를 보호하는 것보다 훨씬 덜 중요하다고 말한다. 이것은 설득력 있는 관점이다. 심신 문제에 대한 어떤 관점이 받아들일 만한지의 여부는 부분적으로는 그것이 심성 인과를 해명하는 데 얼마나 성공적인지에 달려 있다. 이러한 기준에서 데카르트의 실체 이원론은 많은 사람들이 보기에 실패할 수밖에 없었다. 따라서 주된 질문은 이렇다. 심신 문제에 대한 어떤 입장이 온전한 심성 인과를 허용하고 그것이 어떻게 가능한지를 설명해주는가? 다음 절에서 우리는 이 질문을 다룬다.

심물 법칙과 "무법칙적 일원론"

데카르트적인 비물질적 마음의 축출은 어떻게 심성 인과가 가능한지

---

8 Jerry A. Fodor, "Making Mind Matter More", p. 156.

에 대한 이해의 전망을 밝혀주었다. 가망 없어 보이는 질문과 씨름할 필요가 없어졌기 때문이다. 어떻게 부피, 질량, 에너지, 전하, 시공간상 위치 등 아무런 물리적 성격이 없는 비물질적 영혼이 물리적 대상과 과정에 영향을 주고 또한 영향을 받을 수 있겠는가? 오늘날 모두는 아니더라도 대부분의 철학자들이나 과학자들은 마음을 특별한 비물리적 종류의 실체로 여기지 않는다. 심적 사건과 과정들은 비물질적 마음이 아닌 생물학적 유기체 같은 복잡한 물리적 시스템에서 발생하는 것으로 간주된다. 따라서 심성 인과의 문제는 두 종류의 실체가 아니라 두 종류의 사건들, 즉 심적 사건과 물리적 사건을 통해 정식화된다. 심적 사건(예컨대 고통과 생각)이 어떻게 물리적 사건(예컨대 팔다리의 수축이나 발화)을 야기할 수 있는가? 또는 속성에 의해서 정식화된다. 심적 속성(예컨대 고통을 경험함)의 예화가 어떻게 물리적 속성의 예화를 야기하는가?

그러나 왜 이것이 "문제"로 생각되는가? 우리는 보통 화학적 사건이 생물학적 과정에 인과적으로 영향을 미치거나 한 나라의 경제적, 정치적 조건이 서로 인과적 영향을 주고받는 것에 대해 특별한 철학적 문제가 있다고 생각하지 않는다. 그렇다면 심성과 물리성의 어떤 점으로 인해 그들 사이의 인과 관계가 철학적 문제가 되는가? 실체 이원론에서는 결국 몸과 마음의 극단적 이질성, 특히 (2장에서 논의되었듯) 마음의 비공간성과 몸의 공간성이 그들 사이의 인과 관계를 문제로 만든다. 심적 실체가 축출된 상황에서라면 심성 인과는 아무런 문제가 없는 것 아닌가? 그에 대한 대답은 우리가 존중해야 할 다른 어떤 가정과 논제들이 심성 인과에 걸림돌이 되는 것으로 보인다는 것이다.

그러한 논제 중의 하나는 **심적 현상과 물리적 현상을 연결하는 법칙**이 있는지의 질문, 즉 그들 사이의 인과적 연결을 보증하기 위해 필요하다고 생각되는 심물 법칙의 존재 여부와 관련된 것이다. 데이비드슨의 잘 알려진 "심적인 것의 무법칙론"은 그러한 법칙이 있을 수 없다고 말한다.[9] 법칙과 인과를 연결하는 원리로 (보편적으로는 아니더라도) 널리 받아들여지는 원리는 이렇다. **인과적으로 연결된 사건들은 법칙을 예화하거나 그것에 포섭되어야 한다.** 금속 막대를 가열하는 것이 길이의 팽창을 야기했다면 전자와 후자의 사건 유형을 연결하는 법칙, 즉 금속 막대를 가열하는 것은 길이의 팽창으로 이어진다고 말해주는 법칙이 있음에 틀림없다. 그러나 인과적 연결이 법칙을 요구하고 심적 사건과 물리적 사건을 연결하는 법칙이 없다면, 심물 인과는 있을 수 없다는 것이 따라 나오는 것 같다. 이러한 추론은 나중에 좀 더 자세히 검토될 것이다. 그러나 심적 현상과 물리적 현상을 연결하는 법칙의 존재를 의심할 어떤 이유가 있는가?

앞선 장들에서 우리는 심적 사건과 물리적 사건 사이에 법칙적 연결이 있음을 종종 가정했었다. 고통과 C-섬유 활성화의 예를 기억할 것이다. 우리가 보았듯, 심리-신경 동일성 이론은 각 유형의 심적 사건이 물리적 사건 유형과 법칙적 상관관계를 맺음을 가정한다. 심적 사건의 "물리적 실현"이라는 말 또한 주어진 종류의 심적 사건과 그것의 다양한 물리적 실현자들 사이에 법칙적 연결이 있음을 전제한다. 왜냐하면 심적 사건의 물리적 실현자는 적어도 법칙적으로 심적 사건의 발생을 위해 충분할 것임이 틀림없기 때문이다. "신경 상관자"라는 아이디어 자체는 심물 법칙이 존재함을 함축하는 것 같다. 만약 심적 상태와 그것의 신경 상관자가 함께 발생한다면, 그것은 우연적 연결이 아닌

---

9 보다 정확하게, 데이비드슨의 주장은 심리적 현상과 물리적 현상을 연결하는 "엄밀한" 법칙이 없다는 것이다. 법칙의 엄밀성이 무엇을 의미하는지의 문제가 있는데, 우리의 현재 목적을 위해서는 "엄밀성"을 "예외 없음"으로 이해하는 것으로 충분하다. Davidson, "Mental Events"를 보라.

법칙적 관계여야 한다. 데이비드슨은 심물 법칙의 부재에 대한 자신의 주장을 지향적인 심적 사건 및 상태, 즉 믿음, 욕구, 희망, 의도와 같이 명제적 내용을 갖는 상태("명제 태도")로 명시적으로 제한한다. 그의 관심은 고통이나 색에 대한 시각 감지, 심적 이미지와 같은 감각적 사건과 상태들에 있지 않다. 왜 데이비드슨은, 예컨대 믿음과 물리적-신경적 사건을 연결하는 법칙이 존재하지 않는다고 생각하는가? 모든 심적 사건은 그것의 발생을 위해 법칙상 충분한 신경적 기초를 가지는 것 아닌가?

데이비드슨의 논증을 보기 전에 예 하나를 고려해보자. 미국 대통령이 500달러짜리 이발을 하는 것은 부적절하다는 믿음을 생각해보자. 이러한 믿음에 관한 신경적 기초를 기대하는 것은 얼마나 합당한가? 그러한 믿음을 갖는 모든 사람들이 그리고 그 사람들만이 공유하는 특정한 신경적 상태가 있다고 생각하는 것이 과연 그럴듯한가? 고통, 갈증과 배고픔의 감각, 시각적 이미지 같은 것에 대한 신경 상관자를 찾고자 하는 것은 분명 말이 되지만, 위의 믿음이나 이틀 후가 철학 논문 제출 마감이라는 갑작스런 깨달음, 캘리포니아행 항공요금이 크리스마스 이후에는 내려가기를 바라는 마음 같은 심적 상태에 대한 신경 상관자를 찾는 것은 어쩐지 말이 되지 않아 보인다. 이러한 심적 상태들이 너무 복잡하기 때문에 그것의 신경적 기반을 발견하기 어렵거나 불가능한 것인가? 아니면 단지 신경 상관자가 존재할 수 없는 종류의 것들이어서 신경 상관자를 찾는 것이 말이 되지 않는 것인가?

이는 심물 법칙의 불가능성을 옹호하는 논증으로 의도된 것이 아니다. 그러나 이는 심성이 두뇌에서 벌어지는 것에 의존하므로 심물 법칙이 "명백히" 존재해야 한다는, 우리가 가지기 쉬운 강한 가정을 떨쳐버리게 하거나 적어도 약화시킨다. 이제 데이비드슨의 유명하지만 어렵기로 악명 높은, 심물 법칙을 반대하는 논증을 살펴볼 차례이다.[10]

데이비드슨 논증의 결정적인 전제는 믿음과 욕구와 같은 지향적 상태의 귀속은 어떤 **합리성의 원리**, 즉 주체에게 귀속되는 상태의 전체 집합은 가능한 한 합리적이고 정합적일 것을 보증하는 원리에 의해 규제된다는 논제이다. 누군가 표면적으로 모순적인 논리 구조를 갖는 문장을 발화하더라도 우리가 그에게 명시적으로 모순적인 믿음을 귀속하지 않는 것은 이 때문이다. 가령 "너 랠프 네이더를 좋아하니?"라고 물었을 때 "글쎄, 그렇기도 하고 아니기도 해"라고 누군가 답한다면 우리는 그 사람이 문자 그대로 모순적 믿음(즉 네이더를 좋아하기도 하고 동시에 좋아하지 않기도 하다는 믿음)을 표현하고 있다고 받아들이지 않는다. 그보다 우리는 그가 "나는 네이더의 어떤 면(가령 사회적, 경제적 정의에 관한 관심)은 좋아하지만 다른 면(가령 대통령이 되겠다는 야망)은 좋아하지 않아"와 같은 것을 말하고 있다고 받아들인다. 만약 그가 "아니야, 나는 정말 네이더를 좋아하기도 하고 그리고 좋아하지 않기도 해"라고 주장한다면 우리는 그를 어떻게 이해해야 할지 모를 것이다. 어쩌면 그의 "그리고"는 우리말의 "그리고"가 의미하는 것을 의미하지 않을지 모른다. 또는 그가 "아니다"의 의미를 완전히 파악하지 못하는 것일 수도 있다. 우리는 그의 의미에 대한 어떤 일관적 해석을 찾아낼 궁리를 할 것이다. 왜냐하면 어떤 사람의 언어와 심적 상태를 해석하는 사람은, 그 사람의 믿음 집합이 합당한 정도의 정합성 — 증거가 허용하는 한에 있어서 정합성과 합리성 — 을 갖는 것으로 해석해야 할 의무가 있기 때문이다. 최소한의 정합적인 해석이 가능하지 않을 때 우리는 화자가 명시적으로 비일관적인 믿음을 품고 있다고 비난하기보다는 자신의 해석의 노력을 탓하기 마련이다. 우리는 또한 화자에게

---

10 Donald Davidson의 "Mental Events"를 보라. 데이비드슨의 논증을 해석적으로 재구성한 것으로는 Jaegwon Kim, "Psychophysical Laws"를 보라.

이미 귀속된 믿음의 명백한 논리적 귀결을 그에게 귀속한다. 예를 들어 누군가에게 보스턴과 프로비던스가 300킬로미터 이상 떨어져 있다는 믿음을 귀속한다면, 보스턴과 프로비던스는 200킬로 이상 떨어져 있다는 믿음, 둘이 100킬로 이상 떨어져 있다는 믿음, 그리고 수많은 다른 믿음들을 귀속할 것이고 그래야 할 것이다. 이러한 추가적 믿음 귀속에 대한 독립적인 증거들은 필요하지 않다. 그러한 믿음들 중 하나라도 귀속할 준비가 되어 있지 않다면, 우리는 애초의 믿음 귀속에 대해 재고해야 할 것이고 그것을 철회할 각오를 해야 할 것이다. 우리의 믿음 개념은 누군가 보스턴이 프로비던스로부터 300킬로 이상 떨어져 있다고 믿으면서 또한 그가 보스턴이 프로비던스로부터 200킬로 이상 떨어져 있다고 믿지는 않는다고 말하는 것을 허용하지 않는다. 그것이 이 특정한 경우에 어떻게 가능할 수 있는지에 대해 이해 가능한 설명이 주어지지 않는 한 말이다. 화자의 믿음 체계가 명백한 논리적 함축 하에 "닫혀" 있어야 함을 요구하는 이러한 원리는 단순한 일관성의 조건을 넘어서는 것이다. 그것은 그의 믿음 체계가 전체적으로 정합적이어야 할 것을 요구한다. 즉 믿음 체계가 설명 불가능한 간극 없이, 어떤 의미에서 서로 잘 맞물려야 한다는 것이다. 어쨌든 합리성과 정합성의 요구가[11] 심적인 것의 본질이라는 것이 데이비드슨의 논제이다. 즉 이 요구는 바로 심적인 것을 심적인 것으로 만드는 것이라는 점에서 심적인 것을 **구성하는** 조건이다. 데이비드슨이 고통이나 잔상 같은 감각적 상태나 사건이 아닌 믿음과 욕구와 같은 지향적 상태에 대해서만 말하고 있음을 유념하라. (추가적인 논의를 위해서는 8장의

---

11 이것은 "자비의 원리"라 불리는 것의 한 형태이다. 데이비드슨은 또한 어떤 사람의 믿음 체계를 해석할 때 그의 믿음 대부분이 **참**이 되도록 해석해야 한다고 본다. 8장의 해석 이론에 대한 논의를 보라.

해석 이론 참조할 것.)

그러나 물리적 영역은 그러한 요구 조건의 지배를 받지 않는다는 점이 분명하다. 데이비드슨이 말하듯, 합리성과 정합성의 원리 비슷한 어떠한 것도 물리 이론에서 "반향을 얻지 못한다". 믿음과 두뇌 상태를 연결하는 법칙이 있다고 해보자. 특히 각 믿음에 대한 신경 기저를 규정하는 법칙—"시점 t에 B가 발생할 때마다 t에 N이 발생한다"는 형식을 갖는 일련의 법칙(여기서 N은 신경 상태이고 B는 믿음이다)—이 있다고 해보자. 그러한 법칙이 존재한다면 합리성 원리의 제약과 상관없이 주체에게 믿음을 **하나하나** 귀속시킬 수 있을 것이다. 그가 어떤 믿음 B를 가지고 있는지 결정하기 위해서는 B의 신경 기저 N이 그에게 발생했는지 아닌지만 확인하면 되기 때문이다. 이러한 믿음이 그가 가진 다른 믿음들의 맥락에서 말이 되는 것인지 체크할 필요가 없을 것이다. 요컨대 우리는 그의 두뇌를 봄으로써 그의 마음을 읽어낼 수 있을 것이다. 결국 믿음을 귀속하는 관행은 더 이상 합리성 원리에 규제되지 않을 것이다. 신경 상태 N과 법칙적으로 연결됨으로써 믿음 B는 물리 이론의 지배를 받게 된다. 앞에서 보았듯이, 데이비드슨의 견해에 의하면 합리성 원리는 심성의 본질을 구성하며, 합리성 원리의 지배를 벗어나는 믿음은 더 이상 믿음으로 간주될 수 없다. 따라서 만약 믿음이 심적 현상으로서의 정체성과 통일성을 유지하려면 믿음의 귀속은 반드시 합리성의 원리에 의해 규제되어야 하며, 따라서 물리적 기저에 법칙적으로 연결될 수 없다.

심물 법칙의 불가능성에 대한 데이비드슨의 주장이 합당하고(그의 논제를 "심물 무법칙론"이라 부를 수 있다) 그래서 그것이 어떤 귀결을 갖는지 탐색해볼 가치가 있다고 해보자. 앞서 제기되었던 한 가지 질문은 그것이 심성 인과를 과연 불가능하게 하는지의 여부이다. 논증은 다음과 같이 전개될 수 있다. 인과 관계는 법칙을 요구하고, 이는 심적 사건과 물리적 사건 사이의 인과 관계가 심물 법칙, 즉 심적 사건과 물리적 사건을 연결하는 법칙을 요구함을 의미한다. 그러나 데이비드슨의 심물 무법칙론은 그러한 법칙이 있을 수 없음을 주장한다. 따라서 심적 현상과 물리적 현상 사이의 인과 관계는 있을 수 없음이 따라 나오는 것 같다. 그러나 데이비드슨은 심성 인과를 믿는다. 그는 심적 사건이 때때로 물리적 사건을 야기하고 또한 물리적 사건이 심적 사건을 야기하기도 함을 명시적으로 주장한다. 이는 심물 법칙의 비존재로부터 심성 인과의 비존재를 이끌어내려는 방금 개괄한 논증을 데이비드슨이 거부해야 함을 의미한다. 어떻게 그럴 수 있는가?

이 논증에서 데이비드슨이 문제삼는 것은 첫 번째 단계, 즉 인과가 **법칙을 요구한다**는 전제로부터 **심물 인과가 심물 법칙을 요구한다**는 결론으로의 추론이다. 더 자세히 들여다보자. 우선, 한 개별 사건 c가 다른 개별 사건 e를 야기한다는 것은 무엇인가? 데이비드슨에 의하면, 이는 다음과 같은 의미에서 두 사건이 어떤 법칙을 예화할 때에만 성립한다. 즉 c는 어떠한 사건 유형(또는 기술) F에 속하고 e는 어떠한 사건 유형 G에 속하며, F 유형의 모든 사건과 G 유형의 모든 사건을 (원인과 결과로) 연결해주는 법칙이 존재한다. 이는 인과에 대한 영향력 있는 법칙적 견해의 한 형태이다. 인과적 연결은 반드시 일반 법칙을 예화하거나 그것에 포섭되어야 한다. 이제 특정 심적 사건 m이 물리적 사건 p를 야기한다고 해보자. 인과에 대한 법칙적 관점에 의하면 이는 어떤 사건 유형 C와 E가 있어, m은 C에 속하고 p는 E에 속하며 사건 유형 C와 E를 연결하는 법칙이 존재함을 의미한다. 이는 개별 사건은 어떤 유형에 속할 때에만 법칙에 의해 연결됨을 분명히 한다. 심물 법칙이 없다고 심물 무법칙론자가 말할 때, 이는 심적 유형과 물리적 유형을 연결하는 법칙이 없다는 것이다. 이로부터 따라 나오는 것은 **심적 사건 m이 물리적 사건 p를 야기할 때 그들이 속한 (법칙적으로 연결된) 유형 C와 E는 둘 다**

물리적 유형이어야 한다는 것뿐이다. 즉 순전히 물리적인 법칙이 이 인과 관계를 근거 지어야 한다는 것이다. 특히 이는 심적 사건 m이 속하는 C가 심적 유형일 수 없으며, 따라서 물리적 유형이어야 함을 의미한다. 이로부터 m이 물리적 사건이라는 것이 따라 나온다! 왜냐하면 한 사건은 그것이 심적 유형에 속하느냐 물리적 유형에 속하느냐에 따라 심리적 또는 물리적이기 때문이다. 여기서 "또는"이 배타적이지 않음에 주의해야 한다. 심적 사건인 m은 반드시 심적 유형에 속해야 하지만, 이 때문에 m이 물리적 유형에 속하지 못하게 되는 것은 아니다. 이 논증은 물리적 사건과 인과적으로 연결된 모든 심적 사건에 적용되며, 모든 심적 사건이 직접적으로든 다른 사건과의 연쇄를 통해서든 물리적 사건과 인과적 연결을 가지고 있다고 생각하지 않을 이유는 없는 것 같다. 데이비드슨의 논증에 의하면 그러한 모든 사건은 물리적 사건이다.[12]

이것이 데이비드슨의 "무법칙적 일원론"이다. 이는 심적 사건을 포함한 모든 개별적 사건이 물리적 사건이라고 주장하기 때문에 일원론이다. (이는 "사례 물리주의"임을 기억할 것이다. 1장을 볼 것.) 게다가 그

---

12 "Mental Events"에서 데이비드슨은 심적 현상들에 관한 어떤 법칙(심물 법칙이든 심리적 법칙이든)도 없다는 더 강한 주장을 옹호한다. 법칙(즉 "엄밀한 법칙")은 기초 물리학에서만 발견될 수 있다는 것이 그의 견해이다("Thinking Causes"를 볼 것). 예리한 독자라면 데이비드슨의 논증이 이러한 더 강한 논제를 요구한다는 것을 눈치 챘을 것이다. 현재 상태로 그 논증은 인과적으로 연결된 두 사건 m과 p가 순전히 심리적인 법칙을 예화하며 이로부터 p는 심적 사건임이 따라 나올 가능성을 열어놓기 때문이다. 데이비드슨이 생각하는 것처럼 "엄밀한" 법칙을 물리학에서만 찾을 수 있다면, 그의 결론은 다음과 같이 강화될 수 있다. 어떤 사건(유형을 불문하고)을 야기하거나 그것에 의해 야기되는 모든 사건(유형을 불문하고)은 물리적 사건이다. 심리적 현상에 관한 어떠한 법칙도 없다는 논제의 옹호로는 Jaegwon Kim, "Why There Are No Laws in the Special Sciences: Three Arguments"를 보라.

것은 심물 법칙을 요구하지 않는 물리적 일원론이다. 사실 방금 전에 보았듯이 이에 대한 논증은 그러한 법칙의 비존재를 요구하며, 그렇기에 이는 "무법칙적" 일원론이다. 그렇다면 데이비드슨의 세계는 다음과 같은 모습이다. 세계는 오직 물리적 대상과 물리적 사건으로만 이루어져 있지만, 어떤 물리적 사건은 심적 유형에 속하며 (또는 심적 기술을 가지며) 따라서 심적 사건이다. 법칙들은 물리적 유형 및 속성들을 다른 물리적 유형 및 속성들과 연결 짓는다, 그리고 이러한 법칙은 개별 사건들 사이의 인과 관계를 발생시킨다. 따라서 이 세계의 모든 인과 관계는 전적으로 물리적 법칙에 근거한다.

무법칙적 일원론은 부수현상론의 한 형태인가?

무법칙적 일원론을 이끌어내기 위한 데이비드슨의 전제들 중 하나는 심적 사건들이 물리적 사건의 원인과 결과가 될 수 있으며 실제로 종종 그러하다는 것이다. 그러나 무법칙적 일원론에 의하면 심적 사건 m이 (물리적 또는 심적 사건일 수 있는) 사건 p의 원인이라고 말하는 것은 다음을 말하는 것일 뿐이다. m은 물리적 속성 Q를 갖고 있으며 (또는 물리적 유형 Q에 속하며) Q를 (또는 속성 Q를 갖는 사건들을) p의 어떤 물리적 속성 P와 연결 짓는 적절한 법칙이 존재한다. 심적 속성과 물리적 속성을 연결하는 법칙은 존재하지 않기에 순전히 물리적인 법칙이 모든 인과적 일을 해야 한다. 이것은 개별적 사건들이 법칙에 나타나는 물리적 속성들을 가짐에 의해서만 인과 관계에 들어갈 수 있음을 의미한다. 예를 들어보자. 물을 마시고 싶은 욕구는 당신으로 하여금 수도꼭지를 돌리게 한다. 인과에 대한 데이비드슨의 법칙적 견해에 따르면, 이는 두 사건, 즉 물에 대한 당신의 욕구와 수도꼭지를 돌리는 사건을 포섭하는 법칙을 요구한다. 그러나 심물 무법칙론은 이 법칙은 물리적 법칙이어야 한다고 말한다. 왜냐하면 심적 유형과 물리적 유형을 연결하는 법칙은 없기 때문이다. 따라서 물에 대한 당신의 욕구는 법칙에 들어오기 전에 물리적으로 재기술되어야 한다. 즉 당신의 욕구의 적절한 물리적 속성이 확인되어야 한다. 따라서 심물 법칙의 부재 하에서는 심적 사건이 어떤 인과 관계에 들어오는지는 완전히 그리고 전적으로 그것의 물리적 속성에 의해 결정된다. 특히 당신의 욕구가 물에 대한 욕구라는 사실, 즉 그것이 그러한 심적 유형의 사건이라는 사실은 당신이 수도꼭지를 돌리는 사건을 야기하는 것에 아무런 관련이 없어 보인다. 인과적으로 유관한 것은 그것의 물리적 속성, 아마도 그것이 어떤 종류의 신경 또는 물리화학적 사건이라는 사실이다.

그렇다면 무법칙적 일원론 하에서 심적 속성은 아무런 할 일 없는 인과적 한량처럼 보인다. 확실히 무법칙적 일원론은 고전적 의미에서의 부수현상론은 아니다. 개별적 심적 사건들이 다른 사건의 원인이 됨을 허용하기 때문이다. 그러나 요점은 그것이 심적 속성과 유형을 인과적으로 무관하게 만든다는 점에서 **심적 속성**에 대한 부수현상론이라는 것이다. 우리는 이를 "심적 속성 부수현상론"[13]이라 부를 수 있을 것이다. 게다가 그것은 위에서 언급한 극단적 부수현상론의 한 형태이다. 심적 속성은 심적 사건을 원인이나 결과로 만드는 데 아무런 역할을 하지 않는다. 이를 생생하게 하자면, 이 세계의 사건들의 심적 속성을 어떠한 방식으로 재배열하더라도—또는 그것을 완전히 제거하여 그들 모두를 순전히 물리적 사건으로 만들더라도—이는 이 세계의 인

---

13 브라이언 매클로플린은 그의 "Type Epiphenomenalism, Type Dualism, and the Causal Priority of the Physical"에서 이를 "유형 부수현상론"이라 부른다. 여러 철학자들이 사기 폭넓식으로 무법칙식 일원론에 관한 이러한 부수현상론식 문제를 제기했다. 아마도 프레드릭 스타우트랜드가 "Oblique Causation and Reasons for Action"에서 이런 문제를 제기한 것이 처음일 것이다.

과적 연결망을 조금도 바꾸지 않을 것이며, 이 세계 어디에서도 단 하나의 인과 관계도 더하거나 빼지 않을 것이다.

이는 심성 인과에 대한 논쟁에서 속성의 중요성을 보여준다. 우리가 설명하고 확보해야 할 필요가 있는 것은 심적 속성의 인과적 효력이다. 심적 실체가 빠진 그림에서 인과적 역할을 할 것으로 남겨진 것은 심적 속성뿐이다. 이것이 대상의 속성으로 해석되든 사건의 속성으로 해석되든 말이다. 만약 심성이 어떠한 인과적 일을 한다면, 다른 것이 아닌 어떤 특정한 심적 속성을 갖는다는 사실, 또는 그것을 결여하지 않고 그것을 갖는다는 사실이 인과적 차이를 만들어야 한다. 즉 한 사건이 주어진 심적 속성(가령 물에 대한 욕구임)을 가지기 때문에 그렇지 않았다면 들어가지 않았을 어떠한 인과 관계(그것이 당신이 정수기를 찾도록 야기한다)에 들어가야 한다. 따라서 우리는 데이비드슨의 무법칙적 일원론이 심성 인과 테스트를 통과하지 못한다고 결론 내려야 한다. 심적 속성의 인과적 효력과 인과적 관련성을 설명하지 못함으로써, 그것은 심성 인과의 가능성을 설명하지 못한다.

데이비드슨의 무법칙적 일원론에 대한 도전은 따라서 다음 질문에 답하는 것이다. 어떻게 무법칙적인 심적 속성, 즉 법칙에 적합하지 않은 속성이 인과적 효력을 가진 속성일 수 있는가? 이러한 도전에 응답할 수 있는 길은 오직 두 가지인 것 같다. 첫째, 우리는 데이비드슨의 논증의 결함을 찾아냄으로써, 그리고 심물 인과 관계를 근거 지을 수 있는 심물 법칙이 있다고 생각할 그럴듯한 이유를 찾아냄으로써 데이비드슨 논증의 주된 전제, 즉 심물 무법칙론을 거부할 수 있다. 둘째, 인과에 대한 법칙적 견해, 특히 데이비드슨이 해석한 법칙적 견해가 인과를 이해하는 유일한 길이 아니며, 인과에 대한 대안적 견해가 있다는 것을 보이고자 시도할 수 있다. 이 대안적 견해에서 심적 속성은 무법칙적일지라도 여전히 인과적 효력을 가질 수 있다. 두 번째 가능성을 살펴보자.

반사실문에 의한 구제

실제로 표면상으로 법칙을 요구하지 않는 것으로 보이는 인과에 대한 대안적 접근이 있는데, 이는 인과에 대한 반사실적 견해이다. 이 견해에 따르면, 사건 c가 사건 e를 야기했다고 말하는 것은 c가 발생하지 않았더라면 e는 발생하지 않았을 것이라 말하는 것이다.[14] 원인이란 결과가 있기 위한 **필요**조건이라는 생각과 유사한 생각이다. 이 접근은 직관적으로 꽤 그럴듯해 보인다. 난로가 넘어져 화재를 야기했다. 무엇이 그렇게 만드는가? 난로가 넘어지지 않았더라면 화재가 발생하지 않았을 것이기 때문이다. 미끄러운 길에서 급정지가 사고를 야기했다고 말할 수 있는 근거는 무엇인가? 만약 운전자가 급히 브레이크를 밟지 않았더라면 사고가 발생하지 않았을 것이기 때문이다. 이러한 경우 우리는 법칙보다는 반사실적인 고려("만약…라면 어떠했을까")에 의존하는 듯하다. 특히 데이비드슨처럼 예외를 허용하지 않는 "엄밀한" 법칙을 고집한다면, 위와 같은 일상적이고 친숙한, 그리고 잘 뒷받침된다고 여겨지는 인과 주장을 뒷받침하는 법칙을 우리는 갖고 있지 않음이 명백하다.

심적 사건과 관련해서도 상황은 마찬가지인 것 같다. 왜 나는 물 마시고 싶은 나의 욕구가 지난밤 캄캄한 부엌으로 가다가 잠자던 개에

---

14 이는 완전하지는 않다. 인과에 대한 반사실문적 분석은 원인과 결과를 연결하는 이러안 "반사실식 의존"의 연쇄가 있을 것임을 요구한다. 하지빈 이핏과 기다 세부 개선 사항들은 뒤의 논의에 영향을 미치지 않는다. 데이비드 루이스의 "Causation"은 인과를 반사실문으로 완전하게 분석하고자 한 최초의 시도이다.

걸려 넘어진 것의 원인이라고 생각하는지에 대해 신비로울 것은 아무 것도 없다. "물을 마시고 싶지 않았더라면 부엌으로 가지 않았을 것이고 잠자던 개에 걸려 넘어지지도 않았을 것이다"라는 반사실적 조건문이 명백히 참이기 때문이다. 이러한 일상적인 인과적 주장 또는 반사실적 주장을 할 때, 우리는 물을 원하는 것과 잠자던 개에 걸려 넘어지는 것에 관한 법칙이 있는지에 대해서는 전혀 신경쓰지 않는다. 그러한 질문에 대해 생각한다고 하더라도 우리는 그러한 법칙이 존재하거나 발견될 수 있다는 비현실적 가능성에 구애받지 않을 것이다. 요약하자면 이렇다. 우리는 심적 사건이 그것의 심적 속성에 의해 물리적 사건을 야기할 수 있고, 때때로 실제로 야기한다는 것을 안다. 왜냐하면 우리는 적절한 심물 반사실적 조건문이 참임을 알 수 있고, 때때로 알기도 하기 때문이다. 심성 인과는 그러한 반사실문이 때때로 참이기 때문에 가능하다.

인과에 대한 반사실문적 설명은 심성 인과를 심물 반사실문의 참에 의해 설명할 수 있는 가능성을 열어준다. 심성 인과에 특별한 문제가 있다는 것을 보이기 위해서는 그러한 반사실문에 문제가 있음을 보여야 할 것이다.

그렇다면 그러한 심물 반사실문에 특별한 문제가 있는가? 우리는 어떻게 그러한 반사실문이 참일 수 있는지에 대한 이해를 가지고 있는가? 반사실문과 관련해 특히 그것의 "의미론", 즉 반사실문이 참 또는 거짓으로 평가받을 수 있는 조건과 관련해 많은 철학적 문제와 난점이 있다. 반사실문에 대한 두 가지 주된 접근이 있는데, 하나는 법칙-도출적 접근이고 다른 하나는 가능 세계 접근이다.[15] 법칙-도출적 접근에 따르면, 반사실적 조건문 "P가 참이었더라면, Q가 참이었을 것이다" (여기서 P와 Q는 명제)는 조건문의 후건 Q가 전건 P로부터, 법칙과 그 상황에서 성립하는 조건에 관한 진술과 함께 논리적으로 도출될 수 있을 경우 오직 그런 경우에만 참이다.[16] 가령 "이 성냥을 그었더라면 불이 켜졌을 것이다"를 생각해보자. 이 반사실문은 참이다. 왜냐하면 "불이 켜졌다"라는 후건이 그것의 전건 "성냥이 그어졌다"로부터, "산소가 있을 때 마른 성냥이 그어지면 그것은 불붙는다"라는 법칙, 그리고 "그 성냥은 말랐다"와 "산소가 있었다"는 보조 전제들과 결합하여 도출될 수 있기 때문이다.

반사실문에 대한 이러한 분석에서, 심성 인과에 대한 반사실문적 접근이 심성 인과의 문제를 사라지게 만들지 않는다는 것은 분명하다. 왜냐하면 "내가 괴상한 소음을 확인하고 싶지 않았더라면, 나는 아래층으로 내려가지 않았을 것이다" 또는 "존스의 C-신경이 활성화되지 않았더라면 그는 고통을 느끼지 않았을 것이다"와 같은 심물 반사실문의 참은 그것의 심리적 전건으로부터 물리적 후건의 도출을 가능하게 하는 법칙을 요구할 것이며, 이는 분명히 심물 법칙, 즉 심적 현상과 물리적 현상을 연결하는 법칙을 요구하기 때문이다. 따라서 법칙-도출적 접근에 따르면 데이비드슨의 심물 법칙의 문제는 다시 발생한다.

반사실문의 진리조건에 대한 가능 세계 접근을 고려해보자. 단순한 형태로 말하면 이는 다음과 같다. 반사실문 "P였더라면, Q였을 것이다"가 참인 것은, P가 참이지만 P가 참이라는 것 외에 실제 세계와 가능한 한 가장 비슷한 세계에서 Q가 참인 경우 그리고 오직 그 경우이다. (다르게 표현하자면, "가장 가까운" P-세계에서 Q가 참이다.)[17] 이 반사실문이 참임을 알아보기 위해 다음과 같은 단계를 거친다. 이는 반사실

---

15 최근에 가능 세계 의미론은 반사실문에 관해 지배적 입장이 되었으며, 첫 번째 접근은 사실상 거의 사라졌다.

16 Ernest Nagel, *The Structure of Science*, 4장.

17 이 접근의 세부적인 발전에 대해서는 David Lewis, *Counterfactuals*를 보라. 루이스

제7장 심성 인과   329

문이므로 전건 P는 현실 세계에서 거짓이다. 우리는 P가 참인 가능 세계(줄여서, "세계")로 가서 Q도 거기서 참인지를 보아야 한다. 그러나 P가 참인 세계들, 즉 P-세계들은 많다. 그리고 그 세계들 중 어떤 세계에서는 Q가 참이고 어떤 세계에서는 거짓이다. Q의 참을 확인하기 위해 어떤 P-세계를 골라야 하는가? 현실 세계와 가장 유사한 또는 가장 "근접한" 세계를 택하는 것이 답이다. 반사실문 "P였더라면, Q였을 것이다"는 가장 근접한 P-세계에서 Q가 참이라면 참이고, 거기서 Q가 거짓이라면 그것은 거짓이다.

이것이 반사실문 "성냥을 그었더라면 불이 켜졌을 것이다"를 어떻게 다루는지 살펴보자. 현실 세계에서 성냥은 그어지지 않았다. 따라서 성냥이 그어졌다고 가정하자(이는 성냥이 그어진 가능 세계로 가라는 것을 의미한다). 그러나 다른 조건들은 가능한 한 똑같이 유지하자. 성냥이 그어졌다는 반사실적 가정 하에서 다른 어떤 조건들이 달라졌음에 틀림없다. 가령 현실 세계에서 성냥은 성냥갑 안에 가만히 놓여 있었고 주변 공기에 아무런 교란도 없었는데, 이러한 조건은 그 세계 전반의 일관성을 유지하기 위해 변경되어야만 한다. 그러나 그 성냥이 말라 있었고 주위에 충분한 산소가 존재했다는 사실은 변경할 필요도 없고 변경해서도 안 된다. 따라서 우리가 선택한 세계에서 적어도 다음과 같은 조건들이 성립한다. 성냥은 그어졌고, 그것은 말라 있었으며 주위에 산소는 충분했다. 위 반사실문은 그런 세계에서 불이 켜졌을 경우 오직 그 경우에 참이다. 그 세계에서 불은 켜졌는가? 이러한 질문을 할 때 우리는 다음의 두 세계 중 어느 것이 현실 세계에 더 가까운지를 묻는 것이다.[18]

의 설명은 "가장 가까운" P-세계가 있을 것을 요구하지 않는다. 동률이 있을 수 있기 때문이다.

W_1: 성냥은 그어졌고, 그것은 말라 있으며, 주위에 산소가 있었고, 성
냥은 불이 붙는다.

W_2: 성냥은 그어졌고, 그것은 말라 있으며, 주위에 산소가 있었고, 성
냥은 불이 붙지 않는다.

우리는 두 세계 중에 W_1이 현실 세계에 더 가깝다고 판단할 것이며,
따라서 위 반사실문은 참이 된다. 그러나 우리는 왜 그런 식으로 판단
하는가?

답은 하나밖에 없는 것 같다. 현실 세계에서 산소가 충분한 경우 마
른 성냥이 그어졌을 때 불이 붙는다는 취지의 법칙적 규칙성이 있으
며, 이 법칙이 W_1에서는 성립하지만 W_2에서는 성립하지 않기 때문이
다. 이것이 W_1이 W_2보다 현실 세계에 더 가까운 이유이다. 결국 (실제
로 말라 있었고 산소 중에 있었던) 이 성냥이 만약 그어졌더라면 불이 붙
었을 것이라고 판단할 때 우리는 방금 언급한 법칙을 결정적으로 사용
하고 있는 듯하다. 만약 현실 세계에서 마른 성냥이 산소 중에서 그어
졌을 때 거의 또는 절대 불이 붙지 않는다면, 의심의 여지 없이 우리는
W_2를 더 근접한 세계로 여길 것이며, 반사실문 "이 성냥이 그어졌더라
면 불이 붙었을 것이다"를 거짓으로 판단할 것이다. 이것이 옳다면, 인
과에 대한 반사실문 모형은 우리가 바랐던 것만큼 우리를 법칙으로부
터 자유롭게 하지 못한다. 적어도 어떤 경우에 있어서 우리는 법칙과
법칙적 규칙성에 호소해야 하는 듯하다.

이제 심물 반사실문 "브라이언이 소음을 확인하기 원치 않았더라면
그는 아래층으로 내려가지 않았을 것이다"를 생각해보자. 우리가 이

---

18 당연히 이러한 세계들에 대한 기술은 대단히 불완전한 것이다. 우리는 이 세계들이
다른 측면에서는 대체로 동일하다고 가정한다.

반사실문을 참으로 여기며, 그러한 근거에서 소음을 확인하고자 하는 브라이언의 욕구가 그를 아래층으로 내려가게 한 원인이라고 판단한 다고 하자. 다음의 두 세계를 고려해보자.

> W_3: 브라이언은 소음을 확인하기를 원치 않았으며, 그는 아래층으로 내려가지 않았다.
>
> W_4: 브라이언은 소음을 확인하기를 원치 않았으며, 그는 아래층으로 어쨌든 내려갔다.

W_4가 W_3보다 현실 세계에 더 가깝다면, 이는 우리의 반사실문을 거짓으로 만들 것이다. 그렇다면 왜 우리는 W_3이 W_4보다 현실 세계에 더 가깝다고 생각하는가? 현실 세계에서, 브라이언은 소음을 확인하기를 원했고 아래층으로 내려갔다. 이 두 개별적 사실에 관한 한 W_4가 분명히 W_3보다 현실 세계에 더 가깝다. 그렇다면 왜 우리는 W_3이 현실 세계에 더 가깝다고 보고 그래서 그 반사실문이 참이라고 보는가? 유일한 그럴듯한 답변은 다음과 같은 것인 듯하다. 브라이언의 믿음, 욕구 등과 그의 행동 패턴을 지배하는 어떤 법칙적 규칙성과 경향성이 있어서, 의심스러운 소음을 확인하고자 하는 욕구 같은 것이 없고 당시 성립하는 조건들이 성립한다는 가정하에, 그가 그때 아래층으로 내려가지 않는 것이 그가 그때 아래층으로 내려갈 것이라는 가정보다 그러한 규칙성과 경향성에 더 잘 들어맞는다는 것을 우리는 알거나 믿는다. 우리는 이러한 규칙성이나 경향성, 즉 한 사람의 성격에 대한 사실이 믿을 만하고 법칙적이라고 보며, 이러한 종류의 반사실문을 평가할 때 (또한 사람이 어떻게 행동할지를 예측하고 추측할 때) 그러한 규칙성에 흔히 호소한다. 설사 세부 사항에 대해서는 막연한 생각밖에 가지고 있지 못하고 이런 것들을 정확한 방식으로 또렷이 표현하지 못한다

고 하더라도 말이다.

여기서도 심물 인과에서의 심물 법칙의 관련성은 명백하다. 추가 논의의 여지가 있지만, 심적 현상과 물리적 현상을 지배하는 법칙적 규칙성에 대한 고려가 인과 관계를 근거 지을 수 있는 종류의 심물 반사실문을 평가하는 데 종종 결정적으로 관여한다는 것이 합당해 보인다. 우리가 그러한 규칙성의 세부 사항을 알 필요는 없겠지만, 그러한 것이 존재한다고 믿으며, 그러한 반사실문을 참 또는 거짓으로 평가할 수 있을 만큼 그 대략적 형태와 내용을 알고 있는 것이 틀림없다. 그렇다면 우리가 출발한 지점, 데이비드슨과 심물 법칙의 불가능성에 대한 그의 논증으로 다시 돌아온 것인가?

다행히도 꼭 그런 것은 아니다. 반사실문 평가에 관여하는 법칙들은, 우리 예들에서 분명하듯, 데이비드슨이 염두에 두는 종류의 법칙—그가 "엄밀" 법칙이라고 부르는 것—일 필요가 없다. 이런 법칙들은 물리학의 법칙들처럼 하나의 포괄적이고 닫혀 있는 이론을 이루는 명시적인, 예외를 허용치 않는 법칙들이다. 일상적인 반사실문 평가에 관여하는 법칙들은 "다른 조건이 같다면", "정상적 상황에서", "간섭 효과가 없다면" 등과 같은 회피 조항을 조건부로 갖는 대략적 일반화이며 (사실 많은 과학에서 이러한 법칙에 의해 인과적 판단이 이루어진다), 고립된 몇몇 부정적 사례에 의해 반증되지 않는 것으로 여겨진다. 종종 "조건부 법칙"이라 불리는 이런 유형의 법칙은 법칙성의 통상적 기준을 충족하는 것으로 보인다. 우리가 보았듯이 그러한 법칙들은 반사실문을 근거 지을 수 있는 힘을 가지며, 점점 더 많은 긍정적 사례들에 의해 그에 대한 신뢰도가 강화된다. 그러한 법칙들의 논리적 형식, 검증 조건, 설명과 예측에서의 효력에 대해 충분한 이해는 없지만, 그들이 우리의 반사실적, 인과적 담론을 풍부하게 하고 지탱하는 본질적 요소임에는 의심의 여지가 없는 듯하다.[19]

심적 사건을 포함하는 인과 관계가 이러한 "비엄밀" 조건부 법칙에 의해 지지될 수 있다는 인식이 심성 인과의 문제를 해결하는가? 그것은 데이비드슨적 고려 사항에 의해 제기되는 문제를 적어도 현재로서는 피할 수 있게 해준다.

　그러나 우리는 그 어려움이 완전히 해소되지는 않았음을 볼 수 있다. 그러한 비엄밀 법칙은 엄밀 법칙이 가능할 때에만 가능할 수도 있으며, 비엄밀 법칙들을 설명하거나 근거 짓는 기저의 엄밀 법칙이 없다면, 그들은 인과 주장을 지지할 힘이 없는 거칠고 우연한 상관관계에 불과할 수 있기 때문이다. 비엄밀 법칙들의 법칙적 외양은 환상에 불과해서 인과 관계를 근거 짓기에는 부적절할지도 모른다. 더 중요한 것은 앞서 말했듯이 그러한 조건부 법칙들의 본성에 대해 충분한 이해가 없다는 점이다. 그러한 종류의 법칙들이 실제로 인과 관계를 뒷받침하는 데 사용되기는 하지만 어떻게 그것이 작동하는지에 대한 이론적 이해는 부족하다.

물리적 인과 폐쇄성과 "배제 논증"

심물 인과를 지지할 수 있는 심물 법칙이 존재하지 않을 수 있다는 가능성으로부터 제기되는 어려움은 극복되었다고 가정하자. 아직 안심할 때는 아니다. 우리가 맞닥뜨려야 하는 심성 인과에 대한 또 다른 도전이 있는데, 현재 심성 인과의 가능성에 대한 가장 중대한 위협이라고 생각되는 도전이다. 이 새로운 위협은 대부분의 물리주의자들이 받

19　데이비드슨도 나중에는 비엄밀 법칙이 인과 관계를 근거 지을 수 있다는 것을 수용하게 되었다. 그의 "Thinking Causes"를 보라. 그러나 이는 무법칙적 일원론에 관한 그의 논증을 약화시킬 가능성이 크다.

아들이는 원리, 즉 물리적 영역이 **인과적으로 닫혀 있다**는 원리에서 비롯된다. 이 원리가 의미하는 바는 이렇다. 임의의 어떤 물리적 사건, 가령 우라늄 원자의 붕괴나 두 천체의 충돌을 생각해보라. 물리적 인과 폐쇄성의 원리가 말하는 것은 이러한 사건의 인과적 기원이나 흔적을 원하는 만큼 멀리 찾아가고자 할 때, 그것은 결코 우리를 물리적 영역 바깥으로 이끌지 않으리라는 것이다. 따라서 물리적 사건을 포함한 어떠한 인과적 연쇄도 물리적인 것의 경계에서 벗어나 비물리적인 것으로 건너가지 않는다. 즉 x가 물리적 사건이고 y가 x의 원인 또는 결과라면, y 또한 물리적 사건이어야 한다는 것이다.

우리의 목적을 위해서는 다음과 같은 식의 보다 약한 형태의 인과적 폐쇄성 원리를 사용하는 것이 편리하다.

> **물리적 영역의 인과적 폐쇄성.** 물리적 사건이 시점 t에 (발생하는) 원인을 갖는다면, 그것은 t에 물리적 충분 원인을 갖는다.

이 원리에서 몇 가지를 주목하자. 먼저 이 원리는 물리적 사건은 비물리적 원인을 가질 수 없다고 딱 잘라 말하지 않는다. 이 원리가 말하는 것은 물리적 사건의 원인을 찾기 위해 물리적 영역 바깥으로 나갈 필요가 전혀 없다는 것뿐이다. 그러한 의미에서 물리적 영역은 인과적으로, 따라서 설명적으로 자족적이다. 둘째, 이 원리는 모든 물리적 사건이 충분한 물리적 원인을 가진다거나 물리적인 인과적 설명을 갖는다고 말하지 않는다. 이러한 점에서 그것은 물리적 인과 결정론, 즉 모든 물리적 사건은 물리적 충분 원인을 가진다는 논제와 다르다. 셋째, 폐쇄성 원리는 심신 이원론과 일관적이다. 즉 데카르트적인 비물질적 마음의 영역이 있을 가능성을 배제하지 않는다. 그것이 요구하는 것은 데카르트적 마음을 포함한 외부로부터 물리적 세계로의 인과적 영향의 유입이 없다는 것이 전부이다.

대부분의 철학자들이 물리적 인과 폐쇄성을 그럴듯한 것으로 받아들이는 듯하다. 물리주의자를 자처하는 누구라도 당연히 그것을 받아들여야 한다. 만약 폐쇄성이 성립하지 않는다면, 시공간 바깥의 정신이나 신적인 힘과 같은 비물리적인 인과적 작인에 의해서만 설명될 수 있는 물리적 사건이 존재할 것이다. 이는 데카르트적인 상호작용론적 이원론에서 묘사되는 바로 그런 상황이다(2장). 만약 폐쇄성이 성립하지 않는다면 이론 물리학은 원리적으로 불완전할 수밖에 없을 텐데, 이런 전망을 받아들일 물리학자는 거의 없을 것이다. 물리학과 여타 물리과학의 연구 프로그램들이 폐쇄성 원리와 같은 것을 전제하고 있다는 점은 분명해 보인다.

주목할 만한 것은 생물학적 영역이나 심리학적 영역은—사실 특수 과학의 어떤 영역도—인과적으로 닫혀 있지 않다는 점이다. 생물학적 사건을 야기하는 비생물학적 사건이 있으며(가령 세포의 변이를 일으키는 방사선, 한 종을 멸종시키는 화산 폭발), 우리는 비심리적 사건이 심리적 사건을 야기하는 경우들에 익숙하다(가령 순전히 물리적 자극이 감각과 지각 경험을 야기한다). 어쨌든, 물리적 인과 폐쇄성은 물리적 영역이 모든 것을 아우르는 영역이며 이 영역의 과학인 물리학이 우리의 기초과학이라는 널리 공유되는 견해에 한 가지 의미를 부여한다. 어떤 사람들은 폐쇄성 원리를 현대 물리과학의 등장에 의해 전폭적으로 지지되는 후험적 참으로 여긴다.[20] 물질적 세계에 대한 비물질적 또는 초월적 힘으로부터의 인과적 개입을 비정합적이라 여기는 이들은 폐쇄성 원리가 개념적, 선험적이라고 주장할지 모른다. 폐쇄성 원리를 물리과

---

20 David Papineau의 "The Rise of Physicalism"을 보라.

학에서의 연구와 이론 구축의 지침 역할을 하는 방법론적-규제적 원리로 간주하는 것 또한 가능하다.

어쨌든 물리적 폐쇄성 원리가 심성 인과, 특히 심물 인과에 대해 직접적으로 어려움을 초래한다는 것은 쉽게 알 수 있다. 심적 사건 m이 물리적 사건 p를 야기한다고 해보자. 폐쇄성 원리에 따르면, p의 충분 원인으로 m과 동시에 발생하는 물리적 원인 $p^\star$ 또한 존재해야 한다. 우리는 여기서 딜레마에 처한다. $m = p^\star$이라고 하거나—즉 심적 원인과 물리적 원인을 하나의 사건으로 동일시하거나—아니면 p가 별개의 두 원인, 즉 m과 $p^\star$을 가짐으로써 인과적으로 과잉결정된다고 해야 할 것이기 때문이다. 딜레마의 첫 번째 뿔은 심물 인과의 사례로 여겨졌던 것을 물물 인과의 사례로 만드는 것으로, 환원주의적 물리주의자들만이 환영할 만한 결과이다. 두 번째 뿔은 모든 심물 인과의 사례가 인과적 과잉결정의 사례임을, 즉 심적 원인이 발생하지 않았다 하더라도 물리적 원인이 물리적 결과를 일으켰을 것임을 받아들이도록 강요한다. 이는 믿기 힘들며, 게다가 물리적 결과의 원인으로서의 심적 사건의 지위를 약화시키는 것으로 보인다. m이 p의 진정한 원인임을 보이기 위해서는 m이 그 자체로, 즉 p의 충분 원인에 해당하는 같은 시점의 물리적 사건의 발생 없이도 p를 일으킬 수 있다는 것을 보일 수 있어야 한다. 그러나 우리의 추론에 의하면 모든 심적 사건은, 설사 그것을 완전히 빼버린다고 하더라도 어쨌거나 같은 결과를 초래했을 물리적 짝을 가진다.

이러한 생각은 다음과 같은 방식으로 전개될 수 있다. 다음의 제한 조건을 생각해보자.

배제 원리. 진정한 과잉결정의 사례가 아닌 한 모든 사건은 동시에 발생하는 둘 이상의 별개의 충분 원인을 가질 수 없다.

하나의 총알로 충분할 테지만 복수의 총알을 맞고 사형수가 죽는 "총살 집행"의 경우가 진짜 과잉결정의 예시가 된다. 누전과 번개가 동시에 발생하여 집안에 화재가 발생한다. 이러한 경우 둘 이상의 독립적인 인과적 사슬이 하나의 결과에 다다른다. 이를 고려할 때, 배제 원리는 거의 자명한 사소한 참으로 보인다.

심물 인과의 경우로 돌아가자. 우리는 심적 사건이 물리적 사건의 원인이 되는 경우가 있다는 가정에서 출발한다.

(1) m이 p의 원인이다.

앞에서 보았듯이 (1)과 물리적 인과 폐쇄성으로부터 다음을 만족하는, m과 동시에 발생하는 물리적 사건 $p^\star$ 또한 존재함이 따라 나온다.

(2) $p^\star$이 p의 원인이다.

나아가 우리가 (1)이 물물 인과로 환원되는 것을 원치 않는다고 가정하자. 즉 우리는 다음을 원한다.

(3) $m \neq p^\star$

다음 또한 가정한다고 해보자.

(4) 이는 과잉결정의 사례가 아니다.

폐쇄성과 배제 원리가 주어졌을 때 이러한 네 명제는 우리를 곤경에 빠뜨린다. (1), (2), (3)에 의하면, p는 별개의 두 원인 m과 $p^\star$을 가진다. (4)는 이것이 과잉결정의 사례가 아니라고 말하므로 배제 원리가 작동해서 m과 $p^\star$ 둘 중 하나는 p의 원인으로 실격되어야 한다고 말한다. 둘 중 어느 것인가? 답은 $p^\star$이 남고 m은 떠나야 한다는 것이다. 이유는 간단하다. 만약 m을 유지하고자 한다면, 폐쇄성 원리는 다시 들어와서 p의 물리적 원인 또한 존재함이 틀림없다고 말할 것이다. 그리고 그것이 $p^\star$이 아니라면 무엇이겠는가? 결국 마찬가지의 상황으로 돌아온다. m을 제거하지 않고 $p^\star$을 유지하지 않는다면 우리는 무한 퇴행에 빠지거나 계속 제자리걸음만 하게 될 것이다. 결국 다음과 같이 결론내릴 수밖에 없다.

(5) 따라서 m은 p의 원인이 아니고, (1)은 거짓이다.

이 추론은 분명히 모든 심성 인과의 경우로 일반화되며, 따라서 다음이 따라 나온다.

(6) 심적 사건은 결코 물리적 사건을 야기하지 않는다.

이 논증은 많이 논의된 바 있는 "배제 논증"의 한 형태로, 어떻게 물리적 사건의 심적 원인이 항상 물리적 원인에 의해 배제되는지를 보이고자 한다.[21] 이 논증의 외양상의 교훈은 심물 인과가 착각이라는 것, 즉 심물 인과는 결코 발생하지 않는다는 것이다. 이는 적어도 물리적 사

---

21 더 구체적인 사항에 대해서는 Jaegwon Kim, *Physicalsim, or Something Near Enough*, 2장을 보라.

건의 인과와 관련해서는 부수현상론이다. 이것은 심적 원인이 다른 심적 사건을 야기하는 것을 배제하지는 않는다. 그러나 믿음과 의도와 같은 심적 사건이 결코 신체적 움직임을 야기하지 않는다면, 행위자성은 분명 불가능해진다. 포더는 이는 곧 세계의 종말일 것이라 염려한 바 있다.

어쨌든 이것이 통상적으로 이해되는 배제 논증의 함축이다. 그러나 이것이 논증의 교훈을 읽는 유일한 방법은 아니다. 만약 심신 동일성 "$m=p^\star$"을 받아들임으로써 반물리주의 가정 (3)을 거부할 각오가 되어 있다면, 이 논증의 부수현상론적 귀결을 피할 수 있다. 만약 $m=p^\star$이라면, 오직 하나의 사건이 존재할 뿐이며 따라서 p는 오직 하나의 원인을 갖게 된다. 그렇다면 배제 원리는 적용되지 않으며 "m은 p의 원인이다"라는 애초의 가정이 거짓이라는 결론은 따라 나오지 않는다. 논증의 진정한 교훈은 따라서 이것이다. **심리-신경 동일론과 같은 진지한 물리주의를 받아들이거나, 아니면 부수현상론의 망령에 맞닥뜨리거나!**

앞서 말했듯 여기서의 부수현상론은 오직 물리적 사건의 인과에서의 심적 사건의 효력에 대한 것이지, 심성 일반의 인과적 힘에 대한 것이 아니다. 다음 절에서 보다 극단적인 부수현상론이 대두될 것이다.

"수반 논증"과 부수현상론

심신 수반의 가정을 섞어넣으면, 보다 더 심각한 부수현상론의 위협이 발생한다. (논증은 심적 속성이 물리적-신경적 속성에 수반한다는 가정이 아니라 그것에 의해 "실현된다"는 가정을 통해 진행될 수도 있다.) 심신 수반을 다음과 같이 이해하자.

심신 수반. 시점 t에 x가 심적 속성 M을 예화한다면, 그것은 x가 t에 어떤 물리적 속성 P를 예화한다는 사실에 기인하는데, 무엇이든 어떤 시점에 P를 가지는 것은 필연적으로 그 시점에 M을 가진다.

예컨대 우리가 두통을 경험할 때마다 그것은 우리가 당시 어떤 신경 상태 N에 있다는 사실 때문인데, 여기서 N은 N에 있는 누구든 고통을 겪음이 틀림없다는 의미에서 두통의 수반 토대이다. 자유롭게 떠다니는 심적 상태는 없다. 모든 심적 상태는 그것이 수반하는 물리적 신경 토대에 닻을 내리고 있다.

심신 수반을 가정하면, 처참한 부수현상론적 귀결을 갖는 것으로 보이는 논증이 전개될 수 있다.

(1) 한 심적 사건, 즉 심적 속성 M의 예화가 다른 심적 속성 M*의 예화를 야기한다고 하자.

(2) 심신 수반에 의하면, 이 경우 M*이 예화되는 것은 그것의 수반 토대 중의 하나인 어떤 물리적 속성이 예화된다는 사실에 기인한다. 이 물리적 토대를 P*이라 하자.

(3) 다음과 같이 물어보자. 왜 이 경우 M*이 예화되는가? M*이 발생한다는 사실에 책임이 있는 것은 무엇인가? 두 가능한 답이 있는 것 같다. (i) M의 사례가 M*의 예화를 야기하기 때문에(애초의 가정), 그리고 (ii) M*의 수반 토대 P*이 발생하기 때문에.

한편 (ii)가 (i)을 이긴다고 생각할 강한 이유가 있는 것 같다. 만약 수반 토대 P*이 발생하면 M*은 그 이전에 무엇이 선행하든 간에 반드시 발생한다. 즉 P*이 존재하는 한 M*은 그것의 원인으로 가정된 M이 발생하지 않는다고 하더라도 반드시 발생한다. 이는 M이 M* 사례를 일으켰다는 주장을 약화시킨다. P*이 M* 발생에 대한 일차적 공을 인정받아야 하는 것 같다. M이 M*의 예화를 야기했다는 주장과 P*이 M*의 수반 토대라는 가정을 화해시킬 길이 있는가?

  (1) 다음을 받아들인다면 두 주장 (i)과 (ii)는 화해될 수 있다. M은 **M*의 수반 토대 P*의 예화를 야기함으로써** M*의 예화를 야기했다. 이는 두 주장을 조화시키는 유일한 길인 것 같다.

일반적으로 한 수반 속성을 야기하기 위해서는, 또는 그것에 인과적으로 영향을 주기 위해서는 그것의 수반 토대를 야기하거나 손봐야 한다는 것은 설득력 있는 원리인 듯하다. 방금 마무리 지은 그림이 마음에 들지 않아 수정하고 싶다고 해보자. 미적 속성이 수반하는 물리적 속성을 변화시키지 않고 그림의 미적 속성을 변화시킬 수 있는 (가령 그림을 더 표현적이고, 더 극적이고, 덜 감성적으로 만드는) 길은 없다. 붓과 물감을 꺼내 와서 캔버스에 물리적 작업을 하는 수밖에 없다. 그것이 유일한 방법이다. 당신이 두통을 완화하기 위해 아스피린을 먹는 이유는 아스피린을 먹는 것이 두통이 수반하는 신경 상태에 물리화학적 변화를 가져올 것이라 믿기 때문이다.

  (2) 따라서 M은 P*을 야기한다. 이는 심물 인과의 사례이다.

이 논증이 옳다면 이는 심신 수반을 가정했을 때 심심 인과(M이 M*을 야기함)는 불가피하게 심물 인과로 이어진다는 것을 보인다. "수반 논증"이라 불릴 만한 이 논증은 심물 인과가 가능할 때에만 심심 인과가 가능함을 보여준다.
  그러나 두 논증, 즉 배제 논증과 수반 논증이 어디로 우리를 이끄는지 보자. 수반 논증에 의하면 심심 인과는 심물 인과가 가능할 때에만 가능하다. 그러나 배제 논증은 심물 인과가 불가능하다고 말한다. 따라서 심심 인과도 심물 인과도 가능하지 않다는 것이 따라 나온다. 이는 심물 인과에 대한 부수현상론을 넘어서는 것이다. 두 논증이 함께 보이고자 하는 것은 심적 사건은 전혀 인과적 효력을 갖지 않는다는 것, 즉 심적이든 물리적이든 어떠한 사건도 일으킬 힘이 없다는 것이다. 이것은 극단적인 부수현상론이다.

이 모든 것이 우리가 환원주의적 물리주의의 선택지를 취하지 않는다는 가정 위에서 성립한다는 것을 기억하는 것이 중요하다. 즉 만약 우리가 배제 논증의 "$m \neq p^*$" 전제를 거부한다면, 즉 심리-신경 동일성 "$m = p^*$"을 받아들인다면 우리는 부수현상론적 결론을 피할 수 있다. 따라서 위의 두 논증의 귀결은 이렇다. 극단적 부수현상론을 피하고자 한다면 환원주의적 물리주의를 받아들일 준비가 되어 있어야 한다는 것이다. 즉 우리는 극단적 형태의 부수현상론과 환원주의 사이에서 선택을 해야만 한다.

어떠한 선택지도 달갑지 않다. 대부분의 사람들에게 부수현상론은 거짓으로 보이거나 심지어 비정합적으로 보인다(포더의 비탄을 상기하라). 환원주의적 물리주의도 더 나아 보이지 않는다. 심성을 단지 두뇌의 전기화학적 활동 패턴으로 환원시킴으로써 심성 인과를 구제한다면, 우리가 정말 특별하고 고유한 것으로서의 심성을 구제한 것인가? 게다가 심적인 것이 물리적인 것으로 환원되지 않는다면 어떻게 되는가? 그럼 우리는 원하든 원치 않든 부수현상론에 빠지고 마는 것 아닌가? 이것이 심성 인과의 난제이다.

이상 논의의 일반적 교훈은 다음과 같은 것이다. 어떤 것이 인과적 힘을 가지고 다른 무언가와 인과적 관계를 맺기 위해서는 물리적 영역의 일부여야 한다. 이 결론은 데카르트의 비물질적 마음에 대한 심성 인과 문제(2장)로부터 우리가 배운 것을 보완하며 또한 강화한다.

추가 쟁점: 심적 상태의 외재성

컴퓨터는 0과 1로 계산한다. 어떤 프로그램, 가령 마트의 재고를 모니터하는 프로그램을 돌리는 컴퓨터가 있다고 해보자. 주어진 0과 1의 나열이 입력(캠벨 수프 캔이 계산대에서 스캔되었다는 입력)으로 주어졌을 때 컴퓨터는 일련의 계산을 수행하고 출력(캠벨 수프 캔의 수의 변경 등등)을 내놓는다. 입력에 해당하는 숫자 0과 1의 일련의 나열은 캠벨 수프 캔이 하나 팔렸다는 것을 나타내고, 출력에 해당하는 0과 1의 나열은 수프 캔의 재고량을 나타낸다. 마트의 매니저가 캠벨 수프 캔의 재고를 보기 위해 컴퓨터를 확인하면, 컴퓨터는 재고가 어떠어떠하다고 "보고"하며, 이렇게 할 수 있는 이유는 (스캐너를 조사함으로써) 오늘 25개의 수프 캔이 팔렸다고 "들었기" **때문이다**. 그리고 이때의 "때문에"는 인과 관계를 나타내는 것으로 자연스럽게 이해된다.

그러나 우리는 0과 1의 나열이 무엇을 **의미하는지** 또는 **표상하는지**는 컴퓨터에게 아무런 차이가 없다는 것을 안다. 그 입력값이 공항의 풍속과 방향이나 직원의 사원번호를 의미했더라도 컴퓨터는 정확히 동일한 계산 과정을 거쳐 동일한 출력값을 산출했을 것이다. 이러한 경우 출력값은 다른 것을 의미했겠지만, 분명한 것은 그러한 0과 1의 "의미"나 "표상적 내용"은 컴퓨터 프로그래머의 관점에서만 존재할 뿐, 계산 과정 자체에 포함된 어떤 것은 아니라는 것이다. 컴퓨터에게 똑같은 0과 1의 문자열을 입력값으로 주면, 그것은 매번 동일한 계산을 수행할 것이며 동일한 출력을 산출할 것이다. 그러한 문자열의 "의미론"은 계산과는 무관하다. 중요한 것은 문자열의 형태, 즉 구문론이다. 컴퓨터는 "구문론적 엔진"이다. 그것은 기호의 의미가 아닌 형태에 의해 작동한다.

계산주의라고 알려진 심리학에 대한 영향력 있는 견해(즉 마음에 대한 계산주의 이론)에 따르면, 인지적 심리 과정은 심적 표상에 대한 계산 과정으로 가장 잘 이해된다(5장). 이 견해에 의하면 심리 이론을 구축하는 것은 컴퓨터 프로그램을 작성하는 것과 같다. 즉 그러한 이론은 각각의 입력(예컨대 망막 자극)에 대하여 그에 대한 출력(예컨대 모서리에 대한 시지각)을 산출하기 위해 인지 주체가 수행할 계산 과정을 명시한다. 그러나 위 문단에서 고려한 바가 보여주는 것은, 심리학에 대한 계산주의 견해에 의하면 내적 표상의 의미나 내용은 심리 과정에 아무런 차이를 낳지 않는다는 것이다. 어떤 내적 표상 i가 사태 S(예컨대 들판에 말이 있다는 사태)를 표상한다고 하자. S를 표상적 내용이나 의미로 갖는 것은 i의 의미론이다. 그러나 계산주의 모델에서 흔히 가정하듯 내적 표상이 언어와 유사한 체계(즉 "사고 언어")를 형성한다고 가정하면, i는 구문론, 즉 형식적 문법 구조 또한 가져야 한다. 따라서 만약 우리의 논의가 맞다면, i로부터 시작하는 계산 과정을 결정짓는 것은 i의 구문론이지 의미론이 아니다. i가 들판에 사자가 아니라 말이 있음을 의미한다는 사실은 i로부터 어떤 표상이 뒤따르는지와 아무런 인과적 관련이 없다. i가 개시하는 계산 과정은 전적으로 i의 구문론적 형태에 의해 결정될 것이다. 그러나 이것은 우리의 믿음과 욕구 및 다른 명제 태도의 **내용**이 심리적 과정에 아무런 인과적 관련이 없음을 의미하는 것 아닌가?

사실 이 논점은 계산주의와 독립적이며 심성에 대한 물리주의적 견해 일반에 대해 제기된다는 것을 볼 수 있다. 믿음과 욕구 및 다른 지향적 상태가 신경 상태라고 가정하자. 각각의 그러한 상태는 생물학적-물리적 속성을 갖는 신경 상태일 뿐 아니라 특정한 내용(가령 물은 축축하다든지 오바마는 시카고에 집이 있다든지)을 갖는다. 주어진 상태가 그것이 갖는 내용을 가진다는 것은 그 상태의 **관계적** 또는 **외재적 속성**이다. 당신의 믿음이 물에 대한 것이라는 사실 또는 오바마에 대한 것이라는 사실은 부분적으로 당신과 물 또는 오바마 사이의 인과적-역사적 연결에 의해 결정되기 때문이다(8장 참조). 이것이 무엇을 의미하는지 그리고 왜 그러한지 살펴보자.

이 우주의 아주 먼 어느 곳에 "쌍둥이 지구"라는 다른 행성이 있다고 하자. 이 행성은 다음과 같은 사실을 제외하면 지구와 정확히 같다. 쌍둥이 지구에는 물, 즉 H_2O는 없지만 겉보기에는 물과 구분불가능한 화학 물질 XYZ가 있어서, XYZ가 그곳의 강과 바다를 채우고 있고 쌍둥이 지구의 수돗물 또한 XYZ이며, 기타 등등의 사실이 성립한다. 또한 우리 각각에 대해 분자 수준의 정확한 복제인 도플갱어가 존재한다. (당신의 쌍둥이가 몸속에 H_2O 분자 대신 XYZ 분자들을 갖는다는 곤란한 사실은 무시하자.) 쌍둥이 지구에서 사람들은 "물"이 물이 아니라 XYZ를 가리킨다는 것을 제외하고 우리와 똑같은 언어를 말하며, "물"이라는 표현을 포함하는 문장을 발화할 때 그들은 물이 아닌 XYZ에 대해 말하고 있는 것이다. 따라서 우리가 물에 대한 생각을 한다면 쌍둥이 지구 사람들은 XYZ에 대한 생각을 하며, 당신이 물은 축축하다고 믿을 때 당신의 도플갱어는 XYZ는 축축하다는 믿음을 가진다. 당신과 도플갱어가 분자-대-분자 복제라고 하더라도 말이다. 그리고 당신이 오바마는 시카고 출신이라고 생각할 때, 당신의 쌍둥이는 쌍둥이 지구의 오바마(그는 쌍둥이 미국의 44대 대통령이다)가 쌍둥이 지구의 시카고 출신이라고 믿는다. 지구와 쌍둥이 지구에서의 믿음 내용의 차이(그리고 다른 지향적 상태의 내용의 차이)는 행동에서의 내적 물리적 또는 심적 차이가 아닌 행동이 뿌리박고 있는 환경에서의 차이에서 비롯한다(8장의 "넓은 내용" 논의를 참조하라). 따라서 내용은 내재적이 아니라 외재적이다. 내용은 우리의 인과적 역사 및 주변의 사물, 사건과의 관계에 의존한다. 같은 내재적 속성, 즉 같은 신경적-물리적 속성을 가진 상태가 다른 환경에 놓이면 다른 내용을 가질 수 있다. 나아가, 외부 세계와의 적절한 관계를 결여한 동일한 내적 상태는 표상적 내용을 전혀 갖지 않을 수도 있다.

그러나 행동 인과는 "국지적"이며 그러한 상태의 외재적, 관계적 속성이 아닌 오직 내재적인 신경적-물리적 속성에만 의존한다고 생각하는 것이 그럴듯하지 않은가? 일시적으로 당신의 신경적-물리적 상태와 정확히 동일한 뇌 상태를 가진 사람은 그 상태가 당신과 같은 내용을 가지든 말든 당신이 행동하는 꼭 그대로 행동할 것이라고(예컨대 오른손을 들어 올린다든지) 생각하는 것이 그럴듯하지 않은가? 이는 내용의 인과적 관련성에 대한 의심을 불러일으킨다. 행동 인과에 함축된 심적 상태의 속성은 내재적이라 기대할 법하기 때문이다. 당신의 행동을 야기하는 것은 **국지적**임에 틀림없다. **여기, 지금, 당신 안**에 있어야 한다. 결국 그것이 야기한다고 여겨지는 행동이 지금 여기에 있기 때문이다. 그러나 심적 상태의 내용은 관계적이고 외재적이다. 그것은 당신의 바깥 세상에 있는 것, 또는 더 이상 여기 없고 과거에 발생한 것에 의존한다. 요컨대, 내용은 그것을 지니는 상태의 내재적 속성에 수반하지 않는다. 반면 행동 인과는 국지적이며 행동하는 유기체의 내재적 속성에만 의존할 것으로 기대된다. 그렇다면 이것은 심성 인과의 또 다른 문제이며, 다음 질문에 대한 답을 요구한다. 믿음과 욕구와 같은 지향적 심적 상태는 어떻게 그것이 가진 내용으로 인해 행동 인과에서 효력을 가질 수 있는가?

내용의 외재성과 그것의 인과적 효력을 조화시키기 위한 다양한 시도들이 있었지만, 아직 충분히 만족스러운 설명은 얻지 못하고 있다. 이 문제는 형이상학, 언어철학, 과학철학의 많은 쟁점을 포함한 매우 복잡한 문제인 것으로 드러났다.[22]

더 읽을거리

도널드 데이비드슨Donald Davidson의 〈심적 사건들Mental Events〉은 무법칙적 일원론에 대한 1차 자료이다. 무법칙적 일원론과 연관된 심성 인과의 문제에 대해서는 어니스트 소사Ernest Sosa, 〈심신 상호작용와 수반 인과Mind-Body Interaction and Supervenient Causation〉, 루이즈 앤터니Louise Antony, 〈무법칙적 일원론과 설명력의 문제Anomalous Monism and the Problem of Explanatory Force〉를 참고하라. 이에 대한 데이비드슨의 응답은 《심성 인과Mental Causation》(Alfred Mele, John Heil 편집)에 수록된 〈생각하는 원인들Thinking Causes〉에 있다. 또한 이 책에는 김재권, 어니스트 소사와 브라이언 매클로플린의 데이비드슨에 대한 답변과 심성 인과에 대한 다른 많은 논문들도 수록되어 있다.

심성 인과에 대한 반사실론적 견해에 대해서는 어니스트 르포어Ernest Lepore 와 배리 로워Barry Loewer의 〈마음은 중요하다Mind Matters〉, 테런스 호건Terence Horgan의 〈심성 속성-인과Mental Quausation〉를 참고하라. 기능주의와 심성 인과에 대해서는 네드 블록의 〈마음은 세계를 바꿀 수 있는가?Can the Mind Change the World?〉, 브라이언 매클로플린의 〈역할 기능주의는 부수현상론을 함축하는가?〉를 참고하라.

《의식 연구 저널Journal of Consciousness Studies》(Michael Pauen, Alexander Staudacher, Sven Walter 편집) vol. 13, no. 1-2는 부수현상론에 대한 특별호로서 이 주제에 대한 흥미로운 논문을 다수 포함하고 있다.

외재적 심적 상태의 인과적 역할에 대해서는 프레드 드레츠키Fred Dretske의 〈마음, 기계, 그리고 돈: 행동을 실제로 설명하는 것Mind, Machines, and Money: What Really Explains Behavior〉 및 팀 크레인Tim Crane의 〈내용의 인과적 효력:

---

22 이 문제에 대한 만족스러운 해결책에 이를 수 없다는 점은, 폴 처치랜드가 "Eliminative Materialism and the Propositional Attitudes"에서 촉구한 방향에 따라, 내용을 지니는 심적 상태에 대한 제거론적 논증에 기름을 부을 수 있다. 만약 내용이 인과적으로 무력하다면, 어떻게 내용에 인간 행동에 대한 인과적 설명에서 수행할 역할이 있겠는가? 그리고 그런 역할이 없다면, 상식 심리학에서든 인간 행동에 대한 과학에서든, 우리가 내용에 신경을 쓸 이유가 무엇인가?

기능주의 이론The Causal Efficacy of Content: A Functionalist Theory〉을 참고하라. 이 주제에 대한 많은 쟁점들이 린 러더 베이커Lynne Rudder Baker의《태도 설명 Explaining Attitudes》, 드레츠키의《행동 설명Explaining Behavior》, 피에르 자코 브Pierre Jacob의《마음이 할 수 있는 것What Minds Can Do》에서 논의된다. 스티 븐 야블로Stephen Yablo의 〈넓은 인과Wide Causation〉는 흥미롭지만 난해하고 도 전적인 글이다.

물리계의 인과적 폐쇄성 원리에 대해서는 데이비드 파피노David Papineau의 〈물리주의의 부상The Rise of Physicalism〉 및 〈물리계의 인과적 폐쇄성과 자연 주의The Causal Closure of the Physical and Naturalism〉를 참고하라. 이에 대한 또 다른 관점으로는 E. J. 로우의 〈비데카르트적 실체 이원론과 심성 인과 문제〉 및 〈물리적 인과 폐쇄성과 심성 인과의 비가시성Physical Causal Closure and the Invisibility of Mental Causation〉을 참고하라.

인과적 배제 논증과 수반 논증에 대해서는 김재권의《물리계 안에서의 마 음Mind in a Physical World》과《물리주의, 또는 그와 충분히 가까운 것》 2장을 참고하라. 이 주제와 그리고 이와 관련된 여러 쟁점에 대한 많은 흥미로운 논 문들을《물리주의와 심성 인과Physicalism and Mental Causation》(Heinz-Dieter Heckmann, Sven Walter 편집)에서 찾을 수 있다. 또한 스티븐 야블로의 〈심 성 인과Mental Causation〉, 캐런 베넷Karen Bennett의 〈배제 문제가 다루기 힘 든 것처럼 보이는 이유와 이를 해결하는 방법Why the Exclusion Problem Seems Intractable, and How, Just Maybe, to Tract It〉 및 〈다시금 배제Exclusion Again〉, 존 기 브스John Gibbons의 〈하향 인과 없는 심성 인과Mental Causation Without Downward Causation〉 역시 추천한다. 배제 원리와 관련된 흥미롭고 광범위 한 논의를 위해서는 크리스티안 리스트Christian List와 피터 멘지스Peter Menzies의 〈비환원적 물리주의와 배제 원리의 한계Nonreductive Physicalism and the Limits of the Exclusion Principle〉를 참조하라.

몇몇 철학자들은 심성 인과와 연관된 어려운 몇 가지 문제를 해결하기 위 해 "트롭trope" 이론을 기초 존재론으로 옹호한다. 신시아 맥도널드Cynthia Macdonald와 그레이엄 맥도널드Graham Macdonald의 〈심성 인과의 형이상학 The Metaphysics of Mental Causation〉이 좋은 예다. 캐런 베넷의 〈심성 인과Mental Causation〉는 심성 인과에 대한 균형 있고 어렵지 않은 개관과 논의를 제공한다.

제8장

⟨•⟩

심적 내용

당신은 내일 날씨가 따뜻해지기를 바라고, 나는 그럴 거라 믿는다. 그러나 메리는 이를 의심하고 자신이 옳기를 바란다. 내일 날씨가 따뜻해졌으면 하는 당신의 **바람**, 그리고 그럴 거라는 나의 **믿음**, 또 그에 대한 메리의 **의심**, 이런 것들은 여러 가지 "지향적" (또는 "내용을 갖는" 또는 "내용을 지닌") 상태들에 해당한다. 이 상태들은 각기 다른 사람들의 상태이고 또 다른 **태도들**(믿음, 바람, 의심)이지만, 모두 같은 **내용**을 갖는다. 그 내용은 내일 날씨가 따뜻해질 것이라는 명제이고, 이는 종속절 문장 "내일 날씨가 따뜻해질 것이다"로 표현된다. 이 내용은 어떤 사태, 즉 내일 날씨가 따뜻해짐이라는 사태를 **표상**한다. 다른 사람들이 그 내용에 대해서 같은 지향적 태도를 취할 수도 있고, 같은 사람이 그것에 대해 다른 태도를 취할 수도 있다(당신은 그것을 믿고 그에 대해 기뻐하지만, 나중에 그것을 믿지 않게 된다든지 하는 식으로 말이다).

이와 같은 지향적 상태 또는 명제 태도는 어떻게 그것이 가진 내용을 갖게 되고, 어떻게 그것이 표상하는 사태를 표상하게 될까? 조금 더

제8장 심적 내용   351

구체적으로 말하자면, 무엇이 당신의 바람과 나의 믿음이 동일한 내용을 갖도록 만드는 것일까? 단순하긴 하지만 약간의 정보를 줄 수 있는 답변이 있다. 그것들 각각이 "내일 날씨가 따뜻해질 것이다"라는 동일한 문장에 의해 표현되는 내용을 갖기 때문이라는 것이다. 그렇다면 더 실질적 물음은 이렇다. 당신의 바람과 나의 믿음의 어떤 점이 그 동일한 문장이 그 내용을 포착할 수 있게 하는가? 그 심적 상태들이 그러한 내용을 가진다는 것이나, 같은 내용을 공유한다는 것이 그 심적 상태들에 관한 맹목적 사실이라고 우리는 기대하지 않는다. 어떤 설명이 있음에 틀림없다. 이런 것들이 심적 내용-mental content에 관한 기본적인 질문들이다.

다른 방식으로 물음을 제기할 수도 있다. 내용을 가진 심적 상태를 갖는 것은 사람에만 국한된 것이 아니다. 온갖 동물들이 지각 체계를 통해 주변을 지각하고, 그렇게 획득된 정보를 처리하고, 주변 사물이나 사건들에 대처하기 위해 정보를 이용한다. 우리 인간은 이런 일을 인간 특유의 방식으로 수행하지만, 아마도 이 방식은 다른 고등 동물이 그런 일을 수행하는 방식과 근본적으로 다르지는 않을 것이다. 유기체의 어떤 물리적-생물학적 상태, 추정컨대 그들의 뇌 또는 신경계의 상태가 그들의 주변 환경에 대한 정보를 지녀서, 주변 환경들을 이런저런 식으로 표상할 것이다(예를 들어, 여기 빨간 사과가 있다든지, 곰 모양의 거대한 갈색 물체가 왼쪽에서 접근하고 있다든지 하는 식으로). 그리고 이런 표상을 적절한 방식으로 처리하고 사용하는 것이 주어진 환경에서 생존하고 번성하는 데 상당히 중요한 것으로 보인다. 이런 물리적-생물학적 상태들은 표상적 내용을 가진다. 즉 그런 상태들은 유기체 내부 또는 외부 대상에 **대한** 상태들이며, **그 대상이 어떠한지를 표상한다**. 한마디로 그런 상태는 **의미**를 가진다. 곰이 접근하는 것을 표상하는 신경 상태는 곰이 접근하고 있다는 것을 **의미한다**. 그렇다면 신경적-물리적 상태들은 어떻게 의미를 갖게 되며, 어떻게 그것들이 갖는 특정한 의미를 갖게 되는가? 신경 섬유의 배열과 활성화 패턴의 무엇으로 인해 그것은 가령 "캐나다에 소가 있다"가 아니라 "탁자 위에 빨간 사과가 있다"는 내용을 지니게 되는 것일까?

심적 내용의 본성에 대한 이런 물음에 동반되는 질문이 하나 있는데, 이는 사람이나 다른 지향적 체계의 심적 상태에 어떻게 내용이 **귀속되는가** 하는 것이다. 우리는 늘 사람이나 동물, 심지어 비생물학적 대상에게도 내용을 가진 상태를 귀속한다. 그러한 관행이 없다면, 즉 주변 사람에게 믿음이나 욕구, 감정 같은 것들을 더 이상 귀속하지 않게 된다면, 우리의 공동체 생활은 분명 크게 붕괴될 것이다. 다른 사람이 무엇을 할지에 대한 이해나 기대는 거의 불가능할 것이며, 이는 사람들 사이의 상호 작용의 기초를 심각하게 잠식할 것이다. 게다가 우리는 그런 상태를 우리 자신에게 귀속함으로써 스스로를 인지자와 행위자로 이해하게 된다. 믿음, 욕구, 의도를 자기 자신에게 귀속하는 능력은 인간이기 위한 전제 조건이라고 보는 것이 합당하다. 우리는 종종 그런 상태를 인간이 아닌 동물, 심지어 어떤 경우 순전히 기계나 전자 장치에도 귀속한다. (마트의 자동문 같은 단순한 장치에 대해서도 그것이 "고객이 다가오는 것을 본다"라고 말한다.) 사람이나 다른 유기체에게 내용을 지닌 상태를 귀속하는 것을 가능하게 하는 것은 무엇일까? 이런 상태를 귀속할 때 우리가 따르는 절차나 원리는 무엇인가? 어떤 철학자들에 따르면 이 두 질문, 즉 심적 내용의 본성에 대한 질문과 그것의 귀속에 대한 문제는 밀접히 연관되어 있다.

해석 이론

언어인류학자인 당신이 외부인과 전혀 접촉이 없었던 어떤 부족을 방문했다고 가정해보자. 당신의 프로젝트는 이 사람들이 믿고, 기억하고, 욕구하고, 두려워하고, 희망하는 것이 무엇인지 알아내고, 또 그들의 말을 이해하는 것이다. 즉 당신의 프로젝트는 이 부족 사람들의 "관념 세계"의 지도를 그리는 것이고, 그들 언어의 문법과 사전을 만드는 것이다. 당신의 임무는 두 가지 과제를 포함한다. 첫째는 그들의 마음을 해석하는 것, 즉 그들이 무엇을 믿고 무엇을 욕구하는지 등을 알아내는 것이다. 둘째는 그들의 말을 해석하는 것, 즉 그들의 발화가 의미하는 것이 무엇인지 결정하는 것이다. 이것이 "원초적 해석" 프로젝트이다. 당신이 해야 할 일은 아무 사전 지식이 없는 상태에서, 원주민 통역자나 사전의 도움 없이 그들의 행동 및 환경에 대한 관찰에 기초해서 그들의 말과 그들의 마음에 대한 해석을 구성하는 것이다. (이것이 그 해석이 "원초적인" 이유이다).[1]

조금만 생각해보아도 이 두 과제는 서로 연결되어 있고 서로 의존한다는 점이 분명해진다. 특히 심적 상태들 중에서도 믿음이 원초적 해석의 열쇠를 쥐고 있음을 알 수 있다. 믿음은 화자의 발화와 발화의 의미를 연결해주는 중요한 고리이기 때문이다. 원주민 화자가 진지하게 문장 S를 주장하고 (혹은 보다 넓게 말해, 데이비드슨의 표현으로 "S를 참이라 간주하고") S가 저기에 토끼가 있다는 것을 의미한다면, 화자는 저기에 토끼가 있음을 믿는 것이고 S를 주장하면서 저기에 토끼가 있다는 믿음을 표현하는 것이다. 거꾸로, 화자가 저기에 토끼가 있음을 믿

---

1 이 절의 논의는 콰인과 특히 데이비드슨의 저작에 기초해 있다. Quine, *Word and Object*, 2장 "Radical Translation"을 보라. 해석에 대한 데이비드슨의 주요 논문들은 그의 *Inquiries into Truth and Interpretations*에 수록되어 있다. 특히 "Radical Interpretation"과 "Thought and Talk", "Belief and the Basis of Meaning"을 보라. 또한 David Lewis의 "Radical Interpretation"을 보라.

고 문장 S를 사용해서 이 믿음을 표현한다면, S는 저기에 토끼가 있다는 것을 의미한다. 당신이 원주민들의 발화를 어떻게 해석해야 하는지 안다면, 그들이 믿는 바를 알아내는 것은 쉬운 일일 것이다. 당신은 그저 그들의 언어 행동(주장, 부인 등등)을 관찰하기만 하면 된다. 유사하게, 원주민이 주어진 상황에서 S를 발화함으로써 어떤 믿음을 표현하는지 알고 있다면, 당신은 그들의 언어에서 문장 S가 무엇을 의미하는지 알게 된다. 임무를 시작할 때 당신은 그들의 믿음이나 의미에 대한 지식을 갖고 있지 않으며, 당신의 프로젝트는 주어진 환경에서 그들이 행동하는 방식을 관찰함으로써 그 둘 모두를 확보하는 것이다. 그렇다면 행동, 믿음, 의미라는 세 변항이 관련되어 있는 것이다. 관찰에 의해서 당신은 그중 하나에 대해서 알 수 있다. 당신의 과제는 믿음과 의미라는 두 미지수에 대한 해를 찾는 것이다. 어떻게 이것이 가능한가? 어디에서 출발해야 할까?

카를이 당신이 해석하고자 하는 사람들 중 하나라고 해보자. 당신이 관찰하는 것은 카를이 그의 주변에 비가 오는 경우 그리고 오직 그런 경우에만 "Es regnet"이라는 문장을 긍정적으로 발화하거나 참이라고 간주한다[2]는 것이다. (이는 상당히 이상화된 상황이지만, 적절한 단서 조건이 주어지면 실제 상황에도 주요 논점은 적용될 것이다.) 당신은 카를이 속한 언어공동체의 다른 많은 사람에게서도 유사한 행동 패턴을 관찰하고, 다음 명제를 가정하기에 이른다.

---

2 여기서 우리는 다음과 같은 합당한 가정을 하고 있다. 카를이 문장 S를 긍정적으로 발화하거나 참이라고 간주하고 있음을 그의 행동에 대한 관찰에 기초해서, 즉 S가 무엇을 의미하고 카를이 S를 발화할 때 어떤 믿음을 표현하는지에 대한 지식 없이 결정할 수 있다는 것이다. (그렇지 않다면 순환적 설명이 될 것이다.) 문장을 참이라 간주하는 것은 심리적 태도 또는 사건이라고 인정될 수 있다. 이에 대한 추가적인 논의를 위해서는 Davidson, "Thought and Talk", pp. 161-162를 보라.

(R) 언어 L(카를의 언어)의 화자들이 시점 *t*에 "Es regnet"을 발화하는 것은 *t*에 그들의 주변에 비가 오는 경우 그리고 오직 그 경우뿐이다.

우리는 (R)은 원주민들의 행동, 특히 언어 행동을 관찰함으로써 경험적으로 확립할 수 있는 것이라고 간주하고 있다. (R)이 주어지면, 다음의 두 가설을 세우는 것이 자연스러울 것이다.

(S) 언어 L에서 "Es regnet"은 (화자 주변에서) 비가 온다는 것을 의미한다.

(M) L의 화자가 "Es regnet"을 발화할 때, 이는 화자가 (그의 근처에) 비가 온다고 믿고 있음을 나타내고, 화자는 이 믿음을 표현하기 위해 "Es regnet"을 사용한다.

이런 식으로 당신은 원주민의 언어와 마음에 첫 발판을 얻게 되는데, 이와 같은 방법이 유일한 방법인 것 같다.

가설 (S)와 (M)은 자연스럽고 그럴듯하다. 왜 그럴까? (R)로부터 (S)와 (M)으로의 이행을 가능하게 하는 것은 무엇인가? 카를이 "Es regent"이라는 단어들을 발화하는 것을 관찰할 때, 당신도 바깥에 비가 오고 있음을 본다. 당신은 관찰에 의해서 카를이 현재 기상 조건에 대한 믿음을 표현하고 있다고 결론 내린 것이다. 이런 가정은 카를과 그의 언어공동체에 속한 다른 사람들이 같은 것을 반복적으로 한다는 것을 관찰하면서 강화된다. 그러나 카를이 이런 발화를 할 때 그가 표현하는 믿음은 무엇인가? 카를이 "Es regnet"이라고 말할 때 그가 표현하는 믿음의 내용은 무엇인가? 이 질문에 답하는 것이 해석 프로젝트의 가장 중요한 부분이다. 명백해 보이는 답은 그의 믿음이 "비가 오고 있다"는 것을 내용으로 갖는다는 것이다. 그렇지만 왜 그런가? 왜 "날씨가 맑다" 또는 "눈이 오고 있다"는 내용을 가진 믿음이 아닌가? 어떤 암묵적 원칙이 이런 가능성을 배제하도록 하는 것일까?

당신이 카를의 믿음에 "비가 오고 있다"는 내용을 귀속하는 것은 **당신이 그의 믿음을 참이라고 가정하기 때문이다.** 당신은 그의 믿음이 바깥의 날씨에 대한 것이라는 것을 알고, 당신은 비가 오고 있음을 본다. 그의 믿음이 "비가 오고 있다"라는 내용을 가진다는 결론에 이르기 위해 당신이 필요한 것, 그리고 유일하게 필요한 것은 그의 믿음이 참이라는 추가적 전제이다. 일반적으로 말해 당신에게 필요한 것은 그 유명한 "자비의 원리"이다.

> **자비의 원리.** 화자가 가진 믿음은 대체로 참이다. (또한 화자는 대체로 올바르게 추론하며, 합리적으로 기대하고 결정한다.)[3]

이 원리를 가정하면, (R)로부터 (S)와 (M)으로의 이행을 다음과 같은 방식으로 이해할 수 있다.

"Es regnet"을 발화할 때 카를은 주변의 현재 기상 조건에 대한 믿

---

3 괄호 안에 있는 부분은 종종 명시적으로 진술되지 않고 가정된다. 어떤 저자들은 이를 별개의 원리로 진술하기도 하는데, 이 원리는 종종 "합리성의 요구 조건"이라 불린다. 관련 문헌에서 자비의 원리에 대한 여러 가지 다른 버전들을 찾아볼 수 있다. 자비의 원리가 적용되는 믿음들의 집합에 어떤 제한을 둘 필요가 있다는 것은 거의 확실하다. 우리가 논하는 사례들에서 우리에게 필요한 것은 화자가 자신의 밀접 환경의 관찰 가능한 특징들에 관해서 가진 믿음들은 대체로 참이라는 사실 전부이다. 다시 말해, 우리는 자비의 원리의 적용을 환경의 관찰 가능한 변화에 민감하게 발화되는 "경우 문장들"(occasion sentences)로 제한한다.

음을 표현하고 있고, 자비의 원리에 따라 우리는 이 믿음이 참이라고 가정한다. 현재 기상 조건은 비가 오고 있다는 것이다. 따라서 카를의 믿음은 비가 오고 있다는 내용을 가지며, 그는 이 믿음을 표현하기 위해서 "Es regnet"의 문장을 사용하고 있다(M). 또한 이로부터 "Es regnet"이 지금 비가 오고 있음을 의미한다는 것이 따라 나온다(S).

우리가 "날씨가 맑다"거나 "눈이 오고 있다"는 내용을 카를에게 귀속하지 않는 이유는 그것은 주위에 비가 오고 있는지에 대한 카를과 그의 친구들의 믿음을 거의 예외 없이, 또 설명하기 힘든 방식으로 거짓으로 만들 것이기 때문이다. 주위에 비가 오는지에 대해 일군의 화자들이 거의 항상 잘못 알고 있다는 생각에 논리적 모순이 있는 것은 아니다. 그러나 이는 진지하게 고려될 만한 것이 아니다. 카를과 그의 친구들이 설명 불가한 심각한 인지적 결함을 가진다고 가정해야 할 텐데, 이는 합당한 가능성이 아니다. 그들이 좋은 날씨와 나쁜 날씨를 포함한 그들의 주변 환경에 우리만큼이나 잘 대처하는 것으로 보인다는 점이 한 가지 이유이다.

카를 주변의 사건이나 사물들의 색깔이나 모양, 그리고 다른 관찰 가능한 속성에 대한 발화를 해석하는 데도 분명히 같은 것이 적용된다. 카를과 그의 친구들에게 체리나 잘 익은 토마토 또는 사과를 보여주었을 때 항상 "Rot"라고 반응하지만, 레몬이나 가지, 눈뭉치 같은 것을 보여주었을 때에는 그렇게 반응하지 않는다고 해보자. 이 경우 "rot"이 **초록**을 의미할지 모른다고, 그리고 카를과 그의 친구들이 체계적으로 색상을 잘못 표상한다고, 그래서 그들을 둘러싼 사물들의 색상에 대해서 대량의 거짓 믿음을 가지고 있다고 생각하는 것은 말이 되지 않을 것이다. 유일하게 그럴듯한 것은 "rot"은 카를의 언어에서 **빨강**을 의미하고, 카를이 그 앞에 있는 사과가 빨갛다는 (참인) 믿음을 표현하고 있다고 보는 것이다. 물론 이는 화자들이 색상이나 그 외에 다른 것에 대해 절대로 거짓 믿음을 갖지 않는다는 것을 의미하는 것은 아니다. 다수의 거짓 믿음을 가질 수 있다. 그러나 그들의 믿음, 특히 그들 주변의 사물 및 사건의 두드러지게 관찰 가능한 속성들에 대한 믿음이 대부분 옳다고 가정하지 않는다면, 그들의 관념 세계로 들어가는 진입로를 확보할 희망은 없을 것이다.

그래서 우리는 화자에게 대체로 참이며 정합적인 믿음들을 부여하는 방식으로 화자들을 해석하게 되는 것이다. 그러나 **우리가 해석을 하고 있기에**, 이는 결국 **우리의 견지에서 참이고 정합적임**을 의미한다. 그러므로 우리의 해석에서 원주민들은 **우리 자신의 믿음과 대체로 일치하는 믿음들**을 가진 것으로 드러난다. 믿음 및 다른 지향적 상태들을 귀속하는 것은 그들이 말하고 행하는 것을 이해하기 위해서 본질적이다. 이 모든 것으로부터 흥미로운 결론이 하나 따라 나온다. 우리는 그 믿음 체계가 대체로 우리의 것과 유사한 사람들만을 해석하고 이해할 수 있다는 것이다.

그러므로 자비의 원리는 피해석자에게 대부분 거짓이거나 비정합적인 믿음을 귀속하는 해석들을 선험적으로 배제한다. 어떤 해석에 따랐을 때 피해석자의 믿음들 대부분이 거짓이거나 뚜렷한 비일관성을 내포하는 것으로 드러난다면(가령 그가 둥근 사각형이 있다고 믿는 것으로 판정하는 경우) 이는 바로 그런 이유 때문에 올바른 해석일 수 없다. 더 나아가, 일반화된 자비의 원리를 생각할 수 있는데, 이 원리는 욕구, 회피, 바람, 두려움 등을 포함한 피해석자의 지향적 상태 전체가 그것들 사이에 그리고 그의 행위 및 행동들과 관련하여 최대한으로 정합적이고 이해 가능한 방식으로 해석되기를 요구한다.

그러나 다음의 중요한 사항에 주목해야 한다. 어떤 해석 프로젝트에서도 이런 요구조건을 가장 잘 만족시키는 해석이 단 하나일 것이라고 생각할 이유는 없다. 자비의 원리는 피해석자에게 귀속되는 믿음들의 전체 **체계**가 대체로 참이기를 요구할 뿐, 그의 믿음들 중 어떤 것이 참이어야 한다고는 말하지 않는다는 점을 생각해보면 이는 분명해진다. 이론적으로나 실천적으로, 가능한 해석들 가운데 비기거나 거의 비기는 것들이 있을 공산이 크다. 다시 말해, 관찰 가능한 모든 데이터를 설명할 수 있으면서도, 최대한으로 참이고 정합적이며 합리적인 해석이 둘 이상 있을 개연성이 높다는 것이다. (이 현상은 "해석의 불확정성"이라 불린다.) 정합성과 합리성에 대한 우리의 기준이 어느 정도 모호하고 불명확하기 마련이라는 점(사실 이는 다양하고 예측 불가능한 상황에 유연하게 적용하기 위해서는 불가피할 것이다), 그리고 구체적인 상황에서 이를 적용하는 데 온갖 애매성이 있을 공산이 크다는 점에 주목하면, 이런 가능성을 분명히 인지할 수 있다. 어쨌든 간단한 사례로 어떻게 이러한 해석의 불확정성이 발생할 수 있는지 쉽게 확인해볼 수 있다.

카를이 익히지 않은 시금치를 잔뜩 먹는 것을 관찰한다고 하자. 그는 왜 이런 행동을 하고 있을까? 카를이 왜 안 익힌 시금치를 먹고 있는지를 설명하기 위해 우리가 그에게 귀속할 수 있는 믿음-욕구 쌍은 무한정이라는 것을 알 수 있다. 몇 가지 가능성들만 들어보면 다음과 같다.

> 카를은 안 익힌 시금치를 먹는 것이 그의 체력 향상에 좋다고 믿고, 그는 그의 체력을 향상시키기를 원한다.
> 카를은 안 익힌 시금치를 먹는 것이 그의 입 냄새를 없애는 데 도움이 된다고 믿고, 그는 그의 입 냄새에 대해 매우 신경 쓰고 있다.
> 카를은 안 익힌 시금치를 먹는 것이 그의 어머니를 기쁘게 할 것이라고 믿고, 그는 어머니를 행복하게 하는 일이라면 무슨 일이든 하고자

한다.

카를은 안 익힌 시금치를 먹는 것이 그의 어머니를 화나게 할 것이라고 믿고, 그는 어머니를 괴롭히는 일이라면 어떤 일도 서슴지 않는다.

독자들은 이것이 무한정 계속될 수 있다는 것을 알아챘을 것이다. 카를의 행동을 더 관찰하고 우리가 그에게 귀속하고 싶은 다른 믿음 및 욕구들과의 정합성을 고려하면, 이런 잠정적인 설명들 중 많은 것이 배제되리라고 기대할 수 있다. 그러나 카를이 시금치를 먹는 행동을 설명할 수 있는 무한정으로 많은 가능한 믿음-욕구 쌍들 중 하나만 남기고 모두 제거되리라고 생각하기는 어렵다. 게다가 우리가 카를의 믿음, 욕구 및 다른 심적 상태의 전체 체계 내의 다른 부분에 충분히 과감한 조정을 가할 의사가 있다면, 이런 쌍들 중 어떤 것이라도 어떻게든 지켜낼 수 있을 공산이 크다.

카를의 심적 상태들에 대한 두 가지 해석 체계가 우리가 결정할 수 있는 범위에서 자비의 원리를 같은 정도로 충족하고 카를의 행동을 똑같이 잘 설명한다고 하자. 또 이 두 해석 체계 중 하나는 카를에게 안 익힌 시금치를 먹는 것은 체력에 좋다는 믿음을 귀속하고, 다른 것은 시금치를 먹는 것이 그의 어머니를 기쁘게 한다는 믿음을 귀속한다고 해보자. 해석 이론에 관한 한, 두 해석은 무승부를 이루며, 둘 중 어떤 것도 다른 것보다 우월하다고 할 수 없을 것이다. 그러나 카를의 믿음 체계에 관한 진실은 무엇인가? 그는 시금치를 먹는 것이 체력을 향상시킨다고 믿는 것인가, 그렇지 않은 것인가?

이러한 물음에 대하여 두 가지 접근을 취할 수 있다. 하나는 다음과 같은 원리를 받아들여 해석을 지향적 심적 상태의 근본적 토대로 보는 것이다.

S가 p를 믿는다는 것은 그 믿음이 S의 (믿음들, 욕구들 등등을 포함하는) 명제 태도들 체계 전체에 대한 최선의(가장 정합적이고 최대로 참이고 등등) 해석 체계의 일부라는 것이다. S가 p를 믿는지에 관해 그 이상의 사실은 없다.

믿음뿐만 아니라 모든 명제 태도에 적용되도록 이 원리를 일반화하는 것이 자연스러울 것이다. 이 원리에 의하면 해석은 지향성을 **구성하는** 어떤 것이다. 즉 해석이 어떤 믿음이 존재하는지를 궁극적으로 결정하는 것이다.[4] 해석은 단순히 카를이 믿는 바를 알아내는 절차가 아니다. 해석에 대한 이런 식의 구성적 견해가 해석의 불확정성과 결합되면, 곤혹스러워 보이는 귀결들을 갖는다는 것을 볼 수 있다. 몇 개의 해석 체계가 일순위에 대해서 무승부를 이루고 있고, 그들 중 일부만이 카를에게 p에 대한 믿음을 귀속한다고 하자. 그러한 경우 우리는 카를이 이런 믿음을 갖는지 여부에 대한 사실이라는 것은 없다고 결론 내려야 할 것이다. 그러므로 카를이 p를 믿는지의 여부는 결정적 답이 없는 물음이다. 물론 카를을 더 관찰한다면, 이 믿음 하나에 대한 질문은 해결될 수 있을지 모른다. 그러나 모든 관찰이 이루어지고 나서도 불확정성이 남아 있을 것은 거의 확실하다. (분명 카를이 죽고 얼마가 지나면, 더 이상 관련있는 관찰 거리도 없을 것이다!) 어떤 이들은 이런 종류의 입장에서 **내용 비실재론**의 한 형태를 볼 것이다. 믿음이 세계에 객관적으로 존재하는 것들 중 하나라면, 카를은 익히지 않은 시금치가 체력에 좋다고 믿거나 그렇지 않아야 한다. 누군가가 카를에 대해서 구성할 해석 체계와 무관하게, 이 믿음이 존재하는지 여부에 관한 사실이 있

---

4 가령 데닛이 "True Believers"에서 이런 입장을 암묵적으로 받아들이는 것으로 보인다.

어야 할 것이다. 그래서 믿음의 존재가 진짜로 불확정적이라면, 우리는 믿음이 객관적 실재의 일부가 아니라고 결론 내려야 할 것으로 보인다. 같은 결론이 모든 지향적 상태에 적용될 것임은 분명하다.[5]

대안적인 방향의 생각은 내용 비실재론보다는 **내용 상대주의**를 받아들이는 것이다. 믿음의 불확정성을 받아들이는 대신에 어떤 믿음이 존재하는지 여부는 **해석 체계에 상대적**이라고 주장할 수 있다. 어떤 믿음이 존재하는지는 해석 체계의 선택과 독립적인 절대적인 방식으로 답할 수 있는 물음이 아니다. 카를이 특정 믿음을 갖는지는 우리가 카를의 믿음 체계를 보는 해석 이론에 의존한다. 그러나 이런 종류의 상대주의가 앞에서 지적한 문제점들로부터 자유로운 것은 아니다. 우선 믿음이 "해석 체계에 상대적으로 존재한다"는 것이 무엇인가? "그 해석 체계가 카를에게 그 믿음을 귀속한다" 이상의 의미를 가질 수 있을까? 만약 그렇다면 그 해석 체계가 말하는 것이 **옳은지** 여부에 대한 추가적 질문을 해야 하는 것 아닌가? 그러나 이는 믿음 존재에 대한 비상대주의적 개념으로 되돌아가는 것이다. 게다가 모든 것의 존재가 이러저러한 체계에 상대적인가? 아니면 믿음 및 명제 태도의 존재만이 이런 식으로 상대적인 것인가? 어느 쪽으로 답하든, 다른 많은 문제들과 수수께끼들이 우리를 기다릴 것이다.

---

5   데이비드슨은 스스로 심적 실재론자임을 공언하곤 했는데, 그의 다음 진술은 일견 반실재론적인 또는 어쩌면 상대주의적인 함축을 갖는 것으로 보인다. "두 생명체[해석자와 피해석자]를 연결하고, 그리고 각 생명체를 세계의 공통의 특징들과 연결하는 삼각형이 완성되기 전까지는, 한 생명체가 자극들을 구분할 때 감각 표면에서 구분하는지, 아니면 그 바깥의 어딘가에서 구분하는지, 아니면 그 안의 어딘가에서 구분하는지의 질문에 어떤 답도 있을 수 없다. 공통의 자극에 대한 반응의 공유 없이는 사고와 언어는 특정한 내용을 갖기 못한다. 더 나쁘게 아무런 내용도 갖기 못힌다. 생각의 인간에 위치를 부여하고 그래서 그 내용을 정의하기 위해서는 두 관점이 요구된다." Davidson, "Three Varieties of Knowledge," pp. 212-213을 보라.

생각해보아야 할 추가적인 논점이 있다. 해석은 해석자를 전제하며, 해석자 자신도 지향적 체계, 즉 믿음, 욕구 등을 가진 사람이다. 그렇다면 그의 믿음과 욕구는 어떻게 설명할 것인가? 해석자의 지향적 상태들은 어떻게 그것들의 내용을 갖게 되는가? 해석자가 그의 믿음과 피해석자의 믿음의 일치를 극대화하고자 할 때, 해석자는 어떻게 그가 믿는 바를 아는가? 다시 말해, 어떻게 자기-해석이 가능한가? 우리 자신의 믿음과 욕구의 내용을 어떻게 알 수 있는지에 대한 설명이 필요하지 않은가? 그저 우리 안을 들여다보면, 그것들이 그냥 우리가 "볼" 수 있게 거기에 있는가? 아니면 우리 역시 믿음을 갖고 유의미한 말을 하려면 제삼자에 의해 해석되어야 하는가? 순환성을 피하기 위해 심적 내용에 대한 해석적 접근은 자기-해석의 문제를 마주해야 함이 분명하다.

이러한 문제들은 해석에 대한 구성적 견해와 상대주의적 견해 모두를 거부하게 하고 지향적 상태에 대한 실재론적 입장으로 우리를 이끌지 모른다. 실재론에 따르면, 시금치에 관한 카를의 믿음의 존재 여부에 대한 사실이 존재하며, 그러한 사실은 해석 체계에 독립적이다. 카를이 정말 믿음을 갖고 있는 존재라면, 카를이 그런 믿음을 가지고 있는지의 여부에 대한 분명한 답이 있어야 한다. 카를을 해석하는 누군가가 있는지 또는 어떤 해석 체계가 카를의 믿음 체계에 대해서 무어라고 말하는지는 그 질문에 전적으로 무관하다. 이는 내용 실재론인데, 해석을 카를의 믿음 체계에 대해 무언가를 알아내는 방법으로만 볼 뿐 그것을 구성하는 것으로 보지 않는 입장이다. 그러므로 해석은 피해석자가 어떤 지향적 상태를 갖는지 확인하는 인식론적 기능만 주어진다. 해석은 지향적 상태의 존재를 근거 짓는 존재론적 역할은 하지 않는다.

만약 내용 실재론이 호소력이 있다고 느낀다면, 더 해야 할 작업이 있다. 지향적 상태의 내용을 구성하는 것이 무엇인지에 대한 대안적인 실재론적 설명이 제시되어야 한다. 해석 이론이 심적 내용의 문제에 대한 답―즉 "어떻게 믿음이 그것이 가진 내용을 가지게 되는가?"라는 질문에 대한 답―이 되는 것은 오직 해석에 대한 구성적 견해를 받아들였을 경우뿐이다.

인과적-상관관계적 접근: 정보 의미론

파리 한 마리가 개구리의 시야를 가로질러 날아가고, 개구리는 얼른 혀를 내밀어 파리를 낚아챈다. 개구리의 시지각의 내용은 날아다니는 파리이다(이는 개구리가 날아다니는 파리를 본다는 것을 말하는 복잡한 방식이다). 이제 우리의 세계와 꽤 유사한 세계에서 (우리 세계의 어느 외딴 지역이라고 생각해도 좋다) 우리의 개구리와 유사한 개구리가 존재하지만 파리는 존재하지 않는다고 가정해보자. 대신 "슈미"라는 매우 작은 파충류가 있어 지구의 파리와 거의 같은 크기와 모양, 색깔을 갖고, 지구의 파리가 날아다니는 것과 같은 방식으로 날아다니고, 지구의 파리들이 서식하는 것과 유사한 서식지에서 발견된다. 그 세계에서 개구리는 파리가 아닌 슈미를 먹고 산다. 이제 이 세계에서 슈미가 개구리의 시야를 가로질러 날아다니고 개구리는 혀를 내밀어 그것을 포획한다. 이 개구리의 시지각의 내용은 무엇인가? 개구리의 시지각은 무엇을 표상할까? 답은 움직이는 슈미라는 것이다.

개구리들의 "내적" 또는 "주관적" 관점에서는 우리 개구리의 지각적 상태와 다른 세계 개구리의 지각적 상태 사이에는 아무런 차이가 없다고 가정할 수 있다. 둘 다 시야를 가로질러 날아다니는 검은 점에 반응하고 있다. 그러나 우리는 두 지각적 상태에 서로 다른 내용을 귀속하며, 그 차이는 개구리의 지각 체계 바깥에 존재한다. 그것은 개구리의 지각 상태와 모종의 관계를 맺고 있는 대상의 종류의 차이이다. 이 특정한 사례의 경우 파리가 우리 개구리의 지각 상태를 야기했고, 슈미가 다른 세계 개구리의 그에 대응하는 상태를 야기했다는 것만이 아니다. 그보다 일반적인 사실이 있는데, 이는 지구의 개구리들의 서식지에는 슈미가 아닌 파리가 살고 있으며, 개구리가 늘상 지각적, 인과적 접촉을 하는 것이 슈미가 아닌 파리라는 것이다. 다른 세계의 개구리와 슈미들에게 있어서는 반대이다. 날아다니는 검은 점을 포함하는 우리 개구리의 지각적 사건들은 파리가 있음을 **표시하거나 의미하며**, 이와 질적으로 구별불가능한 지각적 사건들은 다른 세계 개구리에게 슈미가 있음을 **표시한다**.

수은 온도계를 생각해보자. 수은 기둥의 높이는 그 주변 공기의 온도를 표시한다. 온도계의 눈금이 32℃를 기록할 때, 우리는 "온도계가 온도가 32℃라고 말한다"라고 말한다. 또한 온도계의 현재 상태는 공기 온도가 32℃라는 정보를 지닌다고도 말한다. 왜 그럴까? 이는 온도계의 상태(즉 수은 기둥의 높이)와 기온 사이에 법칙적 상관관계(사실은 인과 관계)가 있기 때문이다. 그 장치가 온도계인 것은, 즉 그것이 주변 온도에 대한 **정보**를 지닌 것은 바로 이런 이유 때문이다.

정상적인 조건하에서 유기체의 어떤 상태가 규칙성과 신빙성을 갖고 말(馬)이 있음과 같이 변한다고 해보자. 즉 이 상태가 당신에게 발생하는 것은 당신 가까이에 말이 있는 경우 (그리고 당신은 깨어서 정신을 차리고 있고, 적절한 조명이 있으며, 당신은 그 말에 적절한 방향으로 향해 있고 등등) 그리고 오직 그러한 경우뿐이다. 그렇다면 그런 상태의 발생은 말이 있음의 **지표**[6] 역할을 수행하며, 이는 "말"—또는 "말이 저기 있다"—이라는 정보를 지닌다. 그리고 이런 상태는 말이 있음을 **표시한다** 또는 **표상한다**고 말하는 것이 적절해 보인다. 이런 식의 설명이

---

6 로버트 스톨네이커가 그의 *Inquiry*(p. 18)에서 사용한 용어이다. 드레츠키 또한 표상과 내용에 대한 그의 저작에서 "지표" 및 그와 유사한 용어를 사용한다.

지향적 내용 일반에 대해 성립할 수 있다는 제안이 있는데, 이것이 인과적-상관관계적 접근의 기본적인 생각이다. ("인과적"이라는 용어가 사용된 것은 이런 접근에 기초한 이론들에서 말의 존재가 내적 "말-지표" 상태를 야기한다고 가정되기 때문이다.)

파리-슈미 사례에서 보았듯, 지각적 상태의 내용에 대해서는 이런 전략이 잘 작동하는 것으로 보인다. 나는 빨간색을 지각하고 내 지각 상태는 "빨강"을 그 내용으로 갖는데, 이는 내가 갖고 있는 지각적 경험이 빨간 대상이 있음과 전형적으로 상관관계에 있는—사실은 그것에 의해 야기되는—종류의 것이기 때문이다. 내가 빨강을 보는지 파랑을 보는지는 내가 의식하는 경험의 내적 성질과는 별로 관계가 없다. 오히려 이는 내가 인과적-상관관계적 관계를 맺는 대상의 속성에 본질적으로 의존한다. 빨간 대상에 의해서 전형적으로 야기되는, 또는 빨간 대상이 근처에 있음과 법칙적 상관관계가 있는 내적 상태들은 바로 그런 이유로 "빨강"이라는 내용을 갖는 것이지 그것의 내적인 속성 때문에 그러한 것이 아니다. 매우 다르게 만들어진 두 온도계(가령 수은 온도계와 가스 온도계)는 둘 다 온도가 $30°C$임을 표상한다. 주위 온도에 따라 변하는 두 온도계의 내적 상태들(첫 번째 경우에는 수은 기둥의 높이, 두 번째 경우에는 가스의 압력)이 상이함에도 불구하고 말이다. 유사한 방식으로 두 생명체는 생리학적으로 매우 다른 종에 속하더라도 모두 나무에 빨간 열매가 달려 있다는 믿음을 가질 수 있다. 이것이 내용에 대한 인과적-상관관계적 접근으로, 정보 의미론이라고 불리기도 하는 영향력 있는 접근이다. 이 견해는 심적 내용을 자연주의적 방식으로 설명하며 앞서 고려했던 해석적 접근에 비해 상당히 단순하다.

이런 접근이 지향적 상태 일반에 대해서도 잘 작동할까? 이런 접근의 단순한 버전을 한번 고려해보면, 아마도 다음과 같을 것이다.[7]

(C) 주체 S가 p의 내용을 가진 믿음을 갖는 것은 다음과 같은 경우 오 직 그 경우이다. 최적의 조건에서 S는 p가 성립하는 경우 오직 그 경우에 이 믿음을 (활성적 믿음으로서)[8] 갖는다.

(C)를 그럴듯한 것으로 만들려면 그것을 "관찰적 믿음"(즉 S에게 지각 적으로 관찰 가능한 것들에 대한 믿음)으로 한정해야 할 것이다. 신이 존 재한다거나 빛의 속도는 유한하다는 믿음 또는 추상적인 문제에 대한 믿음(예컨대 가장 큰 소수는 없다는 믿음) 등에 적용되었을 경우 (C)는 명백히 설득력이 없기 때문이다. 내 책상 위에 빨간 꽃이 있다는 믿음 이라든지 들판에 말이 있다는 믿음과 같은 관찰적 믿음의 경우에 (C) 는 훨씬 더 그럴듯하다. "최적의 조건에서"라는 단서조항이 포함된 것 은 p라는 사태(가령 말이 있음)가 S의 p에 대한 믿음과 상관관계가 있 기 위해서는 S의 지각 체계가 제대로 기능하고 있다든지, 조명이 적절 하다든지, S의 주의가 심각하게 흐트러지지 않았다든지 등의 우호적인 지각 조건이 성립해야 하기 때문이다.

　(C)가 극복해야 할 심각한 난점들이 있는 것 같기는 하다. 그러나

7　상관관계적 접근에는 다양한 버전이 있는데, 이 버전은 그 핵심을 포착한다. 주요 출처는 Fred Dretske, *Knowledge and the Flow of Information*과 "Misrepresentation", Robert Stalnaker, *Inquiry*, 그리고 Jerry A. Fodor, *Psychosemantics* 및 *A Theory of Content and Other Essays*이다. 보통 이 접근은 Dennis Stampe, "Toward a Causal Theory of Linguistic Representation"에서 시작된 것으로 여겨진다. 이에 대한 논의와 비판으로는 Brian McLaughlin, "What Is Wrong with Correlational Psychosemantics?" (이 절의 논의는 이 논문의 도움을 받았다), Louise Antony and Joseph Levine, "The Nomic and the Robust", Lynne Rudder Baker, "Has Content Been Naturalized?", Paul Boghossian, "Naturalizing Content" in *Meaning in Mind*, ed. Barry Loewer and Georges Rey를 보라.

8　이는 S가 당시 이 믿음을 어떤 의미에서 능동적으로 품고 있음을 의미한다.

(C)가 급조된 초안임을 감안한다면, 아래 나열되는 반론 중 어느 것도 이런 접근 일반에 심각한 타격을 입힌다고 생각할 필요는 없다.

1. 들판에 말이 있다는 믿음이 들판에 말이 있음과 신빙성 있게 상관관계를 맺는다고 해보자. 그러나 그 믿음은 또한 들판에 말의 유전자가 있음과도 신빙성 있게 상관관계를 맺는다(말의 유전자가 있음은 말이 있음과 신빙성 있게 상관관계를 맺기 때문이다). (C)에 따르면, 들판에 말을 보고 있는 사람은 들판에 말의 유전자가 있다는 믿음을 가져야 한다. 그러나 이는 분명 옳지 않다. 게다가 들판에 말이 있다는 믿음은 분리되지 않은 말의 부분들이 있다는 것과도 상관관계를 맺는다. 그러나 여기서도 관찰자는 말의 분리되지 않은 부분들이 들판에 있다는 믿음을 갖지 않는다. 그렇다면 일반적인 문제는 p와 q가 신빙성 있는 상관관계를 맺을 경우, (C)와 같은 이론은 p를 내용으로 갖는 믿음과 q를 내용으로 갖는 믿음을 구분하지 못한다는 것이다. 상관관계가 있는 어떠한 두 사태 p와 q에 대해서도 (C)는 어떤 사람이 p를 믿는 경우 오직 그 경우 그 사람이 q를 믿음을 함축하는데, 이는 명백히 잘못된 것이다. 그러나 (C)를 관찰적 믿음으로 제한한다면, 이런 문제는 일부 완화될 수 있을 것이다.

2. 우리가 무엇을 믿는지는 종종 결정적인 방식으로 우리가 믿는 다른 것들에 의해서 형성되는데, 이런 의미에서 믿음은 **총체적**이다. 당신이 말 같은 모양을 들판에서 볼 때, 만약 당신이 어린이 축제를 위해 많은 말 조형물이 만들어졌다는 것을 신문에서 읽었다든지 혹은 당신이 환영을 보고 있다고 믿는다면, 당신은 들판에 말이 있다고 믿지 않을 것이다. 상관관계 이론들은 믿음을(적어도 관찰적인 믿음을) 기본석으로 원자적인 것으로 만들지만, 관찰적인 믿음들조차도 우리가 가진 다른 믿음들에 의해 제약을 받는다. 상관관계적 접근은 그 자체

로는 믿음 내용의 이런 측면을 반영하지 못한다.

3. 들판에 말이 있다는 믿음은 들판에 있는 말들에 의해서만 야기되는 게 아니라 황혼녘의 소나 사슴, 또는 먼 거리에 있는 종이 말, 로봇 말 등에 의해서도 야기된다. 사실 이런 믿음은 "말 또는 황혼녘의 소와 사슴 또는 종이 말 또는 …"라는 선언과 보다 신빙성 있게 상관관계를 맺는다. 그렇다면 우리가 들판의 말을 보고 있을 때 우리의 믿음은 "들판에 말 **또는** 황혼녘의 소 **또는** 사슴 **또는** 종이 말 **또는** 로봇 말이 있다"라는 **선언적** 내용을 가졌다고 해야 하는 것 아닌가? 소위 선언 문제라 불리는 이 문제는 인과적-상관관계적 접근에게 꽤나 까다로운 문제임이 드러났다. 이 문제는 활발하게 논의되긴 했지만 아직도 합의에 이를 만한 해결책은 없는 것 같다.[9]

4. 우리는 우리가 믿는 바, 욕구하는 바 등등에 대해 직접적이고 즉각적인 지식을 갖고 있는 것 같다. 나는 증거에 기댈 필요 없이 직접적으로 내가 내일 비가 올 것이라고 믿는다는 것을 안다. 다시 말해, 나는 내 믿음의 내용에 대한 직접적인 지식을 갖고 있는 것으로 보인다. 예외가 있을 수는 있지만 그것이 일반적 요점을 뒤집을 정도는 아니다. 상관관계적 접근에 따르면, 들판에 말이 있다는 나의 믿음이 그런 내용을 갖는 것은 그 믿음이 내 근처에 말이 있음과 상관관계를 맺고 함께 변화하기 때문이다. 그러나 이런 상관관계는 증거나 관찰 없이 직접적으로 알 수 있는 것이 아니다. 그렇다면 상관관계적 접근은 자신의 심적 상태의 내용에 대한 지식의 특별하고도 우월적인 지위와 비일관적인 것으로 보인다. (이 쟁점은 내용 외재론과 관련해서 나중에 더 논의된다.)

---

9 이 쟁점에 대한 논의에 대해서는 각주 7에서 언급한 저작들을 보라.

이것들은 상관관계적 접근에 대해서 발생하는 문제들 중 일부이다. 이런 문제들이 그 이론의 자연주의적-환원적 정신을 굽히지 않으면서 극복될 수 있는지, 또 어느 정도로 극복될 수 있는지는 열려 있는 물음이다. 이런 문제들 대부분이 실제로는 그리 심각하지 않으며 이론을 다듬고 보충함으로써 해소될 수 있으리라고 충분히 생각할 수 있다. 이런 접근이 가장 유망한 것일지도 모르며, 사실 심적 내용에 대해 선결문제의 오류를 범하지 않는 자연주의적 이론을 제공할 전망이 있는 유일한 접근일 공산이 크다.

오표상과 목적론적 접근

표상에 관한 중요한 사실 하나는 **오표상**misrepresentation의 가능성이다. 오표상은 실제로 일어난다. 시야에 말이 없음에도 불구하고 나 또는 나의 심적-신경적 상태는 들판에 말이 있는 것으로 표상할 수 있다. 또는 내 앞에 토마토가 없음에도 나의 지각은 빨간 토마토가 내 앞에 있는 것으로 표상할 수 있다(맥베스와 그의 피 묻은 단검을 생각해보라). 이런 경우 발생하는 것이 오표상이다. 그런 표상적 상태는 잘못 표상하며, 그 표상은 거짓이다. 표상은 내용을 가지며 내용은 참, 정확도, 신뢰성 및 기타 표상적 "성공"과 관련된 측면에서 "평가 가능"하다. 그렇다면 표상에 대한 어떤 이론도 올바른 또는 성공적 표상뿐만 아니라 오표상의 가능성을 허용해야 한다는 것이 분명하다. 마치 믿음에 대한 어떤 이론도 거짓 믿음의 가능성을 허용해야 하듯이 말이다. 어떻게 이것이 상관관계적 접근에 문제가 될 수 있는지 보기 위해 앞서 논의한 선언 문제로 돌아가 보자. 말은 없고 황혼녘에 소만이 있을 뿐인데 "저기 말이 있다"라는 내용을 가진 표상을 형성한다고 해보자. 이 경우 그 표상을 오표상으로 간주하는 것이 자연스러울 것이다. 즉 존재하지 않는 것을 표상하거나, 어떤 것이 그러그러하지 않은데 그러그러한 것으로 표상하는 경우이다. 그러나 우리가 (C)를 문자 그대로 따른다면 이는 불가능한 것으로 보인다. 그 표상이 말에 의해서뿐만 아니라 황혼녘에 보이는 소에 의해서도 발생된다면, 그 표상은 "말 또는 황혼녘의 소"라는 내용을 가진다고 말해야 할 것이고, 이는 그 표상을 옳고 참인 것으로 만들 것이다. (C)는 거짓 믿음이나 오표상의 가능성을 허용하지 않는 것으로 보인다. 그러나 분명히 오표상의 사례들이 존재한다. 우리의 인지 체계는 일반적으로 신빙성이 있지만 거짓 표상을 산출하기도 한다.

여기서 목적론적 접근이 도움을 줄 수 있다.[10] 목적론적 접근에서 사용되는 기본 개념은 "기능" 개념이다. 표상 R이 C를 표시하기 위해서는 (그래서 그것을 표상하기 위해서는) "R이 발생할 때마다 C가 발생한다"가 성립하는 것이 충분하지도 필요하지도 않다. 성립해야 하는 것은 그보다는 R이 C를 표시하는 **기능**을 갖는 것이다. 더 직관적으로 표현하자면, R은 C를 표시해야 **하며**, C를 표시하는 것이 R의 **임무**라는 것이다. 어떤 표상이 "저기 말이 있다"라는 내용을 갖고 "저기 말이 있거나 황혼녘의 소가 있다"라는 내용을 갖지 않는 것은 그것이 말 또는 황혼녘의 소가 있음이 아니라 말이 있음을 표시하는 기능을 갖기 때문이다. 그러나 오작동이 있기 마련이며, 시스템이 항상 기대되는 바대로 작동하지는 않는다. 말이 없을 때에도 말에 대한 표상이 형성되기도 하는데, 그런 표상은 말이 있을 때에만 형성**되어야 하는** 것이다. 이것이 바로 그것을 오표상의 사례로 만드는 것이다. 그렇다면 상관관계-인과적 접근이 기능에 대한 언급을 통해 적절히 보완된다면 오표상의 문제

---

10 목적론적 접근이 반드시 오표상의 문제나 선언 문제에 대한 유일한 해법이라는 것은 아니다. 제리 포더의 *A Theory of Content and Other Essays*를 보라.

는 해결 가능한 것으로 보인다.

그러나 사람이나 유기체의 상태가 어떻게 이런 종류의 기능을 획득하는가? 인공물과 관련해서는 기능에 대해 말하는 것이 이해하기 어렵지 않은데, 그것들을 설계하고 사용하는 사람들의 목적이나 의도에 호소할 수 있기 때문이다. 현재 온도가 20℃인데 온도계가 30℃를 가리킨다고 해보자. 이를 오표상의 사례로 만드는 것은 현재 온도(즉 20℃)를 표시하는 것이 그 온도계의 기능이라는 점이다. 이것이 그 온도계가 작동하도록 설계된 방식이며, 작동하리라 기대되는 방식이다. 기능에 대한 언급에 의미를 부여하는 것은 목적과 기대인데, 이는 온도계 외적인 것이다. 그러나 이는 인간이나 다른 고등 동물과 같은 자연적 대상에 대해서 (적어도 문자 그대로) 할 수 있는 말이 아니다. 무엇이 우리 안에 있는 심적 상태(또는 신경 상태)에 어떤 특정 대상이나 사태를 표상하는 기능을 부여한단 말인가? 무엇이 자연적 표상에 "말 또는 황혼녘의 소"가 아닌 "말"을 표상할 임무를 부여하는가?

목적론적 접근을 선호하는 철학자들은 진화와 자연선택을 통해서 기능을 설명하고자 시도한다. 표상 R이 C를 나타내는 기능을 가졌다고 하는 것은 그 유기체가 속하는 종의 진화 과정에서 R이 C를 나타내는 임무를 위해 선택되었다는 것이다. 심장이 피를 순환시키는 기능을 가진 것이나 송과선이 멜라토닌을 분비하는 기능을 가진 것은 이 기관들이 그런 일의 수행을 위해서 진화되었기 때문인 것과 유사하다. 그런 일을 적절히 수행하는 것이 우리 선조들의 적응에 유리했을 것이라 추정할 수 있다. 마찬가지로 R의 기능이 C를 표시하는 것이라면, 이런 임무의 수행이 우리 선조들에게 생물학적으로 유리했을 것이라 추정할 수 있다. 어떤 철학자들이 말하듯, R은 이런 기능을 수행하도록 진화 과정에 의해 "선발"된 것이다.

기능의 개념이 정확히 어떻게 설명되어야 하는지의 문제는 목적론적 접근의 핵심 아이디어와는 비교적 독립적으로 보이는 추가적 쟁점이다. 관련 문헌에는 기능에 대한 다양한 생물학적-진화적 견해들이 등장한다(이 장의 〈더 읽을거리〉를 참고하라). 만약 진화론이 거짓이고 우리를 포함한 모든 생물학적 유기체가 신에 의해 창조되었다 하더라도 (그래서 우리는 신의 "인공물"이라 하더라도) 목적론적 접근과 같은 것은 여전히 유지될 수 있다. 우리의 표상이 무언가를 가리키도록 기능을 부여한 것은 신이라고 함으로써 말이다. 그러나 거의 모든 현대 심리철학자들 및 생물철학자들은 자연주의자이며, 그들은 기능에 호소하는 것이 초자연적이거나 초월적인 계획, 목표, 설계 등에 대한 언급을 포함할 필요가 없음을 중요시 한다. 기능에 대해 설명하기 위해 그들이 생물학, 학습과 적응, 진화에 호소하는 것은 이런 이유 때문이다.

좁은 내용과 넓은 내용: 내용 외재론

심적 내용에 대한 상관관계 이론이 강조하는 것 중 하나는 내용은 생명체의 물리적 경계를 넘어 세상에서 벌어지고 있는 일들과 밀접한 관련이 있다는 점이다. 생명체 내부에서 벌어지는 것에 관한 한 우리 세계의 개구리와 다른 세계의 개구리는 구별불가능하다. 둘은 모두 같은 신경-감각적 상태에 있으며, 두 경우 모두 움직이는 검은 점에 반응한다. 그러나 그들 상태의 표상적 내용, 즉 그들이 "보는" 것을 기술함에 있어서 우리는 개구리의 환경 조건에 주목한다. 하나는 파리를 보고 다른 하나는 슈미를 본다. 더 단순한 사례를 들어보자. 피터가 토마토를 보고 있고 메리 역시 토마토를 보고 있다(피터가 보고 있는 것과 다른 토마토이지만 그것과 똑같이 보인다고 가정하자). 메리는 "이 토마토는 상했다"고 생각하고, 피터 역시 "이 토마토는 상했다"고 생각한다. 내적인 관점에서 메리의 지각 경험은 피터의 지각 경험과 구별불가능하고

(그들의 신경 상태도 관련된 측면에서 유사하다고 가정할 수 있다), 그들은 자신의 생각을 같은 단어를 사용해서 표현할 것이다. 그러나 두 사람이 가진 믿음의 내용이 다름이 분명하다. 다른 대상에 관련된 것이기 때문이다. 메리의 믿음은 그가 보고 있는 토마토에 대한 것이고, 피터의 믿음은 완전히 다른 토마토에 대한 것이다. 게다가 메리의 믿음은 참인 반면 피터의 믿음은 거짓일 수 있고, 또는 그 반대일 수도 있다. "내용"의 개념에 대한 한 가지 표준적인 이해에 따르면, 같은 내용을 가진 믿음들은 동시에 참이거나 동시에 거짓이어야 한다(즉 내용은 "진리 조건"의 역할을 한다). 피터와 메리의 믿음이 다른 내용을 가졌다는 사실은 그들에 외적인 사실에서 기인한다는 것이 분명하다. 즉 내용에서의 차이는 지각자 내부에서 벌어지고 있는 것에 의해서 설명될 수 없다. 그렇다면 적어도 이런 경우 및 다른 유사한 경우에서 믿음 내용은 믿음 주체 외적인 조건에 의거해 구별 또는 "개별화"된다.

믿음의 내용이 이런 식으로 개별화될 때 그 믿음은 "넓은" 내용을 갖는다고 한다. 반대로 믿음의 내용이 그 믿음을 가진 사람 내부에서 벌어지는 것에 기초해서만 개별화될 때 그 믿음은 "좁은" 내용을 갖는다고 한다. 다른 식으로 말하면, 지향적 상태의 내용이 좁은 것은 그것이 그 상태에 있는 사람의 내적-내재적 속성들에 수반하는 경우 오직 그 경우이고, 그렇지 않은 경우에 그 내용은 넓다고 한다. 이는 내재적-내적 측면에서 정확히 동일한 두 개체는 같은 좁은 내용 믿음을 가져야 하지만, 넓은 내용 믿음에서는 차이가 있을 수 있음을 의미한다. 앞서 고려한 두 개구리는 내적-내재적 측면에서는 정확히 동일하지만, 그들의 지각적 상태가 표상하는 것에 있어서는 다르다. 따라서 이런 상태의 내용은 내적으로 수반하지 않으며 그래서 넓은 것이다.

우리의 일상적 믿음(그리고 다른 지향적 상태들)의 전부는 아니더라도 상당수가 넓은 내용을 가지며, 우리가 가진 믿음과 욕구가 단순히 우리의 마음이나 머리 안에서 벌어지는 것의 문제가 아니라는 것이 내용 외재론의 입장이다. 이 입장을 대부분의 철학자들이 받아들이는 데 중요한 기여를 한 것은 몇 가지 잘 알려진 사고실험이다. 두 가지 사고 실험이 특히 영향력 있었는데 하나는 힐러리 퍼트넘에, 다른 하나는 타일러 버지에 기인한 것이다.[11]

퍼트넘의 사고실험: 지구와 쌍둥이 지구

우주 먼 곳 어딘가에 "쌍둥이 지구"라는 행성이 있다고 상상해보자. 쌍둥이 지구는 우리가 살고 있는 지구와 다음의 한 가지 점을 제외하고는 정확히 일치한다. 쌍둥이 지구에는 XYZ의 분자구조를 가진 화학 물질이 있는데, 그것은 관찰 가능한 물의 특성들(투명하고, 소금과 설탕을 용해하고, 목마름을 해소하고, 불을 끄고 0 ℃에서 어는 등)을 모두 가지고 있고, 모든 곳에서 물의 자리를 대체하고 있다. 쌍둥이 지구의 호수와 바다는 H_2O(즉, 물)가 아닌 XYZ로 채워져 있고, 쌍둥이 지구인은 목마를 때 XYZ를 마시고 XYZ에서 수영하며 XYZ로 빨래를 한다. 어떤 쌍둥이 지구인들은 우리말과 구분되지 않는 언어를 쓰는데, 그들이 "물"이라는 단어를 사용하는 방식도 지구에서와 구분되지 않는다.

그러나 한 가지 차이가 있다. 쌍둥이 지구의 "물"과 우리의 "물"은 다른 것을 지시한다. 쌍둥이 지구인이 "물은 투명하다"고 말할 때 그가 의미하는 것은 XYZ가 투명하다는 것이다. 그러나 우리가 같은 표현을 사용할 때에는 물이 투명하다는 것을 의미한다. 쌍둥이 지구인의 입에서 나오는 "물"이라는 단어는 물이 아닌 XYZ를 의미하고, 지구인의 입에서 나온 같은 단어는 XYZ가 아닌 물을 의미한다. 지구인이 쌍둥이

---

11 Hilary Putnam, "The Meaning of 'Meaning'" 및 Tyler Burge, "Individualism and the Mental". "좁은" 내용과 "넓은" 내용이라는 용어는 퍼트넘에게서 비롯되었다.

지구에 처음으로 방문해서 쌍둥이 지구인들이 "물"이라고 부르는 것에 대한 진실을 알아낸다면, 그는 지구에 있는 친구들에게 다음과 같이 보고할 것이다. "처음에 나는 여기에 바다와 호수를 채우고 있는 물질, 그리고 사람들이 마시고 목욕하는 물질이 물이라고 생각했어. 그것은 정말로 물과 똑같이 보이고 맛도 똑같거든. 그런데 실제로 그것은 물이 아니라는 걸 알아냈어. 여기 사람들이 그것을 '물'이라 부르긴 해도, 그것은 물이 아니라 XYZ야." 그 지구인은 쌍둥이 지구인의 단어 "물"을 우리말의 "물"로 번역하지 않고 "XYZ"로 번역하거나, 새로운 단어, 가령 "쿨"이라는 단어를 만들어낼 것이다. 그렇다면 우리는 쌍둥이 지구인의 단어 "물"과 우리의 단어 "물"이 다른 의미를 갖는다고 결론 내려야 한다. 쌍둥이 지구인들의 마음 또는 머리 안에서 일어나고 있는 일들이 우리 안에서 일어나는 있는 일들과 정확히 일치하고, "물"이라는 단어와 관련된 그들의 언어 행동이 우리의 언어 행동과 구별불가능하더라도 말이다. 우리의 "물"과 쌍둥이 지구의 "물" 사이의 이러한 의미론적 차이는 우리가 지구인 및 쌍둥이 지구인의 심적 상태를 기술하고 개별화하는 방식에 반영된다. 쌍둥이 지구인이 웨이터에게 "물 한 잔 갖다 주시겠어요?"라고 말한다면, 그는 쿨에 대한 욕구를 표현하고 있는 것이며, 간접화법으로 표현한다면 우리는 그가 쿨을 원한다고 말하지 물을 원한다고 보고하지 않을 것이다. 지구인이 같은 말을 할 때, 그는 물에 대한 욕구를 표현하는 것이며 우리는 그가 물을 원한다고 말할 것이다. 지구인은 물이 축축하다고 믿는 반면, 그의 쌍둥이 지구 도플갱어는 쿨이 축축하다고 믿는 식이다. 요약하자면 지구인들은 물에 대한 생각, 물에 대한 욕구를 가진 반면에 쌍둥이 지구인들은 쿨에 대한 생각과 쿨에 대한 욕구를 가진다. 이 차이는 사람들의 머리 "안에서" 벌어지는 것의 차이에 기인하는 것이 아니고, 그들 외적인 환경적 요소의 차이에 기인한다.

존스라는 우주 비행사를 쌍둥이 지구에 보낸다고 가정해보자. 그는 처음에는 호수에서 본 액체나 수도꼭지에서 나오는 액체가 물이 아님을 알아채지 못한다. 쌍둥이 지구인이 대접하는 투명한 액체 한 컵을 받아들고 속으로 다음과 같이 생각한다. "이 물 참 시원하군. 이게 바로 내가 필요했던 거야." 시원한 물이 컵에 담겨 있다는 존스의 믿음을 생각해보자. 이 믿음은 거짓인데, 컵에 담긴 것은 물이 아니라 XYZ, 즉 쿨이기 때문이다. 존스가 지금 쌍둥이 지구에 있으며 그곳은 쿨로 가득하고 물은 없는 환경이긴 하지만, 그에게는 여전히 지구에서의 기준이 적용된다. 그의 말의 의미와 그의 생각은 지구에서 지켜지는 기준에 따라 개별화된다. 이것이 보여주는 것은 한 사람이 그의 환경과 맺은 **과거의 연결**이 그의 현재 의미와 생각 내용을 결정하는 데에 어느 정도 역할을 한다는 것이다. 만약 존스가 쌍둥이 지구에서 충분히 오래, 가령 십여 년 동안 머무른다면 우리는 그가 "물"이라는 단어를 통해 물이 아닌 쿨을 의미하는 것으로 해석하고, 그에게 물에 대한 생각이 아니라 쿨에 대한 생각을 귀속할 공산이 크다. 결국 그는 쌍둥이 지구의 언어적 규약 하에 들어오게 되는 것이다.

이러한 생각이 대체로 옳다면, 이는 두 가지 수반 논제가 성립하지 않는다는 것을 보여준다. 첫째로, 언어 표현의 의미는 일반적으로 우리의 **내적인** 또는 **내재적인** 물리적-심리학적 상태에 수반하지 않는다. 나와 분자 수준에서까지 똑같은 쌍둥이 지구 도플갱어는 물리적인 측면과 심적인 측면 모두에서 내적으로 나와 구별불가능함에도, 내가 사용하는 단어와 그가 사용하는 단어는 다른 의미를 갖는다. 즉 나의 "물"은 물을 의미하고 그의 "물"은 XYZ, 즉 쿨을 의미한다. 두 번째는 우리의 관심사와 직접적으로 연결된 것인데, 믿음 및 다른 지향적 상태의 내용 역시 내적인 물리적-심리적 상태에 수반하지 않는다는 것이다. 당신은 물에 대한 생각을 갖고 당신의 도플갱어는 쿨에 대한 생각을 갖는다. 둘이 물리적, 심리적으로 같은 내적인 상태에 있음에도 말이다. 믿음이나 생각은 내용에 따라 개별화된다. 즉 우리는 같은 내용을 가진 믿음을 같은 믿음으로 간주하고 다른 내용을 가진 믿음들을 다른 것으로 간주한다. 그래서 나의 물에 대한 생각과 도플갱어의 쿨에 대한 생각은 다른 생각인 것이다. 내가 어떤 믿음을 갖는지는 내 안에서 벌어지는 것들뿐만 아니라, 내가 과거와 현재에 내 주변에 있는 사물들 및 사건들과 맺었던 관계에도 의존한다. 내용을 갖는 다른 지향적 상태도 마찬가지이다. 이것이 옳다면 지향적 상태는 넓은 내용을 갖는다.

버지의 사고실험: 관절염과 "콴절염"

다음의 두 가지 상황에 있는 피터라는 사람을 생각해보자. (1) **실제 상황**: 피터는 "관절염"이 뼈에 생기는 염증을 의미한다고 생각한다. (실제로 "관절염"은 관절의 염증을 의미한다.) 허벅지가 붓고 아파오자 피터는 의사에게 "허벅지에 관절염이 생겼습니다"라고 말한다. 의사는 그에게 관절염은 관절에만 생기는 질환이라고 말해준다. 여기서 두 가지 점을 기억할 필요가 있다. 하나는 피터가 의사와 상담을 하기 전에는 그의 허벅지에 관절염이 있다고 믿었다는 것이고, 둘째는 이 믿음이 거짓이라는 것이다.

(2) **반사실적 상황**: 피터에게 변한 것은 없다. 허벅지가 붓고 아파오자 그는 의사에게 "허벅지에 관절염이 생겼습니다"라고 말한다. 우리가 상상하는 상황에서 달라지는 것은 피터가 속한 언어공동체에서 "관절염"이라는 단어가 사용되는 방식이다. 이 반사실적 상황에서 "관절염"은 관절에 생기는 염증뿐만 아니라 뼈에 생기는 염증에 대해서도 사용된다. 즉 피터는 "관절염"이라는 단어를 올바로 이해하고 있는 것이나. 그렇다면 피터가 "허벅지에 관절염이 생겼습니다"라고 말할 때 그는 참인 믿음을 표현하고 있는 것이다. 그러나 이 반사실적 상황에

서의 피터의 믿음, 즉 허벅지의 상태에 관한 그의 믿음을 **우리의** 언어로 어떻게 보고해야 할까? 피터가 그의 허벅지에 관절염이 있다고 믿는다고 말하는 것은 옳지 않다. 우리의 언어에서 "관절염"은 관절의 염증을 의미하지만 그에게는 그렇지 않을 것이고, 따라서 반사실적 상황에서의 그의 믿음을 거짓으로 만들 것이기 때문이다. 관절뿐만 아니라 뼈의 염증도 의미하도록 (우리 언어의 일부분으로) "콴절염"이라는 단어를 새로 만들어, 이 반사실적 상황에서 피터가 믿는 것은 허벅지에 콴절염이 있다는 것이라고 말할 수 있을 것이다. 여기서도 두 가지 점을 주목하자. 첫째, 반사실적 상황에서 피터는 그의 허벅지에 관절염이 있다고 믿는 것이 아니라 그의 허벅지에 콴절염이 있다고 믿는다는 것이고, 둘째 그의 믿음은 참이라는 것이다.

이 사고실험이 보여주는 것은 믿음의 내용이 부분적으로 하지만 중요한 방식으로 그 주체가 속한 언어공동체의 언어 관행에 의존한다는 것이다. 실제 상황에서의 피터와 반사실적 상황에서의 피터는 한 사람의 개인으로 생각할 때(즉 그의 내적인-내재적인 속성들만을 고려했을 때) 언어 습관이나 내적인 정신적 삶에서 정확히 일치한다. 그러나 그는 두 상황에서 다른 믿음을 갖고 있다. 실제 세계에서 피터는 그의 허벅지에 관절염이 있다는 거짓 믿음을 갖고 있는 반면, 반사실적 상황에서는 허벅지에 콴절염이 있다는 참인 믿음을 갖는다. 두 상황에서의 유일한 차이는 피터가 속한 공동체의 ("관절염"이라는 단어의 사용에 관한) 언어적 관행의 차이이고, 피터 자신에 관한 한 어떤 내적인 차이도 없다. 이것이 옳다면, 믿음 및 그 외의 지향적 상태는 사람의 내적인 물리적-심리적 상태에 수반하지 않는다. 만약 수반을 원한다면, 사람들이 속한 공동체의 언어적 관행까지 그 수반 기초에 포함해야 할 것이다.

버지는 이런 예가 일반화될 수 있고, 이는 거의 모든 내용이 넓은 내용이라는 것을, 즉 거의 모든 내용이 외재적으로 개별화된다는 것을 보여준다고 설득력 있게 주장한다. "양지머리"라는 단어를 생각해보자 (버지의 또 다른 예이다). 어떤 사람들은 양지머리가 소고기에만 있는 것으로 착각하는데, 이로부터 어떻게 관절염 사례와 유사한 사례가 만들어질 수 있는지는 어렵지 않게 알 수 있다. (독자들이 시도해보기 바란다.) 버지가 지적하듯, 어떤 단어든 그것의 의미가 불완전하게 또는 잘못 이해되는 경우, 사실 그 의미가 불완전하게 또는 잘못 이해될 **가능성**이 있는 어떤 경우에도 같은 상황이 발생하는 것으로 보인다(이는 사실 거의 모든 단어에 해당된다). 그런 단어를 사용해 우리가 가진 믿음을 표현할 때 그 믿음은 사회적으로 결정된 그 단어의 의미에 의해 규정되고 개별화되며(실제 상황에서의 피터와 그의 "관절염" 경우를 생각해보라), 그런 단어들 각각에 대해 버지 식의 반사실적 상황이 구성될 수 있다. 게다가 우리는 우리 자신의 믿음을, 그것을 표현하기 위해 우리가 사용할 단어들로 특정하는 것으로 보인다. 그런 단어들에 대한 우리의 이해가 불완전하고 결함이 있다는 것이 인정되더라도 말이다. (우리 중에 "담보대출"이나 "치안판사", "은하" 같은 단어의 올바른 의미를 알고 있는 사람이 얼마나 될까?) 이는 우리의 일상적 믿음 귀속의 거의 대부분이 넓은 내용과 관련된 것임을 보여준다고 생각된다.

이것이 옳다면 다음과 같은 질문이 자연스럽게 제기된다. 외적인 요소에 의해서 내용이 결정되지 않는 믿음이 있을까? 다시 말해, "좁은 내용"을 갖는 믿음이 있을까? 믿음이나 여타 지향적 상태들 중에는 그것을 가진 사람 외부의 어떤 것의 존재도 함축하지 않거나 지시하지 않는 것들이 있는 것 같다. 예를 들어, 자신이 아프다는 피터의 믿음이나 자신이 존재한다는 믿음, 또는 유니콘은 존재하지 않는다는 믿음 같은 것들은 피터 외에 그 어떤 것의 존재도 요구하지 않으며, 이런 믿음의 내용은 피터 외석인 조건들에 독립적인 것으로 보인다. 만약 그렇다면, 쌍둥이 지구 사고실험에서 등장하는 종류의 고려 사항들은 이런 믿음들이 좋은 내용을 가진다는 생각을 위협하지 않는다. 그러나 버지의 관절염 사고실험은 어떤가? 고통을 느낀다는 피터의 믿음을 생각해보자. 버지의 "관절염"에 대한 논증을 "고통"이라는 단어에 적용해 성립시킬 수 있을까? 확실히 "고통"이나 여타 감각 용어를 잘못 이해하는 것이 가능하다. 피터는 "고통"이란 말이 고통과 심한 가려움 모두에 적용된다고 생각한다고 하자. 그는 어깨에 심한 가려움을 느끼고 아내에게 어깨의 거슬리는 "고통"에 대해서 불평한다. 버지 식의 생각이 적용된다면, 피터가 어깨에 고통을 느낀다는 믿음을 표현하고 있다고 말해야 할 것이고, 이 믿음은 거짓이다.

문제는 우리가 정말 이런 식으로 말하고, 또 말해야만 하는가 하는 것이다. 피터가 "고통"이라는 말을 잘못 이해하고 있다는 것을 우리가 알고, 또한 그가 실제로 경험하는 감각에 대해서도 알기에, 그가 어깨의 가려움을 경험하고 있다고 믿는다고 (사실상 안다고) 말해야 한다는 것이 불합리하지 않아 보인다. 그가 "나는 어깨에 고통을 느껴"라고 말할 때, 그는 그가 느끼는 감각을 잘못 기술하고 있으며 그래서 그의 믿음을 잘못 보고하고 있을 뿐이라는 것이다.

이제 다음과 같은 반사실적 상황을 생각해보자. 피터가 속한 언어공동체에서 "고통"은 고통과 심한 가려움 모두를 지시하기 위해 사용된다. 피터가 이런 반사실적 상황에서 "나는 어깨에 고통을 느껴"라고 말할 때, 우리는 그의 믿음을 우리의 단어로 어떻게 보고하겠는가? 실제 상황과 반사실적 상황 모두에서 피터는 고통이 아닌 심한 가려움을 느끼고 있음을 기억하라. 다음과 같은 가능성들이 있다. (ⅰ) "그는 어깨에 고통을 느낀다고 믿는다"라고 말한다. (ⅱ) "그는 어깨에 심한 가려움을 느낀다고 믿는다"라고 말한다. (ⅲ) 그의 믿음 내용을 표현하기 위해 사용할 수 있는 우리말 단어가 없다(하지만 우리는 "고통가려움"이라는 신조어를 도입해 "피터는 어깨에 고통가려움을 느낀다고 믿는다"라고 말할 수 있다). 분명히 (i)은 배제되어야 한다. 만약 (iii)이 우리가 말해야 할 바라면 관절염 논증이 여기에도 그대로 적용될 텐데, 이는 믿음 주체가 처한 사회적 환경의 변화가 그에게 귀속되는 믿음 내용도 변화시킬 수 있음을 보여줄 것이기 때문이다. 그러나 (ii)가 아니라 (iii)이 올바른 선택지인지는 분명치 않다. 그렇다면 관절염 논증이 자기 자신의 감각에 대한 믿음에까지 적용되는지는 열린 문제인 것으로 보인다. 그리고 실제 상황에서의 피터가 자신이 고통을 느낀다고 믿기보다는 심한 가려움을 느낀다고 믿는 것으로 볼 이유가 있는 것 같다. 전자를 택한다면 피터의 믿음은 거짓이 될 것이라는 것이 그 이유이다. 그 믿음이 피터의 현재 감각에 대한 믿음임에도 불구하고 말이다. 정상적인 조건하에서 우리는 우리 자신의 현재 감각 경험을 특정하는 데 오류를 범하지 않는다고 가정한다. 이 가정을 논쟁적인 철학적 원리로 받아들일 필요는 없다. 자신의 감각 경험에 대한 일인칭적 권위를 인정하는 것 역시 우리의 공통의 사회언어적 관행을 반영한다고 보는 것이 합당할 것이다. 그리고 이는 관절염 같은 사례에서 버지가 제시한 종류의 근거들을 무력하게 만든다고 볼 여지가 있다.

이런 고려 사항들은 관절염과 콴절염에 대한 버지의 사고실험을 재고하게 만든다. 상기하자면, "관절염"의 의미를 잘못 이해하고 있는 피터는 허벅지에 고통을 느끼고 의사에게 "허벅지에 관절염이 생겼습니다"라고 말한다. 버지를 따라 우리는 피터가 믿는 것은 그의 허벅지에 관절염이 생겼다는 것이고 그 믿음은 거짓이라고 말했다. 정말로 이렇게 말해야 하는 것일까? 피터가 그의 말과는 달리 허벅지에 관절염이 있다고 믿는 것이 아니라고 말하는 것도 하나의 선택지, 아마도 더 합당한 선택지가 아닐까? 그가 의사에게 "허벅지에 관절염이 생겼습니다"라고 말할 때 그가 표현하는 믿음의 내용은 그가 허벅지에 고통을 느낀다거나 혹은 그의 허벅지 뼈에 염증이 생겼다는 취지의 것일지 모른다. 그가 거짓인 또는 결함이 있는 믿음을 가진 건 사실이다. "관절염"이라는 단어에 대해서 말이다. 그리고 이는 그가 자신의 믿음을 잘못 보고하게끔 했다. 물론 단어의 의미가 언어공동체의 언어적 관행에 의존한다는 것은 놀라운 사실이 아니다. 버지의 사고실험에 대한 이런 식의 대응에 대해 독자들은 생각해보기 바란다.

또 한 가지 생각해볼 것은 언어를 사용하지 않는 동물들의 믿음이다. 고양이나 개가 "네로는 p를 믿는다"(여기서 p의 자리에는 평서문이 들어온다)라는 식의 내용을 갖는 것으로 보고될 수 있는 믿음 및 다른 지향적 상태를 갖는가? 우리는 실제로 "네로는 주인이 위층에서 자기를 부른다고 믿는다"라든지 "네로는 우편배달부가 문앞에 있다고 믿는다" 같은 말을 한다. 그러나 관절염 식의 논증은 이런 믿음에 적용될 수 없다는 것이 분명한데, 이는 네로가 어떠한 언어공동체에도 속하지 않고, 또한 관련된 유일한 언어는 우리의 언어, 즉 그런 믿음을 귀속하는 사람의 언어이기 때문이다. 그렇다면 어떤 의미에서 동물의 믿음이 외재적으로 개별화될 수 있겠는가? 퍼트넘의 쌍둥이 지구 식의 생각은 동물의 믿음에도 적용될 수 있는 것으로 보이지만(파리-슈미의 예도 상기해보라), 버지 식의 논증은 그렇지 않다. 그러나 버지의 논증에 관한 한, 동물의 믿음 같은 사례는 반드시 어느 한쪽을 지지한다고 볼 수는 없는데, 어떤 철학자들이 주장하듯[12] 언어를 사용하지 않는 동물은 지향적 상태(특히 믿음)를 가질 수 없고, 따라서 버지의 논증이 동물에 적용되지 않는 것은 당연하다고 주장될 수 있기 때문이다. 어떤 이들은 그러나 언어를 사용해 사회적 소통을 하는 동물들만이 믿음 및 여타 지향적 상태를 가질 수 있다는 생각은 설득력이 없다고 여길 것이다.

12　데카르트와 데이비드슨이 대표적이다. 데이비드슨의 "Rational Animals"를 보라.

넓은 내용 상태의 형이상학

두 사고실험과 관련된 고려 사항들은 우리의 일상적인 믿음과 지향적 상태들 다수가 (다는 아니더라도) 넓은 내용을 갖는다는 것을 보여준다. 그것들의 내용은 "외재적"이다. 즉 그것은 부분적이지만 중요한 방식으로 주체 외적인 요소들(물리적, 사회적 환경 및 그것과의 상호작용의 역사)에 의해서 결정된다. 이런 식의 외재론적 사고가 주목받기 전에는 믿음과 욕구 같은 것들은 "마음속에" 혹은 적어도 "머릿속에" 있다고 여겨졌었다. 쌍둥이 지구 이야기를 만들어낸 퍼트넘은 다음과 같이 선언한다. "파이를 어떤 식으로 자르더라도 '의미'는 그저 머릿속에 있지 않다."[13] 믿음과 욕구가 머릿속이나 마음속에 있지 않다는 것을 받아들여야 할까? 그렇다면 그것들은 어디에 있는가? 머리 **바깥**에? 만약 그렇다면 정확히 어디란 말인가? 이게 말이 되기는 하는 것일까? 몇 가지 가능성을 생각해보자.

1. 물과 기름이 섞이지 않는다는 믿음은 부분적으로 물과 기름에 의해 구성되며, 믿음 자체가 어떤 의미에서 믿음을 가진 사람(또는 그의 "머리")뿐만 아니라 실제 물질인 물과 기름을 포함하고 있다고 말할 수 있을지 모르겠다. 관절염 사례에서 유사한 반응은 관절염을 갖고 있다는 피터의 믿음이 부분적으로 그의 언어공동체에 의해서 구성된다고 하는 것이다. 일반적으로 말하자면, 한 믿음의 내용을 결정하는 역할을 하는 모든 요인들이 그 믿음을 **존재론적으로 구성**한다는 것, 즉 믿음은 그러한 요소들로 이루어진 상태라는 것이다. 그렇다

---

13 Hilary Putnam, "The Meaning of 'Meaning'," p. 227.

면 우리는 물이 축축하다는 당신의 믿음이 쿨이 축축하다는 당신의 쌍둥이 지구 도플갱어의 믿음과 어떻게 다른지에 대한 간단한 설명을 얻을 수 있다. 당신의 믿음은 구성 요소로 물을 포함하는 반면 도플갱어의 믿음은 쿨을 구성 요소로 포함한다는 것이다. 이러한 접근에 따르면, 믿음은 주체의 머릿속으로부터 세계로 삐져나와 있는 것이며, 얼마나 멀리 나올 수 있는가에 대해서는 어떠한 경계도 없다. 이런 접근에서는 우주 전체가 우주에 관한 당신의 믿음을 구성하는 요소일 것이다! 게다가 우주에 대한 모든 믿음은 우주라는 정확히 같은 구성요소를 가질 것이다. 이는 불합리하게 들리며, 실제로 불합리하다. 이런 일반적 접근은 믿음의 인과적 역할(즉 원인이나 결과로서의 믿음의 역할)을 이해하기 어렵게 만든다는 것 또한 알 수 있다.

2. 물과 기름이 섞이지 않는다는 믿음을 주체와 물 및 기름 사이에 성립하는 **관계**로 생각하는 가능성이 있다. 달리 표현하자면, 믿음을 주체가 물 및 기름과 관련해서 갖는 **관계적 속성**으로 생각하는 것이다. (소크라테스가 크산티페와 결혼했다는 것은 관계적 사실이다. 소크라테스는 크산티페와 결혼함이라는 관계적 속성을 갖고, 또 크산티페는 소크라테스와 결혼했다는 관계적 속성을 갖는다.) 이런 접근은 믿음이 맺는 인과관계를 조금 더 다루기 용이하게 만든다. 크산티페가 어떻게 소크라테스와 결혼함이라는 관계적 속성을 갖게 되었는지 물을 수 있듯이, 어떻게 주체가 물과 기름에 대해서 그런 믿음 관계를 맺게 되었는지 물을 수 있을 것이고, 어떤 경우에는 이런 물음에 답도 할 수 있을 것이다. 그러나 내용의 다른 결정 요인들에 대해서는 어떠한가? 앞에서 보았듯, 믿음의 내용은 부분적으로는 환경과의 상호작용의 역사에 의해 결정된다. 버지의 사례에서처럼 사회언어적 요인들은 또 어떻게 다룰 것인가? 믿음을 이런 요소들과의 관계로 생각하는 것은 자연스럽지 않아 보인다.

3. 세 번째 가능성은 믿음은 그것을 가진 주체에 전적으로 내적인 것으로 보지만, 내용은 (그것이 넓은 내용일 경우) 믿음에 대한 **관계적 규정** 또는 **기술**을 제시한다고 보는 것이다. 이런 견해에서 믿음은 그것이 귀속되는 유기체의 신경적 상태 혹은 여타 유형의 물리적 상태이며, 그런 한에 있어서 믿음은 주체의 머리 또는 마음 "안에" 있다. 내용은 이런 상태들의 표상적 속성을 규정하거나 기술하는 방식으로 해석된다. 따라서 넓은 내용은 현재나 과거의 주체 외적인 물리적, 사회적 요인이나 조건과 관련된 용어에 의한 규정이다. 우리는 소크라테스를 관계적 기술에 의해, 즉 그가 가진 관계적 속성에 의해 지시하고 가려낼 수 있다(가령 "크산티페의 남편," "아테네 감옥에서 독을 마신 그리스 철학자," "플라톤의 스승" 등). 그러나 이것이 크산티페나 독, 플라톤이 소크라테스의 구성 부분임을 의미하는 것은 아니며, 소크라테스가 어떤 종류의 "관계적 존재자"임을 의미하지도 않는다. 마찬가지로 존스가 물과 기름이 섞이지 않는다는 믿음을 갖는다고 말할 때, 이는 물과 기름이 그 믿음의 구성 요소임을 의미하지 않으며, 믿음 자체가 물 및 기름과의 관계임을 의미하지도 않는다.

마지막 접근 방식에 대해서 조금 더 자세히 살펴보자. 물리적 대상이 갖는 내재적 속성의 전형적 예로 흔히 여겨지는 질량 혹은 길이 같은 물리적 양을 생각해보자. 우리는 어떻게 대상의 질량이나 길이를 **기술하고, 표상하고, 측정하는가?** 답은 관계적으로 한다는 것이다. 이 금속 막대가 3킬로그램 나간다는 것은 그것이 킬로그램 원기와 어떤 관계를 맺는다고 말하는 것이다. (천칭에 올렸을 때 그 막대는 킬로그램 원기와 균형을 이루는 물체 세 개와 균형을 이룰 것이다.) 마찬가지로 막대가 2미터의 길이를 가진다고 말하는 것은 그것이 미터 표준기의 두 배의 길이를 가졌다는 것이다(또는 진공에서 빛이 정해진 시간 동안 이동하는 거리가 두 배라는 것이다). 질량이나 길이와 같은 속성들은 내재적이지만, 그에 대한 기술과 표상은 외재적이고 관계적이어서 세계에 존재하는 다른 대상 및 속성들과의 관계를 포함한다. 더군다나 이런 외재적 표상의 이용 가능성은 이런 속성들이 과학 법칙이나 설명에서 갖는 효용에 본질적인 것일지도 모른다. 내재적 속성을 다른 중요한 속성들과 이론적으로 흥미롭고 생산적인 방식으로 연결하는 것을 가능하게 하기 때문이다. 유사한 고려 사항이 인간 행동에 대한 상식적 설명에서 넓은 내용, 즉 믿음을 관계적으로 기술하는 것의 유용성을 설명할지도 모른다.

물리적 측정에서 우리는 수를 사용하여 대상의 속성을 기술하며, 이런 수들은 다른 대상들과의 관계와 연관된다. ("3킬로그램"이 무엇을 지시하는지에 대한 위의 논의를 보라). 사람에게 믿음을 귀속함에 있어 우리는 내용 문장이나 명제를 사용하여 그 내용을 기술하며, 이런 명제들은 종종 믿음 주체 바깥에 있는 대상과 사건에 대한 지시를 포함한다. 존스가 물이 축축하다고 믿는다고 할 때 우리는 "물이 축축하다"는 내용 문장을 사용해 이 믿음을 기술하며, 이 문장이 그 믿음을 기술하는 데 적절한지는 존스가 과거나 현재에 그의 환경과 맺은 관계에 의존한다. 버지의 사례가 보여주는 것은 내용 문장의 선택이 그 믿음을 가진 사람에 대한 사회언어적 사실에도 의존할 수 있다는 것이다. 어떤 의미에서 우리는 사람의 믿음 상태를 문장을 사용해 "측정"하는 것이다. 마치 물리적 양을 수를 사용해 측정하듯이 말이다.[14] 측정에서

---

14 이 생각은 Paul M. Churchland의 "Eliminative Materialism and the Propositional Attitudes"에서 처음 제시되었고, Robert Matthews의 "The Measure of Mind"에서 체계적으로 상술되었다. 그러나 이 저자들은 그 접근을 내용 외재론의 쟁점과 관련시키진 않는다. 이 쟁점에 대한 다른 관점으로는 Ernest Sosa의, "Between Internalism and

수를 할당하는 것이 그 양이 측정되는 물체들 외에 다른 것과의 관계를 포함하듯, 믿음 내용을 기술하는 데 내용 문장을 사용하는 것은 주체 바깥에 있는 요소들을 사용하며 그것에 의존한다. 두 경우 모두에서 그러한 기술(부여된 수 또는 문장)이 얼마나 유용하고 많은 정보를 주는지는 그것이 어떤 외적 요인 및 조건과 관련된 것인지에 결정적으로 의존한다.[15]

이런 접근은 다른 두 가지 접근에 비해 많은 이점이 있는 것으로 보인다. 이 접근은 믿음과 여타 지향적 상태를 오롯이 주체 안에 위치시킨다. 존재론적으로 이런 상태는 그것을 가진 사람들의 상태이지, 마치 공상과학 영화에서 보는 초록 액체처럼 사람들로부터 어떤 식으로 밖으로 삐져나와 있는 것이 아니다! 이는 다른 대안들보다 더 우아한 형이상학적 그림이다. 지향적 상태에서 "넓은" 것은 그 기술이나 규정이지 그 상태들 자체가 아니다. 그리고 그런 상태를 넓은 내용을 사용해 기술하는 좋은 이유가 있다. 한 가지는 우리는 그런 기술이 믿음의 (그리고 다른 지향적 상태들의) 표상적 내용, 즉 그들이 어떤 사태를 표상하는지를 나타내길 바라는데, 이것이 외적 조건에 대한 언급을 포함하는 것은 놀라운 일이 아니다. 결국 믿음의 핵심은 주체 바깥의 세계에 있는 사태를 표상하는 것이다. 다른 한 가지는 이렇다. 버지의 사례에 포함된 것 같은 사회언어적 제약 조건이 내용 귀속의 균일성, 안정성, 상호주관성을 위해 결정적일지 모른다는 것이다. 결론적으로 말해, 지향적 상태의 존재론적 지위를 그것의 기술 양식과 혼동하지 않는 것이 중요하다.

Externalism"을 보라,

15 버지는 내용 문장과 관련해 이 논점을 "Individualism and the Mental"에서 주장한다.

좁은 내용이 가능한가?

지구인은 물이 불을 끈다고 믿고, 쌍둥이 지구에 있는 그의 쌍둥이는 쿨이 불을 끈다고 믿는다. 두 믿음은 다른 내용을 갖는다. 즉 지구인이 믿는 바와 그의 쌍둥이가 믿는 바는 같지 않다. 그러나 여기서 그치는 것은 만족스럽지 않다. 이는 지구인과 쌍둥이가 이런 믿음을 가짐에 있어 공유하는 무언가 중요한 것(심리학적으로 중요한 것)을 빠뜨리는 것이다. "좁은 내용"은 지구인과 쌍둥이가 공유하는 이 무언가를 포착한다고 생각된다.

첫째, 우리는 지구인과 그의 쌍둥이가 각각 물과 쿨에 대한 믿음을 가질 때 같은 사태를 개념화하고 있다는 강한 직관을 가지고 있는 것 같다. 지구인이 북미 5대호에 깨끗한 물이 가득하다고 생각할 때 그에게 세상이 보이는 방식과 쌍둥이가 쌍둥이 지구의 5대호에 깨끗한 쿨이 가득하다고 생각할 때 그에게 세상이 보이는 방식은 틀림없이 똑같다. 내적인 심리적 관점에서 지구인의 생각과 쌍둥이의 생각은 같은 의의를 갖는 것으로 보인다. 물을 생각할 때 지구인은 투명하고, 어떤 방식으로 흐르고, 어떤 맛이 나는 등등의 관념을 가질 것이고, 쿨을 생각할 때 쌍둥이 지구인도 마찬가지일 것이다. 아니면 개구리의 경우를 생각해보자. 파리를 감지하는 우리 세계의 개구리와 슈미를 감지하는 다른 세계의 개구리가 같은 지각적 상태—즉 까만 점이 시야에서 떠돌아다닌다는 것을 "즉각적" 내용으로 갖는 상태—에 있다고 가정하는 것이 그럴듯하지 않은가? 지구인의 심리적 삶과 그의 쌍둥이의 심리적 삶, 그리고 우리 세계의 개구리의 지각적 상태와 다른 세계 개구리의 지각적 상태 사이에 무언가 중요한 공통점이 있으며, 그것은 "내용"이라 합당히 불릴 만한 것이라는 견해에는 상당한 직관적 호소력이 있다.

두 번째로 지구인의 행동과 쌍둥이의 행동을 생각해보자. 그것들은 많은 공통점을 보일 것이다. 예를 들어, 지구인이 소파에 불이 붙은 것을 보면 물을 끼얹을 것이고, 쌍둥이 지구인이 그의 소파에 불이 붙은 것을 보면 쿨을 끼얹을 것이다. 만약 지구인이 쌍둥이 지구에 방문해서 불붙은 소파를 보았다면 그 역시 쿨을 끼얹을 것이다(쌍둥이가 지구를 방문했다면 그는 물을 끼얹었을 것이다). 일상적인 상황에서 물과 관련된 지구인의 행동은 쿨과 관련된 쌍둥이의 행동과 동일할 것이다. 게다가 모든 곳에서 물이 쿨로 대체된다고 하더라도 지구인의 행동은 변치 않을 것이고, 쌍둥이도 마찬가지이다. 물과 쿨의 차이는 **심리학적으로 무관해** 보인다. 즉 그 차이는 행동을 야기하거나 설명하는 것에 무관해 보인다. 물에 대한 생각과 쿨에 대한 생각 사이의 차이는 사라져버린다. 심리학적 설명을 위해 중요한 것은 당신과 쌍둥이가 공유하는 것, 즉 좁은 내용의 생각인 것으로 보인다. 그렇다면 다음과 같은 질문이 제기된다. 심리학 이론은 넓은 내용이 필요한가? 좁은 내용만으로도 충분하지 않은가?

어떤 믿음들의 경우 믿음 주체 바깥의 어떠한 것의 존재에도 의존하지 않는다고 보는 것이 그럴듯함을 앞에서 본 바 있다. 내가 존재한다든지, 고통을 느낀다든지 또는 유니콘이 존재하지 않는다는 믿음 같은 것이 그런 예였다. 관절염 논증이 이런 경우에도 적용되는지에 대한 질문은 열어두었지만, 이런 믿음들은 그것들이 존재하기 위해 주체 바깥에 어떤 것도 존재할 필요가 없다는 점에서 적어도 주체에게 "내적"이거나 "내재적"이다. 그렇다면 이런 믿음들은 믿음 주체에 외적인 어떤 것과도 관련되지 않으며, (버지 식의 논증이 예외 없이 모든 표현으로 일반화될 가능성을 접어두자면) 그런 점에서 주체에 내적인 요소에만 수반하는 것 같다.

그러나 조금 더 자세히 들여다보면 이런 믿음들 중 일부는 믿음 주체의 내적인 상태에만 수반하는 것이 아니라는 것이 드러난다. 그 믿음에 주체 자신이 연루되어 있음을 고려해야 하기 때문이다. 자신이 고통을 느낀다는 메리의 믿음을 생각해보자. 그 믿음의 내용은 그가(즉 메리가) 고통을 느낀다는 것이다. 이것이 그 믿음에 의해 표상되는 사태이며, 이 믿음은 그런 사태가 성립할 경우, 다시 말해 메리가 고통에 있을 경우 오직 그 경우에 참이다. 이제 쌍둥이 지구에 있는 쌍둥이 메리가 지구의 메리와 똑같은 물리적 상태에 있다고 해보자. **직관적으로 이해된 바**의 심신 수반이 성립한다면, 쌍둥이 메리 역시 그가 고통을 느낀다는 믿음을 가져야 할 것으로 보인다. 그러나 그의 믿음은 **그가**(쌍둥이 메리가) 고통을 느낀다는 것이지, 메리가 고통을 느낀다는 것이 아니다. 그 믿음은 쌍둥이 메리가 고통을 느끼는 경우 오직 그 경우에 참이다. 같은 내용을 갖는 믿음들은 모두 참이거나 모두 거짓이다. 그렇다면 이런 경우에 믿음 내용은 사람의 내적-내재적 물리적 속성에 수반하지 않는다는 것이 따라 나온다. 이는 "좁은 내용" 개념에 핵심적이라고 흔히 여겨지는 다음의 두 아이디어가 일치하는 것이 아님을 의미한다. (1) 좁은 내용은 믿음 주체에 내적이고 내재적이어서 그의 현재 상태 바깥의 어떤 것과도 관계되지 않으며 (2) 좁은 내용은 넓은 내용과 달리 믿음 주체의 현재의 내적 물리적 상태에 수반한다.[16]

이런 상황을 보는 한 가지 방식은 다음과 같은 것이다. 이런 종류의 예가 보여주는 것은 그런 믿음이 믿음 주체의 내적 물리적 상태에 수반하지 않는다는 것이 아니라, "같은 믿음"의 개념이 수정될 필요가 있다는 것이다. 즉 믿음의 개별화 기준을 수정해야 한다는 것이다. 지금

---

16 넓은 내용을 가진 믿음은 일반적으로 주체의 내적, 내재적인 물리적 속성에 수반하지 않는다. 여기에는 놀랄 만한 게 없다 현재의 사례가 주목할 만한 것은 그것이 겉보기에 좁은 내용과 관련된 것으로 보이기 때문이다.

까지 논의에서 개별적인 믿음들(즉 "믿음 사례들")은 그것들이 같은 내용을 가지는 경우 오직 그런 경우에 같은 믿음(즉 같은 "믿음 유형")으로 간주되었다. 이런 견해에서 두 믿음은 그 진리 조건이 같은 경우에만(다시 말해, 그것들이 필연적으로 동시에 참이거나 동시에 거짓인 경우에만) 같은 내용을 갖는다. 앞에서 보았듯, 자신이(즉 메리가) 고통을 느낀다는 메리의 믿음과 자신이(즉 쌍둥이 메리가) 고통을 느낀다는 쌍둥이 메리의 믿음은 같은 진리 조건을 갖지 않으며, 그래서 다른 믿음 유형에 속해야 한다. 이 때문에 이런 믿음에 대해서는 수반이 성립하지 않는 것이다. 그러나 메리와 쌍둥이 메리 각각이 자신이 고통을 느낀다고 믿을 때, 메리와 그의 쌍둥이가 "같은 믿음"을 (심지어 "같은 내용"을 가진 믿음을) 갖는다고 보는 것이 어떤 의미에서는 명백하고 자연스럽다. 그러나 이런 식의 내용 개념 혹은 믿음의 같음 개념을 포착하기 위해서는 더 많은 연구가 행해져야 하며,[17] 이런 연구는 좁은 내용의 개념을 해명하는 프로젝트의 일부분이다.

앞서 말했듯, 우리의 일상적인 믿음 귀속이나 다른 지향적 상태 귀속이 대부분의 경우 넓은 내용을 포함한다는 것이 널리 받아들여지는 생각이다. 어떤 이들은 모든 내용이 넓을 뿐만 아니라 좁은 내용의 개념 자체가 말이 되지 않는다고 주장한다. 좁은 내용에 반대해 제기되는 한 가지 문제는 그것이 말로 표현하기 어렵다는 것이다. 물이 축축하다는 존스의 믿음과 쿨이 축축하다는 그의 쌍둥이의 믿음이 공유하

---

17 이와 관련해 로더릭 치좀이 *The First Person*에서 제시한 이론을 보라. 그의 이론은 믿음을 명제와의 관계로 보지 않고 속성의 귀속으로 이해한다. 데이비드 루이스 또한 유사한 접근을 "Attitudes *De Dicto* and *De Se*"에서 독립적으로 제안했다. 이런 종류의 접근에 의하면, 메리와 쌍둥이 메리는 고통을 느낀다는 속성을 자신에게 귀속하고 있는 것이며, 그 두 믿음이 공유하는 것은 동일한 속성, 즉 고통을 느낀다는 속성의 자기-귀속에 있다.

는 내용을 어떻게 포착할 것인가? 공유된 것이 있다면, 왜 그것이 "내용"의 일종인가?

좁은 내용을 옹호하는 사람들이 이런 질문에 대응하는 한 가지 방식은 좁은 내용을 추상적인 전문적 개념으로 취급하는 것이다. 대략 다음과 같은 방식이다. 메리와 쌍둥이 메리가 공유하는 것은 다음과 같은 역할을 한다. 누군가 그것을 가지고 있고 지구에서(즉 물을 포함하는 환경에서) 언어를 획득하면, 그의 단어 "물"은 물을 지시하고 그는 물에 대한 생각을 갖는다. 반면에 그것을 가진 누군가가 쌍둥이 지구에서(즉 쿨을 포함하는 환경에서) 언어를 획득하면, 그의 단어 "물"은 쿨을 지시하며 그는 쿨에 대한 생각을 갖는다. 또 누군가가 그것을 가지고 있고 분자구조 PQR이 물을 대신하는 환경에서 언어를 획득하면 그의 단어 "물"은 PQR을 지시한다, 기타 등등. 마찬가지 아이디어가 개구리의 사례에도 적용된다. 이 세계의 개구리와 파리 대신 슈미가 있는 세계의 개구리가 공통으로 갖는 것은 이런 것이다. 만약 개구리가 그 공통의 것을 가지고 있고 파리가 있는 환경에 산다면 그 개구리는 파리를 그의 지각적 내용의 일부로 가질 능력을 갖고, 슈미를 포함하는 환경에 사는 개구리는 슈미를 그의 지각적 내용의 일부로 가질 능력을 갖는다. 전문 용어로 말해, 좁은 내용은 (언어 획득의 맥락을 포함하는) 환경적 맥락에서 넓은 내용(즉 진리 조건)으로의 함수이다.[18] 답해야 할 한 가지 물음은 왜 이런 의미에서의 좁은 내용이 내용의 일종인가 하는 것이다. 정의상 내용은 "의미론적으로 평가 가능한" 것, 다시 말해 참이거나 거짓일 수 있는 것이거나 다양한 정도의 정확도를 가질 수

---

18 Stephen White, "Partial Character and the Language of Thought" 및 Jerry A. Foder, *Psychosemantics*를 보라. 또 Gabriel Segal, *A Slim Book About Narrow Content*를 보라.

있는 것 아닌가? 환경에서 넓은 내용으로의 함수로 생각된 좁은 내용은 내용에 대한 이런 이해를 충족하는 것 같지 않다. 즉 그것은 참이거나 거짓이라고 말해질 수 있는 종류의 것이 아닌 것 같다. 이런 문제에 맞서는 여러 가지 전략이 가능해 보이지만, 그중 어떤 것이 실제로 작동할지는 열려 있는 물음이다.

내용 외재론의 두 문제

대부분 또는 모든 지향적 심적 상태가 넓은 내용을 갖는다는 논제가 직면하는 중요한 두 문제가 있다. 이 두 문제를 간략히 살펴보자. (첫 번째 것은 앞에서 간단히 언급된 바 있다.)

넓은 내용의 인과적-설명적 효력

상식 심리학이 지향적 상태를 넓게 개별화하며 행위에 대한 인과적 설명이 넓은 내용에 의거해 이루어진다는 것을 인정한다 하더라도, 이것이 그런 설명의 없어서는 안 될 특성인지는 여전히 물을 수 있다. 넓은 내용 상태의 인과적-설명적 효용성을 의심하게 하는 것으로 몇 가지 고려 사항이 제시될 수 있다. 첫째, 우리는 이미 지구인과 쌍둥이 지구인이 물 및 쿨과 관련해서 보이는 행동 사이의 유사성에 주목한 바 있다. 행위를 인과적으로 설명할 때 물에 대한 생각과 쿨에 대한 생각 사이의 차이는 사라져버리는데, 행동을 산출하는 데 그 차이는 드러나지 않기 때문이다. 둘째, 논점을 다른 식으로 표현하자면, 만약 당신이 지구인에 대한 심리학 이론을 발전시켰다면, 그리고 그것이 내용을 갖는 지향적 상태를 언급하는 방식으로 정식화된 것이라면, 명백히 당신은 쌍둥이 지구인에 대한 심리학 이론을 발전시키고자 할 때 처음부터 다시 시작하지는 않을 것이다. 사실 당신은 지구인과 쌍둥이 지구인들이

"같은 심리학"을 갖고 있다고, 즉 같은 심리학 이론이 두 집단 모두에 적용된다고 말할 공산이 크다. 이런 견지에서 봤을 때, 물에 대한 생각과 쿨에 대한 생각 사이의 차이 또는 물에 대한 욕구와 쿨에 대한 욕구의 사이의 차이를, 그 심리학 이론 자체의 핵심 요소로 보기보다는 그저 이론이 적용되는 상황에 맞게 고정되어야 할 맥락적 매개변수 값의 차이 정도로 보는 것이 더 적절하지 않을까? 이것이 옳다면 넓은 내용은 심리학 이론의 이론적 장치의 일부로 떨어져 나가는 것 아닌가?

게다가 형이상학적인 논점도 고려되어야 할 것이다. 나의 물리적 행동(즉 나의 신체 움직임)의 근접 원인은 "국지적"인 것이어야 할 것 같다. 즉 그것은 내 중추신경계에서 시작되는 일련의 신경적 사건들로 이들은 적절한 근육의 수축을 야기하며, 이는 다시 내 팔다리의 움직임을 야기한다. 이것이 의미하는 것은 이런 신경적 사건이 바깥 세계의 무엇을 표상하는지는 행동 인과에 무관하다는 것이다. 만약 똑같은 신경적 사건이 다른 환경에서 발생하여 그것이 다른 (넓은) 표상적 내용을 갖는다 해도 그것은 같은 물리적 행동을 야기할 것이다. 즉 행동에 대한 근접 원인은 유기체의 내적 물리적 상태에 **국지적으로** 수반하는 반면 넓은 내용을 가진 상태는 그런 식으로 수반하지 않는다고 생각할 이유가 있다. 그러므로 넓은 내용 상태의 넓음은 물리적 행동에 대한 인과적 설명에 유관하지 않다. (독자들은 계산적 상태의 표상적 내용이 계산 과정의 진행과 무관하다는 5장의 논의를 기억할 것이다.)

넓은 내용을 옹호하는 사람들이 이런 식의 생각에 대응하는 한 가지 방식은 아래와 같다. 우리가 상식 심리학에서 보통 설명하고자 하는 것은 물리적 행동이 아니라 행위이다. 즉 왜 당신의 오른손이 이러저러한 식으로 움직였느냐가 아니고, 왜 스토브를 켰는지, 왜 물을 끓였는지, 왜 차를 준비했는지 등등이다. 왜 당신의 손이 어떤 식으로 움직였는지 설명하기 위해서는 "머릿속"에 있는 원인에 호소하는 것으로 충분할지 모르나, 당신이 왜 스토브를 켰는지 또는 왜 물을 끓였는지를 설명하기 위해서는 넓은 내용을 가진 상태에 호소해야 한다. 즉 주전자의 물을 끓이고 싶었기 때문이거나 혹은 친구에게 차를 대접하고 싶었기 때문이거나 등등처럼 말이다. 전형적인 상식적 설명에서 설명되는 행동은 "넓은 기술" 하에 주어지며, 이를 설명하기 위해서는 넓은 내용을 가진 상태가 필요하다. 이 답변의 요지는 "넓은 행동"을 설명하기 위해서는 넓은 내용이 필요하다는 것이다. 이런 대답이 충분한지는 생각해봐야 할 문제이다. 특히 우리는 생각의 넓음과 행동의 넓음이 인과적-설명적 관계에서 실제로 수행하는 역할이 있는지, 아니면 그 기저에 있는 신경적 상태 혹은 좁은 내용 상태와 물리적 행동 사이의 인과적-설명적 관계에 그저 (말하자면) 업혀서 가는 것일 뿐인지 따져볼 필요가 있다. (앞 절 '넓은 내용 상태의 형이상학'에서 논의된 쟁점이 넓은 내용에 대한 이런 인과적-설명적 질문들과 직접적으로 관계된다. 그 절에서 소개된 제삼의 선택지가 내용 외재론자로 하여금 더 나은 답을 하게끔 도울 수 있는지 생각해보기 바란다.)

넓은 내용과 자기-지식

메리는 물이 축축하다고 믿고 쌍둥이 메리는 쿨이 축축하다고 믿는다는 것을 우리는 어떻게 아는가? 이는 우리가 메리의 환경엔 물이 있고 쌍둥이의 환경엔 쿨이 있음을 알기 때문이다. 그렇다면 문제를 메리의 관점에서 생각해보자. 메리는 자신이 물이 축축하다고 믿는다는 것을 어떻게 아는가? 어떻게 메리는 자신의 생각의 내용을 아는가?

사람은 자신의 심적 상태에 대해 특별하고 직접적인 접근을 갖는 것으로 여겨진다(1장 및 9장을 보라). 아마도 이런 접근이 오류불가능하지 않고 모든 심적 상태로 확대되는 것도 아닐지 몰라도, 자기 자신의 현재 생각에 대해 특별한 일인칭적 권위라는 것이 있다는 것은 논란의 여지가 없다. 내가 무엇을 생각하는지에 대해 생각해보려고 할 때, 나는 직접적으로, 즉 추가적인 증거나 추론 없이 내가 무엇을 생각하는지 알 수 있는 것 같다. 내 생각의 내용은 나에게 즉각적이고 직접적으로 접근 가능하며, 증거를 가졌는지 또는 조사가 필요한지의 물음은 아예 발생하지 않는다. 버스가 늦게 와 비행기를 놓칠지도 모른다고 내가 생각할 때, 바로 그러한 생각을 하는 동안 나는 내가 무엇을 생각하는지 안다. 자기 자신의 현재 생각의 내용에 대한 일인칭적 지식은 직접적이고 즉각적이며 특별한 종류의 권위를 지닌다.

이제 메리의 경우로 돌아와서, 물이 축축하다는 믿음의 내용에 대한 메리 자신의 지식을 생각해보자. 메리가 자신의 생각이 쿨이 아닌 물에 대한 것이라는 것을 알기 위해서, 메리는 우리가 그의 생각의 내용에 대해서 처한 인식적 상황과 같은 상황에 처한다. 우리는 메리의 생각이 물에 대한 것이고 쿨에 대한 것이 아니라는 것을 아는데, 이는 우리가 관찰을 통해서 메리의 환경이 쿨이 아니라 물을 포함한다는 것을 알기 때문이다. 그렇다면 자신의 생각이 쿨에 대한 것이 아니라 물에 대한 것임을 알기 위해선 메리도 그것을 알아야 하지 않을까? 메리는 어떻게 그것을 관찰이나 증거 없이 알 수 있는가? 메리는 자신의 생각의 내용에 대한 특권적인 인식적 접근을 잃게 될 것으로 보이는데, 자신의 생각의 내용에 관한 메리의 지식이 이제는 그것에 대한 삼인칭적 지식과 같은 기반 위에 놓이기 때문이다.

상황을 좀 더 생생하게 만들기 위해서, 쌍둥이 지구가 태양계와 가까운 곳에 존재하여 지구와 쌍둥이 지구를 오갈 수 있다고 가정해보자. 어떤 사람이 지구에서(또는 쌍둥이 지구에서) 충분히 오랜 시간을 지내면 그 사람의 "물"이라는 단어는 그 지역에 동화되어 그 지역의 물질을 지시하기 시작한다. 그것이 물이건 쿨이건 말이다. 이제 습관적 우주 여행자 메리가 지난 몇 년간 어느 행성에서 살았는지 잊어버린다고 해보자. 그것이 지구건 쌍둥이 지구건 말이다. 확실히 이는 메리가 증거나 관찰 없이 직접적으로 알 수 있는 것이 아니다. 이런 질문을 물어보자. 메리는 자신의 생각(가령 "이 고급 호텔의 수돗물은 그다지 맛이 좋지 않군"이라고 중얼거렸을 때 표현하는 생각)이 물에 대한 것인지 쿨에 대한 것인지 직접적이고 조사가 필요 없는 방식으로 알 수 있을까? 언뜻 보기에, 메리가 추가적인 증거 없이 그가 지금 사용하고 있는 단어 "물"이 물을 지시하는지 쿨을 지시하는지 알 수 없듯이, 메리는 그의 환경을 조사하지 않고서는 끓는 주전자를 볼 때 자신의 생각이 물이 끓고 있다는 내용을 갖는지 쿨이 끓고 있다는 내용을 갖는지 알 수 없을 것으로 보인다. 만약 이런 식의 생각이 옳다면, 내용 외재론은 우리 자신의 지향적 상태에 대한 우리의 지식 대부분이 직접적이지 않으며, 대부분의 다른 지식과 마찬가지로 증거에 기초해야 한다는 귀결을 갖는 것처럼 보인다. 다시 말해, 내용 외재론은 언뜻 보기에 자기 자신의 마음에 대한 특권적인 일인칭적 접근과 양립불가능해 보인다. 내용 외재론자들도 물론 이에 대해 할 말이 있다. 그러나 이를 검토해보는 것은 이 장의 범위를 넘어선다.

***

넓은 내용과 좁은 내용에 대한 이러한 쟁점들, 그중 특히 내용 외재론과 자기-지식에 대한 두 번째 문제는 활발하게 논의되어 왔으며 얼마 동안은 계속 논의되어야 할 것 같다. 그 중요성은 과장할 수 없을 만큼 크다. 내용을 지니는 상태들, 즉 믿음, 욕구 등의 지향적 상태는 우리의 상식("통속") 심리학적 관행의 핵심을 이루는 것으로, 우리와 우리 주변 사람들의 행동을 설명하고 예측하는 틀을 제공한다. 인간의 행위와 행동을 이해하고 예측하는 이런 본질적인 도구 없이 공동체적인 삶은 생각하기 어렵다. 게다가 이런 쟁점은 상식 심리학을 넘어선다. 예를 들어, 과학적 심리학 및 인지과학과 관련해 다음과 같은 중요한 문제가 있다. 인간 행동과 인지를 연구하는 과학은 그 법칙과 설명을 정식화하는 데 믿음이나 욕구와 같은 내용을 지니는 지향적 상태를 사용해야 하는가, 아니면 더 정제되고 정밀한 과학적인 대응물을 사용해야 하는가? 아니면 이런 과학들은 이론 및 설명을 구성할 때 순전히 비지향적인 (아마도 궁극적으로 신경생물학적인) 용어를 사용함으로써 지향적인 언어를 초월할 수 있을까? 또는 그렇게 해야 하는 것일까? 이런 물음들은 상식 심리학적 관행에서든 과학적 심리학의 이론 구성에서든 인간 행위나 행동을 설명하는 데 내용을 지닌 지향적 상태들이 갖는 중추적 위치에 관련된 것이다.

더 읽을거리

해석 이론에 대해서는 각주 1에서 언급한 데이비드슨, 콰인 그리고 루이스의 저작을 보라. 또한 대니얼 C. 데닛의 〈지향적 체계Intentional Systems〉와 〈진정한 믿음자True Believers〉를 참고하라.

인과적 상관관계 이론에 대해서는 각주 7을 참고하라. 또한 로버트 커민스Robert Cummins의 《의미와 심적 표상Meaning and Mental Representation》을 특히 4장부터 6장까지 참고하라. 이 장에서 논의되지 않은 것들을 포함하여, 심적 내용에 관한 또 다른 유용한 저작으로는 린 러더 베이커의 《태도 설명》이 있다. 《마음에서의 의미Meaning in Mind》(Barry Loewer, Georges Rey 편집)에도 여러 도움되는 글들이 있다.

목적론적 설명에 대해서는 프레드 드레츠키의 〈오표상Misrepresentation〉과 루스 밀리컨Ruth Millikan의 〈생체-의미론Biosemantics〉을 참고하라. 캐런 니앤더Karen Neander의 〈심적 내용의 목적론적 이론들Teleological Theories of Mental Content〉은 해당 주제에 관한 종합적인 개관 및 분석이다.

좁은 내용과 넓은 내용에 관해서는 이 문제를 도입한 두 개의 고전적 저작인 힐러리 퍼트넘의 〈'의미'의 의미The Meaning of 'Meaning'〉 및 타일러 버지Tyler Burge의 〈개체주의와 심적인 것Individualism and the Mental〉이 있다. 또한 제리 포더의《심리의미론Psychosemantics》과 〈좁은 내용을 위한 양상 논증A Modal Argument for Narrow Content〉을 참고하라. 좁은 내용에 대해서는 게이브리얼 시걸Gabriel Segal의《좁은 내용에 대한 얇은 책A Slim Book About Narrow Content》을 참고하라. 과학적 심리학과 해당 문제를 연관 지은 논의에 대해서는 프랜시스 이건Frances Egan의 〈심리학은 개체주의적이어야 하는가?Must Psychology Be Individualistic?〉를 참조하라. 조지프 멘돌라Joseph Mendola의《반외재론Anti-Externalism》은 외재론에 대한 광범위하고 유용한 분석과 비판을 제공한다. 외재론을 지지하는 퍼트넘과 버지의 사고실험에 관한 논의는 2장을 참조하라.

심적 내용과 인과에 대해 독자들은 콜린 앨런Colin Allen의 〈그것은 당신이 생각하는 것이 아니다: 지향적 인과에 대한 새로운 아이디어It Isn't What You Think: A New Idea About Intentional Causation〉, 린 러더 베이커의《태도 설명》, 팀 크레인의 〈내용의 인과적 효력: 기능주의 이론The Causal Efficacy of Content: A Functionalist Theory〉, 프레드 드레츠키의《행동 설명》및 〈마음, 기계, 그리고 돈: 행동을 실제로 설명하는 것〉, 제리 포더의《심리의미론》및 〈마음을 더욱 중요하게 만들기Making Mind Matter More〉, 피에르 자코브의《마음이 할 수 있는 것》을 참고할 수 있다.

넓은 내용과 자기-지식에 대해서는 도널드 데이비드슨의 〈자신의 마음 알기Knowing One's Own Mind〉, 타일러 버지의 〈개체주의와 자기-지식Individualism and Self-Knowledge〉, 폴 보고시언Paul Boghossian의 〈내용과 자기-지식Content and Self-Knowledge〉, 그리고 존 헤일John Heil의《진정한 마음의 본성The Nature of True Minds》5장을 참고하라. 이 주제에 관해 최근에 출간된 세 권의 논문 모음집은 다음과 같다.《외재론과 자기-지식Externalism and Self-Knowledge》(Peter Ludlow, Norah Martin 편집),《자신의 마음 알기Knowing Our Own Minds》(Crispin Wright, Barry C. Smith, Cynthia Macdonald 편집),《의미 외재론과 자기-지식에 대한 새로운 논문들New Essays on Semantic Externalism and Self-Knowledge》(Susan Nuccetelli 편집)

제9장

의식이란 무엇인가?

의식이라는 현상만큼 우리에게 친숙한 것은 없다. 깨어 있는 매순간 우리는 의식을 갖고 있으며, 이는 일상적 삶의 흔하고도 놀라울 것 없는 면모이다. 깊은 잠에 들어 있거나 혼수상태에 빠져있거나 아니면 다른 식으로 의식이 없는 경우를 제외하고 말이다. 그 한 가지 의미에서 "의식이 있음"은 "깨어 있음" 또는 "자각이 있음"을 뜻하는 말에 불과하며, 우리는 깨어 있거나 자각이 있다는 것이 무엇인지 잘 알고 있다. 가령 우리는 잠이나 전신마취 또는 머리의 충격으로 인한 일시적인 의식 상실로부터 깨어나 우리 안팎의 일을 인지하게 되는 것이 무엇인지 잘 알고 있다.

의식은 심성의 (적어도 우리가 갖고 있고 중시하는 종류의 심성의) 중심적 특징이다. 뇌사 상태에 있는 사람은 비가역적인 의식의 손상을 입는데, 이것이 바로 뇌사가 우리에게 개인적으로나 윤리적 의미에서 중요한 주된 이유일 것이다. 대부분의 사람들은 의식 능력을 영구적으로 상실한 사람은 사실상 죽은 것이나 다름없다고 보려 한다. 이는 의

식이 심성을 갖기 위한 또는 사람이기 위한 전제 조건일지 모른다는
것을 시사한다. 즉 마음을 가진 어떠한 존재도 의식을 가진 존재여야
한다는 것이다. 어떤 기준에서 보더라도 의식은 심리철학, 인지과학,
심리학에서 핵심적으로 중요한 현상이며 마땅히 그러해야 한다. 게다
가 그 이론적 중요성을 떠나서, 의식은 우리의 개인적 삶에서 극도로
중요한 것이며 직접적이고 깊은 윤리적 함축을 가진 것임이 분명하다.

　의식이 우리의 개념 체계에서 가진 이러한 중심적 위치를 생각할
때, 영향력 있는 사상가들이 의식의 본성과 지위에 대해 가졌던 의견
들이 얼마나 놀라울 정도로 다양한지 살펴보는 것은 유익할 것이다.
이런 견해 몇 가지로부터 시작해보자.

의식에 대한 견해들

데카르트로부터 논의를 시작하는 것이 적절할 것 같다. 그는 흔히 심
리철학이라는 분야를 만든 사람으로 여겨진다.

　　나의 본질은 오직 내가 생각하는 것이라는 사실에 있다.[1]

데카르트에게 생각하는 존재임은 곧 의식적인 존재임에 해당하는데,
이는 그가 다음과 같이 말하는 데서 분명히 드러난다. "마음이 생각하
는 것인 한, 마음 안에 그것이 의식하지 않는 것이라고는 아무것도 없
다.… 생각이 우리 안에 있는 바로 그 순간에 우리가 그 생각을 의식하
지 못할 수는 없다."[2] 그렇다면 데카르트에게 나의 삶은 정확히 나의

1　René Descartes, *Meditations on First Philosophy*, Meditation VI.

의식과 동시에 생겨나고 없어지며, 의식은 나의 본질을 이룬다. 내가 의식 능력을 상실하는 때가 내가 존재하기를 멈추는 때이다. 의식 능력의 상실이 우리가 사람으로서 존재하기를 멈춤을 의미한다는 주장에는 놀라울 것이 없다. 그러나 데카르트가 말하고 있는 바는 그 이상일지 모른다. 의식 능력의 상실은 존재하는 것으로서의 우리의 종말을 의미한다는 것이다. 의식을 잃음으로써 우리는 사람이 아닌 다른 어떤 것이 되는 것이 아니라, 우리는 그저 존재하기를 멈추는 것이며 그 너머에는 무(無)만이 있을 뿐이다.

비슷한 감상을 이반 파블로프에서도 찾아볼 수 있는데, 그는 개("파블로프의 개")가 종이 울리는 것에 반응해서 침을 흘리도록 조건화한 것으로 유명하다. 1910년 노벨상 수락 연설에서 파블로프는 다음과 같이 공언한다.

> 사실의 관점에서 오직 한 가지만이 우리에게 중요한데, 그것은 우리의 정신적psychic 삶이다.[3]

이것이 조건화에 대한 연구로 심리학에서 행동주의 운동의 발전에 큰 영향력을 끼친 과학자로부터 나온 발언이라는 점이 흥미롭다.

현대 심리철학자들 중에는 이와 정반대의 견해를 표명한 사람들도 있다. 의식에 대한 저작으로 유명한 대니얼 데닛은 다음과 같은 대담한 발언으로 명성과 악명을 동시에 얻었다.

---

2 René Descartes, "Author's Replies to the Fourth Set of Objections," p, 171,

3 Ivan Pavlov, *Experimental Psychology and Other Essays*. 파블로프가 "정신적 삶"으로 염두에 둔 것이 의식적 삶이라는 것은 분명하다.

내가 원하는 것은 자신이나 다른 이들이 무얼 말하고 있는지 안다는 전제하에, 누구든 감각질―또는 경험의 "날 느낌"이나 "현상적 속성" 혹은 "질적이고 내재적인 속성" 혹은 "질적인 특질"―에 대해 말하는 것이 불편하게 느껴지도록 만드는 것이다. … **전략적으로, 감각질은 전혀 존재하지 않는다고 선언하는 편이 훨씬 낫다.**[4]

데닛은 모든 의식적 상태의 존재를 부정하는 것이 아니라 고통의 고통 스러움이나 시각적 지각에서의 초록색 같은 내재적인 질적 속성들, 즉 "감각질"을 가진 의식적 상태의 존재를 부정하는 것이다. 이런 견해는 감각질 허무론 또는 제거론으로 알려져 있다.

데닛보다 한두 세대 앞선 미국의 저명한 철학자 윌프리드 셀러스는 다음과 같이 대꾸한 바 있다.

데닛, 하지만 감각질은 삶을 살 만한 가치가 있도록 해주는 것이라오![5]

이는 파블로프가 말했을 법한 것이다. 반짝이는 파도 위의 타는 듯한 노을을 보는 경험, 계곡에서 막 피기 시작한 라벤더의 향기를 맡는 경험, 현악 사중주단이 들려주는 변화하는 겹겹의 화음을 듣는 경험, 이런 것들이 삶을 살 만한 가치가 있게 해주는 것들이다. 반면 편두통의 고통이나 지속되는 두려움과 근심, 끊임없는 우울과 절망 등의 감각질 은 삶을 살 만한 가치가 **없는** 것으로 만드는 것일지도 모른다는 점을 잊어서는 안 되겠다. 그러나 요점은 분명하다. 의식적 상태는 우리에게

---

4 Daniel C. Dennett, "Quining Qualia." 강조는 추가한 것이다.

5 Daniel C. Dennett, *Consciousness Explained*, p. 383에 보고되어 있는 것이다.

좋고 바람직한 것, 그리고 나쁘고 기피하고 한탄해야 할 것 등 모든 가치의 원천이라는 것이다.

앞서와 같은 생각을 한 사람이 데닛만 있는 것은 아니다. 또 다른 심리철학자 조지 레이는 질적인 의식뿐만 아니라 모든 종류의 의식을 거부하고자 작정한 것 같다.

> 인간 정신에 대한 현존하는 가장 그럴듯한 이론적 견해들은 의식에 대해 일반적으로 받아들여지는 핵심 주장들 중 상당수를 필요로 하지도, 지지하지도 않는 것 같다. 이는, 그럼에도 실재하는 현상에 대해 우리가 단순히 착각하고 있음을 보이거나, 아니면 그러한 착각이 얼마나 중한 것이냐에 따라, 의식은 흄이 쫓아낸 단순한 영혼처럼 실재하지 않는다는 것을 보인다고 생각될 수 있다.[6]

인간의 심성에 대한 과학적 이론에서 의식은 아무런 역할도 하지 않으며, 결과적으로 전적으로 불필요하다는, 즉 의식의 존재는 아무런 목적에도 기여하지 않는다는 생각인 것 같다. 아래에서 우리는 이러한 관점에 대해 논의할 기회를 가질 것이다(10장).

의식에 대한 많은 저술을 관통하는 또 하나의 테마는 의식은 신비로운 어떤 것이며 과학적으로 연구될 수 없는 것이어서, 마음이 어떻게 작동하는지 이해하는 데 심각한 걸림돌이 된다는 생각이다. 19세기 영국의 유명한 생물학자 토머스 헉슬리가 잘 알려진 예이다.

> 그러나 의식이 무엇인지 우리는 알지 못한다. 어떻게 의식의 상태와

---

6 Georges Rey, "A Question about Consciousness."

같은 놀라운 것이 신경조직 자극의 결과로 나올 수 있는지는 마치 동화에서 알라딘이 램프를 문질렀을 때 지니가 나타나는 것만큼이나, 또는 자연의 다른 궁극적 사실만큼이나 설명 불가능하다.[7]

현대 과학적 심리학의 창시자로 여겨지는 윌리엄 제임스도 헉슬리와 생각을 같이 하는데, 제임스는 그의 걸작《심리학의 원리》에서 다음과 같이 쓰고 있다.

> 두뇌가 인지하는 의식을 발생시켜야 한다는 것은, 어떤 종류의 의식이든 어떤 종류의 인지이든, 되돌아오는 신비이다. 사고, 즉 복잡한 대상의 인지가 신비를 포함하는 것만큼이나 감각, 즉 단순한 성질의 인지 역시 신비를 포함한다.[8]

"의식의 신비"라는 용어는 빈번하게 또 자유롭게 언급된다. 특히 마음이나 인지과학, 신경과학에 대한 대중저술에서 이 용어를 피하는 것은 불가능하다.[9] 그러나 의식에 대한 객관적이고 이해 가능한 해명의 어려움은 토머스 네이글의 짧지만 강렬한 두 문장에서 가장 잘 표현되는 것 같다.

> 의식이 없다면 심신 문제는 훨씬 덜 흥미로울 것이다. 의식이 있으면 그것은 희망이 없어 보인다.[10]

---

7   T. H. Huxley, *Lessons in Elementary Physiology*, p. 202

8   William James, *The Principles of Psychology*, p. 647 (1981 ed.).

9   예컨대 아마존이나 반스앤노블 같은 인터넷 서점에서 "의식"과 "신비"의 키워드로 검색해보라.

다음 절에서 우리는 네이글이 옳은지, 특히 왜 네이글은 의식이 우리의 육체적 본성과 어떻게 연관되는지 설명할 가망이 없다고 보는지에 대해 논의할 것이다.

독자도 기대할 테지만, 의식에 대한 과학적 이해의 가능성에 대해 긍정적이고 낙관적인 시각을 가진 철학자들과 과학자들도 있다. 노벨상을 수상한 분자유전학자이면서 후기에는 의식에 대한 신경학적 연구로 돌아선 프랜시스 크릭은 다음과 같이 말한다.

> [의식에 대한] 우리의 접근은 본질적으로 과학적인 것이다. 우리는 일반적인 철학적 논증으로 의식의 문제를 풀고자 하는 시도에는 희망이 없다고 생각한다. 필요한 것은 이런 문제의 해결에 실마리를 줄 수 있는 새로운 실험에 대한 제안이다.[11]

어떤 사람들은 과학이 "생명의 신비"를 해결했듯 의식의 신비도 언젠가는 풀릴 것이라는 견해에 매력을 느낀다. 분자생물학의 발전으로 우리는 이제 어떻게 생식, 즉 생명의 탄생이 가능한지 이해한다. 다음과 같은 태도를 취하는 사람들을 어렵지 않게 볼 수 있다. "미래의 과학이 어떤 것을 이루어낼지 누가 알겠어? 과거에 과학이 이루어 낸 것들을 한번 봐. 인내심 있게 기다려야 해."

패트리샤 처치랜드가 이런 태도를 잘 표현한다.

> 신경과학과 실험심리학의 문제들은 어렵긴 하지만, 우리가 조금씩 진

---

10 Thomas Nagel, "What Is It Like to Be a Bat?," p. 528 in *Philosophy of Mind: A Guide and Anthology*, ed. John Heil.

11 Francis Crick, *The Astonishing Hypothesis*, p. 19.

전을 이루면서 또 새로운 기술로 인간의 전반적 두뇌 과정에 대한 비외과적 접근이 증가하면서 직관은 바뀐다. 지금은 명백한 것이 한 세대 전만 하더라도 뜨겁고 놀라운 뉴스였고, 우리의 상상력으로는 당혹스러운 일들이 새로운 대학원생들 무리에게는 아무렇지도 않게 받아들여진다. 의식에 대한 우리의 물음이 궁극적으로 답해질 수 있을지 그렇지 않은지에 대해서 그 누가 확신을 가지고 답할 수 있겠는가?[12]

처치랜드는 과학적 접근이 원칙적으로 의식을 신경적으로 설명할 수 있을 것이라고 확신한다. 그가 시사하듯, 이것이 실제로 이뤄질지는 경험적 문제이다. 철학자들이 우선적으로 관심 있는 것은 두 번째가 아니라 첫 번째 논점이다.

네이글과 그의 불가해한 박쥐

1974년 토머스 네이글은 "박쥐가 된다는 것은 무엇과 같은가?"라는 도발적인 제목의 논문 한 편을 출간했다. 이 기념비적인 논문은 오랜 기간 소홀하게 다루어졌던 의식의 문제를 마음에 대한 철학과 과학의 핵심적인 문제로 복귀시켰다.[13] 네이글은 의식적 경험의 주관적 특질

---

12 Patricia S. Churchland, "Can Neurobiology Teach Us Anything about Consciousness? in *The Nature of Consciousness*, ed. Block, Flanagan, and Güzeldere, p. 138.

13 흥미로운 것은, 의식에 관한 핵심적인 현대의 텍스트를 모아놓은 800여 쪽에 달하는 모음집(*The Nature of Consciousness*, ed. Block, Flanagan, and Güzeldere)의 49개 장 중에서 네이글의 "박쥐" 논문보다 앞서 나온 것은 하나뿐이라는 점이다. 그것은 1910년에 출판된 윌리엄 제임스의 "The Stream of Consciousness"이다. 의식에 대한 과학에서 네이글 논문의 영향은 불분명하지만, 의식이 그 즈음부터 철학과 과학에서 활발히 재논

및 객관적 관점에서의 접근 불가능성에 대한 생생하고도 강력한 논증을 펼침으로써 이를 성취했는데, 그는 "의식이 있으면 [심신 문제는] 희망이 없어 보인다"라고 선언한다. 의식의 문제에 조금이라도 관심이 있는 철학자나 철학도라면, 네이글의 논문을 읽어보았거나 적어도 그의 이름이나 박쥐에 대해서 들어보았을 것이라 단정해도 무방할 것이다.

네이글의 논문에서 주목할 만한 것 하나는 의식에 대한 그의 정의인데, 이 정의는 빠르게 사람들 사이에 통용되어 표준적 지위를 얻게 되었다. 그것은 어떤 생명체가 의식적 경험을 가진다는 것은 "그 생명체가 **된다**는 것과 같은 무언가"가 있음을 의미한다는 생각이다. 그리고 덧붙여서, 어떤 생명체의 상태가 의식적이라고 말하는 것은 "그 생명체가 그 상태에 있는 것과 같은 무언가"가 있음을 말한다는 것이다. 가령 손가락을 데어 고통을 경험하는 것, 하얀 벽에 색칠된 큰 빨간색 원을 보는 것, 또는 썩은 달걀 냄새를 맡는 것과 같은 무언가가 있다고 말하는 것은 옳은 것 같다. 그렇기에 고통을 경험하는 상태나 빨간색 원을 보는 상태 같은 것은 의식적 상태로 간주된다.

네이글은 박쥐가 의식을 가지고 있으며 이를 믿을 좋은 이유가 있다고 주장하면서 논의를 시작한다. 그에 따르면, 박쥐가 되는 것과 같은 무언가가 있으며, 박쥐가 반향정위 음파를 통해 날아다니는 나방의 위치를 추적하는 것과 같은 무언가가 있음에 틀림없다. 박쥐의 지각 영역에 움직이는 나방의 표상이 있는 게 틀림없다. 또는 적어도 우리는 그렇게 생각하는 경향이 있다. **박쥐가 된다**는 것과 같은 무언가가 추가적으로 있다는 생각은 사실 흥미롭긴 하지만 의심이 가는 생각이기

의 되기 시작했다는 것은 사실이다.

도 하다. 가령 그것은 개미핥기가 된다는 것과 같은 무언가와 어떻게 다르겠는가? **인간이 된다**는 것은 무엇과 같겠는가? 네이글에 따르면, 우리는 의식적인 인간이기에 그러한 것이 있음에 틀림없다. 우리가 경험하는 이러한 인간 같음을 찾거나 특정할 수 있을까? 우리 안을 깊숙이 주의 깊게 들여다보아도 우리는 이런 것을 찾지 못할 것이다. 우리가 발견하게 되는 것은 개별 지각들과 현재 발생하고 있는 심적 상태들이다. 나무를 본다는 것, 가려움이나 고통을 느낀다는 것, 딱딱한 의자에 앉아서 불편함을 느끼는 것과 같은 무언가가 있다. 이런 상태나 사건들은 의식적이며, 우리가 의식적 존재인 것은 우리가 그런 상태들에 있을 수 있기 때문이다. 만약 누군가가 "내가 의미하는 것은 당신이 가려움을 경험하는 것이 무엇과 같은지가 아니에요. 인간이 된다는 것이 무엇과 같은지 알고 싶은 겁니다"라고 고집한다면, "무엇과 비교해서요?"라는 말밖에는 무슨 말을 해야 할지 모를 것 같다. 박쥐에 대해서도 비슷하다. 박쥐가 **된다**는 것과 같은 무언가가 있다고 굳이 말할 필요는 없다. 박쥐가 의식이 있는 존재인 것은 박쥐가 의식적 상태에 있을 수 있기 때문이며, 여기서 의식적 상태는 그러한 상태에 있는 것과 같은 무언가가 있는 상태이다.

이런 작은 논란거리가 있긴 하지만, 네이글의 "무엇과 같은지"라는 표현은 광범위하게 사용되게 되었고, 어떤 상태가 의식적 상태, 조금 더 정확히 말하자면 **현상적** 의식 상태라는 것이 무엇인지 설명하는 거의 표준적인 방식이 되었다. 그것은 시지각의 빨강이나, 고통의 아픔, 막 찍어낸 신문의 냄새, 차가운 대리석 표면을 만질 때의 촉각적 느낌 같은 경험의 특정한 질적 특성들을 가리키는 것으로 여겨진다. 경험의 이러한 질적인 또는 현상적인 측면은 요즘에는 일반적으로 "감각질"이라 일컬어지는데, 이는 의식의 본성에 대한 최근의 논쟁의 중심에 있는 것이다. 이에 대해서는 나중에 더 논의하겠다.

어쨌든 우리는 네이글의 두 가지 출발점을 받아들일 수 있다. 첫째, 박쥐는 질적인 특성을 띤 경험을 할 수 있는 의식을 가진 존재이고, 아마도 의식의 다른 많은 "생경한" 형태가 있다는 것이다. 둘째는 박쥐 의식의 질적인 특성에 대해서 아무것도 모르면서도, 즉 박쥐가 된다는 것이 무엇과 같은지, 또는 반향정위를 통해 나방의 위치를 추적하는 것이 무엇과 같은지, 또는 어두운 동굴에 거꾸로 매달려 있는 것이 무엇과 같은지에 대해 아무것도 모르면서도 우리는 박쥐가 의식적이라는 것은 알 수 있다는 것이다. "박쥐가 된다는 것은 무엇과 같은가?"라는 네이글의 물음에 대한 유일한 답은 우리는 아무런 단서도 갖고 있지 못하다는 것이다. 네이글의 표현으로 말하자면, 박쥐의 경험은 우리의 개념적 도달 범위를 넘어선다. 즉 박쥐의 경험이 무엇과 같은지에 대해서 우리는 아무런 이해도 갖지 못한다. 박쥐의 현상학, 곧 박쥐의 내적 경험의 세계는 우리에게 인지적으로 침투불가능한 것이다.

이를 박쥐에 대한 인지과학이나 신경과학과 비교해보자. 박쥐의 인지적 능력이나 그 기저에 있는 신경 메커니즘은 꽤 잘 알려져 있다. 이런 것들은 다른 많은 자연현상과 마찬가지로 과학적으로 연구될 수 있다. 박쥐의 음파 반향정위 시스템이 어떻게 작동하는지에 대한 세부사항은 잘 알려져 있는 것 같다. 가령 박쥐는 130데시벨가량의 초음파를 방출하고 방출된 파동과 그것의 반사를 비교해서 주변에 있는 사물과 사건들에 대한 상세한 지도를 그려낸다. 박쥐들 중 어떤 것은 방출하는 진동과 그 반향을 주파수에 의해 구별하고 어떤 것들은 경과된 시간에 의해 구별한다고 알려져 있다. 예상할 수 있듯, 반향정위의 민감성과 신빙성은 통제된 조건에서의 박쥐의 활동을 관찰함으로써 시험될 수 있다. 우리는 또 박쥐의 시각 시스템(눈 및 관련 시스템)의 능력과 한계에 대해서도 잘 알고 있다. 박쥐가 주변 환경에 대해 무엇을 알고 있는지, 또 어떻게 그런 지식을 얻게 되는지도 알아낼 수 있을 것이다. 우리는 또 박쥐가 필요로 하고 욕구하는 것이 무엇인지도 잘 알고 있으며, 그런 목적을 성취하기 위해 박쥐가 어떻게 행동하는지도 알 수 있다. 그러나 이런 것들이 박쥐의 삶에 있는 전부는 아니다. 우리는 박쥐가 반향정위를 할 때 그러한 신경적-행동적 과정 이상의 무언가가 있다고 생각하는 경향이 있다. 박쥐가 날아다니는 나방을 반향정위를 통해 지각할 때, 박쥐가 어떤 특질을 갖는 경험을 하며 박쥐의 "마음"에는 움직이는 나방의 내적 표상이 있음에 틀림없다고 생각하게 된다. 그리고 이것이 바로 우리가 놓치고 있는 것, 즉 박쥐에 대한 신경적-행동적 과학의 범위를 넘어서는 것으로 보이는 어떤 것이다. 이 지점에서 우리는 네이글의 박쥐에 대해 다음과 같이 말할 수 있을 것 같다.

> 우리는 박쥐의 행동과 생리학에 대한 모든 것을 알고 있으나 박쥐의 경험의 질적인 특성에 대해서는 아무것도 알지 못한다.[14] 박쥐에 대한 이상적으로 완전한 신경생리학, 신경과학, 행동심리학도 박쥐가 경험하는 현상세계에 대해서는 아무것도 말해주지 못할 것이다.

이런 견해가 불러일으키는 걱정거리 하나는 그것이 일반적인 유아론 solipsism으로 귀결되지 않는가 하는 것이다. 우리는 박쥐가 된다는 것이 무엇과 같은지 모를 뿐만 아니라, 다른 사람이 된다는 것이 무엇과 같은지, 다른 사람이 고통이나 기쁨을 느끼는 것이 무엇과 같은지에 대해서도 알 수 없다. 박쥐의 내적 세계로부터 단절된 것만큼이나 우리

---

14 이는 약간 과장된 것이다. 반향정위를 통해 나방을 추적하는 박쥐가 되는 것과 같은 무언가는, 겁먹은 토끼나 달려가는 코끼리가 되는 것과 같은 무언가와 유사하지 않다는 것을 우리는 알 수 있는 것 같고, 네이글도 이에 동의할 것이다.

는 다른 사람들의 내적 세계로부터도 단절되어 있지 않은가? 네이글은 이런 함축을 부정한다. 네이글은 우리가 다른 사람이 된다는 것이 무엇과 같은지, 또 다른 사람이 다양한 종류의 경험을 갖는 것이 무엇과 같은지 알 수 있으며, 또 실제로 알기도 한다고 주장한다. 그렇다면 다른 사람과 박쥐의 차이는 무엇인가? 나는 박쥐의 고통을 경험할 수 없는 것만큼이나 다른 사람의 고통도 "내부로부터" 경험할 수 없다. 네이글의 대답은 둘 사이에 다음과 같은 결정적인 차이가 있다는 것이다. 우리는 다른 사람의 "관점"을 취할 수 있는 반면 박쥐의 관점을 취하지는 못한다. 의식에 대한 네이글의 논의 전체에 걸쳐 "관점"에 대한 얘기가 두드러지게 등장하는데, 이는 그의 의식 및 주관성 개념과 밀접히 연결되어 있는 듯하다. 내가 "관점을 취한다"는 (나의 관점이든, 다른 사람의 관점이든, 박쥐의 관점이든) 것이 무엇일까? 은유 이상의 어떤 의미가 있을까? 내가 다른 사람의 관점을 취할 수 있지만 박쥐의 관점은 취하지 못한다면, 내가 그 사람의 관점을 취하고자 할 때 시도해서 성공하는 것은 무엇이고, 박쥐의 경우에 실패하는 것은 무엇인가?

이런 질문에 대해 네이글은 큰 도움을 주지 않는다. "일인칭적 관점"이나 "일인칭적 시각"에서 "관점", "시각"에 대한 언급은 의식 및 주관성에 대한 철학적 논의에서 흔히 등장하지만,[15] 이런 표현들이 수용 가능한 수준으로 명확하게 설명되는 경우는 없다. 이 영역에서 유일하게 확실한 아이디어는 각 경험이 주체를 갖는다는 것, 즉 그 경험을 소유한 단 하나의 주체를 가진다는 것인 듯하다. 그리고 이는 경험이 그 단일한 주체의 관점에서 경험됨을 의미하는 것으로 여겨진다. 또 이것은

---

15 네이글은 수년간 주관성 객관성 사이의 대조에 강강한 관심을 보였는데, 그는 이 대조를 "관점"에 의해서 설명한다. 관점이라는 아이디어가 그의 *The View from Nowhere* 의 여러 논증의 모양새를 결정짓는 핵심 개념이라고 보아도 무방할 것이다.

그 경험자의 관점이라는 점에서 "일인칭적" 관점이다. 나의 경험에 관해서 다른 사람의 관점은 삼인칭적 관점인데, 이는 그저 그것이 일인칭적 관점이 아님을, 즉 그 사람이 나의 고통을 경험하는 자가 아님을 의미할 뿐이다.

이런 설명에 의하면 나에게 다른 사람의 경험과 박쥐의 경험 사이에 차이는 없는 것으로 보일 것이다. 나는 둘 모두에 대해서 제삼자이다. 그래서 다시 묻자면, 그 차이는 무엇인가? 네이글의 견해가 일반적 유아론의 귀결을 갖지 않는 것은 어떤 이유인가? 네이글은 다음과 같은 것을 염두에 둔 것 같다. 나는 **공감적으로** 다른 사람의 관점을 취해 그 사람이 세상을 보는 것처럼 세상을 보거나 상상할 수 있다. 그러나 박쥐에 대해 공감적으로 동일시하는 것은 가능하지 않다. 박쥐가 세상을 경험하는 식으로 내가 세상을 보는 것을 상상하는 것은 그저 불가능하다. 공감적 동일시나 자신이 다른 이의 마음 안에 있음을 상상하는 것 등에 호소하는 이런 식의 설명은 약간의 설명적 가치를 가질지는 모르나, 이것으로는 아무것도 더 분명해지거나 정확해지지 않는다. 오히려 더 복잡한 쟁점들을 끌어들인다.[16] 이런 의미의 상상이 어떻게 타인의 마음에 대한 **지식**을 낳는지의 결정적인 질문은 대답되지 않은 채로 남아 있다. 내가 공상을 하고 있거나 꾸며내는 것이 아니라 올바르게 상상하고 있는지 어떻게 아는가? 다른 이의 경험이 그에게 어떠할지를 상상할 때 나는 그저 나의 경험을 다른 이의 것에 포개놓음으

---

16 심적 상태의 상식 심리학적 귀속에 대한 시뮬레이션 이론에 따르면, 이러한 공감적 "마음 읽기mind reading"가 사람들 사이에서 발생하며, 사실 이 현상에 대한 생물학적 기반이 있을 가능성이 있다. Alvin Goldman의 *Simulating Minds*를 보라. 그러나 우리의 현재 관심사는 의식적 경험의 질적인 특성인데 반해, 시뮬레이션 이론이 초점을 두는 것은 믿음이나 목표, 계획, 결정과 같은 지향적 상태임을 주의해야 한다.

로써 이러한 소위 상상이라는 것을 통해 결국 내 자신의 마음을 읽는 것 아닌가?

이런 질문들은 제쳐두고 계속 논의를 진행해보자. 더 시급한 또 다른 문제가 있다. 네이글의 논증에 관한 한, 상상이나 타인의 마음에 대한 지식과 관련된 이런 물음들을 별로 중요치 않게 만들 수 있을 만한 문제이다. 불가능하긴 하지만, 우리가 어떤 식으로 박쥐의 마음 안을 들여다볼 수 있고 박쥐가 된다는 것이 무엇과 같은지 알아낸다고 해보자. 이것이 박쥐에 대한 생리학적 지식으로부터 박쥐의 현상세계에 대한 지식을 도출하거나 획득하는 데, 또는 박쥐의 의식에 대한 객관적이고 물리적인 이론을 세우는 데 도움이 될까? 답은 분명히 그렇지 않다는 것이다. 박쥐가 된다는 것이 무엇과 같은지 우리가 안다면, 이는 박쥐의 생리학으로부터 우리가 무엇을 도출할 필요가 있는지, 혹은 우리가 무엇에 대한 객관적 이론을 세워야 할지 보여줄지도 모른다. 그러나 이는 실질적인 도움은 주지 못할 것이라고 확신할 수 있다. 박쥐를 연구하는 가장 뛰어난 신경과학자도 우리만큼이나 박쥐의 생리학으로부터 박쥐의 현상세계를 도출해내지 못할 것이다. 우리는 인간이 된다는 것이 어떠한 것인지 알고 또 우리가 인간으로서 가질 수 있는 온갖 종류의 경험에 친숙하긴 하다. 그러나 이는 우리가 우리의 뇌에 대한 사실로부터 의식에 대한 사실을 도출하는 데에 조금의 도움도 주지 못한다. 인간 두뇌에 대한 이상적으로 완전한 신경생리학이 인간의 의식적 경험의 현상세계 대한 지식을 주겠는가? 이 물음에 대한 올바른 답이 무엇이건 간에, 분명히 이는 인간이 아닌 누군가가 인간이 되는 것이 무엇과 같은지에 대해 인지적 접근을 갖느냐의 여부에 의존하지 않는다.

이는 박쥐 의식의 인지적 불가해성이 네이글의 논증에서 결정적인 전제가 된다는 인상이 잘못된 것이거나, 적어도 오해를 불러일으킬 소지가 있다는 점을 보여준다. 시선을 끄는 네이글의 논문 제목이 시사하는 이 전제가 거짓이라고 하더라도, 또는 그것을 논외로 하더라도, 박쥐 의식의 물리적 환원불가능성은 여전히 성립할 수 있다. 박쥐의 의식이 우리에게 접근 가능한지는 결론과 무관하다. 한마디로 박쥐 이야기는 의식의 물리적 환원불가능성에 대한 논증에서 전혀 중요한 역할을 하지 않는다. 그것은 흥미를 돋우는 생생한 (아마도 "의식을 고양"하는!) 서설 정도로 보는 것이 가장 좋다.

그렇다면 의식의 환원불가능성에 대한 네이글의 논증은 무엇인가? 다음과 같은 논증을 읽어낼 수 있다. 의식적 상태가 단 하나의 주체에게 접근 가능하다는 점에서 의식은 본질적으로 주관적인 반면, 두뇌 상태를 포함하는 물리적 상태는 이런 주관적 특성을 결여한다. 의식을 두뇌 상태로 환원하는 것은 본질적으로 주관적인 상태를 주관적이지 않은 상태로 만들 것이다. 다시 말해, 의식적 상태는 의식적이지 않은 상태가 되어 버릴 것이다. 그러나 이는 불합리하며, 따라서 의식을 두뇌로 환원하는 것은 불가능하다. 이런 식의 논증은 많은 질문을 제기하지만 일리가 있는, 적어도 명백히 불합리하지는 않은 생각이다.

현상적 의식과 접근 의식

이 지점에서 용어들을 조금 분명히 하는 것이 좋겠다. 형용사로서의 "의식적인conscious"이라는 단어는 사람이나 유기체에도 적용되고 또 그들의 상태에도 적용된다. 우리는 의식적 생명체이지만 양배추나 아메바, 꽃병 등은 그렇지 않다. 이는 우리가 존재하는 동안 항상 의식적임을 의미하지는 않는다. 깨어 있고 자각이 있을 때 우리는 의식적이고, 깊은 잠에 빠져있거나 혼수상태에 있을 때에는 의식적이지 않다. 우리는 또한 사물이나, 상태, 사실(가령 깜빡이는 빨간 신호등, 성가신 허리 통증, 경찰차에 쫓기고 있음)에 대해서 의식하기도 한다. 이런 경우에 "의식함"은 "인지함"과 대략적으로 같은 의미를 갖는다. 또 우리는 "의식적"이라는 단어를 사건이나 상태 또는 과정에 붙이기도 한다. 고통이나 가려움, 심적 이미지 같은 친숙한 감각 상태나 사건은 의식적 상태이고 의식적 사건이다. 화, 기쁨, 슬픔과 같은 감정들도 보통 의식적이지만, 무의식적인 욕구나 분노 같은 것도 있다고 보는 것이 일반적이다. 우리의 믿음, 욕구, 바람, 기억들 중 많은 것들은 의식적이지만, 우리가 의식적으로 인지하지 못하는 것들도 많이 있다. 나는 모교에 연례 기부금을 내야 한다는 의식적 믿음이 있고 그래서 수표책을 찾기 시작한다. 그러나 이를 지켜보고 있는 사람은 이런 행동이 기부금 모금을 맡고 있는 친구를 실망시키지 않으려는 무의식적 욕구에서 나온 것이라고 볼지 모른다.

"의식적"이라는 단어의 이 두 용법, 즉 사람과 생명체에 적용되는 용법(이는 "주체 의식"이라 부를 수 있을 것이다)과 그들의 상태에 적용되는 용법("상태 의식") 사이의 관계는 무엇인가? 다음과 같이 말할 수 있을까? "한 사람의 상태가 의식적 상태인 경우 오직 그 경우 그 사람은 그에 대해 인지하고 의식한다." 어떤 상태가 의식적 상태라면, 그 상태에 있는 사람은 그것에 대해 인지하고 있다고 보는 것이 그럴듯하다. 그러나 그 역은 거짓인 것 같다. 나는 내 나이와 몸무게에 대해 인지하지만, 이 때문에 내 나이와 몸무게가 의식적 상태가 되는 것은 아니다. 나는 내 자세와 방향(내가 서 있는지 누워 있는지)을 자기수용감각을 통해서 인지하며 이런 식의 인지는 직접적이고 즉각적인 것으로 보이지만, 이런 신체 상태는 의식적 상태가 아니다. 심적 상태에만 국한한다면 상태 의식과 주체 의식의 관계에 대한 위의 제안은 더 일리가 있다. 심적 상태가 의식적 상태인 것은 그 상태에 있는 주체가 그것을 의식하는 경우 오직 그 경우이다. (이런 아이디어에 대해서는 의식에 대한 "고차 이론"과 관련하여 추가적으로 논의할 것이다.) 의식적 상태로부터 의식적 존재로의 역방향은 직접적이고 보다 더 단순한 것으로 보인다. 의식적 존재는 의식적 상태를 가질 수 있는 존재로 설명할 수 있다. 이 장과 다음 장에서 우리는 주로 상태 의식(즉 의식적 상태의 본성과 지위)을 논의할 것이고 주체 의식에 대해서는 거의 논의하지 않을 것이다.

요즘에는 "현상적 의식phenomenal consciousness"과 "접근 의식access consciousness"이라는 두 유형의 의식을 구분하는 것이 일반적이다.[17] 이 구분은 중요한데, 그 두 유형의 의식은 각각 다른 철학적 쟁점을 제기하며, 하나에 대한 이론이 자동적으로 다른 것에 적용되는 것은 아니기 때문이다. 그리고 의식에 대한 "설명"이나 "이론"이 주어졌을 때, 그것이 어떤 유형에 대한 설명 또는 이론인지를 분명히 할 필요가 있다.

현상적 의식: "감각질"

잘 익은 토마토를 볼 때 그 색깔은 상추 다발의 색깔이 보이는 것과는 다른 어떤 식으로 보인다. 토마토를 으깨어 코 가까이 가져가면 레몬을 으깼을 때 나는 냄새와는 다른 특징적인 냄새가 난다. 감각 양상을 가로지르자면, 휘발유 냄새를 맡는 것은 그것을 맛보는 것과는 완전히 다르다(적어도 그럴 것이라고 안전하게 가정할 수 있다!). 잘 익은 빨간 토마토를 보는 것이나 휘발유 냄새를 맡는 것이나, 다리에 찌르는 듯한 고통을 경험하는 것과 같은 감각적 심적 사건 및 상태는 특유의 질적인 성질, 즉 느껴지거나 감각된 성질들을 갖는데, 이를 통해서 그것들은 어떤 특정 유형의 감각으로 확인된다. 심적 상태의 이런 감각적

---

17 이 두 가지가 의식의 종류의 전부라는 것을 함축하는 것은 아니다. 크리스토퍼 힐은 *Consciousness*, 1장에서 의식의 다섯 가지 "형태"를 구분한다. 그러나 곧 설명될 의미에서의 현상적 의식과 접근 의식은 힐의 의식 분류법에도 등장한다.

성질을 "현상적"(때로는 "현상학적") 속성 또는 "날 느낌raw feels"이나 "감각질"이라 부르는 것이 표준적이다.[18] 그런 질적인 측면을 가진 의식적 상태들은 현상적 상태라 불리며, 이런 것들이 현상적 의식의 사례에 해당한다. 지각 경험과 신체 감각은 이런 의식 형태의 전형적 사례이다.

현상적 의식의 개념을 설명하는 또 한 가지 표준적인 방식은 "무엇과 같은지"라는 표현에 호소하는 것인데, 이는 이미 네이글의 "박쥐" 논문을 통해 익숙하다. 현상적 의식 상태는 그 상태에 있는 것과 같은 무언가가 있는 그러한 상태이다. 예컨대 네드 블록은 다음과 같이 말한다.

> 현상적 의식은 경험이다. 어떤 상태를 현상적 의식 상태로 만드는 것은 그 상태에 있다는 것과 "같은" 무언가가 존재한다는 것이다.[19]

"무엇과 같은지"라는 표현은 경험에서 느껴지는 질적 특성, 즉 감각질을 포착한다고 여겨진다. 나는 (반 고흐의 풍경화를 볼 때처럼) 어두운 녹색 배경 속 황금빛 형상을 본다는 것이 무엇과 같은지를 아는데, 노랑-초록에 대해 색맹인 사람은 아마도 **내가** 이런 경험을 갖는다는 것이 무엇과 같은지 모를 것이다. 거꾸로, 정상적인 시각을 가진 사람은 색맹인 사람이 초록색 배경에 노란색을 본다는 것이 무엇과 같은지 적어도 직접적으로는 알지 못한다.

현상적 의식에 대한 블록의 정의는 문자 그대로 이해할 경우 지나

---

18 "감각질"은 이제는 표준적인 용어인데, 그런 질적인 특성을 가진 상태를 지칭하기 위해서 사용되는 경우도 있다.

19 Ned Block, "On a Confusion about a Function of Consciousness," in *The Nature of Consciousness*, ed. Block, Flanagan, and Güzeldere, p. 377.

치게 포괄적인 것으로 보인다. 1분간 숨을 참는다는 것이나, 백악관 집무실에서 대통령을 만난다는 것과 같은 무언가가 존재한다. 그러나 대통령을 만나거나 숨을 멈추는 것은 현상적으로든 다른 식으로든 의식적 상태라고 할 수 없다. 의식적이라 할 수 있는 것은 대통령을 만나거나 오랫동안 숨을 참는 **경험**이다. 같은 인용문에서 블록이 말하듯이, 현상적 의식은 곧 경험이다. 그러나 이런 점을 주의한다 하더라도, 많은 사람들이 사용하는 "무엇과 같은지"라는 표현이 경험의 질적인 특성을 집어내기에 충분히 적절한지는 분명치 않다. 고통에 대해 생각해보자. 팔꿈치에 찌르는 듯 날카로운 고통을 느끼는 것과 같은 무언가가 분명히 존재한다. 그러나 크리스토퍼 힐이 지적하듯, "무엇과 같은지"라는 표현은 너무 많은 것을 포괄한다.[20] 고통 상태에 있는 것이 무엇과 같은지는 고통스러움의 느낌 외에도 불안의 느낌이나 그것을 없애버리려는 욕구, 팔꿈치가 굽혀지고 올라가 있음에 대한 자각 같은 것을 포함할 수 있다. 이는 고통의 사례마다 다를 것이고, 또 사람마다 다를 수 있다. "무엇과 같은지"는 다른 측면에서도 너무 포괄적이다. 어떤 것에 대해 의심하거나 확신하지 못하는 것과 구별되는, 어떤 것을 믿는 것과 같은 무언가가 있다고 말할 수 있는 것 같다. 그러나 믿음의 감각질, 즉 모든 믿음에 어떤 특별한 질적 특징이라는 것이 있을까? 아니면 자각함에 대해 생각해보자. 깨어서 자각한다는 것과 같은 무언가가 확실히 있다. 그러나 깨어 있음 혹은 자각의 감각질, 즉 자각 자체에 결부된 질적인 특성이 있는가? 어떤 특정 시점에서의 자각의 내용은 색이나 모양, 소리 등의 다양한 감각질에 의해 구성될 수 있으나, 고통의 감각질이 있는 것과 같은 의미에서 자각의 감각질이나 믿음의 감각

---

20 Christopher Hill, *Consciousness*, p. 21.

질이 있는지는 의심스럽다. 그렇다면 "무엇과 같은지"의 개념과 경험의 질적인 특성이라는 개념은 완전히 일치하지는 않는 것 같다. "무엇과 같은지"는 현상적 특질보다 그 외연이 더 넓은 것으로 보인다.

감정은 일반적으로 질적인 측면을 갖는다. 화, 후회, 부러움, 자부심 같은 감정들은 특유의 질적 느낌을 갖는 것 같다. 감정이 "경험된다"고 하고 때로는 강렬하게 "느껴진다"고도 하는 데에서도 볼 수 있듯이 말이다. 그러나 감각 경험과 달리 감정은 그것이 어떻게 느껴지는가에 의해서만, 또는 어떻게 느껴지는지 위주로 분류되는 것 같지는 않다. 예를 들어, 어떤 감정을 그 느껴지는 질적 특성만으로 분노나 부러움, 질투의 감정으로 분류하기는 어렵거나 어쩌면 불가능할 것 같다. 모든 감정의 사례가 특유의 느낌을 동반하는 것도 아니다. 정부의 지속적인 대규모 적자가 마음에 들지 않거나, 심지어는 그 때문에 속이 상하다고 해서, 그런 언짢음에 어떤 특별한 질적 느낌이 동반되어야 하는 것일까? 그런 것 같지 않다. 만약 그렇다 하더라도, 무언가에 대해 우리가 속상해하거나 언짢아하는 모든 경우에 같은 질적 느낌이 있어야 할까? 그런 상태에 있는 것은 특유의 느낌을 동반하는 어떤 경험을 하는 것의 문제라기보다는 모종의 믿음과 태도 및 성향(가령 대규모 적자가 경제에 나쁘다는 믿음이나, 다음 선거에서 반대 진영의 선거 운동에 참여하고자 하는 열망)을 가짐의 문제인 것 같다. 게다가 요즘에는 주체가 인지하지 못하는 감정(가령 억압된 화나 분노)이 있다고 보는 것이 일반적이며, 이런 무의식적 상태는 부분적으로조차 현상적 질적 특성에 의해 구성된다고 볼 수 없을 것 같다.

기분은 흔히 감정과 함께 분류된다. "좋은" 기분과 "나쁜" 기분, 약간 우울한 기분, 긍정적이고 낙관적인 기분 같은 것에는 분명히 특유의 느낌이 있다. 어떤 면에서 기분은 감정에 비해 신체 감각과 유사한 측면이 있는 것 같다. 가령 항상 그런 것은 아니겠지만 기분은 주로 그것의 질적인 특성에 의해서 분류되는 것 같다. 나쁜 기분은 어떤 특정한 식으로 느껴지며 좋은 기분은 다른 방식으로 느껴진다. 앞에서 보았듯 감정은 무의식적일 수 있으나, 무의식적 기분에 대해 말하는 것은 좋게 말해도 어색하게 들린다. 그리고 감정에는 전형적으로 주의가 집중되지만, 기분은 그런 것 같지 않다.

믿음의 경우로 돌아와서, 모든 믿음이 공유하는 특유의 현상적 느낌이 있다고 할 수 있을까? 답은 분명히 그렇지 않다는 것이다. 그 이유는 간단하다. 무의식적인 감정과 마찬가지로 무의식적 믿음이 있을 수 있고 실제로도 있기 때문이다. 우리가 자각하지 못하는 심적 상태를 어떤 현상적 느낌과 연결 짓는 것은 좋게 말해도 어색하게 느껴진다. 상식 심리학에 일정 부분 흡수된 프로이트 식의 심층 심리학에 따르면, 우리의 의식적 마음에 받아들여지지 않는 믿음, 욕구, 감정을 억누르는 심리학적 기제가 있다고 한다. 미디어에서는 어린 시절 학대에 대한 억눌린 기억이 치료를 통해 회복되었다고 말하는 사람들의 뉴스가 종종 등장한다. 그러나 굳이 그런 논란의 여지가 있는 사례를 들 필요도 없다. 내가 당신에게, "신경외과 의사들 중 모자를 쓰는 사람이 있다고 믿으십니까?"라고 묻는다면, 당신은 아마도 그렇다고 답할 것이다. 즉 당신은 신경외과 의사들 중 모자를 쓰는 사람이 있다고 믿는 것이다. 이는 당신이 늘 가지고 있던 믿음이기도 하다. (당신에게 이 질문을 2년 전에 했다 하더라도 그렇다고 답했을 것이다.) 이는 당신이 지금 막 갖게 된 새로운 믿음이 아니지만, 당신은 이제야 그것을 자각하게 된 것이다. 내 질문이 당신의 무의식적 믿음을 "활성적occurrent" 믿음으로 만든 것이다. 당신은 그러한 믿음을 수없이 많이 갖고 있음이 분명하다. 이런 믿음은 "성향적dispositional" 믿음이라 불린다. 성향적 믿음은 경험되지 않고, 현상적 의식은 경험이라는 블록의 말을 따른다면, 성향적 믿음을 갖는 것과 같은 무언가는 없으며 그래서 그것은 아무런 현상적 특성을 갖지 않는다고 보아야 할 것이다.

그렇다면 의식적 믿음은 어떤가? 조지 워싱턴이 미국의 대통령이라는 의식적 믿음의 모든 사례들이, 상이한 사람들에 있어서건 상이한 시점의 한 사람에 있어서건, 이런 내용을 가진 믿음에 고유한 어떤 특별한 질적 특성에 의해 특징지어지는가? 답은 그렇지 않다는 것이다. 이런 믿음을 가진 사람들 중 어떤 사람은 조지 워싱턴의 심상을 가질 수도 있고 어떤 사람은 단순히 "조지 워싱턴"이라는 단어가 마음속에 맴돌지도 모르고, 또 어떤 사람은 특정 심상이나 다른 종류의 현상적 경험을 아예 갖지 않을지도 모른다. 다음과 같은 일반적인 물음도 있다. 모든 활성적 믿음들, 즉 우리가 능동적으로 품고 있는 믿음들은 어떤 특정한 현상적 특징, 즉 믿음의 감각질이라는 것을 갖는가? 어떤 이들은 우리가 어떤 생각을 믿음으로 자각할 때, 일종의 긍정 판단의 느낌, "아, 맞아!"의 느낌과 같은 것이 있다고 주장한다. 유사하게, 활성적인 불신에는 직접적으로 느껴지는 부정의 느낌이 동반되고, 기억에는 기시감 같은 느낌이 동반된다고 할 수 있을지 모르겠다. 아마도 욕구와 바람, 희망 같은 것들에는 항상 결핍감과 함께 갈망이나 열망의 느낌이 동반될지 모르겠다.

그러나 이런 주장을 평가하기는 쉽지 않다. "아, 맞아!"의 느낌은 우리가 어떤 것을 믿고 있음을 자각하게 되는 것과 다르지 않을지 모른다. 그런 자각에는 특정 종류의 느낌이 동반되는 것 같지 않다. 의사가 타박상을 입은 팔꿈치의 고통이 나아지고 있는지 물으면 당신은 팔꿈치에 주의를 집중하여 고통이 여전히 거기에 있는지 확인하려 할 수 있다. 이 경우에는 분명히 당신이 찾고 있는 어떤 종류의 감각적 느낌, 즉 감각질이 있다. 그러나 당신이 어떤 명제를 (가령 안락사가 도덕적으로 허용가능하다는 것, 벨라스케스가 서양 역사에서 가장 위대한 화가라는 것, 또는 공화당이 조만간 재기하리라는 것 등을) 실제로 믿는지 확신하지 못할 때, 당신이 특정 종류의 감각질을 찾고 있는 건 아니다.[21] 안락사가 도덕적으로 허용 가능하다는 생각에 동반되는 어떤 질적인 느낌이 있어서, 당신이 그걸 찾았을 때 "아하, 내가 안락사가 허용 가능하다고 믿는다는 걸 알겠어!"라고 말하고, 그런 걸 찾지 못하면 "이제 알겠어, 나는 그런 믿음을 갖지 않아"라고 말한다는 생각은 말이 되지 않는 것 같다.

만약 믿음, 욕구, 의도와 같은 지향적 심적 상태들과 연결된 특유의 현상적 성질이 없다면, 다음과 같은 질문에 직면하게 된다. 내가 내일 비가 올 것이라고 (가령 단순히 **바라는** 것이 아니라) **믿는다**는 것을 나는 어떻게 아는가? 이런 지식은 적어도 보통의 경우에는 직접적이고 특권적인 것 같이 보인다. 그런 지식은 증거에 기초해 있지 않고, 우리가 그런 문제에 대해 틀릴 수 있다고 보는 것은 상당히 예외적이거나 심지어 비일관적일지도 모른다. 한 가지 확실한 것은 우리가 특정한 감각질을 찾기 위해 내부를 들여다봄으로써 우리가 어떤 것을 믿거나 바라는지를 알아내는 것은 아니라는 점이다. 어떤 현상적 성질을 찾아내서 우리가 화가 났는지 당황했는지 알게 된다는 것 역시 분명하지 않다. 그렇다면 우리는 우리가 당황한 게 아니라 화가 났다는 것을 어떻게 아는가? 수치스러운 것이 아니라 당황스럽다는 것은? 때때로 우리는 우리의 느낌을 당황스러움이나 수치심 중 어느 하나로 분류하는 것이 불가능하다고 느낀다(아마도 둘 다일 것이다). 그러면 **그렇다**는 것은 또 어떻게 아는가?

---

21 "당신은 p를 믿으십니까?"라는 질문을 받을 때 우리 마음 안을 들여다보고 우리가 어떤 심적 상태에 있는지를 결정하고자 하지 않는다. 그보다 우리는 p가 참인지 확인하고자 한다. 공항 라운지에서 "비행기가 제시간에 출발할 거라고 믿으세요?"라는 질문을 받았다고 생각해보라.

한 가지 가능한 답은 다음과 같은 것이다. 나는 당황스럽다는 것이 무엇과 같은지 알고, 수치스럽다는 것이 무엇과 같은지도 안다. 그런 식으로 나는 내가 수치스러운 것이 아니라 당황스럽다는 것을 아는 것이다. 그러나 그런 지식의 본성은 무엇인가? 화가 났다는 것이 무엇과 같은지를 알 때 우리가 아는 것은 무엇인가? 아마도 그것은 사과가 무슨 맛인지를 아는 것이나, 사과와 귤이 똑같은 맛이 아님을 아는 것과 유사한 것일지 모른다. 그렇다면 우리 자신의 지향적 상태에 대한 지식(즉 그것이 믿음인지, 욕구인지 바람인지 등등에 대한 지식)은 모종의 현상적 지식과 결부되어 있는 것일지 모른다. 여기서도 이것이 보여주는 바는 감각질 또는 현상적 특질의 개념과 그것이 "무엇과 같은지"의 개념이 분리될 수 있다는 점이다. 믿음의 감각질에 대해서 말하는 것은 말이 되지 않는 것 같지만, 그럼에도 (의심하는 것이 아니라) 믿는다는 것과 같은 무언가가 있고, 우리는 또한 그것이 무엇과 같은지 안다고 말할 수 있는 듯하다. 어쨌든 어떤 의식적 심적 상태에는 특별한 현상적 성질이 없음에도 그런 상태에 있다는 것과 같은 무언가가 있다고 보는 것이 설득력 있다. 우리가 "경험"이라 부르는 심적 사건들은 현상적 속성을 가진 것들인 것으로 보인다. 감각과 지각은 경험이지만 우리는 믿음과 생각을 경험이라 보지 않는다.

요약하자면, 심적 상태는 두 부류로 나누어진다. 주체가 의식하거나 자각하는 상태들이 그 하나이고, 그렇지 않은 상태들이 다른 하나이다. 감각질을 동반하지 않는, 즉 현상적 특질을 갖지 않는 의식적 상태가 있는지는 열린 물음으로 두어도 된다. "무엇과 같은지"의 의미에서 모든 의식적 상태는 현상적 특성을 갖는다. 즉 어떤 의식적 상태에 대해서 항상 그 상태에 있는 것과 같은 무언가가 있다. 의식적 상태에 언제나 어떤 특징적인 감각질을 연결 지을 수 있는지에 대해서는 의문을 제기했지만 말이다. 어쨌든 질적 특성을 갖는 의식적 상태는 두 하위 그룹으로 나누어질 수 있는데, 그 질적 특성에 기초해서 어떤 유형으로 분류 혹은 개별화되는 것들(예컨대, 고통, 암모니아의 냄새, 초록색의 시각적 감각 같은 것들)과 감각질을 동반하지만 그 질적 특성에 의해서 분류되지는 않는 것들(가령 믿음, 의심, 감정 같은 것들)이 있다. 이 구분은 다음과 같이 표현될 수 있을 것이다. 첫 번째 그룹에 속하는 의식적 상태들은 전적으로 감각질에 의해서 **구성**되지만, 두 번째 그룹에 속한 것들은 질적 특성을 갖기는 하지만 그것에 의해서 (아마도 부분적으로조차) 구성되지는 않는 것들이다.[22]

접근 의식

하던 일을 멈추고 창밖을 바라보자 장대비가 창문을 때리고 있고 창밖 도로 하수구로 물이 콸콸 내려가는 것을 본다고 하자. 나는 장대비가 이 근방에 내리고 있음을 의식 또는 자각하게 된다. 결과적으로 나는 점심 먹으러 가는 길에 우산을 챙기기로 하고, 또 이따가 오후에 운전해서 오기로 한 친구에게 전화를 걸어 "비가 많이 오니, 고속도로에서 조심해"라고 말한다.

만약 내가 비를 의식적으로 자각하지 못했다면(가령 내가 일에 열중해서 밖에서 무슨 일이 벌어지고 있는지 자각하지 못했다면), 이런 일들은 일어나지 않았을 것이다. 주목할 점은 내 의식적 상태가 지닌 내용이, 그 상태가 의식적이 됨으로써 어떤 추론(오후에 운전이 어려울 것이라는 추론)이나 결정(우산을 챙기기로 한 결정), 언어적 보고(친구에게 비에

---

22 가령 분노가 어떤 감각질("분노 감각질")에 의해 **부분적으로 구성된다면**, 분노의 모든 사례는 이 분노 감각질을 나타내야 할 것이다. 즉 이 감각질은 그것을 분노의 한 사례로 만드는 것의 일부분이다. 그러나 각각의 분노 사례에 어떤 감각질이 있으면서도 분노의 모든 사례에 공통으로 존재하는 단일한 감각질은 없을 가능성도 있다.

대해 말한 것)와 같은 여러 다른 인지적 기능에서 활용 가능해졌다는 점이다. 즉 이런 인지적 능력 또는 모듈이 비에 대한 나의 의식적 상태에 **접근**을 갖는다. 이것이 접근 의식의 기본적인 아이디어이다. 이 개념을 정식으로 도입한 네드 블록은 다음과 같이 말한다.

> 어떤 상태가 생각과 행위를 직접적으로 제어할 준비가 되어 있는 경우 그 상태는 A-의식적[접근-의식적]이다. 조금 더 세부적으로는, 어떤 표상이 추론에서의 자유로운 사용, 그리고 행위와 말에 대한 직접적인 "합리적" 제어에 준비가 되어 있는 경우, 그 표상은 [접근]-의식적이다. [접근-의식적] 상태는 [접근-의식적] 표상을 갖는 상태이다.[23]

행위의 제어에 "합리적"이라는 말을 추가한 이유는 의식적 욕구와 무의식적 욕구를 고려해보면 알 수 있다. 우리가 의식적 욕구(가령 의대에 진학하고자 하는 욕구)를 가졌을 경우, 그것은 행위와 의사 결정을 위한 우리의 숙고에 들어올 수 있다. 반면 무의식적 욕구(가령 부모님의 눈에 형제자매들보다 더 빛나고 싶은 욕구)는 행동과 행위에 영향을 끼치기는 하지만 이는 합리적 계획이나 숙고를 통한 것이 아니고 단지 인과적으로만 그러할 것이다. 그것의 내용은 합리적 의사 결정이나 언어적 보고에 자유롭게 이용 가능하지 않다. 의식적 믿음과 무의식적 믿음에 대해서도 비슷한 예들을 들 수 있을 것이다.

표상적 내용을 가진 심적 상태들만이 접근-의식적일 수 있다는 것이 분명하다. 예를 들어 기분은 이런 의미에서 접근-의식적이지 못한 것으로 보이는데, 이는 기분은 표상이 아니며 표상적 내용을 갖지 않

---

23 Ned Block, "On a Confusion about a Function of Consciousness," in *The Nature of Consciousness*, ed. Block, Flanagan, and Güzeldere, p. 382.

기 때문이다. 그 이유가 무엇일까? 간단한 대답은 이렇다. 진정한 표상은 "충족 조건", 즉 그것의 표상적 올바름, 정확성, 신뢰성을 정의하는 조건을 가져야 하기 때문이다. 비에 대한 의식이 표상적 상태인 것은 그 표상이 옳거나 옳지 않을 수 있기 때문이다. 만약 비가 오고 있다면 그것은 옳고, 그렇지 않다면 옳지 않다. 이와 대조적으로 기분은 정확하거나 부정확할 수도, 참이거나 거짓일 수도 없기 때문에 충족 조건을 갖지 않는다. 고통이나 가려움과 같은 신체 감각은 표상적인가? 이것들은 충족 조건을 갖는가? 나중에 이 물음으로 다시 돌아올 것이다.

의식에 대한 다양한 이론들이 접근 의식을 다룬다. 인지신경과학자인 버나드 바스는 "글로벌 작업장 이론the global workplace theory"이라고 부르는 이론을 제안했는데, 이는 (신경적 수준과는 구분되는) 인지적 수준에서의 의식에 대한 이론이다.[24] 그 핵심적인 아이디어는 다음과 같다. 마음은 일종의 극장, 즉 "글로벌 작업장"인데, 여기서 의식적 상태들은 자기 자신을 "방송하여" 그 표상적 내용이 여러 가지 다른 인지적 기능 및 과정에서 이용될 수 있게끔 만든다. 여기서의 의식 개념은 분명히 블록의 의미에서의 접근 의식이다.

이런 유의 또 다른 이론으로 대니얼 데닛의 "다중 원고multiple draft" 이론이 있다.[25] 데닛은 우리의 지각-인지 체계가 우리 주변 환경에 대한 다중의 그림("원고")를 구성하는 것으로 본다. 어떤 시점에서 두드러짐을 획득한 원고, 데닛의 말을 빌자면 "뇌의 유명인사"가 된 원고가 그 시점에 우리의 의식적 상태이다. 이런 상태의 표상적 내용이 우리의 인지 체계에서 가장 큰 영향을 갖게 된다.

---

24 Bernard Baars, *In the Theater of Consciousness*.

25 Daniel Dennett, *Consciousness Explained*.

많은 아마도 대부분의 의식적 상태들이 현상적으로 의식적이며 또한 접근-의식적일 것이다. 정상적 상황에서 지각 경험은 접근-의식적이면서 현상적으로 의식적이다. 그러나 접근 의식과 현상적 의식이 정말로 구분되는 형태의 의식이라면, 현상적으로는 의식적이면서 접근-의식적이 아니거나 또는 그 반대의 경우에 해당하는 의식적 상태들의 실제 사례, 또는 적어도 가능한 사례가 있어야 할 것이다. 그런 사례가 있을까? 많은 사람들이 운전을 하다가 갑자기 "정신이 들어" 지난 30여 분 동안의 도로나 교통 상황에 대해서 아무것도 기억이 나지 않는 경험을 해본 적이 있을 것이다. 그 30여 분 동안에는 무슨 일이 벌어졌던 걸까? 운전자의 시지각은 활성화되어 있었다. 만약 그렇지 않았다면 차가 도로를 벗어났을 것이다. 운전자는 확실히 현상적 감각질을 가진 시지각을 가졌었다. 반면에 운전자는 벌어지는 일들에 대해서 적극적으로 자각하지는 않았을 것이고, 의식의 표상적 내용은 언어적 보고나 단기 기억에 이용될 수 없었을 것이다. 그것이 운전자가 운전을 하는 데 영향을 미치긴 했겠지만, 이는 순전히 인과적이고 자동적인 것이었고(운전자는 "오토파일럿"이었던 셈이다) 운전자의 행동이나 실천 추론의 합리적 제어에 아무런 역할을 하지 않았을 것이다. 이런 경우를 접근 의식 없는 현상적 의식의 사례라고 볼 수 있을 것이다.

접근 의식만 있고 현상적 의식은 없는 경우는 생각해내기 조금 더 어렵다. 이유는 아마도 우리가 접근-의식 상태에 있을 때 우리는 자각이 있고 깨어 있어야 하는데, 깨어 있고 자각이 있는 것과 같은 무언가가 분명히 있는 것 같기 때문이다. 현상적 의식을 감각질이나 현상적 속성으로 이해한다면, 자각이 있음은 현상적으로 의식적인 상태가 아닐 수 있다. 앞서 보았듯 자각의 감각질 같은 것은 없는 것 같기 때문이다. 그리고 현상적 특질 없는 자각의 잠재적인 사례를 찾는 것이 가능하다. 현상적 의식 없는 접근 의식의 꽤 그럴듯한 일례로 블록이 든

"슈퍼 맹시super blindsight"의 사례가 있다.[26] (맹시는 일차시각피질에 손상을 입은 환자들에게서 나타나는 증상인데, 이 손상의 결과 시각 영역에 비가시적 영역이 있고 그 영역에 대해 환자는 시지각을 보고하지 않는다. 그러나 그 비가시적 영역에 자극이 주어지면 환자는 그것이 "O"인지 "X"인지, 그리고 그 위치와 움직임을 추측할 수 있고, 심지어는 비가시적 영역에 던진 공을 잡을 수도 있다.)[27] 맹시 환자가 다른 사람의 도움 없이 스스로 비가시적 영역에 "X"가 있는지 "O"가 있는지 추측하도록 훈련된 적이 있는데, 그는 "X"가 제시됨을 자각하게 되었다. 이런 인지가 접근-의식적인 것은 그 내용이 이제 그의 인지적 기능에 이용 가능하기 때문이다. 그러나 이런 자각에는 어떠한 현상적 시지각도 없다. 즉 그것은 현상적 의식을 결여한다.

마지막으로, 한 가지 중요한 것이 있는데 접근 의식은 기능적 개념이라는 점이다. 어떤 심적 상태는 그것이 우리의 인지 체계 내에서 특정 기능을 수행하는 경우 오직 그 경우에 접근-의식적이다. 그런 심적 상태의 표상적 내용은 추론, 행동의 합리적 제어, 단기 기억, 언어적 보고 등등의 다양한 다른 인지적 기능과 활동에 자유롭게 이용될 수 있다. 이 때문에 접근 의식은 인지과학이나 신경과학의 연구에 적절한 연구 주제이며, 접근 의식이 작동하는 방식에 대해서 정보-처리 용어로 표현된 다양한 이론, 즉 계산적 모형을 기대할 수 있다. 대조적으로 현상적 의식은 그 기능에 의해서가 아니라 그 자체로 "무엇과 같은지"

---

26 Ned Block, "On a Confusion about a Function of Consciousness," in *The Nature of Consciousness*, ed. Block, Flanagan, and Güzeldere, p. 385. 또 다른 가능한 사례 하나는 철학적 "좀비"이다. 좀비는 정의상 현상적 의식을 결여하지만, 접근-의식적 상태, 즉 그의 행동의 길잡이가 되는 표상적 내용을 지닌 상태를 갖는다. 좀비가 형이상학적으로 가능한지는 논란이 많은 문제이다. 10장에서 좀비에 대해 더 논의할 것이다.

27 Lawrence Weiskrantz, *Blindsight*.

에 의해서, 즉 그 내재적 속성에 의해서 특징지어진다. 곧 보겠지만, 현상적 의식 상태 역시 본질적으로 표상적이고, 감각질은 그런 상태의 표상적 속성들에 의해서 완전히 설명될 수 있다는 견해가 있다. 이런 견해는 의식 표상주의라 불린다. 이 견해가 옳다면 모든 의식은 그 기저에서 본성상 표상적이며 기능적일 것이다. 이는 이 분야에서 논쟁이 되고 있는 핵심 쟁점 중 하나이다. 그러나 현상적 의식은 애초에 그것이 수행하는 어떤 기능에 의해서도 정의되지 않는다는 것은 여전히 맞는 말이다. 즉 그것은 기능적 개념이 아니다.

의식과 주관성

의식적 심적 상태는 어떤 특별한 속성을 가진다고 생각되곤 하는데 그 몇 가지를 살펴보자.

주관성과 일인칭적 권위

네이글과 그의 박쥐를 통해 보았듯이, 주관성은 의식의 본질에 해당한다고 주장되곤 한다.[28] 그러나 주관성이란 말은 하나의 고정된 의미를 갖지 않는다. 주관성의 한 가지 의미는 인식론적인 것인데, 이는 의식적 상태에 대한 지식의 특별한 본성이라고 여겨지는 것과 관련이 있다. 핵심 아이디어는 주체는 그 자신의 현재의 의식적 상태에 대해 특별한 인식적 접근을 갖는다는 것이다. 데카르트가 말했듯, 우리는 우리 자신의 느낌, 생각, 지각 등을 "즉각적으로 자각하는" 것으로 보이며, 그것들에 대해 특별한 종류의 일인칭적 권위를 누리는 것 같다.

---

28 John R. Searle, *The Rediscovery of the Mind*. 특히 4장을 보라.

이 "즉각적" 또는 "직접적" 접근이 정확히 무엇인지는 논란의 여지가 있는 물음이다. 특별한 일인칭적 인식적 권위라는 것이 있다는 것에 대해서는 사실상 모든 사람들이 동의함에도 불구하고 말이다.[29] 그러나 다음의 세 가지 특징이 주목할 만한데, 논란의 여지가 덜한 용어로 표현해보자면 이런 것이다. (1) 그런 지식은 다른 것들에 대한 증거(말이나 행동, 다른 사람들이 말해주는 것, 물리적 심리적 단서 등등에 대한 관찰)에 기초해 있거나 그것으로부터 추론되지 않는다. 치통을 앓고 있다든지, 이번 주말에 무엇을 할지 생각하고 있다든지, 이런 것들에 대한 나의 지식은 **직접적**이고 **즉각적**인데, 이런 지식이 내가 아는 다른 것들에 기초해 있지 않다는 점에서 그러하다. (2) 자신의 현재 심적 상태에 대한 지식은 다음과 같은 의미에서 특별한 "일인칭적 권위"를 지닌다. 즉 우리가 그런 지식을 갖는다는 주장은 특수한 상황을 제외하고는 제삼자의 증언에 의해서 뒤집히지 않는다. 내 위에서 느껴지는 메스꺼움에 관해서나, 내가 보는 잔상, 내 어깨의 가려움, 내가 무슨 생각을 하는지 등등의 문제에 관해서, **적어도 정상적인 상황에서는 내가 말하는 것이 맞으며**, 다른 사람들은 내 판단을 따를 수밖에 없다. 이 단서 조항이 시사하듯, 일인칭적 권위가 절대적이고 무조건적이라고 생각할 필요는 없다. 우리가 어떤 믿음을 가졌는지에 대해서 실수를 저지른다는 것을 보여주는 듯한 심리학적 증거가 있다.[30] 어쨌든 일인칭적 권위가 얼마나 확고부동한지 그 정도가 어떻든지 간에, 주체가 자신의 마음에 관해 특별한 지위를 점유한다는 것은 분명하다. 또 믿음이나

---

29 이에 대해서는 1장에서 어느 정도 자세히 논의되었다.

30 Richard Nisbett and Timothy DeCamp Wilson, "Telling More Than What We Can Know" 및 Alison Gopnik, "How We Know Our Minds: The Illusion of First-Person Knowledge of Intentionality"를 보라.

욕구 같은 지향적 심적 상태에 대한 우리의 접근과 고통이나 지각적 감각과 같은 현상적 상태에 대한 우리의 지식이 그 본성에 있어서 다를 가능성(사실상 개연성)을 염두에 둘 필요가 있다. (1)과 (2)가 주체의 **현재** 심적 상태에 대해서만 성립하고, 그의 과거 또는 미래의 심적 상태에 대해서는 성립하지 않음도 주목하자.

마지막으로, (3) 의식적 상태에 대한 일인칭적 지식과 삼인칭적 지식 사이에는 비대칭성이 있다. 위에서 말한 두 가지 사항 모두 삼인칭적인 지식, 즉 다른 사람의 의식적 상태에 대한 지식에는 적용되지 않는다. 주체만이 그의 의식적 상태에 즉각적이고 특별히 권위 있는 접근을 갖는다. 주체 이외의 다른 사람들은 그 사람이 말하는 것을 듣거나 그의 행동을 관찰하거나 그의 두뇌를 조사해야 할 것이다. 마음이 "사밀하다"는 생각은 심적 상태에 대한 일인칭적 접근과 삼인칭적 접근 사이의 이런 인식적 비대칭성을 반영하는 것이다.

경험과 일인칭적 관점

네이글과 그의 박쥐와 관련해서 보았듯, 어떤 철학자들은 의식의 주관성이 일인칭적 **시각** 또는 **관점**의 개념과 밀접히 연관되어 있다고 본다. 네이글은 다음과 같이 말한다.

> 물리주의를 방어하고자 한다면 현상적 특징 자체에 대한 물리적 설명이 주어져야 할 것이다. 그러나 그 주관적 특성을 검토해보면 그러한 결과는 불가능할 것으로 보인다. 그 이유는 **모든 주관적 현상은 하나의 관점과 본질적으로 연결되어 있다**는 것인데, 객관적인 물리적 이론은 불가피하게 그러한 관점을 저버릴 것으로 보인다.[31]

그리고 그 뒤에 나온 논문에서는 다음과 같이 말한다.

물리적인 것은 단순히 존재하는 것이며 여러 관점에서 외적으로 파악될 수 있는 것인 반면에 …심적인 것의 주관적인 측면은 그 생명체 자신의 관점에서만 파악될 수 있다.[32]

네이글은 심적 현상의 주관성이란 그 현상이 파악될 수 있는 단 하나의 "관점"이 있다는 것과 본질적으로 연결되어 있다고 말하고 있다. 이는 의식적 상태가 (그 상태에 있는 것과 같은 무언가가 있다는 의미에서) 현상적 특징을 갖는다는 아이디어와 일맥상통한다. 특정 개인과 상관없는 "무엇과 같은지"라는 것은 있을 수 없기 때문이다. 그것은 항상 **어떤 특정 주체**(나, 사람, 박쥐)가 노랑을 본다든지, 파인애플을 맛본다든지, 날아다니는 나방의 위치를 찾는 것이 무엇과 같은지에 대한 것이다. 사물들이 그 자체로 이렇게 혹은 저렇게 보인다기보다는 어떤 지각 주체에게는 이런 식으로 보이고 다른 주체에게는 저런 식으로 보이는 것이다. 경험을 가질 수 있는 주체가 없는 세상에서는 "보임"이나 "나타남" 또는 "무엇과 같은지"와 같은 것이 있을 수 없다.[33]

이런 식으로 이해되었을 때, "관점"에 대한 이야기는 두 부분으로 나누어 생각할 수 있을 것 같다. 첫째는 앞에서 보았듯 어떤 의식적 상태에 대해서도 그 상태에 있는 의식적 주체가 있으며, 의식의 내용은 대

---

31 Thomas Nagel, "What Is It Like to Be a Bat?," p. 437. 강조는 추가됨.

32 Thomas Nagel, "Subjective and Objective," p. 201. 강조는 추가됨.

33 네이글은 각 경험에 대한 "단 하나의" 주체(즉 적어도 하나이자 많아야 하나의 주체)가 있음을 강조한다는 점에서 이를 넘어서는 주장을 하고 있는 것 같다. 하나의 경험이 왜 둘 이상의 주체에 속할 수 없을까? 경험을 주체의 상태로 간주한다면, 간단한 답이 있는 것 같다. X와 Y가 별개의 대상이라면, X의 상태는 Y의 상태와 별개여야 한다. 다시 말해, X가 어떤 상태에 있음은 Y가 어떤 상태에 있음과 별개의 상태여야 하는데, 이는 X와 Y가 각각 상태의 구성 요소이기 때문이다.

상이 그 주체에게 어떻게 보이는지에 있다는 것이다. 둘째, 주체는 의식적 상태의 내용을 다른 어느 누구에게도 열려 있지 않은 방식으로 알거나 "파악한다". 중요한 점은 다음과 같다. 이는 단순히 주체가 더 큰 권위를 가진다거나 더 큰 확실성을 누린다는 것이 아니며, 그의 마음에서 벌어지고 있는 것들에 대해 더 신빙성 있는 목격자라는 것도 아니다. 이는 인식적 접근이나 권위, 신빙성에 있어서의 정도의 문제가 아니다. 일인칭적 경우와 삼인칭적 경우에 접근의 본성 또는 종류가 질적으로 다른 것으로 보인다. 그리고 이런 차이가 우리 자신의 의식적 상태에 대한 지식이 갖는 특별한 인식적 권위를 설명할지 모른다. 그 차이가 무엇일 수 있을까?

유일한 답은 다음과 같은 것이다. 당신이 나의 고통과 맺고 있는 관계에 비해 내가 나의 고통과 맺고 있는 관계가 특별하고 다른 것은 나는 나의 고통을 **경험하는** 반면 당신은 그렇지 않다는 것이다. 나는 경험자이고 당신은 관찰자이다. 내가 오른손잡이라는 속성이나 갈색 눈을 가졌다는 속성을 예화하듯 내가 그 고통을 예화하는 존재라고 말하는 것만으로는 그 차이를 포착하지 못한다. 나는 나의 경험을 경험하며, 그럼으로써 나는 내가 그 경험을 갖는다는 것 또는 겪는다는 것이 무엇과 같은지(가령 아프다는 것이나 구운 베이컨 냄새를 맡는다는 것, 초록색을 본다는 것이 무엇과 같은지)를 알게 되는 것이다. 이로부터 따라 나오는 생각은 우리는 어떤 경험이 무엇과 같은지를 그것을 경험함으로써만 알게 된다는 것이다. 이는 파인애플의 맛이나 라벤더의 향과 같은 현상적 속성은 오직 그것을 경험함으로써만 알려지고 파악될 수 있다는 생각, 즉 그것들을 파악하기 위해선 파인애플을 맛보아야 하고 라벤더 냄새를 맡아보아야 한다는, 적어도 존 로크까지 거슬러 올라가는 생각과도 잘 들어맞는다. 크리스토퍼 힐은 다음과 같이 말한다.

한 가지 접근 방식은 감각질은 우리가 통상적으로 **주관적**이라고 간주하는 속성이라고 말하는 것이다. 여기서 주관적이라는 것은 그런 속성은 오직 그것을 경험하는 주체의 관점에서만 온전히 파악하는 것이 가능하다는 것을 의미한다.[34]

사실 "파악한다"는 것조차 충분히 강하거나 전적으로 적절하지는 않아 보인다. 내가 고통 상태에 있다는 것에 대한 당신의 지식은 내가 고통 상태에 있다는 것에 대한 나의 지식만큼이나 확실하고 보증될 수 있다. 그러나 나는 아프지만 당신은 그렇지 않다! 이런 의미에서 경험한다는 것은 단순히 어떤 우월한 종류의 지식을 갖는다거나, 심지어는 그것이 무엇과 같은지를 "파악"하는 문제가 아니다. 고통이나 그 외의 경험들이 우리에게 중요한 것은 우리가 그것들을 경험하기 때문이며, 이는 단순히 인식적인 논점이 아니다. 이것이 시사하는 경험의 친밀성은 인식적-인지적 견지에서 포착될 수 있는 것을 훨씬 넘어서는 것으로 보인다. 이와 관련해 더 생각해보고 성찰해볼 만한 쟁점들이 있으나, 앞으로 나아가도록 하자.

의식은 고차원적 지각이나 사고를 포함할까?

의식에 대한 논의에서 영향력 있는 한 가지 아이디어는 의식이 일종의 내적 자각, 즉 자신의 심적 상태에 대한 자각을 포함한다는 것이다. 어떤 대상의 내적인 작동을 살피는 스캐너 또는 모니터가 그 모형이 된다. "오토파일럿"처럼 운전하는 경험을 다시 생각해보자. 운전자는 도

---

34 Christopher Hill, *Consciousness*, p. 19를 보라.

로와 교통 상황을 지각하지만, 어떤 의미에서 그의 지각은 충분히 의식적이지 못하다. 즉 보고 듣긴 하지만, 운전자는 자신이 보고 들은 것을 자각하지 못하며, 그 몇 분 동안의 교통 상황에 대해 전혀 기억하지 못한다. 또는 고통의 경우를 생각해보자. 경기나 전투가 한창일 때 상처를 입은 운동선수나 군인은 자신이 느끼는 고통을 전혀 자각하지 못할 수 있다. 주의가 완전히 다른 일에 쏠려 있어서 고통을 의식하지 못하는 것이다. 그런 경우가 고통이면서도 의식적 고통이 아닌 사례에 해당할 수 있을 텐데, 이는 고통에 대한 자각이나 내적 스캐닝이 없기 때문일지 모른다.[35]

데이비드 암스트롱이 이런 종류의 견해를 옹호했다. 그에 따르면 의식은 "자신의 심적 상태에 대한 지각 또는 자각"으로 생각될 수 있다.[36] 무심한 운전자의 경우로 돌아가보자. 운전자는 그의 주변 상황을 지각하고 자동차가 올바른 방향과 속도로 움직이도록 자동적으로 조종하지만, 그가 지각하는 것을 인지하지 못한다. 상처를 입은 운동선수는 그의 고통을 지각하지 못하며, 그의 상태가 무의식적인 것은 바로 이 때문이다. 그가 고통을 알아챘을 때 이는 의식적 고통이 된다. 그래서 "일차" 지각과 감각이 있고(왼쪽으로 차가 지나가는 것을 보는 것이나 무릎의 고통), 이런 일차 지각과 감각에 대한 지각, 즉 "이차" 또는 "고차" 지각이 있다. 그렇다면 우리는 다음과 같이 말할 수 있을 것이다. 심적

---

35 앞에서 우리는 무의식적 심적 상태에는 어떠한 현상적 감각질도 존재하지 않음을 근거로 믿음 감각질에 대한 의심을 제기했다. 이 단락에서 하는 말은 주체가 자각하지 못하는 고통, 즉 무의식적 고통이 존재할 수 있음을 함축하는 것으로 보일지 모르겠다. 이것이 앞의 논증과 모순되는가? 반드시 그렇지는 않다. 이 주장은 무의식적인 현상적 고통이 존재할 수 있다는 것이 아님을 주목하자. 그러나 문제는 약간 복잡한데, 중요한 문제가 이에 의존하는 것이 아닌 만큼 독자는 이런 문제를 접어두어도 된다.

36 David Armstrong, "The Nature of Mind," p. 198.

상태가 의식적 상태인 것은, 그것에 대한 고차 지각, 즉 그 상태에 있다는 것에 대한 지각이 있는 경우 그리고 오직 그런 경우뿐이다. 그리고 어떤 존재가 의식적인 것은 그것이 고차 지각 능력을 가지는 경우 오직 그 경우뿐이다. 이런 식의 접근은 의식에 대한 "고차 지각higher-order perception theory, HOP" 이론이라 불린다.

비슷한 취지에서 데이비드 로젠털은 다음과 같이 제안한다. "심적 상태가 의식적이라는 것은 그가 그 심적 상태에 있다는 **생각**을 갖는 것에 있다."[37] 즉 이런 견해에서는 심적 상태가 의식적 상태인 것은 자신이 그 상태에 있다는 고차 사고 또는 자각이 있는 경우 오직 그런 경우뿐이다. 독자들도 예상할 수 있듯, 이런 접근은 "고차 사고" 이론이라 불린다. 의식은 일종의 "메타 심리적" 상태, 즉 다른 심리적 상태에 대한 심리적 상태와 관련된다. 이런 견해는 보통 의식적이지 않은 심적 상태(심지어 감각 상태)가 가능한 것으로 본다. 즉 고차 사고를 동반하지 않는 상태가 가능한 것으로 본다. 여기에는 좋은 이유가 있는데, 만약 그것이 불가능하다면 고차에서 그보다 더 고차 심적 상태로 끝없이 이어지는 무한 진행이 있게 될 것이기 때문이다.

의식에 대한 이런 견해는 얼마나 그럴듯한가? 얼핏 보기에 이 견해가 어느 정도 그럴듯하고, 의식적이라 여겨지는 심적 상태의 전형적 사례들과 잘 들어맞는다는 것은 의심의 여지가 없다. 특히 이 견해는 블록의 접근 의식 개념과 잘 들어맞는 것 같다. 심적 상태에 대한 지각이나 사고는 그 상태의 내용을 언어적 보고라든지 의사 결정 같은 다른 인지적 활동에 접근 가능하게 만든다. 암스트롱 식의 견해는 의식에 대한 기능주의적 설명에 문을 열어주는 것 같이 보인다. 기능주의

---

37 David Rosenthal, "The Independence of Consciousness and Sensory Quality," p. 31. 또 Rosenthal, "Explaining Consciousness"를 보라.

적 견해에서 일차 지각은 그것의 인과적 역할이나 기능에 의해서, 즉 그 물리적 자극 조건과 행동적-심리적 출력에 의해서 설명된다. 그리고 이것이 옳다면, 우리는 비슷하게 의식을 이런 일차 지각과 다른 심적 상태를 향해 있는 내적 모니터링 활동으로 기능적으로 설명하고자 시도할 수 있을 것이다. 아마도 그러한 설명은 다른 감각 채널을 통해서 들어오는 다양한 감각들을 조직화하고 조정하는 데 의식이 수행하는 역할을 설명할 수 있을 것이고, 심지어는 "의식의 통합성"에 대한 기능적 설명도 산출할 수 있을 것이다.

깨어 있는 매순간 우리는 온갖 종류의 감각 자극의 공습을 받는다. 유기체의 다양한 감각과 지각들을 적절히 조율하고 통합하며 그들 중 어떤 것을 특별히 주의할 대상으로 선택하는 데 의식이 하는 역할은 그 유기체가 지속적으로 변화하는 환경에 대처하는 능력에 아마도 결정적일 것이다. 이는 암스트롱 식의 접근 방식이 고등 생물의 의식의 발생에 대한 진화적 설명과 잘 들어맞을 수 있음을 의미한다. 이는 고차 이론이 접근 의식에 대한 이론을 세우고, 그것을 인지 과학에서 계산적 모형에 의해서 다루기에 유리한 위치에 있음을 시사한다. 심적 상태에 대한 고차 인지가 있을 때, 우리는 그 상태의 내용이 다양한 인지적-집행 체계에 이용 가능하게 될 것이라고 기대할 수 있다. 이 점에 관해서는 일반적인 동의가 있다. 고차 접근과 관련해 주요 쟁점이 되는 것은 그것이 현상적 의식, 즉 의식의 "무엇과 같은지"의 측면에 대해서도 만족스러운 견해를 제공하는가 하는 것이다.

다양한 형태의 고차 이론들이 있다. 위에서 우리는 두 가지, 즉 고차 지각 이론과 고차 사고 이론을 보았는데, 이것들 각각에 또 다양한 버전들이 있다. 이런 이론들이 현상적 의식에 대해 제시하는 설명이 각기 나르기는 하지만, 그래도 그 사이에는 공통점이 있다.

고차 지각 이론에 따르면, 예를 들어 고통이 의식적 고통인 것은 그 고통을 주체가 지각하는 경우 오직 그 경우이다. 일차 심적 상태로서의 고통은 "비개념적nonconceptual" 내용을 가진다고 가정된다. 고통에 대한 고차 지각 또한 비개념적 상태이다. 개념적 내용은 언어적으로, 즉 개념과 문장으로 표현될 수 있는 내용이다. 믿음과 같은 명제 태도는 평서문으로 표현되는 개념적 내용을 갖는다. 그 내용은 개념들로 구성된 명제이다. 이와 대조적으로 비개념적 내용은 언어적으로 또는 개념에 의해 표상되지 않는다. 이는 그림이나 지도와 유사하고, 시각적이거나, 촉각적, 청각적일 수 있다. 물론 우리는 우리의 시지각으로부터 개념적 내용을 읽어낼 수 있을 것이다. 그러나 시지각은 일반적으로 개념적으로 포착될 수 있는 것보다 그 내용이 훨씬 더 풍부하다. (우리는 우리가 가진 개념이나 용어로 가리킬 수 있는 것보다 훨씬 더 많은 빨강의 색조를 구분할 수 있다.) 이런 이유로 비개념적 내용은 "세밀하다"거나 "아날로그 식"이라고 한다.

현상적 의식에 대한 고차 사고 이론은 다음과 같이 주장할 것이다. 심적 상태가 현상적으로 의식적인 것은 그것이 비개념적 내용을 가진 상태이면서 자신이 그 상태에 있다는 고차 사고 혹은 자각이 있는 경우 오직 그러한 경우이다. 두 고차 이론의 차이는 이런 것이다. 고차 사고 이론에 따르면, 이차 심적 상태는 개념적 내용을 갖는다. 그것은 언어적이고 "나는 P라는 유형의 상태에 있다" 또는 "P 유형의 상태가 발생하고 있다"는 형식을 갖는다. 반면에 고차 지각 이론에서는 이차 상태 그 자체도 비개념적인 지각 상태이다.

우선 고차 지각 이론을 고려해보자. 일차 심적 사건을 지각적으로 스캔한다고 가정되는 이차 지각 혹은 내적 지각 메커니즘에 대해서 여러 가지 질문들이 제기될 수 있다. 일차 상태가 초록색을 보는 상태라고 해보자. 이차 지각은 그 일차 상태를 타깃으로 가지며 그 자체로 비개념적 내용을 갖는 것으로 여겨진다. 이 비개념적 내용이 무엇일 수 있을까? 내가 초록을 지각함을 내가 지각할 때, 내가 지각하는 것은 무엇인가? 이차 지각이 일차 지각으로부터 그 내용, 즉 초록이라는 내용을 "물려받는" 것이 아니라면, 그것이 무엇인지 말하기 쉽지 않다. 지각 경험이 "투명하다"는 영향력 있는 견해가 있다. 당신이 벽에 있는 둥근 초록색 점을 보고 있다고 하자. 초록색 점에 대한 당신의 시각 경험에 초점을 맞추려고 해보라. 당신의 시선은 그 시각 경험을 "꿰뚫어" 벽에 있는 초록색 점에 곧 초점이 맞추어지게 됨을 깨닫게 될 것이다.[38] (우리는 이 현상을 감각질 표상주의와 관련해 아래에서 논의할 것이다.) 그러나 이는 이차 지각은 단순히 일차 지각으로 환원됨을 의미하는 것 아닌가? 초록색 점에 대한 당신의 일차 지각에 대한 당신의 이차 지각이라 여겨지는 것은 그 타깃과 동일한 비개념적 내용을 갖는 것으로 드러날지 모른다.

둘째, 일차 마음 상태를 스캐닝한다든지 모니터링한다고 말하는 것은 하나의 은유에 불과하다. 만약 이차 지각이 실재하는 것이라면, 그 스캐닝과 모니터링을 수행하는 물리적-신경적 기관이 있어야 할 것이다. 만약 그런 기관이 있다면 그것이 오작동해서 일차 상태에 대한 잘못된 보고를 산출할 수도 있을 것이다. 가령 일차 지각은 초록색 점에 대한 것인데 그 지각에 대한 이차 지각은 그것이 빨갛다거나 또는 그것이 암모니아 냄새라고 보고하는 식으로 말이다. 이런 일이 벌어질 수 있는가? 이것이 말이 되나? 또 이차 지각을 수행하는 신경적 체계가 있다는 경험적 증거가 있는가?

현상적 상태에 대한 고차 사고 이론으로 넘어가 보자. 이 견해의 문제점 하나는 위에서 잠시 보았듯 현상적 상태 혹은 질적인 내용이나 감각질은 우리가 가진 개념들을 넘어서는 것으로 보인다는 점이다. Q_1

38　Gilbert Harman, "The Intrinsic Quality of Experience."

과 Q_2가 구별가능한 두 빨강 색조의 감각질이라고 해보자. 감각질에 대한 이 견해에 따르면 이것들이 구별되는 감각질이라고 말하는 것은 Q_1이 예화되었다는 이차 사고와 Q_2가 예화되었다는 이차 사고가 구분된다는 것을 함축하는 것으로 보인다. 그리고 이 두 이차 사고는 Q_1과 Q_2가 다른 개념에 의해서 표상될 경우에만 다를 수 있다. 이는 내가 경험하는 감각질 각각에 대하여 내가 그것에 대해 구분되는 개념을 가지고 있어야 함을, 다시 말해 내가 경험하는 혹은 경험할 수 있는 모든 감각질만큼이나 많은 개념을 가지고 있어야 함을 함축하는 것 같다. 그러나 이것이 옳을 리 없다. 대부분의 사람들이 빨강의 색조를 가리키기 위해 사용하는 개념이나 단어에 비해서 훨씬 더 많은 빨강의 색조를 구분할 수 있다는 것은 잘 확립된 심리학적 사실이다.

두 번째 문제는 고차 사고 이론을 위협하는 잠재적인 무한 퇴행과 관련된다(이 반론은 고차 지각 이론에도 적용될 가능성이 있다). 일차 심적 사건에 대한 이차 사고 자체도 무의식적일 수 있다고 주장될 수 있을 것이다. 일반적으로 이차 사고 이론가들은 어떤 심적 상태도 무의식적으로 나타날 수 있음을 인정한다. 그러나 이차 사고가 무의식적이라면, 어떻게 그것이 일차 상태를 의식적인 것으로 (현상적으로든 아니든) 만들 수 있겠는가? 두 무의식적 상태 중 하나가 다른 하나에 대한 것일 수 있다. 그러나 의식적 상태가 어떻게 그러한 한 쌍으로부터 발생할 수 있는가? 유일한 탈출구는 이차 사고 자체가 의식적 상태여야 한다는 요구조건을 덧붙이는 것으로 보인다. 그러나 이차 상태를 의식적으로 만들려면, 우리는 의식적 삼차 사고가 필요할 것이고, 이런 식으로 무한히 나아가게 될 것이다.[39]

---

39 Alvin I. Goldman, "Consciousness, Folk Psychology, and Cognitive Science" 및 Mark Rowlands, "Consciousness and Higher-Order Thoughts."

또 생각해보아야 할 것은 고차 사고 이론이 의식에 대해 너무 많은 것을 요구하지 않는가 하는 것이다. 이 이론은 고차 사고 능력을 가진 존재에게만 의식을 허용하는데, 이는 인간 유아를 비롯한 대부분의 동물들을 의식의 영역에서 배제하는 것 같다. 의식에 함축되어 있는 고차 사고는 "나는 M 상태에 있다" 또는 "M이 발생하고 있다"라는 형식의 내용을 가져야 한다("M"은 여기서 심적 상태의 유형을 가리키는데, 가령 고통이라든지 내 차에 기름이 떨어져 간다라는 생각 같은 것이다). "나는 M 상태에 있다"라는 내용을 가진 생각을 하기 위해서는 최소한 자기 자신을 지시할 수 있는 능력이 요구될 것이며, 이는 다시 모종의 자아 개념, 즉 다른 사물 및 주체들과 구분되는 것으로서의 자신에 대한 관념을 소유함을 함축하는 것 같다. 이 모든 것이 복잡한 사안들이다. 자기-지시적인 생각을 갖는다는 것이 어떤 종류의 일반적인 개념적, 인지적 그리고 다른 종류의 심리적 능력과 관련되는 것인지 분명치 않다. "M이 발생하고 있다"라는 형식의 내용만이 요구되는 것일 수도 있다. 그러나 이런 형태의 내용을 가진 생각을 하기 위해서도 M의 개념을 소유할 것이 요구된다. (만약 나무를 보고 있다는 생각을 당신이 가지고 있다면, 당신은 나무에 대한 개념을 가지고 있어야 하지 않는가? 즉 나무가 무언지 알아야 하지 않는가?) 당신이 믿음의 개념을 갖고 있지 않다면, 어떻게 비가 오고 있음을 당신이 믿는다는 생각을 가질 수 있겠는가? (이는 그 믿음이 의식적 믿음이기 위해서 요구되는 것이다.) 의심할 나위 없이 믿음이라는 개념을 소유하기 위해서는 꽤 정교한 수준의 인지적, 개념적 능력이 요구된다.

어떤 하등 동물들, 아마도 파충류나 어류는 감각과 지각을 하고, 그것들의 감각과 지각의 내용이 그들에게 현상적으로 표상된다고 보는 게 꽤 그럴듯하다. (네이글이 말하듯, 박쥐가 음파를 통해 나방을 추적하는 것과 같은 무언가가 있음이 분명하다.) 그러나 이런 동물들이 의식에 대한 고차 사고 이론이 요구하는 종류의 사고를 형성할 인지적 능력이 있다고 보는 것은 얼마나 그럴듯한가? 우리가 그런 존재들에게 믿음과 사고 같은 지향적 상태를 귀속하기를 원할지는 분명치 않다.[40] 그런 이유 때문에 그런 동물들은 의식이 없다고 해야 할까? 의식적 감각을 갖는다는 것과 그 감각에 **대한 생각**을 갖는다는 것은 완전히 별개의 것일지 모른다. 언뜻 보기에, 후자는 전자에 비해서 더 높은 수준의 그리고 더 복잡한 인지적 능력을 요구하는 것으로 보인다. 그렇다면 문제의 핵심은 이렇다. 의식에 대한 고차 사고 이론에 따르면, (꽤 정교한 종류의) 지향적 상태를 가질 수 있다는 것이 의식적 상태를 갖기 위한 전제조건이다. 조금 더 구체적으로, X가 (고통과 같은) 의식적 상태의 한 유형일 때, 고차 사고 이론은 의식적 X를 가지려면 주체가 X의 개념을 가져야 한다고 요구하는 것 같다. 그러나 이는 과도한 요구인 듯하다.

그리고 고차 사고가 심적 상태를 의식적으로 만들기에 충분치 않다는 것을 보여주는 것 같은 사례들도 있다. 당신이 정신과 의사와의 몇 번의 상담 후 룸메이트에 대한 숨겨진 적대적 감정을 인지하게 되었다고 하자. 그러나 그것이 당신의 적대적 감정을 의식적 상태로 만들기에 충분한 것은 아니다. 이제는 그 친구에게 분노를 품고 있음을 당신이 믿거나 심지어는 알게 되었다 할지라도, 이것이 당신의 분노를 의식적 분노로 만드는 것은 아니다. 당신의 분노를 의식적 분노로 만들려면 당신이 그런 느낌을 **경험하거나 느끼기** 시작해야 하며, 이는 당신이 이런 느낌을 가지고 있다고 단순히 생각하거나 믿는 것과는 다른 것이다. 또 한 가지 예는 이런 것이다. 상처를 입은 운동선수에게 의사가 당신은 분명 발이 엄청나게 아플 것이라고 말했다고 하자. 운동선

---

40 논증을 보려면 Donald Davidson, "Rational Animals"를 참고하라.

수가 이 말을 믿으면서도 아무런 고통을 경험하지 못하는 게 가능하지 않을까? 그가 이렇게 말할 수 없을까? "글쎄요, 그럴지도 모르겠네요, 하지만 제 발은 괜찮게 느껴져요."

마지막으로 모든 버전의 고차 이론에 적용되는 잠재적 난점인 이른바 바위 반론을 간단히 생각해보자. 앨빈 골드먼은 퍼즐을 다음과 같이 표현한다.

> 어떻게 메타적 상태의 소유가 주관성이나 느낌을 갖고 있지 않았던 하위 수준 상태에 주관성이나 느낌을 부여하는가? 왜 메타적 상태[고차 상태]의 지향적 대상 혹은 지시체가 되는 것이 일차 상태에 의식을 부여하겠는가? 누군가가 바위에 대한 믿음을 갖는다고 해서, 그 바위가 의식적이 되는 것은 아니다. 왜 일차 심리 상태는 단순히 그것에 대한 믿음을 가짐으로써 의식적이 된다는 말인가?[41]

고차 이론가들은 일단 고차 이론의 아이디어는 심적 상태에만 적용되도록 의도되었다고 답하려 할지 모른다. 즉 심적 상태가 의식적 상태가 되는 것은 심적 상태에 대한 고차 사고나 고차 지각이 있을 경우 오직 그 경우이다. 바위와 나무 같은 것들은 고차 이론의 분석에 적절한 종류의 대상이 아니다.

이런 대답이 문제를 사라지게 하지는 못한다. 이 대답은 실제로는 아무것도 설명하지 못하는 임시방편적 전략으로 느껴질 것이다. 우리는 여전히 고차 사고나 지각의 존재가 어떻게 일차 심적 상태를 의식적 상태로 만드는지 알고 싶다. 내가 고통을 인지할 때, 나의 고통은 갑

---

41 Alvin I. Goldman, "Consciousness, Folk Psychology, and Cognitive Science," in *The Nature of Consciousness*, ed. Block, Flanagan, and Güzeldere, pp. 112-113.

작스레 그것의 현상적 특성, 즉 고통 감각질을 획득하게 된다. 이런 일이 어떻게 일어나는지에 대한 유의미한 설명이 필요한 것 아닌가? 환경을 지각하고 그렇게 획득한 정보를 사용해 행동을 하는 전기기계 로봇을 생각해보자. 그런 대상에 일차 지각 상태나 심지어 믿음 상태를 귀속할 만한 좋은 또는 강력한 이유가 있을지 모른다. 이런 로봇은 그것의 일차 지각 상태를 스캔하고 모니터링하는 내적 모니터링 체계를 갖추고 있을 수 있다. 이런 이유로 우리는 로봇의 지각 상태가 의식적이라거나, 로봇은 자기-모니터링 능력 덕분에 의식적 존재라고 말할 것인가? 고차 이론가들이 시도할 수 있는 여러 대답을 생각할 수 있지만, 이런 문제를 제기할 필요는 있는 것 같다.[42]

경험의 투명성과 감각질 표상주의

당신이 잘 익은 토마토를 괜찮은 조명 아래서 보고 있다고 하자. 당신은 어떤 질적인 특성 또는 감각질(빨강과 둥긂 같은 것)을 띤 경험을 갖는다. 이런 감각질에 주의를 집중하고 그 색깔의 정확한 색조와 당신에게 보이는 그대로의 모양을 파악해보라. 즉 당신의 경험을 특징짓는 성질들을 면밀히 검토해보라. 이렇게 할 때 당신은, 어떤 철학자들이 말하듯, 당신 앞의 토마토의 성질들에 주의를 집중하고 그 성질들을 살피고 있는 자신을 발견할 것이다. 토마토에 대한 당신의 시각적 경험은 다음과 같은 의미에서 "투명하다". 당신이 내성적으로 그 시각적 경험을 들여다보려고 하면, 당신은 그 경험을 꿰뚫고 나가 보여진 대상, 즉 토마토의 속성을 보게 되는 것 같다. 이런 현상은 경험의 "투명

---

42 이 절을 준비하면서 Peter Carruthers, "Higher-Order Theories of Consciousness"에서 많은 도움을 받았다.

성"이라 불린다.[43]

이런 현상으로 인해 일부 철학자들은 감각질이 경험의 표상적 내용이며, 그 표상적 내용은 외적 대상의 속성이라는 아이디어에 기반한 감각질에 대한 접근 방식을 탐색하게 되었다. 감각질이 본질적으로 표상적이라는 견해는 "감각질 표상주의"라 불린다. 토마토에 대한 당신의 시각 경험의 빨간 감각질은 당신의 경험이 그 토마토의 색깔로 표상하는 것이고, 그 표상이 참된 것일 때 그 감각질은 토마토의 실제 빨강이다. 이런 종류의 접근은 감각질에 대한 **외재론**이라고도 불리는데, 감각질은 외부 대상이 가진 것으로 표상되는 속성이며, 따라서 그 표상이 옳거나 정확할 때 그것은 **곧 그 대상의 속성이기** 때문이다. 감각질을 외부 세계에 위치시키는 이런 입장이 옳다면, 사밀하게 내성에 의해 관찰 가능한 내적 경험의 성질로서의 감각질을 거부할 수 있을 것이며, 이 때문에 이 입장은 의식에 대한 물리주의적 태도를 취하는 사람들에게 특별히 환영 받는다.

다음 사항을 염두에 두는 것이 중요하다. 거의 모든 사람들이 적어도 대부분의 의식적 상태는 내용을 가진 표상적 상태라는 것에 동의할 것이다. 초록색 오이에 대한 시지각은 오이와 그 색깔을 표상하고, "저기 초록색 오이가 있다" 또는 "내가 초록색 오이를 보는 것 같다"라는 명제적 내용을 가지거나 발생시킬 수 있다. 감각질에 대한 표상주의자들에 따르면, 감각질의 표상적 내용으로서의 지위가 감각질에 있는 전부이며, 어떤 심적 상태를 질적 상태로 만드는 것은 그 심적 상태의 표상적 속성이다. 질적 상태가 표상적 내용을 가진다는 것을 받아들이면

---

43 Gilbert Harman, "The Intrinsic Quality of Experience" 및 Michael Tye, *Ten Problems of Consciousness*, pp. 30-31을 보라. Hill의 *Consciousness*는 투명성에 대한 유용한 논의를 담고 있는데, 2장과 3장을 참조하라. 〈더 읽을거리〉도 참고할 것.

서, 그런 상태가 어떤 것을 표상함으로 인해 질적 상태(즉 감각질을 가진 상태)가 된다는 것은 부정하는 입장도 가능하다.

그러나 감각질에 대한 표상 이론이 어떻게 참일 수 있겠는가? 감각질은 정의상 의식적 경험의 성질 아닌가? 어떻게 이런 성질들이 토마토나 오이 같은 우리 주변의 외부 대상에서 찾아질 수 있단 말인가? 박쥐가 된다는 것이 무엇과 같은지에 대해 우리가 어떠한 인지적 접근도 갖지 못함을, 그리고 박쥐의 경험을 특징짓는 감각질이 우리의 개념적 인지적 도달 범위를 넘어섬을 네이글이 이미 설득력 있게 논증하지 않았던가? 그러나 감각질 외재론자-표상주의자들에 따르면, 박쥐의 마음 안을 들여다봄으로써 거기 어떤 감각질이 도사리고 있는지 보고자 한다면, 우리는 엉뚱한 곳을 들여다보도록 오도된 것이다. 그런 아이디어는 가망이 없을 뿐 아니라 비정합적이다.

그럼 어디를 보아야 하는가? 감각질 외재론자들은 박쥐의 외적 환경을 보고 박쥐가 어떤 대상을 표상하는지, 또 박쥐가 그 대상이 어떤 속성을 갖는 것으로 표상하는지 보라고 말한다. 이 입장의 유능한 지지자인 프레드 드레츠키는 숙주의 온도가 18℃인 경우에만 숙주에 붙어 있는 바다 기생충에 대해 이야기하면서, 다음과 같이 말한다.

> 당신이 18℃임이 무엇인지 안다면, 당신은 숙주가 기생충에게 어떻게 느껴지는지 아는 것이다. 당신은 기생충이 숙주를 "감지할" 때 그 경험이 무엇과 같은지를 안다. 만약 그러한 기생충이 된다는 것이 무엇과 같은지 안다는 것이 그 기생충에게 대상들이 어떻게 보이는지, 기생충이 지각하는 대상들을 어떻게 표상하는지 아는 것이라면, 기생충이 된다는 것이 무엇과 같은지 알기 위해 기생충이 될 필요는 없다. 온도가 무엇인지가 당신이 알아야 하는 전부이다.⋯이 기생충에게 18℃의 온도를 경험한다는 것이 무엇과 같은지를 알기 위해서는 그 기생

충 내부를 들여다보는 것이 아니라, 기생충이 "보고" 있는 것, 즉 [그 기생충이 붙어 있는] 숙주를 봐야 하는 것이다.[44]

그 생명체가 "보고" 있는 또는 표상하고 있는 숙주를 보는 것이, 그 생명체가 18°C의 온도를 경험한다는 것이 무엇과 같은지를 알아내는 데 어떻게 도움을 준단 말인가? 다음과 같은 방향의 생각이 외재론적-표상주의적 접근에 동기를 부여하는 데 영향이 있었을 것으로 보인다. 감각질이 무엇인지에 대한 한 가지 관점에서 시작해보자.

(1) 감각질은 정의상 대상들이 의식적 존재에게 **보이거나 나타나는** 방식이다.

만약 토마토가 나에게 빨갛고 둥글게 보인다면(즉 나의 시각 경험이 토마토를 빨갛고 둥근 것으로 표상한다면), 빨강과 둥긂은 토마토에 대한 나의 시각 경험의 감각질이다. 이는 감각질에 대한 표상주의적 해석이다. 이런 표상주의적 견해가 어떻게 감각질 외재론으로 이어지는지 보자.[45]

(2) 사물들이 보이는 또는 나타나는 방식대로 실제로 존재한다면, 감각질은 지각된 또는 표상된 대상이 갖는 바로 그 속성이다. 만약 지각 경험이 한 대상을 F인 것으로 표상한다면(예를 들어 그 대상이 당신에게 F로 보인다면), 그리고 이 경험이 참이라면(사실에 부합한다면), 그 대상은 **실제로** F이다.

---

44 Fred Dretske, *Naturalizing the Mind*, p. 83.

45 내재론적 성격을 갖는 표상주의도 있을 수 있을까? 답은 분명치 않다. 이에 대한 논의에 대해서는 Ned Block, "Mental Paint"를 보라.

이는 합당해 보인다. 만약 사물이 실제로 지각에서 표상되는 방식대로 존재한다면, 그 사물들은 그것이 가진 것으로 지각되는 속성들을 가져야 한다. 만약 토마토가 당신의 시각 경험에서 표상되는 방식 그대로라면, 그리고 그것이 빨갛고 둥근 것으로 표상된다면, 그것은 실제로 빨갛고 둥글어야 한다. 이는 동어반복처럼 들린다. 숙주의 온도가 18°C인 경우에만 그것에 달라붙는 기생충은 어떤가? 그 기생충의 온도 감지 기관이 잘 작동하고 있고 그 온도 지각이 정확하다면, 그 숙주의 온도는 18°C일 것이다. 숙주의 온도가 기생충에 의해 표상되는 방식은 실제 온도, 즉 18°C와 일치한다. 이는 기생충의 온도 표상의 감각질이 18°C의 온도와 같다는 것을 의미한다. 그러므로 우리는 다음과 같은 결론에 이르게 된다.

> (3) 감각질, 즉 경험의 현상적 속성은 의식적 경험에 표상되는 외부 대상의 객관적 속성에 속한다.

나방을 좇으면서 날아가는 박쥐가 된다는 것이 무엇과 같은지 알기 위해, 우리는 관심을 박쥐에서 나방으로 돌려야 하고 어두운 밤 그것이 펄럭거리며 날아다니는 궤적을 추적해야 한다.

더 깊은 수준에서 이런 식의 외재론적 접근의 한 동기는 감각질을 물리주의적-유물론적 틀 내에서 수용하고자 하는 바람이다. 청포도는 당신에게 초록색으로 보인다. 즉 당신의 시각 경험은 초록의 감각질을 갖는다. 초록이 예화되는 것이다. 그러면 어떤 **대상**이 그것을 예화해야 한다. 즉 초록색인 **어떤 것**이 있어야 한다. 이것이 무엇이겠는가? 우리가 당신의 뇌 안을 들여다본다면, 거기서 초록색인 어떤 것도 발견하지 못할 것이다. (설사 초록색의 무언가를 발견한다 한들, 어떻게 그게 당신이 경험하는 것이겠는가?) 초록이라는 감각질을 가진 "감각자료"

나 "지각" 같은 비물리적인 정신적 대상에 호소하는 것은 시공간 세계 내에 어떠한 비물리적인 대상도 용인하지 않는 물리주의적 존재론에 반한다. 우리 세계의 내용물은 물리적인 것들 외에는 없다. 원래 질문으로 돌아와서, 청포도에 대한 당신의 시각 경험에서 예화되는 초록색 감각질은 어디에 있는가? 물론 청포도에 있다!

이런 대답은 직관적인 호소력을 가질 뿐만 아니라 대담함과 단순함의 미덕을 갖는다. 감각질 표상주의-외재론은 꽤 많은 철학자들의 지지를 얻었지만, 의견은 첨예하게 갈린다. 표상주의자 그룹은 감각질을 전적으로 표상적인 것으로 여긴다. 즉 감각질은 그 표상적 내용에 의해서 완전히 해명가능하거나 그것으로 환원가능하다는 것이다. 또 일반적인 내용 외재론(8장)과 궤를 같이하여, 이런 표상적 내용은 의식적인 지각자에 외재적인 것으로 간주된다. 위에서 보았듯 이에 동의하지 않는 사람이라고 해서 감각질이 표상적이라는 것을 부정해야 하는 것은 아니다. 그들은 거의 모든 (또는 모든) 감각질이 표상적 역할을 수행한다는 견해를 받아들일 수 있다. 그들이 부인하는 것은 표상적 내용이 감각질의 전부라는 것이다. 의식적 경험의 질적인 특성에는 어떤 것을 표상하는 것을 넘어서는 무언가가 있다는 것이다.

표상주의를 의심할 이유에는 무엇이 있을까? 첫 번째로 스펙트럼 전도를 생각해보자. 스펙트럼 전도는 상상가능하며 실제로도 가능한 것으로 보인다. 즉 당신이 빨강을 보는 곳에서 나는 초록을 보고, 당신이 초록을 보는 곳에서 나는 빨강을 보는 식이다. 우리 둘 다 토마토는 빨갛고 상추는 녹색이라고 말하며, 우리의 언어 사용은 정확히 일치한다. 그러나 당신이 토마토를 볼 때 갖는 시각 경험의 색상 감각질은 내가 상추를 볼 때 경험하는 색상 감각질과 똑같다. "토마토는 빨갛고 상추는 녹색이다"라고 말할 때, 둘 모두 토마토를 빨강으로 표상하고 상추를 녹색으로 표상한다. 그러나 우리가 경험하는 감각질은 서로 다르며, 따라서 표상적 내용이 감각질의 전부일 리 없다.[46] 둘째, 시각과 같은 단일한 감각 양상 내에서 감각질의 차이와 유사성이 표상적 내용의 차이와 유사성 이상의 것이 아니라고 하더라도, 다른 감각 양상들 사이에서는 단순히 표상적 내용에서의 차이라고 할 수 없는 감각질의 차이가 있는 것이 확실하다. 가령 시각 경험과 촉각 경험 사이의 질적인 차이 같은 경우 말이다. 우리는 시각 경험과 촉각 경험 모두에 기초해서 믿음(가령 "우리 고양이가 무릎 위에 올라왔다"는 외적 사태에 대한 표상)을 형성할 수 있다. 이러한 두 경험이 가진 표상은 동일하지만, 둘 사이에 질적인 차이가 있다는 것은 분명하지 않은가? 이런 사례들이 감각질 표상주의자들을 침묵시킬 리 없다. 그들은 이런 경험들 사이의 질적인 차이를 설명할 수 있는 추가적인 표상적 차이를 찾으려고 할 것이다. 그러나 반표상주의자들에게는 표상적 세부 사항을 추가하는 것은 도움이 되지 않을 텐데, 이는 그저 표상을 더한 것에 불과할 것이기 때문이다.

시각적 경험을 표상적인 것으로 보는 것은 자연스러운 생각이다. 바깥 세계를 표상하는 것이 시각 경험이 하는 일이고 그것의 기능이기 때문이다. 그러나 표상적인 것으로 간주하기 어려운 질적 상태와 감각질이 있는 것으로 보인다. 가령 기분을 생각해보자. 따분함, 은근한 불안감이나 우울, 흥분, 등등. 어떤 사람들은 이런 기분들이 심리적 안녕

---

46 사람들 사이의 스펙트럼 전도가 말이 안 된다고 생각하는 독자가 있다면, 시간을 두고 한 사람에게 일어난 스펙트럼 전도를 상상해볼 수 있다. 어느 날 아침 당신이 깨어나서 주변 사물들이 어제 기억하는 색깔과 다르게 보인다(토마토는 초록으로, 시금치는 빨강으로 보인다)는 것을 깨닫는다고 해보자. 친구들은 어제 이후로 색깔이 바뀐 것은 아무것도 없다고 당신을 안심시킨다. 그들에게는 사물들이 똑같이 보인다. 이 경우는 어떻게 생각하겠는가? Sydney Shoemaker, "Inverted Spectrum" 및 Martine Nida-Rümelin, "Pseudo-Normal Vision: An Actual Case of Qualia Inversion?"을 보라.

같은 것에 관한 무언가를 "표상한다"고 말할지 모르겠다. 그러나 이는 현재 문제가 되는 의미에서의 표상이 아니다. 표상주의와 관련된 표상의 의미가 적용되는 것은 표상적 **정확성**이나 **신뢰성**, **올바름** 등이 말이 되는 경우로 한정된다. 앞에서 보았듯, 이런 맥락에서 표상은 "충족 조건"을 가져야 하고, 이런 조건들을 얼마나 근접하게 충족하느냐로 평가될 수 있다. 기분을 "정확도"나 "신뢰성"으로 평가한다는 것은 말이 되지 않는다. 분노나 당황스러움, 질투심 같은 감정에 동반되는 감각질은 어떤가? 이런 것들이 "참"이거나 "정확할" 수 있는가? **무엇에** 참이 되고 정확하다는 말인가? 게다가 경험의 투명성은 시각 경험에 대해서는 그럴듯하지만 기분이나 감정과 관련된 감각질에 대해서는 그다지 말이 되지 않는다. 지루함의 느낌이 무엇에 투명한가? 독자들은 또 시각 경험 외의 다른 지각 경험과 관련해서 경험의 투명성도 생각해보면 좋겠다. 가령 청각, 후각, 촉각 경험이 유사한 의미에서 투명한지 말이다.

이 지점에서 이런 상황에 대한 대안적인 견해 하나가 자연스럽게 제시된다. 표상은 표상 매체, 즉 표상을 하는 것(가령 문장이나 그림, 지도)을 필요로 하는데, 이는 그것이 표상하는 대상(사태, 사람과 물건들, 도시의 지형)과는 구분되는 것이다. 감각질은 (적어도 그것의 대부분은) 표상하는데, 이는 감각질이 표상 매체, 즉 표상을 하는 내적 상태임을 의미할 뿐이다. 감각질은 그 자체로는 그것이 표상하는 것들, 즉 토마토나 그것의 색깔, 모양 같은 외부 대상 및 그 속성들과는 구분된다. 그러므로 감각질은 경험에 의해서 표상되는 대상이나 속성들과 동일한 것으로 판단되어서는 안 된다. 이런 견해는 감각질에 대한 반물리주의적 견해로 이어질까? 반드시 그렇지는 않다. 이 견해는 감각질을 가진 상태를 두뇌의 신경-물리적 상태와 동일시하는 심리-신경 동일성 이론과 잘 들어맞는다. 즉 이 이론은 감각질을 두뇌 상태의 신경-물리적 속성과 동일한 것으로 판단한다. 동일성 이론의 지지자들은 이런 두뇌 상태가 그 신경-물리적 속성에 의해서 외부 대상 및 그 속성들을 표상한다고 말할 것이다. 두뇌 상태의 속성으로서의 감각질은 이런 두뇌 상태가 무엇을 표상하는지 결정하는 데 수행하는 역할이 있지만, 감각질은 "내부에" 머무른다.

그렇다면 감각질 외재론으로 이끄는 것으로 보이는 일련의 고려 사항들, 즉 (1), (2), (3)에 대해서는 어떤가? 철학자들은 "보인다", "나타난다" 등의 두 가지 의미를 구분하는데, 하나는 "인식적"(또는 "믿음적") 의미이고, 다른 하나는 "현상적" 의미이다. "민주당이 앞으로 몇 년 동안은 정가를 지배할 것 같이 보인다"라거나 "경기구제안에 대해 타협에 이를 전망이 암울해 보인다"라고 말할 때 이런 표현들은 인식적 의미로 쓰이는 것이다. 이런 용법에서 "보인다", "나타난다" 같은 표현은 대략적으로 "믿을 이유가 있다", "증거가 있다", "나는 믿는 경향이 있다"의 의미를 지닌다. 그러한 표현이 가진 현상적 의미도 이미 익숙하다. 토마토가 빨갛게 당신에게 보이거나 나타날 때, 당신의 시각 경험은 어떤 질적인 속성, 즉 빨강의 감각질에 의해 특징지어진다. 빨강은 토마토가 시각적으로 나타나거나 보이는 방식을 가리킨다. 밝은 초록색 조명을 받은 빨간 토마토를 볼 때, 우리는 토마토가 빨갛다는 것을 알면서도 "저 토마토는 초록색으로 보인다"라고 보고할 것이다. "초록색으로 보인다"는 이런 맥락에서는 시각적 감각질을 보고하는 것이지 그것이 초록색이라고 믿는 경향이 있다는 것을 보고하는 것이 아니다.

이런 구분을 염두에 두고 (1), (2), (3)으로 돌아가면, "나타난다"와 "보인다"가 (1)과 (2)에서 중의적으로 사용되고 있다는 생각에 그럴듯한 근거가 주어질 수 있다. 좀 더 구체적으로 (1)은 "나타난다"와 "보인다"가 현상적 또는 감각적 의미로 사용될 때에만 감각질에 대한 정의로서 수용될 수 있다. 감각질은 내 주변 및 내부의 대상과 사건이 내 경험 속에 제시되는 방식이다. 감각질은 고흐 작품 속 해바라기의 노란색이 나에게 나타나는 방식이며, 내 무릎의 고통이 느껴지는 방식(아픈 느낌), 라벤더가 활짝 핀 꽃밭의 산들바람에서 냄새가 나는 방식이다. 이제 (2)를 다시 고려해보자. "사물들이 보이는 또는 나타나는 방식대로 실제로 존재한다면, 감각질은 지각된 또는 표상된 대상이 갖는 바로 그 속성이다." 이 진술이 그럴듯한 것은 오직 전건의 "나타난다"와 "보인다"가 인식적 또는 믿음적 의미로 이해될 경우, 다시 말해 "사물들이 우리의 시각 경험이 그것들을 표시하는 방식대로 존재한다면"과 같은 것을 의미하는 경우이다. 그리고 이런 가정하에서 사물들은 흔히 우리가 지각 경험에 기반해서 그것들이 가졌다고 믿는 속성들을 실제로 가질 것이다. 그래서 (2)는 "나타난다"와 "보인다"의 인식적-믿음적 의미를 요구한다. 이제 (1), 즉 감각질에 대한 정의라고 가정된 것으로 돌아오자. "나타난다"와 "보인다"에 대한 이런 의미를 염두에 두고 (1)을 읽으면, 그것은 다음과 같은 것을 말한다. "감각질은 지각 경험에 기초했을 때 사물이 가진다고 생각할 이유가 있는 속성들이다." 문제는 이런 식으로 해석하면 (1)을 감각질에 대한 정의는커녕 감각질에 대해 참인 것으로 받아들일 이유가 없다는 것이다. "나타난다"와 "보인다"를 현상적인 의미로 읽을 경우에만 (1)은 감각질에 대한 합당한 정의이다. 이것이 옳다면 (1), (2), (3)으로 표현되는 추론은 "나타난다"와 "보인다"의 애매성에 기대고 있다는 점에서 오류를 범한다.

우리는 지금껏 감각질 표상주의자와 이런 접근에 회의적인 이들 사이에 계속되고 있는 논쟁을 훑어보았을 뿐이다.[47] 두 진영 사이의 분리는 깊고 또 방어벽도 잘 갖추어져 있다. 논쟁은 격렬했고 잠잠해질 기미가 보이지 않는다. 이는 의식에 대해 현재 벌어지고 있는 가장 중요한 논쟁 중 하나이다.

더 읽을거리

토린 알터Torin Alter와 로버트 하월Robert Howell의 《의식에 관한 대화A Dialogue on Consciousness》는 의식에 관한 중요한 문제들 대부분을 건드리는 짧고 이해하기 쉬운 책인데, 재밌는 대화 형식으로 구성되어 있다. 《스탠퍼드 철학 백과사전》에 수록된 로버트 밴 굴리크Robert Van Gulick의 〈의식Consciousness〉은 유용한 참고 자료이다. 《블랙웰 의식 안내서The Blackwell Companion to Consciousness》(Max Velmans, Susan Schneider 편집)는 의식에 관한 광범위한 철학적, 과학적 쟁점들에 대해 철학자들과 과학자들이 쓴 논문들의 최신 모음집이다.

재닛 레빈Janet Levin의 〈사랑은 폭염과 같을 수 있을까?Could Love Be Like a Heatwave?〉는 네이글의 박쥐 논문 대한 유용하고 흥미로운 논의를 담고 있다(레빈의 논문은 10장에서 다룰 프랭크 잭슨의 "지식 논증"에 대해서도 논의한다).

의식의 고차 이론에 대해서는 《스탠퍼드 철학 백과사전》에 수록된 피터 캐러더스Peter Carruthers의 〈의식에 대한 고차 이론들Higher-Order Theories of Consciousness〉이 명료하고 균형 잡힌 개관과 논의를 제공한다. 또한 그의 《의식: 고차 이론 관점으로부터의 논문들Consciousness: Essays from a Higher-Order Perspective》도 참고할 수 있다. 레오폴드 스투벤버그Leopold Stubenberg의 《의식과 감각질Consciousness and Qualia》은 의식에 관한 흥미롭고 유용한 장(4장)을 포함하고 있다. 데이비드 로젠털David Rosenthal의 《의식과 마음Consciousness and Mind》은 의식의 고차 이론에 대한 중요한 논문들을 담고 있다.

의식과 감각질에 관한 표상주의 이론에 대해서는 프레드 드레츠키의 《마음의 자연화Naturalizing the Mind》, 크리스토퍼 힐의 《의식Consciousness》, 마이클 타이Michael Tye의 《의식의 열 가지 문제Ten Problems of Consciousness》, 그리고 윌리엄 라이컨William Lycan의 《의식과 경험Consciousness and Experience》을 참고하라. 알렉스 번Alex Byrne의 〈지향주의 옹호Intentionalism Defended〉 역시

---

47 다음 장에서 우리는 힐의 고통에 대한 표상 이론, 즉 "신체 손상bodily disturbance"이론에 대해 간략히 논의할 것이다.

흥미롭다. 힐의 최근 저서는 표상주의적 접근법에 대한 정교한 정식화와 옹호를 보여준다. 이에 대한 비판적 논의로는 네드 블록의 〈심적 페인트Mental Paint〉를 참고하라. 특히 지각 경험의 투명성 주장에 대해서는 에이미 카인드Amy Kind의 〈투명성은 무엇이 그렇게 투명한가?What's So Transparent about Transparency?〉 및 〈표상주의에 대한 제약Restrictions on Representationalism〉, 찰스 시워트Charles Siewert의 〈경험은 투명한가?Is Experience Transparent?〉를 참고하라.

《의식, 기능, 그리고 표상Consciousness, Function, and Representation》은 의식에 대한 네드 블록의 영향력 있는 논문들을 모아놓았다.

《의식의 본성: 철학적 논쟁The Nature of Consciousness: Philosophical Debates》(Ned Block, Owen Flanagan, Güven Güzeldere 편집)은 의식에 관한 포괄적이고 필수적인 논문 모음집이다. 이 장과 다음 장에서 논의되는 주제들을 잘 다루고 있다.

제 10 장

———— ‹•› ————

의식과 심신 문제

이 책의 초점은 심신 문제, 즉 우리의 마음이 우리의 육체적인 본성과 어떻게 연관되는지, 또는 어떻게 그것에 근거를 두고 있는지를 분명히 하고 이해하는 문제에 있었다. 그러나 이 문제는 궁극적으로 우리의 의식적 삶이 두뇌에서 일어나는 생물학적-물리적 과정과 어떻게 연관되는지를 이해하는 문제로 귀착된다고 해도 무리가 없을 것이다. 다시 말해, 심신 문제의 핵심은 의식-두뇌 문제이다. 우리가 아는 한, 의식 상태가 두뇌 안의 물리화학적 과정에 의존하고 그것으로부터 발생한다는 것에는 의심의 여지가 없다. 그러나 어떻게 뇌의 회색질에서 발생하는 전기화학적 과정이 색상이나 모양, 운동, 소리, 냄새 등의 감각적 성질들을 일으키는가? 많은 사람들이 지적했듯이, 의식이야말로 심신 문제를 그토록 어렵게 만드는 것이다. 토머스 네이글이 말했듯, 아마도 "희망 없는"것으로 만든다고 해야 할지 모르겠다.

유물론 또는 그것의 현대적 계승자인 물리주의는 현대 과학과 최근의 (적어도 분석적 전통에 있는) 심리철학 대부분에서 기본 입장이다.

우리가 사는 세계는 본질적으로 물리적인 세계이다. 물리적 과정이 모든 사건과 과정의 기저에 놓여 있는 것으로 보인다. 우리가 물리학을 기초 과학, 즉 세계를 "완전히 포괄"[1]하기를 열망하는 과학으로 보는 데에는 다 그럴 만한 이유가 있다. 마음과 의식이 그러한 세계에서 수용될 수 있을까? 만약 물리주의가 참이고 의식이 실재하는 것이라면 그러해야 할 것이다. 즉 의식은 물리적 세계 안에서 잘 정의된 위치를 차지해야 할 것이다. 그러나 이것이 가능한가? 물리주의의 운명은 의식에 대한 적절한 물리적 설명이 주어질 수 있는지 여부에 달려 있다는 데 일반적인 동의가 있다. 물리과학은 생명 현상도 설명할 수 있었다. 분자유전학으로부터 이제 우리는 생물학적 현상의 가장 두드러지는 예인 생식이 어떻게 가능한지 알고 있다. 세상의 "두 위대한 신비", 즉 생명과 마음 중 하나는 물리적 설명에 굴복했다. 나머지 하나의 신비, 즉 마음과 의식도 그럴 거라고 기대할 수 있을까?

이 장에서는 의식, 심신 문제, 물리주의를 둘러싼 일단의 쟁점을 검토한다.

"설명적 간극"과 "어려운 문제"

1장에서 보았듯이 대부분의 철학자들은 다음과 같은 형태의 심신 수반을 받아들인다.

> 만약 유기체가 시점 *t*에 심적 상태 M에 있다면, 반드시 어떤 신경적-물리적 상태 P가 존재하여, 그 유기체가 *t*에 P의 상태에 있고, 임의의

---

1 이는 콰인이 사용한 용어이다.

시점에 P 상태에 있는 어떤 유기체도 필연적으로 그 시점에 심적 상태 M에 있을 것이다.

간단히 말해서, 모든 심적 상태에는 그 기저에 신경 상태가 "수반 토대"로 있을 것이라는 논제이다. 고통에 대해 생각해보자. 심신 수반에 따르면 당신이 고통 상태에 있을 때마다 그 고통의 수반 토대에 해당하는 신경 상태가 있다. 이 신경 상태를 N이라 부르자. N이 발생할 때마다 당신은 고통을 느낀다. 또 우리는 N이 발생하지 않는 한, 당신은 고통을 느끼지 않는다고 가정할 수 있다. 우리는 또한 고통이 N으로부터 "나온다"라든지, N으로부터 "발생한다", N은 고통의 "신경적 기저" 또는 "상관자"이다, 라는 식으로 말한다.[2]

그런데 신경 상태 N이 발생할 때 가려움이나 간지럼이 아닌 고통이 발생하는 것은 왜 그러한가? N의 신경적-생물학적-물리적 속성의 어떤 점으로 인해서 N이 발생할 때 다른 종류의 감각 경험이 아닌 고통이 발생하는가? 또 왜 고통은 다른 신경적 상태로부터 나타나지는 않는가? 왜 N으로부터 의식적 경험이 발생하는가? 여기서 우리는 왜 고통과 N 사이에 수반 관계가 성립하는지에 대한 설명을 요구하는 것이다. 설명적 간극explanatory gap의 문제는 그러한 설명을 제공하는 문제이다. 즉 고통과 N 사이에, 또는 일반적으로는 현상적 의식과 두뇌 사이에 존재하는 것으로 보이는 "간극"을 닫는 문제이다.[3]

---

2 하나의 심적 상태에 대한 다수의 수반 기저가 있을 수 있음을 기억해야 한다. N은 당신에게는 고통의 수반 기저일 수 있지만, 심적 상태에 대한 다수실현 가능성과 관련해서 보았듯이(5장), 문어에게는 다른 신경 상태, 파충류에게는 또 다른 신경 상태, 등이 고통의 수반 기저일 수 있다.

3 "설명적 간극"이란 용어는 조지프 레빈이 그의 "Materialism and Qualia: The Explanatory Gap"에서 도입한 것이다. 심신 수반 관계를 설명하는 문제는 Terence

만약 여기에 설명적 간극이 실제로 존재한다면, 그것의 존재는 수반이라는 용어의 사용에 의존하지 않는다. 심물 상관관계에 대한 논의로 제한한다 하더라도 그 문제는 여전히 발생한다. 고통이 신경 상태 N과 상관관계가 있다고 해보자. 왜 고통은 다른 신경 상태가 아닌 N과 상관관계를 맺는가? 왜 가려움이나 간지럼은 N과 상관관계를 맺지 않는가? 고통이 N과 상관관계가 있고 가려움이 다른 신경 상태 N*과 상관관계가 있다면, 우리는 N과 N* 사이의 신경적-물리적 차이에 의해서 이 사실이 설명되어야 할 거라고 생각한다. 그러한 설명은 어떤 형태를 띨까? 어떻게 이런 설명을 찾아야 할까? 신경생물학적 연구가 이런 종류의 심리-신경 상관관계에 대한 설명을 발견할 수 있을까? 우리가 아직까지 그런 설명을 갖고 있지 않다면, 어떤 **추가적인** 과학적 연구가 우리의 설명적 요구를 충족하는 데 도움이 될까? 더 일반적인 물음은 이런 것이다. 의식 상태가 그것과 상관관계를 맺는 신경 상태와 상관관계를 맺는 것은 왜 그러한가?[4] 또는 의식적 상태는 왜 그것들이 수반하는 신경 상태에 수반하는가?

"설명적 간극"이라는 말은 비교적 새로운 것이지만, 그 문제 자체는 그렇지 않다. 앞 장에서 보았듯이, 윌리엄 제임스는 100년도 더 전에 다음과 같이 말한 바 있다.

> 이 책의 가정에 따르면 생각은 두뇌의 작용에 동반하며 이런 생각들은 실재를 인지한다. 그 전체 관계는 우리가 오직 경험적으로 기록하기만 할 수 있는 것인데, 고백컨대 그것에 대한 설명의 희미한 기미조차 아직은 시야에 들어오지 않는다. 두뇌가 인지하는 의식을 발생시

Horgan, "From Supervenience to Superdupervenience"에서 강조된다.

4 이런 식의 물음을 제시한 것은 네드 블록이다.

켜야 한다는 것은, 어떤 종류의 의식이든 어떤 종류의 인지이든, 되돌아오는 신비이다. 사고, 즉 복잡한 대상의 인지가 신비를 포함하는 것만큼이나 감각, 즉 단순한 성질의 인지 역시 신비를 포함한다.[5]

제임스는 생각과 감각이 두뇌 과정과 상관관계를 맺음("동반")을 인지하지만, 우리는 오직 그런 상관관계의 목록을 만드는 것(그의 표현으로 "경험적으로 기록")만 할 수 있다. 관찰된 심리-신경 상관관계의 목록을 늘려 간다는 것은 왜 이런 상관관계가 성립하는지, 또는 왜 심리-신경 상관관계가 존재하는지를 이해하는 것에 해당하지 않는다. 그 목록은 맹목적이며 임의적인 것으로 보인다. 왜 이러한 특정한 상관관계가 성립해야 하는지, 그리고 왜 임의의 다른 상관관계가 성립하면 안 되는지에 대한 이유는 없어 보인다. 제임스에 따르면 이는 "설명의 희미한 기미"조차 없는 하나의 "신비"이다. 독자들은 유명한 과학자 토머스 헉슬리가 이보다도 더 전에 비슷한 감상을 표현하며 다음과 같이 말했다는 것을 기억할 것이다. "어떻게 의식의 상태와 같은 놀라운 것이 신경조직 자극의 결과로 나올 수 있는지는 마치 동화에서 알라딘이 램프를 문질렀을 때 지니가 나타나는 것만큼이나, 또는 자연의 다른 궁극적 사실만큼이나 설명 불가능하다."[6]

최근에는 현상적 의식의 문제를 의식의 "어려운 문제the hard problem"라고도 부른다. 심적 속성의 담지자로 비물질적 마음을 상정하기를 거부하는 실체 물리주의의 입장에 따르면, 심적 속성(믿음과 욕구를 갖고, 학습하고, 기억하고, 고통을 경험하고, 후회하고, 화나고, 두려워하는 등등)

---

5 William James, *The Principles of Psychology*, p. 647.

6 T. H. Huxley, *Lessons in Elementary Physiology*, p. 202.

을 가진 것은 생물학적 유기체와 같은 물리적 체계이다. 이제 데이비드 차머스에 의해 제기된 이런 물음을 생각해보자. "어떻게 물리적 체계가 **학습**할 수 있고, **기억**할 수 있는 종류의 것일 수 있는가?"[7] 차머스는 심신 문제의 해결 가능한 요소라는 점에서 이를 "쉬운" 문제라 부른다. 그가 인정하듯이, 기억의 신경 기제의 세부 사항을 드러내는 과학적 문제는 뇌과학자들에게 가공할 만한 어려운 도전거리이다. 그러나 여기에는 잘 정의된 연구 프로젝트가 있다. (가령 인간이나 고등 동물에서) 지각 체계로부터 획득한 정보를 처리하고, 저장하고, 필요한 대로 복구하는 기저에 있는 신경 체계를 특정하는 것이 그것이다. 그런 문제가 과학적 관점에서 쉬운 문제인 것은 아니지만 철학적 관점에서 특별한 퍼즐이나 신비를 제기하는 것 같지는 않다. 개념적으로나 철학적으로 그것은 "쉬운" 문제이다.

그 이유는 기억이 "기능적" 개념, 즉 유기체의 인지적-심리학적 체계 내에서 수행하는 역할에 의거해서 정의되는 개념이기 때문이다(5장을 보라). 그래서 "물리적 체계가 어떻게 기억이라는 것을 해내는가?"라는 질문은 다음의 간단한 형태의 답을 갖는 것 같다. 신경 기제 N을 가진 물리적 체계는 기억을 할 수 있는데, 기억한다는 것은 일련의 작업 T를 수행한다는 것이고, 신경 기제 N이 한 체계가 T를 수행할 수 있게끔 해주기 때문이다. 게다가 우리는 N이 정확히 어떻게 T를 이 체계 또는 이와 유사한 체계에서 수행하는지 설명할 수 있다. 주어진 연구 대상 집단(사람, 포유류)에 대해 N을 특정하는 것은 과학적 연구 프로젝트이고, T에 의거해 기억을 기능적으로 정의하는 것은 그 연구 프로그램을 설정하는 것을 가능하게 한다. 여기에 특별한 철학적 신비는

---

7 David Chalmers, *The Conscious Mind*, p. 24.

없다. 적어도 그렇게 보인다.

이런 상황을 의식의 질적인 상태에 관한 상황과 비교해보자. 즉 "어떻게 물리적 체계가 **기억**이라는 것을 할 수 있는 종류의 것일 수 있는가?"라고 묻는 대신에, "어떻게 물리적 체계가 **고통을 경험**할 수 있는 종류의 것일 수 있는가?"라고 묻는다고 하자. 이는 차머스가 "어려운 문제"라고 부른 것인데, 심신 문제의 어려운, 어쩌면 해결 불가능한 부분이다. 이 문제가 어려운 것은 고통을 기능적으로 정의하는 것이 불가능해 보이기 때문이다. 고통이 전형적인 입력 조건(조직 손상과 외상)을 가지며, 전형적인 행동 출력(움츠림, 신음함, 회피 행동)을 갖는다는 것은 인정할 수 있다. 그러나 많은 사람들은 고통을 고통으로 만드는 것은 그것이 고통스러운 것으로 경험된다는(즉 고통은 아프게 느껴진다는) 사실이라고 생각하는 경향이 있다. 고통의 이러한 현상적, 질적 측면은 고통과 연결된 어떤 특정한 역할에 의해서 포착될 수 있는 것 같지 않다. 고통의 신경 기제(즉 조직 손상에 반응하고 특징적인 고통 반응을 촉발하는 신경 기제)를 드러내는 것은 "쉬운" 부분에 해당한다. 신경과학자들에게는 이것이 도전적인 연구 문제일 수 있지만 말이다. "어려운" 것은 다음과 같은 추가적인 질문에 답하는 문제이다. "이런 신경 기제가 활성화될 때, 왜 고통이 경험되는가? 이 기제의 어떤 점으로 인해서 그것이 활성화될 때 가려움이 아닌 고통이 경험되는가?"

어려운 문제의 "어려움"은 다음 사실로부터 엿볼 수 있다. T가 기억과 연결된 일단의 역할이라고 할 때, "신경 기제 N이 어떻게 한 대상으로 하여금 T 역할을 수행하게끔 하는가?"라는 질문은 신경과학 및 연관된 물리-행동 과학 **내에서** 답해질 수 있을 것으로 보인다. 반면에 "신경 기제 N이 어떻게 한 체계가 고통을 경험하는 것을 가능하게 하는가?"라는 질문은 신경생리학이나 연관된 과학 내에서 답해질 수 있을 것으로 보이지 않는데, 이는 "고통"이라는 용어나 그 개념이 신경생리학이나 다른 물리-행동 과학에는 등장조차 하지 않기 때문이다. "고통"의 현재 용법에 따르면, 고통은 현상적으로 의식적인 사건이다. 가려움을 경험하는 것이나 노란색을 본다는 것이 무엇과 같은지와는 구분되는 것으로서, 고통을 경험한다는 것이 무엇과 같은지는 이런 의미에서 고통에 본질적인 것이다. 현상적 의식의 유형으로서의 고통은 그러므로 뇌과학의 영역 바깥에 있는 것이다. 그렇다면 어떻게 뇌과학 내에서 우리의 문제에 대한 답을 찾을 수 있을지 알기 어렵다. 만약 신경과학이 (감각질로서의) 고통에 대해 말할 방도조차 없다면, 왜 고통이 특정 신경 상태와 상관관계를 맺는지를 신경과학이 어떻게 설명할 수 있단 말인가?

설명적 간극이 닫힐 수 없다는 것, 즉 어려운 문제는 해결할 수 없다는 것은 창발론의 핵심 테마였다. 심리-신경 상관관계는 설명 불가능한 궁극의 근본적 사실 중 하나이며, 20세기 초 새뮤얼 알렉산더와 로이드 모건 같은 창발론의 선구자들은 이런 것들을 "자연적 경건심"을 갖고 받아들이라고 권고했다. 왜냐고 묻길 멈추고 의식이 창발한 것에 그저 감사하라고 말이다!

그러나 심리-신경 상관관계를 설명하려는 희망을 포기하고, 설명적 간극을 닫을 수 없는 것으로, 또 어려운 문제를 해결 불가능한 것으로 인정해야 할까? 현상적 의식에 대한 물리적-신경적 설명을 위해 필요한 것은 정확히 무엇일까? 설명적 간극을 다루기 위해 필요한 것은? 이런 문제들은 종종 **환원**과 **환원적 설명**이라는 용어를 사용해서 제기된다. 어려운 문제에 대한 해결책을 찾고 설명적 간극을 닫기 위해서 우리는 의식을 신경 상태로 **환원**할 수 있어야 하고, 의식을 신경 과정에 의해서 **환원적으로 설명**할 수 있어야 한다는 생각이다. 아래에서 우리는 현상적 의식을 환원하고 환원적으로 설명하는 어떤 방안들이 있는지 살펴볼 것이다.

사람들은 마음의 기적과 신비에 대해서 말해왔다. 마음의 신비는 본질적으로 의식의 신비이다. 그리고 의식이야말로 마음을 진정으로 기적적인 것으로 만드는 것이라 할 만하다. 믿음, 감정, 행위와 같은 심성의 다른 측면들은 앞에서 기술된 기억에 대한 기능적-신경적 설명과 유사한 방식으로 설명될 수 있을지 모른다. 그러나 현상적 의식, 즉 감각질은 비슷한 방식으로 쉽게 설명되지 않는, 완전히 다른 문제를 제시한다.

의식은 물리적 속성에 수반하는가?

자기-자각은 자기 자신의 심리 상태에 대한 자각이라는 의미에서 원칙적으로 어떤 내적 모니터링 기제나 고차 지각 또는 고차 사유에 의해서 해명 가능한 것으로 보이며(9장을 보라), 이는 자기-자각에 대한 물리적-신경적 설명의 가능성에 토대를 제공한다. 그러한 자각의 "직접성"과 "즉각성"은 아마도 그러한 스캔 장치가 다른 인지 모듈 및 언어 센터, 즉 언어적 보고를 담당하는 기제와 직접적으로 연결되어 있다는 점에 의해 설명될 수 있을 것이다. 일인칭적 접근과 삼인칭적 접근의 비대칭성은 그다지 신비로운 것이 아닐지도 모른다. 이는 나의 스캔 장치는 나의 내적 상태를 직접적으로 모니터링하고 있지만 당신의 것은 그렇지 않다는 단순한 사실로부터 발생한다.[8] 이런 아이디어

---

8 이런 스캔 장치는 궁극적으로 신경 기관일 것이다. 만약 그렇다면 당신의 스캔 장치는 나의 뇌와 연결되어 나의 일차 심적 상태들을 모니터링하고, 거꾸로 나의 내적 스캔 장치는 당신의 뇌와 연결되어 당신의 일차 상태들을 모니터링하는 것이 적어도 상상가능하다. 이러한 상황에서는 당신은 나의 심적 상태를, 나는 당신의 심적 상태를 의식하는 것일까? 이것이 말이 되긴 하는가? 의식에 관한 내적 모니터링 이론이 이것이 가능한 상황임을 함축한다면, 이는 이 입장에 심히 잘못된 무언가가 있음을 나타내는 것일 수 있다.

는 개략적이며 궁극적으로 실패할지도 모른다. 그러나 이것이 보여주는 것은 자기 자신의 마음 상태에 대한 직접적인 일인칭적 접근이라는 의미에서의 의식의 주관성을 이해할 수 있을 가능성이다. 적어도 우리는 그것을 물리적-생물학적 수준에서 구현할 수 있는 가능한 기제를 상상해볼 수는 있기 때문이다. 우리는 의식의 주관성의 몇몇 중요한 측면에 대한 설명이 어떤 모습일지 알 수 있다. 이는 우리가 적어도 문제를 이해한다는 것을 보여준다.

내적 상태에 대한 직접적 자각으로서의 의식에 대한 이런 견해에서, 의식은 유기체의 기본적인 물리적-생물학적 구조 및 기능에 수반할 것이다. 유기체가 자신의 현재 내적 상태를 직접적으로 모니터링하는 능력을 갖추었다는 사실은 그것의 물리적-생물학적 구조에 대한 하나의 사실이며, 이는 입력 조건에 반응하는 행동 패턴을 통해 드러나게 되어 있다. 이는 두 유기체가 그 물리적-생물학적 구성에 있어서 동일하다면, 그 두 유기체의 자기-모니터링 능력은 다를 수 없음을 의미한다. 그런 의미에서 특별한 일인칭적 인식적 권위로서의 의식은 물리학적 사실과 생물학적 사실에 수반한다고 볼 여지가 많다.

그렇다면 의식의 현상적, 질적 측면에 대해서는 어떠한가? 감각질은 유기체의 물리적-생물학적 구성에 수반하는가? 당신의 C-섬유가 활성화될 때 당신은 고통을 느낀다. 당신의 물리적 복제물 역시 그의 C-섬유가 활성화될 때 고통을 느끼는 것이 필연적일까? 우리 세계에 고통 및 그 외의 질적 상태가 존재하며, 우리는 그것들이 규칙적이고 법칙적인 방식으로 물리-생물학적 영역에서 발생하는 것에 의존한다고 가정한다. 우리 세계와 물리적으로 완전히 동일하면서 현상적인 심적 상태는 없는 가능 세계가 있을까? 어떤 영향력 있는 철학자들은 그런 세계가 가능하다고 생각한다. 예컨대 솔 크립키는 다음과 같이 말한다.

C-섬유 활성화의 경우는 어떤가? 이런 현상을 창조하기 위해서 신은 적절한 종류의 물리적 활성화가 가능한 C-섬유를 지닌 존재를 창조하기만 하면 될 것으로 보인다. 그런 존재가 의식적이냐 아니냐 하는 것은 여기서 무관하다. 그러나 C-섬유 활성화가 고통에 대응하도록, 또는 고통으로 느껴지도록 만들기 위해서, 신은 단순히 C-섬유 활성화를 창조하는 것에 더해서 추가적인 무언가를 해야 할 것으로 보인다. 신은 그 생명체가 C-섬유를 간지럼이나 따뜻함이 아닌, 또는 아무것도 아닌 것으로서가 아닌 (이런 것들 역시 신의 능력 안에 있을 것이 분명하다) 고통으로 느끼도록 만들어야 할 것이다.[9]

크립키는 이런 상황을 분자운동과 열에 관한 상황과 대조한다. 분자운동을 창조한 후에 신은 열을 창조하기 위해서 추가적인 조치를 취할 필요가 없다. 분자운동이 존재하게 되면, 열은 그것과 함께 존재하게 되는 것이다.

만약 크립키가 옳다면, 물리적 측면에서는 우리의 세계와 동일하지만 정신적인 측면에서는 다른 두 종류의 가능 세계가 존재한다. 첫째로 다른 물리적-현상적 상관관계가 성립하는 세계가 있을 것이고(예컨대, C-섬유 활성화가 고통이 아니라 가려움과 상관관계를 가진 세계), 둘째로 현상적 심적 사건이 전혀 존재하지 않는 세계인 "좀비 세계"가 있을 것이다. 이런 세계에서는 물리적인 측면에서 당신이나 나와 정확히 똑같고 우리가 행동하는 것과 똑같이 행동하는 (심지어는 "치통 때문에 잠을 못 잤고 나는 지금 논문을 쓰기에는 너무 피곤해"라는 소리를 만들어

---

9 Saul Kripke, *Naming and Necessity*, pp. 153–154. 크립키 논증이 반대하는 것은 고통이 C-섬유 활성화와 동일하다는 주장이다. 그러나 그의 논증은 고통이 C-섬유 활성화에 수반한다는 주장에도 똑같이 적용된다..

내는 것을 포함해서) 생명체가 존재하지만, 그들은 고통, 피곤함, 초록색에 대한 감각과 같은 경험은 갖지 않는 좀비이다. 그들의 내적 삶은 어둡고 텅 빈 데카르트적 극장이다.

그러나 크립키가 옳은가? 어떻게 신이 C-섬유 활성화는 창조하면서 고통은 창조하지 않는 것이 가능한가? 감각질 수반에 반하는 여러 가지 고려 사항을 보자.

1. 고통의 개념과 C-섬유 활성화의 개념 사이에는 아무런 개념적 연결이 없다(즉 "고통"이라는 용어와 "C-섬유 활성화"라는 용어 사이에 의미의 연결은 없다). 그러므로 유기체의 C-섬유가 활성화되었지만 고통이나 어떤 다른 감각을 경험하지 않는다는 가정에는 적어도 아무런 논리적 모순이 없다. 이 논증은 다음과 같은 근거에서 도전 받을 것이다. 열과 분자운동 사이, 또는 물과 H_2O 사이에도 개념적인 연결은 없지만, 분자운동은 존재하면서 열은 존재하지 않는 가능 세계나 H_2O는 존재하지만 물은 존재하지 않는 가능 세계는 없다. 이것이 보이는 바는, 논리적 또는 개념적 연결의 부재가 하나 없이 다른 하나를 갖는 것이 가능하다는 것을 보이지 못한다는 것이다. 이러한 답변을 고려할 때 우리는 고통과 C-섬유 활성화의 사례가 열-분자운동의 사례나 물-H_2O 사례와 관련된 측면에서 유사한지 물어야 할 것이다.

2. "전도된 스펙트럼"이 가능하다. 모든 물리적인 측면에서 정확히 우리 세계와 같지만, 사람들이 사물을 볼 때 우리가 경험하는 색상의 보색에 해당하는 색상을 경험하는 세계가 있다는 것은 완벽히 상상가능한 것으로 보인다.[10] 그런 세계에서는 우리 세계에서와 똑같이 양배추는 초록색이고 토마토는 빨간색이지만, 그 세계의 사람들은 양배추를 볼 때는 빨강을 경험하며 토마토를 볼 때는 초록색

을 경험한다. 양배추를 "초록"이라 부르고 토마토를 "빨강"이라 부르긴 할 테지만 말이다. 그런 세계는 쉽게 상상가능하며, 어떤 숨은 모순도 없는 것으로 보인다. 사실 우리에게 소리가 지각되듯이 색상이 지각되고, 또 우리에게 색상이 지각되듯이 소리가 지각되는 세계(즉 전도된 감각 양상의 세계)가 있을 수 있다는 것이 왜 상상가능하지 않겠는가? (프랑스 시인 아르튀르 랭보는 다음과 같은 식으로 자음에서 색상을 보았다. "A는 검정, E는 흰색, I 빨강, U 초록, O 파랑".)[11]

3. 사실 우리 세계의 사람들, 아마도 우리의 친구와 가족 중에 관련된 신경 상태는 같지만 우리와 비교해서 색상 스펙트럼이 전도된 사람들이 있을 수 없는 이유는 무엇인가? 그들은 우리와 마찬가지로 토마토를 "빨강"이라 부르고 양배추를 "초록"이라 부르며 관찰 가능한 행동 모두가 우리와 정확히 일치한다. 그러나 그 사람들의 색상 경험은 우리와 다르다.[12] 우리는 보통 이런 가능성을 상상하지 않는다. 우리는 두 사람이 관련된 측면에서 유사한 지각 상황에 있으면 같은 질적 감각을 경험한다고 가정한다. 그러나 이는 정확히 감각 상태가 물리적 조건에 의해서 결정된다는 가정이고, 이 가정은 논란의 중심에 있다. 세계에 대한 우리의 공유된 지식이나 우리의 행동을 조정하는 능력에서 중요한 것은 우리가 같은 범위의 색

---

10   이는 Ned Block, "Inverted Earth"에 기반한다.

11   Arthur Rimbaud, "Voyelles." 공감각 현상(예를 들어, 사람이 동작을 볼 때 소리를 듣는 현상)을 생각하면 전도된 감각 양상을 더 쉽게 상상할 수 있다.

12   전도된 감각질의 가정에 있는 복잡성과 복합성에 대해서는 C. L. Hardin, *Color for Philosopher*를 보라. 또 Sydney Shoemaker, "Absent Qualia Are Impossible: A Reply to Block", "The Inverted Spectrum" 및 Michael Tye, "Qualia, Content, and the Inverted Spectrum"을 참고하라.

깔을 구별할 수 있다는 것이지, 이런 색상이 우리에게 어떻게 보이는지가 아니다(이 점은 밑에서 더 논의될 것이다).

4. 위에서 말한 것들에 감각질이 유기체의 기능적 속성에 수반하지 않는다는 것이 암묵적으로 내포되어 있다.[13] 대략적으로 말해 기능적 속성은 유기체가 주어진 감각 입력에 대해 특정 행동 출력을 방출함으로써 반응하는 방식을 나타내는 속성이다. 기능적 속성은 물리적 속성에 수반하므로(왜 그런지 생각해보라), 나와 나의 물리적 복제는 같은 기능적 속성을 공유해야 한다. 그러므로 감각질이 기능적 속성에 수반한다면 그것들은 물리적 속성에 수반할 것이다. 따라서 감각질이 물리적 속성에 수반하는지를 묻는 것은 그것이 기능적 속성에 수반하는지를 묻는 것이기도 하다.[14]

그렇다면 감각질이 물리적 속성에 수반하지 않는다는 것에 대한 핵심 논증은, 우리와 물리적으로 구별불가능한 유기체에서 좀비와 감각질 전도의 상상가능성이다.[15] 상상가능성은 그 자체로 실제 가능성을 함축하지 않을지도 모르며, 상상가능성과 가능성 사이의 정확한 관계는 어렵고 논쟁적인 쟁점이다. 게다가 우리는 무엇이 상상가능하고 무엇이 그렇지 않은지의 판단에서 실수를 저지를 수 있고, 우리의 판단은

---

13 이 점은 기능주의와 관련하여 5장에서 논의되었다.

14 감각질이 물리적 속성에 수반하는 것을 받아들이면서 기능적 속성에 수반한다는 것은 거부하는 것은 일관적이다. 예컨대 감각질이 생물학적 과정으로부터 발생한다고 주장하면서, 감각질이 우리와 기능적으로 구별불가능한 전자기계 시스템(가령 로봇)에 의해 경험된다고 볼 이유가 없다고 주장할 수 있을 것이다.

15 상상가능성과 실제 가능성 사이의 관계를 둘러싼 뜨겁고 광범위한 논쟁이 있다. Gendler와 Hawthorne이 편집한 *Conceivability and Possibility*는 이 주제에 대한 (포괄적인 서론을 포함하여) 많은 흥미로운 논문을 담고 있다. .

우리가 갖고 있는 경험적 정보에 의존할 수도 있다. 우리가 알고 있는 것으로 인해 우리는 물이 H_2O가 아닌 세계를 상상할 수 없을지 모르지만, 같은 정보를 갖지 않은 사람들은 다르게 판단할 수 있다. 그러나 심적 상태의 질적인 특성의 경우, 우리가 알게 된다면 좀비와 감각질 전도가 실제로 가능하지 않다고 확신하게 될 만한 그러한 것이 있을까? 우리의 경험의 주관적인 현상적 특성에 관한 한 우리는 알아야 하고, 알 수 있는 것을 이미 모두 알고 있지 않은가? 신경심리학의 연구가 현상적 경험의 생물학적 토대에 대해서 더 많은 것을 알려줄지 모르나, 어떻게 그런 것이 감각질의 수반에 대한 증거로서 유관할 수 있을지 알기 힘들다. 그러한 발견은 감각질과 그 기저에 있는 신경 상태들 사이의 상관관계에 대해서 더 많은 것을 말해줄 것이다. 그러나 문제는 이런 상관관계가 **형이상학적으로 필연적인지**, 즉 그 상관관계가 성립하지 않는 가능 세계가 존재하는지에 관련된 것이다. 게다가 신경생리학적 연구가 감각질과 신경 상태 사이의 상관관계를 확립할 수 있다는 것조차 그리 명백하지 않다. 상관관계에 대한 주장은 신경 상태를 (감각질 자체가 아닌) 감각질에 대한 **언어적 보고**와 연결 지을 뿐이라고 지적할 수 있는데, 이로부터 따라 나오는 것은 이런 상관관계가 감각질 전도와 양립가능할지 모른다는 것이다(의식과 과학에 대해서는 아래에서 논한다). 어떤 사람들은 과학적 연구는 신경 상태와 색상 경험의 내재적 성질들 사이의 상관관계를 확립하는 것이 아니라, 기껏해야 신경 상태와 주체가 구분할 수 있는 색상 유사성 및 차이 간의 상관관계를 확립할 수 있을 뿐이라고 주장할지도 모른다.

이 지점에서 감각질 수반에 반하는 근거가 결정적이지는 않지만, 가볍게 볼 일도 아니라고 결론짓는 것이 현명할 것 같다. 그렇다면 감각질 수반을 옹호하는 고려 사항이 있을까? 유일한 긍정적 고려 사항은 포괄적인 형이상학적 종류의 것일 텐데, 이는 선결문제의 오류를 범한다고 비난받을 만한 것이다. 당신이 이미 물리주의의 신봉자라고 해보자. 그렇다면 감각질에 대해서 당신에게는 두 가지 선택지가 있다. 감각질 제거론자나 허무론자들이 촉구하듯이,[16] 그 존재를 부정하거나, 아니면 감각질을 물리주의적 틀 내에 어떻게든 수용하고자 하는 것이다. 수용과 거부 사이의 선택에 직면해서 당신은 수용을 택할 텐데, 감각질을 완전히 부정하는 것은 물리주의를 상식과 배치시키는 것이라 느껴질 것이기 때문이다. 그렇다면 당신은 수반이 감각질을 물리적인 영역으로 들여오는 매력적인 방법이라고 생각할지 모르겠다. 감각질 수반은 적어도 유기체의 모든 물리적 세부 사항이 고정되면, 그것이 감각질에 대한 모든 사실을 완전히 고정할 것을 보장하기 때문이다. 이는 감각질을 완전히 물리적인 것으로 만들지 않을지는 모르지만, 적어도 감각질을 전적으로 물리적인 사실에 의존하는 것으로 만들고, 이는 물리적인 것의 수위성과 우선성을 보호한다. 당신은 이것으로 충분하다고 느낄지 모른다.

게다가 감각질 수반은 감각질의 인과적 유관성을 설명하는 길을 여는 것으로 보인다. 만약 감각질이 진정한 존재자라면, 그 존재는 인과적 차이를 만들어야 한다. 그러나 어떤 합당한 물리주의의 버전도 물리적 세계가 인과적으로 닫혀 있다고 볼 것이며(7장을 보라), 감각질을 세계의 인과적 구조에 들여오려면, 감각질은 적어도 세계의 물리적 사실에 수반해야 할 것으로 보인다. 수반 그 자체는 감각질에 **인과적 효력**을 부여하기에 충분치 않을지 모르지만, 넓은 의미에서 감각질을 **인과적으로 유관한** 것으로 만들기에 충분할 것이다. 어떤 경우든 감각질 수반 없이는 세계의 인과 관계의 네트워크에서 감각질에 지위를 부여할

---

16 우리는 앞 장에서 이런 선택지를 옹호하는 두 철학자, 대니얼 데닛과 조지 레이를 본 바 있다.

가망은 없을 가능성이 높다.[17] 그러나 이는 감각질 수반이 우리의 희망 사항임을 의미할 뿐 감각질 수반을 옹호하는 논증은 아니다. 우리가 아는 한 감각질은 어떤 것도 야기할 힘이 없는 부수현상일 가능성이 있다. 이런 가능성은 선험적으로 배제될 수 없으며 그것을 부정하는 것을 철학적 논증의 전제로 사용하는 것은 적절치 않을 것이다.

감각질 수반의 물음은 물리주의에 심오한 딜레마를 제시한다. 만약 감각질이 물리적-생물학적 과정에 수반한다면, 왜 그것이 수반하는지, 왜 그것이 특정한 신경 기저로부터 발생하는지는 물리적 관점에서 해명 불가능해 보이는 하나의 신비로 남는다. 그러나 감각질이 수반하지 않는다면, 이는 물리적 영역 밖에 있는, 물리적 법칙의 지배를 받지 않는 속성으로 여겨져야 한다. 이 지점에서 어떤 이들은 심성에 대한 기본적인 물리주의적 접근이 심각한 곤경에 빠졌으며, 비물리적인 대안을 탐색하기 시작할 지점이라고 느낄지 모르겠다. 그러나 물리주의에 대한 진짜 대안이 있기는 한가? 대부분의 현대 심리철학자들에게 데카르트적 실체 이원론은 살아 있는 선택지가 아니다. 사실 의식의 문제나 마음에 대한 다른 풀리지 않는 문제들에 관해서 실체 이원론으로부터 어떤 구체적인 도움을 기대할 수 있을지 알기 어렵다. 만약 우리의 목표가 의식적인 마음이 자연스럽고 이해 가능한 위치를 차지하는 세계에 대한 그림을 구상하는 것이라면, 감각질 수반 없이는 어떤 방향으로 가야 할지 종잡을 수 없는 드넓은 광야에 직면하는 것 같다.

---

17 제리 포더는 "신신 수반은 잃는다면 신성 인과이 이해가능성도 함께 있는다"라고 말한다. Fodor, *Psychosemantics*, p. 42. 감각질 수반에 대한 인과 논증에 대해서는 Terence Horgan, "Supervenient Qualia"를 보라.

설명적 간극을 닫기: 환원과 환원적 설명

어떻게 설명적 간극을 닫을 수 있을까? 어떻게 의식의 어려운 문제가 풀릴 수 있을까? 우리는 여기서 이런 물음에 답하고자 하는 두 가지 방식을 고려할 텐데, 환원과 환원적 설명이 그것이다. 핵심 아이디어는, 만약 우리가 (심신 동일성 이론에서처럼) 고통을 C-섬유 활성화와 동일시함으로써 전자를 후자로 환원하거나, 고통 현상을 C-섬유 활성화 및 신경적 수준의 법칙을 통해 환원적으로 설명한다면, 그것으로 설명적 간극을 닫고 어려운 문제를 풀기에 충분하다는 것이다.

어떻게 의식을 신경적 과정에 의거해서 환원적으로 설명할 수 있을까? 설명적 간극에 대한 이런 접근을 선호하는 사람은 환원이 불가능한 곳에서조차 환원적 설명은 가능하다는 생각 때문에 이를 선호하게 된다. 데이비드 차머스는 다음과 같이 말한다.

> 어떤 의미에서 많은 상이한 물리적 기저에서 실현될 수 있는 현상들, 예컨대 학습은 우리가 학습을 어떤 특정한 하위 수준의 현상들과 **동일시**할 수 없다는 점에서 환원가능하지 않을지 모른다. 그러나 이런 다수실현 가능성은 어떤 학습의 사례를 하위 수준의 현상에 의거해서 환원적으로 설명하는 데 걸림돌이 되지는 않는다.[18]

차머스는 학습의 다수실현 가능성이 학습과 어떤 특정 신경-생물학적 과정을 동일시하는 것—학습에 대한 **동일성 환원**—을 배제하는 것으로 보는 것이 분명하다. 그러나 그의 견해에서 이것이 그 현상에 대한

---

18 David Chalmers, *The Conscious Mind*, p. 43. 강조는 원문을 따랐다.

환원적 설명까지 불가능하게 하는 것은 아니다.

끈질기게 환원주의를 비판했던 제리 포더는 다음과 같이 말하면서 같은 주장을 밀어붙이는 것으로 보인다.

> 환원의 요점은 우선적으로는 특수 과학의 각각의 속성 술어와 동일한 외연을 가진 어떤 물리학의 자연종 술어를 찾아내는 것이 아니다. 그보다는 사건들이 특수 과학의 법칙들을 따르게끔 하는 물리적 기제를 해명하는 것이다.[19]

첫 문장에서 포더는 환원의 요점이 특수 과학의 술어와 물리학의 술어를 연결 짓는 소위 교량 법칙(한때 환원을 위해 요구된다고 생각되었던 종류의 법칙)을 찾는 것이 아니라고 말하고 있다. 포더의 견해에서 다수실현의 현상으로 인해 그런 법칙은 있을 수 없지만, 이는 실제로 문제가 되지 않는다. 그가 옹호하는 견해는 진정한 환원은 상위-수준의 현상을 기저에 있는 "물리적 기제"에 의거해서 환원적으로 설명하는 데 있으며, 그런 환원적 설명은 교량 법칙을 요하지 않는다는 것이다.

이는 몇 가지 흥미로운 질문을 제기한다. 환원적 설명이란 무엇이고 그것은 어떻게 작동하는가? 환원적 설명은 일반적인 비환원적 설명과 어떻게 다른가? 환원과 환원적 설명은 어떻게 연관되어 있나? 환원 없는 환원적 설명이 실제로 가능한가? 환원은 항상 우리에게 환원적 설명 또한 제공하는가?

한 가지 분명한 것은, 단순한 심물 상관관계 법칙, 즉 교량 법칙이

---

19 Jerry A. Fodor, "Special Sciences, or the Disunity of Science as a Working Hypothesis," in *Philosophy in Mind: Classical and Contemporary Readings*, ed. David J. Chalmers, p. 131.

나 심신 수반 관계는 환원적 설명, 즉 기저에 있는 신경생물학적 현상에 의거한 심적 현상의 이해를 산출하지 않는다는 점이다. 고통과 C-섬유 활성화(Cfs)를 연결 짓는 상관관계 법칙을 우리가 가지고 있다고 가정해보자. 다음의 도출을 가능한 설명으로 생각해볼 수 있다.

(α) 존스는 t에 Cfs 상태에 있다.
사람이 t에 Cfs 상태에 있는 경우 오직 그 경우에 그 사람은 t에 고통 상태에 있다.
따라서 존스는 t에 고통 상태에 있다.

이 도출의 두 번째 줄이 고통과 Cfs를 연결 짓는 상관관계 법칙이다. 이 법칙은 존스의 두뇌 상태에 대한 사실로부터 그의 의식에 대한 사실을 도출하는 것을 가능하게 한다. (α)가 모종의 설명이라는 것은 인정할 수 있다. 다시 말해, 설명되어야 할 사건에 대한 진술이 법칙과 함께 선행 조건으로부터 도출된다.[20] 그러나 이것이 설명적 간극을 닫도록 돕는 **환원적** 설명인가? 즉 어떻게 또는 왜 고통이 신경적 과정으로부터 발생하는지에 대한 이해를 제공하는가?

답은 단연코 그렇지 않다는 것이다. 문제는 전제로 사용된 고통-Cfs 상관관계 법칙에 있다. 의식적 상태를 신경 과정에 기초해서 환원적으로 이해하고자 할 때 우리가 알고자 하는 것은 어떻게 고통 같은 감각이나 우울감 같은 느낌이 신경 상태로부터 발생하는가, 또는 왜 이런 의식 상태가 그것과 연결된 신경 상태와 상관관계를 갖는가 하는 것이다. 왜 고통은 Cfs와 상관관계를 맺고 다른 신경 상태와는 맺지 않

---

20 과학적 설명에 대한 자세한 논의를 위해서는 다음을 보라. Carl G. Hempel, *Philosophy of Natural Science*.

는가? 왜 간지럼 같은 다른 현상적 상태가 Cfs와 상관관계를 맺지 않는가? (α)는 이런 물음에 답하지 않고, 단순히 고통-Cfs 상관관계 법칙을 설명되지 않은 전제로 가정하고 있다. 다른 방식으로 표현하자면, 뇌과학에서 의식에 대한 환원적 이해를 얻고자 한다면 심리-신경 상관관계 법칙 자체가 설명될 필요가 있다는 것이다. 왜 생각과 감각이 그와 연관된 신경 상태에 "동반"하는지에 관한 설명적 통찰을 얻는 것에 대해 윌리엄 제임스가 회의감을 표명한 것을 상기해보자. 감각이 두뇌 상태에 "동반한다"고 말함으로써, 제임스는 심리-신경 상관관계 법칙이 존재하며 우리가 그것에 대해 적어도 약간의 지식은 갖고 있음을 인정하고 있다. 논점은 그게 아니다. 제임스에 따르면 우리에게 필요하지만 아직 우리가 갖지 못한 것은 (아마도 영원히 갖지 못할 것은) 이런 상관관계에 대한 설명이다. 그러한 설명만이 의식의 "신비"를 풀 수 있으며 설명적 간극을 닫을 수 있다.

이런 심리-신경 상관관계 법칙이 심리-신경 동일성으로 강화될 수 있다면 어떨까? "Cfs가 발생하는 경우 오직 그 경우에 고통이 발생한다" 대신에 "고통=Cfs"라면? 즉 의식 상태에서 신경 상태로의 **동일성 환원**이 있다고 해보자. 이것이 어떻게 설명적 간극을 닫는 것을 도울 수 있을까? 이것이 Cfs에 의거한 고통의 환원적 설명을 산출할까? 다음의 도출을 고려해보자.

(β) 존스는 Cfs 상태에 있다.
고통=Cfs.
따라서 존스는 고통 상태에 있다.

(β)가 타당한 논증이라는 데는 의심의 여지가 없다. 논증의 결론은 첫 번째 전제에 "같은 것을 같은 것으로" 대체함으로써 얻어진다. 그러나

이것이 과연 설명이기는 한가? 답은 그렇지 않다는 것이다. 이 도출에서 일어나는 일을 이해하는 가장 좋은 방법은 결론이 전제의 "재진술"에 불과하다는 것을 보는 것이다. "고통 = Cfs"의 동일성은 그런 재진술을 허가하는 역할을 한다. 고통 = Cfs라는 것이 주어지면 "존스가 Cfs에 있다"로 진술되는 사실은 "존스가 고통 상태에 있다"로 진술된 사실과 정확히 같은 사실이다. 결론은 전제에서 진술된 것을 넘어서는 어떠한 새로운 사실도 진술하지 않는다.

도출 (β)는 다음과 같은 연역만큼이나 설명적이지 않다.

(β*) 툴리는 카틸리나를 비난했다.

툴리 = 키케로

따라서 키케로는 카틸리나를 비난했다.

이것을 왜 키케로가 카틸리나를 비난했는지에 대한 설명으로 여길 사람은 없을 것이다. 이런 진단이 옳은 방향에 있다면, 어떻게 동일성 환원이 설명적 간극과 어려운 문제에 대해서 도움이 되겠는가? 어떻게 "고통 = Cfs"가 "왜 고통이 다른 신경 상태가 아닌 Cfs와 상관관계를 맺는가?"의 질문을 다루는 데에 도움이 되겠는가?

"왜 p가 성립하는가?"라는 설명 요청에 응수하는 두 가지 방법이 있다. 하나는 그 물음에 대한 **올바른 답**을 주는 것—즉 왜 p가 성립하는지에 대한 설명을 제공하는 것—이다. 그러나 p가 거짓이고 "왜 p인가?"에 대한 올바른 답이 없는 경우도 있다. 어떤 사람이 당신에게 "왜 브루투스가 시저를 찔렀나?"라고 묻는다면, 당신은 올바른 답을 찾아내 설명 요청에 응할 수 있을 것이다. 반면에 잘못 알고 있는 사람이 당신에게 "왜 브루투스가 시저에게 독약을 먹였나?"라고 묻는다면, 당신은 그 사람에게 설명을 제시할 수 없는데, 설명이 존재하지 않기 때문이다. 오히려 당신은 브루투스가 시저에게 독약을 먹였다는 생각이 잘못되었음을 그 사람에게 알려줘야 할 것이다. "왜 p 인가?"라는 질문은 p 가 사실임을 **전제**하며, 이 전제가 거짓인 경우에 그 물음은 올바른 답이 없으며 설명할 것이 아무것도 없다. "어떻게 p 인가?", "어디서 p 인가?" 등에 대해서도 유사한 것이 적용된다. 어린 아이가 나에게 "어떻게 산타는 하룻밤 사이에 수백만 가구를 다 방문해요?"라고 묻는다면, 그 아이에게 산타는 존재하지 않으며 어떤 집도 방문하지 않는다고 말해야 한다. 아이가 상처를 받을 수는 있겠지만, 진실이 이 맥락에서 중요하다면 이것만이 유일하게 적절한 대답이다.

같은 점이 "왜 고통이 다른 신경 상태가 아닌 Cfs와 상관관계를 맺는가?"라는 질문에도 적용된다. 이 물음은 고통이 Cfs와 상관관계를 맺는다는 것을 전제하는데, 만약 실제로 고통=Cfs이라면, 이 전제는 거짓이다. 고통이 고통과 "상관관계"를 맺지 않듯이 고통은 Cfs와 상관관계를 맺지 않는다. 이는 마음에 관한 동일성 환원(즉 심리-신경 동일성 이론)을 가정할 때, 심리-신경 상관관계가 왜 성립하는지에 대한 설명을 요청하는 것이 부적절함을 의미한다. 네드 블록과 로버트 스톨네이커는 이런 점을 잘 표현한다.

> 만약 우리가 열이 분자운동에너지와 상관관계를 맺지만 동일하지는 않다고 생각한다면, 우리는 왜 상관관계가 존재하는지, 또 그 기제는 무엇인지의 물음을 정당한 것으로 여겨야 한다. 그러나 열이 분자운동에너지와 **동일하다**는 것을 우리가 깨닫는다면, 이는 잘못된 물음으로 여겨질 수 있다.[21]

---

21 Ned Block and Robert Stalnaker, "Conceptual Analysis, Dualism, and the Explanatory Gap," p. 24.

고통과 신경 상태 Cfs에 대해서도 마찬가지이다. 만약 우리가 "고통 =Cfs"라고 받아들인다면, 왜 고통이 이 신경 상태와 상관관계를 맺는 지, 또는 왜 고통이 발생하는 경우 오직 그 경우에 Cfs가 발생하는지를 설명할 필요가 사라진다.

그렇다면 의식과 두뇌 사이, 또는 고통과 Cfs 사이의 설명적 간극에 대해서는 어떠한가? 여기서도 동일성 환원주의자들은 다음과 같이 답 해야 할 것이다. 닫힐 간극은 없고 그런 간극이 있다고 생각하는 것이 오류이며, 그런 생각은 설명적 간극의 문제가 기반하고 있는 거짓 가 정이라고. 간극이 있기 위해서는 두 개가 필요하다. 만약 동일성 환원 이 성공한다면, 이는 간극이 없음을, 그리고 있었던 적도 없음을 보일 것이다. 열과 평균 분자운동에너지 사이에나 물과 H_2O 사이에 설명적 간극이 없는 것과 마찬가지로 고통과 Cfs 사이에도 설명적 간극은 존 재하지 않는다.

그러므로 의식에 대한 동일성 환원은 설명적 간극을 다룰 수 있는 데, 그 간극을 닫음으로써가 아니라 그것을 존재하지 않는 것으로 추 방함으로써 그렇게 한다. 분명히 이는 설명적 간극을 다루는 완벽하게 좋은 방식이다.

그러나 한 가지 중요한 질문이 남는다. "고통=Cfs"와 같은 심리-신 경 동일성을 우리는 어디서 획득하는가? 그런 걸 가지고 있으면 편리 하긴 할 것이다. 그런 동일성은 설명적 간극 문제를 다룰 수 있게 할 것이고, 물리주의에 대한 논증을 봉인하도록 도울 것이기 때문이다. 그 러나 그런 동일성이 정말로 있는지는 독립적인 근거에 의해 확립되어 야 할 것이다. 그것이 설명적 간극 문제를 다룰 수 있고 어려운 문제를 풀 수 있다고 가정된다는 것으로부터 그것에 대한 권리를 획득한다고 주장하는 것은 선결문제의 오류를 범하는 것이다. 동일성이 참인 경우 에만 동일성은 이런 능력을 가지며, 동일성이 참이라고 볼 좋은 이유가 있을 경우에만 우리는 동일성을 설명적 간극을 좁히기 위해 사용할 권리를 가진다. 4장에서 우리는 심리-신경 동일성에 대한 세 가지 주요한 논증―단순성으로부터의 논증, 설명 논증, 심성 인과로부터의 논증―을 살펴보았고, 그것들 각각에 심각한 결함이 있음을 보았다. 그러므로 설명적 간극에 대한 동일성 해결책에 제기되는 주된 물음은 심리-신경 동일성을 옹호하는 설득력 있는 논증이 제시될 수 있는가 하는 것이다.

기능적 분석과 환원적 설명

위에서 보았듯이 동일성 환원은 신경 상태에 의거한 의식의 환원적 설명을 제공하지 못한다. 동일성 환원이 하는 것은 그런 설명이 불필요함을 보이는 것이다. 이제 어떻게 실제 심리-신경 환원적 설명이 정식화될 수 있는지 보도록 하자. 그러한 설명의 열쇠는 의식 상태에 대한 기능적 분석 또는 기능적 정의이다. 고통 상태에 있음이 다음과 같이 기능적으로 분석될 수 있다고 가정해보자.

> x가 고통 상태에 있다=$_{\text{def}}$ x는 P 상태에 있고 P는 조직 손상에 의해서 예화되도록 야기되고, P의 예화는 x가 회피 행동을 하게끔 야기한다.

우리가 관심을 둔 집단(여기서는 사람이라고 하자)에서 Cfs는 위에서 정의된 고통의 신경적 실현자라고 가정하자. 다시 말해, Cfs는 조직 손상에 의해서 예화되도록 야기되고 회피 행동을 야기하는 상태이다. 이런 가정하에서 우리는 인간에게 있어 고통은 Cfs로 **기능적으로 환원되어 있다**고 말할 수 있다. 따라서 기능적 환원은 동일성 환원 이외에 또 다른 양식의 환원이다.

이제 다음과 같은 도출을 생각해보자.

> (δ) 존스는 Cfs 상태에 있다.
>> 존스 및 존스와 유사한 유기체(즉 인간)에게 있어 Cfs 상태는 조
>> 직 손상에 의해서 예화되도록 야기되고, 움츠림, 신음, 회피 행
>> 동을 야기한다.
>> 고통 상태에 있음=$_{\text{def}}$ 조직 손상에 의해서 야기되고 회피 행동을
>> 야기하는 상태에 있음.
>> 따라서 존스는 고통 상태에 있다.

이 도출은 타당하며, 이 도출은 존스가 왜 고통 상태에 있는지를 그가
어떤 신경 상태에 있음에 의거해서 환원적으로 설명하는 것으로 볼 수
있다. 이는 존스의 의식에 대한 사실을 그의 신경 상태에 대한 사실(첫
번째 줄)과 신경적 법칙(두 번째 줄)으로부터 논리적으로 도출해낸다.
세 번째 줄은 고통에 대한 정의이고 따라서 이는 경험적 참이 아니라
선험적인 개념적 참임에 유의하라.

(δ)가 심리-신경 법칙과 심리-신경 동일성을 각각 사용하는 (α) 및
(β)와 어떻게 다른지를 주목할 필요가 있다. 신경적인 것에서 심적인
것으로 이행하기 위해 경험적인 심리-신경 상관관계 법칙에 호소하는
(α)와 달리, (δ)는 그 이행을 위해서 셋째 줄에서 정의에 호소한다. 기
억하겠지만, (α)가 환원적 설명으로 실패한 것은 설명되지 않은 심리-
심경 상관관계 법칙을 사용한 탓이었다. (δ)의 세 번째 줄은 고통에 대
한 사실이 아니다. 군이 말하자면, 이는 "고통"이라는 단어의 의미 또는
고통의 개념에 대한 것이다. 이는 (δ)가 창발론자들이 제시한 다음과
같은 테스트를 통과한다는 것을 뜻한다. "신경적-생물학적 사실에 대
한 지식에만 기반해서 존스가 고통 상태에 있을 것이라고 알거나 예측

할 수 있는가?" 우리가 (δ)를 갖고 있다면, "그렇다"라고 답할 수 있다. (δ)는 정확히 어떻게 그런 지식 또는 예측이 가능한지를 보여준다.

다음으로 (δ)를 (β)와 비교해보자. 이미 보았듯이 (β)에서 결론 "존스는 고통 상태에 있다"는, "고통＝Cfs"라는 동일성을 통해서 "존스가 신경 상태 Cfs에 있다"를 재진술한 것에 불과하다. 우리는 사건이나 사실을 설명하기 위해 법칙을 사용하기를 기대하지만, 이는 아무런 법칙도 포함하지 않는다. 반면에 (δ)의 도출에서 그 두 번째 줄의 법칙 사용은 불가결하다. 사실 이는 인과적 법칙이고 이것이 존스의 신경 상태로부터 그의 고통으로의 연역적 이행을 보증한다. 물론 고통에 대한 기능적 정의도 결정적이지만, 그 법칙 없이는 도출이 진행되지 않는다.

Cfs를 그 실현자로 갖는 고통에 대한 기능적 환원은 왜 고통이 Cfs와 상관관계를 맺는지에 대한 환원적 설명을 산출하기도 한다. 이는 다음의 도출에서 볼 수 있다.

(ε) x는 Cfs 상태에 있다.

　　x에서 (그리고 x와 유사한 시스템에서) Cfs 상태는 조직 손상에 의해 예화되도록 야기되고, Cfs 상태의 사례는 x가 회피 행동을 산출하도록 야기한다.

　　고통 상태에 있음＝$_{def}$ 조직 손상에 의해서 예화되도록 야기되고 회피 행동을 야기하는 상태에 있음.

　　따라서 x는 고통 상태에 있다.

　　따라서 x가 Cfs 상태에 있으면 x는 고통 상태에 있다.[22]

이는 x 및 x와 유사한 시스템에서 왜 Cfs가 고통과 상관관계를 맺는지에 대한 완전히 좋은 설명인 것으로 보인다.[23]

그러나 이 모든 것은 심적 상태, 특히 현상적 의식의 상태나 감각질에 대한 기능적 정의의 사용 가능성에 의존한다. 이 지점에서 현재의 접근이 직면하는 상황은 심리-신경 동일성 환원이 직면했던 상황과 유사하다. 둘 다 각자의 방식으로 설명적 간극 문제를 다룰 수 있다. 동일성 환원은 설명적 간극을 사라지게 만들 것을 약속한다. 기능적 환원은 심리-신경 상관관계에 대한 환원적 설명을 제공함으로써 설명적 요구를 정면으로 충족시킨다. 그러나 동일성 환원이 그 약속을 실행에 옮기기 위해서 심리-신경 동일성을 먼저 제시해야 하듯이, 고통이나 초록색의 시각 경험과 같은 의식 속성들이 기능적 분석에 저항한다면 기능적 환원은 공허한 공식이 되어버린다. 마지막 절에서 이런 질문들을 다루기 전에, 신경과학의 맥락에서 의식에 대해 생각해보기 위해 잠시 멈추도록 하자.

의식과 뇌과학

뇌과학과 의식에 관한 세 가지 질문이 있는데, 서로 관련이 있지만 구분되는 질문들이다. 질문들은 다음과 같다.

1. 의식에 대한 과학적 설명―추정컨대 신경적-행동적-계산적 용어에 의한 설명―이 가능한가? 다시 말해, 의식은 과학에서 적절하고 온당한 **피설명항**이 될까?

---

22 이 줄의 도출은 "조건 증명"이라 불리는 논리 규칙에 의한 것인데, 이는 논증의 전제를 조건문 "만약 …라면 …이다"의 전건으로 만들고, 마지막에 증명된 결론을 그 후건으로 만들어서 전제를 "해제"하는 방법이다.

23 "…인 경우 오직 그 경우에 …"의 완전한 상관관계를 도출하기 위해서는 "x는 고통 상태에 있다"로부터 "x는 Cfs 상태에 있다"도 도출해야 한다. 이런 도출은 독자들이 시도해보기 바란다.

2. 의식이 신경-행동 과학에서 이론적/인과적/설명적 역할을 갖는가? 즉 의식은 신경-행동 과학에서 **설명항**으로서, 즉 설명력을 가진 어떤 것으로서 역할을 할 수 있는가?
3. 의식은 과학적으로 연구될 수 있는가? 의식은 신경-행동 과학의 현행 방법론에 의해 탐구될 수 있는가?

우리는 결과적으로 의식적 상태에 대한 과학적 설명의 가능성에 대한 첫 번째 물음에 답했다. 우리는 앞 절에서 의식적 상태가 물리적 자극 입력과 행동 출력에 의해 기능적으로 분석될 수 있다면, (유관한 신경적 실현자가 특정되었다는 가정하에서) 의식적 상태의 발생에 대한 환원적인 신경적 설명을 제공하는 것이 원칙적으로 가능하다는 것을 보았다. 구체적으로 어떻게 사람에서 고통의 발생이 그 사람에 대한 신경적 사실로부터 고통에 대한 기능적 분석의 도움을 받아 도출될 수 있는지를 보았다.

이는, **만약** 의식적 상태가 기능적으로 분석 가능하다면, 또 **만약** 그 신경적 실현자를 특정할 수 있다면, 첫 번째 물음에 대한 답이 긍정적임을 의미한다. 이는 두 개의 큰 "만약"이다. 두 번째 "만약"은 인지 신경과학의 연구의 진보와 관련되며, 이는 첫 번째 "만약"이 충족되었음을 가정한다. 만약 의식적 상태가 기능적으로 분석 가능하지 않다면, 의식적 상태는 (신경적이든 아니든) 실현자라는 것을 가질 수 있는 어떤 것이 아니다. 따라서 첫 번째 "만약"이 철학적으로 중요한 "만약"이다.

대부분의 철학자들은 앞 절에서 언급된 것 같은, 고통에 대한 표준적인 종류의 기능적 정의(즉 자극 입력과 행동 출력에 의한 정의)가 작동하지 않는다는 것에 동의할 것이다. 그런 정의는 고통의 질적인 측면을 포착하지 못하며, 감각질로서의 고통은 기능적으로 분석될 수 없다. 감각질에 대한 기능적 접근을 옹호하는 철학자들은 그러나 다른 전략을 취하는데, 바로 감각질 표상주의이다(9장을 보라). 이 견해에서 감각질은 모든 다른 의식적 상태들과 마찬가지로 본질적으로 표상적이며, 표상은 근본적으로 기능적 개념이다. 어떻게 이것이 고통의 경우에 적용되는지 살펴보자. 고통의 경험은 표상적 상태, 즉 표상적 대상 또는 내용을 가진 상태이다. 고통 또는 고통스러움은 경험의 속성이나 성질이 아님을 염두에 두는 것이 중요하다. 고통은 고통 경험이 표상하는 대상 또는 내용이다.

그렇다면 고통 경험이 표상하는 것은 무엇인가? 크리스토퍼 힐에 따르면, 그런 경험은 화상을 입은 손가락이나, 까진 무릎, 부러진 팔과 같은 신체의 손상 상태를 표상한다.[24] 고통은 고통 경험에 의해 표상되는 대상이기 때문에, 고통이 **곧** 신체 손상이라는 것이 따라 나온다. 우리가 고통을 자각할 때, 우리는 거의 항상 그 위치를 자각하는데(팔꿈치에, 손가락에 등등), 우리는 그 위치에 무언가 잘못된 것이 있다든지 정상적 상태가 아니라는 것을 인지하게 된다. 다시 말해, 우리의 고통 경험은 신체 손상으로 (신체의 주변부이건 내부이건) 향해 있는 것으로 보인다. 이는 신체 손상이 우리의 고통 경험의 지향적 대상 또는 내용임을 의미하며, 고통 경험의 생물학적 기능이 신체 손상을 표상하는 것이라고 생각할 만한 많은 이유가 있다.[25] 이는 고통 경험이 있으면서

---

24 Christopher Hill, *Consciousness*, 6장. 힐은 또 고통에 대한 또 다른 물리적 이론인 체성감각(somatosensory) 이론을 제안하는데, 이 이론에 따르면 고통은 신체 손상에 대한 체성감각적 표상이다. 그러나 그가 선호하는 견해는 신체 손상 이론이다. 신체 손상 이론에 대한 세부 사항 및 옹호 논증을 보려면 독자들은 힐이 그의 저서에서 제시하고 논의한 바를 참고하기 바란다.

25 선천적으로 고통을 경험할 수 없는 사람들이 있는데, 이들은 부상을 입지 않고 주변 환경에 대처하는 데 큰 어려움을 겪으며, 그들 중 상당수가 성인이 될 때까지 생존하지 못한다.

그것에 의해 표상되는 실제 신체 손상이 없는 경우가 있을 가능성을 허용하는데, "환상통" 같은 것이 그러한 경우이다. 이는 단순히 오표상의 사례가 되는 것이다(8장을 보라). 어쨌든 이 견해에 따르면 신체 손상을 표상하는 것이 고통 경험에 있는 전부이며, 그것이 고통으로서의 그런 경험의 실제 본성 또는 본질이다.

이러한 견해가 성공적인 것으로 드러난다면, 고통 또는 고통 경험에 대한 넓은 의미에서의 기능적 설명의 가능성이 열릴 것이다. (이런 이론이 어떻게 정식화될 수 있는지는 독자들이 개략적인 형태로 생각해보기 바란다.) 의식에 대한 유사한 방식의 표상적 견해가 일반적으로 작동한다면, 의식적 상태의 본성은 그 표상적 속성에 의해서 완전히 포착될 것이다. 통상적으로 이해된 현상적 의식 또는 감각질에 비해 표상은 물리주의적으로 더 이해하기 쉽다는 것에 대한 일반적인 동의 또는 추정이 있다. 그러나 다른 맥락에서 지적했듯이, 당신이 이미 되돌릴 수 없는 물리주의의 신봉자가 아니라면, 의식에 대한 표상주의의 합당성은 그것 자체의 장단점에 따라 평가해야 한다. 이는 힐의 고통에 대한 신체 손상 이론에도 적용된다. 예를 들어, 어떤 이는 고통에 대한 이런 견해가 고통의 경험적 측면을 완전히 정당하게 다루는지에 대해 의문을 가질 수 있다. 표상주의에 따르면 고통이 발생할 때 실제로 아프게 느끼는 누군가가 있는가? 왜 내 손가락의 베인 상처와 같은 신체 손상을 표상하는 것이 고통스러운 것으로 경험되어야 하는가? 독자들은 여기서 (6장에서 논의된) "고통 상자"와 "가려움 상자"의 입력과 출력을 뒤바꾸는 "교차 배선된 뇌" 사례를 생각해볼 수 있을 것이다.

행동과학과 뇌과학에서 의식이 갖는 이론적-설명적 역할에 관한 우리의 두 번째 질문에 대해서는 의식의 인과적 지위를 고려함으로써 접근해볼 수 있다. 그러나 우선 여기서 우리의 관심은 접근 의식이 아니라는 것을 유념해야 한다. 접근 의식의 개념은 인지적-심리적 주체의 인지체계 안에서 그것이 수행하는 역할에 의해 정의 가능한, 전적으로 기능적인 개념이며, 따라서 우리에게 어떤 추가적인 철학적 문제도 제기하지 않는다. 따라서 현재 우리의 초점은 감각질 또는 현상적 의식이다. 그렇다면 우리의 질문은 이런 것이다. 감각질이 뇌과학 및 행동과학에서 설명적 역할을 수행할 수 있는가? 이와 짝이 되는 인과적인 질문은 이런 것이다. 감각질이 행동적 또는 신경적 사건에 영향을 미치는 인과력을 가지는가?

물리적 영역의 폐쇄성 원리가 주어지면, 이 물음에 대한 답은 감각질이 신경 상태와 환원적으로 동일시되지 않는 한 그럴 개연성이 상당히 낮다는 것이다. 심성 인과에 대한 앞에서의 논의에서 보았듯이(7장) 어떤 대상이나 사건이 물리적 영역에서 인과력을 발휘하기 위해서는 그 자체로 물리적 영역의 일부분이거나 그것으로 환원가능해야 한다. 물리적 영역은 물리계 밖으로부터의 인과적 영향을 용인하지 않는다. 그러나 물리적 영역의 인과적 폐쇄성 원리와 같은 일반적인 원리를 넘어서, 질적인 의식적 상태가 부수현상이라고 (또는 적어도 많은 사람들이 그렇게 여긴다고) 생각할 더 직관적인 이유가 있다.

뇌 연구자가 물리적-생물학적 원인을 특정할 수 없는, 그래서 물리적-생물학적 설명을 제시하는 데 어려움을 겪는 신경 사건을 마주친다고 가정하자. 그가 설명되지 않는 이 신경 사건의 원인으로 어떤 순전히 정신적인 사건, 즉 비물리적인 의식적 사건을 탐색하기로 결정할 확률이 얼마나 될까? 현역 신경과학 연구자가 신경적-생물학적-행동적 사건의 원인으로 비물리적 의식의 영역에 기댈 일이 있을까? 그런 가능성은 전혀 없다고 꽤 확신할 수 있다. 우선 어떻게 그 연구자가 어떤 특정한 의식 사건이 그 원인이라는 것을 보일 수 있겠는가? 확실히 의식 사건은 신경적 기저, 또는 그 상관자를 가질 것이다. 이 신경적 기저가 그가 찾고 있는 원인에 대한 더 나은 후보 아닐까? 연구자는 그 신경적 기저가 무엇인지 알지 못할 수 있고, 그 기저에 대한 생물학적-물리적 기술을 갖고 있지 못할 수도 있다. 그러나 연구자는 신경적 기저가 존재할 것이라고 합당하게 믿을 수 있는 것으로 보이며, 물리적-생물학적 용어로 그 신경 기저를 특정하고 그 속성을 탐구하는 것에 그의 연구를 집중하는 편이 더 나을 것이다.

그렇다면 실제로 뇌과학에 종사하는 과학자들은 다음과 같은 원리에 의해 인도되는 것 같다.

> **신경적-물리적 영역의 인과적-설명적 폐쇄성.** 만약 신경적-생물학적 사건이 원인 또는 인과적 설명을 갖는다면, 그것은 신경적-물리적 원인이고 신경적-물리적 설명일 것이다.

즉 신경적-물리적 영역은 인과적으로나 설명적으로 자족적이다. 이는 자연스럽게 다음의 원리로 이끈다.

> **방법론적 감각질 부수현상론.** 감각질이 물리적-신경적 속성으로 환원 가능하지 않다면, 그것은 부수현상적인 것으로 취급되어야 한다. 감각질은 신경적-물리적-행동적 사건의 원인으로 언급되어서는 안 되며, 그것에 대한 인과적 설명에서 언급되어서도 안 된다.

여기서 시사되는 것은 실제로 과학자들은 질적인 의식을 물리적 영역에 관련해서 부수현상적인 것으로 여긴다는 것이다. 그리고 이는 우리의 인지적 과정의 많은 부분이 무의식적 수준에서 진행되고 감각질은 인지과학의 진지한 이론들에서 전혀 언급되지 않는다는 사실로부터 어느 정도 경험적으로 시사된다. 지각, 주의, 신호 탐색과 같은 개념이 인지과학에서 하는 역할이 없다고 말하는 것은 아니다. 이런 것들은 접근 의식의 개념들이지 현상적 의식의 개념들이 아니다. 그래서 두 번째 물음에 대한 우리의 답은 "그렇지 않다"는 것이다. 현상적 의식은 부수현상이기에 신경과학의 이론적-설명적 개념으로서 하는 역할이 없다는 것이다.

이제 우리의 세 번째 물음을 생각해보자. 현상적 의식은 과학적으로 연구될 수 있는가? 감각질에 대한 과학적 이론이 있을 수 있는가? 두 번째 질문에 대한 우리의 논의는 부정적인 답에 대한 강력한 논증이 된다. 이유는 이렇다. 감각질은 물리적 영역에 아무런 인과적 효력을 미치지 못하며, 그런 점에서 부수현상적이다. 그렇다면 어떻게 감각질이 관찰될 수 있겠는가? 어떻게 그것의 존재가 연구자에게 알려질 수 있겠는가? 감각질의 발생을 탐지하고 확인하는 어떤 장치도 있을 수 없다. 감각질은 물리적 대상이나 과정에 영향을 끼칠 어떤 힘도 가지고 있지 않기 때문에 어떤 측정 장치에도 기록을 남길 수 없다. 아무도 뇌과학자가 "직접적으로" 피험자의 (현상적이건 비현상적이건) 의식 상태를 관찰할 수 있다고 보지 않는다. 의식 상태에 대한 직접적인 관찰은 그것을 경험하는 것을 요구하지만, 과학적 관찰은 피험자의 의식 상태를 경험하는 것이 아니다. 뇌과학자는 피험자에게 의식 상태를 귀속함에 있어서 피험자의 언어적 보고에 상당 부분 의존한다. 그러나 감각질이 부수현상적이라면, 그것은 성대의 진동과 같은 물리적 과정을 포함하는 언어적 보고를 야기하는 데 아무런 역할을 하지 않는다. 그렇다면 어떻게 언어적 보고가 감각질이 있고 없음의 **증거**가 될 수 있겠는가? 언어적 보고를 의식 상태가 발생하고 있는지를 결정하는 데 사용하는 관행은 의식 상태가 언어적 보고의 원인임을 전제한다.

fMRI 모니터를 통해서 보는 그 노랑 주황의 맥동하는 이미지는 어떤가? 이는 피험자가 초록색을 본다든지, 흥분됨을 느낀다든지, 과거의 충격적인 사건을 회상한다는 것 등을 보이지 않는가? 이런 이미지는 시각적 감각질, 감정과 연결된 감각질 등으로부터 야기되는 것 아닌가? 그렇지 않다. 이런 것들은 물리적 과정, 그중에서도 혈류의 패턴에 의해 야기된 것이다. 감각질은 이런 물리적 과정을 야기할 수 없으며 그것은 부수현상적이다. 어떤 이는 다음과 같이 응수할지 모르겠다. 앞에서 당신이 말했듯이, 우리는 체계적인 심신 상관관계가 광범위하게 성립하며 각각의 의식 상태는 어떤 종류든 신경적 상관자를 갖는다고 믿는다. 이는 신경적 상태의 발생에 주목함으로써 의식적 상태의 발생을 확인할 수 있음을 뜻하지 않는가?

여기서도 대답은 예측 가능하다. 감각질이 정말로 부수현상적이라면, 애초에 우리가 어떻게 감각질-두뇌 상관관계를 확립할 수 있는지에 대한 심각한 물음이 제기된다. 우리는 보통 "M이 발생하는 경우 오직 그 경우에 N이 발생한다"라는 상관관계를 M과 N이 함께 발생하는 것을 관찰함으로써 확립한다. 그러나 M이나 N이 부수현상적이라면, 그 발생은 관찰될 수 없으며 따라서 우리는 M과 N 사이에 가정된 상관관계를 입증하거나 반증할 위치에 있지 않다.

뇌과학자들은 피험자의 언어 보고에만 의존하지는 않는다. 언어 보고를 보완하고 확인하기 위해서 피험자의 행동에도 주의를 기울인다. 그러나 이런 관행 역시 의식적 상태가 행동의 원인임을 전제한다. 또다시, 감각질이 부수현상이라면 그것은 행동을 산출하는 데 아무런 역할을 못하며 행동은 감각질이 나타나거나 나타나지 않음에 대한 증거가 될 수 없다.

마지막 질문은 이것이다. 현상적 의식이 실제로 아무런 인과적 효력이 없는 부수현상이라면, 어떻게 그것이 진화할 수 있었을까? 유기체의 진화한 특질은 인과적 효력을 가져야 하는 것 아닌가? 이 물음에 대한 표준적인 답은 그렇지 않다는 것이다. 진화한 특질이 단순히 자연선택에 의해 선택된 다른 특질의 "의도치 않은" 부수적 특질일 가능성이 있다.[26] 북극곰은 두껍고 무거운 털을 갖는다. 털의 무거움은 진화한 것이지만, 선택된 특질은 털의 두꺼움이고 무거움은 단지 그 부수효과—소위 스팬드럴 효과—일 뿐이다.[27] 유기체의 적응 행동에 인과적 영향을 미치는 것은 뇌의 기능이고, 자연선택에 의해서 선택되는 것은 이런 기능을 수행하는 신경 기제이다. 현상적 의식은 고등 유기체에게 있어 신경계 진화의 의도치 않은 부산물로 여겨질 수 있다. 여기에 한 가지가 추가될 수 있다. 만약 감각질이 적응적 가치가 있다면, 가치가 있는 것은 그 내재적인 성질 또는 내재적인 성질로서의 감각질이 아니다. 행동적 귀결을 갖고 유기체에 적응적 이득을 부여하는 것은 감각질의 차이와 유사성, 즉 감각질 차이에 기반한 감각 구별이다(신호등을 생각해보라). 내재적 성질로서 감각질은 부수현상으로 남아 있다.

과거 수십 년 동안 의식에 대한 과학적 연구가 번창했으며, 이 추세가 지속되어 우리의 마음이 어떻게 작동하는지에 대한 새로운 통찰을 얻을 수 있을 것이라고 기대할 수 있다.[28] 이는 방법론적 부수현상론이 결국 뇌과학자들의 연구 관행을 제약하고 있지 않으며, 연구에 종사하는 뇌과학자들이 실제로 의식의 인과적 효력을 믿는다는 것을 의미하는 것이 아닐까? 그럴지도 모른다. 그러나 다시 우리가 논의하고 있는 부수현상론은 현상적 의식, 즉 의식적 상태의 느껴지고 경험된 성질들에만 관련되지, 접근 의식에 속하는 의식적 상태에는 관련되지 않음을

---

26 "스팬드럴 효과spandrel effect"라는 용어는 진화생물학자 스티븐 제이 굴드와 리처드 르원틴이 도입한 것이다.

27 이 예는 Frank Jackson, "Epiphenomenal Qualia"에서 가져온 것이다.

28 의식 연구의 현황 파악을 위해 좋은 방법 하나는 Association for the Scientific Study of Consciousness (ASSC) 웹사이트를 방문해서 최근의 연례 학술대회 프로그램을 다운로드 받아보는 것이다. 프로그램에는 강연, 심포지엄 및 발표 논문 목록이 자세한 초록과 함께 수록되어 있다.

기억해야 한다. 의식 연구자들이 연구하고 이론을 만들고 있는 대상이 무엇이든 간에, 이것이 현상적 의식일 리는 없다. 적어도 부수현상론 견해에 따르면 그러하다.[29]

이 절에서 우리는 감각질 부수현상론의 귀결을 극명하고 타협의 여지가 없는 방식으로 서술했는데, 이는 부분적으로는 독자들이 그것에 대해서 생각해보고 고찰해보도록 자극하기 위한 목적이었다. 이런 이슈는 뇌과학자들이나 행동과학자들에게만 중요한 것이 아니라 우리 모두에게 개인적인 차원에서 중요하다. 윌프리드 셀러스가 말했듯이 감각질이 삶을 살 만한 가치가 있게 만드는 것이라면, 또 이반 파블로프가 말했듯이 결국에 우리의 "정신적 삶"이 우리에게 중요한 유일한 것이라면, 어떻게 그렇지 않을 수 있겠는가?

천재 시각 과학자 메리가 몰랐던 것

1982년에 출간된 한 편의 논문에서 프랭크 잭슨은 메리라는 천재 시각 과학자가 등장하는 사고실험을 제시하고, 이에 기반해서 뜨거운 논쟁거리가 된 반물리주의 논증을 개진했다. 이 논증이 어떻게 작동하는지 보기 위해서 그의 논문에서 한 단락을 인용하는 게 좋을 것 같다.

뛰어난 과학자인 메리는 어떤 이유로 흑백방에서 흑백텔레비전 모니터를 통해 세계를 연구하도록 강요되었다. 메리는 시각에 관한 신경

---

29 최근 한 책에서(*Mind and Consciousness: 5 Questions*, ed. Patrick Grim) 20명의 저명한 심리철학자들에게 "의식의 과학이 가능한가?"라는 질문을 했는데, 꽤 많은 철학자들이 "당연히 그렇다"라고 답했고, 거의 모든 이들이 긍정적으로 답했으며, "그렇지 않다"라고 잘라 말한 이는 없었다. 그러나 답변한 많은 사람들은 현상적 의식이 아닌 접근 의식을 염두에 두었을지 모른다.

생리학 전공이며 사람들이 빨간 토마토나 하늘을 볼 때, "빨강"이나 "파랑"이라는 단어를 사용할 때 등등의 경우에 일어나는 일에 대해서 모든 물리적 정보를 획득했다고 가정하자. 가령 메리는 하늘로부터의 어떤 파장의 조합이 망막을 자극하는지, 정확히 어떻게 이것이 중추 신경계를 경유하여 성대를 수축시키고 폐에서 공기를 분출시켜 그 결과로 "하늘은 푸른색이다"라는 문장을 발화하게 하는지 알고 있다. …

메리가 그의 흑백방에서 풀려나거나 컬러텔레비전 모니터를 받게 된다면 무슨 일이 벌어질까? 메리는 무언가를 **배우게** 될까, 아닐까? 그가 세계 및 그것에 대한 우리의 시각 경험에 대해서 무언가를 배우게 될 것이라는 것은 명백해 보인다. 그렇다면 메리가 전에 가졌던 지식이 불완전했다는 것은 피할 수 없다. 그러나 메리는 **모든** 물리적 정보를 가지고 있었다. 따라서 물리적 정보 이상의 무언가가 있으며, 따라서 물리주의는 거짓이다.[30]

"물리적" 정보란 무엇인가? 논증을 위한 목적으로 잭슨은 물리학, 화학, 생물학 등으로부터의 정보를 물리적 정보로 여긴다. 물리주의에 대한 잭슨의 정식화는 다음과 같다.

물리주의: 모든 (올바른) 정보는 물리적 정보이다.

이것이 주어지면 잭슨의 반물리주의 논증은 다음과 같이 제시될 수 있다.

---

30 Frank Jackson, "Epiphenomenal Qualia." 이 단락은 *Philosophy of Mind: A Guide and Anthology*, ed. John Heil, p. 765에서 인용했다.

1. 메리가 흑백방에서 풀려나기 이전에 그는 인간의 시각에 대한 모든 물리적 정보를 가지고 있었다.
2. 메리가 풀려난 이후 잘 익은 토마토를 처음 보았을 때, 그는 새로운 정보를 획득한다. 즉 메리는 인간의 시각에 대해서 새로운 무언가를 배운다.
3. 그러므로 메리가 얻은 그 새로운 정보는 물리적 정보가 아니다.
4. 그러므로 물리적 정보가 아닌 다른 정보가 있으며, 물리주의는 거짓이다.

이것이 잘 알려진 "지식 논증"인데, 왜 이렇게 불리는지는 쉽게 알 수 있다. 우선 잭슨의 물리주의에 대한 정식화는 인식적이다. 이런 정식화는 세계에 대한 어떤 유형의 정보 또는 지식이 있는지에 관한 것이다. 잭슨이 정보라는 말로 무엇을 의미하는지 명시적으로 말하지는 않지만, 이 맥락에서 "정보"와 "지식"을 상호교환적으로 사용해도 무방하다. 대조를 위해서 우리는 물리주의의 형이상학적 논제를 다음과 같이 진술할 수 있는데, 이는 철학적 관심에는 더 핵심적인 논제이다.

형이상학적 물리주의: 모든 사실은 물리적 사실이다.

그리고 이 논증의 결정적인 전제는 메리가 풀려났을 때 그가 새로운 정보, 즉 비물리적인 새로운 지식을 획득한다는 것이다.

이 논증에 대해서 주요 질문 두 개가 있다. 첫째, 이 논증은 명백히 타당하긴 한데 그 전제들이 참이기도 한가? 둘째, 논증이 올바르다면 이는 형이상학적 물리주의에 대해서 무언가 보여주는 것이 있는가? 이 논증에 대한 대부분의 비판자들은 두 번째 전제, 즉 메리가 처음으로 숙성된 토마토를 보았을 때 새로운 지식을 획득한다는 주장에 초점을 맞추었다. 영향력 있는 답변 하나는 이런 것이다. 메리가 획득한 것은 명제적 지식, 즉 사실에 대한 지식이 아니라 일련의 능력인데, 빨간색이나 다른 색을 인지하는 능력, 색상을 상상하는 능력, 색상들을 보고서 그것들 사이의 유사성이나 차이에 대한 판단을 할 수 있는 능력 같은 것이다. 아마도 메리는 새로운 "인지적 개념recognitional concept", 즉 지각적 구별을 통해서 대상들이나 사건들, 현상들을 인지하고 분류하는 성향 또는 능력을 획득한 것이다.[31] 빨간색을 본다는 것이 무엇과 같은지를 아는 것은 명제적 지식이 아니라, 능력지know-how이다. 이는 "능력 가설"이라 불린다.[32]

흑백 환경에서 벗어났을 때 메리가 확실히 이런 능력을 획득한다는 것은 인정할 수 있다. 그러나 이것이 메리가 새로운 명제적 지식, 즉 사물들이 자신과 다른 사람들에게 어떻게 보이는지에 관련한 새로운 사실에 대한 지식 또한 얻는 것을 배제하지는 못한다. 그렇지 않다고 생각할 어떤 이유가 있는가? 만약 메리가 새로운 명제적 지식을 획득한다면, 그가 알게 되는 명제가 있어야 한다. 메리가 빨간 토마토를 처음으로 볼 때, 그가 알게 되는 명제는 정확히 무엇인가? 메리는 자신에게 다음과 같이 말할 것이다. "흥미롭군! 빨간색이 이렇게 보인다니." 그러나 메리의 새로운 지식을 명제의 형태, 다시 말해 평서문으로 표현할 수 있을까? "빨강은 이와 같이 보인다"(여기서 "이"는 빨간 토마토를 지시하는 지시사로 사용되었다) 같은 것이 우리가 할 수 있는 최선일 것 같다. 메리가 획득한 새로운 지식을 표상하는 명제를 구성함에 있어서 어떻게 지시사의 사용을 피할 수 있을지 알기 힘들다.

---

31 인지적 개념에 대해서는 다음을 보라. Brian Loar, "Phenomenal States," pp. 600ff.

32 다음을 참조하라. Lawrence Nemirow, "So *This* Is What It's Like: A Defense of the Ability Hypothesis" 및 David Lewis, "What Experience Teaches".

이것이 문제일까? 비판자는 이것이 메리가 획득했다고 가정되는 명제적 지식에 무언가 괴상하고 특이한 점이 있음을 보인다고 비판할지도 모른다. 만약 메리가 획득한 것이 명제적 지식이라면, 다시 말해서 사실에 대한 지식이라면, 지시사를 사용하지 않고 그 내용을 표현할 수 있어야 하는 것 아닐까? 지시사는 그것을 사용하는 사람과의 관계 및 그것이 사용되는 특정 맥락 속에서만 이해될 수 있으니 말이다. 어떤 객관적 정보도 지시사("이", "저" 등등)나 지표사("나," "여기," "지금" 등등)를 포함하지 않는 문장으로 표현할 수 있어야 한다.

그러나 지식 논증을 옹호하는 사람들은 쉬운 답변을 가지고 있는 것으로 보인다. 오히려 지시사가 사용되어야 한다는 사실은 메리가 획득한 지식이 물리적 지식이 아님을 보인다는 것이다. 물리적 지식은 "관점", 즉 관찰자 또는 경험자의 관점과 관련하여 중립적이라는 점에서 객관적이다. 반대로 경험은 항상 하나의 관점, 즉 경험자의 관점에서만 경험되므로, 메리가 얻은 새로운 지식이 "빨강은 이와 같이 보인다"(메리에게 "이와 같이")로 표현될 수밖에 없다는 점에는 놀라울 게 없다. 이런 식으로 지시사가 메리의 지식의 내용을 표현하는 데에 본질적이라는 것은 그 지식의 주관적 성질, 즉 그 지식이 물리적인 것이 아니라는 것을 반영하는 것이다. 이는 지식 논증에 대한 추가적인 지지를 제공할 뿐이다.[33]

어떤 이들은 잭슨의 메리가 실제 가능성이 아니라고 항변할지 모르

---

33 "토마토는 레몬 같이 보이지 않는다"라는 명제는 어떤가? 이것이 메리가 풀려나서 획득할 수 있는 지시사를 포함하지 않는 새로운 정보인가? 그렇지 않다. 이는 메리가 흑백방에서 알 수 있었던 것이다. 메리는 토마토와 레몬으로부터 반사되는 빛의 파장에 대해서 모든 것을 알고 있었고, 이런 파장이 물체가 다른 시각적 모습에 어떻게 대응하는지도 알고 있었다. 메리는 이 모습들을 시각적으로 경험한다는 것이 무엇과 같은지, 또 그것들이 서로 어떻게 다른지에 대해서 몰랐을 뿐이다.

겠다. 메리가 갇혀 있는 동안 색상으로 꿈을 꾸었을 수도 있고, 메리가 어쩌다 눈을 비벼서 색상에 대한 경험이 발생했을 수도 있고, 또 메리가 자신의 시각 피질을 직접 자극해서 색상을 경험했을 수도 있고 등등. 이것들 모두 가능하긴 하지만, 이런 답변은 핵심을 놓치는 것이다. 메리의 사례는 사고실험이며, 잭슨은 자유롭게 자신이 원하는 방식으로 이야기를 구성할 수 있다. 잭슨에게 필요한 것은 이런 가능한 상황들 어떤 것도 발생하지 않았고 메리는 풀려나기 전에 색상에 대한 경험을 실제로 하지 않았다고 가정하는 것이다. 메리가 색상 경험을 했다고 말한다면, 이는 단순히 사례를 바꾸는 것이며 또 논의 주제를 바꾸는 것에 해당한다.

메리가 감금에서 벗어나서 바깥 세계로 탈출했을 때 메리에게 중요한 인지적 변화가 일어난다는 것은 분명한 것 같다. 그 정도는 우리 모두가 받아들여야 할 것이다. 유일한 논점은 이 인지적 변화를 어떻게 이해하는 것이 최선인가 하는 것이다. 이미 물리주의를 받아들인 사람들은 이를 물리주의와 일관적인 방식으로 기술하고자 할 것이다. 능력 가설은 그런 시도 중에 하나이다. 이런 식의 물리주의적 대응이 설득력이 있는지는 여전히 열려 있는 물음이다.[34]

우리의 두 번째 질문, 즉 지식 논증이 형이상학적 물리주의(모든 사실이 물리적 사실이라는 논제)에 대해서 무엇을 보여줄 수 있는지의 질문으로 가보자. 이 물음에 대해서 물리주의자가 어떤 전략을 택할지는 꽤나 분명하다. 물리주의자는 메리의 새로운 지식이 새로운 비물리적 사실이 아니라, 새로운 외양을 띤 옛 물리적 사실이라고 주장할 것이다.

---

34 잭슨 자신은 지식 논증을 폐기했다. 그는 이제 조금 더 물리주의에 친화적인 입장을 취한다. 그의 "The Knowledge Argument, Diaphanousness, Representationalism"을 보라.

이런 비유를 생각해보자. 고대 그리스인들은 물이 불을 끈다는 것을 알았으나 H_2O가 불을 끈다는 것은 알지 못했다. 그들은 H_2O의 개념을 사용해서 표현되는 내용을 지닌 지식을 갖지 못했다. 우리가 물$=H_2O$임을 배울 때, 우리는 또한 H_2O가 불을 끈다는 것을 배우게 된다. 그러나 이는 새로운 사실에 대한 지식이 아니다. H_2O가 불을 끈다는 사실은 물이 불을 끈다는 사실과 같은 사실이다. 수세기 동안 우리가 알았던 옛 사실에 대해서 새로운 기술이 주어지는 것이다. 원한다면 이것을 새로운 지식이라 불러도 괜찮지만, 중요한 것은 어떤 새로운 사실도 알려진 것이 아님을 확인하는 것이다. 마찬가지로 메리의 경우에도 토마토가 메리에게 어떤 식으로 보인다는 사실은 곧 토마토의 표면 반사 속성이 어떠어떠하다는 사실이다. 직접적인 시각 경험으로 인해 메리는 이런 사실을 새로운 방식으로 표현할 수 있다. "놀랍군! 토마토가 이와 같이 보인다니!" 그렇다면 다음이 따라 나올 것이다. 지식 논증이 잭슨의 인식론적 물리주의에 대한 반박으로서는 성공한다고 할지라도 형이상학적 물리주의에는 어떤 부정적인 영향도 끼치지 못할 것이다.

형이상학적 물리주의 편에서 말해본 이런 간단한 답변이 얼마나 그럴듯한가? 이 물음에 대해서 생각하면서 독자들은 이것과 심리-신경 동일성 이론과의 유사성을 눈여겨볼 필요가 있다. 심리-신경 동일성 이론 역시 "내가 고통 상태에 있다"가 진술하는 사실은 "내 C-섬유가 활성화되었다"가 진술하는 사실과 동일하고 이는 두 가지로 기술된 하나의 사실이지 두 구분되는 사실이 아니라는 주장을 포함한다. 그러므로 심리-신경 동일성 이론에 관한 찬반 논증이 여기서도 유관하리라 기대할 수 있다.

물리주의의 한계

앞에서 우리는 의식에 대한 두 가지 접근, 즉 심리-신경 동일성 환원과 기능적 환원이 어떻게 설명적 간극과 의식의 어려운 문제를 다룰 수 있는지 보았다. 이런 접근들이 어떻게 심성 인과의 문제를 다루고 부수현상론의 위협과 싸울 수 있는지도 쉽게 알 수 있다. 만약 심리-신경 동일성 이론이 받아들여질 수 있고 그래서 우리가 "고통=C-섬유 활성화"나 "의식=피라미드 세포 활동" 같은 것을 받아들일 입장이 된다면, 어떻게 고통이나 의식이 다른 사건을 야기하고 다른 사건에 의해서 야기될 수 있는지에 대해서도 특별한 문제가 없을 것이다. 고통은 C-섬유 활성화의 인과적 속성을 그대로 가질 것이고, 이는 의식과 피라미드 세포 활동에 대해서도 마찬가지일 것이기 때문이다. 심리-신경 동일성 견해에서 모든 인과 작용은 물리적 영역에서 발생하며 정신적인 것은 그 영역의 일부분이 된다.

기능적 분석 하에서 심성 인과를 어떻게 이해할 수 있는지 보자. 고통이 그 인과적 역할에 의해서, 즉 고통 입력(조직 손상)과 고통 출력(회피 행동)의 인과적 매개자로 기능적으로 분석될 수 있다고 가정해보자. 다시 말해, 고통 상태에 있다는 것은 이런 인과적 역할을 수행하는 어떤 상태에 있는 것이다. 만약 그렇다면 당신이 고통 상태에 있을 때, 당신은 고통을 "실현"하는 어떤 상태, 즉 고통을 정의하는 인과적 역할을 수행하는 상태에 있어야 한다. 이 특정 사례에서 당신이 고통 상태에 있는 것은 C-섬유 활성화 상태에 있음에 의해서라고 가정해보자. C-섬유 활성화(Cfs)의 상태는 당신에게나 다른 사람들에게 고통을 실현하는 상태이다. 여기에 고통의 사례와 Cfs의 사례가 있다. 이 두 사례 또는 개별적 사건은 어떻게 서로 연관되어 있나? 이들이 하나의 단일한 사건이라는 답이 상당히 설득력 있다. 고통 상태에 있음은 곧 고통의 인과적 역할을 수행하는 상태에 있는 것이다. 그러므로 이 경우에 당신이 고통 상태에 있음은 당신이 고통의 인과적 역할을 수행하는 상태에 있는 것이며, 당신은 Cfs 상태, 즉 고통의 인과적 역할을 수행하는 상태에 있다. 따라서 당신이 이 경우 고통 상태에 있다는 것은 곧 당신이 이 경우에 Cfs 상태에 있다는 것임이 분명하게 따라 나온다. 다시 말해 당신의 고통 사례는 당신의 Cfs 사례와 동일하다. 추가적으로 다음이 따라 나온다. 당신의 고통의 사례와 Cfs 사례가 동일하기 때문에 그것들은 동일한 인과력을 갖는다. 이는 당신의 고통 사례들에 대한 심성 인과의 문제를 해결한다. 이런 아이디어는 심적 사건과 상태의 다른 모든 경우로 일반화된다. 심적 속성의 각 사례는 그 물리적 실현자의 사례의 인과력을 갖는다.[35] 부수현상론의 위협은 그러므로 격파된다.

정리해보자. 심리-신경 동일성이나 심적 상태의 기능적 분석은 각자의 방식으로 심성 인과와 설명적 간극을 다룰 수 있다. 이 두 접근은 심성이 물리적으로 환원될 수 있는 두 가지 방식이라 볼 수 있다. 첫 번째는 심적 상태를 신경-물리적 상태와 동일시하여, 두 번째는 심적 상태를 기능적으로 분석하여 환원을 성취한다. 부수현상론을 피하고자 한다면, 물리적 환원주의가 유일한 대안이다. 어떤 방식으로든 우

---

35 그러나 고통 그 자체의(즉 심적 속성으로서의) 인과력은 어떠한가? 엄격히 말해서 인과는 속성들 사이의 관계가 아니라, 속성들의 사례들, 즉 개별적인 사건들 및 상태들 사이의 관계이다. 이는 우리가 일단 심적 속성의 각 사례들의 인과적 효력을 인정하고 나면, 그 속성 그 자체의 인과적 효력을 인정하는 데 추가적인 문제는 없음을 의미한다. 심적 속성은 다수실현될 수 있기 때문에, 우리는 심적 속성들이 인과적으로 상당히 이질적일 것이라 기대해야 할 것이고 심적 속성의 인과력은 어떤 단일한 물리적 속성의 인과력과 동일시할 수 없을 것이다. 자세한 논의를 위해서는 Jaegwon Kim, "Reduction and Reductive Explanation: Is One Possible Without the Other?"를 보라.

리는 심적인 것을 물리적인 영역 안으로 들여와야 한다. 이 정도는 물리적 인과 폐쇄성 원리의 직접적인 귀결이다(7장을 보라). 그러나 우리가 환원주의를 용인할 의지가 있다는 것 자체가 환원주의가 참임을, 즉 둘 중의 한 가지 종류의 환원이 실제로 심적인 것에 대해서 가능함을 보이지는 않는다. 심적인 것의 환원가능성은 독립적인 근거로 보여야 한다. 만약 우리가 환원주의와 운명을 같이 할 의지가 있음에도 불구하고 심적인 것이 물리적으로 환원불가능한 것으로 드러난다면, 부수현상론은 불가피하다. 그렇다면 심적인 것은 환원가능한가? 만약에 그렇다면 어떤 방식으로?

이런 물음들을 고려할 때 피해야 할 한 가지 함정은 심적인 것 전체가 환원가능하거나 환원불가능해야 한다고 생각하는 경향이다. 어떤 심적 속성은 환원가능하지만 다른 것들은 그렇지 않을 가능성도 충분히 있다. 잠재적인 환원주의자에게 만약 전자가 후자보다 더 많다면 좋은 일일 것이다. 기억할 주된 요점은 환원주의의 기획 전체가 성공하거나 전체가 실패할 필요는 없다는 것이다. 더 많이 성공하면 할수록 심적인 것을 부수현상론으로부터 구하고자 하는 시도는 더 성공적일 것이다. 덜 성공할수록 우리가 인과적 무력함에서 구할 수 있는 심적 속성들은 더 적을 것이다.

독자들은 심적 현상을 크게 두 종류로 분류했던 것을 기억할 것이다(1장을 보라). 한편에는 신체 감각, 노랑을 봄, 암모니아 냄새를 맡음과 같은 감각적 질적 특성을 갖는 현상적 심적 사건 또는 경험이 있고, 다른 한편에는 믿음, 욕구, 의도, 생각과 같은 지향적-인지적 상태(또는 명제 태도)가 있다. 전자는 "감각질"을 가진 상태이다. 그것을 갖거나 그런 상태에 있는 것에는 "그것이 무엇과 같은지"의 성질이 있다. 후자는 종속절("빌은 아프리카에 사자가 있다고 믿는다," "앤은 올해 겨울이 덜 춥기를 바란다")에 의해 표현되는 명제적 내용을 갖는다. 독자들은 이 두 그룹에 속하는 사건이나 상태에 어떤 공통점이 있어서 그것들을 모두 심적인 것으로 만드는지 질문했던 것을 기억할 것이다. 물리적 환원가능성은 이 두 심적 범주들에 공통된 속성 중 하나가 아닐 공산이 크다.

요즘 논의되는 견해 중에 전자(감각질을 갖는 상태)는 환원불가능한 반면에 후자(지향적-인지적 상태)는 환원가능하다는 견해가 있다.³⁶ 두 번째 종류의 심적 사건을 먼저 생각해보자. 왜 우리는 믿음이나 욕구와 같은 것들은 환원가능하다고 생각하는가? 또한 환원가능하다면 어떤 환원 모형에 따라 환원가능한가? 이런 상태들은 동일성 환원에 의해서 환원될 수는 없을 것으로 보일 것이다. 다시 말해, 이런 상태들을 신경-물리적 상태와 동일시하는 것은 가능하지 않다. 오래되고 친숙한 환원주의의 천적, 즉 이런 상태들의 다수실현 가능성 때문이다(4장과 5장을 보라). 그러나 기능적 환원 또는 기능적 분석에 의한 환원은 다수실현 가능성을 수용할 수 있는데, 이는 기능적으로 정의된 상태나 속성은 다수의 실현자를 가질 수 있기 때문이다. 그러나 이런 상태들이 기능적으로 분석 가능하거나 정의 가능한가?

어떤 속성을 기능적으로 환원하기 위해서, 그 속성은 우선 기능적으로 분석 또는 정의되어야 한다. 이는 요구되는 개념적 예비 사항이다. 어떤 속성이 기능적으로 분석된 후에, (관심의 대상이 되는 집단에서) 그 실현자를 찾는 것은 과학의 몫이다. 그렇다면 우리에게 질문은 다음과 같은 것이다. 믿음과 욕구 같은 지향적-인지적 상태는 기능적으로 분석될 수 있는가? 믿음을 그 입력과 출력 사이의 인과적 매개자의 역할에 의해 정의된 내적 상태로 분석할 수 있을까?

---

36 David J. Chalmers, *The Conscious Mind* 및 Jaegwon Kim, *Physicalism, or Something Near Enough*를 참고하라.

기능적 환원에 대한 비판자들이 주장하듯이, 아무도 믿음에 대한 완전한 기능적 정의 또는 분석을 해내지 못했으며, 시야에 들어오는 것도 없다. 그러나 믿음 및 다른 지향적-인지적 상태들이 기능적으로 이해되는 상태, 즉 그것이 "하는 일"에 의해서 이해되는 상태라고 생각할 이유가 있다. 여기서는 두 가지 이유를 생각해보자. 첫째로 지향적-인지적 상태는 생명체의 물리적-행동적 속성에 수반한다고 믿을 만한 풍부한 근거가 있는 것으로 보인다. "좀비"(내적인 구성 및 구조의 세부사항과 감각적 입력 및 행동의 출력의 측면에서 우리와 똑같지만 경험은 결여한, 상상가능하다고 생각되는 존재)를 생각해보자. 좀비는 현상적 의식을 갖지 않는다. 즉 좀비가 된다는 것과 같은 무언가는 없다. 그런 생명체가 존재할 수 있는지의 물음은 여기서 제기하지 않아도 된다. 우리의 즉각적인 물음은 좀비가 지향적-인지적 상태를 갖는가 하는 것인데, 그렇다고 할 강력한 근거가 제시될 수 있다. 우선 좀비는 우리 인간과 행동적으로나 물리적으로 구별불가능하다. 그렇다면 우리는 그들에게도 언어 능력을 귀속해야 할 것이다. 좀비는 우리말 문장과 정확히 똑같이 들리는 소리를 방출한다(실제로 상당수의 좀비는 중국어를 말할 것이다!). 그리고 좀비는 이런 소리를 교환함으로써 서로 소통을 하고 있는 것으로 보이며 우리가 하듯이 그들의 행동을 조율할 수 있다. 게다가 좀비가 우리 안에 섞여 있다면, 좀비는 우리에게 말을 하고 우리는 그들이 말하는 것을 이해할 수 있을 것이다. 그리고 우리가 그들에게 말을 걸 때 그들은 우리를 이해하는 것처럼 보일 것이다. 좀비는 신문을 읽고 인터넷 서핑을 하며 텔레비전을 본다. 좀비는 행동적으로 인간과 구별불가능하다는 것을 기억하라. 이 모든 것이 주어지면, 그들이 언어 사용자라는 것을 부정하는 것은 비정합적일 것이다. 좀비는 우리와 꼭 마찬가지로 언어를 갖는다.

언어 사용자는 정의상 언어 행위를 수행할 수 있다. 주장을 하는 것은 근본적인 언어 행위인데, 언어를 가진 어떤 생명체도 발화를 하고 그렇게 함으로써 주장을 할 수 있어야 한다. 게다가 주장을 하기 위해서 "눈은 희다"라고 발화를 하는 것은 눈은 희다는 **믿음**을 표현하는 것이다. 질문을 한다든지 명령을 하는 다른 언어 행위를 생각해보자. "눈은 하얀가?"라고 묻는 것은 눈이 하얀지를 듣고 싶은 **욕구**를 표현하는 것이다. "창문을 좀 닫아라"라고 명령하는 것은 창문을 닫기 원하는 **욕구**와 지금 창문이 열려 있다는 **믿음**을 표현하는 것이다. 좀비가 언어 사용자라는 것을 인정하면서 좀비에게 믿음과 욕구를 귀속하기를 거부하는 것은 개념적으로 가능하지 않다. 이런 상태들이 좀비에게 귀속되고, 그들이 우리와 행동적으로 구별불가능하다는 전제가 주어지면, 우리는 그들을 또한 진정한 행위자로 인정해야 할 것이다. 그러므로 우리는 믿음, 욕구, 의도, 행위자성과 같은 것들이 생명체의 물리적-행동적 측면에 수반하며, 이런 상태들은 물리적-행동적으로 포착될 수 있는 것을 넘어설 수는 없다는 결론에 도달한다. 이는 감각질 수반의 경우와 대조된다. 이 장의 앞부분에서 보았듯이 감각질이 물리적-행동적 속성에 수반한다는 것을 의심할 이유가 있기 때문이다.

둘째로 주변 사물의 모양과 색깔을 탐지하고(지각), 획득한 정보를 처리하고 저장하며(정보 처리, 기억, 지식), 그 정보를 행동(행위)을 인도하기 위해 사용하는 장치를 설계하고 만들려고 한다고 해보자. 이것이 우리의 숙제라면 우리는 어떻게 이를 실행에 옮길지 알 것이다. 아마도 이미 제한된 형태로 그런 능력을 가진 로봇이 존재할 것이다. 우리는 어떻게 그런 기계를 설계하는지 알고 있는데, 이는 지각, 기억, 정보 처리 및 행동과 행위를 위한 정보의 사용 같은 과정과 상태는 그것들이 하는 일에 의해서 정의되기 때문이다. 즉 이런 개념들은 기능적 개념들이나. 특성 소선 하에서 어떤 특정한 일을 수행할 수 있는 능력을 가진 장치나 생명체는 그 자체로 정보를 지각하고 저장하고 추론하는 체계이다. 여기서 주목해야 할 요점은 이런 지향적 상태나 과정은 어떤 종류의 능력, 즉 환경과 상호작용하고 환경에 대처하는 능력의 소유와 결부되어 있다는 점이다. 앞에서 본 단순한 기계의 상태와 실제 지향적-인지적 상태 사이의 유일한 차이는, 전자의 경우 그것과 연관된 인과적 역할은 정확히 특정되고 영역이 제한된 반면에, 후자와 연관된 역할은 덜 정확히 정의되고, 좀 더 중요하게는 그 범위가 열려 있다는 점이다.

지향적-인지적 상태의 기능적 환원에 대한 비판자들이 주장하듯이, 믿음, 욕구, 의도와 같은 지향적 상태에 대한 완전한 기능적 분석을 우리가 절대로 갖지 못할지도 모른다. 그러나 이는 방금 전에 말했듯이, 믿음과 연관된 인과적 역할의 범위가 열려 있고, 또 이것이 아마도 본질적으로 그러하기 때문일 것이다. 이는 지향적 상태들이 기능적이지 않다거나 역할에 맞추어진 상태가 아님을 보이는 것이 아니다. 수반이 성립하는 한, 그것을 정의하고 구성하는 기능적-행동적 사실을 넘어서는 추가적인 요소가 있을 수는 없다. 보다 중요한 것은, 과학적 연구가 이것들의 물리적 실현자(지금까지 규정된 인과적 역할을 수행하는 신경적 기제)를 찾기 전에 이런 상태들에 대한 온전하고 완전한 분석을 가질 필요는 없다는 점이다. 사실 이런 지향적 상태들은 멀티태스킹 상태이다. 그것들의 핵심은 꽤 쉽게 확인될 수 있으나 뚜렷한 정의의 경계는 없을지도 모른다. 분명히 믿음은 시스템의 언어 센터와 밀접히 연결되어 있어야 하고, 그것의 추론 모듈이나 의사 결정 모듈로 출력을 내보내야 한다. 그 외에 믿음은 무엇을 할까? 이는 열린 질문으로 남아 있을 수 있다. 게다가 아마도 마땅히 믿음 개념의 일부분이어야 할 믿음의 기능과, 법칙적이지만 우연적으로 믿음과 연결된 믿음의 기능들 사이에 분명한 선이 존재하지 않을지 모른다. 과학적 연구가 진보하면서 우리는 아마도 이런 상태들이 하는 일들에 대한 애초의 기술에 더하기도 하고 빼기도 하게 될 것이다. 이런 식으로 우리의 개념은 변화하고 진화한다.

이를 감각질, 즉 의식의 현상적 질적 상태에 관한 상황과 비교해보자. 당신에게 "고통 상자"를 설계하는 과제가 주어진다고 가정해보자. 이 고통 상자는 당신의 로봇에 삽입될 수 있는 장치인데, 로봇 몸에 가해진 손상을 탐지할 뿐만 아니라 적절한 회피 행동을 촉발하고, 활성화되었을 때 로봇이 고통의 감각을 경험할 수 있게끔 하는 장치여야 한다. 손상 탐지기를 만드는 것은 공학적 문제이고, 추정컨대 공학자들은 그런 장치를 어떻게 설계하는지를 알 것이다. 그러나 고통을 경험할 수 있는 로봇을 설계하는 것은 어떤가? 최고로 똑똑한 공학자라도 어디서 시작해야 할지 모를 게 분명해 보인다. 그것을 가려움 상자가 아니라 고통 상자로 만들기 위해서 당신이 해야 하는 것은 무엇일까? 그리고 당신이 성공했는지 어떻게 알 수 있을까? 고통의 기능적 측면은 설계될 수 있고 공학적으로 시스템에 구현할 수 있다. 그러나 고통의 질적인 측면, 즉 감각질로서의 고통은 완전히 다른 문제인 것으로 보인다. 고통을 경험하는 시스템을 만드는 우리가 아는 유일한 방법은 고통을 느끼는 능력을 가진 것으로 알려진 체계(즉 인간이나 동물 두뇌)의 정확한 복제물을 만드는 것일지 모른다.

어떤 철학자들은 (내적 경험을 갖지 않는) 좀비가 형이상학적으로 가능하며, 따라서 의식의 질적인 상태는 물리주의의 범위를 넘어선다고 주장해왔다. 좀비 가설은 논란거리였고, 감각질이 기능적으로 정의 가능하지 않다는 것을 보기 위해 좀비는 필요하지 않다. 감각질 전도의 가능성(가령 시각적 스펙트럼 전도)으로 충분하고, 이 세계와 물리적으로 구별불가능하지만 사람들의 색상 스펙트럼이 우리의 것에 상대적으로 선노된 세계의 가능성이면 충분하다. 그런 세계의 상상가능성과 가능성은 좀비 세계의 가능성에 비해서 덜 논쟁적이다.[37] 색상이 전도된 세계의 사람들은 우리와 정확히 같은 식으로 행동하고, 그들의 기능적-행동적 속성들은 우리의 것과 정확히 똑같지만 그들의 색상 경험은 다르다.[38] 그런 세계가 가능하다면, 색상 감각질은 기능적으로 정의되지 않으며, 따라서 기능적으로 환원불가능하다는 것이 따라 나온다. 고통은 위험 요소들로부터 우리를 분리시키고 잠재적으로 해로운 자극을 피하도록 훈련시키는 등의 중요한 생물학적 기능을 갖는 것이 확실하다. 그러나 그런 기능은 고통을 고통으로 만드는 것, 즉 고통을 구성하는 것이 아니라고 주장될 수 있다. 그보다는 고통은 그것이 느껴지는 방식이다. 어떤 것도 그것이 **아프게 느껴지지** 않는 한 고통일 수 없다.

감각질은 기능적으로 분석되지 않는 것으로 보이는데, 만약 그렇다면 그것은 기능적 분석에 의해서 환원될 수 없다. 다시 말해, 기능적 분석은 감각질에 대해 작동하지 않는다. 그렇다면 감각질에 대한 동일성 환원의 전망은 어떤가? 앞에서(4장) 우리는 심리-신경 동일성에 대한 몇 가지 논증을 논의했고, 모두가 심각한 결함이 있거나 불완전하다는 것을 보았다. J. J. C. 스마트가 애초에 호소했던 것 같은 단순성으로부터의 논증은 확신을 줄 만큼 그 배후에 충분한 무게를 가지고 있지 않다. 단순성에 기반한 논증들은 옹호하고자 하는 논제의 **참**이 쟁점일 때에는 좀처럼 작동하지 않는다. 그 누구도 왜 가장 단순한 가설이 참이어야 하는지를 보인 적은 없다. 우리는 두 가지 설명 논증 역시 역부족이라는 것을 보았다. 이런 논증은 최선의 설명으로의 추론과 같은

---

37 사실 형이상학적 가능성의 물음은 여기서 무관한 것일지도 모른다. 논점은 심적 용어의 정의 가능성에 대한 것이기 때문에 개념적인 문제이며, 스펙트럼 전도의 상상가능성은 색상 감각질이 행동적-기능적으로 정의 불가능하다는 것을 보이기에 충분하다.

38 이는 앞에서 감각질 수반과 관련해서 논의되었다.

것에 호소하지만, 우리는 이런 논증이 이 규칙을 잘못 적용한다는 것을 보았다(그리고 그 규칙 자체도 논란의 여지가 없는 건 아니다). 인과 논증은 더 나은 것 같지만, 충분히 멀리 가지는 못한다. 결과적으로 그것이 보여주는 것은 심성 인과를 살리려면 심적인 것을 물리적 영역으로 들여와야 한다는, 즉 물리적으로 환원해야 한다는 조건 명제뿐이다. 그리고 이는 바로 우리가 씨름하고 있는 쟁점이다.[39] 감각질에 대한 동일성 환원은 기능적 환원만큼이나 그 전망이 어둡고, 감각질 부수현상론이 실제적인 위협으로 다가온다고 결론 내려야 한다.[40]

그러나 지향적-인지적 상태를 부수현상론으로부터 구하는 것이 작은 성취가 아님을 주목해야 한다. 이를 구하면서 우리는 행위자와 인지자로서의 우리 자신을 구하는데, 인지와 행위자성은 현상적 영역이 아니라 지향적-인지적 영역에 위치한 것이기 때문이다. 심성 인과를 잃을 가능성에 대한 포더의 비탄을 상기해보자.

내가 원하는 것이 내가 손을 뻗는 것에 인과적으로 책임이 있지 않다면, 내가 가려운 것이 내가 긁는 것에 인과적으로 책임이 있지 않다면,

39 우리는 감각질의 동일성 환원에 대한 이런 논증에 의해 설득되지 않을 이유를 제시했을 뿐이라는 것을 주의해야 한다. 동일성 환원이 불가능함을 보이지는 않았다. (감각질과 다수실현에 대한 각주 40을 보라.) 이는 흥미로운 가능성을 열어준다. 지향적-인지적 상태는 기능적 환원에 의해서 환원되고, 감각질은 동일성 환원에 의해서 환원될 가능성이다. 이는 모든 심성을 포괄하게 될 것이며, 우리는 임무를 완수한 것이 될 것이다! 그러나 여기서는 이런 전략을 더 논의할 수 없다.

40 다수실현 논증이 감각질에 대한 동일성 환원을 반박하지 않는가? 퍼트넘이 그의 다수실현 논증을 정식화하기 위해서 고통의 사례를 사용하기는 했지만(4장), 그의 논증은 지향적-인지적 상태에 대해서 가장 잘 작동한다. 감각질을 그 신경적 생물학적 기저와 밀접히 연결하고 그것의 다수실현 가능성을 부정하는 것이 불합리하지는 않다. Christopher Hill, *Consciousness*, pp. 30-31을 참조하라.

내가 믿는 것이 내가 말하는 것에 인과적으로 책임이 있지 않다면, …
만약 이 모든 것이 문자 그대로 참이 아니라면, 내가 믿는 모든 것은
사실상 거짓이며 이는 세상의 종말을 의미한다.[41]

세 가지 항목이 포더의 희망 목록에 있는데, 원함, 가려움, 믿음이 그것
이다. 우리는 그의 세상이 종말하지 않을 것이라고, 적어도 완전히 그
렇지는 않을 것이라고 포더를 안심시킬 수 있다. 원함과 믿음, 즉 행위
자성과 인지는 구할 수 있다. 셋 중에 둘이라면 나쁘지 않다!

그러나 가려움은 어떤가? 의식에 대한 환원적 접근들은 이런 것을
지향적-표상적 상태로 환원하고자 시도한다. 고차 지각/사고 이론과
감각질 표상주의가 그러한 두 가지 접근인데, 앞에서 이 견해들을 검
토했다(9장을 보라). 이런 이론들이 작동해서 감각질을 지향적-표상적
상태로 환원할 수 있다면, 이 지향적-표상적 상태들은 기능적으로 분
석될 수 있을 것이고, 이는 심성 인과의 문제와 설명적 간극 문제 모두
에 대한 해결책을 산출할 것이다. 감각질에 대한 이런 접근들이 우리
에게 멋진 무언가를, 아마도 아주 중요한 무언가를 해줄 것이라고 해
서, 그것만으로 이런 접근들이 성공적일 것이라고 생각할 이유가 되지
못한다. 우선 이런 것들이 올바른 접근이라는 것을 보여야 할 텐데, 우
리는 두 입장 모두에 심각한 난점이 있다는 것을 보았다. 표상주의적
견해는 여전히 살아 있는 입장이긴 하지만 말이다. 감각질 표상주의가
요즘 현상적 의식에 대한 물리주의적 접근을 선도하고 있다고 말해도
무리가 없을 것이다.

기능적 환원 모형으로 돌아와서, 우리는 감각질을 구하는 방향으로

---

41 Jerry A. Fodor, "Making Mind Matter More", p. 156.

조금 더 나아갈 수 있다. 신호등의 비유로 시작해보자. 세상 어느 곳에서나 빨강은 "멈춤"을 의미하고, 초록은 "진행"을 의미하며 노랑은 "속도를 줄이시오"를 의미한다. 그러나 이는 규약적인 질서일 뿐이다. 교통 관리에 관한 한 빨강이 "속도를 줄이시오"를 초록이 "멈춤"을, 노랑이 "진행"을 (또는 이를 적절히 치환한 것을) 의미하는 시스템도 괜찮았을 것이다. 중요한 것은 이런 색을 **구별할** 수 있는 우리의 능력이다. 감각질에 대해서도 마찬가지이다. 당신과 스펙트럼이 전도된 당신의 친구 모두 신호등에 대처하고, 상추 더미에서 토마토를 골라내고, 시각 경험을 보고하기 위해 색상 단어를 사용하고, 각자의 주변에 있는 것들에 대해서 학습하는 일들을 똑같이 잘 할 것이다. 우리의 지각과 인지에서 문제가 되는 것은 감각질의 차이와 유사성이지 내재적 성질로서의 감각질이 아니다. 장미가 **이런 식**으로 보이고 아이리스는 **저런 식**으로 보인다는 것은 장미와 아이리스가 관련된 측면에서 다르게 보이는 한 인지적으로 무관하다. 방금 보았듯이 감각질 차이와 유사성은 행동적으로 드러나며, 이는 기능적 분석과 환원에 그 문을 연다.

그러므로 우리는 감각질을 부수현상론에 완전히 내주는 것은 아니라고 결론 내릴 수 있다. 내재적 성질로서의 감각질은 아니더라도 감각질 차이와 유사성을 구할 수 있기 때문이다. 그러므로 우리가 부수현상론에 내주는 것은, 그리고 설명적 간극 문제에 답을 내릴 수 없는 부분은 이런 작은 심적 잔재들, 즉 물리주의가 건드리지 않고 건드릴 수도 없는 내재적 성질로서의 감각질이다. 그리고 이것이 물리주의의 한계를 나타낸다.

더 읽을거리

설명적 간극에 대해서는 조지프 레빈의 〈유물론과 감각질: 설명적 간극 Materialism and Qualia: The Explanatory Gap〉과 〈무엇과 같은지를 누락하는 것에 대하여On Leaving Out What It's Like〉를 참고하라. 레빈의 《보라색 안개Purple Haze》는 현상적 의식에 대한 그의 가장 최근의 그리고 가장 발전된 견해를 담고 있다. 또한 데이비드 차머스의 《의식적인 마음The Conscious Mind》을 참고하라. 이에 대한 분석과 비판으로는 네드 블록과 로버트 스톨네이커의 〈개념 분석, 이원론 그리고 설명적 간극Conceptual Analysis, Dualism, and the Explanatory Gap〉 및 블록의 〈의식의 더 어려운 문제The Harder Problem of Consciousness〉를 참고하라. 이외의 다른 논의로는 데이비드 파피노의 《의식에 대한 생각 Thinking About Consciousness》 및 존 페리John Perry의 《지식, 가능성 그리고 의식Knowledge, Possibility, and Consciousness》을 참고하라. 파피노와 페리 둘 다 좀비 논증이나 지식 논증 같은 잘 알려진 물리주의에 대한 반론으로부터 물리주의를 방어하고 있다. 대니얼 스톨자의 《물리주의》는 읽기 쉬운 형태로 해당 주제에 대한 최신 논의를 개괄, 분석 및 논의한다.

《유물론의 쇠퇴》(Rober C. Koons, George Bealer 편집)는 유물론-물리주의 패러다임에 대해 비판적인 새로운 논문들을 수록한 최근의 모음집이다.

지식 논증에 대한 방대한 문헌들이 존재한다. 다음의 두 논문 모음집 모두 충분히 검토할 만한 가치가 있다. 《메리에겐 뭔가가 있다There's Something about Mary》(Peter Ludlow 등 편집)와 《현상적 개념과 현상적 지식Phenomenal Concepts and Phenomenal Knowledge》(Torin Alter, Sven Walter 편집).

《감각질 옹호The Case for Qualia》(Edmond Wright 편집)는 많은 현대 철학자들이 취한 축소론-제거론 입장에 반대하여 감각질을 옹호하는 최신 논문들의 모음집이다.

감각질 부수현상론에 대해서는 프랭크 잭슨의 〈부수현상적 감각질 Epiphenomenal Qualia〉과 김재권의 《물리주의, 또는 그와 충분히 가까운 것》 6장을 참고하라. 후자는 이 장의 마지막 절에서 제시한 전반적인 그림을 보다 상세하게 다룬다. 데이비드 차머스의 《의식적인 마음》 역시 이와 유사한 그림을 다룬다.

참고문헌

Alanen, Lilli. *Descartes's Concept of Mind* (Cambridge, MA: Harvard University Press, 2003).

Alexander, Samuel. *Space, Time, and Deity*, 2 vols. (London: Macmillan, 1920).

Allen, Colin. "It Isn't What You Think: A New Idea About Intentional Causation," *Noûs* 29 (1995): 115-126.

Alter, Torin, and Robert J. Howell. *A Dialogue on Consciousness* (Oxford: Oxford University Press, 2009).

Alter, Torin, and Sven Walter, eds. *Phenomenal Concepts and Phenomenal Knowledge* (Oxford: Oxford University Press, 2007).

Antony, Louise. "Anomalous Monism and the Problem of Explanatory Force," *Philosophical Review* 98 (1989): 153-188.

_____. "Everybody Has Got It: A Defense of Non-Reductive Materialism," in *Contemporary Debates in Philosophy of Mind*, ed. Brian P. McLaughlin and Jonathan Cohen.

Armstrong, David. "The Nature of Mind," in *Readings in Philosophy of Psychology*, vol. 1, ed. Ned Block.

Armstrong, David M., and Norman Malcolm. *Consciousness and Causality* (Oxford: Blackwell, 1984).

Baars, Bernard J. *In the Theater of Consciousness: The Workspace of the Mind* (New York: Oxford University Press, 1997).

Bailey, Andrew M., Joshua Rasmussen, and Luke Van Horn, "No Pairing Problem," *Philosophical Studies*, forthcoming.

Baker, Lynne Rudder. *Explaining Attitudes* (Cambridge: Cambridge University Press, 1995).

_____. "Has Content Been Naturalized?" in *Meaning in Mind*, ed. Barry Loewer and Georges Rey.

Balog, Katalin. "Phenomenal Concepts," in *The Oxford Handbook of Philosophy of Mind*, ed. Brian McLaughlin et al.

Beakley, Brian, and Peter Ludlow, eds. *The Philosophy of Mind*, 2nd ed. (Cambridge, MA:

MIT Press, 2006).

Bechtel, William, and Jennifer Mundale. "Multiple Realizability Revisited: Linking Cognitive and Neural States," *Philosophy of Science* 66 (1999): 175-207.

Bennett, Karen. "Why the Exclusion Problem Seems Intractable, and How, Just Maybe, to Tract It," *Noûs* 37 (2003): 471-497.

_____. "Mental Causation," *Philosophical Compass* 2 (2007): 316-337.

_____. "Exclusion Again," in *Being Reduced*, ed. Jakob Hohwy and Jesper Kallestrup.

Block, Ned. "Troubles with Functionalism," *Minnesota Studies in the Philosophy of Science*, vol. 9 (1978): 261-325. Reprinted in Readings in *Philosophy of Psychology*, vol. 1, ed. Ned Block; and Block, *Consciousness, Function, and Representation*.

_____. "What Is Functionalism?" in *Readings in Philosophy of Psychology*, vol. 1, ed. Ned Block. Reprinted in Block, *Consciousness, Function, and Representation; Philosophy of Mind: A Guide and Anthology*, ed. John Heil.

_____. "Psychologism and Behaviorism," *Philosophical Review* 90 (1981): 5-43.

_____. "Can the Mind Change the World?" in *Meaning and Method*, ed. George Boolos (Cambridge: Cambridge University Press, 1990).

_____. "Inverted Earth," *Philosophical Perspectives* 4 (1990): 51-79.

_____. "On a Confusion About a Function of Consciousness," *Behavioral and Brain Sciences* 18 (1995): 1-41. Reprinted in *The Nature of Consciousness*, ed. Ned Block, Owen Flanagan, and Güven Güzeldere; and in Block, *Consciousness, Function, and Representation*.

_____. "The Mind as Software in the Brain," in *An Invitation to Cognitive Science*, ed. Daniel N. Osherson (Cambridge, MA: MIT Press, 1995). Reprinted in *Philosophy of Mind: A Guide and Anthology*, ed. John Heil.

_____. "Anti-Reductionism Slaps Back," *Philosophical Perspectives* 11 (1997): 107-132.

_____. "The Harder Problem of Consciousness," *Journal of Philosophy* 94 (2002): 1-35. A longer version is reprinted in Block, *Consciousness, Function, and Representation*.

_____. "Mental Paint," *in Reflections and Replies*, ed. Martin Hahn and Bjorn Ramberg (Cambridge, MA: MIT Press, 2003). Reprinted in Block, *Consciousness, Function, and Representation*.

_____. "Concepts of Consciousness," in Block, *Consciousness, Function, and Representation*.

_____. *Consciousness, Function, and Representation* (Cambridge, MA: MIT Press, 2007).

_____, ed. *Readings in Philosophy of Psychology*, vol. 1 (Cambridge, MA: Harvard University Press, 1980).

Block, Ned, Owen Flanagan, and Güven Güzeldere, eds. *The Nature of Consciousness: Philosophical and Scientific Essays* (Cambridge, MA: MIT Press, 1999).

Block, Ned, and Robert Stalnaker. "Conceptual Analysis, Dualism, and the Explanatory Gap," *Philosophical Review* 108 (1999): 1–46. Reprinted in *Philosophy of Mind: Classical and Contemporary Readings*, ed. David J. Chalmers.

Boghossian, Paul. "Content and Self–Knowledge," *Philosophical Topics* 17 (1989): 5 – 26.

_____. "Naturalizing Content," in *Meaning in Mind*, ed. Barry Loewer and Georges Rey.

Boolos, George S., John Burgess, and Richard C. Jeffrey. *Computability and Logic*, 4th ed. (Cambridge: Cambridge University Press, 2002).

Borchert, Donald, ed. *The Macmillan Encyclopedia of Philosophy*, 2nd ed. (New York: Macmillan, 2005).

Brentano, Franz. *Psychology from an Empirical Standpoint*, trans. Antos C. Rancurello, D. B. Terrell, and Linda L. McAlister (New York: Humanities Press, 1973).

Burge, Tyler. "Individualism and the Mental," *Midwest Studies in Philosophy* 4 (1979): 73 – 121. Reprinted in *Philosophy of Mind: A Guide and Anthology*, ed. John Heil. An excerpted version appears in *Philosophy of Mind: Classical and Contemporary Readings*, ed. David J. Chalmers.

_____. "Individualism and Self–Knowledge," *Journal of Philosophy* 85 (1988): 654–655. Reprinted in *Philosophy of Mind: A Guide and Anthology*, ed. John Heil.

Byrne, Alex. "Intentionalism Defended," *Philosophical Review* 110 (2001): 199–240.

Carnap, Rudolf. "Psychology in Physical Language," in *Logical Positivism*, ed. A. J. Ayer (New York: Free Press, 1959). First published in 1932 in German.

Carruthers, Peter. *Consciousness: Essays from a Higher–Order Perspective* (Oxford: Clarendon Press, 2005).

_____. "Higher–Order Theories of Consciousness," *Stanford Encyclopedia of Philosophy*, 2007 (http://plato.stanford.edu).

Carruthers, Peter, and Venedicte Veillet. "The Phenomenal Concept Strategy," *Journal of Consciousness Studies* 14 (2007): 212 – 236.

Chalmers, David J. *The Conscious Mind* (New York: Oxford University Press, 1996).

_____, ed. *Philosophy of Mind: Classical and Contemporary Readings* (Oxford: Oxford University Press, 2002).

Chisholm, Roderick M. *Perceiving* (Ithaca, NY: Cornell University Press, 1957).

_____. *The First Person* (Minneapolis: University of Minnesota Press, 1981).

Chomsky, Noam. Review of B. F. Skinner, *Verbal Behavior. Language* 35 (1959): 26 - 58.

Churchland, Patricia S. "Can Neurobiology Teach Us Anything About Consciousness?" in *The Nature of Consciousness*, ed. Ned Block, Owen Flanagan, and Güven Gülzedere. First published in 1994.

Churchland, Paul M. "Eliminative Materialism and the Propositional Attitudes," *Journal of Philosophy* 78 (1981): 67-90. Reprinted in *Philosophy of Mind: Classical and Contemporary Readings*, ed. David J. Chalmers; *Philosophy of Mind: A Guide and Anthology*, ed. John Heil.

Clark, Andy. *Mindware: An Introduction to the Philosophy of Cognitive Science* (New York and Oxford: Oxford University Press, 2001).

Cottingham, John, Robert Stoothoff, and Dugald Murdoch, eds. *The Philosophical Writings of Descartes*, 3 vols. (Cambridge: Cambridge University Press, 1985).

Craig, Edward, ed. *The Routledge Encyclopedia of Philosophy* (London: Routledge, 1998).

Crane, Tim. "The Causal Efficacy of Content: A Functionalist Theory," in *Human Action, Deliberation, and Causation*, ed. Jan Bransen and Stefaan E. Cuypers (Dordrecht: Kluwer, 1998).

_____. "Mental Substances," in *Minds and Persons*, ed. Anthony O'Hear (Cambridge: Cambridge University Press, 2003).

Crick, Francis. *The Astonishing Hypothesis* (New York: Scribner, 1995).

Crumley II, Jack S., ed. *Problems in Mind* (Mountain View, CA: Mayfield, 2000).

Cummins, Denise Dellarosa, and Robert Cummins, eds. *Minds, Brains, and Computers: An Anthology* (Oxford: Blackwell, 2000).

Cummins, Robert. *Meaning and Mental Representation* (Cambridge, MA: MIT Press, 1989).

Davidson, Donald. "Actions, Reasons, and Causes" (1963), reprinted in *Essays on Actions and Events*, ed. Donald Davidson (New York: Oxford University Press, 1980).

_____, "The Individuation of Events" (1969), reprinted in *Essays on Actions and Events*, ed. Donald Davidson.

_____. "Mental Events" (1970), reprinted in Davidson, *Essays on Actions and Events*;

in Philosophy of Mind: Classical and Contemporary Readings, ed. David J. Chalmers;
Philosophy of Mind: A Guide and Anthology, ed. John Heil.

_____. "Radical Interpretation" (1973), reprinted in Davidson, *Inquiries into Truth and Interpretation*; *Philosophy of Mind: A Guide and Anthology*, ed. John Heil.

_____. "Belief and the Basis of Meaning" (1974), reprinted in Davidson, *Inquiries into Truth and Interpretation*.

_____. "Thought and Talk" (1974), reprinted in Davidson, *Inquiries into Truth and Interpretation*; *Philosophy of Mind: A Guide and Anthology*, ed. John Heil.

_____. *Essays on Actions and Events* (New York: Oxford University Press, 1980).

_____. "Rational Animals" (1982), reprinted in Davidson, *Subjective, Intersubjective, Objective*.

_____. *Inquiries into Truth and Interpretation* (New York: Oxford University Press, 1984).

_____. "Knowing One's Own Mind" (1987), reprinted in Davidson, *Subjective, Intersubjective, Objective*.

_____. "Three Varieties of Knowledge" (1991), reprinted in Davidson, *Subjective, Inter- subjective Objective*.

_____. "Thinking Causes," in *Mental Causation*, ed. John Heil and Alfred Mele.

_____. *Subjective, Intersubjective, Objective* (Oxford: Clarendon, 2001).

Davis, Martin. *Computability and Unsolvability* (New York: McGraw-Hill, 1958).

Dennett, Daniel C. *Brainstorms* (Montgomery, VT: Bradford Books, 1978).

_____. "Intentional Systems," reprinted in Dennett, *Brainstorms*.

_____. "True Believers," in Daniel C. Dennett, *Intentional Stance* (Cambridge, MA: MIT Press, 1987). Reprinted in *The Nature of Mind*, ed. David Rosenthal; *Philosophy of Mind: Classical and Contemporary Readings*, ed. David J. Chalmers.

_____. "Quining Qualia," in *Consciousness in Contemporary Science*, ed. A. J. Marcel and E. Bisiach. Reprinted in *The Nature of Consciousness*, ed. Ned Block, Owen Flanagan, and Güven Güzeldere; *Readings in Philosophy and Cognitive Science*, ed. Alvin Goldman.

_____. *Consciousness Explained* (Boston: Little, Brown, 1991).

Descartes, René. *Meditations on First Philosophy*, in *The Philosophical Writings of Descartes*, vol. 2, ed. John Cottingham, Robert Stoothoff, and Dugald Murdoch.

_____. *The Passions of the Soul*, book 1, in *The Philosophical Writings of Descartes*, vol. 1, ed. John Cottingham, Robert Stoothoff, and Dugald Murdoch.

———. "Author's Replies to the Second Set of Objections," in *The Philosophical Writings of Descartes*, vol. 2, ed. John Cottingham, Robert Stoothoff, and Dugald Murdoch.

———. "Author's Replies to the Fourth Set of Objections," in *The Philosophical Writings of Descartes*, vol. 2, ed. John Cottingham, Robert Stoothoff, and Dugald Murdoch.

Dretske, Fred. *Knowledge and the Flow of Information* (Cambridge, MA: MIT Press, 1981).

———. "Misrepresentation," in *Belief*, ed. Radu Bogdan (Oxford: Oxford University Press, 1986); reprinted in *Readings in Philosophy and Cognitive Science*, ed. Alvin Goldman.

———. *Explaining Behavior* (Cambridge, MA: MIT Press, 1988).

———. *Naturalizing the Mind* (Cambridge, MA: MIT Press, 1995).

———. "Minds, Machines, and Money: What Really Explains Behavior," in *Human Action, Deliberation, and Causation*, ed. Jan Bransen and Stefaan E. Cuypers (Dordrecht: Kluwer, 1998).

Egan, Frances. "Must Psychology Be Individualistic?," *Philosophical Review* 100 (1991): 179–203.

Enç, Berent. "Redundancy, Degeneracy, and Deviance in Action," *Philosophical Studies* 48 (1985): 353–374.

Feigl, Herbert. *The "Mental" and the "Physical": The Essay and a Postscript* (Minneapolis: University of Minnesota Press, 1967). First published in 1958; excerpted in *Philosophy of Mind: Classical and Contemporary Readings*, ed. David J. Chalmers.

Flanagan, Owen. *Consciousness Reconsidered* (Cambridge, MA: MIT Press, 1992).

Fodor, Jerry A. "Special Sciences, or the Disunity of Science as a Working Hypothesis," *Synthese* 28 (1974): 97–115. Reprinted in *Philosophy of Mind: Classical and Contemporary Readings*, ed. David J. Chalmers.

———. *Psychosemantics* (Cambridge, MA: MIT Press, 1987).

———. *A Theory of Content and Other Essays* (Cambridge, MA: MIT Press, 1990).

———. "Making Mind Matter More," in Fodor, *A Theory of Content and Other Essays*.

———. "A Modal Argument for Narrow Content," *Journal of Philosophy* 88 (1991). 526.

———. "Special Sciences: Still Autonomous After All These Years," reprinted in Fodor,

A Critical Condition (Cambridge, MA: MIT Press, 2000). First published in 1997.

Foster, John. *The Case for Idealism* (London: Routledge, 1982).

_____. *The Immaterial Self* (London: Routledge, 1991).

_____. "A Defense of Dualism," in *The Case for Dualism*, ed. John R. Smythies and John Beloff (Charlottesville: University Press of Virginia, 1989). Reprinted in *Problems in Mind*, ed. Jack S. Crumley II.

_____. "A Brief Defense of the Cartesian View," in *Soul, Body, and Survival*, ed. Kevin Corcoran (Ithaca, NY: Cornell University Press, 2001).

Garber, Daniel. "Understanding Interaction: What Descartes Should Have Told Elisabeth," in Garber, *Descartes Embodied*.

_____. *Descartes Embodied* (Cambridge: Cambridge University Press, 2001).

Gendler, Tamar Szabo, and John Hawthorne, eds. *Conceivability and Possibility* (Oxford: Oxford University Press, 2002).

Gibbons, John. "Mental Causation Without Downward Causation," *Philosophical Review* 115 (2006): 79–103.

Gillett, Carl, and Barry Loewer, eds. *Physicalism and Its Discontents* (Cambridge: Cambridge University Press, 2001).

Ginet, Carl. *On Action* (Cambridge: Cambridge University Press, 1990).

Goldman, Alvin I. "Interpretation Psychologized," in Goldman, *Liaisons* (Cambridge, MA: MIT Press, 1992). First published in 1989.

_____. "Consciousness, Folk Psychology, and Cognitive Science," *Consciousness and Cognition* 2 (1993): 364–382. Reprinted in *The Nature of Consciousness*, ed. Ned Block, Owen Flanagan, and Güven Gülzedere.

_____. *Simulating Minds* (Oxford: Oxford University Press, 2006).

_____, ed. *Readings in Philosophy and Cognitive Science* (Cambridge, MA: MIT Press, 1993).

Gopnik, Alison. "How We Know Our Minds: The Illusion of First-Person Knowledge of Intentionality," *Behavioral and Brain Sciences* 16 (1993): 114. Reprinted in *Readings in Philosophy and Cognitive Science*, ed. Alvin I. Goldman.

Gordon, Robert M. "Folk Psychology as Simulation," *Mind and Language* 1 (1986): 159–171.

Grim, Patrick, ed. *Mind and Consciousness: 5 Questions* (Automatic Press, 2009).

Hardin, C. L. *Color for Philosophers* (Indianapolis: Hackett, 1988).

Harman, Gilbert. "The Inference to the Best Explanation," *Philosophical Review* 4 (1966): 88-95.

_____. "The Intrinsic Quality of Experience," *Philosophical Perspectives* 4 (1990): 31-52. Reprinted in *The Nature of Consciousness*, ed. Ned Block, Owen Flanagan, and Güven Güzeldere.

Harnish, Robert M. *Minds, Brains, Computers: An Historical Introduction to the Foundations of Cognitive Science* (Oxford: Blackwell, 2002).

Hart, W. D. *The Engines of the Soul* (Cambridge: Cambridge University Press, 1988).

Hasker, William. *The Emergent Self* (Ithaca, NY: Cornell University Press, 1999).

Heil, John. *The Nature of True Minds* (Cambridge: Cambridge University Press, 1992).

_____, ed. *Philosophy of Mind: A Guide and Anthology* (Oxford: Oxford University Press, 2004).

Heil, John, and Alfred Mele, eds. *Mental Causation* (Oxford: Clarendon Press, 1993).

Hempel, Carl G. "The Logical Analysis of Psychology" (1935), in *Philosophy of Mind: A Guide and Anthology*, ed. John Heil.

_____. *Philosophy of Natural Science* (Englewood Cliffs, NJ: Prentice-Hall, 1966).

Hill, Christopher S. *Sensations: A Defense of Type Materialism* (Cambridge: Cambridge University Press, 1991).

_____. *Consciousness* (Cambridge: Cambridge University Press, 2009).

Hohwy, Jakob, and Jesper Kallestrup, eds. *Being Reduced* (Oxford: Oxford University Press, 2008).

Horgan, Terence. "Supervenient Qualia," *Philosophical Review* 96 (1987): 491-520.

_____. "Mental Quausation," *Philosophical Perspectives* 3 (1989): 47-76.

_____. "From Supervenience to Superdupervenience: Meeting the Demands of a Material World," *Mind* 102 (1993): 555-586.

Huxley, Thomas H. *Lessons in Elementary Physiology* (London: Macmillan, 1885).

_____. "On the Hypothesis That Animals Are Automata, and Its History," excerpted in *Philosophy of Mind: Classical and Contemporary Readings*, ed. David J. Chalmers. A full version appears in *Methods and Results: Essays by Thomas H. Huxley* (New York: D. Appleton, 1901).

Jackson, Frank. "Finding the Mind in the Natural World" (1994), reprinted in *The Nature of Consciousness*, ed. Ned Block, Owen Flanagan, and Güven Güzeldere.

_____. "Epiphenomenal Qualia," *Philosophical Quarterly* 32 (1982): 127-138.

Reprinted in *Philosophy of Mind: A Guide and Anthology*, ed. John Heil.

———. "The Knowledge Argument, Diaphanousness, Representationalism," in *Phenomenal Concepts and Phenomenal Knowledge*, ed. Torin Alter and Sven Walter.

Jacob, Pierre. *What Minds Can Do* (Cambridge: Cambridge University Press, 1997).

James, William. *The Principles of Psychology* (1890; Cambridge, MA: Harvard University Press, 1981).

Jolley, Nicholas. *Locke: His Philosophical Thought* (Oxford: Oxford University Press, 1999).

Kim, Jaegwon. "Events as Property Exemplifications" (1976), reprinted in Kim, *Supervenience and Mind*.

———. "Psychophysical Laws" (1985), reprinted in Kim, *Supervenience and Mind*.

———. "The Myth of Nonreductive Materialism," reprinted in Kim, *Supervenience and Mind*.

———. "Multiple Realization and the Metaphysics of Reduction" (1992), reprinted in Kim, *Supervenience and Mind*; in *Philosophy of Mind: Classical and Contemporary Readings*, ed. David J. Chalmers; *Philosophy of Mind: A Guide and Anthology*, ed. John Heil.

———. *Supervenience and Mind* (Cambridge: Cambridge University Press, 1993).

———. *Mind in a Physical World* (Cambridge, MA: MIT Press, 1998).

———. *Physicalism, or Something Near Enough* (Princeton, NJ: Princeton University Press, 2005).

———. "Reduction and Reductive Explanation: Is One Possible Without the Other?" in *Being Reduced*, ed. Jakob Hohwy and Jesper Kallestrup. Reprinted in Kim, *Essays in the Metaphysics of Mind*.

———. "Why There Are No Laws in the Special Sciences: Three Arguments," in Kim, *Essays in the Metaphysics of Mind*.

———. *Essays in the Metaphysics of Mind* (Oxford: Oxford University Press, 2010).

———. "The Very Idea of Token Physicalism," in *New Perspectives on Type Physicalism*, ed. Simone Gozzano and Christopher Hill (Cambridge: Cambridge University Press, forthcoming).

Kind, Amy. "What's So Transparent About Transparency?" *Philosophical Studies* 115 (2003): 225–244.

———. "Restrictions on Representationalism," *Philosophical Studies* 134 (2007): 405–

427.

Koons, Robert C., and George Bealer. *The Waning of Materialism* (Oxford: Oxford University Press, 2010).

Kripke, Saul. *Naming and Necessity* (Cambridge, MA: Harvard University Press, 1980).

Lashley, Karl. *Brain Mechanisms and Intelligence* (New York: Hafner, 1963).

Latham, Noa. "Substance Physicalism," in *Physicalism and Its Discontents*, ed. Carl Gillett and Barry Loewer.

Leibniz, Gottfried. *Monadology*, 1714. Various editions and translations.

LePore, Ernest, and Barry Loewer. "Mind Matters," *Journal of Philosophy* 84 (1987): 630-642.

Levin, Janet. "Could Love Be Like a Heatwave?" *Philosophical Studies* 49 (1986): 245-261.

Levine, Joseph. "Materialism and Qualia: The Explanatory Gap," *Pacific Philosophical Quarterly* 64 (1983): 354-361. Reprinted in *Philosophy of Mind: Classical and Contemporary Readings*, ed. David J. Chalmers; *Philosophy of Mind: A Guide and Anthology*, ed. John Heil.

_____. "On Leaving Out What It's Like," in *Consciousness*, ed. Martin Davies and Glyn W. Humphreys (Oxford: Blackwell, 1993).

_____. *Purple Haze* (Oxford: Oxford University Press, 2000).

Lewis, David. "An Argument for the Identity Theory," *Journal of Philosophy* 63 (1966): 1725. Reprinted in Lewis, *Philosophical Papers*, vol. 1.

_____. "How to Define Theoretical Terms" (1970), reprinted in Lewis, *Philosophical Papers*, vol. 1.

_____. *Counterfactuals* (Cambridge, MA: Harvard University Press, 1973).

_____. "Psychophysical and Theoretical Identifications" (1972), *Australasian Journal of Philosophy* 50 (1972): 249-258. Reprinted in Lewis, Papers in *Metaphysics and Epistemology*.

_____. "Causation" (1973), reprinted, with "Postscripts," in Lewis, *Philosophical Papers*, vol. 2.

_____. "Radical Translation," *Synthese* 27 (1974): 331-344. Reprinted in Lewis, *Philosophical Papers*, vol. 1.

_____. *Philosophical Papers*, vol. 1 (New York: Oxford University Press, 1983).

_____. "Attitudes *De Dicto* and *De Se*," *Philosophical Review* 88 (1979): 513-543.

Reprinted in Lewis, *Philosophical Papers*, vol. 1.

_____. *Philosophical Papers*, vol. 2 (New York: Oxford University Press, 1986).

_____. "What Experience Teaches," *Proceedings of the Russellian Society* 13 (1988): 29–57. Reprinted in Lewis, *Papers in Metaphysics and Epistemology*; *Philosophy of Mind: Classical and Contemporary Readings*, ed. David Chalmers.

_____. *Papers in Metaphysics and Epistemology* (Cambridge: Cambridge University Press, 1999).

List, Christian, and Peter Menzies. "Nonreductive Physicalism and the Limits of the Exclusion Principle," *Journal of Philosophy* 106 (2009): 475–502.

Loar, Brian. "Phenomenal States," *Philosophical Perspectives* (1990): 81–108. Reprinted in *The Nature of Consciousness*, ed. Ned Block, Owen Flanagan, and Güven Güzeldere.

Locke, John. *An Essay Concerning Human Understanding*, ed. P. H. Nidditch (1689; New York: Oxford University Press, 1975).

Loewer, Barry, and Georges Rey, eds. *Meaning in Mind* (London: Routledge, 1991).

Lowe, E. J. "Physical Causal Closure and the Invisibility of Mental Causation," in *Physicalism and Mental Causation*, ed. Sven Walter and Heinz–Dieter Heckmann.

_____. "Non–Cartesian Substance Dualism and the Problem of Mental Causation," *Erkenntnis* 65 (2006): 523.

_____ "Dualism," in *The Oxford Handbook of Philosophy of Mind*, ed. Brian McLaughlin et al.

Ludlow, Peter, and Norah Martin, eds. *Externalism and Self–Knowledge* (Stanford, CA: CSLI Publications, 1998).

Ludlow, Peter, Yujin Nagasawa, and Daniel Stoljar, eds. *There's Something About Mary* (Cambridge, MA: MIT Press, 2004).

Lycan, William G. *Consciousness* (Cambridge, MA: MIT Press, 1987).

_____. *Consciousness and Experience* (Cambridge, MA: MIT Press, 1996).

Lycan, William G., and Jesse Prinz, eds. *Mind and Cognition: An Anthology*, 3rd ed. (Oxford: Blackwell, 2008).

Macdonald, Cynthia, and Graham Macdonald. "The Metaphysics of Mental Causation," *Journal of Philosophy* 103 (2006): 539–576.

Marcel, A. J., and E. Bisiach, eds. *Consciousness in Contemporary Science* (Oxford: Oxford University Press, 1988).

Marras, Ausonio. "Nonreductive Physicalism and Mental Causation," *Canadian Journal of Philosophy* 24 (1994): 465-493.

Matthews, Robert. "The Measure of Mind," *Mind* 103 (1994): 131-146.

McGinn, Colin. "Can We Solve the Mind-Body Problem?" in McGinn, *The Problem of Consciousness* (Oxford: Blackwell, 1991).

McLaughlin, Brian. "What Is Wrong with Correlational Psychosemantics?" *Synthese* 70 (1987): 271-286.

_____. "Type Epiphenomenalism, Type Dualism, and the Causal Priority of the Physical," *Philosophical Perspectives* 3 (1989): 109-136.

_____. "In Defense of New Wave Materialism: A Response to Horgan and Tienson," in *Physicalism and Its Discontents*, ed. Carl Gillett and Barry Loewer.

_____. "Is Role-Functionalism Committed to Epiphenomenalism?" *Journal of Consciousness Studies* 13, no. 1-2, ed. Michael Pauen, Alexander Staudacher, and Sven Walter.

McLaughlin, Brian, Ansgar Beckermann, and Sven Walter, eds. *The Oxford Handbook of Philosophy of Mind* (Oxford: Oxford University Press, 2009).

McLaughlin, Brian, and Karen Bennett. "Supervenience," in *Stanford Encyclopedia of Philosophy* (http://plato.stanford.edu).

McLaughlin, Brian P., and Jonathan Cohen, eds. *Contemporary Debates in Philosophy of Mind* (Oxford: Blackwell, 2007).

Melnyk, Andrew. *A Physicalist Manifesto* (Cambridge: Cambridge University Press, 2003).

_____. "Can Physicalism Be Non-Reductive?" *Philosophy Compass* 3, no. 6 (2008): 1281-1296.

Mendola, Joseph. *Anti-Externalism* (Oxford: Oxford University Press, 2008).

Millikan, Ruth G. Language, *Thought, and Other Biological Categories* (Cambridge, MA: MIT Press, 1984).

_____. "Biosemantics," *Journal of Philosophy* 86 (1989): 281-297. Reprinted in *Problems in Mind*, ed. Jack S. Crumley II; and in *Philosophy of Mind: Classical and Contemporary Readings*, ed. David J. Chalmers.

Nagel, Thomas. "What Is It Like to Be a Bat?" *Philosophical Review* 83 (1974): 435-450. Reprinted in *Philosophy of Mind: A Guide and Anthology*, ed. John Heil, *Philosophy of Mind: Classical and Contemporary Readings*, ed. David J. Chalmers.

_____. "Subjective and Objective," in Thomas Nagel, *Mortal Questions* (Cambridge:

Cambridge University Press, 1979).

———. *The View from Nowhere* (Oxford: Oxford University Press, 1986).

Neander, Karen. "Teleological Theories of Mental Content," in *Stanford Encyclopedia of Philosophy* (http://plato.stanford.edu).

Nemirow, Lawrence. "So This Is What It's Like: A Defense of the Ability Hypothesis," in *Phenomenal Concepts and Phenomenal Knowledge*, ed. Torin Alter and Sven Walter.

Ney, Alyssa. "Defining Physicalism," *Philosophy Compass* 3 (2008): 1033–1048.

Nida-Rümelin, Martine. "Pseudo-Normal Vision: An Actual Case of Qualia Inversion?" *Philosophical Studies* 82 (1996): 145 – 157. Reprinted in *Philosophy of Mind: Classical and Contemporary Readings*, ed. David J. Chalmers.

Nisbett, Richard E., and Timothy DeCamp Wilson. "Telling More Than We Can Know," *Psychological Review* 84 (1977): 231–259.

Nuccetelli, Susan, ed. *New Essays on Semantic Externalism and Self-Knowledge* (Cambridge, MA: MIT Press, 2003).

O'Connor, Timothy, and David Robb, eds. *Philosophy of Mind: Contemporary Readings* (London: Routledge, 2003).

Olson, Eric T. *The Human Animal: Personal Identity Without Psychology* (Oxford: Oxford University Press, 1997).

Papineau, David. "The Rise of Physicalism," in *Physicalism and Its Discontents*, ed. Carl Gillett and Barry Loewer.

———. *Thinking About Consciousness* (Oxford: Oxford University Press, 2002).

———. "The Causal Closure of the Physical and Naturalism," in *The Oxford Handbook of Philosophy of Mind*, ed. Brian McLaughlin et al.

Pauen, Michael, Alexander Staudacher, and Sven Walter, eds. *Consciousness Studies: Special Issue on Epiphenomenalism*, vol. 13, no. 1–2 (2006).

Pavlov, Ivan. *Experimental Psychology and Other Essays* (New York: Philosophical Library, 1957), 148.

Perry, John. *Knowledge, Possibility, and Consciousness* (Cambridge, MA: MIT Press, 2001).

Plantinga, Alvin. "Against Materialism," *Faith and Philosophy* 23 (2006): 3–32.

Poland, Jeffrey. *Physicalism: The Philosophical Foundation* (Oxford: Clarendon Press, 1994).

Polger, Thomas W. *Natural Minds* (Cambridge, MA: MIT Press, 2004).

Proust, Marcel. *Remembrance of Things Past*, vol. 1, trans. C. K. Scott Moncrieff and

Terence Kilmartin (New York: Vintage, 1982).

Putnam, Hilary. "Brains and Behavior" (1965), reprinted in *Philosophy of Mind: A Guide and Anthology*, ed. John Heil; and in *Philosophy of Mind: Classical and Contemporary Readings*, ed. David. J. Chalmers.

_____. "Psychological Predicates," in *Art, Mind, and Religion*, ed. W. H. Capitan and D. D. Merrill (Pittsburgh: University of Pittsburgh Press, 1967). Retitled as "The Nature of Mental States" and reprinted in Putnam, *Mind, Language, and Reality: Philosophical Papers*, vol. 2. Also in *Philosophy of Mind: A Guide and Anthology*, ed. John Heil; *Philosophy of Mind: Classical and Contemporary Readings*, ed. David J. Chalmers.

_____. "Robots: Machines or Artificially Created Life?" (1964), in *Mind, Language, and Reality: Philosophical Papers*, vol. 2.

_____. "The Meaning of 'Meaning'" (1975), reprinted in Putnam, *Mind, Language, and Reality: Philosophical Papers*, vol. 2. An excerpted version appears in *Philosophy of Mind: Classical and Contemporary Readings*, ed. David J. Chalmers.

_____. *Mind, Language, and Reality: Philosophical Papers*, vol. 2, 2nd ed. (Cambridge: Cambridge University Press, 1979).

_____. *Representation and Reality* (Cambridge, MA: MIT Press, 1988).

Quine, W. V. *Word and Object* (Cambridge and New York: Technology Press of MIT and John Wiley & Sons, 1960).

Rey, Georges. "A Question about Consciousness," reprinted in *The Nature of Consciousness*, ed. Ned Block, Owen Flanagan, and Güven Güzeldere. First published in 1988.

Rimbaud, Arthur. "Voyelles," in *Arthur Rimbaud: Complete Works*, trans. Paul Schmidt (New York: Harper & Row, 1976).

Rosenthal, David M. "The Independence of Consciousness and Sensory Quality," *Philosophical Issues* 1 (1991): 15-36.

_____. "Explaining Consciousness," in *Philosophy of Mind: Classical and Contemporary Readings*, ed. David J. Chalmers.

_____. *Consciousness and Mind* (Oxford: Oxford University Press, 2006).

Ross, Don, and David Spurrett. "What to Say to a Skeptical Metaphysician: A Defense Manual for Cognitive and Behavioral Scientists," *Behavioral and Brain Sciences* 27 (2004): 603-647.

Rowlands, Mark. "Consciousness and Higher-Order Thoughts," *Mind and Language* 16 (2001): 290–310.

Rozemond, Marleen. *Descartes's Dualism* (Cambridge, MA: Harvard University Press, 1998).

Ryle, Gilbert. *The Concept of Mind* (New York: Barnes and Noble, 1949).

Searle, John. "Minds, Brains, and Programs," *Behavioral and Brain Sciences* 3 (1980): 417–424. Reprinted in *Philosophy of Mind: A Guide and Anthology*, ed. John Heil; *Philosophy of Mind: Contemporary Readings*, ed. Timothy O'Connor and David Robb.

———. *Intentionality* (Cambridge: Cambridge University Press, 1983).

———. *The Rediscovery of the Mind* (Cambridge, MA: MIT Press, 1992).

Segal, Gabriel M. A. *A Slim Book About Narrow Content* (Cambridge, MA: MIT Press, 2000).

Shaffer, Jerome. "Mental Events and the Brain," *Journal of Philosophy* 60 (1963): 160–166. Reprinted in *The Nature of Mind*, ed. David M. Rosenthal.

Shapiro, Lawrence. *The Mind Incarnate* (Cambridge, MA: MIT Press, 2004).

Shoemaker, Sydney. "The Inverted Spectrum," *Journal of Philosophy* 79 (1982): 357–382. Reprinted in Shoemaker, *Identity, Cause, and Mind*.

———. "Some Varieties of Functionalism," in Shoemaker, *Identity, Cause, and Mind*.

———. "Absent Qualia Are Impossible–A Reply to Block," in Shoemaker, *Identity, Cause, and Mind*.

———. *Identity, Cause, and Mind* (Cambridge: Cambridge University Press, 1984).

———. *Physical Realization* (Oxford: Oxford University Press, 2008).

Siewert, Charles. "Is Experience Transparent?" *Philosophical Studies* 117 (2004): 15–41.

Skinner, B. F. "Selections from *Science and Human Behavior*" (1953), reprinted in *Readings in Philosophy of Psychology*, vol. 1, ed. Ned Block.

———. *Science and Human Behavior* (New York: Macmillan, 1953).

———. *About Behaviorism* (New York: Alfred A. Knopf, 1974).

Smart, J. J. C. "Sensations and Brain Processes," *Philosophical Review* 68 (1959): 141–156. Reprinted in *The Nature of Mind*, ed. David M. Rosenthal; *Philosophy of Mind: A Guide and Anthology*, ed. John Heil; *Philosophy of Mind: Classical and Contemporary Readings*, ed. David J. Chalmers.

Smith, Michael. "The Possibility of Philosophy of Action," in *Human Action, Deliberation, and Causation*, ed. Jan Bransen and Stefaan E. Cuypers.

Sosa, Ernest. "Mind-Body Interaction and Supervenient Causation," *Midwest Studies in Philosophy* 9 (1984): 271-281.

_____. "Between Internalism and Externalism," *Philosophical Issues* 1 (1991): 179-195.

Stalnaker, Robert. *Inquiry* (Cambridge, MA: MIT Press, 1984).

Stampe, Dennis. "Toward a Causal Theory of Linguistic Representation," *Midwest Studies in Philosophy* 2 (1977): 42-63.

Stanford Online Encyclopedia of Philosophy (http://plato.stanford.edu).

Stich, Stephen P. *From Folk Psychology to Cognitive Science: The Case Against Belief* (Cambridge, MA: MIT Press, 1983).

Stoljar, Daniel. *Physicalism* (London and New York: Routledge, 2010).

Stoutland, Frederick. "Oblique Causation and Reasons for Action," *Synthese* 43 (1980): 351-367.

_____. "Real Reasons," in *Human Action, Deliberation, and Causation*, ed. Jan Bransen and Stefaan E. Cuypers.

Strawson, Galen. "Real Intentionality 3: Why Intentionality Entails Consciousness," in Strawson, *Real Materialism and Other Essays* (Oxford: Oxford University Press, 2008).

Stubenberg, Leopold. *Consciousness and Qualia* (Amsterdam: John Benjamins Publishing Co., 1998).

Swinburne, Richard. *The Evolution of the Soul* (Oxford: Clarendon, 1986).

Turing, Alan M. "Computing Machinery and Intelligence," *Mind* 59 (1950): 433-460. Reprinted in *Philosophy of Mind: A Guide and Anthology*, ed. John Heil.

Tye, Michael. "Qualia, Content, and the Inverted Spectrum," *Noûs* 28 (1994): 159-183.

_____. *Ten Problems of Consciousness* (Cambridge, MA: MIT Press, 1995).

Van Fraassen, Bas. *The Scientific Image* (Oxford: Clarendon, 1980).

_____. *Laws and Symmetry* (Oxford: Oxford University Press, 1989).

Van Gulick, Robert. "Consciousness," *Stanford Encyclopedia of Philosophy* (http://plato.stanford.edu).

Velmans, Max, and Susan Schneider, eds. *The Blackwell Companion to Consciousness* (Oxford: Blackwell, 2007).

Von Eckardt, Barbara. *What Is Cognitive Science?* (Cambridge, MA: MIT Press, 1992).

Walter, Sven, and Heinz-Dieter Heckmann, eds. *Physicalism and Mental Causation: The Metaphysics of Mind and Action* (Charlottesville, VA: Imprint Academic, 2003).

Watson, J. B. "Psychology as the Behaviorist Views It," *Psychological Review* 20 (1913): 158–177.

Weiskrantz, Lawrence. *Blindsight* (Oxford: Oxford University Press, 1986).

Witmer, Gene. "Multiple Realizability and Psychological Law: Evaluating Kim's Challenge," in *Physicalism and Mental Causation*, ed. Sven Walter and Heinz–Dieter Heckmann.

Wittgenstein, Ludwig. *Philosophical Investigations*, trans. G. E. M. Anscombe (Oxford: Blackwell, 1953).

Wright, Crispin, Barry C. Smith, and Cynthia Macdonald, eds. *Knowing Our OwnMinds* (Oxford: Clarendon Press, 1998).

Wright, Edmond, ed. *The Case for Qualia* (Cambridge, MA: MIT Press, 2008).

Yablo, Stephen. "Mental Causation," *Philosophical Review* 101 (1992): 245–280. Reprinted in Yablo, *Thoughts*.

———. "Wide Causation." *Philosophical Perspectives* 11 (1997): 251–281. Reprinted in Yablo, *Thoughts*.

———. *Thoughts* (New York: Oxford University Press, 2009).

Zimmerman, Dean. "Material People," in *The Oxford Handbook of Metaphysics*, ed. Michael J. Loux and Dean Zimmerman (Oxford: Oxford University Press, 2005).

찾아보기

ㄱ

심리철학 제3판

초판 1쇄 발행 | 2023년 11월 15일
초판 2쇄 발행 | 2024년 3월 20일
초판 3쇄 발행 | 2025년 2월 7일

지 은 이 | 김재권
옮 긴 이 | 권홍우, 원치욱, 이선형
펴 낸 이 | 이은성
편　　집 | 구윤희, 홍순용
펴 낸 곳 | 필로소픽

주　　소 | 서울시 종로구 창덕궁길 29-38, 4-5층
전　　화 | (02) 883-9774
팩　　스 | (02) 883-3496
이 메 일 | philosophik@naver.com
등록번호 | 제2021-000133호

ISBN 979-11-5783-322-1 93100

필로소픽은 푸른커뮤니케이션의 출판 브랜드입니다.